中国纳税实务
系列丛书

企业所得税纳税调整与申报操作实务

2016版

暨企业所得税纳税申报表政策法规指引

主 编◎孟 佳 文 进
副主编◎张和芸 刘 巍 赵赞扬

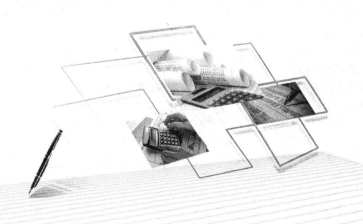

中国市场出版社
·北京·

图书在版编目（CIP）数据

企业所得税纳税调整与申报操作实务：2016 版/孟佳，文进主编. —北京：中国市场出版社，2016.3
ISBN 978-7-5092-1452-7

Ⅰ. ①企… Ⅱ. ①孟…②文… Ⅲ. ①企业所得税-税收管理-中国 Ⅳ. ①F812.424

中国版本图书馆 CIP 数据核字（2015）第 321508 号

企业所得税纳税调整与申报操作实务（2016 版）

QIYE SUODESHUI NASHUI TIAOZHENG YU SHENBAO CAOZUO SHIWU

主　编　孟　佳　文　进
副主编　张和芸　刘　巍　赵赞扬

出版发行：	中国市场出版社	
社　　址：	北京月坛北小街 2 号院 3 号楼	邮政编码　100837
电　　话：	编 辑 部（010）68032104　读者服务部（010）68022950	
	发 行 部（010）68021338　68020340　68053489	
	68024335　68033577　68033539	
	总 编 室（010）68020336	
	盗版举报（010）68020336	
邮　　箱：	474885818@qq.com	
经　　销：	新华书店	
印　　刷：	河北鑫宏源印刷包装有限责任公司	
规　　格：	185 mm×260 mm　16 开本	版　次：2016 年 3 月第 1 版
印　　张：	38.25	印　次：2016 年 3 月第 1 次印刷
字　　数：	1 050 000	定　价：68.00 元

前　言

本书根据《国家税务总局关于发布〈中华人民共和国企业所得税年度纳税申报表（A类，2014年版）〉的公告》（国家税务总局公告2014年第63号）、《国家税务总局关于修改企业所得税月（季）度预缴纳税申报表的公告》（国家税务总局公告2015年第79号）和《国家税务总局关于修改企业所得税年度纳税申报表（A类，2014年版）部分申报表的公告》（国家税务总局公告2016年第3号）发布的纳税申报表进行编写，是财税培训和实务操作的工具书。全书分为两部分，第一部分为企业所得税纳税调整与申报操作实务，第二部分为企业所得税纳税申报表政策法规指引。

一、填报审核与实际操作案例有机结合

本书按照企业所得税纳税申报业务类型，详细介绍"居民企业所得税年度纳税申报表"、"关联业务往来报告表"、"扣缴企业所得税报告表"、"企业清算的企业所得税申报表"、"居民企业月、季、年核定征收和月、季查账征收申报表"、"非居民企业季度、年度纳税申报表"等内容的填报和审核。

有案例的书，更加生动、直观。企业所得税汇算清缴中一些难点、疑点，光看填报说明，实际操作仍然无从下手。通过案例分析，读者跟着学一遍，令人头疼的问题往往迎刃而解。本书精心编写了查账征收居民企业年度申报表填报案例，以此为主线，从企业所得税申报表填写的数据来源、逻辑结构和政策依据开始，对企业所得税纳税申报主、附表进行全面详细的讲解分析和示范填列，努力将填报审核与实际操作案例有机结合起来。

注意事项的归纳和总结，实际上是将企业可能遇到的风险一一点出，是真正的干货，读者千万要重视。最大限度地帮助企业降低纳税填报过程中的涉税风险是作者的心愿，本书的最高宗旨。

二、法规指引按申报表栏次归集整理，快速准确

准确无误填报企业所得税纳税申报表，对法规的全面、准确把握是关键。企业所得税法规多，变化快，很多企业对税收政策学习不及时，掌握不全，理解不深，纳税申报表填报时政策如何适用是企业非常挠头的事，稍有不慎，企业就要面临税务风险，付出代价。本书对现行有效的企业所得税法及相关规定进行了全面梳理，充分考虑纳税申报表填制的业务流程和填报过程中的重点难点事项，按照申报表栏次逐项归集整理，为企业所得税申报表每个填报事项提供了有力的政策依据。

三、全套企业所得税法规电子书全面系统

为方便读者了解查阅企业所得税及相关的法规信息，我们精心制作了全套企业所得税法规文件汇编的电子书，读者可登陆税务复议诉讼网（www.swfyss.com）首页的"下载

中心"下载，还有更多惊喜等着您。

本书由中国税务服务联盟复议诉讼专业委员会、洪海明珠（北京）税收应用科学技术中心共同策划，是"中国纳税实务系列丛书"之一。

虽然我们已经尽己所能，力求做到书中内容完整准确，书籍阅读起来得心应手，但由于时间、精力和水平所限，方方面面的不足必然存在，诚挚地欢迎广大读者、纳税人和税务工作者批评指正，与我们共同探讨、改进。恳请致信：13911038782@126.com。联系电话：13911038782，13910713018，13601364513。

编者

2016 年 2 月

目　　录

第1部分　企业所得税纳税调整与申报操作实务

第 2 部分　企业所得税纳税申报表政策法规指引

01

第 1 部分

企业所得税纳税调整与申报操作实务

第 1 章
企业所得税表体系及审核要求

1.1 企业所得税申报表体系的构成

在中华人民共和国境内的企业和其他取得收入的组织为企业所得税的纳税人，分为居民企业和非居民企业。依据纳税义务人的划分，企业所得税申报表体系也相应分为居民企业企业所得税纳税申报体系和非居民企业企业所得税纳税申报体系，下面对两个体系分别进行介绍。

1.1.1 居民企业企业所得税纳税申报体系

《国家税务总局关于发布〈中华人民共和国企业所得税年度纳税申报表（A类，2014年版）〉的公告》（国家税务总局公告2014年第63号）、《国家税务总局关于发布〈中华人民共和国企业所得税月（季）度预缴纳税申报表（2015年版）等报表的公告》（国家税务总局公告2015年第79号）、《关于印发〈中华人民共和国企业清算所得税申报表〉的通知》（国税函〔2009〕388号）等文件，组成了居民企业企业所得税纳税申报表体系，具体构成如下：

（1）《企业所得税年度纳税申报表（A类）》及其附表；

（2）《企业所得税月（季）度预缴纳税申报表（A类，2014年版）》；

（3）《企业所得税月（季）度和年度纳税申报表（B类，2014年版）》；

（4）《企业所得税月（季）度预缴纳税申报表（A类，2014年版）》；

（5）《企业所得税汇总纳税分支机构所得税分配表（2014年版）》；

（6）《企业清算所得税申报表》及其附表。

1.1.2 非居民企业企业所得税纳税申报体系

国家税务总局发布关于印发《中华人民共和国非居民企业所得税申报表》等报表的通知（国税函〔2008〕801号），组成了非居民企业企业所得税纳税申报表体系。非居民企业所得税申报表按申报时间分为年报和季报两种，按征收方式分为据实征收和核定征收两类。

由下列申报表构成：

（1）非居民企业所得税年度纳税申报表（适用于据实申报企业）；

（2）非居民企业所得税季度纳税申报表（适用于据实申报企业）；

（3）非居民企业所得税年度纳税申报表（适用于核定征收企业）；

（4）非居民企业所得税季度纳税申报表（适用于核定征收企业）；

（5）扣缴企业所得税报告表。

1.1.3　企业所得税纳税申报表体系

企业所得税申报表体系的有关内容，按逻辑关系分为以下类型：

1. 申报表体系，按主附关系可分为三个层次：一级为主表，二级为主表的附表，三级为二级附表的附表，四级为三级附表。

2. 申报表栏次，按表间关系可分为：表内计算栏次、依据附表填报的栏次和直接填报的栏次。

3. 申报表栏次，按数据来源可分为：一是按会计数据填报栏次；二是按纳税调整数据填报栏次。

1.2　企业所得税申报表适用范围

1.2.1　查账征收和核定征收的申报表适用范围

企业所得税纳税人按照征收方式可以划分为两类：一是查账征收的纳税人；二是核定征收的纳税人。

1. 查账征收的所有纳税人适用《企业所得税年度纳税申报表（A类）》及其附表、《企业所得税月（季）度预缴纳税申报表（A类）》，《非居民企业所得税年度纳税申报表（适用于据实申报企业）》、《非居民企业所得税季度纳税申报表（适用于据实申报企业）》、《中华人民共和国企业清算所得税申报表》及其附表。

2. 核定征收的纳税人适用《企业所得税月（季）度预缴纳税申报表（B类）》、《非居民企业所得税年度纳税申报表（适用于核定征收企业）》、《非居民企业所得税季度纳税申报表（适用于核定征收企业）》、《中华人民共和国企业清算所得税申报表》及其附表。

1.2.2　居民企业和非居民企业的申报表适用范围

企业所得税按照纳税义务人可以划分为两类：一是居民企业；二是非居民企业。

1. 居民企业适用《企业所得税年度纳税申报表（A类）》及其附表、《企业所得税月（季）度预缴纳税申报表（A类），2015年版》、《企业所得税月（季）度和年度纳税申报表（B类），2015年版》、《不征税收入和税基类减免应纳税所得额明细表（2015年版）》、《固定资产加速折旧（扣除）明细表（2015年版）》、《减免所得税额明细表（2015年版）》、《中华人民共和国企业清算所得税申报表》及其附表。

2. 非居民企业适用《非居民企业所得税年度纳税申报表（适用于据实申报企业）》、《非居民企业所得税季度纳税申报表（适用于据实申报企业）》、《非居民企业所得税年度纳税申报表（适用于核定征收企业）》、《非居民企业所得税季度纳税申报表（适用于核定征收企业）》。

1.3　2014 版企业所得税纳税申报表介绍

1.3.1　纳税申报表的设计思想

2014 年版申报表采取以企业会计核算为基础，对税收与会计差异进行纳税调整，并计算企业应纳税款的方法，包括企业基础信息表、主表，以及收入费用明细表、纳税调整表、亏损弥补表、税收优惠表、境外所得抵免表、汇总纳税表等附表。因此，理解申报表的设计理念是纳税人正确填报的出发点。

企业所得税的计算建立在企业会计核算的基础上，并因其目的不同，两者之间必然存在差异。长期以来，企业所得税纳税申报表的架构设计存在以下两种理念。

第一种：税收体系。

企业所得税纳税申报表中的计税基础——应纳税所得额的计算完全依据税收公式，理论上称之为"税收体系"，即：

应纳税所得额＝收入总额－准予扣除项目金额

采用"税收体系"理念的申报表有两个特点：一是主表逻辑结构将收入、扣除项目分别加以归集填报；二是表内各项不强调为会计科目内容。

第二种：纳税调整体系。

企业所得税纳税申报表中的计税基础－应纳税所得额计算在会计利润基础上进行纳税调整，理论上称之为"纳税调整体系"，即：

应纳税所得额＝利润总额＋纳税调增额－纳税调减额

采用"纳税调整体系"理念的申报表也有两个特点：一是主表逻辑结构不归集收入、扣除项目，因此表内没有收入总额及扣除项目总额，而是根据企业核算利润的逻辑结构，以按业务主次关系逐层递减；二是表内"利润总额"项目，完全填报会计科目内容。

两种设计理念各有所长。"税收体系"理念完整体现了税收法定性原则，"纳税调整体系"理念则兼顾了会计核算在实际工作中对税收的影响，因此在实践中都有所运用。仅以原内资企业所得税为例：两法合并前的三版申报表中，1994 年版申报表采用了"纳税调整体系"理念；1998 年及 2006 年版申报表采用了"税收体系"理念。鉴于上述两种理念的差异，并考虑新税法体现出的缩小税收与会计差异的思路，2008 年版、2014 年版申报表选择了"纳税调整体系"理念。

2014 年版申报表与 2008 年版相比具有以下优点：

一是结构更加科学合理。2014 版申报表围绕主表进行填报，主表数据大部分从附表生成或从财务报表直接取得。每张附表既独立体现现行的所得税政策，又与主表密切关联。总体上看，新申报表层级分明、内容完整、逻辑严密，更加科学合理。

二是信息更加丰富完整。2014 版申报表中既有财务会计信息，又有税会差异情况，还包括税收优惠、境外所得等信息，能够较为全面地反映企业的财务与税收情况，有利于纳税人加强财务核算、控制财务风险，也为税务机关开展所得税后续管理和风险管理以及税收政策评估提供了基础信息。

三是繁简适度、开放性强。2014 版申报表虽有 41 张，但并非每个纳税人都需要填报全部申报表，而是由纳税人根据自身的适用税收政策情况选择填报。同时，借鉴国际经验，对 2014 版申报表的每张报表进行了编号，有一定的开放性，将来企业所得税政策若发生调整，可以在不破坏申报表完整性的前提下，通过适当调整附表的方式解决，减少因政策调整频繁调整申报表，从而给纳税人和基层税务机关带来不必要的负担。

1.3.2　纳税申报表的组成

纳税申报表的组成见表1-1。

表1-1

目的	表单编号	表单名称	层级关系
企业信息	A000000	企业基础信息表	一级表
主表	A100000	中华人民共和国企业所得税年度纳税申报表（A类）	一级表
收支明细表	A101010	一般企业收入明细表	二级表
	A101020	金融企业收入明细表	二级表
	A102010	一般企业成本支出明细表	二级表
	A102020	金融企业支出明细表	二级表
	A103000	事业单位、民间非营利组织收入、支出明细表	二级表
	A104000	期间费用明细表	二级表
纳税调整项目明细表	A105000	纳税调整项目明细表	二级表
视同销售	A105010	视同销售和房地产开发企业特定业务纳税调整明细表	三级表
收入调整明细表	A105020	未按权责发生制确认收入纳税调整明细表	三级表
	A105030	投资收益纳税调整明细表	三级表
	A105040	专项用途财政性资金纳税调整明细表	三级表
支出调整明细表	A105050	职工薪酬纳税调整明细表	三级表
	A105060	广告费和业务宣传费跨年度纳税调整明细表	三级表
	A105070	捐赠支出纳税调整明细表	三级表
	A105080	资产折旧、摊销情况及纳税调整明细表	三级表
	A105081	固定资产加速折旧、扣除明细表	四级表
	A105090	资产损失税前扣除及纳税调整明细表	三级表
	A105091	资产损失（专项申报）税前扣除及纳税调整明细表	四级表
特殊事项调整明细表	A105100	企业重组纳税调整明细表	三级表
	A105110	政策性搬迁纳税调整明细表	三级表
	A105120	特殊行业准备金纳税调整明细表	三级表
弥补亏损表	A106000	企业所得税弥补亏损明细表	二级表
免税、减税及加计扣除	A107010	免税、减计收入及加计扣除优惠明细表	二级表
	A107011	符合条件的居民企业之间的股息、红利等权益性投资收益优惠明细表	三级表
	A107012	综合利用资源生产产品取得的收入优惠明细表	三级表
	A107013	金融、保险等机构取得的涉农利息、保费收入优惠明细表	三级表
	A107014	研发费用加计扣除优惠明细表	三级表

目的	表单编号	表单名称	层级关系
所得减免	A107020	所得减免优惠明细表	二级表
所得抵免	A107030	抵扣应纳税所得额明细表	二级表
减免所得税	A107040	减免所得税优惠明细表	二级表
	A107041	高新技术企业优惠情况及明细表	三级表
	A107042	软件、集成电路企业优惠情况及明细表	三级表
税额抵免	A107050	税额抵免优惠明细表	二级表
境外所得	A108000	境外所得税收抵免明细表	二级表
	A108010	境外所得纳税调整后所得明细表	三级表
	A108020	境外分支机构弥补亏损明细表	三级表
	A108030	跨年度结转抵免境外所得税明细表	三级表
汇总纳税	A109000	跨地区经营汇总纳税企业年度分摊企业所得税明细表	二级表
	A109010	企业所得税汇总纳税分支机构所得税分配表	三级表

1.3.3　纳税申报表的计算关系

纳税申报表的计算关系见表 1-2。

表 1-2

步骤	项目	计算说明
第一步	利润总额	数据来源为：企业年度利润表。
1	减：境外所得	境外所得单独计算抵免，由境外所得抵免明细表计算得出，先从利润总额中剔除，如为负值，则体现为负数。
2	加：纳税调整增加额	数据来源为：纳税调整明细表调增金额合计，一般为正数。
3	减：纳税调整减少额	数据来源为：纳税调整明细表调减金额合计，一般为正数。
4	减：免税、减计收入及加计扣除	收入基数的免税，以及加计扣除的增加扣除部分，单独列示。
5	加：境外应税所得抵减境内亏损	用境外应税所得来抵减境内亏损的金额，为下一步弥补亏损准备。
第二步	纳税调整后所得	本行为计算行次，反映纳税调整结果。
1	减：所得减免	项目有所得的事项，在本行扣除。
2	减：抵扣应纳税所得额	对于特定投资的事项，折合金额抵减应纳税所得额。
3	减：弥补以前年度亏损	追溯前 5 年弥补亏损。
第三步	应纳税所得额	本行为计算行次，反映当年的应纳税所得额。
1	税率（25%）	本行为固定税率，享受优惠税率须在税收优惠的申报表中进行减免处理。

续表

步骤	项目	计算说明
第四步	应纳所得税额	本行为计算行次，为应纳税所得额×25％的结果。
1	减：减免所得税额	如为高新税率15％，本行扣除10％的计算部分。如为小微税率20％，本行扣除5％的计算部分。
2	减：抵免所得税额	如：特定设备投资额按10％抵免所得税的扣除。
第五步	应纳税额	本行为计算行次，反映当年的应纳税额。
1	加：境外所得应纳所得税额	境外所得按纳税调整的结果单独计算税款。
2	减：境外所得抵免所得税额	境外缴纳税款，按规定在中国可以抵免的部分。
第六步	实际应纳所得税额	本行为计算行次，反映当年实际应纳税额。
1	减：本年累计实际已预缴的所得税额	按当年预缴税款金额填写，但要关注不能扣除的情况，如：异地施工未按规定多征的部分。
第七步	本年应补（退）所得税额	本行为计算行次，反映当年应补或应退税额。

1.4 企业所得税年度纳税申报表的审核要求

一、企业所得税纳税申报表审核的基本要求

根据企业所得税纳税申报表体系逻辑关系的特点，填报时关键是会计税收基础数据和有关证据资料的收集整理，最终申报结果能够有证据证明达到事实清楚、证据确凿、适用依据正确的证明标准。现行企业所得税的有关政策法规，对证据标准没有做出具体的规定，填报审核时应参照《税务行政复议规则》第七十五条的规定，支持申报审核结论的有关证据，应符合认定事实清楚、证据确凿、适用依据正确的证明标准。

证明标准又称证明要求、证明任务，是指承担证明责任的人提供证据对申报事项事实加以证明达到的程度，是证明活动的方向和准绳。

二、对重要审核事项要全面关注并记录说明

企业所得税年度纳税申报审核不仅是对企业所得税年度纳税申报表事项的审核，还要对资产负债表、利润表、记账凭证、明细账和总账所记录的与企业所得税年度纳税申报相关事项进行审核。如：财务政策变化、政策性搬迁、股权投资、企业合并、企业分立、改组改制、债务重组、重大非货币交易、股权（产权）转让等，都应做出准确、真实的记录，作为申报表的附注说明。

三、对税务机关关注事项需要做重点记录

对税务机关有可能要求提供说明或证明材料的会议费、差旅费、董事会费等事项，以及认为有必要经税务机关确认的事项，如：有疑问或有可能发生争议的事项，应重点说明，留存备查。

差旅费：将差旅费进行合理划分，并应将属于差旅费性质的证据资料、记录等完整保存，如：出差人员姓名、地点、时间、任务、支付凭证等。

会议费用：对发生的会议费支出应保存好相关的会议证明资料，会议证明资料包括会议时间、地点、出席人员、内容、目的、费用标准、支付凭证等内容。

办公用品：公司购买的大额办公用品，应取得加盖销货单位的采购物品明细表，并按照公司制度办理出入库手续。应从合理性的角度考虑，根据公司办公用品使用量情况测算购买的办公用品是否合理。

四、对与某项交易或会计事项有关的纳税权利和义务应全面关注

对企业发生的某项交易或会计事项，涉及税收各种情形所产生的纳税权利和义务的，应全面关注，避免发生遗漏审核的情形。

如：企业在审核年度购进一批环保设备，一方面影响折旧，另一方面会影响税收优惠。在对该项环保设备的购入进行复核时，既要复核折旧的情况，又要复核税收优惠的情况。

又如：企业在审核年度动用在其他应付款中核算的以前年度工资基金发放工资奖金，该项交易并不影响本年度会计成本和费用，但是对本年度的扣除项目会产生重大影响，包括工资税收金额、三项经费税收金额。

第 2 章
封面、表单、基础信息表的填报和审核

2.1 《企业所得税年度纳税申报表（A 类，2014 年版）》封面的填报

2.1.1 适用范围

《中华人民共和国企业所得税年度纳税申报表（A 类，2014 年版）》（以下简称申报表）适用于实行查账征收企业所得税的居民纳税人（以下简称纳税人）填报。

2.1.2 填报说明

1. "税款所属期间"：正常经营的纳税人，填报公历当年 1 月 1 日至 12 月 31 日；纳税人年度中间开业的，填报实际生产经营之日至当年 12 月 31 日；纳税人年度中间发生合并、分立、破产、停业等情况的，填报公历当年 1 月 1 日至实际停业或法院裁定并宣告破产之日；纳税人年度中间开业且年度中间又发生合并、分立、破产、停业等情况的，填报实际生产经营之日至实际停业或法院裁定并宣告破产之日。

2. "纳税人识别号"：填报税务机关统一核发的税务登记证号码。

3. "纳税人名称"：填报税务登记证所载纳税人的全称。

4. "填报日期"：填报纳税人申报当日日期。

5. 纳税人聘请中介机构代理申报的，加盖代理申报中介机构公章，并填报经办人及其执业证件号码等，没有聘请的，填报"无"。

2.1.3 填报注意事项

一、本套申报表仅适用于查账征收的纳税人填报

2014 版企业所得税年度纳税申报表（A 类）的适用对象是由实行查账征收企业所得税的居民纳税人填报，实行核定征收企业所得税的纳税人不填写此表。

二、税款所属期间要根据具体情况分析后填写

封面上的"税款所属期间"，要根据纳税人的实际经营情况来填写。

实行查账征收的纳税人，如在 2014 年底之前成立的，至 2015 年 12 月 31 日仍在持续经营的，其"税款所属期间"应填"2015 年 1 月 1 日至 2015 年 12 月 31 日"。对除上述情况之外的纳税人，其"税款所属期间"应根据企业的实际情况进行分析后填写。

如，2015 年的年度中间（2015 年 8 月 1 日）开始实际生产经营的纳税人，至 2015 年 12 月 31 日仍在持续经营的，"税款所属期间"填报为 2015 年 8 月 1 日至 2015 年 12 月 31 日。一般情况下，实际生产经营之日以工商营业执照上的成立日期为准，如成立日期是 2015 年 8 月 1 日，则填写"2015 年 8 月 1 日至 2015 年 12 月 31 日"。

又如，纳税人在 2015 年年度中间（2015 年 9 月 30 日）发生合并、分立、破产、停业等情况的，填报 2015 年 1 月 1 日至实际停业或法院裁定并宣告破产之日。"税款所属期间"填报为 2015 年 1 月 1 日至 2015 年 9 月 30 日。一般情况下，实际停业之日以公司管理层决定停业之日。

再如，如果纳税人在 2015 年年度中间（2015 年 3 月 1 日）开业且年度中间（2015 年 9 月 30 日）又发生合并、分立、破产、停业等情况的，填报实际生产经营之日至实际停业或法院裁定并宣告破产之日。"税款所属期间"填报为 2015 年 3 月 1 日至 2015 年 9 月 30 日。

三、填写的纳税人名称要与公司其他证照保持一致

"纳税人名称"：填报税务登记证所载纳税人的全称。它与营业执照、税务登记证的名称都是一致的。

四、申报表应由法定代表人签章

填写好的申报表，要经企业法定代表人审核，签字确认，并填写确认日期。

正式向税务机关报送的企业所得税纳税申报表，需要在封面和所有附表加盖纳税人公章，纳税人公章上的名称要与营业执照、税务登记证所载名称一致。有些集团企业公章统一保管，在对申报表加盖公章时不注意，出现过张冠李戴的笑话。

五、填报日期应为申报当日日期

填报日期应为纳税人实际向税务机关申报的日期。如果纳税人是从 2015 年 3 月 5 日开始填写本申报表，填写完毕是 2015 年 3 月 31 日，实际向税务机关申报是 2015 年 4 月 8 日，则申报表上的"填报日期"为 2015 年 4 月 8 日。实际工作当中，基本上都是网上申报，填报日期一般为实际向税务机关上传申报日期。

同时应注意，法定代表人的签章日期应为"填报日期"之前，或者与"填报日期"一致。

2.2 《企业所得税年度纳税申报表填报表单》的填报和审核

2.2.1 填报要求

修改后的申报表仍然采取间接法，以企业会计核算为基础，对税收与会计差异进行纳税调整的方法。修改后的申报表共 41 张，包括 1 张基础信息表，1 张主表，6 张收入费用明细表，15 张纳税调整表，1 张亏损弥补表，11 张税收优惠表，4 张境外所得抵免表，2 张汇总纳税表。与原来的 16 张表格相比，虽然增加了 25 张，但许多表格是选填的，纳税人有此业务的，可以填报，没有此业务的，可以不填报。

本表单列示，申报表的全部表单名称及编号。纳税人在填报申报表之前，请仔细阅读这些表单，并根据企业的涉税业务，选择"填报"或"不填报"。选择"填报"的，需完成该表格相关内容的填报；选择"不填报"的，可以不填报该表格。对选择"不填报"的表格，可以不上报税务机关。

一、基础信息表（1张）

反映纳税人的基本信息，包括名称、注册地、行业、注册资本、从业人数、股东结构、会计政策、存货办法、对外投资情况等。

这些信息，既可以替代企业备案资料（如资产情况及发化、从业人数，可以判断纳税人是否属于小微企业，小微企业享受优惠政策后，就无须再报送其他资料），也是税务机关进行管理所需要的信息。

《企业基础信息表》（A000000）为必填表，主要反映纳税人的基本信息，包括纳税人基本信息、主要会计政策、股东结构和对外投资情况等。纳税人填报申报表时，首先填报此表，为后续申报提供指引。

二、主表（1张）

主表结构与现行报表相比没有变化，体现企业所得税纳税流程。采取间接法，即在会计利润的基础上，按照税法进行纳税调整，计算应纳税所得额，扣除税收优惠数额，进行境外税收抵免，最后计算应补（退）税款。

《中华人民共和国企业所得税年度纳税申报表（A类）》（A100000）为必填表，是纳税人计算申报缴纳企业所得税的主表。

三、收入费用明细表（6张）

收入费用明细表主要反映企业按照会计政策所发生的成本、费用情况。

（1）《一般企业收入明细表》（A101010）。

本表适用于除金融企业、事业单位和民间非营利组织外的企业填报，反映一般企业按照国家统一会计制度规定取得收入情况。

（2）《金融企业收入明细表》（A101020）。

本表仅适用于金融企业（包括商业银行、保险公司、证券公司等金融企业）填报，反映金融企业按照企业会计准则规定取得收入情况。

（3）《一般企业成本支出明细表》（A102010）。

本表适用于除金融企业、事业单位和民间非营利组织外的企业填报，反映一般企业按照国家统一会计制度的规定发生成本费用支出情况。

（4）《金融企业支出明细表》（A102020）。

本表仅适用于金融企业（包括商业银行、保险公司、证券公司等金融企业）填报，反映金融企业按照企业会计准则规定发生成本支出情况。

（5）《事业单位、民间非营利组织收入、支出明细表》（A103000）。

本表适用于事业单位和民间非营利组织填报，反映事业单位、社会团体、民办非企业单位、非营利组织等按照有关会计制度规定取得收入、发生成本费用支出情况。

（6）《期间费用明细表》（A104000）。

本表由纳税人根据国家统一会计制度规定，填报期间费用明细项目。

四、纳税调整表（15张）

原申报表中仅设1张纳税调整表，该表的功能就是将纳税人进行纳税调整后的结果进行统计、汇总，没有体现政策和过程，也不反映税收与会计的差异，税务机关很难判断出其合理性及准确性。

修改后的申报表，将所有的税会差异需要调整的事项，按照收入、成本和资产三大类，设计了15张表格，通过表格的方式进行计算反映，既方便纳税人填报，又便于税务机关进行纳税评估和分析。

（1）《纳税调整项目明细表》（A105000）。

本表填报纳税人财务、会计处理办法（以下简称会计处理）与税收法律、行政法规的规定（以下简称税法规定）不一致，需要进行纳税调整的项目和金额。

（2）《视同销售和房地产开发企业特定业务纳税调整明细表》（A105010）。

本表填报纳税人发生视同销售行为、房地产企业销售未完工产品、未完工产品转完工产品特定业务，会计处理与税法规定不一致，需要进行纳税调整的项目和金额。

（3）《未按权责发生制确认收入纳税调整明细表》（A105020）。

本表填报纳税人发生会计上按照权责发生制确认收入，而税法规定不按照权责发生制确认收入，需要按照税法规定进行纳税调整的项目和金额。

（4）《投资收益纳税调整明细表》（A105030）。

本表填报纳税人发生投资收益，会计处理与税法规定不一致，需要进行纳税调整的项目和金额。

（5）《专项用途财政性资金纳税调整明细表》（A105040）。

本表填报纳税人发生符合不征税收入条件的专项用途财政性资金，会计处理与税法规定不一致，需要进行纳税调整的金额。

（6）《职工薪酬纳税调整明细表》（A105050）。

本表填报纳税人发生的职工薪酬（包括工资薪金、职工福利费、职工教育经费、工会经费、各类基本社会保障性缴款、住房公积金、补充养老保险、补充医疗保险等支出），会计处理与税法规定不一致，需要进行纳税调整的项目和金额。

（7）《广告费和业务宣传费跨年度纳税调整明细表》（A105060）。

本表填报纳税人本年发生的广告费和业务宣传费支出，会计处理与税法规定不一致，需要进行纳税调整的金额。

（8）《捐赠支出纳税调整明细表》（A105070）。

本表填报纳税人发生捐赠支出，会计处理与税法规定不一致，需要进行纳税调整的项目和金额。

（9）《资产折旧、摊销情况及纳税调整明细表》（A105080）。

本表填报纳税人发生资产折旧、摊销情况，会计处理与税法规定不一致，需要进行纳税调整的项目和金额。

（10）《固定资产加速折旧、扣除明细表》（A105081）。

本表填报纳税人符合《财政部 国家税务总局关于完善固定资产加速折旧税收政策有关问题的通知》（财税〔2014〕75 号）规定，2014 年及以后年度新增固定资产加速折旧及允许一次性计入当期成本费用税前扣除的项目和金额。

（11）《资产损失税前扣除及纳税调整明细表》（A105090）。

本表填报纳税人发生资产损失，会计处理与税法规定不一致，需要进行纳税调整的项目和金额。

（12）《资产损失（专项申报）税前扣除及纳税调整明细表》（A105091）。

本表填报纳税人发生货币资产、非货币资产、投资、其他资产损失，会计处理与税法规定不一致，需要进行纳税调整的项目和金额。

（13）《企业重组纳税调整明细表》（A105100）。

本表填报纳税人发生企业重组所涉及的所得或损失，会计处理与税法规定不一致，需要进行纳税调整的项目和金额。

（14）《政策性搬迁纳税调整明细表》（A105110）。

本表填报纳税人发生政策性搬迁所涉及的所得或损失，会计处理与税法规定不一致，需要进行纳税调整的项目和金额。

（15）《特殊行业准备金纳税调整明细表》（A105120）。

本表填报保险公司、证券行业等特殊行业纳税人发生特殊行业准备金，会计处理与税法规定不一致，需要进行纳税调整的项目和金额。

五、亏损弥补表（1 张）

反映企业发生亏损如何结转，既准确计算亏损结转年度和限额，又便于税务机关进行管理。

《企业所得税弥补亏损明细表》（A106000）填报纳税人以前年度发生的亏损，需要在本年度结转弥补的金额，本年度可弥补的金额以及可继续结转以后年度弥补的亏损额。

六、税收优惠表（11 张）

原申报表仅设 1 张优惠表，该表仅把企业所享受的优惠数额进行汇总，没有体现各项优惠条件及计算口径，不利于税务机关审核其合理性和合规性。

修改后的申报表，将目前我国企业所得税税收优惠项目共计 39 项，按照税基、应纳税所得额、税额扣除等进行分类，设计了 11 张表格，通过表格的方式计算税收优惠享受情况、过程。既方便纳税人填报，又便于税务机关掌握税收减免税信息，核实优惠的合理性，进行优惠效益分析。

（1）《免税、减计收入及加计扣除优惠明细表》（A107010）。

本表填报纳税人本年度所享受免税收入、减计收入、加计扣除等优惠的项目和金额。

（2）《符合条件的居民企业之间的股息、红利等权益性投资收益优惠明细表》（A107011）。

本表填报纳税人本年度享受居民企业之间的股息、红利等权益性投资收益免税项目和金额。

（3）《综合利用资源生产产品取得的收入优惠明细表》（A107012）。

本表填报纳税人本年度发生的综合利用资源生产产品取得的收入减计收入的项目和金额。

（4）《金融、保险等机构取得的涉农利息、保费收入优惠明细表》（A107013）。

本表填报纳税人本年度发生的金融、保险等机构取得的涉农利息、保费收入减计收入的项目和金额。

（5）《研发费用加计扣除优惠明细表》（A107014）。

本表填报纳税人本年度享受研发费加计扣除的情况和金额。

（6）《所得减免优惠明细表》（A107020）。

本表填报纳税人本年度享受减免所得额（包括农、林、牧、渔项目和国家重点扶持的公共基础设施项目、环境保护、节能节水项目以及符合条件的技术转让项目等）的项目和金额。

（7）《抵扣应纳税所得额明细表》（A107030）。

本表填报纳税人本年度享受创业投资企业抵扣应纳税所得额优惠金额。

（8）《减免所得税优惠明细表》（A107040）。

本表填报纳税人本年度享受减免所得税（包括小微企业、高新技术企业、民族自治地方企业、其他专项优惠等）的项目和金额。

（9）《高新技术企业优惠情况及明细表》（A107041）。

本表填报纳税人本年度享受高新技术企业优惠的情况和金额。

（10）《软件、集成电路企业优惠情况及明细表》（A107042）。

本表填报纳税人本年度享受软件、集成电路企业优惠的情况和金额。

（11）《税额抵免优惠明细表》（A107050）。

本表填报纳税人本年度享受购买专用设备投资额抵免税额情况和金额。

七、境外所得抵免表（4 张）

反映企业发生境外所得税如何抵免以及抵免具体计算问题。

（1）《境外所得税收抵免明细表》（A108000）。

本表填报纳税人本年度来源于或发生于不同国家、地区的所得，按照我国税法规定计算应缴纳和应抵免的企业所得税额。

（2）《境外所得纳税调整后所得明细表》（A108010）。

本表填报纳税人本年度来源于或发生于不同国家、地区的所得，按照我国税法规定计算调整后的所得。

（3）《境外分支机构弥补亏损明细表》（A108020）。

本表填报纳税人境外分支机构本年度及以前年度发生的税前尚未弥补的非实际亏损额和实际亏损额、结转以后年度弥补的非实际亏损额和实际亏损额。

（4）《跨年度结转抵免境外所得税明细表》（A108030）。

本表填报纳税人本年度发生的来源于不同国家或地区的境外所得按照我国税收法律、法规的规定可以抵免的所得税额。

八、汇总纳税表（2 张）

反映汇总纳税企业的总分机构如何分配税额的问题。实行查账征收的企业所得税纳税人，从 2014 年度企业所得税汇算清缴开始，适用新申报表

（1）《跨地区经营汇总纳税企业年度分摊企业所得税明细表》（A109000）。

本表填报跨地区经营汇总纳税企业总机构，按规定计算总分机构每一纳税年度应缴的企业所得税，总、分机构应分摊的企业所得税。

（2）《企业所得税汇总纳税分支机构所得税分配表》（A109010）。

本表填报总机构所属年度实际应纳所得税额以及所属分支机构在所属年度应分摊的所得税额。

2.2.2　填报注意事项

申报表共 41 张，纳税人应注意，《企业基础信息表》（A000000）、《中华人民共和国企业所得税年度纳税申报表（A 类）》（A100000）、《职工薪酬纳税调整明细表》（A105050）、《捐赠支出纳税调整明细表》（A105070）、《特殊行业准备金纳税调整明细表》（A105120）等五张表为必填表，不管纳税业务是否发生都必须填报。其他表格选填。

2.3　《企业基础信息表》（A000000）的填报和审核

纳税人在填报申报表前，应首先填报基础信息表，以便为后续申报提供指引。基础信息表的主要内容包括申报信息、基本信息、主要会计政策和估计、企业主要股东及对外投资情况等。

2.3.1　填报说明及注意事项

2.3.1.1　填报说明

1. 纳税人根据具体情况选择"正常申报"、"更正申报"或"补充申报"。

（1）正常申报：申报期内，纳税人的第一次年度申报为"正常申报"；

（2）更正申报：申报期内，纳税人对已申报内容进行更正申报的为"更正申报"；

（3）补充申报：申报期后，由于纳税人自查、主管税务机关评估等发现以前年度申报有误而更改申报的为"补充申报"。

2.3.1.2 填报注意事项

2014 年版申报表实施后，申报类型分为"正常申报"、"更正申报"和"补充申报"。正常申报和更正申报都是申报期内，即：企业进行第一次年度申报和修改第一次年度申报的情况。而补充申报为申报期后，即：企业自查、税务机关评估等发现以前年度申报有误而更改申报的情况。

在选择填报类型时，选择"正常申报"和"更正申报"应注意不同类型业务的申报期限制，汇算清缴年度申报期为纳税年度终了之日起 5 个月内，而解散、破产、撤销等终止生产经营情形的申报期为 60 日内。

在选择"补充申报"时，由于补充申报是在申报期后，企业要按规定缴纳税收滞纳金，因此建议企业尽量做到在申报期限内正常申报和更正申报。如果必须进行补充申报，企业要考虑滞纳金的因素，企业所得税的滞纳金是从企业所得税汇算清缴结束的第二日开始计算，以每日万分之五计。

2.3.2 基本信息的填报和审核

2.3.2.1 "101 汇总纳税企业"

一、填报说明

"101 汇总纳税企业"：纳税人根据情况选择。纳税人为《国家税务总局关于印发〈跨地区经营汇总纳税企业所得税征收管理办法〉的公告》（国家税务总局公告 2012 年第 57 号）规定的跨地区经营企业总机构的，选择"总机构"，选择的纳税人需填报表 A109000 和表 A109010；纳税人根据相关政策规定按比例缴纳的总机构，选择"按比例缴纳总机构"；其他纳税人选择"否"。

二、填报审核

根据申报表填表说明，纳税人在《企业基础信息表》"101 汇总纳税企业"项目选择"总机构"，则需填报表 A109000 和表 A109010，按照《国家税务总局关于印发〈跨地区经营汇总纳税企业所得税征收管理办法〉的公告》的规定，作为跨地区经营企业总机构分配缴纳税款。但实务操作中，企业是否执行该文件的规定，作为跨地区汇总纳税企业总机构分配缴纳企业所得税，并不取决于企业填写汇算清缴申报表时是否在"101 汇总纳税企业"项目选择"总机构"，而是取决于企业是否在主管税务机关进行了"跨地区汇总纳税企业总机构"税务登记信息维护。

实际申报中，企业选择该项目时，原则上应与在税务机关进行税务登记信息维护的情况保持一致。

2.3.2.2 "102 注册资本"

一、填报说明

"102 注册资本"：填报全体股东或发起人在公司登记机关依法登记的出资或认缴的股本金额（单位：万元）。

二、填报审核

"102 注册资本"在填报时需要关注注册资本和实收资本的区别。十二届全国人大常委会第六次会议 2013 年 12 月 28 日决定，对公司法作出修改，从 2014 年 3 月 1 日起，公司注册资本实缴登记制改为认缴登记制，并取消注册资本最低限额，由此就会出现注册资本

"零首付"，所以在实务填报操作中需要关注注册资本和实收资本的区别，其中实收资本是指企业按照章程规定或合同、协议约定，接受投资者投入企业的资本，注册资本是指公司向公司登记机关登记的出资额，即经登记机关登记确认的资本。需要强调的是，"102 注册资本"填写的是注册资本而非实收资本，即在公司登记机关依法登记的出资或认缴的股本金额。

2.3.2.3　"103 所属行业明细代码"

一、填报说明

"103 所属行业明细代码"：根据《国民经济行业分类》（GB/4754-2011）标准填报纳税人的行业代码。如所属行业代码为 7010 的房地产开发经营企业，可以填报表 A105010 中第 21 至 29 行；所属行业代码为 06××至 4690，小型微利企业优惠判断为工业企业不包括建筑业；所属行业代码为 66××的银行业，67××的证券和资本投资，68××的保险业，填报表 A101020、表 A102020。

二、填报审核

本行影响企业享受小型微利企业、固定资产加速折旧政策和软件企业、集成电路企业税收优惠政策，所以应根据《国民经济行业分类》（GB/4754－2011）标准填报其所属的行业明细代码。小型微利企业通过工业企业所属行业明细代码为 06××至 4690，可用来判断小微企业是工业企业还是其他企业；固定资产加速折旧优惠政策所属行业：生物药品制造业所属行业明细代码为 2760，专用设备制造业所属行业明细代码为 35××，铁路、船舶、航空航天和其他运输设备制造业所属行业明细代码为 37××，计算机、通信和其他电子设备制造业所属行业明细代码为 39××，仪器仪表制造业所属行业明细代码为 40××，信息传输、软件和信息技术服务业所属行业明细代码为 63××～65××；软件企业、集成电路企业税收优惠政策所属行业：集成电路制造业所属行业明细代码为 3693，集成电路设计业所属行业明细代码为 6550，软件开发业所属行业明细代码为 6510。

2.3.2.4　"104 从业人数"和"105 资产总额"

一、填报说明

"104 从业人数"：填报纳税人全年平均从业人数。从业人数是指与企业建立劳动关系的职工人数和企业接受的劳务派遣用工人数之和。从业人数指标，按企业全年月平均值确定，具体计算公式如下：

$$季度平均值＝（季初值＋季末值）\div 2$$
$$全年季度平均值＝全年各季度平均值\div 4$$
$$全年从业人数＝季平均值\times 4$$

年度中间开业或者终止经营活动的，以其实际经营期作为一个纳税年度确定上述相关指标。

"105 资产总额（万元）"：填报纳税人全年资产总额平均数，依据和计算方法与"从业人数"相同，资产总额单位为万元，小数点后保留两位小数。

二、填报审核

"104 从业人数"和"105 资产总额"的填报直接影响判断企业是否属于小型微利企业。依据《国家税务总局关于扩大小型微利企业减半征收企业所得税范围有关问题的公告》（国家税务总局公告 2014 年第 23 号）和《财政部 国家税务总局关于执行企业所得税优惠政策若干问题的通知》（财税〔2009〕69 号）的规定，从业人数和资产总额指标，按企业全年季平均值确定。

2.3.2.5　"106 境外中资控股居民企业"

一、填报说明

"106 境外中资控股居民企业"：根据《国家税务总局关于境外注册中资控股企业依据实

际管理机构标准认定为居民企业有关问题的通知》（国税发〔2009〕82 号）的规定，境外中资控股企业被税务机关认定为实际管理机构在中国境内的居民企业选择"是"，其他选择"否"。

二、填报审核

企业可以依据《特别纳税调整实施办法（试行）》（国税发〔2009〕2 号）来判断是否存在境外关联关系和关联交易。存在境外关联交易的，选择"是"；不存在境外关联交易的，选择"否"。选择"是"需要附送《企业年度关联业务往来报告表》（国税发〔2008〕114 号）。

2.3.2.6 "107 从事国家限制和禁止行业"

一、填报说明

"107 从事国家限制和禁止行业"：纳税人从事国家限制和禁止行业的，选择"是"，其他选择"否"。

二、填报审核

"107 从事国家非限制和禁止行业"在填报时需要关注语言的表述。在实务填报中，非特殊情况一般性企业选择"是"。

2.3.2.7 "108 境外关联交易"

"108 境外关联交易"：纳税人存在境外关联交易的，选择"是"；不存在的，选择"否"。

2.3.2.8 "109 上市公司"

"109 上市公司"：纳税人根据情况，在境内上市的选择"境内"；在境外（含香港）上市的选择"境外"；其他选择"否"。

2.3.3 主要会计政策和估计

2.3.3.1 填报说明

1. "201 适用的会计准则或会计制度"：纳税人根据采用的《企业会计准则》或《企业会计制度》选择。
2. "202 会计档案存放地"：填报会计档案的存放地。
3. "203 会计核算软件"：填报会计电算化系统的会计核算软件，如 ERP。
4. "204 记账本位币"：纳税人根据实际情况选择人民币或者其他币种。
5. "205 会计政策和估计是否发生变化"：纳税人本年会计政策和估计与上年度发生变更的选择"是"，未发生的选择"否"。
6. "206 固定资产折旧方法"：纳税人根据实际情况选择，可选择多项。
7. "207 存货成本计价方法"：纳税人根据实际情况选择，可选择多项。
8. "208 坏账损失核算方法"：纳税人根据实际情况选择。
9. "209 所得税会计核算方法"：纳税人根据实际情况选择。

2.3.3.2 填报注意事项

1. 固定资产折旧方法的选择应注意政策的变化。

"206 固定资产折旧方法"在填报时需要关注政策规定。该处选择的固定资产折旧方法不是会计正常计提折旧的方法，而是税收上采取的折旧方法。《中华人民共和国企业所得税法实施条例》（以下简称《企业所得税法实施条例》）第五十九条规定，固定资产按照直线法计算的折旧，准予扣除，另外，《国家税务总局关于企业固定资产加速折旧所得税处理有关问题的通知》（国税发〔2009〕81 号）、《财政部 国家税务总局关于完善固定资产加速折旧企业所得税政策的通知》（财税〔2014〕75 号）及《国家税务总局关于固定资产加速折旧税收政策有关问题的公告》（国家税务总局公告 2014 年第 64 号）等相关文件规定，固定资产可采用双倍余额递减法或者年数总和法，是加速折旧的方法。

2. 存货成本计价方法不得随意改变

"207 存货成本计价方法"在填报时需要关注政策规定。《企业所得税法实施条例》第七十三条规定，企业使用或者销售的存货的成本计算方法，可以在先进先出法、加权平均法、个别计价法中选用一种。计价方法一经选用，不得随意变更。

2.3.4 企业主要股东和对外投资情况

2.3.4.1 填报说明

"301 企业主要股东（前 5 位）"：填报本企业投资比例前 5 位的股东情况。包括股东名称，证件种类（税务登记证、组织机构代码证、身份证、护照等），证件号码（纳税人识别号、组织机构代码号、身份证号、护照号等），经济性质（单位投资的，按其登记注册类型填报；个人投资的，填报自然人），投资比例，国籍（注册地址）。

国外非居民企业可不填写证件种类和证件号码。

"302 对外投资（前 5 位）"：填报本企业对境内投资金额前 5 位的投资情况。包括被投资者名称、纳税人识别号、经济性质、投资比例、投资金额、注册地址。

2.3.4.2 填报注意事项

"301 企业主要股东（前 5 位）"、"302 对外投资（前 5 位）"和"301 企业主要股东（前 5 位）"等行在填报时需要关注股东类型。在实务填报中需要注意：（1）个人股东，证件种类是身份证或护照，证件号码是身份证号或护照号，经济性质为自然人；（2）单位股东，证件种类是税务登记证或组织机构代码证，证件号码是纳税人识别号或组织机构代码号，经济性质按其登记注册类型填报，国籍按其登记注册的注册地址填报；（3）国外非居民企业可不填写证件种类和证件号码。

"302 对外投资（前 5 位）"只填报本企业对境内投资金额前 5 位的投资情况，本行不包括对外投资的情况。填写上述信息后，税务机关可以与上一年的表格对比，若发生变化，税务机关能够发现企业存在股权转让的情况，会重点审查是否有投资收益，如无投资收益，税务机关可能会要求企业补充提供资料或说明。

2.4 填报案例

一、案例基本情况

本书以工业企业甲公司进行企业所得税年度纳税申报为主线，来介绍如何填报企业所得税年度纳税申报表。甲公司案例中未涉及的申报事项，在介绍时针对不同情形采取其他案例的方式进行讲解。

一般企业、金融企业以及事业单位、社会团体、民办非企业单位等三类纳税人的利润总额计算、填制方法和重点关注事项基本一致，在此以一般企业为例，介绍企业所得税年度纳税申报表填制与审核。

甲公司是一般纳税人，是由丙投资公司、丁投资公司、戊投资公司组建的有限责任公司，于 2010 年 1 月注册成立，主要业务为生产、销售各类电子产品。

注册资本 3 000.00 万元，实收资本 1 500.00 万元，会计制度执行《企业会计准则》，按照 25% 的税率计算缴纳企业所得税。2015 年经营情况如下：

（一）销售情况。

1. 销售收入 74 339 498.60 元，其中：1 月销售收入中有流动资金贷款贴息奖励资金收入 7 200 000.00 元；

2. 销售成本 53 049 100.65 元。

（二）其他业务情况。

1. 其他业务收入 1 000 000.00 元，全部为出租闲置厂房取得的租金收入。

2. 其他业务成本 50 000.00 元，全部为出租房屋的折旧费用。

（三）营业外收支情况。

1. 营业外收入 2 135 000.00 元。

（1）政府补助收入 100 000.00 元。具体情况是：县级政府拨付企业进行研发产品的扶持资金。县级政府对该资金有专门的资金管理办法，甲公司对该资金发生的支出单独进行核算。

（2）以库存商品抵债收入 35 000.00 元。2014 年 7 月将库存商品 150 000.00 元用于对外偿还丙公司债务，甲公司同类产品价值为 200 000.00 元，抵债金额 269 000.00 元，确认收入 200 000.00 元，成本 150 000.00 元，确认营业外收入 35 000.00 元。

（3）投资时应享有被投资单位可辨认净资产公允价值份额大于初始投资成本 2 000 000.00 元。具体情况为：

甲公司于 2015 年 1 月 1 日取得 E 公司 40％的股权，支付价款 600 万元，取得投资时被投资单位可辨认净资产账面价值为 2 000 万元（假定被投资单位各项可辨认资产、负债的公允价值与其账面价值相同）A 取得 E 公司股权后，能够对 E 公司施加重大影响，对该投资采取权益法核算。会计处理如下：

借：长期股权投资——投资成本（被投资企业可辨认净资产公允价值份额 2 000 万元×40％）　　　　　　　　　　　　　　　　　　　800 万元

　　贷：银行存款　　　　　　　　　　　　　　　　　600 万元

　　　　营业外收入　　　　　　　　　　　　　　　　200 万元

2. 营业外支出 747 350.00 元。具体包括：

（1）违反相关合同规定赔偿给丁销售单位 50 000.00 元；

（2）通过县级民政部门向贫困地区捐赠 620 000.00 元；

（3）缴纳税收滞纳金 20 350.00 元；

（4）赞助当地小学一批电脑 57 000.00 元。

（四）营业税金及附加情况。

营业税金及附加 155 771.12 元，其中：营业税 50 000.00 元，城建税 66 106.95 元，教育费附加 39 664.17 元。

（五）销售费用情况。

1. 销售费用 1 988 324.03 元，其中：工资 1 291 000.00 元，职工福利费 179 750.64 元，广告费 225 230.34 元，差旅费 52 709.96 元，业务宣传费 85 360.49 元，业务招待费 154 272.60 元。

2. 本年度发生广告费 225 230.34 元和业务宣传费 85 360.49 元，其中：广告费未取得发票的为 20 000.00 元。一年结转的广告支出 1 200 000.00 元。

（六）管理费用情况。

1. 管理费用 10 588 596.55 元，其中：工资 1 300 294.73 元，职工福利费 182 046.57 元，职工社保 226 393.90 元，固定资产折旧 6 323 445.75 元，业务招待费 524 972.38 元，财产保险 53 227.77 元，会议费 255 162.85 元，水费 121 601.63 元，设计制作费 402 444.60 元，职工教育经费 64 782.37 元，办公费 1 034 224.00 元，其他 100 000.00 元。

2. 审核时发现办公费等费用中列支属于福利费性质的支出 65 000.00 元。

3. 本年计提工资 2 591 294.73 元，在 2016 年 1 月全部发放。

4. 本年按 2.5% 的比例计提职工教育经费 64 782.37 元，实际使用 43 900.00 元。

（七）财务费用情况。

财务费用 996 806.71 元，其中：利息收入 3 250.93 元，利息支出 959 826.34 元，金融机构手续费 40 231.30 元。

（八）投资收益情况。

甲公司 2015 年投资收益 7 550 000.00 元，具体情况如下：

1. 2011 年 1 月甲公司投资 A 公司 5 000 万元，2015 年度从被投资企业 A 公司（成本法核算）分回 120 万元，其中投资以前所得分回 20 万元，投资以后所得分回 100 万元。

2. 2010 年 5 月甲公司投资 B 公司 2 000 万元，2015 年度被投资企业 B 公司（按权益法核算）会计上确认投资收益 100 万元，甲公司实际分回投资收益 30 万元。

3. 2009 年 3 月甲公司投资 C 公司 800 万元，2015 年度按权益法核算确认被投资企业 C 公司投资损失 50 万元。

4. 2010 年 2 月甲公司投资购买 D 公司股票 120 万元，2015 年度从被投资企业 D 公司分回股票股利 10 万元。

5. 2015 年 3 月甲公司投资 E 上市公司股票 560 万元，2015 年按权益法确认投资损失 80 万元，2015 年 12 月从 E 公司分回收益 60 万元。

6. 2015 年 5 月甲公司投资 F 上市公司（按成本法核算）股票 500 万元，12 月分回投资收益 70 万元。

7. 2015 年 5 月甲公司投资 G 上市公司 360 万元，2015 年 12 月分回投资收益 70 万元，其中投资以前所得分回 5 万元。

8. 2010 年 5 月甲公司分立新设全资 H 公司，股权成本 800 万元。2015 年转让 H 公司全部股权，转让价格 1 200 万元。转让过程中支付税费 10 万元。

9. 2015 年 5 月 6 日，甲公司支付 10 160 000.00 元（含交易费用 10 000.00 元和已宣告发放的现金股利 150 000.00 元），购入乙公司发行的股票 200 万股，甲公司将其划分为交易性金融资产。

（九）资产减值损失情况。

资产减值损失 100 000.00 元，全部为坏账准备。

（十）公允价值变动损益情况。

公允价值变动损益 100 000.00 元，具体情况如下：

甲公司 2015 年在证券市场买入 A 上市公司的股票，并将其划分为交易性金融资产管理，具体交易价格如下：

11 月 25 日，以每股 3 元的价格购入 10 万股，支付交易费用 3 000 元。

12 月 31 日，该股票的价格为每股 4 元。

甲公司会计处理如下：

2014 年 11 月 25 日购入股票时：

借：交易性金融资产——成本（A 股票）		300 000
投资收益		3 000
贷：银行存款		303 000

2015 年 12 月 31 日，股票价格上涨时：

借：交易性金融资产——公允价值变动		100 000
贷：公允价值变动损益		100 000

假设当年公允价值变动损益无其他发生额，则在 12 月 31 日将其余额转入本年利润：

借：公允价值变动损益　　　　　　　　　　　　　　　　　　　　　　　100 000

贷：本年利润　　　　　　　　　　　　　　　　　　　　　　　　　　　100 000

（十一）固定资产情况。

1. 房屋建筑物的期末原值为 21 000 000.00 元，折旧年限 30 年，全年计提折旧 1 300 000.00 元。

2. 机器设备期末原值为 40 200 000.00 元，折旧年限 10 年，全年计提折旧 4 320 000.00 元。

其中：2015 年 2 月甲公司接受政府补助 2 000 000.00 元，用于专项购买环境保护设备，企业又自行筹资 4 000 000.00 元。该设备在 2015 年 6 月验收入库并投入使用，会计估计残值率为 5%，按照 10 年的折旧年限分别确认营业外收入 100 000.00 元（2 000 000.00÷10× 6/12），折旧 285 000.00 元（6 000 000.00×95%÷10×6/12）。

3. 电子设备期末原值为 5 036 000.00 元，折旧年限 5 年，全年计提折旧 703 445.75 元。

（十二）预交所得税款情况。

2015 年度已预缴税款为 1 200 000.00 元。

（十三）地税局返还代扣代缴手续费收入。

地税局返还甲公司代扣代缴手续费收入 60 000.00 元。

二、封面的填报

（一）甲公司为在 2010 年 1 月成立的企业，至 2015 年 12 月 31 日仍在持续经营的，其"税款所属期间"应填"2015 年 1 月 1 日至 2015 年 12 月 31 日"。

（二）甲公司采取网上申报方式，从 2016 年 3 月 1 日开始填写本申报表，并未上传，在 2016 年 3 月 31 日才填写完毕，实际向税务机关上传申报表的时间是 2016 年 4 月 8 日，则"填报日期"为 2016 年 4 月 8 日。

三、表单的填报

甲公司 2015 年度共需填报 17 张，其中：《企业基础信息表》（A000000）、《企业所得税年度纳税申报表（A 类）》（A100000）等两张表为国家税务总局规定的必填表，其他 15 张为选填表。根据甲公司实际生产经营情况，甲公司选填表情况如表 2-1 所示：

表 2-1

A000000	企业基础信息表
A100000	中华人民共和国企业所得税年度纳税申报表（A 类）
A101010	一般企业收入明细表
A102010	一般企业成本支出明细表
A104000	期间费用明细表
A105000	纳税调整项目明细表
A105010	视同销售和房地产开发企业特定业务纳税调整明细表
A105030	投资收益纳税调整明细表
A105040	专项用途财政性资金纳税调整明细表
A105050	职工薪酬纳税调整明细表
A105060	广告费和业务宣传费跨年度纳税调整明细表
A105070	捐赠支出纳税调整明细表
A105080	资产折旧、摊销情况及纳税调整明细表
A105100	企业重组纳税调整明细表

A106000	企业所得税弥补亏损明细表
A107010	免税、减计收入及加计扣除优惠明细表
A107011	符合条件的居民企业之间的股息、红利等权益性投资收益优惠明细表

四、基础信息表的填报

甲企业 2015 年度为正常申报，不属于汇总纳税企业，注册资本为 3 000 万元，不属于境外中资控股居民企业，所属行业明细代码为 06××，未从事国家非限制和禁止行业，从业人数 100 人，资产总额 7 056 万元。不存在境外关联交易，不属于上市公司，执行《企业会计准则》，会计档案存放地为公司财务，会计核算软件为用友软件，固定资产折旧方法为年限平均法，存货成本计价方法为先进先出法，坏账准备核算方法为备抵法，所得税计算方法为资产负债表法，股东情况为：丙投资公司、丁投资公司、戊投资公司，对外投资情况为：A，B，C，D，E，F，G，H。

第 3 章
《企业所得税年度纳税申报表（A 类）》的填报和审核

3.1 《企业所得税年度纳税申报表（A 表）》概述

3.1.1 主表内容概述

《企业所得税年度纳税申报表（A 类）》适用于实行查账征收企业所得税的居民纳税人（以下简称纳税人）填报。本表为年度纳税申报表主表，企业应该根据《中华人民共和国企业所得税法》及其实施条例（以下简称税法）、相关税收政策，以及国家统一会计制度（企业会计准则、小企业会计准则、企业会计制度、事业单位会计准则和民间非营利组织会计制度等）的规定，计算填报纳税人利润总额、应纳税所得额、应纳税额和附列资料等有关项目。

企业在计算应纳税所得额及应纳所得税时，企业财务、会计处理办法与税法规定不一致的，应当按照税法规定计算。税法规定不明确的，在没有明确规定之前，暂按企业财务、会计规定计算。

本表是在纳税人会计利润总额的基础上，加减纳税调整等金额后计算出"纳税调整后所得"（应纳税所得额）。会计与税法的差异（包括收入类、扣除类、资产类等差异）通过《纳税调整项目明细表》（A105000）集中填报。

本表包括利润总额计算、应纳税所得额计算、应纳税额计算、附列资料四个部分。

1. "利润总额计算"中的项目，按照国家统一会计制度口径计算填报。实行企业会计准则、小企业会计准则、企业会计制度、分行业会计制度纳税人其数据直接取自利润表；实行事业单位会计准则的纳税人其数据取自收入支出表；实行民间非营利组织会计制度纳税人其数据取自业务活动表；实行其他国家统一会计制度的纳税人，根据本表项目进行分析填报。

2. "应纳税所得额计算"和"应纳税额计算"中的项目，除根据主表逻辑关系计算的外，通过附表相应栏次填报。

《企业所得税年度纳税申报表（A 类）》及其附表依据表内数据填报方式，可以分为三种方式填报的栏次：一是表内计算栏次，二是依据附表填报的栏次，三是直接填报的栏次。

3.1.2 利润总额的填报方法

"利润总额计算"中的项目，按照国家统一会计制度口径计算填报。实行企业会计准则、小企业会计准则、企业会计制度、分行业会计制度的纳税人，其数据直接取自利润表；实行事业单位会计准则的纳税人，其数据取自收入支出表；实行民间非营利组织会计制度的纳税人，其数据取自业务活动表；实行其他国家统一会计制度的纳税人，根据本表项目进行分析填报。

利润总额部分的收入、成本、费用明细项目，根据执行会计制度的类型选择填报适用的明细申报表。

（1）一般工商企业纳税人，通过《一般企业收入明细表》（A101010）和《一般企业成本支出明细表》（A102010）相应栏次填报；

（2）金融企业纳税人，通过《金融企业收入明细表》（A101020）和《金融企业支出明细表》（A102020）相应栏次填报；

（3）事业单位、社会团体、民办非企业单位、非营利组织等纳税人，通过《事业单位、民间非营利组织收入、支出明细表》（A103000）相应栏次填报。

3.1.3 应纳税所得额的计算填报方法

"应纳税所得额计算"中的项目，除根据主表逻辑关系计算的外，通过附表相应栏次填报。

主表"应纳税所得额"的填报流程如图 3-1 所示：

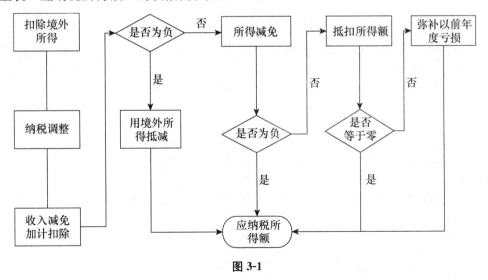

图 3-1

3.1.4 应纳税额的计算填报方法

"应纳税所得额计算"和"应纳税额计算"中的项目，除根据主表逻辑关系计算的外，通过附表相应栏次填报。

3.1.5　附列资料的填报方法

"附列资料"填报用于税源统计分析的上一纳税年度税款在本纳税年度抵减或入库金额。

3.1.6　表内、表间关系

一、表内关系

（1）表 A100000 第 10 行＝第 1－2－3－4－5－6－7＋8＋9 行。

（2）表 A100000 第 13 行＝第 10＋11－12 行。

（3）表 A100000 第 19 行＝第 13－14＋15－16－17＋18 行。

（4）表 A100000 第 23 行＝第 19－20－21－22 行。

（5）表 A100000 第 25 行＝第 23×24 行。

（6）表 A100000 第 28 行＝第 25－26－27 行。

（7）表 A100000 第 31 行＝第 28＋29－30 行。

（8）表 A100000 第 33 行＝第 31－32 行。

二、表间关系

（1）表 A100000 第 1 行＝表 A101010 第 1 行，或表 A101020 第 1 行，或表 A103000 第 2＋3＋4＋5＋6 行，或表 A103000 第 11＋12＋13＋14＋15 行。

（2）表 A100000 第 2 行＝表 A102010 第 1 行，或表 A102020 第 1 行，或表 A103000 第 19＋20＋21＋22 行，或表 A103000 第 25＋26＋27 行。

（3）表 A100000 第 4 行＝表 A104000 第 25 行第 1 列。

（4）表 A100000 第 5 行＝表 A104000 第 25 行第 3 列。

（5）表 A100000 第 6 行＝表 A104000 第 25 行第 5 列。

（6）表 A100000 第 11 行 ＝ 表 A101010 第 16 行，或表 A101020 第 35 行，或表 A103000 第 9 行或第 17 行。

（7）表 A100000 第 12 行 ＝ 表 A102010 第 16 行，或表 A102020 第 33 行，或表 A103000 第 23 行或第 28 行。

（8）表 A100000 第 14 行＝表 A108010 第 10 行第 14 列－第 11 列。

（9）表 A100000 第 15 行＝表 A105000 第 43 行第 3 列。

（10）表 A100000 第 16 行＝表 A105000 第 43 行第 4 列。

（11）表 A100000 第 17 行＝表 A107010 第 27 行。

（12）表 A100000 第 18 行＝表 A108000 第 10 行第 6 列。（当本表第 13－14＋15－16－17 行≥0 时，本行＝0。）

（13）表 A100000 第 20 行＝表 A107020 第 40 行第 7 列。

（14）表 A100000 第 21 行＝表 A107030 第 7 行。

（15）表 A100000 第 22 行＝表 A106000 第 6 行第 10 列。

（16）表 A100000 第 26 行＝表 A107040 第 29 行。

（17）表 A100000 第 27 行＝表 A107050 第 7 行第 11 列。

（18）表 A100000 第 29 行＝表 A108000 第 10 行第 9 列。

（19）表 A100000 第 30 行＝表 A108000 第 10 行第 19 列。

（20）表 A100000 第 34 行＝表 A109000 第 12＋16 行。

（21）表 A100000 第 35 行＝表 A109000 第 13 行。

（22）表 A100000 第 36 行＝表 A109000 第 15 行。

3.2 利润总额的填报和审核

3.2.1 填报方法

主表"利润总额计算"中的项目，按照国家统一会计制度口径计算填报。实行《企业会计准则》的纳税人，其数据直接取自利润表；实行其他国家统一会计制度的纳税人，与本表不一致的项目，按照其利润表项目进行分析填报。

3.2.2 数据来源

利润总额的计算，由第 1 行至第 13 行共 13 个栏次组成，根据表间逻辑关系，可以分为以下三类。

（一）直接填报的栏次。

（1）表 A100000 第 3 行"营业税金及附加"；

（2）表 A100000 第 7 行"资产减值损失"；

（3）表 A100000 第 8 行"公允价值变动收益"；

（4）表 A100000 第 9 行"投资收益"。

（二）表内计算栏次。

（1）表 A100000 第 10 行"营业利润"；

（2）表 A100000 第 13 行"利润总额"。

（三）依据附表填报的栏次。

（1）表 A100000 第 1 行"营业收入"（数据来源于表 A101010、表 A101020、表 A103000）；

（2）表 A100000 第 2 行"营业成本"（数据来源于表 A102010、表 A102020、表 A103000）；

（3）表 A100000 第 4 行"销售费用"（数据来源于表 A104000）；

（4）表 A100000 第 5 行"管理费用"（数据来源于表 A104000）；

（5）表 A100000 第 6 行"财务费用"（数据来源于表 A104000）；

（6）表 A100000 第 11 行"营业外收入"（数据来源于表 A101010、表 A101020、表 A103000）；

（7）表 A100000 第 12 行"营业外支出"（数据来源于表 A102010、表 A102020、表 A103000）。

3.3 营业收入的填报和审核

3.3.1 主表营业收入的填报和审核

3.3.1.1 填报说明

《企业所得税年度纳税申报表（A 类）》（A100000）第 1 行"营业收入"：填报纳税人主

要经营业务和其他经营业务取得的收入总额。本行根据"主营业务收入"和"其他业务收入"的数额填报。一般企业纳税人通过《一般企业收入明细表》（A101010）填报；金融企业纳税人通过《金融企业收入明细表》（A101020）填报；事业单位、社会团体、民办非企业单位、非营利组织等纳税人通过《事业单位、民间非营利组织收入、支出明细表》（A103000）填报。

3.3.1.2 与附表的关系

表 A100000 第 1 行＝表 A101010 第 1 行，或表 A101020 第 1 行，或表 A103000 第 2＋3＋4＋5＋6 行，或表 A103000 第 11＋12＋13＋14＋15 行。

3.3.2 营业收入明细表的填报和审核

详细内容参见第 4 章"收入、成本、费用明细表的填报和审核"有关内容。

3.4 营业成本的填报和审核

3.4.1 主表营业成本的填报和审核

3.4.1.1 填报说明

《企业所得税年度纳税申报表（A 类）》（A100000）第 2 行"营业成本"项目：填报纳税人主要经营业务和其他经营业务发生的成本总额。本行根据"主营业务成本"和"其他业务成本"的数额填报。一般企业纳税人通过《一般企业成本支出明细表》（A102010）填报；金融企业纳税人通过《金融企业支出明细表》（A102020）填报；事业单位、社会团体、民办非企业单位、非营利组织等纳税人，通过《事业单位、民间非营利组织收入、支出明细表》（A103000）填报。

3.4.1.2 与附表的关系

表 A100000 第 2 行＝表 A102010 第 1 行，或表 A102020 第 1 行，或表 A103000 第19＋20＋21＋22 行，或表 A103000 第 25＋26＋27 行。

3.4.2 营业成本明细表的填报和审核

详细内容参见第 4 章"收入、成本、费用明细表的填报和审核"有关内容。

3.5 营业税金及附加的填报和审核

3.5.1 填报说明

《企业所得税年度纳税申报表（A 类）》（A100000）第 3 行"营业税金及附加"：填报纳税人经营活动发生的营业税、消费税、城市维护建设税、资源税、土地增值税和教育费附加等相关税费。本行根据纳税人相关会计科目填报。纳税人在其他会计科目核算的本行不得重复填报。

3.5.2 填报数据来源

执行《企业会计制度》的纳税人，第 3 行"营业税金及附加"的填报数据来源为"主营业务税金及附加"科目及"应交税金"科目的二级明细科目。

执行《企业会计准则》和《小企业会计准则》的纳税人，第 3 行"营业税金及附加"的填报数据来源为"主营业务税金及附加"科目及"应交税费"科目的二级明细科目、记录的会计数据。

3.6 期间费用的填报和审核

3.6.1 填报说明

《企业所得税年度纳税申报表（A类）》（A100000）第 4 行"销售费用"：填报纳税人在销售商品和材料、提供劳务的过程中发生的各种费用。本行通过《期间费用明细表》（A104000）中对应的"销售费用"填报。

第 5 行"管理费用"：填报纳税人为组织和管理企业生产经营发生的管理费用。本行通过《期间费用明细表》（A104000）中对应的"管理费用"填报。

第 6 行"财务费用"：填报纳税人为筹集生产经营所需资金等发生的筹资费用。本行通过《期间费用明细表》（A104000）中对应的"财务费用"填报。

3.6.2 与附表的关系

根据主表设计的逻辑关系和《期间费用明细表》（A104000）的填报要求，主表第 4 行"销售费用"、第 5 行"管理费用"、第 6 行"财务费用"，应根据《期间费用明细表》（A104000）第 25 行的第 1 列、第 3 列、第 5 列的有关数据填列。表 A104000 与主表的关系如下：

（1）表 A100000 第 4 行＝表 A104000 第 25 行第 1 列。

（2）表 A100000 第 5 行＝表 A104000 第 25 行第 3 列。

（3）表 A100000 第 6 行＝表 A104000 第 25 行第 5 列。

3.6.3 填报审核

详细内容参见第 4 章"收入、成本、费用明细表的填报和审核"有关内容。

3.7 资产减值损失的填报和审核

3.7.1 填报说明

《企业所得税年度纳税申报表（A类）》第 7 行"资产减值损失"：填报纳税人计提各项

资产准备发生的减值损失。本行根据企业"资产减值损失"科目上的数额填报。实行其他会计准则等的纳税人比照填报。

3.7.2 填报数据来源

执行《企业会计准则》的纳税人，第 7 行"资产减值损失"的填报数据来源为"资产减值损失"科目记录的会计数据。

3.7.3 填报审核

（一）执行《小企业会计准则》的纳税人，资产应当按照成本计量，不计提资产减值准备，因此该行数据应不填列。

（二）执行《企业会计制度》的纳税人，对于资产减值损失已在表 A102010 第 20 行"非常损失"中填报的，本行不再填报。

（三）资产减值损失的审核要点。

（1）资产减值损失发生情况；

（2）资产减值损失计提方法；

（3）资产减值损失的会计处理中存在的差错；

（4）资产减值损失的资产负债表日后事项。

（四）资产减值损失的审核方法。

（1）对于经审核未发现差错的，直接采集资产减值损失的数据；

（2）对于经审核发现会计处理差错的，应在更正后，才能作为资产减值损失的申报数据；

（3）对于经审核发生资产负债表日后事项的，应在考虑资产负债表日后事项后进行数据采集。

3.8 公允价值变动收益的填报和审核

3.8.1 填报说明

《企业所得税年度纳税申报表（A 类）》第 8 行"公允价值变动收益"：填报纳税人在初始确认时划分为以公允价值计量且其变动计入当期损益的金融资产或金融负债（包括交易性金融资产或负债，直接指定为以公允价值计量且其变动计入当期损益的金融资产或金融负债），以及采用公允价值模式计量的投资性房地产、衍生工具和套期业务中公允价值变动形成的应计入当期损益的利得或损失。本行根据企业"公允价值变动损益"科目的数额填报（损失以"－"号填列）。

3.8.2 填报数据来源

执行《企业会计准则》的纳税人，第 8 行"公允价值变动收益"的填报数据来源为"公允价值变动损益"科目记录的会计数据。

3.8.3 填报审核

执行《企业会计制度》和《小企业会计准则》的纳税人，不填报此行。执行《企业会计准则》的纳税人填报此行，具体审核要点如下：

（一）公允价值变动损益的审核要点。

（1）公允价值变动损益发生情况；

（2）公允价值变动损益计提方法；

（3）公允价值变动损益的会计处理中存在的差错；

（4）公允价值变动损益的资产负债表日后事项。

（二）公允价值变动损益的审核方法。

（1）对于经审核未发现差错的，直接采集公允价值变动损益的数据；

（2）对于经审核发现会计处理差错的，应在更正后，才能作为公允价值变动损益的申报数据；

（3）对于经审核发生资产负债表日后事项的，应在考虑资产负债表日后事项后进行数据采集。

3.9 投资收益的填报和审核

3.9.1 填报说明

《企业所得税年度纳税申报表（A 类）》第 9 行"投资收益"：填报纳税人以各种方式对外投资确认所取得的收益或发生的损失。根据企业"投资收益"科目的数额计算填报；实行《事业单位会计准则》的纳税人根据"其他收入"科目中的投资收益金额分析填报（损失以"一"号填列）。实行其他会计准则等的纳税人比照填报。

3.9.2 填报数据来源

第 9 行"投资收益"的填报数据来源为"投资收益"科目或"其他收入"科目记录的会计数据。

3.9.3 填报审核

（一）投资收益的审核要点。

（1）投资收益发生情况；

（2）投资收益计提方法；

（3）投资收益的会计处理中存在的差错；

（4）投资收益的资产负债表日后事项。

（二）投资收益的审核方法。

（1）对于经审核未发现差错的，直接采集投资收益的数据；

（2）对于经审核发现会计处理差错的，应在更正后，才能作为投资收益的申报数据；

（3）对于经审核发生资产负债表日后事项的，应在考虑资产负债表日后事项后进行数据采集。

3.10 营业外收入的填报和审核

3.10.1 填报说明

《企业所得税年度纳税申报表（A类）》（A100000）第11行"营业外收入"：填报纳税人取得的与其经营活动无直接关系的各项收入的金额。一般企业纳税人通过《一般企业收入明细表》（A101010）填报；金融企业纳税人通过《金融企业收入明细表》（A101020）填报；实行事业单位会计准则或民间非营利组织会计制度的纳税人通过《事业单位、民间非营利组织收入、支出明细表》（A103000）填报。

3.10.2 填报审核

详细内容参见第4章"收入、成本、费用明细表的填报和审核"有关内容。

3.11 营业外支出的填报和审核

3.11.1 填报说明

《企业所得税年度纳税申报表（A类）》（A100000）第12行"营业外支出"：填报纳税人发生的与其经营活动无直接关系的各项支出的金额。一般企业纳税人通过《一般企业成本支出明细表》（A102010）填报；金融企业纳税人通过《金融企业支出明细表》（A102020）填报；执行《事业单位会计准则》或《民间非营利组织会计制度》的纳税人通过《事业单位、民间非营利组织收入、支出明细表》（A103000）填报。

3.11.2 填报审核

详细内容参见第4章"收入、成本、费用明细表的填报和审核"有关内容。

3.12 应纳税所得额的填报和审核

3.12.1 填报数据来源

应纳税所得额的计算，由第14行至第23行的10个栏次组成，根据表间逻辑关系，没有直接填报的栏次，只有表内计算栏次和依据附表填报的栏次，具体情况如下：

（一）表内计算栏次。

（1）《企业所得税年度纳税申报表（A 类）》（A100000）第 19 行"纳税调整后所得"；

（2）第 23 行"应纳税所得额"。

（二）依据附表填报的栏次。

（1）第 14 行"境外所得"（数据来源于表 A108010）。

（2）第 15 行"纳税调整增加额"（数据来源于表 A105000）。

（3）第 16 行"纳税调整减少额"（数据来源于表 A105000）。

（4）第 17 行"免税、减计收入及加计扣除"（数据来源于表 A107010）。

（5）第 18 行"境外应税所得抵减境内亏损"（数据来源于表 A108000）。

（6）第 20 行"所得减免"（数据来源于表 A107020）。

（7）第 21 行"抵扣应纳税所得额"（数据来源于表 A107030）。

（8）第 22 行"弥补以前年度亏损"（数据来源于表 A106000）。

3.12.2 应纳税所得额的计算

3.12.2.1 境外所得

一、填报说明

《企业所得税年度纳税申报表（A 类）》（A100000）第 14 行"境外所得"：填报纳税人发生的分国（地区）别取得的境外所得计入利润总额的金额。填报《境外所得纳税调整后所得明细表》（A108010）第 14 列减去第 11 列的差额。

二、填报数据来源

表 A100000 第 14 行＝表 A108010 第 10 行第 14－11 列。

3.12.2.2 纳税调整增加额

一、填报说明

《企业所得税年度纳税申报表（A 类）》（A100000）第 15 行"纳税调整增加额"：填报纳税人会计处理与税收规定不一致，进行纳税调整增加的金额。本行通过《纳税调整项目明细表》（A105000）"调增金额"列填报。

二、填报数据来源

表 A100000 第 15 行＝表 A105000 第 43 行第 3 列。

3.12.2.3 纳税调整减少额

一、填报说明

《企业所得税年度纳税申报表（A 类）》（A100000）第 16 行"纳税调整减少额"：填报纳税人会计处理与税收规定不一致，进行纳税调整减少的金额。本行通过《纳税调整项目明细表》（A105000）"调减金额"列填报。

二、填报数据来源

表 A100000 第 16 行＝表 A105000 第 43 行第 4 列。

3.12.2.4 免税、减计收入及加计扣除

一、填报说明

《企业所得税年度纳税申报表（A 类）》（A100000）第 17 行"免税、减计收入及加计扣除"：填报属于税法规定免税收入、减计收入、加计扣除金额。本行通过《免税、减计收入及加计扣除优惠明细表》（A107010）填报。

二、填报数据来源

表 A100000 第 17 行＝表 A107010 第 27 行。

3.12.2.5 境外应税所得抵减境内亏损

一、填报说明

《企业所得税年度纳税申报表（A 类）》（A100000）第 18 行"境外应税所得抵减境内亏

损"：填报纳税人根据税法规定，选择用境外所得抵减境内亏损的数额。本行通过《境外所得税收抵免明细表》（A108000）填报。

二、填报数据来源

表 A100000 第 18 行＝表 A108000 第 10 行第 6 列。（当本表第 13－14＋15－16－17 行≥0 时，本行＝0）。

3.12.2.6 纳税调整后所得

一、填报说明

《企业所得税年度纳税申报表（A类）》（A100000）第 19 行"纳税调整后所得"：填报纳税人经过纳税调整、税收优惠、境外所得计算后的所得额。

二、填报数据来源

第 19 行"纳税调整后所得"为表内计算栏次，根据下列公式计算得出填报数据：

表 A100000 第 19 行＝第 13－14＋15－16－17＋18 行。

3.12.2.7 所得减免

一、填报说明

《企业所得税年度纳税申报表（A类）》（A100000）第 20 行"所得减免"：填报属于税法规定所得减免金额。本行通过《所得减免优惠明细表》（A107020）填报，本行＜0 时，填写负数。

二、填报数据来源

表 A100000 第 20 行＝表 A107020 第 40 行第 21 列。

3.12.2.8 抵扣应纳税所得额

一、填报说明

《企业所得税年度纳税申报表（A类）》（A100000）第 21 行"抵扣应纳税所得额"：填报根据税法规定应抵扣的应纳税所得额。本行通过《抵扣应纳税所得额明细表》（A107030）填报。

二、填报数据来源

表 A100000 第 21 行＝表 A107030 第 21 行。

3.12.2.9 弥补以前年度亏损

一、填报说明

《企业所得税年度纳税申报表（A类）》（A100000）第 22 行"弥补以前年度亏损"：填报纳税人按照税法规定可在税前弥补的以前年度亏损的数额，本行根据《企业所得税弥补亏损明细表》（A106000）填报。

二、填报数据来源

表 A100000 第 22 行＝表 A106000 第 6 行第 10 列。

3.12.2.10 应纳税所得额

一、填报说明

《企业所得税年度纳税申报表（A类）》（A100000）第 23 行"应纳税所得额"：金额等于本表第 19－20－21－22 行计算结果。本行不得为负数。若本表第 19 行或者按照上述行次顺序计算结果本行为负数，本行金额填零。

二、填报数据来源

第 23 行"应纳税所得额"为表内计算栏次，根据下列公式计算得出填报数据：

表 A100000 第 23 行＝第 19－20－21－22 行

3.13 应纳税额的计算填报和审核

3.13.1 填报数据来源

应纳税额的计算和附列资料，由第 26 行至第 42 行的 17 个栏次组成，根据表间逻辑关系，可以分为以下三类：

（一）直接填报的栏次。

（1）《企业所得税年度纳税申报表（A类）》（A100000）第 24 行"税率"。

（2）第 32 行"减：本年累计实际已预缴的所得税额"。

（3）第 37 行"以前年度多缴的所得税在本年抵减额"。

（4）第 38 行"以前年度应缴未缴在本年入库所得额"。

（二）表内计算栏次。

（1）《企业所得税年度纳税申报表（A类）》（A100000）第 25 行"应纳所得税额"。

（2）第 28 行"应纳税额"。

（3）第 31 行"实际应纳所得税额"。

（4）第 33 行"本年应补（退）的所得税额"。

（三）依据附表填报的栏次。

（1）《企业所得税年度纳税申报表（A类）》（A100000）第 26 行"减：减免所得税额"（A107040）。

（2）第 27 行"减：抵免所得税额"（A107050）。

（3）第 29 行"加：境外所得应纳所得税额"（A108000）。

（4）第 30 行"减：境外所得抵免所得税额"（A108000）。

（5）第 34 行"总机构分摊本年应补（退）所得税额"（A109000）。

（6）第 35 行"财政集中分配本年应补（退）所得税额"（A109000）。

（7）第 36 行"总机构主体生产经营部门分摊本年应补（退）所得税额"（A109000）。

3.13.2 应纳税额的计算

3.13.2.1 税 率

《企业所得税年度纳税申报表（A类）》（A100000）第 24 行"税率"：填报税法规定的税率 25%。

3.13.2.2 应纳所得税额

一、填报说明

《企业所得税年度纳税申报表（A类）》（A100000）第 25 行"应纳所得税额"：金额等于本表第 23×24 行。

二、填报数据来源

本行为表内计算栏次，根据下列公式计算得出填报数据：

表 A100000 第 25 行＝第 23×24 行

3.13.2.3 减免所得税额

一、填报说明

《企业所得税年度纳税申报表（A类）》（A100000）第 26 行"减免所得税额"：填报纳

税人按税法规定实际减免的企业所得税额。本行通过《减免所得税优惠明细表》（A107040）填报。

二、填报数据来源

本行通过《减免所得税优惠明细表》（A107040）填报。

表A100000第26行＝表A107040第34行。

3.13.2.4 抵免所得税额

一、填报说明

《企业所得税年度纳税申报表（A类）》（A100000）第27行"抵免所得税额"：填报企业当年的应纳所得税额中抵免的金额。本行通过《税额抵免优惠明细表》（A107050）填报。

二、填报数据来源

表A100000第27行＝表A107050第7行第11列。

3.13.2.5 应纳税额

一、填报说明

《企业所得税年度纳税申报表（A类）》（A100000）第28行"应纳税额"：金额等于本表第25－26－27行。

二、填报数据来源

本行为表内计算栏次，根据下列公式计算得出填报数据：

表A100000第28行＝第25－26－27行

3.13.2.6 境外所得应纳所得税额

一、填报说明

《企业所得税年度纳税申报表（A类）》（A100000）第29行"境外所得应纳所得税额"：填报纳税人来源于中国境外的所得按照我国税法规定计算的应纳所得税额。本行通过《境外所得税收抵免明细表》（A108000）填报。

二、填报数据来源

表A100000第29行＝表A108000第10行第9列。

3.13.2.7 境外所得抵免所得税额

一、填报说明

《企业所得税年度纳税申报表（A类）》（A100000）第30行"境外所得抵免所得税额"：填报纳税人来源于中国境外所得依照中国境外税收法律以及相关规定应缴纳并实际缴纳（包括视同已实际缴纳）的企业所得税性质的税款（准予抵免税款）。本行通过《境外所得税收抵免明细表》（A108000）填报。

二、填报数据来源

表A100000第30行＝表A108000第10行第19列。

3.13.2.8 实际应纳所得税额

一、填报说明

《企业所得税年度纳税申报表（A类）》（A100000）第31行"实际应纳所得税额"：填报纳税人当期的实际应纳所得税额。金额等于本表第28＋29－30行。

二、填报数据来源

本行为表内计算栏次，根据下列公式计算得出填报数据：

表A100000第31行＝第28＋29－30行

3.13.2.9 本年累计实际已预缴的所得税额

一、填报说明

《企业所得税年度纳税申报表（A类）》（A100000）第32行"本年累计实际已预缴的所

得税额"：填报纳税人按照税法规定本纳税年度已在月（季）度累计预缴的所得税额，包括按照税法规定的特定业务已预缴（征）的所得税额，建筑企业总机构直接管理的跨地区设立的项目部按规定向项目所在地主管税务机关预缴的所得税额。

二、填报数据来源

本行的填报数据来源为本年度应交税费会计核算资料、四个季度的企业所得税月（季）度预缴纳税申报表（A 类）和税收缴款书。

三、填报注意事项

在进行企业所得税年度纳税申报重新申报时，在申报时出现重新进行以前年度企业所得税申报，主表第 34 行"减：本年累计实际已预缴的所得税额"如何填写的问题，应该按照企业申报年第一至第四季度缴纳企业所得税填报，还是按照企业申报年第一至第四季度及汇算清缴补交税款填报？

实际操作中，在填报时按照企业申报年第一至第四季度缴纳企业所得税填报，不包含汇算清缴补交税款。

3.13.2.10　本年应补（退）的所得税额

一、填报说明

《企业所得税年度纳税申报表（A 类）》（A100000）第 33 行"本年应补（退）的所得税额"：填报纳税人当期应补（退）的所得税额。金额等于本表第 31—32 行。

二、填报数据来源

本行为表内计算栏次，根据下列公式计算得出填报数据：

表 A100000 第 33 行＝第 31—32 行

3.13.2.11　总机构分摊本年应补（退）所得税额

一、填报说明

《企业所得税年度纳税申报表（A 类）》（A100000）第 34 行"总机构分摊本年应补（退）所得税额"：填报汇总纳税的总机构按照税法规定在总机构所在地分摊本年应补（退）所得税款。本行根据《跨地区经营汇总纳税企业年度分摊企业所得税明细表》（A109000）填报。

二、填报数据来源

表 A100000 第 34 行＝表 A109000 第 12＋16 行。

3.13.2.12　财政集中分配本年应补（退）所得税额

一、填报说明

《企业所得税年度纳税申报表（A 类）》（A100000）第 35 行"财政集中分配本年应补（退）所得税额"：填报汇总纳税的总机构按照税法规定财政集中分配本年应补（退）所得税款。本行根据《跨地区经营汇总纳税企业年度分摊企业所得税明细表》（A109000）填报。

二、填报数据来源

表 A100000 第 35 行＝表 A109000 第 13 行。

3.13.2.13　总机构主体生产经营部门分摊本年应补（退）所得税额

一、填报说明

《企业所得税年度纳税申报表（A 类）》（A100000）第 36 行"总机构主体生产经营部门分摊本年应补（退）所得税额"：填报汇总纳税的总机构所属的具有主体生产经营职能的部门按照税法规定应分摊的本年应补（退）所得税额。本行根据《跨地区经营汇总纳税企业年度分摊企业所得税明细表》（A109000）填报。

二、填报数据来源

表 A100000 第 36 行＝表 A109000 第 15 行。

3.14 附列资料的填报和审核

3.14.1 以前年度多缴的所得税额在本年抵减额

3.14.1.1 填报说明

《企业所得税年度纳税申报表（A 类）》（A100000）第 37 行"以前年度多缴的所得税额在本年抵减额"：填报纳税人以前纳税年度汇算清缴多缴的税款尚未办理退税、并在本纳税年度抵缴的所得税额。

3.14.1.2 填报数据来源

本行的填报数据来源为本年度应交税费会计核算资料和报送税务机关的纳税申报资料，或中介机构出具的年度企业所得税汇算清缴鉴证报告。

3.14.2 以前年度应缴未缴在本年入库所得额

3.14.2.1 填报说明

《企业所得税年度纳税申报表（A 类）》（A100000）第 38 行"以前年度应缴未缴在本年入库所得额"：填报纳税人以前纳税年度应缴未缴在本纳税年度入库所得税额。

3.14.2.2 填报数据来源

本行的填报数据来源为本年度应交税费会计核算资料和税收缴款书。

3.15 利润总额计算类的主表项目填报案例

一、案例基本情况

（一）投资收益。

甲公司 2015 年度会计确认投资收益 7 550 000.00 元。2015 年度未发生投资收益会计调整行为。

（二）营业税金及附加。

甲公司 2014 年度会计确认营业税金及附加 155 771.12 元，其中：营业税 50 000.00 元，城建税 66 106.95 元，教育费附加 39 664.17 元。2015 年度未发生营业税金及附加会计调整行为。

（三）资产减值损失。

甲公司 2014 年度会计确认资产减值损失 100 000.00 元。2015 年度未发生资产减值损失会计调整行为。

（四）公允价值损益变动。

甲公司 2014 年度会计确认公允价值变动损益 100 000.00 元。2015 年度未发生公允价值损益变动会计调整行为。

二、填报情况

具体填报情况见表 3-1。

表 3-1   中华人民共和国企业所得税年度纳税申报表（A 类）

行次	类别	项目	金额
1	利润总额计算	一、营业收入（数据来源于表 A101010、表 101020、表 103000）	
2		减：营业成本（数据来源于表 A102010、表 102020、表 103000）	
3		营业税金及附加	155 771.12
4		销售费用（数据来源于表 A104000）	
5		管理费用（数据来源于表 A104000）	
6		财务费用（数据来源于表 A104000）	
7		资产减值损失	100 000.00
8		加：公允价值变动收益	100 000.00
9		投资收益	7 550 000.00
10		二、营业利润（1－2－3－4－5－6－7＋8＋9）	
11		加：营业外收入（数据来源于表 A101010、表 101020、表 103000）	
12		减：营业外支出（数据来源于表 A102010、表 102020、表 103000）	
13		三、利润总额（10＋11－12）	

第 4 章
收入、成本、费用明细表的填报和审核

4.1 《一般企业收入明细表》（A101010）的填报和审核

4.1.1 《一般企业收入明细表》概述

4.1.1.1 适用范围

《一般企业收入明细表》（A101010）适用于执行除《事业单位会计准则》、《非营利企业会计制度》以外的其他国家统一会计制度的非金融企业纳税人填报。

4.1.1.2 填报依据

纳税人应根据国家统一会计制度的规定，填报"主营业务收入"、"其他业务收入"和"营业外收入"。根据《中华人民共和国企业所得税法》及其实施条例、相关税收政策、《企业会计制度》、《小企业会计制度》、《企业会计准则》，以及分行业会计制度的规定，填报"主营业务收入"、"其他业务收入"和"营业外收入"，以及根据税法规定确认的"视同销售收入"。

4.1.1.3 填报数据来源

《一般企业收入明细表》（A101010）的填报数据来源为：根据《中华人民共和国企业所得税法》及其实施条例以及《企业会计制度》、《企业会计准则》等核算的"主营业务收入"、"其他业务收入"和"营业外收入"。

《一般企业收入明细表》（A101010）对数据来源分两类进行填报：

第一类是税法定义的经营性业务收入，包括会计上作为收入项目的主营业务收入、其他业务收入；

第二类是税法定义的非经营性收入，包括会计上作为收入项目的营业外收入。

4.1.1.4 收入的审核

（一）收入的审核要点。

（1）收入的发生情况；

（2）收入的确认和计量方法；

（3）收入的会计处理中存在的差错；

（4）收入的资产负债表日后事项；

（5）应收款等往来科目中，应确认未确认收入大额销售事项的纳税调整情况。

（二）收入的审核方法。

（1）对于经审核未发现差错的，直接采集收入的数据；

（2）对于经审核发现会计处理差错的，应在更正后，才能作为收入的申报数据；

（3）对于经审核发生资产负债表日后事项的，应在考虑资产负债表日后事项后进行数据采集。

4.1.1.5　填报注意事项

一、执行《企业会计制度》纳税人的时间性差异和永久性差异

（一）时间性差异的调整。

对由于确认时间不同产生的差异事项，填报时应该注意以下问题：如果按税法要求应该在报告年度确认，填报时应在《纳税调整项目明细表》（A105000）中反映，但是在以后年度会计上确认收入时已经提前完税，在该会计年度应作相应的纳税调整减少处理。这就要求企业的有关人员对这类事项做好备查簿登记，并在申报纳税的报告年度取得证据，还应注意向税务机关做必要的申报说明。

（二）永久性差异的调整。

对由于确认的范围与内容不同产生的差异事项，应按税法要求在报告年度确认，并在《视同销售和房地产开发企业特定业务纳税调整明细表》（A105010）相关栏次和《纳税调整项目明细表》（A105000）中相关栏次反映。需要注意以下两个问题：

（1）按会计制度规定核算时作为收益计入会计报表的，在计算应税所得时不确认为收益。

（2）按会计制度规定核算时不作为收益计入会计报表的，在计算应税所得时作为收益，需要缴纳所得税。

二、执行《企业会计准则》纳税人的暂时性差异

暂时性差异是指从资产和负债看，一项资产或一项负债的计税基础和其在资产负债表中的账面价值之间的差额。该项差异在以后年度资产收回或负债清偿时，会产生应税利润或可抵扣金额。

时间性差异一定是暂时性差异，但暂时性差异并不都是时间性差异。以下情况将产生暂时性差异而不产生时间性差异：

（1）子公司、联营企业或合营企业没有向母公司分配全部利润；

（2）重估资产而在计税时不予调整；

（3）企业合并采用购买法的购买成本，根据所取得的可辨认资产和负债的公允价值分配计入这些可辨认资产和负债，而在计税时不作相应调整；

（4）作为报告企业整体组成部分的国外经营主体的非货币性资产和负债以历史汇率折算；

（5）资产和负债的初始确认的账面金额不同于其初始计税基础。

暂时性差异是以资产负债表中一项资产或负债的账面金额与其计税基础之间的差额认定的，强调的是差异的内容，其目的在于使资产负债表的递延税款余额更加具有实际意义。关于计税基础，具体来说，包括以下两个方面：

1. 一项资产的计税基础是指按照税法的规定在销售或使用该资产时，允许作为成本或费用在税前列支的金额。例如，企业持有存货的总额 400 万元，当年计提了 100 万元的存货跌价准备，则此时该存货的账面价值为 300 万元。由于该存货未来可作为成本或费用在所得税前列支的金额为 400 万元，即存货的计税基础是 400 万元，因此有 100 万元的暂时性差异产生。

2. 一项负债的计税基础是其账面金额减去该负债在未来期间可税前列支的金额之间的差额。例如，企业预提下年度的银行流动资金借款利息 10 万元，则预提费用账面价值为 10 万元。由于税法规定预提费用只有待实际支付时方可在税前列支，因此该项负债的计税基础应该为 0 元，即以 10 万元预提费用的账面价值减去该负债在未来期间可税前抵扣的金额 10 万元，此时预提费用的暂时性差异为 10 万元。

暂时性差异又分为应税暂时性差异和可抵扣暂时性差异。应税暂时性差异，将导致使用或处置资产、偿付负债的未来期间内增加应纳税所得额，由此产生递延所得税负债的差异。可抵扣暂时性差异，将导致使用或处置资产、偿付负债的未来期间内减少应纳税所得额，由此产生递延所得税资产的差异。

4.1.1.6 表内、表间关系

（一）表内关系。

（1）表 A101010 第 1 行＝第 2＋9 行。

（2）表 A101010 第 2 行＝第 3＋5＋6＋7＋8 行。

（3）表 A101010 第 9 行＝第 10＋12＋13＋14＋15 行。

（4）表 A101010 第 16 行＝第 17＋18＋19＋20＋21＋22＋23＋24＋25＋26 行。

（二）表间关系。

（1）表 A101010 第 1 行＝表 A100000 第 1 行。

（2）表 A101010 第 16 行＝表 A100000 第 11 行。

4.1.2 主营业务收入的填报和审核

4.1.2.1 第 3 行"销售商品收入"、第 4 行"其中：非货币性资产交换收入"

一、填报说明

《一般企业收入明细表》（A101010）第 3 行"销售商品收入"：填报从事工业制造、商品流通、农业生产以及其他商品销售的纳税人取得的主营业务收入。房地产开发企业销售开发产品（销售未完工开发产品除外）取得的收入也在此行填报。

《一般企业收入明细表》（A101010）第 4 行"其中：非货币性资产交换收入"：填报纳税人发生的非货币性资产交换按照国家统一会计制度应确认的主营业务收入。

二、填报数据来源

填报数据来源为企业的"主营业务收入"科目记录的会计数据。

企业作为主营业务的营业收入是通过"主营业务收入"账户核算的。该账户核算企业销售商品、提供劳务及让渡资产使用权等日常活动中所产生的收入，并应按主营业务的种类设置明细账。期末应将该账户的余额转入"本年利润"账户，结转后该账户无余额。

根据《企业会计准则第 7 号——非货币性资产交换》的规定，非货币性资产交换具有商业实质且公允价值能够可靠计量的，换出资产应根据该准则要求确认收入，这里需要披露企业在会计上确认的非货币性资产交换收入 。

4.1.2.2 第 5 行"提供劳务收入"

一、填报说明

《一般企业收入明细表》（A101010）第 5 行"提供劳务收入"：填报纳税人从事建筑安装、修理修配、交通运输、仓储租赁、邮电通信、咨询经纪、文化体育、科学研究、技术服务、教育培训、餐饮住宿、中介代理、卫生保健、社区服务、旅游、娱乐、加工以及其他劳务活动取得的主营业务收入。

二、填报数据来源

本行的填报数据来源为"主营业务收入"科目记录的会计数据。

根据《企业会计制度》的规定，提供劳务的收入可能在劳务完成时确认，也可能按完工百分比法等确认。提供劳务的收入能够可靠估计的，按完工百分比法确认收入。劳务收入在确认时，应按确定的收入金额借记"应收账款"、"银行存款"等科目，贷记"主营业务收入"科目。结转成本时，借记"本年利润"科目，贷记"主营业务成本"科目。企业在年度终了采用完工百分比法确认收入时，"主营业务成本"科目出现余额的，应并入资产负债表中"存货"项目反映。

短期劳务合同，在提供了劳务并开出发票账单时，确认收入的实现。

4.1.2.3 第 6 行"建造合同收入"

一、填报说明

《一般企业收入明细表》（A101010）第 6 行"建造合同收入"：填报纳税人建造房屋、道路、桥梁、水坝等建筑物，以及生产船舶、飞机、大型机械设备等取得的主营业务收入。

二、填报数据来源

对建造合同设置"主营业务收入"科目，核算当期确认的合同收入。当期确认的合同收入记入"主营业务收入"科目的贷方；期末，将"主营业务收入"科目的余额全部转入"本年利润"科目，结转后，"主营业务收入"科目应无余额。

4.1.2.4 第 7 行"让渡资产使用权收入"

一、填报说明

《一般企业收入明细表》（A101010）第 7 行"让渡资产使用权收入"：填报纳税人在主营业务收入项下核算的，让渡无形资产使用权而取得的使用费收入以及出租固定资产、无形资产、投资性房地产取得的租金收入。

二、填报数据来源

本行的填报数据来源为"主营业务收入"科目记录的会计数据。

企业作为主营业务的营业收入是通过"主营业务收入"账户核算的。该账户核算企业销售商品、提供劳务及让渡资产使用权等日常活动中所产生的收入，并应按主营业务的种类设置明细账。期末应将该账户的余额转入"本年利润"账户，结转后该账户无余额。

根据《企业会计准则第 21 号——租赁》的规定，以租赁为主营业务的租赁公司在租赁收入中核算的收入，应放在让渡资产使用权收入中。

4.1.2.5 第 8 行"其他"

一、填报说明

《一般企业收入明细表》（A101010）第 8 行"其他"：填报纳税人按照国家统一会计制度核算、上述未列举的其他主营业务收入。

二、填报数据来源

本行的填报数据来源为企业的"主营业务收入"科目记录的会计数据。

4.1.2.6 填报注意事项

纳税人填报表 A101010 时，可结合"主营业务收入"各明细申报项目发生额，关注以下几点：

（1）《企业会计准则应用指南——会计科目和主要账务处理》规定，采用递延方式分期收款、实质上具有融资性质的销售商品或提供劳务满足收入确认条件的，按应收合同或协议价款，借记"长期应收款"科目，按应收合同或协议价款的公允价值，贷记本科目，按专用发票上注明的增值税额，贷记"应交税费——应交增值税（销项税额）"科目，按其差额，贷记"未实现融资收益"科目。

纳税人应检查自身是否存在上述"分期收款销售商品"处理。如存在，在《未按权责发生制确认收入纳税调整明细表》（A105020）第 6 行"分期收款方式销售商品"和《纳税项目调整明细表》（A105000）第22行"与未实现融资收益相关在当期确认的财务费用"进行税会差异调整。

（2）是否存在作为资产负债表日后调整事项处理的销货退回。如存在，应对应在《纳税项目调整明细表》（A105000）第10行"销售折扣、折让和退回"进行税会差异调整。

（3）是否存在租金、特许权使用费未按合同约定确认收入的情况。如存在，应对应在《未按权责发生制确认收入纳税调整明细表》（A105020）第4行"特许权使用费"进行税会差异调整。

（4）是否存在提供劳务收入确认与税法规定存在差异。如存在，应按税法口径进行调整。

（5）是否存在建造合同未按税收口径确认收入的情况。如存在，应对应在《未按权责发生制确认收入纳税调整明细表》（A105020）第7行"持续时间超过12个月的建造合同收入"进行调整。

4.1.3　其他业务收入的填报和审核

4.1.3.1　其他业务收入概述
一、其他业务的范围

在企业的经营过程中，除了取得主营经营收入外，还会取得一些相对少量的或不经常发生的其他业务收入，或叫非主营业务收入。比如，工业企业的材料销售、外购商品销售、包装物出租、对外提供运输劳务等；施工企业的产品销售、作业销售、提供水、电、气的劳务收入等；商业企业为其他单位代销商品收取的手续费以及开展代修、代配、代租、代回收等业务取得的收入。企业的其他业务收入也分别按不同业务进行明细分类核算（特别是对那些经常发生且收入额较大的业务），以便正确地结转或计算各项业务的营业成本、营业税金和盈亏情况。其他业务收入的实现原则，与主营业务收入的实现原则相同。

二、填报说明

《一般企业收入明细表》（A101020）第9行："其他业务收入"：填报纳税人根据不同行业的业务性质分别核算的其他业务收入。

三、填报数据来源

"其他业务收入"科目应按其他业务的种类，如"材料销售"、"代购代销"、"包装物出租"等设置明细科目，进行明细核算。

企业应设置"其他业务收入"科目，核算企业除主营业务收入以外的其他销售或其他业务的收入，如材料销售、代购代销、包装物出租等收入。期末，应将"其他业务收入"科目的余额转入"本年利润"科目，结转后"其他业务收入"科目应无余额。

四、调整方法

对于未按上述方法进行处理的事项，应作为未按《企业会计制度》和《企业会计准则》规定核算造成的应计未计收入，按要求进行纳税调整，在《纳税调整项目明细表》（A105000）中反映。

4.1.3.2　第10行"材料销售收入"、第11行"其中：非货币性资产交换收入"
一、填报说明

《一般企业收入明细表》（A101010）第10行"材料销售收入"：填报纳税人销售材料、下脚料、废料、废旧物资等取得的收入。

第11行"其中：非货币性资产交换收入"：填报纳税人发生的非货币性资产交换按照国家统一会计制度应确认的其他业务收入。

二、填报数据来源

企业销售原材料，按售价和应收的增值税，借记"银行存款"、"应收账款"等科目，按实现的营业收入，贷记"其他业务收入"科目，按专用发票上注明的增值税税额，贷记"应交税金——应交增值税（销项税额）"科目；月度终了按出售原材料的实际成本，借记"其他业务支出"科目，贷记"原材料"科目。原材料采用计划成本核算的企业，还应分摊材料成本差异。

三、会计数据的审核

在对企业销售残次品（废品）、半残品、附产品和下脚料、边角料等取得的收入进行审核时，应注意企业发生上述业务后的账务处理是否正确。企业常见的错误做法是将取得的收入直接冲减"生产成本"、"产成品"、"制造费用"、"管理费用"或记入"营业外收入"等账户，因此应注意重点审核上述账户的借方红字发生额或贷方发生额的具体内容，并结合"主营业务收入"、"其他业务收入"等明细账以及纳税人的纳税申报表等。

4.1.3.3　第12行"出租固定资产收入"

一、填报说明

《一般企业收入明细表》（A101010）第12行"出租固定资产收入"：填报纳税人将固定资产使用权让与承租人获取的其他业务收入。

二、填报数据来源

本行的填报数据来源为"其他业务收入"的二级科目"出租固定资产收入"记录的会计数据。

4.1.3.4　第13行"出租无形资产收入"

一、填报说明

《一般企业收入明细表》（A101010）第13行"出租无形资产收入"：填报纳税人让渡无形资产使用权取得的其他业务收入。

二、填报数据来源

本行的填报数据来源为"其他业务收入"的二级科目"出租无形资产收入"记录的会计数据。

4.1.3.5　第14行"出租包装物和商品收入"

一、填报说明

《一般企业收入明细表》（A101010）第14行"出租包装物和商品收入"：填报纳税人出租、出借包装物和商品取得的其他业务收入。

二、填报数据来源

本行的填报数据来源为"其他业务收入"科目的二级科目"包装物收入"记录的会计数据。

三、会计数据的审核

审核包装物出租的会计处理方法，核心是审核是否按照《企业会计制度》和《企业会计准则》的规定进行处理，如果不符合规定，应作纳税调整。《企业会计制度》规定，收到出租包装物的租金，借记"现金"、"银行存款"等科目，贷记"其他业务收入"科目，按专用发票上注明的增值税税额，贷记"应交税金——应交增值税（销项税额）"科目；对于逾期未退包装物没收的押金扣除应交增值税后的差额，借记"其他应付款"科目，贷记"其他业务收入"科目。

4.1.3.6　第15行"其他"

一、填报说明

《一般企业收入明细表》（A101010）第15行"其他"：填报纳税人按照国家统一会计制

度核算、上述未列举的其他业务收入。

二、填报数据来源

本行的填报数据来源为"其他业务收入"科目的二级科目"其他"记录的会计数据。

三、会计数据的审核

这项会计处理方法的审核与上述的审核要求是一致的，不符合会计处理要求的也应作纳税调整。

4.1.3.7 填报注意事项

纳税人填报《一般企业收入明细表》（A101010）时，可结合"其他业务收入"各明细申报项目发生额，关注以下几点：

（1）是否存在分期收款销售材料的情况。如存在，应对应在《未按权责发生制确认收入纳税调整明细表》（A105020）第 6 行"分期收款方式销售商品"和《纳税项目调整明细表》（A105000）第 22 行"与未实现融资收益相关在当期确认的财务费用"进行税会差异调整。

（2）是否存在属于资产负债表日后事项的销货退回。如存在，应对应在《纳税项目调整明细表》（A105000）第 10 行"销售折扣、折让和退回"进行税会差异调整。

（3）是否存在出租固定资产、无形资产、投资性房地产、包装物、商品租金未按合同约定确认收入。如存在，应对应在《未按权责发生制确认收入纳税调整明细表》（A105020）第 2 行"租金"进行税会差异调整。

4.1.4 营业外收入的填报和审核

4.1.4.1 营业外收入概述

营业外收入是会计核算中使用的概念，会计制度中的收入只包括主营业务收入和其他业务收入，不包括营业外收入，营业外收入作为一个单独的概念。

税法不使用营业外收入的概念，税法中的收入涵盖企业的各种收入，包括主营业务收入、其他业务收入、营业外收入、投资收益等。营业外收入相当于税法中的其他收入及财产转让收入中的固定资产、无形资产转让收入。

一、填报说明

根据营业外收入填报的总要求，《一般企业收入明细表》（A101010）第 16 行"营业外收入"：填报纳税人计入本科目核算的与生产经营无直接关系的各项收入。

二、《企业会计制度》的规定

营业外收入是指企业发生的与其生产经营无直接关系的各项收益，包括固定资产盘盈、处置固定资产净收益、非货币性交易收益，出售无形资产收益、罚款净收入等。

三、《企业会计准则》的规定

"营业外收入"科目核算企业发生的各项营业外收入，主要包括非流动资产处置利得、非货币性资产交换利得、债务重组利得、政府补助、盘盈利得、捐赠利得等。

四、会计数据审核

对于营业外收入的审核，重点是审核企业营业外收入的核算范围是否符合《企业会计制度》或《企业会计准则》的规定，对未按《企业会计制度》和《企业会计准则》规定核算造成的应计未计收入，按要求在《纳税调整项目明细表》（A105000）进行纳税调整。

五、填报注意事项

在填报时应注意以下几点：

（1）是否存在符合不征税收入确认条件且按不征税收入处理的政府补助。若存在，应对应在《专项用途财政性资金纳税调整明细表》（A105040）第 4 列"其中：计入本年损益的金额"、第 14 列"应计入本年应税收入的金额"，《纳税调整项目明细表》（A105000）第

8 行"不征税收入"进行税会差异调整。

（2）是否存在不符合不征税收入确认条件或符合不征税收入确认条件但未按不征税收入处理的政府补助。若存在，应对应在《未按权责发生制确认收入纳税调整明细表》（A105020）第 10 行"与收益相关的政府补助"、第 11 行"与资产相关的政府补助"进行税会差异调整。

（3）是否存在因为不具备商业实质、具备商业实质但交换资产的公允价值不能可靠计量或其他原因，未按公允价值模式计量的非货币性资产交换利得。若存在，应在《视同销售及房地产开发企业特定业务纳税调整明细表》（A105010）第 2 行"非货币性资产交换视同销售收入"进行税会差异调整。

（4）纳税人的债务重组利得符合《财政部　国家税务总局关于企业重组业务企业所得税处理若干问题的通知》（财税〔2009〕59 号）、《国家税务总局关于发布〈企业重组业务企业所得税管理办法〉的公告》（国家税务总局公告 2010 年第 4 号）相关政策规定的，可递延计算缴纳企业所得税，在《企业重组纳税调整明细表》（A105100）第 1 行"债务重组"进行纳税调整。

4.1.4.2　第 17 行"非流动资产处置利得"

一、填报说明

《一般企业收入明细表》（A101010）第 17 行"非流动资产处置利得"：填报纳税人处置固定资产、无形资产等取得的净收益。

二、填报数据来源

本行的填报数据来源为"固定资产清理"和"营业外收入"科目记录的会计数据。

无形资产转让收入，是指纳税人提供或者转让专利权、非专利技术、商标权、著作权以及其他特许权的所有权而取得的收入和转让土地使用权取得的收入。

无形资产转让收入的确认，应于特许权已经转让，同时收讫价款或取得收取价款的凭据时确认收入的实现。

4.1.4.3　第 18 行"非货币性资产交换利得"

一、填报说明

《一般企业收入明细表》（A101010）第 18 行"非货币性资产交换利得"：填报纳税人发生非货币性资产交换应确认的净收益。

二、填报案例

（一）交易情况。

A 公司以一批产成品交换 B 公司拥有的作为短期投资的 D 公司股票。

A 公司产成品原值为 70 000 元，账面价值 60 000 元。在交换日的公允价值为 80 000 元，并已计提存货跌价准备 10 000 元。在交易过程中 A 公司发生费用 5 000 元，增值税税率为 17%，计税价格为公允价值。

B 公司短期投资原值为 80 000 元，在交换日公允价值为 70 000 元，已计提短期投资跌价准备 5 000 元。B 公司另支付 10 000 元给 A 公司。

（二）交易判断。

计算补价占换出资产公允价值的比例＝10 000÷80 000＝12.5%，小于 25%，该项交易为非货币性交易。

增值税销项税额＝80 000×17%＝13 600（元）

（三）计算应确认的损益。

在这个交易过程中，A 公司是收到补价的企业，首先计算应确认的损益及换入短期投资的入账价值如下：

应确认的补价损益＝（1－换出资产账面价值÷换出资产公允价值）×收到的补价
　　　　　　　＝（1－60 000÷80 000）×10 000＝2 500（元）

（四）计算入账价值。

$$换入短期投资的入账价值 = 换出资产的账面价值 + 补价 + 应确认的损益 + 应支付的相关税费$$

$$= 60\,000 - 10\,000 + 2\,500 + 13\,600 + 5\,000 = 71\,100（元）$$

（五）收到补价方的会计处理。

借：短期投资——D公司　　　　　　　　　　　　　　　71 100
　　银行存款　　　　　　　　　　　　　　　　　　　　10 000
　　存货跌价准备　　　　　　　　　　　　　　　　　　10 000
　　贷：库存商品　　　　　　　　　　　　　　　　　　70 000
　　　　营业外收入——非货币性交易收益　　　　　　　　2 500
　　　　应交税金——应交增值税（销项税额）　　　　　13 600
　　　　银行存款　　　　　　　　　　　　　　　　　　　5 000

（六）A公司的填报。

A公司《一般企业收入明细表》（A101010）第18行"非货币性资产交换利得"应填写金额为 2 500 元。

4.1.4.4　第 19 行"债务重组利得"

一、填报说明

《一般企业收入明细表》（A101010）第19行"债务重组利得"：填报纳税人发生的债务重组业务确认的净收益。

提示： 债务重组利得是企业在债务重组过程中，债务人因为债权人让步、改变偿债条件或偿债方式而出现的重组债务的账面价值大于实际支付的现金、转让的非现金资产公允价值、转为股权的公允价值的差额。

二、填报数据来源

（1）执行《企业会计准则》的纳税人，填报数据来源为"营业外收入"科目的二级明细科目记录的会计数据。

（2）执行《企业会计制度》纳税人的债务重组收益，应在《纳税调整项目明细表》（A105000）中进行调整，填报数据来源为"资本公积"科目记录的会计数据。

4.1.4.5　第 20 行"政府补助利得"

一、填报说明

《一般企业收入明细表》（A101010）第20行"政府补助利得"：填报纳税人从政府无偿取得货币性资产或非货币性资产应确认的净收益。

二、填报数据来源

（1）执行《企业会计制度》的纳税人，填报数据来源为"营业外收入"科目或企业单设的"补贴收入"科目记录的会计数据。

（2）执行《企业会计准则》的纳税人，填报数据来源为"营业外收入"科目和"递延收益"科目记录的会计数据。确认的政府补助利得，借记"银行存款"、"递延收益"等科目，贷记"营业外收入"科目。

4.1.4.6　第 21 行"盘盈利得"

一、填报说明

《一般企业收入明细表》（A101010）第21行"盘盈利得"：填报纳税人在清查财产过程中查明的各种财产盘盈应确认的净收益。

提示： 执行《企业会计准则》的纳税人，如有盘盈固定资产的，应作为前期差错，记入"以前年度损益调整"科目。

二、填报数据来源

本行的填报数据来源为"待处理财产损溢"和"营业外收入"科目记录的会计数据。

执行《企业会计制度》纳税人盘盈的各种原材料，不填报此行，将冲减当期的管理费用金额，在《纳税调整项目明细表》（A105000）中进行填报。

4.1.4.7　第 22 行 "捐赠利得"

一、填报说明

《一般企业收入明细表》（A101010）第 22 行 "捐赠利得"：填报纳税人接受的来自企业、组织或个人无偿给予的货币性资产、非货币性资产捐赠应确认的净收益。

二、填报数据来源

本行的填报数据来源为 "营业外收入" 科目的二级明细科目记录的会计数据。

4.1.4.8　第 23 行 "罚没利得"

一、填报说明

《一般企业收入明细表》（A101010）第 23 行 "罚没利得"：填报纳税人在日常经营管理活动中取得的罚款、没收收入应确认的净收益。

二、填报数据来源

本行的填报数据来源为 "营业外收入" 科目记录的会计数据。企业取得的罚款净收入，借记 "银行存款" 等科目，贷记 "营业外收入" 科目。

4.1.4.9　第 24 行 "确实无法偿付的应付款项"

一、填报说明

《一般企业收入明细表》（A101010）第 24 行 "确实无法偿付的应付款项"：填报纳税人因确实无法偿付的应付款项而确认的收入。

二、填报数据来源

本行的填报数据来源为 "营业外收入" 科目记录的会计数据。企业确认暂时无法偿付的应付款项，借记 "应付账款" 等科目，贷记 "营业外收入" 科目。

4.1.4.10　第 25 行 "汇兑收益"

一、填报说明

《一般企业收入明细表》（A101010）第 25 行 "汇兑收益"：填报纳税人取得企业外币货币性项目因汇率变动形成的收益应确认的收入。（该项目为执行《小企业会计准则》的企业填报。）

二、填报数据来源

本行的填报数据来源为 "营业外收入" 科目记录的会计数据。执行《小企业会计准则》的企业取得的汇兑收益，借记 "银行存款" 等科目，贷记 "营业外收入" 科目。

4.1.4.11　第 26 行 "其他"

一、填报说明

《一般企业收入明细表》（A101010）第 26 行 "其他"：填报纳税人取得的上述项目未列举的其他营业外收入，包括执行《企业会计准则》的纳税人按权益法核算长期股权投资对初始投资成本调整确认的收益，执行《小企业会计准则》的纳税人取得的出租包装物和商品的租金收入、逾期未退包装物押金收益等。

二、填报数据来源

本行的填报数据来源为 "营业外收入" 科目记录的会计数据。

4.1.5　填报案例

一、主营业务收入情况说明及数据审核

（一）甲公司 2015 年度主营业务收入情况。

甲公司 2015 年度实现销售收入 74 339 498.60 元，其中：1 月 5 754 199.14 元，2 月

5 833 104.23 元，3 月 4 921 129.05 元，4 月 6 244 208.60 元，5 月 6 967 701.80 元，6 月 5 520 033.50 元，7 月 8 890 347.98 元，8 月 7 727 873.95 元，9 月 4 960 519.45 元，10 月 5 657 208.39 元，11 月 5 518 349.57 元，12 月 6 344 822.94 元。

审核后发现：1 月 30 号凭证为流动资金贷款贴息奖励资金 7 200 000.00 元，属于营业外收入项目，不属于主营业务收入事项，属于会计差错事项。

（二）会计调整情况说明。

从会计处理上，根据会计法规的规定，将属于营业外收入性质的政府财政奖励资金 7 200 000.00 元计入主营业务收入已经使甲公司会计报表不再具有可靠性。此项会计处理差错应属于重大差错，并且为财务报表批准报出日之后发生的差错，应作为主营业务收入借方的会计调整事项，调整主营业务收入 1 月发生额。

从税务处理上，根据税法的规定，销售（营业）收入包括主营业务收入、其他业务收入和视同销售收入，甲公司将属于营业外收入性质的政府财政奖励资金 7 200 000.00 元计入主营业务收入，将增加计算业务招待费、广告费和业务宣传费的扣除限额的销售（营业）收入，从而影响企业应纳企业所得税。

二、其他业务收入情况说明及数据审核

甲公司 2015 年度其他业务收入 1 000 000.00 元，全部为出租闲置厂房取得的租金收入。

2015 年度甲公司未发生其他业务收入会计调整事项。

三、营业外收入情况说明及数据审核

（一）甲公司 2015 年度营业外收入情况。

（1）政府补助收入 100 000.00 元。具体情况是：县级政府拨付企业进行研发产品的扶持资金，县级政府对该资金有专门的资金管理办法，甲公司对该资金以及以该资金发生的支出单独进行核算。

（2）以库存商品抵债收入 35 000.00 元。2015 年 7 月将库存商品 150 000.00 元用于对外偿还丙公司债务，甲公司同类产品价值为 200 000.00 元，抵债金额 269 000.00 元，确认收入 200 000.00 元，成本 150 000.00 元，确认营业外收入 35 000.00 元。

（3）投资时应享有被投资单位可辨认净资产。公允价值份额大于初始投资成本 2 000 000.00 元。具体情况为：

甲公司于 2015 年 1 月 1 日取得 E 公司 40％的股权，支付价款 600 万元，取得投资时被投资单位可辨认净资产账面价值为 2 000 万元（假定被投资单位各项可辨认资产、负债的公允价值与其账面价值相同）A 取得 E 公司股权后，能够对 E 公司施加重大影响，对该投资采取权益法核算。会计处理如下：

借：长期股权投资——投资成本（被投资企业可辨认净资产公允价值份额 2 000 万元×40％）   800 万元
    贷：银行存款   600 万元
        营业外收入   200 万元

（二）会计调整情况说明。

甲公司将属于营业外收入性质的政府财政奖励资金 7 200 000.00 元计入主营业务收入已经使甲公司会计报表不再具有可靠性。该项会计处理差错应属于重大差错，并且为财务报表批准报出日之后发生的差错，应作为营业外收入贷方的会计调整事项调整营业外收入发生额。

四、填报情况

具体填报情况见表 4-1。

表 4-1　　　　　　　　　　　　　　　一般企业收入明细表

行次	项目	金额
1	一、营业收入（2＋9）	68 139 498.60
2	（一）主营业务收入（3＋5＋6＋7＋8）	67 139 498.60
3	1. 销售商品收入	67 139 498.60
4	其中：非货币性资产交换收入	200 000.00
5	2. 提供劳务收入	—
6	3. 建造合同收入	—
7	4. 让渡资产使用权收入	—
8	5. 其他	—
9	（二）其他业务收入（10＋12＋13＋14＋15）	1 000 000.00
10	1. 销售材料收入	—
11	其中：非货币性资产交换收入	—
12	2. 出租固定资产收入	1 000 000.00
13	3. 出租无形资产收入	—
14	4. 出租包装物和商品收入	—
15	5. 其他	—
16	二、营业外收入（17＋18＋19＋20＋21＋22＋23＋24＋25＋26）	9 335 000.00
17	（一）非流动资产处置利得	—
18	（二）非货币性资产交换利得	—
19	（三）债务重组利得	35 000.00
20	（四）政府补助利得	7 300 000.00
21	（五）盘盈利得	—
22	（六）捐赠利得	—
23	（七）罚没利得	—
24	（八）确实无法偿付的应付款项	—
25	（九）汇兑收益	—
26	（十）其他	2 000 000.00

4.2　《金融企业收入明细表》（A101020）的填报和审核

4.2.1　《金融企业收入明细表》概述

4.2.1.1　适用范围

《金融企业收入明细表》（A101020）适用于执行《企业会计准则》的金融企业纳税人填报，包括商业银行、保险公司、证券公司等金融企业。金融企业应根据《企业会计准则》的规定填报"营业收入"、"营业外收入"。

4.2.1.2 填报依据

根据《中华人民共和国企业所得税法》及其实施条例、相关税收政策，以及《金融企业会计制度》、《企业会计准则》的规定，填报"营业收入"、"营业外收入"，以及根据税收规定确认的"视同销售收入"。

《金融企业收入明细表》（A101020）的填报数据来源有两个：

一是根据《金融企业会计制度》和《企业会计准则》核算的"主营业务收入"、"其他业务收入"和"营业外收入"等三个科目记录的会计数据。

二是根据税法规定应进行纳税调整的视同销售收入事项。

《企业会计制度》规定的其他业务收入，是指金融企业从主营业务以外取得的营业收入。我国金融企业目前实行分业经营、分业管理，因此某项具体业务在一个金融企业可能是主营业务，而在另一个金融企业则可能是非主营业务。金融企业在核算业务收入时应依据自身业务特点，区分主营业务和非主营业务进行核算。

《金融企业会计制度》规定的基本业务收入（主营业务收入），主要包括利息收入、金融企业往来收入、手续费收入、贴现利息收入、保费收入、证券发行差价收入、证券自营差价收入、买入返售证券收入、汇兑收益。金融企业提供金融商品服务所取得的收入中，除上述主营业务收入之外的收入项目，都属于其他业务收入（附营业务收入）。

4.2.1.3 报表结构说明

《金融企业收入明细表》（A101020）按收入性质分为三部分：第一部分为营业收入，根据会计核算要求进行填报；第二部分为视同销售收入，根据税法规定进行填报；第三部分为营业外收入，根据会计核算要求进行填报。

由于营业外收入部分与《一般企业收入明细表》（A101020）是一致的，因此，下面仅对第一部分营业收入的结构进行介绍。

营业收入按不同的业务分为以下六部分内容：

第一部分为银行业务收入，填报第 2 行至第 17 行，包括：利息收入、手续费及佣金收入；

第二部分为证券业务收入，填报第 18 行至第 26 行，包括：证券业务手续费及佣金收入、其他证券业务收入；

第三部分为已赚保费，填报 27 行至 31 行，包括：保险业务收入、分出保费、提取未到期责任准备金；

第四部分为其他金融业务收入；

第五部分为汇兑收益；

第六部分为其他业务收入。

4.2.1.4 表内、表间关系

（一）表内关系。

（1）表 A101020 第 1 行＝第 2＋18＋27＋32＋33＋34 行。

（2）表 A101020 第 2 行＝第 3＋10 行。

（3）表 A101020 第 3 行＝第 4＋5＋…＋9 行。

（4）表 A101020 第 10 行＝第 11＋12＋…＋17 行。

（5）表 A101020 第 18 行＝第 19＋26 行。

（6）表 A101020 第 19 行＝第 20＋21＋…＋25 行。

（7）表 A101020 第 27 行＝第 28－30－31 行。

（8）表 A101020 第 35 行＝第 36＋37＋…＋42 行。

（二）表间关系。

（1）表 A101020 第 1 行＝表 A100000 第 1 行。

（2）表 A101020 第 35 行＝表 A100000 第 11 行。

4.2.2　营业收入的填报和审核

《金融企业收入明细表》（A101020）第 1 行"营业收入"：填报纳税人提供金融商品服务取得的收入。

营业收入的审核，一是内容审核；二是确认时间审核；三是计量审核；四是会计处理审核。审核的关键是上述四个项目是否符合会计核算要求，对于未按会计要求核算的收入，所造成的差错，对收入总额有影响的，应进行纳税调整，但不在本表进行纳税调整，而在《纳税调整项目明细表》（A105000）中进行纳税调整。

4.2.2.1　银行业务收入的填报和审核

《金融企业收入明细表》（A101020）第 2 行"银行业务收入"：填报纳税人从事银行业务取得的收入。

银行提供金融商品服务所取得的收入，包括营业收入和营业外收入两部分，其中营业收入主要包括利息收入、手续费及佣金收入、投资收益、公允价值变动损益、汇兑损益和其他业务收入等。银行收入不包括为第三方或者客户代收的款项，如企业代垫的工本费、代水电部门收取的水电费、代邮电部门收取的邮电费等。

一、银行利息收入

（一）填报说明。

《金融企业收入明细表》（A101020）第 3 行"利息收入"：填报银行存贷款业务等取得的各项利息收入，包括发放的各类贷款（银团贷款、贸易融资、贴现和转贴现融出资金、协议透支、信用卡透支、转贷款、垫款等）、与其他金融机构（中央银行、同业等）之间发生资金往来业务、买入返售金融资产等实现的利息收入等。

第 4 行"存放同业"：填报纳税人存放于境内、境外银行和非银行金融机构款项取得的利息收入。

第 5 行"存放中央银行"：填报纳税人存放于中国人民银行的各种款项取得的利息收入。

第 6 行"拆出资金"：填报纳税人拆借给境内、境外其他金融机构款项取得的利息收入。

第 7 行"发放贷款及垫资"：填报纳税人发放贷款及垫资取得的利息收入。

第 8 行"买入返售金融资产"：填报纳税人按照返售协议约定先买入再按固定价格返售的票据、证券、贷款等金融资产所融出资金取得的利息收入。

第 9 行"其他"：填报纳税人除本表第 4 行至第 8 行以外的其他利息收入，包括债券投资利息等收入。

（二）填报数据来源。

填报银行利息收入项目时，填报数据来源为"利息收入"科目的二级明细科目记录的存放同业利息收入、存放中央银行利息收入、发放贷款及垫款利息收入、买入返售金融资产利息收入、其他利息收入。注意：应根据银行利息收入具体的项目，分项目累计汇总后，再进行填报。

二、银行业手续费及佣金收入

（一）填报说明。

《金融企业收入明细表》（A101020）第 10 行"手续费及佣金收入"：填报银行在提供相关金融业务服务时向客户收取的收入，包括结算与清算手续费、代理业务手续费、信用承诺手续费及佣金、银行卡手续费、顾问和咨询费、托管及其他受托业务佣金等。

（二）填报数据来源。

填报银行业手续费及佣金收入项目时，填报数据来源为"手续费及佣金收入"科目的二级明细科目记录的手续费收入、佣金收入、业务代办手续费收入、基金托管收入、咨询服务收入、担保收入、受托贷款手续费收入、代保管人收入。注意：应根据银行业手续费及佣金收入具体的项目，分项目累计汇总后，再进行填报。

4.2.2.2 证券业务收入的填报和审核

《金融企业收入明细表》（A101020）第 18 行"证券业务收入"：填报纳税人从事证券业务取得的收入。

一、证券业务手续费及佣金收入

（一）填报说明。

《金融企业收入明细表》（A101020）第 19 行"证券业务手续费及佣金收入"：填报纳税人承销、代理兑付等业务取得的各项手续费、佣金等收入。

（二）填报数据来源。

本行的填报数据来源为"手续费及佣金收入"科目的二级明细科目记录的会计数据。

二、其他证券业务收入

（一）填报说明。

《金融企业收入明细表》（A101020）第 26 行"其他证券业务收入"：填报纳税人在国家许可的范围内从事的除经纪、自营和承销业务以外的与证券有关的业务收入。

（二）填报数据来源。

本行的填报数据来源为"其他证券业务收入"科目记录的会计数据。

4.2.2.3 保险业务收入的填报和审核

《金融企业收入明细表》（A101020）第 27 行"保险业务收入"：填报纳税人从事保险业务确认的保费收入。

一、已赚保费

《金融企业收入明细表》（A101020）第 28 行"已赚保费"：填报纳税人从事保险业务确认的本年实际保费收入。

二、分保费收入

（一）填报说明。

《金融企业收入明细表》（A101020）第 29 行"分保费收入"：填报纳税人（再保险公司或分入公司）从原保险公司或分出公司分入的保费收入。

（二）填报数据来源。

从事保险业务的保险企业应设置"保费收入"科目进行相关核算。期末将"保费收入"科目余额结转本年利润，结转后，应无余额。

三、分出保费

（一）填报说明。

《金融企业收入明细表》（A101020）第 30 行"分出保费"：填报纳税人（再保险分出人）向再保险接受人分出的保费。

（二）填报数据来源。

本行的填报数据来源为"分出保费"科目记录的会计数据。

四、提取未到期责任准备金

（一）填报说明。

《金融企业收入明细表》（A101020）第 31 行"提取未到期责任准备金"：填报纳税人（保险企业）提取的非寿险原保险合同未到期责任准备金和再保险合同分保未到期责任准备金。

（二）填报数据来源。

本行的填报数据来源为"未到期责任准备金"科目的二级科目"提存未到期责任准备

金"记录的会计数据。

4.2.2.4 其他金融业务收入的填报和审核

《金融企业收入明细表》（A101020）第 32 行"其他金融业务收入"：填报纳税人提供除银行业、保险业、证券业以外的金融商品服务取得的收入。

4.2.2.5 汇兑收益的填报和审核

《金融企业收入明细表》（A101020）第 33 行"汇兑收益"：填报纳税人发生的外币交易因汇率变动而产生的汇兑损益，损失以负数填报。

4.2.2.6 其他业务收入的填报和审核

（一）填报说明。

《金融企业收入明细表》（A101020）第 34 行"其他业务收入"：填报纳税人发生的除主营业务活动以外的其他经营活动实现的收入。

（二）填报数据来源。

金融企业的其他业务收入应设置"其他业务收入"科目核算，按其他业务的种类设置明细账。公司取得其他业务收入时，借记"银行存款"、"应收款项"等科目，贷记"其他业务收入"科目。期末，应将"其他业务收入"科目余额转入"本年利润"科目，结转后"其他业务收入"科目应无余额。

（三）填报审核。

1. 收入内容。金融企业提供金融商品服务所取得的收入中，除以下主营业务收入之外的收入项目，都属于其他业务收入。

《金融企业会计制度》、《企业会计准则》规定的主营业务收入主要包括：利息收入、金融企业往来收入、手续费收入、贴现利息收入、保费收入、证券发行差价收入、证券自营差价收入、买入返售证券收入、汇兑收益。

2. 其他业务收入的确认时间、收入计量、会计处理与上述几项收入的核算要求是一致的。

4.2.3 营业外收入的填报和审核

金融企业营业外收入填报所使用的会计科目及审核要求与一般企业的业务处理一致。这里不单独介绍，只介绍具体的填报要求，相关内容可以参见《一般企业收入明细表》（A101010）的填报和审核。

《金融企业收入明细表》（A101020）第 35 行"营业外收入"：填报纳税人发生的各项营业外收入，主要包括非流动资产处置利得、非货币性资产交换利得、债务重组利得、政府补助、盘盈利得、捐赠利得等。

第 36 行"非流动资产处置所得"：填报纳税人处置固定资产、无形资产等取得的净收益。

第 37 行"非货币资产交换利得"：填报纳税人发生非货币性资产交换应确认的净收益。

第 38 行"债务重组利得"：填报纳税人发生的债务重组业务确认的净收益。

"政府补助利得"：填报纳税人从政府无偿取得货币性资产或非货币性资产应确认的净收益。

第 40 行"盘盈所得"：填报纳税人在清查财产过程中查明的各种财产盘盈应确认的净收益。

第 41 行"捐赠利得"：填报纳税人接受的来自企业、组织或个人无偿给予的货币性资产、非货币性资产捐赠应确认的净收益。

第 42 行"其他"：填报纳税人取得的上述项目未列举的其他营业外收入，包括执行

《企业会计准则》的纳税人按权益法核算长期股权投资对初始投资成本调整确认的收益。

4.3 《一般企业成本支出明细表》（A102010）的填报和审核

4.3.1 《一般企业成本支出明细表》概述

4.3.1.1 适用范围

《一般企业成本支出明细表》（A102010）适用于执行除《事业单位会计准则》、《非营利企业会计制度》以外的其他国家统一会计制度的查账征收企业所得税非金融企业纳税人填报。纳税人应根据国家统一会计制度的规定，填报"主营业务成本"、"其他业务成本"和"营业外支出"。

4.3.1.2 填报依据和内容

《一般企业成本支出明细表》（A102010）根据《中华人民共和国企业所得税法》及其实施条例、相关税收政策、《企业会计制度》、《小企业会计制度》、《企业会计准则》，以及分行业会计制度的规定，填报"主营业务成本"、"其他业务成本"和"营业外支出"。

4.3.1.3 填报数据来源

《一般企业成本支出明细表》（A102010）的填报数据来源为：《一般企业成本支出明细表》填报与《一般企业收入明细表》（A101020）相对应的销售（营业）成本、其他业务成本及营业外支出等的具体构成项目和期间费用。

4.3.1.4 表内、表间关系

（一）表内关系。

（1）表 A102010 第 1 行＝第 2＋9 行。

（2）表 A102010 第 2 行＝第 3＋5＋6＋7＋8 行。

（3）表 A102010 第 9 行＝第 10＋12＋13＋14＋15 行。

（4）表 A102010 第 16 行＝第 17＋18＋…＋26 行。

（二）表间关系。

（1）表 A102010 第 1 行＝表 A100000 第 2 行。

（2）表 A102010 第 16 行＝表 A100000 第 12 行。

4.3.1.5 成本审核的要点

（1）产成品或库存商品的发生情况；

（2）成本结转情况；

（3）成本的会计处理中存在的差错；

（4）成本结转是否正确；

（5）成本的资产负债表日后事项；

（6）对会计资料的审核，重点是审会计核算中的差错。对审出来的差错，影响应纳税所得额的，要在《纳税项目调整明细表》（A105000）中进行纳税调整；不影响应纳税所得额的，不作为纳税调整事项。

4.3.1.6 成本审核的方法

（1）对于经审核未发现差错的，直接采集成本的数据；

（2）对于经审核发现会计处理差错的，应在纳税人更正后，才能作为成本的申报数据；

（3）对于经审核发生资产负债表日后事项的，应在考虑资产负债表日后事项后进行数据采集。

4.3.2 主营业务成本的填报和审核

4.3.2.1 填报说明

《一般企业成本支出明细表》（A102010）第 2 行"主营业务成本"：根据不同行业的业务性质分别填报纳税人核算的主营业务成本。

第 3 行"销售商品成本"：填报从事工业制造、商品流通、农业生产以及其他商品销售企业发生的主营业务成本。房地产开发企业销售开发产品（销售未完工开发产品除外）发生的成本也在此行填报。

第 4 行"其中："非货币性资产交换成本"：填报纳税人发生的非货币性资产交换按照国家统一会计制度应确认的主营业务成本。

第 5 行"提供劳务成本"：填报纳税人从事建筑安装、修理修配、交通运输、仓储租赁、邮电通信、咨询经纪、文化体育、科学研究、技术服务、教育培训、餐饮住宿、中介代理、卫生保健、社区服务、旅游、娱乐、加工以及其他劳务活动发生的主营业务成本。

第 6 行"建造合同成本"：填报纳税人建造房屋、道路、桥梁、水坝等建筑物，以及生产船舶、飞机、大型机械设备等发生的主营业务成本。

第 7 行"让渡资产使用权成本"：填报纳税人在主营业务成本核算的，让渡无形资产使用权而发生的使用费成本以及出租固定资产、无形资产、投资性房地产发生的租金成本。

第 8 行"其他"：填报纳税人按照国家统一会计制度核算、上述未列举的其他主营业务成本。

4.3.2.2 填报数据来源

填报数据来源为符合会计核算要求的"主营业务成本"科目记录的会计数据。

"主营业务成本"科目核算企业因销售商品、提供劳务或让渡资产使用权等日常活动而发生的实际成本。月度终了，应当根据本月销售各种商品、提供的各种劳务等的实际成本，计算应结转的主营业务成本，借记"主营业务成本"科目，贷记"库存商品"、"劳务成本"等科目。主营业务成本应按主营业务的种类设置明细账，进行明细核算。期末，应将"主营业务成本"科目的余额转入"本年利润"科目，结转后"主营业务成本"科目应无余额。

4.3.3 其他业务支出的填报和审核

4.3.3.1 填报说明

《一般企业成本支出明细表》（A102010）第 9 行"其他业务成本"：根据不同行业的业务性质分别填报纳税人按照国家统一会计制度核算的其他业务成本。

第 10 行"材料销售成本"：填报纳税人销售材料、下脚料、废料、废旧物资等发生的成本。

第 11 行"非货币性资产交换成本"：填报纳税人发生的非货币性资产交换按照国家统一会计制度应确认的其他业务成本。

第 12 行"出租固定资产成本"：填报纳税人将固定资产使用权让与承租人形成的出租固定资产成本。

第 13 行"出租无形资产成本"：填报纳税人让渡无形资产使用权形成的出租无形资产成本。

第 14 行"包装物出租成本"：填报纳税人出租、出借包装物形成的包装物出租成本。

第 15 行"其他"：填报纳税人按照国家统一会计制度核算，上述未列举的其他业务成本。

4.3.3.2 填报数据来源

填报数据来源为"其他业务支出"科目记录的会计数据。

4.3.4 营业外支出的填报和审核

4.3.4.1 营业外支出概述

一、填报说明

《一般企业成本支出明细表》（A102010）第16行"营业外支出"：填报纳税人计入本科目核算的与生产经营无直接关系的各项支出。

二、《企业会计制度》的规定

《企业会计制度》规定，营业外支出是指企业发生的与其生产经营无直接关系的各项支出，如固定资产盘亏、处置固定资产净损失、出售无形资产损失、债务重组损失、计提的固定资产减值准备、计提的无形资产减值准备、计提的在建工程减值准备、罚款支出、捐赠支出、非常损失等。

三、《企业会计准则》的规定

《企业会计准则》规定，营业外支出是指不属于企业生产经营费用，与企业生产活动没有直接关系，但按照有关规定应从企业实现的总额中扣除的支出，是直接计入利润的损失。营业外支出的具体内容包括处置非流动资产损失、非货币性资产交换损失、债务重组损失、盘亏损失、公益性捐赠支出、非常损失等。

该准则对计提的资产减值准备，没有计入营业外支出科目中核算，而是在新增的"资产减值损失"科目中核算。

四、会计数据审核

对于营业外支出的审核，重点是审核企业营业外支出的核算范围是否符合《企业会计制度》或《企业会计准则》的规定，对未按《企业会计制度》和《企业会计准则》规定核算造成的成本确认计量差错，按要求在《纳税调整项目明细表》（A105000）进行纳税调整。

4.3.4.2 非流动资产处置损失

一、填报说明

《一般企业成本支出明细表》（A102010）第17行"非流动资产处置损失"：填报纳税人处置非流动资产形成的净损失。

二、填报数据来源

本行的填报数据来源为"待处理财产损溢"和"营业外支出"科目记录的会计数据。

4.3.4.3 非货币性资产交换损失

一、填报说明

《一般企业成本支出明细表》（A102010）第18行"非货币性资产交换损失"：填报纳税人发生非货币性资产交换应确认的净损失。

二、填报数据来源

本行的填报数据来源为"营业外支出"科目记录的会计数据。

4.3.4.4 债务重组损失

一、填报说明

《一般企业成本支出明细表》（A102010）第19行"债务重组损失"：填报纳税人进行债务重组应确认的净损失。

二、填报数据来源

本行的填报数据来源为"营业外支出"科目的二级明细科目记录的会计数据。

4.3.4.5　非常损失

一、填报说明

《一般企业成本支出明细表》（A102010）第 20 行"非常损失"：填报纳税人在营业外支出中核算的各项非正常的财产损失。

二、填报数据来源

本行的填报数据来源为"固定资产清理"和"营业外支出"科目记录的会计数据。

提示：非常损失的证据可以分为三类：一是会计核算证据，即根据会计制度核算的有关会计科目提供的信息资料；二是法定证据；三是纳税调整证据，即根据税法规定应进行纳税调整的有关事项。

对非常损失填报审核时，在取得法定证据的同时，还应根据企业财产损失事项有关的文件和会计核算材料，搜集取得交易证据、会计核算证据和纳税调整证据。

4.3.4.6　捐赠支出

一、填报说明

《一般企业成本支出明细表》（A102010）第 21 行"捐赠支出"：填报纳税人无偿给予其他企业、组织或个人的货币性资产、非货币性资产的捐赠支出。

二、填报数据来源

本行的填报数据来源为"营业外支出"科目的二级明细科目记录的会计数据。

4.3.4.7　赞助支出

一、填报说明

《一般企业成本支出明细表》（A102010）第 22 行"赞助支出"：填报纳税人发生的货币性资产、非货币性资产赞助支出。

二、填报数据来源

本行的填报数据来源为"营业外支出"科目的二级明细科目记录的会计数据。

4.3.4.8　罚没支出

一、填报说明

《一般企业成本支出明细表》（A102010）第 23 行"罚没支出"：填报纳税人在日常经营管理活动中对外支付的各项罚没支出。

二、填报数据来源

本行的填报数据来源为"营业外支出"科目的二级明细科目记录的会计数据。

4.3.4.9　坏账损失

一、填报说明

《一般企业成本支出明细表》（A102010）第 24 行"坏账损失"：填报纳税人发生的各项坏账损失。（该项目为执行《小企业会计准则》的企业填报。）

二、填报数据来源

本行的填报数据来源为"营业外支出"科目的二级明细科目记录的会计数据。

4.3.4.10　无法收回的债券股权投资损失

一、填报说明

《一般企业成本支出明细表》（A102010）第 25 行"无法收回的债券股权投资损失"：填报纳税人各项无法收回的债券股权投资损失。（该项目为执行《小企业会计准则》的企业填报。）

二、填报数据来源

本行的填报数据来源为"营业外支出"科目的二级明细科目记录的会计数据。

4.3.4.11　其　他

一、填报说明

《一般企业成本支出明细表》（A102010）第 26 行"其他"：填报纳税人本期实际发生的

在营业外支出核算的其他损失及支出。

二、填报数据来源

《企业会计制度》和《企业会计准则》对盘盈盘亏资产的会计处理是一致的，填报数据来源为"营业外支出"科目的二级科目记录的会计数据。

4.3.5 填报案例

一、主营业务成本情况说明及数据审核

甲公司2015年度销售成本53 049 100.65元，其中：1月3 912 600.00元，2月3 826 664.09元，3月3 845 444.89元，4月4 748 017.63元，5月5 040 280.74元，6月4 145 398.51元，7月6 816 754.25元，8月5 815 138.69元，9月3 684 721.77元，10月3 809 017.82元，11月3 794 433.81元，12月3 610 628.45元。

2015年度甲公司未发生主营业务成本会计调整事项。

二、其他业务成本情况说明及数据审核

甲企业2015年度其他业务成本50 000.00元，全部为出租房屋的折旧费用。

2015年度甲公司未发生其他业务成本会计调整事项。

三、营业外支出情况说明及数据审核

甲公司2015年度营业外支出747 350.00元，其中：违反相关合同规定赔偿给丁销售单位50 000.00元，通过县级民政部门向贫困地区捐赠620 000.00元，税收滞纳金20 350.00元，赞助当地小学一批电脑57 000.00元。

2015年度甲公司未发生营业外支出会计调整行为。

四、填报情况

具体填报情况见表4-2。

表4-2   一般企业成本支出明细表

行次	项目	金额
1	一、营业成本（2+9）	53 099 100.65
2	（一）主营业务成本（3+5+6+7+8）	53 049 100.65
3	1. 销售商品成本	53 049 100.65
4	其中：非货币性资产交换成本	150 000.00
5	2. 提供劳务成本	—
6	3. 建造合同成本	—
7	4. 让渡资产使用权成本	—
8	5. 其他	—
9	（二）其他业务成本（10+12+13+14+15）	50 000.00
10	1. 材料销售成本	—
11	其中：非货币性资产交换成本	—
12	2. 出租固定资产成本	50 000.00
13	3. 出租无形资产成本	—
14	4. 包装物出租成本	—

续表

行次	项目	金额
15	5. 其他	—
16	二、营业外支出（17＋18＋19＋20＋21＋22＋23＋24＋25＋26）	747 350.00
17	（一）非流动资产处置损失	—
18	（二）非货币性资产交换损失	—
19	（三）债务重组损失	—
20	（四）非常损失	—
21	（五）捐赠支出	620 000.00
22	（六）赞助支出	57 000.00
23	（七）罚没支出	—
24	（八）坏账损失	—
25	（九）无法收回的债券股权投资损失	—
26	（十）其他	70 350.00

4.4 《金融企业支出明细表》（A102020）的填报和审核

4.4.1 《金融企业支出明细表》概述

4.4.1.1 适用范围

《金融企业支出明细表》（A102020）适用于执行《企业会计准则》的金融企业纳税人填报，包括商业银行、保险公司、证券公司等金融企业。纳税人根据《企业会计准则》的规定填报"营业支出"、"营业外支出"。金融企业发生的业务及管理费填报《期间费用明细表》（A104000）第 1 列"销售费用"相应的行次。

4.4.1.2 填报依据

根据《企业所得税法》及其实施条例、相关税收政策、《金融企业会计制度》、《企业会计准则》的规定，填报"营业成本"、"营业外支出"。

4.4.1.3 报表结构说明

《金融企业支出明细表》（A102020）按成本性质分为两部分：第一部分为营业成本，第二部分为营业外支出，均应根据会计核算要求进行填报。

由于营业外支出部分与《一般企业成本支出明细表》（A102010）是一致的，因此下面仅对第一部分营业成本的结构进行介绍。

营业成本分为以下五部分：

第一部分是银行业务支出，包括：银行利息支出、银行手续费及佣金支出。填报第 2 行至第 14 行。

第二部分是保险业务支出，包括：退保金、赔付支出、提取保险责任准备金、保单红利支出、分保费用、保险业务手续费及佣金支出。填报第 15 行至第 24 行。

第三部分是证券业务支出，包括：证券业务手续费及佣金支出、其他证券业务支出。填报第 25 行至第 30 行。

第四部分是其他金融业务支出，填报第 31 行。

第五部分是其他业务成本，填报第 32 行。

4.4.1.4 表内、表间关系

（一）表内关系。

（1）表 A102020 第 1 行＝第 2＋15＋25＋31＋32 行。

（2）表 A102020 第 2 行＝第 3＋11 行。

（3）表 A102020 第 3 行＝第 4＋5＋…＋10 行。

（4）表 A102020 第 11 行＝第 12＋13＋14 行。

（5）表 A102020 第 15 行＝第 16＋17－18＋19－20＋21＋22－23＋24 行。

（6）表 A102020 第 25 行＝第 26＋30 行。

（7）表 A102020 第 26 行＝第 27＋28＋29 行。

（8）表 A102020 第 33 行＝第 34＋35＋…＋39 行。

（二）表间关系。

（1）表 A102020 第 1 行＝表 A100000 第 2 行。

（2）表 A102020 第 33 行＝表 A100000 第 12 行。

4.4.2 营业成本的填报和审核

《金融企业支出明细表》（A102020）第 1 行"营业支出"：填报金融企业提供金融商品服务发生的支出。

4.4.2.1 银行业务支出的填报和审核

《金融企业支出明细表》（A102020）第 2 行"银行业务支出"：填报纳税人从事银行业务发生的支出。

一、银行利息支出

（一）填报说明。

《金融企业支出明细表》（A102020）第 3 行"银行利息支出"：填报纳税人经营存贷款业务等发生的利息支出，包括同业存放、向中央银行借款、拆入资金、吸收存款、卖出回购金融资产、发行债券和其他业务发生的利息支出。

（二）填报数据来源。

本行的填报数据来源为"利息支出"科目的二级明细科目记录的同业存放、向中央银行借款、拆入资金、吸收存款、卖出回购金融资产、发行债券、其他利息支出。注意：应根据银行利息支出具体的项目，分项目累计汇总后，再进行填报。

二、银行手续费及佣金支出

（一）填报说明。

《金融企业支出明细表》（A102020）第 11 行"银行手续费及佣金支出"：填报纳税人发生的与银行业务活动相关的各项手续费、佣金等支出。

（二）填报数据来源。

本行的填报数据来源为"手续费支出"科目的二级明细科目记录的手续费支出、佣金支出、其他手续费及佣金支出。注意：应根据银行业手续费及佣金支出具体的项目，分项目累计汇总后，再进行填报。

4.4.2.2 保险业务支出的填报和审核

《金融企业支出明细表》（A102020）第 15 行"保险业务支出"：填报保险企业发生的与保险业务相关的费用支出。

一、退保金

（一）填报说明。

《金融企业支出明细表》（A102020）第 16 行"退保金"：填报保险企业寿险原保险合同

提前解除时按照约定应当退还投保人的保单现金价值。

（二）填报数据来源。

本行的填报数据来源为"退保金"科目记录的会计数据。注意：应根据"退保金"累计发生额累计汇总后，再进行填报。

二、赔付支出

（一）填报说明。

《金融企业支出明细表》（A102020）第 17 行"赔付支出"：填报保险企业支付的原保险合同赔付款项和再保险合同赔付款项。

（二）填报数据来源。

本行的填报数据来源为"赔付支出"或"赔款支出"科目记录的会计数据。注意：应根据"赔付支出"或"赔款支出"累计发生额累计汇总后，再进行填报。

三、摊回赔付支出

（一）填报说明。

《金融企业支出明细表》（A102020）第 18 行"摊回赔付支出"：填报保险企业（再保险分出人）向再保险接受人摊回的赔付成本。

（二）填报数据来源。

本行的填报数据来源为"摊回赔付支出"科目记录的会计数据。

四、提取保险责任准备金

（一）填报说明。

《金融企业支出明细表》（A102020）第 19 行"提取保险责任准备金"：填报保险企业提取的原保险合同保险责任准备金，包括提取的未决赔款准备金、提取的寿险责任准备金、提取的长期健康责任准备金。

（二）填报数据来源。

本行的填报数据来源为"保险责任准备金"、"提取保险责任准备金"、"寿险责任准备金"、"提取寿险责任准备金"、"长期健康险责任准备金"、"提取长期健康险责任准备金"等科目记录的会计数据。

五、摊回保险责任准备金

（一）填报说明。

《金融企业支出明细表》（A102020）第 20 行"摊回保险责任准备金"：填报保险企业（再保险分出人）从事再保险业务应向再保险接受人摊回的保险责任准备金，包括未决赔款准备金、寿险责任准备金、长期健康险责任准备金。

（二）填报数据来源。

本行的填报数据来源为"摊回未决赔款准备金"、"摊回寿险责任准备金"、"摊回长期健康险责任准备金"科目记录的会计数据。

六、保单红利支出

（一）填报说明。

《金融企业支出明细表》（A102020）第 21 行"保单红利支出"：填报保险企业按原保险合同约定支付给投保人的红利。

（二）填报数据来源。

本行的填报数据来源为"保单红利支出"科目记录的会计数据。

七、分保费用

（一）填报说明。

《金融企业支出明细表》（A102020）第 22 行"分保费用"：填报保险企业（再保险接受人）向再保险分出人支付的分保费用。

（二）填报数据来源。

本行的填报数据来源为"分保费用支出"科目记录的会计数据。

八、摊回分保费用

（一）填报说明。

《金融企业支出明细表》（A102020）第23行"摊回分保费用"：填报保险企业（再保险分出人）向再保险接受人摊回的分保费用。

（二）填报数据来源。

本行的填报数据来源为"摊回分保费用"科目记录的会计数据。

九、手续费及佣金支出

（一）填报说明。

《金融企业支出明细表》（A102020）第24行"保险业务手续费及佣金支出"：填报保险企业发生的与其保险业务活动相关的各项手续费、佣金支出。

（二）填报数据来源。

本行的填报数据来源为"手续费支出"、"佣金支出"、"手续费及佣金支出"科目记录的会计数据。

4.4.2.3 证券业务支出的填报和审核

一、证券业务手续费及佣金支出

（一）填报说明。

《金融企业支出明细表》（A102020）第26行"证券业务手续费及佣金支出"：填报纳税人代理承销、兑付和买卖证券等业务发生的各项手续费、风险结算金、承销业务直接相关的各项费用及佣金支出。

（二）填报数据来源。

本行的填报数据来源为"手续费支出"、"手续费及佣金支出"科目记录的会计数据。注意：应根据银行业手续费及佣金支出具体的项目，分项目累计汇总后，再进行填报。

二、其他证券业务支出

（一）填报说明。

《金融企业支出明细表》（A102020）第30行"其他证券业务支出"：填报纳税人从事除经纪、自营和承销业务以外的与证券有关的业务支出。

（二）填报数据来源。

本行的填报数据来源为"其他证券业务支出"科目记录的会计数据。

4.4.2.4 其他金融业务支出的填报和审核

一、填报说明

《金融企业支出明细表》（A102020）第31行"其他金融业务支出"：填报纳税人提供除银行业、保险业、证券业以外的金融商品服务发生的相关业务支出。

二、填报数据来源

《金融企业支出明细表》（A102020）第31行"其他金融业务支出"除上述银行企业、保险企业、证券公司以外的企业，如：信托投资公司、租赁公司、担保公司、财务公司、典当公司等企业，核算"主营业务成本"和其他业务收入对应的"其他业务成本"。

4.4.2.5 其他业务成本的填报和审核

一、填报说明

《金融企业支出明细表》（A102020）第32行"其他业务成本"：填报纳税人发生的除主营业务活动以外的其他经营活动发生的支出。

二、填报数据来源

本行的填报数据来源为"其他业务支出"或"其他业务成本"科目记录的会计数据。

注意：应根据"其他业务支出"或"其他业务成本"累计发生额累计汇总后，再进行填报。

4.4.3　营业外支出的填报和审核

《金融企业支出明细表》（A102020）第 33 行"营业外支出"：填报纳税人发生的各项营业外支出，包括非流动资产处置损失、非货币性资产交换损失、债务重组损失、捐赠支出、非常损失等。

"营业外支出"填报和审核的相关内容，已经在《一般企业支出明细表》中进行介绍，这里不再重复。现仅把填报说明的基本要求列示如下：

《金融企业支出明细表》（A102020）第 34 行"非流动资产处置损失"：填报纳税人处置非流动资产形成的净损失。

第 35 行"非货币性资产交换损失"：填报纳税人发生非货币性资产交换应确认的净损失。

第 36 行"债务重组损失"：填报纳税人进行债务重组应确认的净损失。

第 37 行"捐赠支出"：填报纳税人无偿给予其他企业、组织或个人的货币性资产、非货币性资产的捐赠支出。

第 38 行"非常损失"：填报纳税人在营业外支出中核算的各项非正常的财产损失。

第 39 行"其他"：填报纳税人本期实际发生的在营业外支出核算的其他损失及支出。

4.5　《事业单位、民间非营利组织收入、支出明细表》（A103000）的填报和审核

4.5.1　《事业单位、民间非营利组织收入、支出明细表》概述

4.5.1.1　适用范围及依据
《事业单位、民间非营利组织收入、支出明细表》（A103000）适用于执行《事业单位会计准则》的事业单位以及执行《民间非营利组织会计制度》的社会团体、民办非企业单位、非营利性组织等查账征收居民纳税人填报。纳税人应根据《事业单位会计准则》、《民间非营利组织会计制度》的规定，填报"事业单位收入"、"民间非营利组织收入"、"事业单位支出"、"民间非营利组织支出"等。

《事业单位、民间非营利组织收入、支出明细表》（A103000）第 1 行至第 9 行、第 18 行至第 23 行由执行《事业单位会计准则》的纳税人填报。

《事业单位、民间非营利组织收入、支出明细表》（A103000）第 10 行至第 17 行、第 24 行至第 28 行由执行《民间非营利组织会计制度》的纳税人填报。

4.5.1.2　报表结构说明
《事业单位、民间非营利组织收入、支出明细表》（A103000）的填报事项分为四类：一是事业单位收入的组成项目（第 1 行至第 9 行），根据事业单位会计准则核算的收入类会计科目提供的信息资料填报；二是民间非营利组织收入的组成项目（第 10 行至第 17 行），根据民间非营利组织会计制度核算的收入类会计科目提供的信息资料填报；三是事业单位支出的组成项目（第 18 行至第 23 行），根据事业单位会计准则核算的支出类会计科目提供的信息资料填报；四是民间非营利组织支出的组成项目（第 24 行至第 28 行），根据民间非营利组织会计制度核算的支出类会计科目提供的信息资料填报。

4.5.1.3 表内、表间关系

（一）表内关系。

（1）表 A103000 第 1 行＝第 2＋3＋…＋7 行。

（2）表 A103000 第 7 行＝第 8＋9 行。

（3）表 A103000 第 10 行＝第 11＋12＋…＋17 行。

（4）表 A103000 第 18 行＝第 19＋20＋21＋22＋23 行。

（5）表 A103000 第 24 行＝第 25＋26＋27＋28 行。

（二）表间关系。

（1）表 A103000 第 2＋3＋4＋5＋6 行或第 11＋12＋13＋14＋15 行＝表 A100000 第 1 行。

（2）表 A103000 第 8 行或第 16 行＝表 A100000 第 9 行。

（3）表 A103000 第 9 行或第 17 行＝表 A100000 第 11 行。

（4）表 A103000 第 19＋20＋21＋22 行或第 25＋26＋27 行＝表 A100000 第 2 行。

（5）表 A103000 第 23 行或第 28 行＝表 A100000 第 12 行。

4.5.1.4 填报注意问题

（一）《事业单位、民间非营利组织收入、支出明细表》（A103000）第 1 行"收入总额"：填报纳税人的收入总额（包括免税收入）。在计算口径上，是指会计核算的收入总额，在税收上分为两部分，一是应税收入，二是免税收入。

（二）免税收入的确认。

免税收入的划拨形式有两种：一是财政部的直接拨款；二是集团统收再拨付的财政部拨款。

军工产品的承包商，应根据拨款情况提供相关证据，才能按规定享受免税优惠。对纵向拨款项目，作为总包的事业单位应提供立项批复、协议书、经费审定文件和拨款结算单据。对横向拨款项目，作为分包的事业单位应提供总包分包协议、总包商拨款结算单据和总包商纵向拨款的四种资料。

（三）科研事业单位确认收入是权责发生制和收付实现制并用。

1．一般科研事业单位收入确认原则。

《科学事业单位会计制度》第十七条规定，对财政补助收入、上级补助收入、附属单位上缴收入和其他收入，以在实际收到款项时确认为收入。第十八条规定，对科研收入、技术收入、试制产品收入、学术活动收入、科普活动收入和经营收入，以在提供科研成果、技术服务、发出产品等，同时收讫价款或取得索取价款的凭据时，确认为收入。对于长期项目的收入，须根据年度完成进度，合理确认为收入。第十九条规定，对经财政部门核准不上缴财政专户管理的预算外资金，在实际收到款项时确认为收入；对财政专户核拨的预算外资金，在收到资金后，确认为收入。

2．军工科研单位收入确认原则。

《军工科研单位会计制度》规定，根据军工科研单位的特点，对收入的确认采取权责发生制和收付实现制并用的方法，如对事业收入、产品销售收入等确认，是采用权责发生制的方法；而对财政补助收入、上级补助收入等的确认，是采用收付实现制的方法。

（四）对收付实现制和权责发生制的理解。

按照国家对事业单位预算管理办法，事业单位应将全部收入，如财政补助收入和各项非财政补助收入，与事业单位的各项支出，统一编制预算，报主管部门和财政部门核定。主管部门和财政部门，根据事业单位的特点、事业发展计划、事业单位的财务收支状况和国家财政政策以及财力可能，来核定事业单位年度预算收支规模，其中包括财政部门对事

业单位财政补助的具体数额。这就是核定收支。

按现行的预算管理办法核定的收支，就属于企业在某个年度内的法定收支项目。与这些核定收支项目相关的款项，如果按实际收到或支付的时间来确认收支，就是收付实现制；如果按核定收支的预算计划所规定应收、应付时间来确认收支，就是权责发生制。

4.5.2　事业单位、收入、支出的填报和审核

4.5.2.1　事业单位收入的填报和审核

《事业单位、民间非营利组织收入、支出明细表》（A103000）第 1 行"事业单位收入"：填报纳税人取得的所有收入的金额（包括不征税收入和免税收入），按照会计核算口径填报。

《事业单位会计准则》第九条规定："事业单位会计核算一般采用收付实现制；部分经济业务或者事项采用权责发生制核算的，由财政部在会计制度中具体规定。行业事业单位的会计核算采用权责发生制的，由财政部在相关会计制度中规定。"事业单位的财政补助收入、上级补助收入、事业收入、附属单位交款和其他收入，按照收付实现制的要求，在收到款项时，按实际收到的数额予以确认。

税法规定，收入总额包括事业单位、社会团体、民办非企业单位的财政补助收入、上级补助收入、事业收入、经营收入、附属单位上交收入和其他收入。

事业单位、社会团体、民办非企业单位的收入，除国务院或财政部、国家税务总局规定免征企业所得税的项目外，均应计入应纳税收入总额，依法计征企业所得税。

还应注意，科研事业单位在确认收入时，是采用权责发生制和收付实现制并用的方法。

一、财政补助收入

（一）填报说明。

《事业单位、民间非营利组织收入、支出明细表》（A103000）第 2 行"财政补助收入"：填报纳税人直接从同级财政部门取得的各类财政拨款，包括基本支出补助和项目支出补助。

（二）填报数据来源。

事业单位应设置"财政补助收入"科目，核算事业单位按照核定的预算和经费领报关系收到的由财政部门或上级单位拨入的各类事业经费。"财政补助收入"科目应按"国家预算收入科目"的"款"级科目设置明细账。

1. 为加强预算资金的核算管理，主管会计单位应编报季度分月用款计划。在申请当期财政补助时，应分"款"、"项"填写"预算经费请拨单"，报同级财政部门。事业单位在使用财政补助时，应按计划控制用款，不得随意改变资金用途。"款"、"项"用途如需调整，应填写"科目流用申请书"，报经同级财政部门批准后使用。

2. 收到财政补助收入时，借记"银行存款"等科目，贷记"财政补助收入"科目；缴回时作相反的会计分录。平时"财政补助收入"科目贷方余额反映"财政补助收入"累计数。

3. 年终结账时，将"财政补助收入"科目贷方余额全部转入"事业结余"科目，借记"财政补助收入"科目，贷记"事业结余"科目。年终结账后，"财政补助收入"科目无余额。

二、事业收入

（一）填报说明。

《事业单位、民间非营利组织收入、支出明细表》（A103000）第 3 行"事业收入"：填报纳税人通过开展专业业务活动及辅助活动所取得的收入。

（二）填报数据来源。

1."事业收入"，即事业单位为开展专业业务活动及其辅助活动取得的收入。其中：按

照国家有关规定应当上缴财政的资金和应当缴入财政专户的预算外资金，不计入事业收入；从财政专户核拨的预算外资金和部分经核准不上缴财政专户管理的预算外资金，计入事业收入。事业单位应根据事业收入种类或来源，设置明细账。

《事业单位会计准则》第三十三条所称"应当上缴国库或者财政专户的资金"，是指事业单位依法组织或者代收的按规定应当上缴国家预算的收入，包括会费收入、罚没收入、追回赃款物变价收入等。对应缴预算收入，事业单位应及时足额上缴，不得分成、提留、坐支。

《事业单位会计准则》第三十三条所称"应当上缴国库或者财政专户的资金"，是指按照国家有关规定应当缴入财政专户的预算外资金。

2. "事业收入"科目核算事业单位开展专业业务活动及辅助活动所取得的收入。单位收到的从财政专户核拨的预算外资金和部分经财政部门核准不上缴财政专户管理的预算外资金，也在"事业收入"科目核算。但收到应返还所属单位的预算外资金，主管部门要通过"其他应付款"科目核算。

《事业单位会计准则》第三十三条所称"专业业务活动"，是指事业单位根据本单位的专业特点开展的业务活动，例如文化事业单位的戏曲、歌舞演出活动；教育事业单位的短期培训班、医院的假日医疗保健门诊，等等。

《事业单位会计准则》第三十三条所称"辅助活动"，是指与专业业务活动相关，直接为专业业务活动服务的后勤服务活动及其他有关活动，例如戏曲、歌舞演出时，后勤部门的汽车队为其演出提供的服务。

3. 收到款项或取得收入时，借记"银行存款"、"应收账款"等科目，贷记"事业收入"科目，属于一般纳税人的单位取得收入时，按实际收到的价款扣除增值税销项税额，贷记"事业收入"科目，按计算出的应交增值税的销项税额，贷记"应交税金——应交增值税（销项税额）"。经财政部门核准，预算外资金实行按比例上缴财政专户办法的单位取得收入时，应按核定的比例分别贷记"应缴财政专户款"和"事业收入"科目。实行预算外资金结余上缴财政专户办法的单位，平时取得收入时，先全额通过"事业收入"科目反映，定期结算出应缴财政专户资金结余时，再将应上缴财政专户部分扣除，借记"事业收入"科目，贷记"应缴财政专户款"科目。

4. 期末，应将"事业收入"科目余额转入"事业结余"科目，借记"事业收入"科目，贷记"事业结余"科目，结转后"事业收入"科目应无余额。

三、上级补助收入

（一）填报说明。

《事业单位、民间非营利组织收入、支出明细表》（A103000）第4行"上级补助收入"：填报纳税人从主管部门和上级单位取得的非财政补助收入。

（二）填报数据来源。

"上级补助收入"科目核算本单位收到上级单位拨入的非财政补助资金。

1. 收到上级补助收入时，借记"银行存款"科目，贷记"上级补助收入"科目。

2. 年终将"上级补助收入"科目余额全部转入"事业结余"科目，借记"上级补助收入"科目，贷记"事业结余"科目。

3. 年终结账后，"上级补助收入"科目无余额。

四、附属单位上缴收入

（一）填报说明。

《事业单位、民间非营利组织收入、支出明细表》（A103000）第5行"附属单位上缴收入"：填报纳税人附属独立核算单位按有关规定上缴的收入。包括附属事业单位上缴的收入和附属的企业上缴的利润等。

（二）填报数据来源。

"附属单位上缴收入"科目核算事业单位收到附属单位按规定缴来的款项。"附属单位上缴收入"科目应按缴款单位设置明细账。

1. 单位实际收到款项时，借记"银行存款"科目，贷记"附属单位上缴收入"科目，发生缴款退回则作相反的会计分录。

2. 年终，将"附属单位上缴收入"科目贷方余额全部转入"事业结余"科目，借记"附属单位上缴收入"科目，贷记"事业结余"科目。结转后，"附属单位上缴收入"科目无余额。

五、经营收入

（一）填报说明。

《事业单位、民间非营利组织收入、支出明细表》（A103000）第 6 行"经营收入"：填报纳税人开展专业业务活动及其辅助活动之外开展非独立核算经营活动取得的收入。

（二）填报数据来源。

1. "经营收入"科目是指核算事业单位在专业业务活动及辅助活动之外开展非独立核算经营活动取得的收入。

2. 取得（或确认）经营收入时，借记"银行存款"、"应收账款"、"应收票据"等科目，属于小规模纳税人的单位，按实际收到的价款贷记"经营收入"科目；属于一般纳税人的单位，按实际收到的价款扣除增值税销项税额，贷记"经营收入"科目，按实际收到的价款扣除增值税销项税额，贷记"经营收入"科目，按计算出的应交增值税的销项税额，贷记"应交税金——应交增值税（销项税额）"科目。

3. 发生销货退回，不论是否属于本年度销售的，都应冲减本期的经营收入，属于小规模纳税人的单位借记"经营收入"科目，贷记"银行存款"科目；属于一般纳税人的单位，按不含税价格借记"经营收入"科目，按销售时计算出的应交增值税的销项税额，借记"应交税金——应交增值税（销项税额）"科目，贷记"银行存款"科目。单位为取得经营收入而发生的折让和折扣，应当相应冲减经营收入。

4. 期末，应将"经营收入"科目余额转入"经营结余"科目，结转后"经营收入"科目无余额。

5. 单位可根据收入种类设置明细科目，也可以并设若干总账科目。

六、其他收入

（一）填报说明。

《事业单位、民间非营利组织收入、支出明细表》（A103000）第 7 行"其他收入"：填报纳税人取得的除本表第 2 至 6 行项目以外的收入，包括投资收益、银行存款利息收入、租金收入、捐赠收入、现金盘盈收入、存货盘盈收入、收回已核销应收及预付款项、无法偿付的应付及预收款项等。

第 8 行"其中：投资收益"：填报在"其他收入"科目中核算的各项短期投资、长期债券投资、长期股权投资取得的投资收益。

第 9 行"其他"：填报在"其他收入"科目中核算的除投资收益以外的收入。

（二）填报数据来源。

"其他收入"填报除第 2 至 8 行以外的收入。如固定资产出租、无形资产转让、其他单位对本单位的补助以及其他零星杂项收入等。

1. "其他收入"科目核算事业单位除上述第 2 行至第 7 行以外的收入。如对外投资收益、固定资产出租、外单位捐赠未限定用途的财物、其他单位对本单位的补助以及其他零星杂项收入等。

2. 其他收入以单位实际收到数额予以确认。取得收入时，借记"银行存款"等科目，贷记"其他收入"科目，收入退回时作相反的会计分录。

3. 年末，将"其他收入"科目贷方余额全数转入"事业结余"科目，借记"其他收入"科目，贷记"事业结余"科目。结转后"其他收入"科目应无余额。

4. "其他收入"科目应按收入种类，如"投资收益"、"固定资产出租"、"捐赠收入"等设置明细账。

提示：事业单位在填报"其他收入"时，对"投资收益"应单独列示。如列示有"投资收益"金额，则应填写《投资收益纳税调整明细表》（A105030），并填报《纳税调整项目明细表》（A105000）第 4 行"（三）投资收益"。

4.5.2.2 事业单位支出的填报和审核

《事业单位、民间非营利组织收入、支出明细表》（A103000）第 18 行"事业单位支出"：填报纳税人发生的所有支出总额（含不征税收入形成的支出），按照会计核算口径填报。

一、事业支出

（一）填报说明。

《事业单位、民间非营利组织收入、支出明细表》（A103000）第 19 行"事业支出"：填报纳税人开展专业业务活动及其辅助活动发生的支出。包括工资、补助工资、职工福利费、社会保障费、助学金，公务费、业务费、设备购置费、修缮费和其他费用。

（二）填报数据来源。

"事业支出"科目核算事业单位开展各项专业业务活动及其辅助活动发生的实际支出。有财政补助收入的事业单位，其财政补助资金必须按拟定的用途使用，不得自行改变资金用途。

事业支出应按以下科目进行明细核算：基本工资、补助工资、其他工资、职工福利费、社会保障费、助学金、公务费、业务费、设备购置费、修缮费和其他费用。

事业支出的列报口径规定如下：

（1）对于发给个人的工资、津贴、补贴和抚恤救济费等，应根据实有人数和实发金额，取得本人签收的凭证后列报支出。

（2）购入办公用品可直接列报支出。购入其他各种材料可在领用时列报支出。

（3）社会保障费、职工福利费和管理部门支付的工人经费，按照规定标准和实有人数每月计算提取，直接列报支出。

（4）固定资产修购基金按核算的比例提取，直接列报支出。

（5）购入固定资产，经验收后列报支出，同时记入"固定资产"和"固定基金"科目。

（6）其他各项费用，均以实际报销数列报支出。

发生事业支出时，借记"事业支出"科目，贷记"现金"、"银行存款"等科目。当年支出收回时作冲减事业支出处理。实行内部成本核算的事业单位结转已销业务成果或产品成本时，按实际成本，借记"事业支出"科目，贷记"产成品"科目。

有经营活动的事业单位应正确划分事业支出和经营支出的界限。对于能分清的支出，要合理归集，对于不能分清的，应按一定标准进行分配，不得将应列入经营支出的项目列入事业支出，也不得将应列入事业支出的项目列入经营支出。

年终，将"事业支出"科目借方余额全部转入"事业结余"科目，借记"事业结余"科目，贷记"事业支出"科目。结账后，"事业支出"科目无余额。

二、上缴上级支出

（一）填报说明。

《事业单位、民间非营利组织收入、支出明细表》（A103000）第 20 行"上缴上级支出"：填报纳税人按照财政部门和主管部门的规定上缴上级单位的支出。

（二）填报数据来源。

"上缴上级支出"科目核算附属于上级单位的独立核算单位按规定的标准或比例上缴上级单位的支出。

上缴时，借记"上缴上级支出"科目，贷记"银行存款"等科目。年终将"上缴上级支出"科目借方余额全部转入"事业结余"科目，贷记"上缴上级支出"科目，结账后，"上缴上级支出"科目无余额。

三、对附属单位补助

（一）填报说明。

《事业单位、民间非营利组织收入、支出明细表》（A103000）第 21 行"对附属单位补助支出"：填报纳税人用财政补助收入之外的收入对附属单位补助发生的支出。

（二）填报数据来源。

"附属单位补助"科目核算事业单位用非财政预算资金对附属单位补助发生的支出。"附属单位补助"科目应按接受补助的附属单位名称设置明细账。

对附属单位补助时，借记"附属单位补助"科目，贷记"银行存款"科目；补助收回时，作相反的会计分录。

年终结账时，将"附属单位补助"科目的借方余额全数转入"事业结余"科目，借记"事业结余"科目，贷记"附属单位补助"科目。结转后"附属单位补助"科目无余额。

四、经营支出

（一）填报说明。

《事业单位、民间非营利组织收入、支出明细表》（A103000）第 22 行"经营支出"：填报纳税人在专业业务活动及其辅助活动之外开展非独立核算经营活动发生的支出。

（二）填报数据来源。

"经营支出"科目核算事业单位在专业业务活动及其辅助活动之外开展非独立核算经营活动发生的各项支出以及实行内部成本核算单位已销产品实际成本。经营支出一般应按以下科目进行明细核算：基本工资、补助工资、其他工资、职工福利费、社会保障费、助学金、公务费、业务费、设备购置费、修缮费和其他费用等。经营业务种类较多的单位，应按经营业务的主要类别进行二级明细核算。"经营支出"科目应按单位经营业务的主要类别设置明细账。

事业单位发生各项经营支出时，借记"经营支出"科目，贷记"银行存款"或有关科目。实行内部成本核算的事业单位结转已销经营性劳务成果或产品时，按实际成本借记"经营支出"科目，贷记"产成品"科目。

期末应将"经营支出"科目余额全部转入"经营结余"科目，借记"经营结余"，贷记"经营支出"科目。

五、其他支出

（一）填报说明。

《事业单位、民间非营利组织收入、支出明细表》（A103000）第 23 行"其他支出"：填报纳税人除本表第 19 行至第 22 行项目以外的支出，包括利息支出、捐赠支出、现金盘亏损失、资产处置损失、接受捐赠（调入）非流动资产发生的税费支出等。

（二）填报数据来源。

除上述项目以外的支出项目，都在本行填列。事业单位会计制度对其他收入的核算做出了规定，要求设置"其他收入"科目进行核算；而对其他支出没有做出具体规定，实际填报时，各事业单位应根据各自核算特点填报。

4.5.3 民间非营利组织收入、支出的填报和审核

4.5.3.1 民间非营利组织收入的填报和审核

《事业单位、民间非营利组织收入、支出明细表》（A103000）第 10 行"民间非营利组织收入"：填报纳税人开展业务活动取得的收入，包括捐赠收入、会费收入、提供服务收入、政府补助收入、投资收益、商品销售收入等主要业务活动收入和其他收入等。

一、接受捐赠收入

（一）填报说明。

《事业单位、民间非营利组织收入、支出明细表》（A103000）第 11 行"接受捐赠收入"：填报纳税人接受其他单位或者个人捐赠所取得的收入。

（二）填报数据来源。

本行的填报数据来源为"接受捐赠收入"科目记录的会计数据。

二、会费收入

（一）填报说明。

《事业单位、民间非营利组织收入、支出明细表》（A103000）第 12 行"会费收入"：填报纳税人根据章程等的规定向会员收取会费取得的收入。

（二）填报数据来源。

本行的填报数据来源为"会费收入"科目记录的会计数据。

三、提供劳务收入

（一）填报说明。

《事业单位、民间非营利组织收入、支出明细表》（A103000）第 13 行"提供劳务收入"：填报纳税人根据章程等的规定向其服务对象提供服务取得的收入，包括学费收入、医疗费收入、培训收入等。

（二）填报数据来源。

本行的填报数据来源为"提供劳务收入"科目记录的会计数据。

四、商品销售收入

（一）填报要求。

《事业单位、民间非营利组织收入、支出明细表》（A103000）第 14 行"商品销售收入"：填报纳税人销售商品（如出版物、药品等）所形成的收入。

（二）填报数据来源。

本行的填报数据来源为"商品销售收入"科目记录的会计数据。

五、政府补助收入

（一）填报说明。

《事业单位、民间非营利组织收入、支出明细表》（A103000）第 15 行"政府补助收入"：填报纳税人接受政府拨款或者政府机构给予的补助而取得的收入。

（二）填报数据来源。

本行的填报数据来源为"政府补助收入"科目记录的会计数据。

六、投资收益

（一）填报说明。

《事业单位、民间非营利组织收入、支出明细表》（A103000）第 16 行"投资收益"：填报纳税人因对外投资取得的投资净收益。

（二）填报数据来源。

本行的填报数据来源为"投资收益"科目记录的会计数据。

　　提示：民间非营利组织填报有"投资收益"项目时，则应填写《投资收益纳税调整明细表》（A105030），并填报《纳税调整项目明细表》（A105000）第 4 行"（三）投资收益"。

　　七、其他收入

　　（一）填报说明。

　　《事业单位、民间非营利组织收入、支出明细表》（A103000）第 17 行"其他收入"：填报纳税人除上述主要业务活动收入以外的其他收入，如固定资产处置净收入、无形资产处置净收入等。

　　（二）填报数据来源。

　　本行的填报数据来源为"其他收入"科目记录的会计数据。

　　4.5.3.2　民间非营利组织支出的填报和审核

　　《事业单位、民间非营利组织收入、支出明细表》（A103000）第 24 行"民间非营利组织支出"：填报纳税人发生的所有支出总额，按照会计核算口径填报。

　　根据《民间非营利组织会计制度》的规定：费用是指民间非营利组织为开展业务活动所发生的导致本期净资产减少的经济利益或者服务潜力的流出。它是民间非营利组织为获得收益而付出的代价。民间非营利组织的费用包括业务活动支出、管理费用、筹资费用和其他费用等。

　　民间非营利组织的业务活动，既是提供社会公益事业的过程，也是发生各种物化劳动与活劳动耗费的过程。为了正确计算民间非营利组织在某一会计期间的业务成果，必须对其在该期间所发生的各种耗费进行正确核算，实现收入与费用的正确配比。

　　一、业务活动成本

　　（一）填报说明。

　　《事业单位、民间非营利组织收入、支出明细表》（A103000）第 25 行"业务活动成本"：填报民间非营利组织为了实现其业务活动目标、开展某项目活动或者提供劳务所发生的费用。

　　（二）填报数据来源。

　　本行的填报数据来源于"业务活动成本"科目记录的会计数据。

　　1. 业务活动成本的概念。

　　业务活动成本是指民间非营利组织为了实现其业务活动目标、开展其项目活动或者提供服务所发生的费用。民间非营利组织发生的业务活动成本，应当按照其发生额计入当期费用。

　　民间非营利组织应设置"业务活动成本"账户，核算为了实现其业务活动目标、开展其项目活动或者提供服务所发生的费用。该账户属于收入费用类账户，其借方登记发生的业务成本；贷方登记期末转入非限定性净资产的数额。结转后该账户无余额。

　　如果民间非营利组织从事的项目、提供的服务或者开展的业务比较单一，可以将相关费用全部归集在"业务活动成本"项目下进行核算和列报；如果民间非营利组织从事的项目、提供的服务或者开展的业务种类较多，应当在"业务活动成本"项目下分项目、服务或者业务大类进行核算和列报。

　　2. 教育活动成本的核算。

　　（1）教育活动成本的概念。教育活动成本是指民间非营利教育机构从事教学、科研及其他活动发生的各项费用。教育活动成本是民间非营利教育机构费用中最重要的组成部分，它直接体现了学校办学的宗旨和任务。

　　（2）教育活动成本的分类。教育活动成本按其内容分类，可以分为教学科研人员的基本工资、补助工资、其他工资、职工福利费、教学科研人员社会保障费、助学金、教学业务费、教学修缮费和其他费用。

（3）教育活动成本的账务处理。民间非营利组织发生教育活动成本时，借记"业务活动成本"科目，贷记"现金"、"银行存款"、"存货"、"应付账款"等科目。期末，将"业务活动成本"科目的余额转入非限定性净资产，借记"非限定性净资产"科目，贷记"业务活动成本"科目。

3. 科研成本的核算。

科研费用是指民间非营利科研单位在科学研究、技术开发、科技管理等各项活动中发生的各项耗费。如科研人员工资、科研活动费用、物质资料的耗用、房屋建筑物、仪器设备磨损等。

科研单位开展科研活动的过程，也是费用发生（即资金耗费）的过程。将科研活动发生的各项费用按照一定的核算对象进行归集，就形成了该归集对象的科研成本。科研单位费用归集的对象一般为科研课题、开发项目、科技产品等。其科研成本也可具体分为科研课题成本、试制成本、技术成本、科普成本和生产成本等。

科研机构进行科研成本核算，有利于加强科研部门内部的管理，提高科研水平，促进公共科研事业的发展。

二、管理费用

（一）填报说明。

《事业单位、民间非营利组织收入、支出明细表》（A103000）第 26 行"管理费用"：填报民间非营利组织为组织和管理其业务活动所发生的各项费用，包括民间非营利组织董事会（或者理事会或者类似权力机构）经费和行政管理人员的工资、奖金、津贴、福利费、住房公积金、住房补贴、社会保障费、离退休人员工资与补助，以及办公费、水电费、邮电费、物业管理费、差旅费、折旧费、修理费、无形资产摊销、存货盘亏损失、资产减值损失、因预计负债所产生的损失、聘请中介机构费和应偿还的受赠资产等。

（二）填报数据来源。

本行的填报数据来源为"管理费用"科目记录的会计数据。

三、筹资费用

（一）填报说明。

《事业单位、民间非营利组织收入、支出明细表》（A103000）第 27 行"筹资费用"：填报民间非营利组织为筹集业务活动所需资金而发生的费用，包括民间非营利组织获得捐赠资产而发生的费用以及应当计入当期费用的借款费用、汇兑损失（减汇兑收益）等。民间非营利组织为了获得捐赠资产而发生的费用包括举办募款活动费，准备、印刷和发放募款宣传资料费以及其他与募款或者争取捐赠有关的费用。

（二）填报数据来源。

本行的填报数据来源为"筹资费用"科目记录的会计数据。

四、其他费用

（一）填报要求。

《事业单位、民间非营利组织收入、支出明细表》（A103000）第 28 行"其他费用"：填报民间非营利组织发生的、无法归属到上述业务活动成本、管理费用或者筹资费用中的费用，包括固定资产处置净损失、无形资产处置净损失等。

（二）填报数据来源。

本行的填报数据来源为"其他费用"科目记录的会计数据。

1. 其他费用的概念。

其他费用是指民间非营利组织发生的、无法归属到业务活动成本、管理费用或者筹资费用的费用，包括固定资产处置净损失和无形资产处置净损失等。

2. 其他费用核算账户的设置。

民间非营利组织应设置"其他费用"账户，核算该组织发生的固定资产处置净损失、无形资产处置净损失等。该账户属于收入费用类账户。其借方登记发生的固定资产处置净损失、无形资产处置净损失等；贷方登记期末转入非限定性净资产的其他费用。期末结转后，该账户无余额，其明细账应当按照费用种类设置。

3. 其他费用的账务处理。

民间非营利组织发生的其他费用，应当在发生时按其发生额计入当期费用。发生固定资产处置净损失时，借记"其他费用"科目，贷记"固定资产清理"科目；发生无形资产处置净损失时，按照实际取得的价款，借记"银行存款"等科目，按照该项无形资产的账面余额，贷记"无形资产"科目，按照其差额，借记"其他费用"科目；期末，将其他费用转入非限定性净资产时，借记"非限定性净资产"科目，贷记"其他费用"科目。

4.6 《期间费用明细表》（A104000）的填报和审核

4.6.1 《期间费用明细表》概述

4.6.1.1 适用范围

《期间费用明细表》（A104000）适用于执行《企业会计准则》、《小企业会计准则》、《企业会计制度》、分行业会计制度的查账征收居民纳税人填报。纳税人应根据《企业会计准则》、《小企业会计准则》、《企业会计制度》、分行业会计制度的规定，填报"销售费用"、"管理费用"和"财务费用"等项目。

4.6.1.2 填报说明

《期间费用明细表》（A104000）第1行至第24行：根据费用科目核算的具体项目金额进行填报，如果贷方发生额大于借方发生额，应填报负数。

4.6.1.3 表内、表间关系

（一）表内关系。

（1）表 A104000 第 25 行第 1 列＝第 1 列第 1＋2＋…＋20＋24 行。

（2）表 A104000 第 25 行第 2 列＝第 2 列第 2＋3＋6＋11＋15＋16＋18＋19＋24 行。

（3）表 A104000 第 25 行第 3 列＝第 3 列第 1＋2＋…＋20＋24 行。

（4）表 A104000 第 25 行第 4 列＝第 4 列第 2＋3＋6＋11＋15＋16＋18＋19＋24 行。

（5）表 A104000 第 25 行第 5 列＝第 5 列第 6＋21＋22＋23＋24 行。

（6）表 A104000 第 25 行第 6 列＝第 6 列第 6＋21＋22＋24 行。

（二）表间关系：

（1）表 A104000 第 25 行第 1 列＝表 A100000 第 4 行。

（2）表 A104000 第 25 行第 3 列＝表 A100000 第 5 行。

（3）表 A104000 第 25 行第 5 列＝表 A100000 第 6 行。

4.6.1.4 填报注意事项

（1）本表的填报应保证第 25 行销售费用、管理费用、财务费用的填报金额直接取自申报所属期利润表。明细申报项目应反映真实的财务核算信息。

（2）《事业单位、民间非营利组织收入、支出明细表》（A103000）设置的支出项目同时包含成本类项目及费用类项目，因此填报该表的事业单位、民间非营利组织纳税人不再填报表《期间费用明细表》（A104000）。

（3）《企业会计准则应用指南——会计科目和主要账务处理》对"销售费用"科目的规定中列明：企业（金融）应将本科目改为"6601业务及管理费"科目，核算企业（保险）在业务经营和管理过程中所发生的各项费用，包括折旧费、业务宣传费、业务招待费、电子设备运转费、钞币运送费、安全防范费、邮电费、劳动保护费、外事费、印刷费、低值易耗品摊销、职工工资、差旅费、水电费、修理费、职工教育经费、工会经费、税金、会议费、诉讼费、公证费、咨询费、无形资产摊销、长期待摊费用摊销、取暖降温费、聘请中介机构费、技术转让费、绿化费、董事会费、财产保险费、劳动保险费、待业保险费、住房公积金、物业管理费、研究费用等。企业（金融）不应再设置"管理费用"科目。因此金融企业填报《期间费用明细表》时，不填写第3列和第4列。

（4）《期间费用明细表》第2列、第4列、第6列对企业费用列支中向境外支付的部分进行信息采集，为主管税务机关进行反避税调查提供了便利，纳税人在填报相关项目时应谨慎对待，规范填报境外支付费用金额，避免不规范的费用列支引发的涉税风险。

4.6.2 期间费用的填报和审核

4.6.2.1 营业费用

一、填报说明

《期间费用明细表》（A104000）第1列：填报在销售费用科目进行核算的相关明细项目的金额，其中金融企业填报在业务及管理费科目进行核算的相关明细项目的金额。

第2列"其中：境外支付"：填报在"销售费用"科目进行核算的向境外支付的相关明细项目的金额，其中金融企业填报在"业务及管理费"科目进行核算的相关明细项目的金额。

二、填报数据来源

本行的填报数据来源为"销售费用"、"营业费用"、"业务及管理费用"科目记录的会计数据。

4.6.2.2 管理费用

一、填报说明

《期间费用明细表》（A104000）第3列"管理费用"：填报在"管理费用"科目进行核算的相关明细项目的金额。

第4列"其中：境外支付"：填报在"管理费用"科目进行核算的向境外支付的相关明细项目的金额。

二、填报数据来源

本行的填报数据来源为"管理费用"科目记录的会计数据。

4.6.2.3 财务费用

一、填报说明

《期间费用明细表》（A104000）第5列"财务费用"：填报在"财务费用"科目进行核算的有关明细项目的金额。

第6列"其中：境外支付"：填报在"财务费用"科目进行核算的向境外支付的有关明细项目的金额。

二、填报数据来源

本行的填报数据来源为"财务费用"科目记录的会计数据。

4.6.3 填报案例

一、案例基本情况

甲公司2015年度销售费用、管理费用、财务费用的具体情况如下：

（一）销售费用 1 988 618.03 元，其中：工资 1 291 000.00 元，职工福利费 179 750.64 元，广告费 225 230.34 元，差旅费 52 709.96 元，业务宣传费 85 360.49 元，业务招待费 154 272.60 元。

审核时发现在会议费、差旅费等费用中列支属于业务招待费性质支出 40 000.00 元

2015 年度未发生销售（营业）费用会计调整行为。

（二）管理费用 10 579 596.55 元，具体情况如下：

（1）管理费用 10 579 596.55 元，其中：工资 1 300 294.73 元，职工福利费 182 046.57 元，职工社保 226 393.90 元，固定资产折旧 6 323 445.75 元，业务招待费 524 972.38 元，财产保险 53 227.77 元，会议费 255 162.85 元，水 121 601.63 元，设计制作费 402 444.60 元，职工教育经费 64 782.37 元，办公费 1 034 224.00 元，其他 100 000.00 元。

（2）审核时发现办公费等费用中列支属于福利费性质支出 65 000.00 元。

（3）本年计提工资 2 591 294.73 元，在 2016 年 1 月全部发放。

（4）本年计提 2.5% 职工教育经费 64 782.37 元，实际使用 43 900.00 元。

（5）2015 年度未发生管理费用会计调整行为。

（三）财务费用 996 806.71 元，其中：利息收入 3 250.93 元，利息支出 959 826.34 元，金融机构手续费 40 231.30 元。

2015 年度未发生财务费用会计调整行为。

二、填报情况

具体填报情况见表 4-3。

表 4-3 　　　　　　　　　　　　　　**期间费用明细表**

行次	项目	销售费用	其中：境外支付	管理费用	其中：境外支付	财务费用	其中：境外支付
		1	2	3	4	5	6
1	一、职工薪酬	1 470 750.64	*	1 838 517.57	*	*	*
2	二、劳务费	—	—			*	*
3	三、咨询顾问费	—				*	*
4	四、业务招待费	194 272.60	*	524 972.38	*	*	*
5	五、广告费和业务宣传费	310 590.83			*	*	*
6	六、佣金和手续费	—		—			
7	七、资产折旧摊销费	—	*	6 323 445.75	*	*	*
8	八、财产损耗、盘亏及毁损损失		*		*	*	*
9	九、办公费	—	*	969 224.00	*	*	*
10	十、董事会费			—		*	*
11	十一、租赁费			—		*	*
12	十二、诉讼费		*	—	*	*	*
13	十三、差旅费	12 709.96	*	—	*	*	*
14	十四、保险费		*		*	*	*
15	十五、运输、仓储费					*	*
16	十六、修理费					*	*
17	十七、包装费		*		*	*	*

续表

行次	项目	销售费用	其中：境外支付	管理费用	其中：境外支付	财务费用	其中：境外支付
		1	2	3	4	5	6
18	十八、技术转让费	—		—		＊	＊
19	十九、研究费用	—		—		＊	＊
20	二十、各项税费	—	＊		＊	＊	＊
21	二十一、利息收支	＊	＊	＊	＊	956 575.41	
22	二十二、汇兑差额	＊	＊	＊	＊	—	
23	二十三、现金折扣	＊	＊	＊	＊	—	＊
24	二十四、其他	—		932 436.85		40 231.30	
25	合计（1＋2＋3＋…24）	1 988 324.03	—	10 588 596.55	—	996 806.71	—

第 5 章

《纳税调整项目明细表》的填报和审核

5.1　《纳税调整项目明细表》概述

5.1.1　适用范围及依据

《纳税调整项目明细表》（A105000）适用于会计处理与税法规定不一致需进行纳税调整的纳税人填报。纳税人根据税法、相关税收政策，以及国家统一会计制度的规定，填报会计处理、税法规定，以及纳税调整情况。

5.1.2　报表主体结构

本表按照"收入类调整项目"、"扣除类调整项目"、"资产类调整项目"、"特殊事项调整项目"、"特别纳税调整应税所得"、"其他"六大项分类填报汇总，并计算出纳税"调增金额"和"调减金额"的合计数。

5.1.3　报表数据栏设置

数据栏分别设置"账载金额"、"税收金额"、"调增金额"、"调减金额"四个栏次。"账载金额"是指纳税人按照国家统一会计制度规定核算的项目金额。"税收金额"是指纳税人按照税法规定计算的项目金额。

"收入类调整项目"："税收金额"减"账载金额"后余额为正数的，填报在"调增金额"，余额为负数的，将绝对值填报在"调减金额"。

"扣除类调整项目"、"资产类调整项目"："账载金额"减"税收金额"后余额为正数的，填报在"调增金额"，余额为负数的，将其绝对值填报在"调减金额"。

"特殊事项调整项目"、"其他"分别填报税法规定项目的"调增金额"、"调减金额"。

"特别纳税调整应税所得"：填报经特别纳税调整后的"调增金额"。

对需填报下级明细表的纳税调整项目，其"账载金额"、"税收金额"、"调增金额"、

"调减金额"根据相应附表进行计算填报。

5.1.4 表内、表间关系

（一）表内关系。

（1）表 A105000 第 1 行＝第 2＋3＋4＋5＋6＋7＋8＋10＋11 行。

（2）表 A105000 第 12 行＝第 13＋14＋15＋…＋24＋26＋27＋…＋29 行。

（3）表 A105000 第 30 行＝第 31＋32＋33＋34 行。

（4）表 A105000 第 35 行＝第 36＋37＋38＋39＋40 行。

（5）表 A105000 第 43 行＝第 1＋12＋30＋35＋41＋42 行。

（二）表间关系。

（1）表 A105000 第 2 行第 2 列＝表 A105010 第 1 行第 1 列；第 2 行第 3 列＝表 A105010 第 1 行第 2 列。

（2）表 A105000 第 3 行第 1 列＝表 A105020 第 14 行第 2 列；第 3 行第 2 列＝表 A105020 第 14 行第 4 列；若表 A105020 第 14 行第 6 列≥0，填入第 3 行第 3 列；若表 A105020 第 14 行第 6 列＜0，将绝对值填入第 3 行第 4 列。

（3）表 A105000 第 4 行第 1 列＝表 A105030 第 10 行第 1＋8 列；第 4 行第 2 列＝表 A105030 第 10 行第 2＋9 列；若表 A105030 第 10 行第 11 列≥0，填入第 4 行第 3 列；若表 A105030 第 10 行第 11 列＜0，将绝对值填入第 4 行第 4 列。

（4）表 A105000 第 9 行第 3 列＝表 A105040 第 7 行第 14 列；第 9 行第 4 列＝表 A105040 第 7 行第 4 列。

（5）表 A105000 第 13 行第 2 列＝表 A105010 第 11 行第 1 列；第 13 行第 4 列＝表 A105010 第 11 行第 2 列的绝对值。

（6）表 A105000 第 14 行第 1 列＝表 A105050 第 13 行第 1 列；第 14 行第 2 列＝表 A105050 第 13 行第 4 列；若表 A105050 第 13 行第 5 列≥0，填入第 14 行第 3 列；若表 A105050 第 13 行第 5 列＜0，将绝对值填入第 14 行第 4 列。

（7）若表 A105060 第 12 行≥0，填入第 16 行第 3 列，若表 A105060 第 12 行＜0，将绝对值填入第 16 行第 4 列。

（8）表 A105000 第 17 行第 1 列＝表 A105070 第 20 行第 2＋6 列；第 17 行第 2 列＝表 A105070 第 20 行第 4 列；第 17 行第 3 列＝表 A105070 第 20 行第 7 列。

（9）表 A105000 第 25 行第 3 列＝表 A105040 第 7 行第 11 列。

（10）表 A105000 第 31 行第 1 列＝表 A105080 第 27 行第 2 列；第 31 行第 2 列＝表 A105080 第 27 行第 5＋6 列；若表 A105080 第 27 行第 9 列≥0，填入第 31 行第 3 列，若表 A105080 第 27 行第 9 列＜0，将绝对值填入第 31 行第 4 列。

（11）表 A105000 第 33 行第 1 列＝表 A105090 第 14 行第 1 列；第 33 行第 2 列＝表 A105090 第 14 行第 2 列；若表 A105090 第 14 行第 3 列≥0，填入第 33 行第 3 列，若表 A105090 第 14 行第 3 列＜0，将绝对值填入第 33 行第 4 列。

（12）表 A105000 第 36 行第 1 列＝表 A105100 第 14 行第 1＋4 列；第 36 行第 2 列＝表 A105100 第 14 行第 2＋5 列；若表 A105100 第 14 行第 7 列≥0，填入第 36 行第 3 列，若表 A105100 第 14 行第 7 列＜0，将绝对值填入第 36 行第 4 列。

（13）若表 A105110 第 24 行≥0，填入第 37 行第 3 列，若表 A105110 第 24 行＜0，将绝对值填入第 37 行第 4 列。

（14）表 A105000 第 38 行第 1 列＝表 A105120 第 30 行第 1 列；第 38 行第 2 列＝表 A105120 第 30 行第 2 列；若表 A105120 第 30 行第 3 列≥0，填入第 38 行第 3 列，若表

A105120 第 30 行第 3 列＜0，将绝对值填入第 38 行第 4 列。

（15）表 A105000 第 39 行第 2 列＝表 A105010 第 21 行第 1 列；若表 A105010 第 21 行第 2 列≥0，填入第 39 行第 3 列，若表 A105010 第 21 行第 2 列＜0，将绝对值填入第 39 行第 4 列。

（16）表 A105000 第 43 行第 3 列＝表 A100000 第 15 行；第 43 行第 4 列＝表 A100000 第 16 行。

（17）表 A105000 第 28 行第 3 列＝表 A108010 第 10 行第 16＋17 列。

5.1.5　填报注意事项

1. 填报《纳税调整项目明细表》（A105000）时，对于根据会计核算资料提供的会计信息填报的栏次，有关栏次填报完账载金额后，还应根据税法的规定对存在的差异事项进行纳税调整。

2. 填报《纳税调整项目明细表》（A105000）时，当税收扣除限额大于账载金额时，税收金额应填写账载金额。

3.《纳税调整项目明细表》（A105000）仅对会计与税法存在差异的事项在此表进行填写，对企业享受税收优惠的相关事项，不在本表填写。

5.2　收入类调整项目的填报和审核

5.2.1　收入类调整项目概述

5.2.1.1　填报说明

"收入类调整项目"："税收金额"减"账载金额"后余额为正数的，填报在"调增金额"，余额为负数的，将绝对值填报在"调减金额"。

《纳税调整项目明细表》（A105000）第 1 行"一、收入类调整项目"：根据第 2 行至第 11 行进行填报。

5.2.1.2　收入业务处理的税会差异

一、收入业务处理的适用原则不同

会计核算要遵循客观性原则、实质重于形式的原则和谨慎性原则，注重收入实质性的实现，而不仅仅是收入法律上的实现。税款的征收要遵循法律性原则和确保收入的原则，注重界定和准确计算应纳税额的计税依据。

1. 财务会计和税法虽然在收入的核算上都遵循配比原则，但两者是有区别的。前者是从准确地反映经营成果和财务状况的角度，确认收入与成本的配比，包括对象的配比和期间的配比；后者是从保护税基、公平税负的角度对有关成本、费用和损失加以规定的。

2. 会计强调谨慎原则，税法对谨慎原则的使用是有范围的，只要纳税人对盈利或潜在的盈利有控制权时，税法就会对纳税人的所得加以确认。当然有时税法会根据社会经济政策需要，限制或推迟收入的确认及收入时间的确认。

3. 权责发生制与收付实现制的适用两者不一致。会计与税法都以权责发生制为主，但在具体业务的处理上会计与税法存在差异。例如，对房地产预收款销售，会计上按权责发生制原则进行处理，而营业税和所得税均按收付实现制原则进行处理。又如，对投资收益的处理，会计适用收付实现制原则，而税法则适用权责发生制原则。

4. 及时性原则。由于确认范围的差异，财务会计在运用及时性原则时，对符合会计确认条件的收入及时记录，对不符合会计确认条件的不允许在收入中记录；纳税会计对符合应税收入确认条件但不符合会计收入确认条件的交易事项，要求在应税收入中记录，并计算应纳税额。纳税会计的具体操作方法是在有关科目的摘要中，描述交易事项，记录应税收入金额，在借（贷）方发生额栏记录应纳税额。

二、收入业务处理政策方法选择的自由度不同

会计允许企业选择自身的会计政策和会计方法，允许会计人员对收入的处理做出职业上的判断。税法要求纳税人必须严格遵守税法的相关规定，会计处理方法与国家有关税收规定相抵触的，应当按照国家有关税收的规定计算纳税。同时，纳税会计的处理方法一经确定，不得随意变动。

5.2.2　视同销售收入的填报和审核

5.2.2.1　填报说明

《纳税调整项目明细表》（A105000）第 2 行"（一）视同销售收入"：填报会计处理不确认为销售收入，税法规定确认应税收入的收入。根据《视同销售和房地产开发企业特定业务纳税调整明细表》（A105010）填报，第 2 列"税收金额"为表 A105010 第 1 行第 1 列金额；第 3 列"调增金额"为表 A105010 第 1 行第 2 列金额。

5.2.2.2　不需要填报的项目

根据填报要求，第 2 行"1. 视同销售收入"的"账载金额"、"调减金额"等两个栏次不需要填报。

5.2.2.3　填报数据来源

根据《视同销售和房地产开发企业特定业务纳税调整明细表》（A105010）填报，具体数据关系如下：

《纳税调整项目明细表》（A105000）第 2 列"税收金额"为表 A105010 第 1 行第 1 列金额；

第 3 列"调增金额"为表 A105010 第 1 行第 2 列金额。

5.2.2.4　填报和审核

详细内容参见第 6 章 6.1 节"《视同销售和房地产开发企业特定业务纳税调整明细表》（A105010）的填报和审核"有关内容。

5.2.3　未按权责发生制原则确认的收入的填报和审核

5.2.3.1　填报说明

《纳税调整项目明细表》（A105000）第 3 行"（二）未按权责发生制原则确认的收入"：根据《未按权责发生制确认收入纳税调整明细表》（A105020）填报，第 1 列"账载金额"为表 A105020 第 14 行第 2 列金额；第 2 列"税收金额"为表 A105020 第 14 行第 4 列金额；表 A105020 第 14 行第 6 列，若≥0，填入本行第 3 列"调增金额"；若<0，将绝对值填入本行第 4 列"调减金额"。

5.2.3.2　填报数据来源

根据《未按权责发生制确认收入纳税调整明细表》（A105020）填报，具体数据关系如下：

《纳税调整项目明细表》（A105000）第 1 列"账载金额"为表 A105020 第 14 行第 2 列金额；

第 2 列 "税收金额" 为表 A105020 第 14 行第 4 列金额；

表 A105020 第 14 行第 6 列，若≥0，填入《纳税调整项目明细表》（A105000）第 3 行第 3 列 "调增金额"；若＜0，将绝对值填入《纳税调整项目明细表》（A105000）第 3 行第 4 列 "调减金额"。

5.2.3.3　填报和审核

详细内容参见第 6 章 6.1 节 "《视同销售和房地产开发企业特定业务纳税调整明细表》（A105010）的填报和审核" 有关内容。

5.2.4　投资收益的填报和审核

5.2.4.1　填报说明

《纳税调整项目明细表》（A105000）第 4 行 "（三）投资收益"：根据《投资收益纳税调整明细表》（A105030）填报，第 1 列 "账载金额" 为表 A105030 第 10 行第 1＋8 列的金额；第 2 列 "税收金额" 为表 A105030 第 10 行第 2＋9 列的金额；表 A105030 第 10 行第 11 列，若≥0，填入本行第 3 列 "调增金额"；若＜0，将绝对值填入本行第 4 列 "调减金额"。

5.2.4.2　填报数据来源

根据《投资收益纳税调整明细表》（A105030）填报，具体数据关系如下：

《纳税调整项目明细表》（A105000）第 1 列 "账载金额" 为《投资收益纳税调整明细表》（A105030）第 10 行第 1 列 "持有收益" 的 "账载金额" 合计，加上 "处置收益" 的 "会计确认的处置所得或损失" 合计的金额。

第 2 列 "税收金额" 为《投资收益纳税调整明细表》（A105030）第 10 行第 2 列 "持有收益" 的 "税收金额" 合计，加上 "处置收益" 的 "税收计算的处置所得" 合计的金额。

第 3 列 "调增金额" 为《投资收益纳税调整明细表》（A105030）第 10 行第 11 列 "纳税调整金额" 若≥0 时的金额。

第 4 列 "调减金额" 为《投资收益纳税调整明细表》（A105030）第 10 行第 11 列 "纳税调整金额" 若＜0 时的绝对值。

5.2.4.3　填报和审核

详细内容参见第 6 章 6.3 节 "《投资收益纳税调整明细表》（A105030）的填报和审核" 有关内容。

5.2.5　按权益法核算长期股权投资对初始投资成本调整确认收益的填报和审核（直接填报）

5.2.5.1　填报说明

《纳税调整项目明细表》（A105000）第 5 行 "（四）按权益法核算长期股权投资对初始投资成本调整确认收益"：第 4 列 "调减金额" 填报纳税人采取权益法核算，初始投资成本小于取得投资时应享有被投资单位可辨认净资产公允价值份额的差额计入取得投资当期的营业外收入的金额。

5.2.5.2　不需要填报的项目

《纳税调整项目明细表》（A105000）第 5 行 "（四）按权益法核算长期股权投资对初始投资成本调整确认收益" 的第 1 列 "账载金额"、第 2 列 "税收金额" 和第 3 列 "调增金额"，不需要填报。

5.2.5.3　执行《企业会计准则》纳税人的填报方法

《纳税调整项目明细表》（A105000）第 5 行 "（四）按权益法核算长期股权投资对初始

投资成本调整确认收益"，只有执行《企业会计准则》的纳税人才可能该调整事项，对执行《企业会计制度》和《小企业会计制度》的纳税人，对初始投资成本小于投资时可辨认净资产公允价值份额不确认损益。因此，执行《企业会计制度》和《小企业会计准则》的纳税人不需要填报此行。具体理由如下：

（一）税收上按历史成本进行确认。

《企业所得税法实施条例》第五十六条规定："企业的各项资产，包括固定资产、生物资产、无形资产、长期待摊费用、投资资产、存货等，以历史成本为计税基础。

前款所称历史成本，是指企业取得该项资产时实际发生的支出。"

因此，长期股权投资的初始投资成本无论大于还是小于投资时应享有被投资单位可辨认净资产公允价值份额，都不调整长期股权投资的计税基础。

（二）执行《企业会计准则》的纳税人初始投资成本小于投资时可辨认净资产公允价值份额，应进行初始成本调整，并确认损益。大于时，不需要进行调整。具体规定如下：

《企业会计准则第 2 号——长期股权投资》第九条规定："长期股权投资的初始投资成本大于投资时应享有被投资单位可辨认净资产公允价值份额的，不调整长期股权投资的初始投资成本；长期股权投资的初始投资成本小于投资时应享有被投资单位可辨认净资产公允价值份额的，其差额应当计入当期损益，同时调整长期股权投资的成本。"

依据《企业所得税法实施条例》第七十一条的规定，企业取得投资资产，通过支付现金方式取得的投资资产，以购买价款为成本；通过支付现金以外的方式取得的投资资产，以该资产的公允价值和支付的相关税费为成本。因此，应以纳税人实际支付的成本作为该项投资的计税基础。纳税人应按《企业会计准则》的规定，对投资成本的调整金额进行纳税调减处理。

5.2.5.4　执行《企业会计制度》和《小企业会计准则》纳税人的填报方法

执行《企业会计制度》和《小企业会计准则》的纳税人不需要填报此行。《纳税调整项目明细表》（A105000）第 5 行"（四）按权益法核算长期股权投资对初始投资成本调整确认收益"，只有执行《企业会计准则》的纳税人才可能有该调整事项，执行《企业会计制度》和《小企业会计制度》的纳税人，对初始投资成本小于投资时可辨认净资产公允价值份额不确认损益。

5.2.5.5　填报案例

一、案例基本情况

A 公司于 2015 年 1 月 1 日取得 E 公司 40％的股权，支付价款 600 万元，取得投资时被投资单位可辨认净资产账面价值为 2 000 万元（假定被投资单位各项可辨认资产、负债的公允价值与其账面价值相同）A 取得 E 公司股权后，能够对 E 公司施加重大影响，对该投资采取权益法核算。会计处理如下：

借：长期股权投资——投资成本（被投资企业可辨认净资产公允价值份额 20 000 万元×40％）　　　　　　　　　　　　　　　　　　　　　　　　　800 万元

贷：银行存款　　　　　　　　　　　　　　　　　　　　　　　　　　600 万元

营业外收入　　　　　　　　　　　　　　　　　　　　　　　　　200 万元

二、填报情况

被投资企业可辨认净资产公允价值份额 200 万元，在《纳税调整项目明细表》（A105000）第 5 行"调减金额"填报 200 万元。

5.2.6　交易性金融资产初始投资调整的填报和审核（直接填报）

5.2.6.1　填报说明

《纳税调整项目明细表》（A105000）第 6 行"（五）交易性金融资产初始投资调整"：第

3 列"调增金额"填报纳税人根据税法规定确认的交易性金融资产初始投资金额与会计核算的交易性金融资产初始投资账面价值的差额。

5.2.6.2 不需要填报的项目

根据填报要求,第 6 行"(五)交易性金融资产初始投资调整"的第 1 列"账载金额"、第 2 列"税收金额"和第 4 列"调减金额",不需要填报。

5.2.6.3 执行《企业会计准则》纳税人的填报方法

《纳税调整项目明细表》(A105000)第 6 行"(五)交易性金融资产初始投资调整",只有执行《企业会计准则》的纳税人才可能有该调整事项,对执行《企业会计制度》和《小企业会计制度》的纳税人,不确认交易性金融资产,而将购入金融资产计入短期投资中核算。因此,执行《企业会计制度》和《小企业会计准则》的纳税人不需要填报此行。

执行《企业会计准则》的纳税人,对交易性金融资产初始投资确认时,相关的交易费用直接计入当期损益,具体规定如下:

《企业会计准则第 22 号——金融工具确认和计量》第三十条规定:"企业初始确认金融资产或金融负债,应当按照公允价值计量。对于以公允价值计量且其变动计入当期损益的金融资产或金融负债,相关交易费用应当直接计入当期损益;对于其他类别的金融资产或金融负债,相关交易费用应当计入初始确认金额。"

依据《企业所得税法实施条例》第七十一条的规定,企业取得投资资产,通过支付现金方式取得的投资资产,以购买价款为成本;通过支付现金以外的方式取得的投资资产,以该资产的公允价值和支付的相关税费为成本。因此,应以纳税人实际支付的成本作为该项投资的计税基础。对纳税人按《企业会计准则》的规定,将交易性金融资产初始投资时的交易费用,应计入该项资产的计税基础。在交易费用发生当年进行纳税调增处理。

5.2.6.4 执行《企业会计制度》和《小企业会计准则》纳税人的填报方法

执行《企业会计制度》和《小企业会计准则》的纳税人不需要填报此行。具体原因是:《纳税调整项目明细表》(A105000)第 6 行"(五)交易性金融资产初始投资调整",只有执行《企业会计准则》的纳税人才可能有该调整事项,对执行《企业会计制度》和《小企业会计制度》的纳税人,不确认交易性金融资产,而将购入金融资产计入短期投资中核算。

5.2.6.5 填报案例

一、案例基本情况

2015 年 5 月 6 日,甲公司支付 10 160 000.00 元(含交易费用 10 000.00 元和已宣告发放的现金股利 150 000.00 元),购入乙公司发行的股票 200 万股,甲公司将其划分为交易性金融资产。会计处理如下:

2015 年 5 月 6 日:

借:应收股利	150 000.00
交易性金融资产——成本	10 000 000.00
投资收益	10 000.00
贷:银行存款	1 0160 000.00

二、填报情况

公允价值变动净损益 10 000.00 元,在《纳税调整项目明细表》(A105000)第 6 行"调增金额"填报 10 000.00 元。

5.2.7 公允价值变动净损益的填报和审核(直接填报)

5.2.7.1 填报说明

《纳税调整项目明细表》(A105000)第 7 行"(六)公允价值变动净损益":第 1 列"账

载金额"填报纳税人会计核算的以公允价值计量的金融资产、金融负债以及投资性房地产类项目，计入当期损益的公允价值变动金额；若第 1 列＜0，将绝对值填入第 3 列"调增金额"；若第 1 列≥0，填入第 4 列"调减金额"。

5.2.7.2　不需要填报的项目

根据填报要求，第 7 行"（六）公允价值变动净损益"的第 2 列"税收金额"不需要填报。

5.2.7.3　执行《企业会计准则》纳税人的填报方法

执行《企业会计准则》的纳税人，第 7 行"（六）公允价值变动净损益"的填报直接取自"公允价值变动损益"科目金额。

5.2.7.4　执行《企业会计制度》和《小企业会计准则》纳税人的填报方法

该行为执行《企业会计准则》的纳税人填报项目，对执行《企业会计制度》和《小企业会计制度》的纳税人，不确认公允价值变动净损益，而将资产按历史成本计价，因此，执行《企业会计制度》和《小企业会计准则》的纳税人不需要填报此行。

5.2.7.5　填报案例

一、案例基本情况

甲公司 2015 年在证券市场买入 A 上市公司的股票，并将其划分为交易性金融资产管理，具体交易价格如下：

11 月 25 日，以每股 3 元的价格购入 10 万股，支付交易费用 3 000 元。

12 月 31 日，该股票的价格为每股 4 元。

甲公司会计处理如下：

2015 年 11 月 25 日购入股票时：

借：交易性金融资产——成本（A 股票）	300 000
投资收益	3 000
贷：银行存款	303 000

2015 年 12 月 31 日，股票价格上涨时：

借：交易性金融资产——公允价值变动	100 000
贷：公允价值变动损益	100 000

假设当年公允价值变动损益无其他发生额，则在 12 月 31 日将其余额转入本年利润：

借：公允价值变动损益	100 000
贷：本年利润	100 000

二、填报情况

公允价值变动净损益 100 000.00 元，在《纳税调整项目明细表》（A105000）第 7 行"调增金额"填报 100 000.00 元。

5.2.8　不征税收入的填报和审核（直接填报）

5.2.8.1　填报说明

《纳税调整项目明细表》（A105000）第 8 行"（七）不征税收入"：填报纳税人计入收入总额但属于税法规定不征税的财政拨款、依法收取并纳入财政管理的行政事业性收费以及政府性基金和国务院规定的其他不征税收入。第 3 列"调增金额"填报纳税人以前年度取得财政性资金且已作为不征税收入处理，在 5 年（60 个月）内未发生支出且未缴回财政部门或其他拨付资金的政府部门，应计入应税收入额的金额；第 4 列"调减金额"填报符合税法规定不征税收入条件并作为不征税收入处理，且已计入当期损益的金额。

5.2.8.2　不需要填报的项目

根据填报要求，第 14 行"13. 不征税收入"的第 1 列"账载金额"、第 2 列"税收金额"不填。

5.2.8.3　填报注意事项

1. 该行填报纳税人收到,按税法规定确认为不征税收入的全部金额,主要包括:财政拨款;依法收取并纳入财政管理的行政事业性收费、政府性基金;专项用途财政性资金;核力发电企业取得的专项用于还本付息的增值税退税款不征税;社会保障基金投资收入;软件企业即征即退增值税款可以作为不征税收入。

2. 对纳税人收到的属于专项用途财政性资金,应在《纳税调整项目明细表》(A105000)第 9 行"其中:专项用途财政性资金"相关列次中列示,应填报《专项用途财政性资金纳税调整明细表》(A105040)。

3. 不征税收入、不征税收入用于支出所形成的费用同步调整,若会计上严格按照政府补助处理,基本无差异。表中分收、支两个项目调整,考虑到专项用途财政性资金的限期使用(上缴)问题,更应清晰反映不征税收入相应调整情况。

4. 《未按权责发生制确认收入纳税调整明细表》(A105020)与政府补助的衔接:符合不征税收入条件的政府补助,直接按不征税收入进行申报,不需要填报《未按权责发生制确认收入纳税调整明细表》;不征税收入用于支出形成的资本,在《资产折旧、摊销情况及纳税调整明细表》(A105080)等相关表格中填报调整。

5.2.8.4　《企业会计准则》对政府补助的规定

《企业会计准则第 16 号——政府补助》第七条规定:"与资产相关的政府补助,应当确认为递延收益,并在相关资产使用寿命内平均分配,计入当期损益。但是,以名义金额计量的政府补助,直接计入当期损益。"

第八条规定:"与收益相关的政府补助,应当分别下列情况处理:

(一) 用于补偿企业以后期间的相关费用或损失的,确认为递延收益,并在确认相关费用的期间,计入当期损益。

(二) 用于补偿企业已发生的相关费用或损失的,计入当期损益。"

5.2.8.5　《小企业会计准则》对政府补助的规定

《小企业会计准则》第六十九条规定:"政府补助,是指小企业从政府无偿取得货币性资产或非货币性资产,但不含政府作为小企业所有者投入的资本。

(一) 小企业收到与资产相关的政府补助,应当确认为递延收益,并在相关资产的使用寿命内平均分配,计入营业外收入。

收到的其他政府补助,用于补偿本企业以后期间的相关费用或亏损的,确认为递延收益,并在确认相关费用或发生亏损的期间,计入营业外收入;用于补偿本企业已发生的相关费用或亏损的,直接计入营业外收入。

(二) 政府补助为货币性资产的,应当按照收到的金额计量。

政府补助为非货币性资产的,政府提供了有关凭据的,应当按照凭据上标明的金额计量;政府没有提供有关凭据的,应当按照同类或类似资产的市场价格或评估价值计量。

(三) 小企业按照规定实行企业所得税、增值税、消费税、营业税等先征后返的,应当在实际收到返还的企业所得税、增值税(不含出口退税)、消费税、营业税时,计入营业外收入。"

5.2.8.6　《企业会计制度》对补贴收入的规定

《企业会计制度》规定:补贴收入,是指企业按规定实际收到退还的增值税,或按销量或工作量等依据国家规定的补助定额计算并按期给予的定额补贴,以及属于国家财政扶持的领域而给予的其他形式的补贴。

企业收到补贴收入时:借记"银行存款"科目,贷记"补贴收入"科目。

5.2.9　专项用途财政性资金的填报和审核

5.2.9.1　填报说明

《纳税调整项目明细表》（A105000）第 9 行"其中：专项用途财政性资金"：根据《专项用途政财政性资金纳税调整明细表》（A105040）填报。第 3 列"调增金额"为表 A105040 第 7 行第 14 列金额；第 4 列"调减金额"为表 A105040 第 7 行第 4 列金额。

5.2.9.2　不需要填报的项目

根据填报要求，第 9 行"其中：专项用途财政性资金"的第 1 列"账载金额"、第 2 列"税收金额"不填。

5.2.9.3　填报数据来源

《纳税调整项目明细表》（A105000）第 9 行"其中：专项用途财政性资金"第 3 列"调增金额"的填报数据来源为：表 A105040《专项用途财政性资金纳税调整明细表》第 7 行第 14 列"应计入本年应税收入金额"合计数。

第 4 列"调减金额"的填报数据来源为：表 A105040《专项用途财政性资金纳税调整明细表》第 7 行第 4 列"符合不征税收入条件的财政性资金"中"计入本年损益的金额"合计数。

5.2.9.4　填报和审核

详细内容参见第 6 章 6.4 节"《专项用途财政性资金纳税调整明细表》（A105040）的填报和审核"有关内容。

5.2.10　销售折扣、折让和退回的填报和审核

5.2.10.1　填报说明

《纳税调整项目明细表》（A105000）第 10 行"（八）销售折扣、折让和退回"：填报不符合税法规定的销售折扣和折让应进行纳税调整的金额，以及发生的销售退回因会计处理与税法规定有差异需纳税调整的金额。第 1 列"账载金额"填报纳税人会计核算的销售折扣和折让金额及销货退回的追溯处理的净调整额。第 2 列"税收金额"填报根据税法规定可以在税前扣除的折扣和折让的金额及销货退回业务影响当期损益的金额。第 1 列减第 2 列，若余额≥0，填入第 3 列"调增金额"；若余额＜0，将绝对值填入第 4 列"调减金额"，第 4 列仅为销货退回影响损益的跨期时间性差异。

5.2.10.2　"账载金额"的填报

一、事业单位、社会团体

执行《事业单位会计准则》、《民间非营利组织会计制度》的纳税人，未发生经营收入的，不需要填报。发生经营收入的，根据会计资料记录的数据填报。

二、金融企业

根据该金融企业会计核算资料中，关于销售货物给购货方的销售折扣和折让金额的记录进行填报。填报时，应注意取得有关的会计核算证据。

三、其他企业

根据该其他企业会计核算资料中，关于销售货物给购货方的销售折扣和折让金额的记录进行填报。填报时，应注意取得有关的会计核算证据。

5.2.10.3　"税收金额"的填报

根据《国家税务总局关于确认企业所得税若干问题的通知》（国税函〔2008〕875 号）的规定，商业折扣、现金折扣、销售折让等三个折扣折让项目，会计与税法的处理是一致

的。"税收金额"填报按照税收规定可以在税前扣除的销售折扣和折让,与"账载金额"填报纳税人销售货物给购货方的销售折扣和折让金额是一致的。

根据该文件的规定,企业已经确认销售收入的售出商品发生销售折让和销售退回,应当在发生当期冲减当期销售商品收入。而《企业会计准则》和《企业会计制度》规定,报告年度或以前年度销售的商品,在资产负债表日后至年度财务报告批准报出前退货退回的,应作为资产负债表日后事项的调整事项处理,调整报告年度的收入、成本。因此会计与税法的处理不一致,产生的差异应在退回年度进行纳税调减处理。

执行《小企业会计准则》的纳税人发生销售退回,处理方法会计与税法是一致的,不需要进行纳税调整处理。

5.2.11　收入类调整项目——其他的填报和审核

《纳税调整项目明细表》(A105000)第 11 行"(九)其他":填报其他因会计处理与税法规定有差异需纳税调整的收入类项目金额。若第 2 列≥第 1 列,将第 2-1 列的余额填入第 3 列"调增金额",若第 2 列<第 1 列,将第 2-1 列余额的绝对值填入第 4 列"调减金额"。

下列事项应作为"收入类调整项目——其他"进行纳税调整处理:

(1)"三代"手续费返还;

(2)不需要支付的应付款项计入资本公积的部分;

(3)未计入收入的接受捐赠收入。

5.3　扣除类调整项目的填报和审核

5.3.1　扣除类调整项目概述

5.3.1.1　填报说明

"扣除类调整项目"、"资产类调整项目":"账载金额"减"税收金额"后余额为正数的,填报在"调增金额",余额为负数的,将其绝对值填报在"调减金额"。

《纳税调整项目明细表》(A105000)第 12 行"二、扣除类调整项目":根据第 13 行至第 29 行填报。

5.3.1.2　扣除项目审核方法

企业所得税税前扣除项目,可以分为据实扣除、限条件扣除、不允许扣除三种。据实扣除项目包括成本、费用、税金、损失、视同销售成本等 5 个,限条件扣除项目包括工资薪金支出、职工福利费支出、职工教育经费支出、工会经费支出、业务招待费支出、广告费与业务宣传费支出、捐赠支出、利息支出、住房公积金、各类基本社会保障性缴款、补充养老保险、补充医疗保险、加计扣除等 13 个,不允许扣除的项目包括罚金、罚款、被没收财物的损失、税收滞纳金、赞助支出、与取得收入无关的支出、不征税收入用于支出所形成的费用等 7 个。

根据现行的企业所得税年度纳税申报表的栏次设计,对据实扣除项目,除视同销售成本外重点审核发生的真实性,会计记录的合规性,所得税处理的合法性;对限条件扣除项目,根据会计记录确认账载金额,按税法规定计算税收扣除限额,分析对比计算纳税调整额;对不允许扣除项目,重点审核账载金额,确认纳税调整额。

纳税调整项目中审核的难点是，视同销售成本、工资薪金支出、与未实现融资收益相关在当期确认的财务费用等 3 个项目。

5.3.2 职工薪酬的填报和审核

5.3.2.1 填报说明

《纳税调整项目明细表》（A105000）第 14 行"（二）职工薪酬"：根据《职工薪酬纳税调整明细表》（A105050）填报，第 1 列"账载金额"为表 A105050 第 13 行第 1 列金额；第 2 列"税收金额"为表 A105050 第 13 行第 4 列金额；表 A105050 第 13 行第 5 列，若≥0，填入本行第 3 列"调增金额"；若＜0，将绝对值填入本行第 4 列"调减金额"。

5.3.2.2 填报数据来源

根据《职工薪酬纳税调整明细表》（A105050）的填报要求，具体数据填报关系如下：

《纳税调整项目明细表》（A105000）第 14 行"（二）职工薪酬"第 1 列"账载金额"的填报数据来源为：《职工薪酬纳税调整明细表》（A105050）第 13 行第 1 列"账载金额"合计数；

第 2 列"税收金额"的填报数据来源为：《职工薪酬纳税调整明细表》（A105050）第 13 行第 2 列"税收金额"合计数；

第 3 列"调增金额"的填报数据来源为：《职工薪酬纳税调整明细表》（A105050）第 13 行第 5 列"纳税调整金额"若≥0 的金额；

第 4 列"调减金额"的填报数据来源为：《职工薪酬纳税调整明细表》（A105050）第 13 行第 5 列"纳税调整金额"若＜0 的绝对值。

5.3.2.3 填报和审核

详细内容参见第 6 章 6.5 节"《职工薪酬纳税调整明细表》（A105050）的填报和审核"有关内容。

5.3.3 业务招待费支出的填报和审核

5.3.3.1 填报说明

《纳税调整项目明细表》（A105000）第 15 行"（三）业务招待费支出"：第 1 列"账载金额"填报纳税人会计核算计入当期损益的业务招待费金额；第 2 列"税收金额"填报按照税法规定允许税前扣除的业务招待费支出的金额，即："本行第 1 列×60％"与当年销售（营业收入）×5‰的孰小值；第 3 列"调增金额"为第 1－2 列金额。

5.3.3.2 不需要填报的项目

根据填报要求，第 15 行"（三）业务招待费支出"的第 4 列"调减金额"不填。

5.3.3.3 "账载金额"填报数据来源

《纳税调整项目明细表》（A105000）第 15 行"（三）业务招待费支出"：第 1 列"账载金额"的填报数据来源为"生产成本"、"制造费用"、"销售（营业）费用"、"管理费用"、"在建工程"、"业务及管理费"等成本费用科目二级明细科目记录的会计数据。注意：应根据成本费用本年度累计发生额累计汇总后，再进行填报。

5.3.3.4 "税收金额"填报数据来源

《纳税调整项目明细表》（A105000）第 15 行"（三）业务招待费支出"第 2 列"税收金额"经比较后填列：

（一）一般企业的填报：当第 1 列"账载金额"×60％≥"（《一般企业收入明细表》（A101020）第 1 行'一、营业收入'＋《视同销售和房地产开发企业特定业务纳税调整明细表》（A105010）第 1 行'一、视同销售（营业）收入'）×5‰"时，第 2 列"税收金额"填写"（《一般企业收入明细表》（A101020）第 1 行'一、营业收入'+《视同销售和房地产开发企业特定业务纳税调整明细表》（A105010）第 1 行'一、视同销售（营业）收入'）×5‰"的金额；反之，则填写"账载金额"×60%的金额。

（二）金融企业的填报：当第 1 列"账载金额"×60%≥"（《金融企业收入明细表》（A101020）第 1 行'一、营业收入'+《视同销售和房地产开发企业特定业务纳税调整明细表》（A105010）第 1 行'一、视同销售（营业）收入'）×5‰"时，第 2 列"税收金额"填写"（《金融企业收入明细表》（A101020）第 1 行'一、营业收入'+《视同销售和房地产开发企业特定业务纳税调整明细表》（A105010）第 1 行'一、视同销售（营业）收入'）×5‰"的金额；反之，则填写"账载金额"×60%的金额。

（三）事业单位和民间非营利组织的填报：当第 1 列"账载金额"×60%≥"（《事业单位、民间非营利组织收入、支出明细表》（A103000）第 6 行'（五）经营收入'+《视同销售和房地产开发企业特定业务纳税调整明细表》（A105010）第 1 行'一、视同销售（营业）收入'）×5‰"时，第 2 列"税收金额"填写"（《事业单位、民间非营利组织收入、支出明细表》（A103000）第 6 行'（五）经营收入'+《视同销售和房地产开发企业特定业务纳税调整明细表》（A105010）第 1 行'一、视同销售（营业）收入'）×5‰"的金额；反之，则填写"账载金额"×60%的金额。

（四）民间非营利组织的填报：当第 1 列"账载金额"×60%≥"（《事业单位、民间非营利组织收入、支出明细表》（A103000）第 13 行'（三）提供劳务收入'+第 14 行'（四）商品销售收入'+《视同销售和房地产开发企业特定业务纳税调整明细表》（A105010）第 1 行'一、视同销售（营业）收入'）×5‰"时，第 2 列"税收金额"填写"账载金额"×60%≥"（《事业单位、民间非营利组织收入、支出明细表》（A103000）第 13 行'（三）提供劳务收入'+第 14 行'（四）商品销售收入'+《视同销售和房地产开发企业特定业务纳税调整明细表》（A105010）第 1 行'一、视同销售（营业）收入'）×5‰"的金额；反之，则填写"账载金额"×60%的金额。

（五）房地产开发企业的填报：当第 1 列"账载金额"×60%≥"（《一般企业收入明细表》（A101020）第 1 行'一、营业收入'+《视同销售和房地产开发企业特定业务纳税调整明细表》（A105010）第 1 行'一、视同销售（营业）收入'+第 23 行'1. 销售未完工产品的收入'-第 27 行'1. 销售未完工产品转完工产品确认的销售收入'）×5‰"时，第 2 列"税收金额"填写"（《一般企业收入明细表》（A101020）第 1 行'一、营业收入'+《视同销售和房地产开发企业特定业务纳税调整明细表》（A105010）第 1 行'一、视同销售（营业）收入'+第 23 行'1. 销售未完工产品的收入'-第 27 行'1. 销售未完工产品转完工产品确认的销售收入'）×5‰"的金额；反之，则填写"账载金额"×60%的金额。

（六）从事股权投资业务企业的填报：当第 1 列"账载金额"×60%≥"（《一般企业收入明细表》（A101020）第 1 行'一、营业收入'+《视同销售和房地产开发企业特定业务纳税调整明细表》（A105010）第 1 行'一、视同销售（营业）收入'+从被投资企业所分配的股息、红利以及股权转让收入）×5‰"时，第 2 列"税收金额"填写"（《一般企业收入明细表》（A101020）第 1 行'一、营业收入'+《视同销售和房地产开发企业特定业务纳税调整明细表》（A105010）第 1 行'一、视同销售（营业）收入'+从被投资企业所分配的股息、红利以及股权转让收入）×5‰"的金额；反之，则填写"账载金额"×60%的金额。

5.3.3.5 "调增金额"的填报数据来源

《纳税调整项目明细表》（A105000）第 3 列"调增金额"计算公式如下：

"调增金额"＝第 1 列"账载金额"－第 2 列"税收金额"

5.3.3.6 填报和审核

（一）业务招待费的范围。

业务招待费，是指企业在经营管理等活动中用于接待应酬而支付的各种费用，主要包括业务洽谈、产品推销、对外联络、公关交往、会议接待、来宾接待等所发生的费用，例如招待饭费、招待用烟茶、交通费等。

在业务招待费的范围上，不论是会计还是税法都未给予准确的界定。在实务中，业务招待费具体范围如下：

（1）因企业生产经营需要而宴请或工作餐的开支。

（2）因企业生产经营需要而发生的旅游景点参观费和交通费及其他费用的开支。

（3）因企业生产经营需要而发生的业务关系人员的差旅费开支。

业务招待费仅限于与企业生产经营活动有关的招待支出，与企业生产经营活动无关的职工福利、职工奖励、企业销售产品而产生的佣金以及支付给个人的劳务支出都不得列支为业务招待费。

（二）合理划分业务招待费与误餐费、聚餐费、加班餐费。

误餐费是企业职工个人因公在城区、郊区工作或出差，不能在工作单位或返回就餐，确实需要在外就餐的补偿；聚餐费是企业在逢年过节等时候因组织员工聚餐而发生的费用。误餐费和聚餐费的消费主体是本企业员工。而业务招待费是对外拓展业务时发生的吃、喝、用、玩费用，它的消费主体是企业以外的个人，而不是本企业的员工。

还有就是企业日常工作中，会发生员工野外作业或者加班加点等，由于员工吃饭不方便，企业向员工提供工作餐。

上述三种情况，会计上属于"非货币性福利"，税收上可以按照《国家税务总局关于企业工资薪金及职工福利费扣除问题的通知》国税函（2009）3号的规定计入"职工福利费"。

（三）正确划分业务招待费与差旅费支出。

企业职工出差，一般都规定有出差补助或补贴标准，但是在出差期间还可能发生餐饮支出。如果能够将职工出差期间的餐饮支出合理划分，就可以开具餐费发票作为业务招待支出，减少企业不允许扣除部分。如果职工出差期间，带着企业任务去宴请了客户等发生餐饮支出，应计入"业务招待费"；如果是职工个人出差期间在补贴标准以内的消费，则应计入"差旅费"。所以企业应从制度上规范出差的标准，财务人员在执行时可以要求职工将项目填写清楚。

（四）业务招待费能否计入固定资产、存货等资产。

企业基建部门发生的业务招待费能否计入"在建工程"，然后转入"固定资产"；企业生产车间发生的业务招待费能否计入"制造费用"，然后转入存货成本？

对于该问题，税收上是明确不可以的。会计上强调的是只有"必要支出"才是资产成本构成部分，请客吃饭喝酒应该不属于"必要支出"。

（五）企业筹建期间的业务招待费如何税前扣除。

根据《国家税务总局关于企业所得税应纳税所得额若干税务处理问题的公告》（国家税务总局公告2012年第15号）的规定，企业在筹建期间，发生的与筹办活动有关的业务招待费支出，可按实际发生额的60%计入企业筹办费，并按有关规定在税前扣除。

业务招待费以按照实际发生额的60%并且不受营业务收入的限制而直接计入开办费并按照开办费的处理方法（一次性扣除或者计入长期得摊费用在以后年度扣除）。

5.3.4 广告费与业务宣传费支出的填报和审核

5.3.4.1 填报说明

《纳税调整项目明细表》（A105000）第16行"（四）广告费和业务宣传费支出"：根据

《广告费和业务宣传费跨年度纳税调整明细表》（A105060）填报，表 A105060 第 12 行若≥0，填入第 3 列"调增金额"；若＜0，将绝对值填入第 4 列"调减金额"。

5.3.4.2　不需要填报的项目

根据填报要求，第 16 行"（四）广告费和业务宣传费支出"的第 1 列"账载金额"和第 2 列"税收金额"不填。

5.3.4.3　填报数据来源

根据《广告费和业务宣传费跨年度纳税调整明细表》（A105060）的填报要求，具体数据关系如下：

《纳税调整项目明细表》（A105000）第 16 行"（四）广告费和业务宣传费支出"第 3 列"调增金额"的填报数据来源为：《广告费和业务宣传费跨年度纳税调整明细表》（A105060）第 12 行"七、本年广告费和业务宣传费支出纳税调整金额"≥0 的金额；

第 4 列"调减金额"的填报数据来源为：《广告费和业务宣传费跨年度纳税调整明细表》（A105060）第 12 行"七、本年广告费和业务宣传费支出纳税调整金额"＜0 的绝对值。

5.3.4.4　填报和审核

详细内容参见第 6 章 6.6 节"《广告费和业务宣传费跨年度纳税调整明细表》（A105060）的填报和审核"有关内容。

5.3.5　捐赠支出的填报和审核

5.3.5.1　填报说明

《纳税调整项目明细表》（A105000）第 17 行"（五）捐赠支出"：根据《捐赠支出纳税调整明细表》（A105070）填报。第 1 列"账载金额"为表 A105070 第 20 行第 2＋6 列金额；第 2 列"税收金额"为表 A105070 第 20 行第 4 列金额；第 3 列"调增金额"为表 A105070 第 20 行第 7 列金额。

5.3.5.2　不需要填报的项目

根据填报要求，第 17 行"（五）捐赠支出"的第 4 列"调减金额"不填。

5.3.5.3　填报数据来源

《纳税调整项目明细表》（A105000）第 17 行"（五）捐赠支出"第 1 列"账载金额"的填报数据来源为：《捐赠支出纳税调整明细表》（A105070）第 20 行第 2"公益性捐赠"和第 6 列"非公益性捐赠"的"账载金额"合计数。

第 2 列"税收金额"的填报数据来源为：《捐赠支出纳税调整明细表》（A105070）第 20 行第 4 列"税收金额"合计数。

第 3 列"调增金额"的填报数据来源为：《捐赠支出纳税调整明细表》（A105070）第 20 行第 7 列"纳税调整金额"合计数。

5.3.5.4　填报和审核

详细内容参见第 6 章 6.7 节"《捐赠支出纳税调整明细表》（A105070）的填报和审核"有关内容。

5.3.6　利息支出的填报和审核

5.3.6.1　填报说明

《纳税调整项目明细表》（A105000）第 18 行"（六）利息支出"：第 1 列"账载金额"填报纳税人向非金融企业借款，会计核算计入当期损益的利息支出的金额；第 2 列"税收金额"填报按照税法规定允许税前扣除的利息支出的金额；若第 1 列≥第 2 列，将第 1 列减第2列的余额填入第3列"调增金额"，若第1列＜第2列，将第1列减第2列余额的绝对值填入第4列"调减金额"。

5.3.6.2 "账载金额"的填报数据来源

《纳税调整项目明细表》（A105000）第18行"（六）利息支出"第1列"账载金额"的填报数据来源为："财务费用"或其他成本费用科目的二级明细科目记录的利息支出的会计数据。注意：应根据成本费用本年度累计发生额累计汇总后，再进行填报。

5.3.6.3 "税收金额"的填报数据来源

《纳税调整项目明细表》（A105000）第18行"（六）利息支出"第2列"税收金额"填报企业向非金融企业借款按照金融企业同期同类贷款利率计算的数额的部分；其中，纳税人从关联方取得的借款，符合税收规定债权性投资和权益性投资比例的，再根据金融企业同期同类贷款利率计算填报。

5.3.6.4 纳税调整金额来源

《纳税调整项目明细表》（A105000）第18行"（六）利息支出"第3列"调增金额"、第4列"调减金额"属于表内计算填报栏次，计算公式如下：

（一）当第18行"（六）利息支出"第1列"账载金额"≥第2列"税收金额"时，第1列"账载金额"减去第2列"税收金额"的差额，填入第3列"调增金额"。

（二）当第18行"（六）利息支出"第1列"账载金额"＜第2列"税收金额"时，将第1列"账载金额"减去第2列"税收金额"差额的绝对值，填入第4列"调减金额"。

5.3.6.5 审核注意事项

1. 纳税人向关联方支付的借款利息，属于按资本弱化管理的，在《纳税调整项目明细表》（A105000）第41行"五、特别纳税调整应税所得"调整。

2. 企业投资者投资未到位而发生的利息支出，在本行进行调整。

3. 企业向自然人借款发生的利息支出，应符合国税函〔2009〕777号的规定。

5.3.6.6 填报和审核

利息支出的填报和审核，需要注意以下五个方面。

一、向金融企业借款利息的扣除

《企业所得税实施条例》规定：非金融企业向金融企业借款的利息支出、金融企业的各项存款利息支出和同业拆借利息支出、企业经批准发行债券的利息支出准予扣除。对企业发生的向金融企业的借款利息支出，可按向金融企业实际支付的利息，在发生年度的当期扣除。这里所说的"发生年度"，应该遵循权责发生制的原则，即使当年应付（由于资金紧张等原因）未付的利息，也应当在当年扣除。对非金融企业在生产、经营期间向金融企业借款的利息支出，按照实际发生数予以税前扣除，包括逾期归还银行贷款，银行按规定加收的罚息，也可以在税前扣除。

二、向非金融企业借款利息的扣除

非金融企业向金融机构以外的所有企业、事业单位以及社会团体等借款的利息支出，按不超过按照金融企业同期同类贷款利率计算的数额的部分准予扣除。首先要判定借款期限是多长，然后查找金融企业同期同类贷款利率。金融机构同类同期贷款利率应当包括中国人民银行规定的基准利率和浮动利率。还要注意的是，金融企业的利率也不一样，各银行的浮动利率不一，为了准确掌握，应按照本企业开户行的同类、同期贷款利率计算。因为各级税务机关无法掌握各行的利率，所以按本企业开户行的利率掌握较为合理，也符合新税法的合理性原则。

但是，向非银行企业内营业机构借款的利息支出不得在税前扣除。《企业所得税法实施条例》第四十九条规定：非银行企业内营业机构之间支付的利息，不得扣除。

另外，还需要注意以下几点：

（1）银行企业内部营业机构之间支付的拆借利息可以在税前扣除；

（2）内部营业机构应当是指同一核算机构的内设机构，对内部借款结算利息的，不允许在税前扣除。

三、关联企业之间借款利息的扣除

《企业所得税法》及《企业所得税法实施条例》规定：企业从其关联方接受的债权性投资与权益性投资的比例超过规定标准而发生的利息支出，不得在计算应纳税所得额时扣除。债权性投资，是指企业直接或者间接从关联方获得的，需要偿还本金和支付利息或者需要以其他具有支付利息性质的方式予以补偿的融资。权益性投资，是指企业接受的不需要偿还本金和支付利息，投资人对企业净资产拥有所有权的投资。《财政部 国家税务总局关于企业关联方利息支出税前扣除标准有关税收政策问题的通知》（财税〔2008〕121 号）规定：企业实际支付给关联方的利息支出，不超过以下规定比例和《企业所得税法》及其实施条例有关规定计算的部分，准予扣除，超过的部分不得在发生当期和以后年度扣除。其接受关联方债权性投资与其权益性投资比例为：金融企业，为 5：1；其他企业，为 2：1。例如，某企业注册资金 2 000 万元，其中有关联方企业的权益性投资 1 000 万元。又向其借款（债权性投资）3 000 万元，支付利息只能按 2：1 的比例确认，只有 2 000 万元发生的利息可以在税前扣除。而且同样按不超过按照金融企业同期同类贷款利率计算的数额的部分准予扣除，超过的部分不得在发生当期和以后年度扣除。

注意不得扣除的三种情况：

（1）不符合独立交易原则多付的利息不得税前扣除。企业与其关联方之间的融通资金不符合独立交易原则而减少企业应纳税所得额的，税务机关有权在该业务发生的纳税年度起 10 年内，按照合理方法进行调整。

（2）债资比例超过规定标准的利息原则上不允许在税前扣除。债资比例超过规定标准不得税前扣除的利息支出，应按照实际支付给各关联方利息占关联方利息总额的比例，在各关联方之间进行分配。企业资金的筹集分为权益资金和债务资金两种方式。相应地，投资人的对外投资也可以分为权益性投资和债权性投资两种方式。

（3）投资者未到位投资所对应的利息不允许在税前扣除，如果企业投资者在规定期限内未缴足其应缴资本额，则该企业对外借款所发生的利息中相当于投资者实缴资本额与在规定期限内应缴资本额的差额应计付的利息，因不属于企业合理的支出，应由企业投资者负担，所以是不得在计算企业应纳税所得额时扣除的。

四、企业投资者投资未到位发生借款利息扣除

股东投资未到位可以分为两种情况：第一种，投资者未按规定期限缴纳出资。未按规定期限缴纳出资的投资者不仅包括公司设立时分期缴纳出资的股东，也包括增资时分期缴纳出资的股东。第二种，投资者未按规定足额缴纳出资。《国家税务总局关于企业投资者投资未到位而发生的利息支出企业所得税前扣除问题的批复》（国税函〔2009〕312 号）明确，根据《企业所得税法实施条例》第二十七条的规定，凡企业投资者在规定期限内未缴足其应缴资本额的，该企业对外借款所发生的利息，相当于投资者实缴资本额与在规定期限内应缴资本额的差额应计付的利息，其不属于企业合理的支出，应由企业投资者负担，不得在计算企业应纳税所得额时扣除。具体计算不得扣除的利息，应以企业一个年度内每一账面实收资本与借款余额保持不变的期间作为一个计算期，每一计算期内不得扣除的借款利息按该期间借款利息发生额乘以该期间企业未缴足的注册资本占借款总额的比例计算，公式为：企业每一计算期不得扣除的借款利息＝该期间借款利息额×该期间未缴足注册资本额÷该期间借款额。企业一个年度内不得扣除的借款利息总额为该年度内每一计算期不得扣除的借款利息额之和。

实际工作中需要注意以下几点，

1. 区间的划分。首先，要按公司章程或公司法（公司法有分期出资应在两年内缴足的强制性规定）对出资的规定来认定股东应缴出资的时间，公司章程明确了出资期限的按章程划分区间，公司章程未明确出资期限的按公司法分期出资的规定来划分，两年出资期限的起算点为公司成立之日，股东逾期未按规定出资，则会产生不得在税前扣除的利息；其次，逾期出资每变化一次，则要分段计算一次。

2. 各区间内，有多笔贷款及贷款利率有变化的，一定要按给定的公式计算，而不能用未出资额直接乘以利率来计算。

3. 《国家税务总局关于企业投资者投资未到位而发生的利息支出企业所得税前扣除问题的批复》（国税函〔2009〕312号）未明确股东出资后又抽逃资本是否也适用该文件。但根据法理推论，投资者投资未到位应包括出资后又抽逃资本，因此投资者出资后又抽逃资本的应按该文件执行。

五、向个人集资借款利息的扣除

向自然人借款分两类：

1. 企业向股东或其他与企业有关联关系的自然人借款的利息支出，如满足以下两个条件，可以在计算应纳税所得额时准予扣除：一是企业能够证明相关交易活动符合独立交易原则，或者该企业的实际税负不高于境内关联方；二是金融企业的关联方的债权性投资与其权益性投资比例不超过5：1，其他企业不超过2：1。

应根据《企业所得税法》第四十六条及《财政部 国家税务总局关于企业关联方利息支出税前扣除标准有关税收政策问题的通知》（财税〔2008〕121号）规定的条件，计算企业所得税利息扣除额。

2. 企业向除有关联关系的自然人以外的内部职工或其他人员借款的利息支出，利息支出不超过按照金融企业同期同类贷款利率计算的数额的部分，也可以在计算企业所得税前扣除。应根据《企业所得税法》第八条和《企业所得税法实施条例》第二十七条及《国家税务总局关于企业向自然人借款的利息支出企业所得税税前扣除问题的通知》（国税函〔2009〕777号）的规定，计算企业所得税前的利息扣除额。

向自然人借款利息的扣除尤其需要注意利率和非法集资问题。

（1）《国家税务总局关于企业贷款支付利息税前扣除标准的批复》（国税函〔2003〕1114号）规定，金融机构同类同期贷款利率包括中国人民银行规定的基准利率和浮动利率。支付利息的企业在支付利息时，应要求收款方企业或个人到税务机关代开发票。

（2）注意识别非法集资。《关于取缔非法金融机构和非法金融业务活动中有关问题的通知》（银发〔1999〕41号）规定："非法集资"是指单位或者个人未依照法定程序经有关部门批准，以发行股票、债券、彩票、投资基金证券或者其他债权凭证的方式向社会公众筹集资金，并承诺在一定期限内以货币、实物以及其他方式向出资人还本付息或给予回报的行为。

根据《关于进一步打击非法集资等活动的通知》（银发〔1999〕289号）的相关规定，"非法集资"归纳起来主要有以下几种：

①通过发行有价证券、会员卡或债务凭证等形式吸收资金。

②对物业、地产等资产进行等份分割，通过出售其份额的处置权进行高息集资；

③利用民间会社形式进行非法集资；

④以签订商品经销等经济合同的形式进行非法集资；

⑤以发行或变相发行彩票的形式集资；

⑥利用传销或秘密串联的形式非法集资；

⑦利用果园或庄园开发的形式进行非法集资。

5.3.7　罚金、罚款和被没收财物的损失的填报和审核

5.3.7.1　填报说明

《纳税调整项目明细表》（A105000）第 19 行"（七）罚金、罚款和被没收财物的损失"：第 1 列"账载金额"填报纳税人会计核算计入当期损益的罚金、罚款和被罚没财物的损失，不包括纳税人按照经济合同规定支付的违约金（包括银行罚息）、罚款和诉讼费；第 3 列"调增金额"等于第 1 列金额。

5.3.7.2　不需要填报的项目

根据填报要求，第 19 行"（七）罚金、罚款和被没收财物的损失"的第 2 列"税收金额"和第 4 列"调减金额"不填。

5.3.7.3　"账载金额"的填报数据来源

《纳税调整项目明细表》（A105000）第 19 行"（七）罚金、罚款和被没收财物的损失"第 1 列"账载金额"的填报数据来源为"营业外支出"或其他成本费用科目的二级明细科目记录的罚金、罚款和被没收财物的损失的会计数据。注意：应根据成本费用本年度累计发生额累计汇总后，再进行填报。

5.3.7.4　"调增金额"的填报数据来源

《纳税调整项目明细表》（A105000）第 19 行"（七）罚金、罚款和被没收财物的损失"第 3 列"调增金额"属于直接填报事项，第 3 列"调增金额"＝第 1 列"账载金额"。

5.3.7.5　填报和审核

《企业所得税法》第十条规定，在计算应纳税所得额时，罚金、罚款和被没收财物的损失支出不得扣除。

5.3.8　税收滞纳金、加收利息的填报和审核

5.3.8.1　填报说明

《纳税调整项目明细表》（A105000）第 20 行"（八）税收滞纳金、加收利息"：第 1 列"账载金额"填报纳税人会计核算计入当期损益的税收滞纳金、加收利息。第 3 列"调增金额"等于第 1 列金额。

5.3.8.2　不需要填报的项目

根据填报要求，第 20 行"（八）税收滞纳金、加收利息"的第 2 列"税收金额"和第 4 列"调减金额"不填。

5.3.8.3　"账载金额"的填报数据来源

《纳税调整项目明细表》（A105000）第 20 行"（八）税收滞纳金、加收利息"第 1 列"账载金额"的填报数据来源为"营业外支出"或其他成本费用科目的二级明细科目记录税收滞纳金、加收罚息的会计数据。注意：应根据成本费用本年度累计发生额累计汇总后，再进行填报。

5.3.8.4　"调增金额"的填报数据来源

《纳税调整项目明细表》（A105000）第 20 行"（八）税收滞纳金、加收利息"第 3 列"调增金额"属于直接填报事项，第 3 列"调增金额"＝第 1 列"账载金额"。

5.3.8.5　填报和审核

《企业所得税法》第十条规定，在计算应纳税所得额时，税收滞纳金支出不得扣除。

《企业所得税法实施条例》第一百二十一条规定："税务机关根据税收法律、行政法规的规定，对企业做出特别纳税调整的，应当对补征的税款，自税款所属纳税年度的次年 6 月 1 日起至补缴税款之日止的期间，按日加收利息。

前款规定加收的利息，不得在计算应纳税所得额时扣除。"

5.3.9　赞助支出的填报和审核

5.3.9.1　填报说明

《纳税调整项目明细表》（A105000）第 21 行"（九）赞助支出"：第 1 列"账载金额"填报纳税人会计核算计入当期损益的不符合税法规定的公益性捐赠的赞助支出的金额，包括直接向受赠人的捐赠、赞助支出等（不含广告性的赞助支出，广告性的赞助支出在表 A105060 中调整）；第 3 列"调增金额"等于第 1 列金额。

5.3.9.2　不需要填报的项目

根据填报要求，第 21 行"（九）赞助支出"的第 2 列"税收金额"和第 4 列"调减金额"不填。

5.3.9.3　"账款金额"的填报数据来源

《纳税调整项目明细表》（A105000）第 21 行"（九）赞助支出"第 1 列"账载金额"的填报数据来源为"营业外支出"或其他成本费用科目二级明细科目记录赞助支出的会计数据。注意：应根据成本费用本年度累计发生额累计汇总后，再进行填报。

5.3.9.4　"调增金额"的填报数据来源

《纳税调整项目明细表》（A105000）第 21 行"（九）赞助支出"第 3 列"调增金额"属于直接填报事项，第 3 列"调增金额"＝第 1 列"账载金额"。

5.3.9.5　填报和审核

《企业所得税法》第十条规定，在计算应纳税所得额时，赞助支出支出不得扣除。

5.3.10　与未实现融资收益相关在当期确认的财务费用的填报和审核

5.3.10.1　填报说明

《纳税调整项目明细表》（A105000）第 22 行"（十）与未实现融资收益相关在当期确认的财务费用"：第 1 列"账载金额"填报纳税人会计核算的与未实现融资收益相关并在当期确认的财务费用的金额；第 2 列"税收金额"填报按照税法规定允许税前扣除的金额；若第 1 列≥第 2 列，将第 1－2 列余额填入第 3 列"调增金额"；若第 1 列＜第 2 列，将第 1－2 列余额的绝对值填入第 4 列"调减金额"。

5.3.10.2　会计数据来源

未实现融资收益是资产类科目，使用要求如下：

（一）未实现融资收益科目核算企业分期计入租赁收入或利息收入的未实现融资收益。

（二）未实现融资收益科目可按未实现融资收益项目进行明细核算。

（三）未实现融资收益的主要账务处理。

1. 出租人融资租赁产生的应收租赁款，在租赁期开始日，应按租赁开始日最低租赁收款额与初始直接费用之和，借记"长期应收款"科目，按未担保余值，借记"未担保余值"科目，按融资租赁资产的公允价值（最低租赁收款额的现值和未担保余值的现值之和），贷记"融资租赁资产"科目，按融资租赁资产的公允价值与账面价值的差额，借记"营业外支出"科目或贷记"营业外收入"科目，按发生的初始直接费用，贷记"银行存款"等科目，按其差额，贷记"未实现融资收益"科目。

采用实际利率法按期计算确定的融资收入，借记"未实现融资收益"科目，贷记"租赁收入"科目。

2. 采用递延方式分期收款、实质上具有融资性质的销售商品或提供劳务等经营活动产生的长期应收款，满足收入确认条件的，按应收的合同或协议价款，借记"长期应收款"科目，按应收的合同或协议价款的公允价值，贷记"主营业务收入"等科目，按其差额，贷记"未实现融资收益"科目。涉及增值税的，还应进行相应的处理。

采用实际利率法按期计算确定的利息收入，借记"未实现融资收益"科目，贷记"财务费用"科目。

5.3.10.3　税收数据来源

《纳税调整项目明细表》（A105000）第 22 行"（十）与未实现融资收益相关在当期确认的财务费用"第 2 列"税收金额"填报纳税人按照税收规定允许在税前扣除的相关金额。

5.3.10.4　纳税调整金额来源

《企业所得税法实施条例》第二十三条规定："企业的下列生产经营业务可以分期确认收入的实现：以分期收款方式销售货物的，按照合同约定的收款日期确认收入的实现。"

对于融资性的分期收款业务，会计上对于利息收益的处理方法与企业所得税的处理方法是一致的，只是对于本金收现比税法规定的确认时间提前了，应进行纳税调整，作为以后年度可转回的收入事项处理。

5.3.10.5　填报案例

一、交易情况

2011 年 1 月 1 日，大华公司售出大型设备一套，协议约定采用分期收款方式，从销售当年末分 5 年分期收款，每年收取 2 000 元，合计 10 000 元。如果购货方在销售成立日支付货款，只需付 8 000 元即可。

二、分析

应收金额的公允价值可以认定为 8 000 元，与名义金额 10 000 元的差额较大，应采用公允价值计量。

三、收益计算

计算得出将名义金额折现为当前售价的利率为 7.93%，其余计算如表 5-1 所示。

表 5-1　　　　　　　　　　　　　利息收益和本金收现计算表　　　　　　　　　　　单位：元

年份	未收本金 ①	利息收益 ②＝①×7.93%	本金收现 ③＝④－②	总收现 ④
销售日	8 000	0	0	0
2011 年末	8 000	634	1 366	2 000
2012 年末	6 634	526	1 474	2 000
2013 年末	5 160	410	1 590	2 000
2014 年末	3 570	283	1 717	2 000
2015 年末	1 853	147	1 853	2 000
总额		2 000	8 000	10 000

四、会计处理

会计处理为（不考虑增值税因素）：

（1）销售成立时：

借：长期应收款　　　　　　　　　　　　　　　　　　　　　　　　　10 000

　　贷：主营业务收入　　　　　　　　　　　　　　　　　　　　　　　8 000

　　　　未实现融资收益　　　　　　　　　　　　　　　　　　　　　　2 000

（2）第 1 年末：

借：银行存款　　　　　　　　　　　　　　　　　　　　　　　　　　2 000

　　贷：长期应收款　　　　　　　　　　　　　　　　　　　　　　　　2 000

  借：未实现融资收益   634

   贷：财务费用   634

（3）第 5 年末：

  借：银行存款   2 000

   贷：长期应收款   2 000

  借：未实现融资收益   147

   贷：财务费用   147

五、税务处理

1. 销售商品收入的差异。根据《企业所得税法》的规定，以分期收款方式销售货物的，按照合同约定的收款日期确认收入的实现，即每年确认 2 000 元的收入。对于本金收现，会计比税法规定的确认时间提前了。

2. 利息收益的差异。会计上将每年确认的未实现融资收益做冲减财务费用处理，企业所得税要求做纳税调减应纳税所得额处理。

表 5-2

年份	会计上确认的收入①	按税收规定应确认的收入额②	纳税调整收入额③＝②－①	会计上确认的冲减财务费用金额	纳税调减应纳税所得额
2011 年末	8 000	2 000	－6 000	634	634
2012 年末	0	2 000	2 000	526	526
2013 年末	0	2 000	2 000	410	410
2014 年末	0	2 000	2 000	283	283
2015 年末	0	2 000	2 000	147	147
总额	8 000	10 000	2 000	2 000	2 000

5.3.11 佣金和手续费支出的填报和审核

5.3.11.1 填报说明

《纳税调整项目明细表》（A105000）第 23 行"（十一）佣金和手续费支出"：第 1 列"账载金额"填报纳税人会计核算计入当期损益的佣金和手续费金额；第 2 列"税收金额"填报按照税法规定允许税前扣除的佣金和手续费支出金额；第 3 列"调增金额"为第 1—2 列的金额。

5.3.11.2 不需要填报的项目

根据填报要求，第 23 行"（十一）佣金和手续费支出"的第 4 列"调减金额"不填。

5.3.11.3 "账载金额"的填报数据来源

《纳税调整项目明细表》（A105000）第 23 行"（十一）佣金和手续费支出"第 1 列"账载金额"填报数据来源为"销售费用"二级明细科目记录赞助支出的会计数据。填报时，应根据成本费用本年度累计发生额累计汇总后，再进行填报。

  提示：填报时应注意与《期间费用明细表》（A104000）第 7 行"六、佣金和手续费"数据保持一致。

5.3.11.4 "税收金额"的填报数据来源

《纳税调整项目明细表》（A105000）第 23 行"（十一）佣金和手续费支出"第 2 列"税收金额"的数据来源为：符合税法规定确认允许在税前扣除的佣金和手续费支出。其中：财产保险企业按当年全部保费收入扣除退保金等后余额的 15%（含本数，下同）计算限额；人身保险企业按当年全部保费收入扣除退保金等后余额的 10% 计算限额；其他企业按所签订服务协议或合同确认的收入金额的 5% 计算限额；从事代理服务企业其续费及佣金支出属于企业营业成本范畴，允许全额扣除；电信企业按不超过企业当年收入总额 5% 计算限额。

5.3.11.5　"调增金额"的填报数据来源

《纳税调整项目明细表》（A105000）第 23 行"（十一）佣金和手续费支出"第 3 列"调增金额"为表内计算栏次，填写第 1 列减去第 2 列的金额。

5.3.12　不征税收入用于支出所形成的费用的填报和审核

5.3.12.1　填报说明

《纳税调整项目明细表》（A105000）第 24 行"（十二）不征税收入用于支出所形成的费用"：第 3 列"调增金额"填报符合条件的不征税收入用于支出所形成的计入当期损益的费用化支出金额。

5.3.12.2　不需要填报的项目

根据填报要求，第 24 行"（十二）不征税收入用于支出所形成的费用"的第 1 列"账载金额"、第 2 列"税收金额"和第 4 列"调减金额"不填。

5.3.12.3　填报数据来源

《纳税调整项目明细表》（A105000）第 24 行"（十二）不征税收入用于支出所形成的费用"第 3 列"调增金额"的填报数据来源为："专项应付款"、"财政补助收入"等科目核算的本年度实际发生的与不征税收入相关的支出的会计数据。

5.3.12.4　填报注意事项

填报本行数据时，应注意与本表第 8 行"（七）不征税收入"的项目内容相对应，具体应注意问题参见第 5 章 5.2 节中的"不征税收入的填报和审核"相关内容。

5.3.13　专项用途财政性资金用于支出所形成的费用

5.3.13.1　填报说明

《纳税调整项目明细表》（A105000）第 25 行"其中：专项用途财政性资金用于支出所形成的费用"：根据《专项用途财政性资金纳税调整明细表》（A105040）填报。第 3 列"调增金额"为表 A105040 第 7 行第 11 列金额。

5.3.13.2　不需填报的项目

根据填报要求，第 25 行"其中：专项用途财政性资金用于支出所形成的费用"的第 1 列"账载金额"、第 2 列"税收金额"和第 4 列"调减金额"不填。

5.3.13.3　填报数据来源

《纳税调整项目明细表》（A105000）第 25 行"其中：专项用途财政性资金用于支出所形成的费用"第 3 列"调增金额"的填报数据来源为：《专项用途财政性资金纳税调整明细表》（A105040）第 7 行第 11 列"本年支出情况"中"其中：费用化支出金额"合计数。

5.3.14　跨期扣除项目的填报和审核

5.3.14.1　填报说明

《纳税调整项目明细表》（A105000）第 26 行"（十三）跨期扣除项目"：填报维简费、安全生产费用、预提费用、预计负债等跨期扣除项目调整情况。第 1 列"账载金额"填报纳税人会计核算计入当期损益的跨期扣除项目金额；第 2 列"税收金额"填报按照税法规定允许税前扣除的金额；若第 1 列≥第 2 列，将第 1－2 列余额填入第 3 列"调增金额"；若第 1 列＜第 2 列，将第 1－2 列余额的绝对值填入第 4 列"调减金额"。

5.3.14.2 填报数据来源

《纳税调整项目明细表》（A105000）第 26 行"（十三）跨期扣除项目"第 1 列"账载金额"的填报数据来源为：企业会计账面记录"维简费、安全生产费用"的相关成本费用科目、执行《企业会计制度》纳税人的"预提费用"科目、执行《企业会计准则》纳税人的"预计负债"科目记录的会计数据。填报纳税人会计核算计入当期损益的跨期扣除项目金额。

第 2 列"税收金额"的填报数据来源为：按照税法规定，纳税人以前年度计提维简费、安全生产费用、预提费用、预计负债，在本年度实际发生的金额。

第 3 列"调增金额"的填报数据来源为：若第 1 列≥第 2 列时，第 1—2 列差额。

第 4 列"调减金额"的填报数据来源为：若第 1 列<第 2 列时，第 1—2 列的差额的绝对值。

5.3.15 与取得收入无关的支出的填报和审核

5.3.15.1 填报说明

《纳税调整项目明细表》（A105000）第 27 行"（十四）与取得收入无关的支出"：第 1 列"账载金额"填报纳税人会计核算计入当期损益的与取得收入无关的支出的金额。第 3 列"调增金额"等于第 1 列金额。

5.3.15.2 不需要填报的项目

根据填报要求，第 27 行"（十四）与取得收入无关的支出"的第 2 列"税收金额"和第 4 列"调减金额"不填。

5.3.15.3 会计数据来源

《纳税调整项目明细表》（A105000）第 27 行"（十四）与取得收入无关的支出"第 1 列"账载金额"填报数据来源，为"营业外支出"或成本费用科目二级明细科目记录与取得收入无关的会计数据。填报时，应根据成本费用本年度累计发生额累计汇总后，再进行填报。

5.3.15.4 调整金额来源

《纳税调整项目明细表》（A105000）第 27 行"（十四）与取得收入无关的支出"第 3 列"调增金额"属于直接填报事项，第 3 列"调增金额"＝第 1 列"账载金额"。

5.3.15.5 填报和审核

《企业所得税法》第十条规定，在计算应纳税所得额时，与取得收入无关的支出支出不得扣除。

5.3.16 境外所得分摊的共同支出的填报和审核

5.3.16.1 填报说明

《纳税调整项目明细表》（A105000）第 28 行"（十五）境外所得分摊的共同支出"：第 3 列"调增金额"，为《境外所得纳税调整后所得明细表》（A108010）第 10 行第 16＋17 列的金额。

5.3.16.2 不需要填报的项目

根据填报要求，第 28 行"（十五）境外所得分摊的共同支出"的第 1 列"账载金额"、第 2 列"税收金额"和第 4 列"调减金额"不填。

5.3.16.3 填报数据来源

《纳税调整项目明细表》（A105000）第 28 行"（十五）境外所得分摊的共同支出"第 3 列"调增金额"的填报数据来源为：《境外所得纳税调整后所得明细表》（A108010）第 10 行第 16 列"境外分支机构调整分摊扣除的有关成本费用"加上第 17 列"境外所得对应调整的相关成本费用支出"的金额。

5.3.16.4　填报和审核

详细内容参见第 9 章 "境外所得税收抵免相关表格填报的填报和审核" 有关内容。

5.3.17　扣除类调整项目——其他的填报和审核

《纳税调整项目明细表》（A105000）第 29 行 "（十六）其他"：填报其他因会计处理与税法规定有差异需纳税调整的扣除类项目金额。若第 1 列≥第 2 列，将第 1－2 列余额填入第 3 列 "调增金额"；若第 1 列＜第 2 列，将第 1－2 列余额的绝对值填入第 4 列 "调减金额"。需重点关注税法规定的下列项目：

（1）不需要资本化的借款费用；

（2）汇兑损失；

（3）环境保护、生态恢复等方面的专项资金；

（4）租入固定资产支付的租赁费；

（5）劳动保护支出；

（6）机构管理费；

（7）企业转让资产的净值；

（8）母子公司之间提供服务支付费用；

（9）保险公司再保险业务赔款支出；

（10）免税收入所对应的费用。

5.4　资产类调整项目的填报和审核

5.4.1　资产类调整项目概述

《纳税调整项目明细表》（A105000）第 30 行 "三、资产类调整项目"：填报资产类调整项目第 31 行至第 34 行的合计数。

5.4.2　资产折旧、摊销的填报和审核

5.4.2.1　填报说明

《纳税调整项目明细表》（A105000）第 31 行 "（一）资产折旧、摊销"：根据《资产折旧、摊销情况及纳税调整明细表》（A105080）填报。第 1 列 "账载金额" 为表 A105080 第 27 行第 2 列金额；第 2 列 "税收金额" 为表 A105080 第 27 行第 5＋6 列金额；表 A105080 第 27 行第 9 列，若≥0，填入本行第 3 列 "调增金额"；若＜0，将绝对值填入本行第 4 列 "调减金额"。

5.4.2.2　填报数据来源

《纳税调整项目明细表》（A105000）第 31 行 "（一）资产折旧、摊销" 第 1 列 "账载金额" 的填报数据来源为：《资产折旧、摊销情况及纳税调整明细表》（A105080）第 27 行第 2 列 "账载金额" 中 "本年折旧、摊销额" 合计数。

第 2 列 "税收金额" 的填报数据来源为：《资产折旧、摊销情况及纳税调整明细表》（A105080）第 27 行第 5 列 "税收金额" 中 "按税收一般规定计算的本年折旧、摊销额" 和第 6 列 "税收金额" 中 "本年加速折旧额" 合计数。

第 3 列 "调增金额" 的填报数据来源为：《资产折旧、摊销情况及纳税调整明细表》

（A105080）第 27 行第 9 列"纳税调整"金额≥0 时的金额。

第 4 列"调减金额"的填报数据来源为：《资产折旧、摊销情况及纳税调整明细表》（A105080）第 27 行第 9 列"纳税调整"金额＜0 时的绝对值。

5.4.2.3 填报和审核

详细内容参见第 6 章 6.8 节"《资产折旧、摊销情况及纳税调整明细表》（A105080）的填报和审核"有关内容。

5.4.3 资产减值准备金的填报和审核

5.4.3.1 填报说明

《纳税调整项目明细表》（A105000）第 32 行"（二）资产减值准备金"：填报坏账准备、存货跌价准备、理赔费用准备金等不允许税前扣除的各类资产减值准备金纳税调整情况。第 1 列"账载金额"填报纳税人会计核算计入当期损益的资产减值准备金金额（因价值恢复等原因转回的资产减值准备金应予以冲回）；第 1 列，若≥0，填入第 3 列"调增金额"；若＜0，将绝对值填入第 4 列"调减金额"。

5.4.3.2 不需要填报的项目

根据填报要求，第 32 行"（二）资产减值准备金"的第 2 列"税收金额"不填。

5.4.3.3 填报数据来源

《纳税调整项目明细表》（A105000）第 32 行"（二）资产减值准备金"第 1 列"账载金额"的填报数据来源为：纳税人会计核算计入当期损益的资产减值准备金金额（因价值恢复等原因转回的资产减值准备金应予以冲回）。纳税人根据"资产减值损失"科目、"管理费用"科目的二级明细科目、各项资产准备科目记录的会计数据分析填报。

第 3 列"调增金额"的填报数据来源为：第 1 列≥0 的金额。

第 4 列"调减金额"的填报数据来源为：第 1 列＜0 的绝对值。

5.4.3.4 填报注意事项

1. 对保险公司等特殊行业的准备金的纳税调整，在《特殊行业准备金纳税调整明细表》（A105120）和《纳税调整项目明细表》（A105000）第 38 行"（三）特殊行业准备金"中填写，本行不重复填写。

2. 本表仅调整资产持有期间的资产减值准备金情况，即资产减值准备的提取和价值恢复的转回，对涉及资产处置冲减原计提的减值准备，在填报《资产损失税前扣除及纳税调整明细表》（A105090）时予以考虑。

3. 执行《企业会计准则》的纳税人填报：消耗性生物资产减值准备、持有至到期投资减值准备、可供出售金融资产减值、投资性房地产减值准备、生产性生物资产减值准备、坏（呆）账准备、存货跌价准备、长期股权投资减值准备、固定资产减值准备、在建工程（工程物资）减值准备、无形资产减值准备、商誉减值准备、矿区权益减值、其他。

4. 执行《企业会计制度》的纳税人：填报短期投资跌价准备、坏（呆）账准备、存货跌价准备、长期股权投资减值准备、固定资产减值准备、在建工程（工程物资）减值准备、无形资产减值准备、商誉减值准备、矿区权益减值、其他。

5.4.3.5 填报案例

一、交易情况

A 公司以库存商品换入 B 公司的材料。换出的库存商品的账面价值为 100 万元，以前年度已提存货跌价准备 20 万元，公允价值 110 万元。假设 A、B 公司均为增值税一般纳税人，增值税税率 17%，该交换具有商业实质，公允价值能可靠计量。

二、计量模式的判断

上述交易满足公允价值确认条件，属于具有商业实质的非货币性资产交换。

三、A 公司会计处理

借：原材料 110
　　应交税费——应交增值税（进项税额）（110×17％） 18.7
　　贷：主营业务收入 110
　　　　应交税费——应交增值税（销项税额）（110×17％） 18.7
借：主营业务成本 100
　　存货跌价准备 20
　　贷：库存商品 120

四、A 公司税务处理

企业所得税上对于销售收入、销售成本和营业外收入，确认结果与会计上一致。

A 公司为转让的产品，在以前年度提取了 20 万元的存货跌价准备，在计提年度汇算清缴时已作纳税调增处理，在本年度汇算清缴时应作纳税调减处理。

提取的 20 万元的存货跌价准备，填入《纳税调整项目明细表》（A105000）中的纳税调整减少额对应栏次。

5.4.4　资产损失的填报和审核

5.4.4.1　填报说明

《纳税调整项目明细表》（A105000）第 33 行"（三）资产损失"：根据《资产损失税前扣除及纳税调整明细表》（A105090）填报。第 1 列"账载金额"为表 A105090 第 14 行第 1 列金额；第 2 列"税收金额"为表 A105090 第 14 行第 2 列金额；表 A105090 第 14 行第 3 列，若≥0，填入本行第 3 列"调增金额"；若＜0，将绝对值填入本行第 4 列"调减金额"。

5.4.4.2　填报数据来源

《纳税调整项目明细表》（A105000）第 33 行"（三）资产损失"第 1 列"账载金额"的填报数据来源为：《资产损失税前扣除及纳税调整明细表》（A105090）第 14 行第 1 列"账载金额"合计数。

第 2 列"税收金额"的填报数据来源为：《资产损失税前扣除及纳税调整明细表》（A105090）第 14 行第 2 列"税收金额"合计数。

第 3 列"调增金额"的填报数据来源为：《资产损失税前扣除及纳税调整明细表》（A105090）第 14 行第 3 列"纳税调整金额"≥0 的金额。

第 4 列"调减金额"的填报数据来源为：《资产损失税前扣除及纳税调整明细表》（A105090）第 14 行第 4 列"纳税调整金额"＜0 的绝对值。

5.4.4.3　填报和审核

详细内容参见第 6 章 6.10 节"《资产损失税前扣除及纳税调整明细表》（A105090）的填报和审核"及 6.11 节"《资产损失（专项申报）税前扣除及纳税调整明细表》（A105091）的填报和审核"有关内容。

5.4.5　资产类调整项目——其他的填报和审核

《纳税调整项目明细表》（A105000）第 34 行"（四）其他"：填报其他因会计处理与税法规定有差异需纳税调整的资产类项目金额。若第 1 列≥第 2 列，将第 1－2 列余额填入第 3 列"调增金额"；若第 1 列＜第 2 列，将第 1－2 列余额的绝对值填入第 4 列"调减金额"。

5.5 特殊事项调整项目的填报和审核

5.5.1 填报要求

《纳税调整项目明细表》（A105000）第 35 行"四、特殊事项调整项目"：填报特殊事项调整项目第 36 行至第 40 行的合计数。

5.5.2 企业重组的填报和审核

5.5.2.1 填报说明

《纳税调整项目明细表》（A105000）第 36 行"（一）企业重组"：根据《企业重组纳税调整明细表》（A105100）填报。第 1 列"账载金额"为表 A105100 第 14 行第 1＋4 列金额；第 2 列"税收金额"为表 A105100 第 14 行第 2＋5 列金额；表 A105100 第 14 行第 7 列，若≥0，填入本行第 3 列"调增金额"；若＜0，将绝对值填入本行第 4 列"调减金额"。

5.5.2.2 填报数据来源

《纳税调整项目明细表》（A105000）第 36 行"（一）企业重组"第 1 列"账载金额"的填报数据来源为：《企业重组纳税调整明细表》（A105100）第 14 行第 1 列"一般性税务处理"中"账载金额"和第 4 列"特殊性税务处理"中"账载金额"的合计数。

第 2 列"税收金额"的填报数据来源为：《企业重组纳税调整明细表》（A105100）第 14 行第 2 列"一般性税务处理"中"税收金额"和第 5 列"特殊性税务处理"中"税收金额"的合计数。

第 3 列"调增金额"的填报数据来源为：《企业重组纳税调整明细表》（A105100）第 14 行第 3 列"纳税调整金额"≥0 的金额。

第 4 列"调减金额"的填报数据来源为：《企业重组纳税调整明细表》（A105100）第 14 行第 3 列"纳税调整金额"＜0 的绝对值。

5.5.2.3 填报和审核

详细内容参见第 6 章 6.12 节"《企业重组纳税调整明细表》（A105100）的填报和审核"有关内容。

5.5.3 政策性搬迁的填报和审核

5.5.3.1 填报说明

《纳税调整项目明细表》（A105000）第 37 行"（二）政策性搬迁"：根据《政策性搬迁纳税调整明细表》（A105110）填报。表 A105110 第 24 行，若≥0，填入本行第 3 列"调增金额"；若＜0，将绝对值填入本行第 4 列"调减金额"。

5.5.3.2 不需要填报的项目

根据填报要求，第 37 行"（二）政策性搬迁"的第 1 列"账载金额"、第 2 列"税收金额"不填。

5.5.3.3 填报数据来源

《纳税调整项目明细表》（A105000）第 37 行"（二）政策性搬迁"第 3 列"调增金额"的填报数据来源为：《政策性搬迁纳税调整明细表》（A105110）第 24 行"七、纳税调整金额"≥0 的金额。

第 4 列"调减金额"的填报数据来源为：《政策性搬迁纳税调整明细表》（A105110）第 24 行"七、纳税调整金额"<0 的绝对值。

5.5.3.4 填报和审核

详细内容参见第 6 章 6.13 节"《政策性搬迁纳税调整明细表》（A105110）的填报和审核"有关内容。

5.5.4 特殊行业准备金的填报和审核

5.5.4.1 填报说明

《纳税调整项目明细表》（A105000）第 38 行"（三）特殊行业准备金"：根据《特殊行业准备金纳税调整明细表》（A105120）填报。第 1 列"账载金额"为表 A105120 第 30 行第 1 列金额；第 2 列"税收金额"为表 A105120 第 30 行第 2 列金额；表 A105120 第 30 行第 3 列，若≥0，填入本行第 3 列"调增金额"；若<0，将绝对值填入本行第 4 列"调减金额"。

5.5.4.2 填报数据来源

《纳税调整项目明细表》（A105000）第 38 行"（三）特殊行业准备金"第 1 列"账载金额"的填报数据来源为：《特殊行业准备金纳税调整明细表》（A105120）第 30 行第 1 列"账载金额"的合计数。

第 2 列"税收金额"的填报数据来源为：《特殊行业准备金纳税调整明细表》（A105120）第 30 行第 2 列"税收金额"的合计数。

第 3 列"调增金额"的填报数据来源为：《特殊行业准备金纳税调整明细表》（A105120）第 30 行第 3 列"纳税调整金额"≥0 的金额。

第 4 列"调减金额"的填报数据来源为：《特殊行业准备金纳税调整明细表》（A105120）第 30 行第 3 列"纳税调整金额"<0 的绝对值。

5.5.4.3 填报和审核

详细内容参见第 6 章 6.14 节"《特殊行业准备金纳税调整明细表》（A105120）的填报和审核"有关内容。

5.5.5 房地产开发企业特定业务计算的纳税调整额的填报和审核

5.5.5.1 填报说明

《纳税调整项目明细表》（A105000）第 39 行"（四）房地产开发企业特定业务计算的纳税调整额"：根据《视同销售和房地产开发企业特定业务纳税调整明细表》（A105010）填报。第 2 列"税收金额"为表 A105010 第 21 行第 1 列金额；表 A105010 第 21 行第 2 列，若≥0，填入本行第 3 列"调增金额"；若<0，将绝对值填入本行第 4 列"调减金额"。

5.5.5.2 不需要填报的项目

根据填报要求，第 39 行"（四）房地产开发企业特定业务计算的纳税调整额"的第 1 列"账载金额"不填。

5.5.5.3 填报数据来源

《纳税调整项目明细表》（A105000）第 39 行"（四）房地产开发企业特定业务计算的纳

税调整额"填报数据来源为《视同销售和房地产开发企业特定业务纳税调整明细表》（A105010），具体关系如下：

第 2 列"税收金额"为表 A105010 第 21 行第 1 列金额；

表 A105010 第 21 行第 2 列，若≥0，填入本行第 3 列"调增金额"；若＜0，将绝对值填入本行第 4 列"调减金额"。

5.5.5.4 填报和审核

详细内容参见第 6 章 6.1 节"《视同销售和房地产开发企业特定业务纳税调整明细表》（A105010）的填报和审核"有关内容。

5.5.6 特殊事项调整项目——其他的填报和审核

《纳税调整项目明细表》（A105000）第 40 行"（五）其他"：填报其他因会计处理与税法规定有差异需进行纳税调整的特殊事项金额。

5.6 特别纳税调整应税所得的填报和审核

5.6.1 填报说明

《纳税调整项目明细表》（A105000）第 41 行"五、特别纳税调整应税所得"：第 3 列"调增金额"填报纳税人按特别纳税调整规定自行调增的当年应税所得；第 4 列"调减金额"填报纳税人依据双边预约定价安排或者转让定价相应调整磋商结果的通知，需要调减的当年应税所得。

5.6.2 不需要填报的项目

根据填报要求，第 41 行"五、特别纳税调整应税所得"的第 1 列"账载金额"、第 2 列"税收金额"不填。

5.6.3 特别纳税调整的内容

特别纳税调整是指税务机关出于实施反避税目的而对纳税人特定纳税事项所做的税务调整，包括针对纳税人转让定价、资本弱化、避税港避税及其他避税情况所进行的税务调整。

5.6.4 审核依据

特别纳税调整税法规定的具体内容，请参见《企业所得税法规应用指南》（中国市场出版社，2016）。

5.7　其他调整项目的填报和审核

5.7.1　填报说明

《纳税调整项目明细表》（A105000）第 42 行"六、其他"：填报其他会计处理与税法规定存在差异需纳税调整的项目金额。

5.7.2　不需要填报的项目

根据填报要求，第 42 行"六、其他"的第 1 列"账载金额"、第 2 列"税收金额"不填。

第6章
《纳税调整项目明细表》附表的填报和审核

6.1 《视同销售和房地产开发企业特定业务纳税调整明细表》（A105010）的填报和审核

6.1.1 《视同销售和房地产开发企业特定业务纳税调整明细表》概述

6.1.1.1 适用范围、填报依据

《视同销售和房地产开发企业特定业务纳税调整明细表》（A105010）适用于发生视同销售、房地产企业特定业务纳税调整项目的纳税人填报。纳税人根据税法、《国家税务总局关于企业处置资产所得税处理问题的通知》（国税函〔2008〕828号）、《国家税务总局关于印发〈房地产开发经营业务企业所得税处理办法〉的通知》（国税发〔2009〕31号）等相关规定，以及国家统一企业会计制度，填报视同销售行为、房地产企业销售未完工产品、未完工产品转完工产品特定业务的税法规定及纳税调整情况。

6.1.1.2 报表结构说明

一、报表主体结构

本表按"视同销售（营业）收入"、"视同销售（营业）成本"、"房地产开发企业特定业务计算的纳税调整额"三大项进行分类汇总填报。

二、报表数据栏设置

由于视同销售业务和房地产开发企业特定业务都属于会计上不进行相关处理的项目，因此在报表数据栏设置时，仅设置"税收金额"、"纳税调整金额"。

6.1.1.3 表内、表间关系

（一）表内关系。

（1）表A105010第1行＝第2+3+…+10行。

（2）表A105010第11行＝第12+13+…+20行。

（3）表A105010第21行＝第22—26行。

（4）表A105010第22行＝第24—25行。

（5）表A105010第26行＝第28—29行。

（二）表间关系。

（1）表 A105010 第 1 行第 1 列＝表 A105000 第 2 行第 2 列。

（2）表 A105010 第 1 行第 2 列＝表 A105000 第 2 行第 3 列。

（3）表 A105010 第 11 行第 1 列＝表 A105000 第 13 行第 2 列。

（4）表 A105010 第 11 行第 2 列的绝对值＝表 A105000 第 13 行第 4 列。

（5）表 A105010 第 21 行第 1 列＝表 A105000 第 39 行第 2 列。

（6）表 A105010 第 21 行第 2 列，若≥0，填入表 A105000 第 39 行第 3 列；若＜0，将绝对值填入表 A105000 第 39 行第 4 列。

6.1.2　视同销售收入的填报审核

6.1.2.1　填报说明

《视同销售和房地产开发企业特定业务纳税调整明细表》（A105010）第 1 行"一、视同销售收入"：填报会计处理不确认销售收入，而税法规定确认为应税收入的金额，本行为第 2 行至第 10 行小计数。第 1 列"税收金额"填报税收确认的应税收入金额；第 2 列"纳税调整金额"等于第 1 列"税收金额"。

第 2 行"（一）非货币性资产交换视同销售收入"：填报发生非货币性资产交换业务，会计处理不确认销售收入，而税法规定确认为应税收入的金额。第 1 列"税收金额"填报税收确认的应税收入金额；第 2 列"纳税调整金额"等于第 1 列"税收金额"。

第 3 行"（二）用于市场推广或销售视同销售收入"：填报发生将货物、财产用于市场推广、广告、样品、集资、销售等，会计处理不确认销售收入，而税法规定确认为应税收入的金额。填列方法同第 2 行。

第 4 行"（三）用于交际应酬视同销售收入"：填报发生将货物、财产用于交际应酬，会计处理不确认销售收入，而税法规定确认为应税收入的金额。填列方法同第 2 行。

第 5 行"（四）用于职工奖励或福利视同销售收入"：填报发生将货物、财产用于职工奖励或福利，会计处理不确认销售收入，而税法规定确认为应税收入的金额。企业外购资产或服务不以销售为目的，用于替代职工福利费用支出，且购置后在一个纳税年度内处置的，可以按照购入价格确认视同销售收入。填列方法同第 2 行。

第 6 行"（五）用于股息分配视同销售收入"：填报发生将货物、财产用于股息分配，会计处理不确认销售收入，而税法规定确认为应税收入的金额。填列方法同第 2 行。

第 7 行"（六）用于对外捐赠视同销售收入"：填报发生将货物、财产用于对外捐赠或赞助，会计处理不确认销售收入，而税法规定确认为应税收入的金额。填列方法同第 2 行。

第 8 行"（七）用于对外投资项目视同销售收入"：填报发生将货物、财产用于对外投资，会计处理不确认销售收入，而税法规定确认为应税收入的金额。填列方法同第 2 行。

第 9 行"（八）提供劳务视同销售收入"：填报发生对外提供劳务，会计处理不确认销售收入，而税法规定确认为应税收入的金额。填列方法同第 2 行。

第 10 行"（九）其他"：填报发生除上述列举情形外，会计处理不作为销售收入核算，而税法规定确认为应税收入的金额。填列方法同第 2 行。

6.1.2.2　调整数据来源

审核时应关注视同销售来源账户。视同销售收入的数据属于纳税调整数据，对于这类数据，应从交易性质确认和交易金额计算等两个方面进行审核，所涉及的数据来源科目包括：工业企业的"产成品"、房地产开发企业的"开发产品"、"长期投资"账户、涉及抵债的应付款项账户和其他记录非货币性交易的有关账户。

6.1.2.3 视同销售纳税调整差异事项

一、《企业会计制度》的规定

根据《企业会计制度》的规定，企业将自己生产的产品用于在建工程、管理部门、非生产性机构、捐赠、赞助、集资、广告样品、职工福利奖励等方面，是一种内部结转关系，不存在销售行为，不符合销售成立的条件；企业不会由于将自己生产的产品用于在建工程等而增加现金流量，也不会增加企业的营业利润。因此，会计上不作销售处理，而按成本转账。

二、《企业会计准则》的规定

《企业会计准则第 12 号——债务重组》第五条规定，债务人以非现金资产清偿债务的，债务人应当将重组债务的账面价值与转让的非现金资产公允价值之间的差额，确认为债务重组利得，计入当期损益。转让的非现金资产公允价值与其账面价值之间的差额，确认为资产转让损益，计入当期损益。

《企业会计准则第 12 号——债务重组》应用指南规定，非现金资产为存货的，应当作为销售处理，按照《企业会计准则第 14 号——收入》的规定，以其公允价值确认收入，同时结转相应的成本。

三、《小企业会计准则》的规定

《小企业会计准则》对企业发生的视同销售行为未做具体规范，可参照《企业会计准则》的规定进行处理。

四、《企业会计制度》与税法的差异比较

1. 计价标准不同。

《企业会计制度》对于视同销售行为，是按成本价转出存货，并确认相关项目的成本。税法则按同类商品的市场价确认转出存货的销售收入，并按税法规定计算流转税和企业所得税。

2. 前提条件不同。

《企业会计制度》按照连续经营的假设，对于非日常活动性的交易收入，确认为营业外收入。视同销售从会计角度来看属于偶发性、边缘性的业务，不属于日常活动性质的交易行为。税法认定视同销售作为应税收入，是按照经营性与非经营性来划分的，不是按照日常活动的标准，只要是经营性的，无论是日常性的还是偶发性的，全部作为经营收入。

3. 分标准不同。

《企业会计制度》强调流入标准，以是否导致权益增加作为确认收入的条件，视同销售不增加权益，只是资产的转换，会计制度就不作销售处理。税法强调流转环节标准，不以是否导致权益增加作为确认应税收入的条件，而是以交易环节作为确认的条件，有些视同销售业务尽管没有改变财产的权属，但是在流转环节上发生了移动，就应当确认为应税收入。

五、《企业会计准则》与税法的差异比较

对于存货用于抵债的交易，《企业会计准则》与《企业所得税法》，对销售收入、销售成本和利得的确认方法是一致的；所不同的是抵债存货在以前年度已计提跌价准备的情况下，会计要求将以前年度已计提的存货跌价准备，作为存库商品或产成品的备抵项目，冲减以前年度已计提的"存货跌价准备"。

6.1.2.4 填报注意事项

根据《企业所得税法实施条例》的规定，企业发生非货币性资产交换，应当视同销售货物、转让财产。

（一）执行会计制度的纳税人，应按照填表要求进行纳税调整。即本表第 1 行第 1 列"视同销售收入——税收金额"填入表 A105000 第 2 行第 2 列"（一）视同销售收入——税收金额"；第1行第2列"视同销售收入—纳税调整金额"填入表A105000第2行第3列"（一）视同销售收入——调增金额"。

（二）执行《企业会计准则》的纳税人，对非现金资产为存货的非货币性资产交换，已作为销售处理，不需要进行纳税调整。《企业会计准则》的具体规定如下：

《企业会计准则第7号——非货币性资产交换》应用指南规定，非现金资产为存货的，应当作为销售处理，按照《企业会计准则第14号——收入》的规定，以其公允价值确认收入，同时结转相应的成本。

6.1.3 视同销售（营业）成本的填报和审核

6.1.3.1 填报说明

《视同销售和房地产开发企业特定业务纳税调整明细表》（A105010）第11行"一、视同销售成本"：填报会计处理不确认销售收入，税法规定确认为应税收入的同时，确认的视同销售成本金额。本行为第12行至第20行小计数。第1列"税收金额"填报予以税前扣除的视同销售成本金额；将第1列税收金额以负数形式填报第2列"纳税调整金额"。

第12行"（一）非货币性资产交换视同销售成本"：填报发生非货币性资产交换业务，会计处理不确认销售收入，税法规定确认为应税收入所对应的予以税前扣除的视同销售成本金额。第1列"税收金额"填报予以扣除的视同销售成本金额；将第1列税收金额以负数形式填报第2列"纳税调整金额"。

第13行"（二）用于市场推广或销售视同销售成本"：填报发生将货物、财产用于市场推广、广告、样品、集资、销售等，会计处理不确认销售收入，税法规定确认为应税收入时，其对应的予以税前扣除的视同销售成本金额。填列方法同第12行。

第14行"（三）用于交际应酬视同销售成本"：填报发生将货物、财产用于交际应酬，会计处理不确认销售收入，税法规定确认为应税收入时，其对应的予以税前扣除的视同销售成本金额。填列方法同第12行。

第15行"（四）用于职工奖励或福利视同销售成本"：填报发生将货物、财产用于职工奖励或福利，会计处理不确认销售收入，税法规定确认为应税收入时，其对应的予以税前扣除的视同销售成本金额。填列方法同第12行。

第16行"（五）用于股息分配视同销售成本"：填报发生将货物、财产用于股息分配，会计处理不确认销售收入，税法规定确认为应税收入时，其对应的予以税前扣除的视同销售成本金额。填列方法同第12行。

第17行"（六）用于对外捐赠视同销售成本"：填报发生将货物、财产用于对外捐赠或赞助，会计处理不确认销售收入，税法规定确认为应税收入时，其对应的予以税前扣除的视同销售成本金额。填列方法同第12行。

第18行"（七）用于对外投资项目视同销售成本"：填报发生将货物、财产用于对外投资，会计处理不确认销售收入，税法规定确认为应税收入时，其对应的予以税前扣除的视同销售成本金额。填列方法同第12行。

第19行"（八）提供劳务视同销售成本"：填报发生对外提供劳务，会计处理不确认销售收入，税法规定确认为应税收入时，其对应的予以税前扣除的视同销售成本金额。填列方法同第12行。

第20行"（九）其他"：填报发生除上述列举情形外，会计处理不确认销售收入，税法规定确认为应税收入的同时，予以税前扣除的视同销售成本金额。填列方法同第12行。

6.1.3.2 视同销售成本的审核

视同销售成本的填报审核，请参见上述"视同销售收入的填报审核"中的相关内容。

6.1.3.3 填报数据来源

审核时应关注视同销售来源账户。视同销售成本的数据属于纳税调整数据，对于这类数据，应从交易性质确认和交易金额计算等两个方面进行审核，所涉及的数据来源科目包括：工业企业的"产成品"、房地产开发企业的"开发产品"、"长期投资"账户、涉及抵债的应付款项账户和其他记录非货币性交易的有关账户。

6.1.4 填报案例

一、以成产成品、库存商品换入作为短期投资（净额法调整方法）

（一）交易情况。

A 公司以一批产成品交换 B 公司拥有的作为短期投资的 D 公司股票。

A 公司产成品原值为 70 000 元，账面价值 60 000 元。在交换日的公允价值为 80 000 元，并已计提存货跌价准备 10 000 元。在交易过程中 A 公司发生费用 5 000 元，增值税税率为 17％，计税价格为公允价值。

B 公司短期投资原值为 80 000 元，在交换日公允价值为 70 000 元，已计提短期投资跌价准备 5 000 元。B 公司另支付 10 000 元给 A 公司。

（二）交易判断。

计算补价占换出资产公允价值的比例＝10 000÷80 000＝12.5％，小于 25％，该项交易为非货币性交易。

增值税销项税额＝80 000×17％＝13 600（元）

（三）计算应确认的损益。

在这个交易过程中，A 公司是收到补价的企业，首先计算应确认的损益及换入短期投资的入账价值如下：

应确认的补价损益＝（1－换出资产账面价值÷换出资产公允价值）

＝（1－60 000÷80 000）×10 000＝2 500（元）

（四）计算入账价值。

换入短期投资的入账价值＝换出资产的账面价值＋补价＋应确认的损益＋应支付的相关税费

＝60 000－10 000＋2 500＋13 600＋5 000＝71 100（元）

（五）收到补价方的会计处理。

借：短期投资——D 公司		71 100
银行存款		10 000
存货跌价准备		10 000
贷：库存商品		70 000
营业外收入——非货币性交易收益		2 500
应交税金——应交增值税（销项税额）		13 600
银行存款		5 000

（六）所得税处理。

根据《企业会计制度》的规定，因 A 公司和 B 公司双方交换涉及补价，应确认交易损益。同时，根据税法有关规定，企业的非货币性交易必须在有关交易发生时，确认非现金资产交易的转让所得或损失。

1．视同销售收入的确认。A 公司在非货币性交易过程中，按换出资产公允价值为 80 000 元，减去会计上确认的补价损益 2 500 元，以余额 77 500 元确认视同销售收入。

确认视同销售收入额 77 500 元，填入表 A105010 第 2 行"（一）非货币性交易视同销售收入"。

2. 视同销售成本的确认。由于视同销售收入是按净额法确认的，因此视同销售成本的计量方法如下：

按税收确认的换出资产计税基础 70 000 元＝会计上账面价值 60 000＋应转回的以前年度计提减值准备 10 000 元

视同销售成本 70 000 元＝按税收确认的换出资产计税基础 70 000 元

税收确认视同销售成本额 70 000 元，填入表 A105010 第 12 行"（一）非货币性交易视同销售成本"。

3. 会计上确认的营业外收入 2 500 元，填入表 A101010 第 17 行"非货币性资产交换利得"。

二、不满足公允价值计价模式条件的视同销售纳税调整

（一）交易情况。

A 公司拥有一台专有设备，该设备账面原价 450 万元，已计提折旧 330 万元，换取 B 公司拥有一项长期股权投资，账面价值 90 万元，两项资产均未计提减值准备。

A 公司决定以其专有设备交换 B 公司的长期股权投资，该专有设备是生产某种产品必需的设备。由于专有设备系当时专门制造、性质特殊，其公允价值不能可靠计量；B 公司拥有的长期股权投资在活跃市场中没有报价，其公允价值也不能可靠计量。经双方商定，B 公司支付了 20 万元的补价。假定交易中没有涉及相关税费。

（二）非货币性交易的判断。

该项资产交换涉及收付货币性资产，即补价 20 万元。对 A 公司而言，收到的补价 20 万元÷换出资产账面价值 120 万元＝16.7％＜25％，因此，该项交换属于非货币性资产交换，B 公司的情况也相类似。

（三）计量模式的判断。

由于两项资产的公允价值不能可靠计量，因此，对于该项资产交换，换入资产的成本应当按照换出资产的账面价值确定。

（四）初始投资成本确认。

长期股权投资的初始成本 100 万元＝换出资产账面价值 120 万元－收到的补价 20 万元

换出资产的账面价值 120 万元＝换出资产账面原价 450 万元－已计提折旧 330 万元

（五）投资方 A 公司的账务处理。

根据《企业会计准则》的规定，尽管 B 公司支付了 20 万元补价，但由于整个非货币性资产交换是以账面价值为基础计量的，支付补价方和收到补价方均不确认损益。对 A 公司而言，换入资产是长期股权投资和银行存款 20 万元，换出资产是专有设备的账面价值减去货币性补价的差额，即 100 万元（120－20）；对 B 公司而言，换出资产是长期股权投资和银行存款 20 万元，换入资产专有设备的成本等于换出资产的账面价值，即 110 万元（90＋20）。由此可见，在以账面价值计量的情况下，发生的补价是用来调整换入资产的成本，不涉及确认损益问题。

A 公司的会计处理如下：

借：固定资产清理		120
累计折旧		330
贷：固定资产专有设备		450

B 公司的会计处理如下：

借：长期股权投资		100
银行存款		20
贷：固定资产清理		120

（六）税务处理。

根据《国家税务总局关于处置资产所得税处理问题的通知》（国税函〔2008〕828 号）

的规定，本案例非货币资产交换，因资产所有权属已发生改变而不属于内部处置资产，应按规定确认视同销售收入。

但在本案例中未注明资产的取得方式是自制还是外购，如果属于自制，根据该文件规定，应按企业同类资产同期对外销售价格确定销售收入。调整方法为：按换出资产账面价值 120 万元（账面原价 450 万元－折旧 330 万元）和收到补价 20 万元的合计 140 万元，确认视同销售收入，填入表 A105010 第 2 行"（一）非货币性交易视同销售收入"。

按换出资产的账面价值 120 万元，确认视同销售成本，填入表 A105010 第 12 行"（一）非货币性交易视同销售成本"。

如果属于外购资产，根据该文件规定，可按购入时的价格确定销售收入。调整方法为：按换出资产账面价值 120 万元（账面原价 450 万元－折旧 330 万元），确认视同销售收入，填入表 A105010 第 2 行"（一）非货币性交易视同销售收入"；按换出资产的账面价值 120 万元，减去收到补价 20 万元后的余额 100 万元，确认视同销售成本，填入表 A105010 第 12 行"（一）非货币性交易视同销售成本"。

6.1.5 房地产开发企业特定业务计算的纳税调整额的填报和审核

6.1.5.1 填报说明

《视同销售和房地产开发企业特定业务纳税调整明细表》（A105010）第 21 行"三、房地产开发企业特定业务计算的纳税调整额"：填报房地产企业发生销售未完工产品、未完工产品结转完工产品业务，按照税法规定计算的特定业务的纳税调整额。第 1 列"税收金额"填报第 22 行第 1 列减去第 26 行第 1 列的余额；第 2 列"纳税调整金额"等于第 1 列"税收金额"。

第 22 行"（一）房地产企业销售未完工开发产品特定业务计算的纳税调整额"：填报房地产企业销售未完工开发产品取得销售收入，按税收规定计算的纳税调整额。第 1 列"税收金额"填报第 24 行第 1 列减去第 25 行第 1 列的余额；第 2 列"纳税调整金额"等于第 1 列"税收金额"。

第 23 行"1. 销售未完工产品的收入"：第 1 列"税收金额"填报房地产企业销售未完工开发产品，会计核算未进行收入确认的销售收入金额。

第 24 行"2. 销售未完工产品预计毛利额"：第 1 列"税收金额"填报房地产企业销售未完工产品取得的销售收入按税法规定预计计税毛利率计算的金额；第 2 列"纳税调整金额"等于第 1 列"税收金额"。

第 25 行"3. 实际发生的营业税金及附加、土地增值税"：第 1 列"税收金额"填报房地产企业销售未完工产品实际发生的营业税金及附加、土地增值税，且在会计核算中未计入当期损益的金额；第 2 列"纳税调整金额"等于第 1 列"税收金额"。

第 26 行"（二）房地产企业销售的未完工产品转完工产品特定业务计算的纳税调整额"：填报房地产企业销售的未完工产品转完工产品，按税法规定计算的纳税调整额。第 1 列"税收金额"填报第 28 行第 1 列减去第 29 行第 1 列的余额；第 2 列"纳税调整金额"等于第 1 列"税收金额"。

第 27 行"1. 销售未完工产品转完工产品确认的销售收入"：第 1 列"税收金额"填报房地产企业销售的未完工产品，此前年度已按预计毛利额征收所得税，本年度结转为完工产品，会计上符合收入确认条件，当年会计核算确认的销售收入金额。

第 28 行"2. 转回的销售未完工产品预计毛利额"：第 1 列"税收金额"填报房地产企业销售的未完工产品，此前年度已按预计毛利额征收所得税，本年结转完工产品，会计核算确认为销售收入，转回原按税法规定预计计税毛利率计算的金额；第 2 列"纳税调整金额"等于第 1 列"税收金额"。

第 29 行"3. 转回实际发生的营业税金及附加、土地增值税"：填报房地产企业销售的未完工产品结转完工产品后，会计核算确认为销售收入，同时将对应实际发生的营业税金及附加、土地增值税转入当期损益的金额；第 2 列"纳税调整金额"等于第 1 列"税收金额"。

6.1.5.2　填报数据来源

房地产开发企业特定业务计算的纳税调整额主要包括两部分：一是房地产企业销售未完工开发产品特定业务计算的纳税调整额；二是房地产企业销售的未完工产品转完工产品特定业务计算的纳税调整额。其相关数据来源主要为房地产企业核算预售收入、预售收入计提税金、结转预售收入、结转预售收入计提税金的相关会计科目，如"预收账款"、"应交税金"、"待摊费用"、"主营业务收入"、"主营业务税金及附加"等。

6.1.5.3　调整数据的填报

《纳税调整项目明细表》（A105000）第 39 行"（四）房地产开发企业特定业务计算的纳税调整额"第 2 列"税收金额"的填报数据来源为：《视同销售和房地产开发企业特定业务纳税调整明细表》（A105010）第 21 行"三、房地产开发企业特定业务计算的纳税调整额"第 1 列"税收金额"。

第 3 列"调增金额"的填报数据来源为：《视同销售和房地产开发企业特定业务纳税调整明细表》（A105010）第 21 行"三、房地产开发企业特定业务计算的纳税调整额"第 2 列"纳税调整金额"≥0 的金额。

第 4 列"调减金额"的填报数据来源为：《视同销售和房地产开发企业特定业务纳税调整明细表》（A105010）第 21 行"三、房地产开发企业特定业务计算的纳税调整额"第 2 列"纳税调整金额"＜0 的绝对值。

6.1.5.4　填报注意事项

（一）《纳税调整项目明细表》（A105000）第 25 行"3. 实际发生的营业税金及附加、土地增值税"第 1 列"税收金额"填报时应注意：该行应填写房地产企业销售未完工产品实际发生的营业税金及附加、土地增值税，且在会计核算中未计入当期损益的金额；对会计上已将预售收入缴纳的营业税及附加、土地增值税记入"营业税金及附加"科目，在本年利润总额中减除的，本行应填写为 0。

（二）第 27 行"1. 销售未完工产品转完工产品确认的销售收入"第 1 列"税收金额"填报时应注意：本年度会计上核算的销售收入中，应区分以前年度预售金额和本年度销售金额，本行仅填写以前年度预售且在以前年度按预计毛利率征收过企业所得税的金额；而对于以前年度房地产开发企业收取的定金等性质的金额，未按预计毛利率征收过企业所得税，如发生本年销售确认为销售收入时，该金额不能填入本行。

（三）第 29 行"3. 转回实际发生的营业税金及附加、土地增值税"填报时应注意：本行填报金额为会计上按配比原则确认的应归属于本年销售收入且实际发生的营业税金及附加、土地增值税，即会计上以前年度缴纳相关税金时，计入"应交税金"科目，而未转入"营业税金及附加科目"的金额；对以前年度实际缴纳时，房地产开发企业已将发生的相关营业税及附加、土地增值税计入了当期"营业税金及附加"科目的，不在本行反映。

6.1.5.5　纳税调整方法

《国家税务总局关于印发《房地产开发经营业务企业所得税处理办法》的通知》（国税发〔2009〕31 号）规定：

"第八条　企业销售未完工开发产品的计税毛利率由各省、自治区、直辖市国家税务局、地方税务局按下列规定进行确定：

（1）开发项目位于省、自治区、直辖市和计划单列市人民政府所在地城市城区和郊区的，不得低于 15%。

（2）开发项目位于地及地级市城区及郊区的，不得低于10%。

（3）开发项目位于其他地区的，不得低于5%。

（4）属于经济适用房、限价房和危改房的，不得低于3%。

第九条　企业销售未完工开发产品取得的收入，应先按预计计税毛利率分季（或月）计算出预计毛利额，计入当期应纳税所得额。开发产品完工后，企业应及时结算其计税成本并计算此前销售收入的实际毛利额，同时将其实际毛利额与其对应的预计毛利额之间的差额，计入当年度企业本项目与其他项目合并计算的应纳税所得额。"

在年度纳税申报时，企业须出具对该项开发产品实际毛利额与预计毛利额之间差异调整情况的报告以及税务机关需要的其他相关资料。

6.1.5.6　填报案例

一、案例基本情况

某房地产开发企业于2011年开工建设甲开发项目，甲开发项目于2013年度开始预售，2015年1月办理完竣工备案相关手续；于2013年开工建设乙开发项目，乙开发项目于2015年度开始预售。开发项目的预计毛利率都为15%。甲乙两开发项目预售及缴纳相关税金情况如下：

甲项目：2013年度预售收入4 000万元，缴纳相关营业税及附加300万元；2014年度预售收入5 000万元，缴纳相关营业税及附加375万元。

乙项目：2015年度预售收入7 000万元，缴纳相关营业税及附加525万元。

该房地产开发企业在预售商品房时，将缴纳的营业税及附加记入"应交税金"科目，待开发项目完工时，结转收入同时结转营业税及附加。

二、填报情况

该房地产开发企业的具体填报情况如表6-1所示。

表6-1

21	三、房地产开发企业特定业务计算的纳税调整额（22—26）	−1 500 000.00	−1 500 000.00
22	（一）房地产企业销售未完工开发产品特定业务计算的纳税调整额（24—25）	5 250 000.00	5 250 000.00
23	1. 销售未完工产品的收入	70 000 000.00	*
24	2. 销售未完工产品预计毛利额	10 500 000.00	10 500 000.00
25	3. 实际发生的营业税金及附加、土地增值税	5 250 000.00	5 250 000.00
26	（二）房地产企业销售的未完工产品转完工产品特定业务计算的纳税调整额（28—29）	6 750 000.00	6 750 000.00
27	1. 销售未完工产品转完工产品确认的销售收入	90 000 000.00	*
28	2. 转回的销售未完工产品预计毛利额	13 500 000.00	13 500 000.00
29	3. 转回实际发生的营业税金及附加、土地增值税	6 750 000.00	6 750 000.00

本例中，第21行第1列、第2列"三、房地产开发企业特定业务计算的纳税调整额——税收金额、纳税调整金额"为−1 500 000元，应将其绝对值填入表A105000第39行第4列"（四）房地产开发企业特定业务计算的纳税调整额——调减金额"中，即填写1 500 000元。

6.2 《未按权责发生制确认收入纳税调整明细表》（A105020）的填报和审核

6.2.1 《未按权责发生制确认收入纳税调整明细表》概述

6.2.1.1 适用范围、填报依据

《未按权责发生制确认收入纳税调整明细表》（A105020）适用于会计处理按权责发生制确认收入、税法规定未按权责发生制确认收入需纳税调整项目的纳税人填报。

纳税人根据税法、《国家税务总局关于贯彻落实企业所得税法若干税收问题的通知》（国税函〔2010〕79 号）、《国家税务总局关于确认企业所得税收入若干问题的通知》（国税函〔2008〕875 号）等相关规定，以及国家统一企业会计制度，填报会计处理按照权责发生制确认收入、税法规定未按权责发生制确认收入的会计处理、税法规定，以及纳税调整情况。符合税法规定不征税收入条件的政府补助收入，本表不作调整，在《专项用途财政性资金纳税调整明细表》（A105040）中进行纳税调整。

6.2.1.2 报表结构说明

本表反映会计按照权责发生制确认收入、税法未按权责发生制确认收入的事项主要包括：跨期收取的租金、利息、特许权使用费收入；分期确认收入；未确认为不征税收入的政府补助递延收入等。

6.2.1.3 表内、表间关系

（一）表内关系。

（1）表 A105020 第 1 行＝第 2＋3＋4 行。

（2）表 A105020 第 5 行＝第 6＋7＋8 行。

（3）表 A105020 第 9 行＝第 10＋11＋12 行。

（4）表 A105020 第 14 行＝第 1＋5＋9＋13 行。

（5）表 A105020 第 6 列＝第 4－2 列。

（二）表间关系。

（1）表 A105020 第 14 行第 2 列＝表 A105000 第 3 行第 1 列。

（2）表 A105020 第 14 行第 4 列＝表 A105000 第 3 行第 2 列。

（3）表 A105020 第 14 行第 6 列，若≥0，填入表 A105000 第 3 行第 3 列；若＜0，将绝对值填入表 A105000 第 3 行第 4 列。

6.2.1.4 填报注意事项

根据《国家税务总局关于确认企业所得税收入若干问题的通知》的规定，企业所得税对生产经营收入的确认时间，调整协调为参照《企业会计制度》和《企业会计准则》的确认条件，确认生产经营收入的实现。关于"企业财务会计处理办法与税收规定不一致应进行纳税调整产生的时间性差异的项目"，由于政策的变化，上述差异事项已经基本协调统一。未按权责发生制确认收入包括以下两种情况：

一是，执行《企业会计准则》纳税人的融资性分期收款销售业务，《企业所得税法实施条例》第 23 条规定，按合同约定的收款日期作为确认销售收入的时间，体现的是收付实现制；根据《企业会计准则》的规定，按应收的合同或协议价款的公允价值，贷记"主营业务收入"等科目，按其差额，贷记"未实现融资收益"科目。

二是，补贴收入。《企业会计准则》和《企业会计制度》与税法都存在差异。税收对流

转税返还、补贴收入按收付实现制确认收入；《企业会计制度》要求按权责发生制确认收入；《企业会计准则》对与收益相关的按应收金额确认收入，对与资产相关的按资产使用寿命分摊确认收入，同样体现的是权责发生制原则。

6.2.2 填报和审核

6.2.2.1 填报说明

《未按权责发生制确认收入纳税调整明细表》（A105020）第 1 列"合同金额或交易金额"：填报会计处理按照权责发生制确认收入、税法规定未按权责发生制确认收入的项目的合同总额或交易总额。

第 2 列"账载金额——本年"：填报纳税人会计处理按权责发生制在本期确认金额。

第 3 列"账载金额——累计"：填报纳税人会计处理按权责发生制历年累计确认金额。

第 4 列"税收金额——本年"：填报纳税人按税法规定未按权责发生制在本期确认金额。

第 5 列"税收金额——累计"：填报纳税人按税法规定未按权责发生制历年累计确认金额。

第 6 列"纳税调整金额"：填报纳税人会计处理按权责发生制确认收入、税法规定未按权责发生制确认收入的差异需进行纳税调整的金额，为第 4－2 列的余额。

6.2.2.2 填报数据来源

执行《企业会计准则》的纳税人，填报数据来源为"主营业务收入"、"营业外收入"科目和"递延收益"科目。

6.2.2.3 执行《企业会计准则》纳税人的填报方法

不符合税法规定不征税收入条件的政府补助收入，填入本表。根据《企业会计准则》的规定，企业收到政府补助收入，不能直接确认为当期损益，应当确认为一项负债（递延收益），自相关资产形成并可供使用时起，在相关资产使用寿命内平均分配，分次计入以后各期的损益（营业外收入）。相关资产在使用寿命结束前被出售、转让、报废或发生毁损的，应将尚未分配的递延收益余额一次性转入资产处置当期的损益。

6.2.3 填报案例

一、交易情况

A 公司计划修建一座污水处理厂，根据地方政府补助政策的有关规定，公司可以获得 200 万元的政府补助（不属于政府投资），不符合不征税收入的相关条件，该笔款项已于 2012 年 1 月收到。该工厂于 2015 年 1 月 1 日建成，总成本 800 万元。工厂预计使用寿命 20 年，以直线法折旧，预计没有残值。

二、交易分析

该公司收到的政府补助是货币性资产且已收到，符合《企业会计准则》的规定的确认条件，可以在收到时予以确认，并按收到的金额计量。该笔资金用于建造污水处理厂，污水处理厂属于固定资产，因此该笔政府补助属于与资产相关的政府补助。根据《企业会计准则》的规定，政府补助采用收益法和总额法分别按不同情况进行处理。与资产相关的政府补助不能直接确认为当期损益，应当确认为一项负债（递延收益），自相关资产形成并可供使用时起，在相关资产使用寿命内平均分配，分次计入以后各期的损益。

三、会计处理

2012 年 1 月收到政府补助时：

  借：银行存款   200

    贷：递延收益   200

2015 年 1 月 1 日：

  借：固定资产   800

   贷：在建工程   800

从 2015 年末开始摊销 20 年递延收益：

  借：递延收益   10

   贷：营业外收入   10

四、税务处理

（1）收到政府补助时做调增处理。2012 年 1 月收到政府补助 200 万元时，根据税法规定，应全额一次计入应纳税所得额，计征企业所得税。

填报方法：第 1 列"合同金额（交易金额）"填报 200 万元，第 2 列"账载金额——本年"填报会计核算的账面金额 0 元，第 3 列"账载金额——累计"填报 0 元；第 4 列"税收金额——本年"填报税收规定的收入金额 200 万元；第 5 列"税收金额——累计"填报 0 元；第 6 列"纳税调增金额"填报按照税收规定应纳税调整增加的金额 200 万元。

（2）摊销递延收益时做调减处理。在从 2015 年末开始摊销递延收益时，对会计上根据摊销额计入营业外收入 10 万元，应进行纳税调整减少处理。

填报方法：第 1 列"合同金额（交易金额）"填报 200 万元，第 2 列"账载金额——本年"填报会计核算的账面金额 10 万元，第 3 列"账载金额——累计"填报 10 万元；第 4 列"税收金额——本年"填报税收规定的收入金额 0 元；第 5 列"税收金额——累计"填报 200 万元；第 6 列"纳税调整金额"填报按照税收规定应纳税调整增加的金额 10 万元。

6.3 《投资收益纳税调整明细表》（A105030）的填报和审核

6.3.1 《投资收益纳税调整明细表》概述

6.3.1.1 适用范围、填报依据

《投资收益纳税调整明细表》（A105030）适用于发生投资收益纳税调整项目的纳税人填报。

纳税人根据税法、《国家税务总局关于贯彻落实企业所得税法若干税收问题的通知》（国税函〔2010〕79 号）等相关规定，以及国家统一企业会计制度，填报投资收益的会计处理、税法规定，以及纳税调整情况。发生持有期间投资收益，并按税法规定为减免税收入的（如国债利息收入等），本表不作调整。处置投资项目按税法规定确认为损失的，本表不作调整，在《资产损失税前扣除及纳税调整明细表》（A105090）中进行纳税调整。

6.3.1.2 报表结构说明

本表主要对执行《企业会计准则》纳税的交易性金融资产、可供出售金融资产、持有至到期投资、衍生工具、交易性金融负债、长期股权投资等六大项资产，在持有期间和处置期间的收益纳税调整情况进行汇总；对执行《企业会计制度》和《小企业会计准则》的纳税人的长期股权投资、短期投资、长期债券投资等三大类资产，在持有期间和处置期间的收益纳税调整情况进行汇总。

6.3.1.3 表内、表间关系

（一）表内关系。

（1）表 A105030 第 10 行＝第 1＋2＋3＋4＋5＋6＋7＋8＋9 行。

（2）表 A105030 第 3 列＝第 2－1 列。

（3）表 A105030 第 8 列＝第 4－6 列。

（4）表 A105030 第 9 列＝第 5－7 列。

（5）表 A105030 第 10 列＝第 9－8 列。

（6）表 A105030 第 11 列＝第 3＋10 列。

（二）表间关系。

（1）表 A105030 第 10 行 1＋8 列＝表 A105000 第 4 行第 1 列。

（2）表 A105030 第 10 行 2＋9 列＝表 A105000 第 4 行第 2 列。

（3）表 A105030 第 10 行第 11 列，若≥0，填入表 A105000 第 4 行第 3 列；若＜0，将绝对值填入表 A105000 第 4 行第 4 列。

6.3.1.4 填报注意事项

在本表中不予填写反映的事项主要包括：

（1）相关资产的初始投资成本的确认，会计与税法的差异事项，如按权益法核算长期股权投资对初始投资成本调整确认收益、交易性金融资产初始投资调整。

（2）符合免税条件的各项资产的持有期间收益，如国债利息收入、符合条件的居民企业股息、红利等权益性投资收益。

（3）资产处置损失，该项损失在《资产损失税前扣除及纳税调整明细表》（A105090）中进行调整。

（4）执行《企业会计准则》的纳税人，填报交易性金融资产、可供出售金融资产、持有至到期投资、衍生工具、交易性金融负债、长期股权投资等行次；执行《小企业会计准则》的纳税人，填报短期投资、长期债券投资、长期股权投资等行次。

6.3.2 填报和审核

6.3.2.1 第 1 列"持有收益——账载金额"

一、填报说明

《投资收益纳税调整明细表》（A105030）第 1 列"账载金额"：填报纳税人持有投资项目，会计核算确认的投资收益。

二、填报审核

1. 填报方法。

填写长期股权投资按权益法核算时，被投资企业所有者权益变化，应当按照应有或应分担的净损益的份额，会计处理确认投资损益并调整长期股权投资的账面价值的金额。

由于《企业会计准则》与《企业会计制度》对持有收益的确认计量方法是一致的，因此，对有关数据的调增调减方法也是一致的。具体填报时，不存在执行《企业会计准则》与执行《企业会计制度》纳税人调整方法的差别。

2. 长期股权投资的核算方法不同，本行填报数据不同。

按权益法核算的长期股权投资持有期间的投资损益，是指投资企业取得长期股权投资后，按照应享有或应分担的被投资单位实现的净损益的份额，确认的投资损益。

按成本法核算的长期股权投资，持有期间投资收益的核算，如属于符合条件的居民企业股息、红利，不在本列填报，本列仅填报不符合免税条件的长期股权投资持有收益。例如：连续持有居民企业公开发行并上市流通的股票不足 12 个月取得的投资收益。

3. 长期股权投资持有期间的会计处理方法。

《企业会计准则》及《企业会计制度》都要求根据被投资单位实现的净利润或经调整的净利润计算应享有的份额，借记"长期股权投资（损益调整）"，贷记"投资收益"科目。

被投资单位发生净亏损做相反的会计分录，但以长期股权投资的账面价值减记至零为限；还需承担的投资损失，应将其他实质上构成对被投资单位净投资的"长期应收款"等的账面价值减记至零为限；除按照以上步骤已确认的损失外，按照投资合同或协议约定将承担的损失，确认为预计负债。发生亏损的被投资单位以后实现净利润的，应按与上述相反的顺序进行处理。

被投资单位以后宣告发放现金股利或利润时，企业计算应分得的部分，借记"应收股利"科目，贷记"长期股权投资"科目（损益调整）。收到被投资单位宣告发放的股票股利，不进行账务处理，但应在备查簿中登记。

6.3.2.2　第 2 列"持有收益——税收金额"

一、填报说明

《投资收益纳税调整明细表》（A105030）第 2 列"税收金额"：填报纳税人持有投资项目，按照税法规定确认的投资收益。

二、填报审核

填写长期股权投资按权益法核算时，被投资方宣告分派利润或现金股利应享有的份额。

由于按成本法核算的长期股权投资持有期间投资收益，会计与税法的处理是一致的，因此其"税收金额"等于"账载金额"。

6.3.2.3　第 3 列"持有收益——纳税调整金额"

《投资收益纳税调整明细表》（A105030）第 3 列"纳税调整金额"：填报纳税人持有投资项目，会计核算确认投资收益与税法规定投资收益的差异需纳税调整金额，为第 2－1 列的余额。

6.3.2.4　第 4 列"处置收益——会计确认的处置收入"

《投资收益纳税调整明细表》（A105030）第 4 列"会计确认的处置收入"：填报纳税人收回、转让或清算处置投资项目，会计核算确认的扣除相关税费后的处置收入金额。

6.3.2.5　第 5 列"处置收益——税收计算的处置收入"

《投资收益纳税调整明细表》（A105030）第 5 列"税收计算的处置收入"：填报纳税人收回、转让或清算处置投资项目，按照税法规定计算的扣除相关税费后的处置收入金额。

6.3.2.6　第 6 列"处置收益——处置投资的账面价值"

《投资收益纳税调整明细表》（A105030）第 6 列"处置投资的账面价值"：填报纳税人收回、转让或清算处置投资项目，会计核算的投资处置成本的金额。

6.3.2.7　第 7 列"处置收益——处置投资的计税基础"

一、填报说明

《投资收益纳税调整明细表》（A105030）第 7 列"处置投资的计税基础"：填报纳税人收回、转让或清算处置投资项目，按税法规定计算的投资处置成本的金额。

二、填报审核

填报纳税人收回、转让或清算处置长期股权投资的计税基础。执行《企业会计制度》的纳税人和执行《企业会计准则》的纳税人应分别填报。

（一）执行《企业会计制度》纳税人的填报数据来源。

1. 实行成本法核算长期股权投资的填报数据来源。

实行成本法核算长期股权投资执行《企业会计制度》的纳税人，"投资转让的税收成本"包括下列各项：

（1）会计上成本法核算的长期股权投资账户余额。

（2）收到被投资单位分派的属于投资前累积盈余的分配额，会计上冲减投资成本的金额。

需要调整的差异事项是：应收股息、红利的分配来源差异，应调整增加计入"处置投资的计税基础"。调整理由如下：

税收规定，股息性所得是指从被投资企业税后累计未分配利润和累计盈余公积金中取得的分配额。税法的处理方法是无论累计未分配利润和盈余公积是投资前产生的，还是投资后产生的，都是税后利润，均归入持有收益，不作为处置收益处理。

（3）以债转股方式取得长期股权投资的差异。会计上的基本方法是以应收债权账面价值"替代"债务重组换入的长期股权投资入账价值。税法是以应收债权的公允价值为计算基础（等重组清算办法）。

（4）以非货币性资产交易方式取得长期股权投资的差异。会计上以换出资产账面价值为基础，加上相关税费，计量长期股权投资的初始成本。涉及补价的，支付补价方应加上补价，收到补价方还要加上应确认的收益，减去补价；企业所得税法是以换出资产的公允价值为基础，加上相关税费，计量长期股权投资的初始成本。

2．实行权益法核算长期股权投资的填报数据来源。

实行权益法核算长期股权投资执行《企业会计制度》的纳税人，在填报"处置投资的计税基础"时，应注意由于确认投资差额时，所产生的损益没有做纳税调整，因投资差额影响的投资成本变动，也不应做纳税调整。

因此，实行权益法核算长期股权投资执行会计制度纳税人，"投资转让的税收成本"仅包括下列两项：

（1）会计上权益法核算的长期股权投资的初始成本。长期股权投资采用权益法核算的情况下，进行初始投资或追加投资时，按照初始投资或追加投资后的初始投资成本，作为长期股权投资的账面价值。

（2）收到被投资单位分派的属于投资前累积盈余的分配额，会计上冲减投资成本的金额。需要调整的差异事项是：应收股息、红利的分配来源差异，应调整增加计入"处置投资的计税基础"。调整理由如下：

税收规定，股息性所得是指从被投资企业税后累计未分配利润和累计盈余公积金中取得的分配额。税法的处理方法是无论累计未分配利润和盈余公积是投资前产生的，还是投资后产生的，都是税后利润，均归入持有收益，不作为处置收益处理。

（二）执行《企业会计准则》纳税人的填报数据来源。

1．实行成本法核算长期股权投资的填报数据来源。

实行成本法核算长期股权投资执行《企业会计准则》的纳税人，由于初投资成本的计量差异，已在投资发生年度的表 A105000 中进行调整，在处置年度不应做重复调整。因此，"处置投资的计税基础"仅包括下列两项：

（1）会计上成本法核算的长期股权投资账户余额。

（2）收到被投资单位分派的属于投资前累积盈余的分配额，会计上冲减投资成本的金额。需要调整的差异事项是：应收股息、红利的分配来源差异，应调整增加计入"处置投资的计税基础"。调整理由如下：

税收规定，股息性所得是指从被投资企业税后累计未分配利润和累计盈余公积金中取得的分配额。税法的处理方法是无论累计未分配利润和盈余公积是投资前产生的，还是投资后产生的，都是税后利润，均归入持有收益，不作为处置收益处理。

2．实行权益法核算长期股权投资的填报数据来源。

实行权益法核算长期股权投资的执行《企业会计准则》的纳税人，"处置投资的计税基础"包括下列三项：

（1）按照《企业会计准则第 2 号——长期股权投资》确认的初始投资成本；

（2）收到被投资单位分派的属于投资前累积盈余的分配额，会计上冲减投资成本的金额。

（3）初始投资成本小于投资时可辨认净资产公允价值份额，所进行的初始成本调整，在处置环节应进行调减处理。

6.3.2.8 第 8 列"处置收益——会计确认的处置所得或损失"

《投资收益纳税调整明细表》（A105030）第 8 列"会计确认的处置所得或损失"：填报纳税人收回、转让或清算处置投资项目，会计核算确认的处置所得或损失，为第 4—6 列的余额。

6.3.2.9 第 9 列"处置收益——税收计算的处置所得"

《投资收益纳税调整明细表》（A105030）第 9 列"税收计算的处置所得"：填报纳税人收回、转让或清算处置投资项目，按照税法规定计算的处置所得，为第 5—7 列的余额，税收计算为处置损失的，本表不作调整，在《资产损失税前扣除及纳税调整明细表》（A105090）中进行纳税调整。

6.3.2.10 第 10 列"处置收益——纳税调整金额"

《投资收益纳税调整明细表》（A105030）第 10 列"纳税调整金额"：填报纳税人收回、转让或清算处置投资项目，会计处理与税法规定不一致需进行纳税调整的金额，为第 9—8 列的余额。

6.3.2.11 第 11 列"纳税调整金额"

《投资收益纳税调整明细表》（A105030）第 11 列"纳税调整金额"：填报第 3＋10 列金额。

6.3.3 填报案例

一、案例基本情况

甲企业 2014 年度投资收益 7 550 000.00 元，具体情况如下：

1. 2011 年 1 月甲公司投资 A 公司 5 000 万元，2015 年度从被投资企业 A 公司（成本法核算）分回 120 万元，其中投资以前所得分回 20 万元，投资以后所得分回 100 万元。

2. 2010 年 5 月甲公司投资 B 公司 2 000 万元，2015 年度被投资企业 B 公司（权益法核算）会计上确认投资收益 100 万元，甲公司实际分回投资收益 30 万元。

3. 2009 年 3 月甲公司投资 C 公司 800 万元，2015 年度按权益法核算确认被投资企业 C 公司投资损失 50 万元。

4. 2010 年 2 月甲公司投资购买 D 公司股票 120 万元，2015 年度从被投资企业 D 公司分回股票股利 10 万元。

5. 2015 年 3 月甲公司投资 E 上市公司购买其股票 560 万元，2015 年按权益法确认投资损失 80 万元，2015 年 12 月从 E 公司分回收益 60 万元。

6. 2015 年 5 月甲公司投资 F 上市公司（成本法核算）购买其股票 500 万元，12 月分回投资收益 70 万元。

7. 2015 年 5 月甲公司投资 G 上市公司 360 万元，2015 年 12 月分回投资收益 70 万元，其中以投资前所得分回 5 万元。

8. 2010 年 5 月甲公司分立新设全资 H 公司，股权成本 800 万元。2015 年转让 H 公司全部股权，转让价格 1 200 万元。转让过程中税费 10 万元。

二、填报分析

（一）甲公司公司从被投资企业 A 公司分回股息红利。

被投资企业 A 公司（成本法核算）分回 120 万元，其中以投资前所得分回 20 万元（冲减长期股权投资——成本），投资后所得分回 100 万元。会计上确认投资收益 100 万元，属于长期股权投资持有收益，应调整减少应纳税所得额 100 万元；税收上确认的股息红利免税收入金额为 120 万元，应调整减少应纳税所得额 120 万元。

（二）甲公司公司按权益法确认从被投资企业 B 公司取得的投资收益。

被投资企业 B 公司（权益法核算）确认投资收益 100 万元，实际分回投资收益 30 万元。

（1）被投资企业 B 公司（权益法核算）确认投资收益 100 万元。会计上确认投资收益 100 万元，属于长期股权投资持有收益，应调整减少应纳税所得额 100 万元；税收上不确认股息红利所得。

（2）从被投资企业 B 公司分回投资收益 30 万元。会计上冲减投资成本，不确认投资收益；税收上确认股息红利所得 30 万元属于免税收入，应调整增加应纳税所得额 30 万元，然后再调整减少应纳税所得额 30 万元。

（三）甲公司公司按权益法确认从被投资企业 C 公司取得的投资损失。

被投资企业 C 公司（权益法核算）确认投资损失 50 万元。会计上确认投资损失 50 万元，属于长期股权投资持有收益金额为－50 万元，应调整增加应纳税所得额 50 万元；税收上不确认股息、红利所得。

（四）甲公司公司从被投资企业 D 公司分回股票股利。

从被投资企业 D 公司分回股票股利 10 万元。会计上不需要进行会计处理，只需要在备查簿中进行记录；税收上确认股息、红利所得 10 万元，应调整增加应纳税所得额 10 万元，然后再调整减少应纳税所得额 10 万元。

（五）甲公司公司按权益法确认从被投资企业 E 公司持股不足 12 个月分回的投资收益。

被投资企业 E 公司（权益法核算），持有不足 12 个月，确认投资收益 80 万元，实际分回投资收益 60 万元。

（1）被投资企业 E 公司（权益法核算）确认投资收益 80 万元。会计上确认投资收益 80 万元，属于长期股权投资持有收益金额为 80 万元，对全额进行纳税调减处理；税收上不确认股息、红利所得。

（2）被投资企业 E 公司分回投资收益 60 万元。会计上冲减投资成本，不确认投资收益；税收上确认股息、红利所得，属于不符合免税条件的股息、红利所得，60 万元全额进行纳税调增处理。

（六）甲公司公司从被投资企业 F 公司取得持股不足 12 个月分回的投资收益。

被投资企业 F 公司（成本法核算），持有不足 12 月，实际分回投资收益投资收益 70 万元，税收上应确认股息、红利所得 70 万元。会计与税收对股息红利所得的确认金额均为 70 万元，且均发生在同一个纳税年度，不需要进行纳税调整。

（七）甲公司公司从被投资企业 G 公司取得持股不足 12 个月分回的投资收益。

被投资企业 G 公司（成本法核算），持有不足 12 月，分回投资收益 70 万元，其中 5 万元为分回投资前所得。

实际分回投资收益 70 万元。会计上确认投收益 65 万元属于长期股权投资持有收益，应调减应纳税所得额；税收上对成本法分回现金股利冲减的投资成本 5 万元进行纳税调增处理。

（八）甲公司转让持有的 H 公司股权。

2010 年 5 月甲公司分立新设全资 H 公司，初始投资成本 800 万元。

2015 年 1 月转让 H 公司全部股权，转让价格 1 200 万元，确认投资转让收入金额为 1 200 万元，转让过程中税费 10 万元，投资转让净收入 1 190 万元，确认投资 H 公司的投资成本 800 万元，确认按税收计算的投资转让所得 390 万元。甲公司已确认为投资收益，不需要进行纳税调整。

四、填报情况

具体填报情况见表 6-2。

表 6-2

投资收益纳税调整明细表

行次	项目	持有收益			处置收益						纳税调整金额
		账载金额	税收金额	纳税调整金额	会计确认的处置收入	税收计算的处置收入	处置投资的账面价值	处置投资的计税基础	会计确认的处置所得或损失	税收计算的处置所得	纳税调整金额	纳税调整金额
		1	2	3 (2−1)	4	5	6	7	8 (4−6)	9 (5−7)	10 (9−8)	11 (3+10)
1	一、交易性金融资产			—					—	—	—	—
2	二、可供出售金融资产			—					—	—	—	—
3	三、持有至到期投资			—					—	—	—	—
4	四、衍生工具			—					—	—	—	—
5	五、交易性金融负债			—					—	—	—	—
6	六、长期股权投资	3 650 000.00	3 600 000.00	(50 000.00)	11 900 000.00	11 900 000.00	8 000 000.00	8 000 000.00	3 900 000.00	3 900 000.00	—	(50 000.00)
7	七、短期投资			—					—	—	—	—
8	八、长期债券投资			—					—	—	—	—
9	九、其他			—					—	—	—	—
10	合计 (1+2+3+4+5+6+7+8+9)	3 650 000.00	3 600 000.00	(50 000.00)	11 900 000.00	11 900 000.00	8 000 000.00	8 000 000.00	3 900 000.00	3 900 000.00	—	(50 000.00)

6.4 《专项用途财政性资金纳税调整明细表》（A105040）的填报和审核

6.4.1 《专项用途财政性资金纳税调整明细表》概述

6.4.1.1 适用范围

《专项用途财政性资金纳税调整明细表》（A105040）适用于发生符合不征税收入条件的专项用途财政性资金纳税调整项目的纳税人填报。

6.4.1.2 填报依据

纳税人根据税法、《财政部 国家税务总局关于专项用途财政性资金企业所得税处理问题的通知》（财税〔2011〕70 号）等相关规定，以及国家统一企业会计制度，填报纳税人专项用途财政性资金会计处理、税法规定，以及纳税调整情况。本表对不征税收入用于支出形成的费用进行调整，资本化支出，通过《资产折旧、摊销情况及纳税调整明细表》（A105080）进行纳税调整。

6.4.1.3 报表结构说明

本表反映申报年度及前 5 个年度内取得财政性资金情况、符合不征税收入条件的专项用途财政性资金的取得情况和计入本年损益情况、以前年度支出情况、本年支出情况、本年结余情况。

6.4.1.4 表内、表间关系

（一）表内关系。

（1）表 A105040 第 1 行第 12 列＝第 1 行第 3－5－6－7－8－9－10 列。

（2）表 A105040 第 2 行第 12 列＝第 2 行第 3－6－7－8－9－10 列。

（3）表 A105040 第 3 行第 12 列＝第 3 行第 3－7－8－9－10 列。

（4）表 A105040 第 4 行第 12 列＝第 3 行第 3－8－9－10 列。

（5）表 A105040 第 5 行第 12 列＝第 3 行第 3－9－10 列。

（6）表 A105040 第 6 行第 12 列＝第 6 行第 3－10 列。

（7）表 A105040 第 7 行＝第 1＋2＋3＋4＋5＋6 行。

（二）表间关系。

（1）表 A105040 第 7 行第 4 列＝表 A105000 第 9 行第 4 列。

（2）表 A105040 第 7 行第 11 列＝表 A105000 第 25 行第 3 列。

（3）表 A105040 第 7 行第 14 列＝表 A105000 第 9 行第 3 列。

6.4.1.5 填报注意事项

本表中存在四个应进行纳税调整的列次：

1. 第 4 列"计入本年损益的金额"填入《纳税调整项目明细表》（A105000）第 8 行"（七）不征税收入"和第 9 行"其中：专项用途财政性资金（填写 A105040）"第 4 列"调减金额"。

2. 本年支出情况栏次的设计思路。本年支出情况用支出金额和费用化支出金额两列进行展现，支出金额（含资本化支出）用于计算资金的结余情况，费用化支出金额用于纳税调整。

（1）第 11 列"费用化支出金额"填入《纳税调整项目明细表》（A105000）中第 24 行"（十二）不征税收入用于支出所形成的费用"和第 25 行"其中：专项用途财政性资金用于

支出所形成的费用（填写 A105040）"第 3 列"调增金额"。

（2）符合不征税收入条件的财政性资金本年支出金额包括资本化金额和费用化金额。资本化金额在《资产折旧、摊销情况及纳税调整明细表》（A105080）中，确认资产折旧、摊销的税收金额时予以调整。

3．第 14 列"应计入本年应税收入金额"填入《纳税调整项目明细表》（A105000）第 8 行"（七）不征税收入"和第 9 行"其中：专项用途财政性资金（填写 A105040）"第 3 列"调增金额"。

6.4.2　填报和审核

6.4.2.1　第 1 列"取得年度"

一、填报说明

《专项用途财政性资金纳税调整明细表》（A105040）第 1 列"取得年度"：填报取得专项用途财政性资金的公历年度。第 5 行至第 1 行依次从第 6 行往前倒推，第 6 行为申报年度。

二、填报审核

审核专项用途财政性资金的实际取得年度，不是取得文件规定年度，而是财政实际拨款年度。

6.4.2.2　第 2 列"财政性资金"

一、填报说明

《专项用途财政性资金纳税调整明细表》（A105040）第 2 列"财政性资金"：填报纳税人相应年度实际取得的财政性资金金额。

二、填报审核

审核纳税人取得的资金是否为《财政部　国家税务总局关于财政性资金　行政事业性收费　政府性基金有关企业所得税政策问题的通知》（财税〔2008〕151 号）规定的财政性资金。该文件规定的财政性资金，是指企业取得的来源于政府及其有关部门的财政补助、补贴、贷款贴息，以及其他各类财政专项资金，包括直接减免的增值税即征即退、先征后退、先征后返的各种税收，但不包括企业按规定取得的出口退税款；所称国家投资，是指国家以投资者身份投入企业，并按有关规定相应增加企业实收资本（股本）的直接投资。

6.4.2.3　第 3 列"其中：符合不征税收入条件的财政性资金"

一、填报说明

《专项用途财政性资金纳税调整明细表》（A105040）第 3 列"其中：符合不征税收入条件的财政性资金"：填报纳税人相应年度实际取得的符合不征税收入条件且已作不征税收入处理的财政性资金金额。

二、填报审核

主要审核财政性资金是否符合不征税收入的三个条件：一是能够提供资金拨付文件；二是专项用于软件产品研发和扩大再生产；三是能够单独进行核算。

6.4.2.4　第 4 列"其中：计入本年损益的金额"

一、填报说明

《专项用途财政性资金纳税调整明细表》（A105040）第 4 列"其中：计入本年损益的金额"：填报第 3 列"其中：符合不征税收入条件的财政性资金"中，会计处理时计入本年（申报年度）损益的金额。本列第 7 行金额为《纳税调整项目明细表》（A105000）第 9 行"其中：专项用途财政性资金"的第 4 列"调减金额"。

二、填报审核

审核财政性资金会计上计入本年损益的金额是多少。

6.4.2.5 第 5 列至第 9 列 "以前年度支出情况"

一、填报说明

《专项用途财政性资金纳税调整明细表》（A105040）第 5 列至第 9 列 "以前年度支出情况"：填报纳税人作为不征税收入处理的符合条件的财政性资金，在申报年度的以前的 5 个纳税年度发生的支出金额。前一年度，填报本年的上一纳税年度，以此类推。

二、填报审核

第 5 列至第 9 列 "以前年度支出情况" 的填报数据来源为企业建立的台账和前 5 个年度的企业所得税年度纳税申报表。

6.4.2.6 第 10 列 "支出金额"

一、填报说明

《专项用途财政性资金纳税调整明细表》（A105040）第 10 列 "支出金额"：填报纳税人历年作为不征税收入处理的符合条件的财政性资金，在本年（申报年度）用于支出的金额。

二、填报审核

审核是否存在本年已经作为费用化和资本性的支出额未进行填报的情况。

6.4.2.7 第 11 列 "其中：费用化支出金额"

一、填报说明

《专项用途财政性资金纳税调整明细表》（A105040）第 11 列 "其中：费用化支出金额"：填报纳税人历年作为不征税收入处理的符合条件的财政性资金，在本年（申报年度）用于支出计入本年损益的费用金额，本列第 7 行金额为《纳税调整项目明细表》（A105000）第 25 行 "其中：专项用途财政性资金用于支出所形成的费用" 的第 3 列 "调增金额"。

二、填报审核

审核作为不征税收入的财政性资金用于本年支出的费用金额是否进行填报。

6.4.2.8 第 12 列 "结余金额"

一、填报说明

《专项用途财政性资金纳税调整明细表》（A105040）第 12 列 "结余金额"：填报纳税人历年作为不征税收入处理的符合条件的财政性资金，减除历年累计支出（包括费用化支出和资本性支出）后尚未使用的不征税收入余额。

二、填报审核

审核是否为纳税人申报年度和申报年度前五个年度取得的财政性资金之和减除历年累计支出（包括费用化支出和资本性支出）后的余额。

6.4.2.9 第 13 列 "其中：上缴财政金额"

一、填报说明

《专项用途财政性资金纳税调整明细表》（A105040）第 13 列 "其中：上缴财政金额"：填报第 12 列 "结余金额" 中向财政部门或其他拨付资金的政府部门缴回的金额。

二、填报审核

依据企业实际向财政部门或其他拨付资金的政府部门缴回的金额填报，本部分应以实际缴回的银行凭证为准。

6.4.2.10 第 14 列 "应计入本年应税收入金额"

一、填报说明

《专项用途财政性资金纳税调整明细表》（A105040）第 14 列 "应计入本年应税收入金额"：填报企业以前年度取得财政性资金且已作为不征税收入处理后，在 5 年（60 个月）内未发生支出且未缴回财政部门或其他拨付资金的政府部门，应计入本年应税收入的金额。本列第 7 行金额为《纳税调整项目明细表》（A105000）第 9 行 "其中：专项用途财政性资金"的第 3 列"调增金额"。

二、填报审核

《财政部　国家税务总局关于专项用途财政性资金企业所得税处理问题的通知》（财税〔2011〕70 号）规定，"企业将符合规定条件的财政性资金作不征税收入处理后，在 5 年（60 个月）内未发生支出且未缴回财政部门或其他拨付资金的政府部门的部分，应计入取得该资金第六年的应税收入总额"，因此，第 1 行第 14 列，若"结余金额"减"上缴财政金额"后还有余额的，应填入第 14 列"应计入本年应税收入金额"，并进行纳税调增处理。其他行次不存在此逻辑关系。例如，申报年度为 2015 年度，则第 1 行前 5 年度 2010 年，按最迟取得时间 2010 年 12 月 31 日算，已满 5 年（60 个月），如"结余金额"减"上缴财政金额"后还有余额，应填入第 1 行第 14 列"应计入本年应税收入金额"。

6.5　《职工薪酬纳税调整明细表》（A105050）的填报和审核

6.5.1　《职工薪酬纳税调整明细表》概述

6.5.1.1　适用范围、填报依据

《职工薪酬纳税调整明细表》（A105050）适用于发生职工薪酬纳税调整项目的纳税人填报。

纳税人根据税法、《国家税务总局关于企业工资薪金及职工福利费扣除问题的通知》（国税函〔2009〕3 号）、《财政部　国家税务总局关于扶持动漫产业发展有关税收政策问题的通知》（财税〔2009〕65 号）、《财政部　国家税务总局　商务部　科技部　国家发展改革委　关于技术先进型服务企业有关企业所得税政策问题的通知》（财税〔2010〕65 号）、《财政部　国家税务总局关于进一步鼓励软件产业和集成电路产业发展企业所得税政策的通知》（财税〔2012〕27 号）等相关规定，以及国家统一企业会计制度，填报纳税人职工薪酬会计处理、税法规定，以及纳税调整情况。

6.5.1.2　报表结构说明

本表以企业会计准则规定的职工薪酬范围为基础，结合税法规定进行设计，主要包括：工资薪金支出、职工福利费支出、职工教育经费支出、工会经费支出、各类基本社会保障性缴款、住房公积金、补充养老保险、补充医疗保险、其他职工薪酬。

对股权激励等会计处理与税务处理存在重大差异的事项，要求进行单独列示填报。

6.5.1.3　表内、表间关系

（一）表内关系。

（1）表 A105050 第 4 行＝第 5 行或第 5＋6 行。

（2）表 A105050 第 13 行＝第 1＋3＋4＋7＋8＋9＋10＋11＋12 行。

（3）表 A105050 第 5 列＝第 1—4 列。

（4）表 A105050 第 6 列＝第 1＋3－4 列。

（二）表间关系。

（1）表 A105050 第 13 行第 1 列＝表 A105000 第 14 行第 1 列。

（2）表 A105050 第 13 行第 4 列＝表 A105000 第 14 行第 2 列。

（3）表 A105050 第 13 行第 5 列，若≥0，填入表 A105000 第 14 行第 3 列；若＜0，将其绝对值填入表 A105000 第 14 行第 4 列。

6.5.2 工资薪金支出的填报和审核

6.5.2.1 填报说明

《职工薪酬纳税调整明细表》（A105050）第 1 行"一、工资薪金支出"：第 1 列"账载金额"，填报纳税人会计核算计入成本费用的职工工资、奖金、津贴和补贴金额；第 4 列"税收金额"，填报按照税法规定允许税前扣除的金额；第 5 列"纳税调整金额"，为第 1—4 列的余额。

第 2 行"其中：股权激励"：第 1 列"账载金额"填报纳税人按照国家有关规定建立职工股权激励计划，会计核算计入成本费用的金额；第 4 列"税收金额"填报行权时按照税法规定允许税前扣除的金额；第 5 列"纳税调整金额"为第 1—4 列的余额。

一、第 1 列"账载金额"

《职工薪酬纳税调整明细表》（A105050）第 1 至 2 行第 1 列"账载金额"的填报数据来源为"生产成本"、"制造费用"、"销售（营业）费用"、"管理费用"、"在建工程"、"业务及管理费"等成本费用科目的二级明细科目记录的会计数据。注意：应根据成本费用本年度累计发生额累计汇总后，再进行填报。

二、第 4 列"税收金额"

（一）税收数据来源。

《职工薪酬纳税调整明细表》（A105050）第 1 至 2 行第 4 列"税收金额"，工效挂钩企业需按当年实际发放的职工薪酬中应计入当年的部分予以填报，对非工效挂钩企业而言即为账载金额。

（二）税收数据审核注意事项。

1. 《企业所得税法》强调工资支出的合理性原则。对于不合理的支出，应当进行纳税调整，但调整时应取得相关的证据材料。如对于国有控股等垄断企业的管理者、雇员利用垄断地位；或私人控股企业股东以及在企业任职直系亲属，利用工资与股息分配存在税负差别，而支出的不合理工资，应当进行纳税调整。审核时应考虑与行业（或该企业）的合理水平进行比较。

2. 注意对"实际发放"的理解，"发放"包括以货币资金形式直接支出方式的发放，还包括以转账方式间接发放。转账方式是指企业按照工资单确认，对职工个人的应付债务应计入"其他应付款"科目，并按规定交纳个人所得税。

3. 考虑与个人所得税的对应关系，应将企业所得税税前扣除的工资薪金支出，与个人所得税的计税基数进行比对。

4. "其中：股权激励"的"税收金额"，应是按《国家税务总局关于我国居民企业实行股权激励计划有关企业所得税处理问题的公告》（国家税务总局公告 2012 年第 18 号）的规定，按实际行权时的公允价格与当年激励对象实际行权支付价格的差额及数量，计算确定的金额。

三、第 5 列"纳税调整金额"

《职工薪酬纳税调整明细表》（A105050）第 1 至 2 行第 5 列"纳税调整金额"为表内计算栏次，等于第 1 列"账载金额"减去第 4 列"税收金额"的差额。

6.5.2.2 填报注意事项

1. 要求取得工资薪金制度、行业及地区平均水平、政府有关部门对国有企业的限定标准、工资调整情况等证据资料，按税法规定评价工资薪金支出的合理性，确认不合理的工资薪金支出金额。

2. 要求取得个人所得税扣缴凭证，确认工资薪金支出个人所得税的代扣代缴情况。

3. 发生、发放工资薪金，未按国家统一会计制度进行核算的，应作为会计差错处理。

4. 按税法规定的工资薪金支出范围，确认工资薪金支出"税收金额"。

5. 审核有无将外部人员劳务费作为工资薪金支出的情况，有无将属于福利费性质的补贴计入工资核算的情况。

6.5.3　职工福利费支出的填报和审核

6.5.3.1　填报说明

《职工薪酬纳税调整明细表》（A105050）第 3 行"二、职工福利费支出"：第 1 列"账载金额"，填报纳税人会计核算计入成本费用的职工福利费的金额；第 2 列"税收规定扣除率"，填报税法规定的扣除比例（14％）；第 4 列"税收金额"，填报按照税法规定允许税前扣除的金额，按第 1 行第 4 列"工资薪金支出—税收金额"×14％与本表第 3 行第 1 列的孰小值填报；第 5 列"纳税调整金额"，为第 1—4 列的余额。

一、第 1 列"账载金额"

《职工薪酬纳税调整明细表》（A105050）第 3 行第 1 列"账载金额"的填报数据来源为"生产成本"、"制造费用"、"销售（营业）费用"、"管理费用"、"在建工程"、"业务及管理费"等成本费用科目的二级明细科目记录的会计数据。注意：应根据成本费用本年度累计发生额累计汇总后，再进行填报。

二、第 2 列"税收规定扣除率"

《职工薪酬纳税调整明细表》（A105050）第 3 行第 2 列"税收规定扣除率"：填报税法规定的扣除比例（14％）。

三、第 4 列"税收金额"

（一）税收数据来源。

《职工薪酬纳税调整明细表》（A105050）第 3 行第 4 列"税收金额"：填报税收规定允许扣除的职工福利费，金额小于等于第 1 行"工资薪金支出"第 2 列"税收金额"×14％。

（二）审核注意事项。

1. 是否存在"职工福利费支出"支出不按规定记账的问题，即实际发生的职工福利费支出不计入有关应付款账户，而是计入成本、费用账户。应注意企业有无提取职工福利费后，发生职工福利的支出时，又重复计入成本费用账户的问题。

2. 是否存在超比例计提的问题。有无不按规定提取比例计提职工福利费。

3. 不合理工资支出不能作为计提基数。对于经有关方面检查认定，不具有合理性的工资，不得作为计提"三费"的基数，已经计提的部分，必须按规定进行纳税调整。

4. 2007 年底结余职工福利费的使用方法，按《国家税务总局关于做好 2007 年度企业所得税汇算清缴工作的补充通知》（国税函〔2008〕264 号）执行。该文件规定："2008 年及以后年度发生的职工福利费，应先冲减以前年度累计计提但尚未实际使用的职工福利费余额，不足部分按新企业所得税法规定扣除。企业以前年度累计计提但尚未实际使用的职工福利费余额已在税前扣除，属于职工权益，如果改变用途的，应调整增加应纳税所得额。"

四、第 5 列"纳税调整金额"

第 5 列"纳税调整金额"属于表内计算栏次，为本行第 1 列"账载金额"减去第 4 列"税收金额"的差额。

6.5.3.2　填报注意事项

1. 要求按税法规定确定职工福利费列支的内容及核算方法。

2. 未通过"应付福利费"或"应付职工薪酬"科目核算的福利费支出，应作为会计差错处理。

3. 不属于职工福利费支出内容或未按规定进行核算的，应归集有关资料，作为纳税调整的证据。

4. 要求根据税法规定的扣除标准，确认职工福利费支出的税收金额。

5. 对工资薪金发生纳税调整的，应相应调整职工福利费的计算基数。

6.5.4 职工教育经费支出的填报和审核

6.5.4.1 填报说明

《职工薪酬纳税调整明细表》（A105050）第 4 行"三、职工教育经费支出"：根据第 5 行或者第 5＋6 行之和填报。

第 5 行"其中：按税收规定比例扣除的职工教育经费"：适用于按照税法规定职工教育经费按比例在税前扣除的纳税人填报。第 1 列"账载金额"，填报纳税人会计核算计入成本费用的金额，不包括第 6 行可全额扣除的职工培训费用金额；第 2 列"税收规定扣除率"，填报税法规定的扣除比例；第 3 列"以前年度累计结转扣除额"，填报以前年度累计结转准予扣除的职工教育经费支出余额；第 4 列"税收金额"，填报按照税法规定允许税前扣除的金额，按第 1 行第 4 列"工资薪金支出－税收金额"×扣除比例与本行第 1＋3 列之和的孰小值填报；第 5 列"纳税调整金额"，为第 1－4 列的余额；第 6 列"累计结转以后年度扣除额"，为第 1＋3－4 列的金额。

第 6 行"其中：按税收规定全额扣除的职工培训费用"：适用于按照税法规定职工培训费用允许全额税前扣除的纳税人填报。第 1 列"账载金额"，填报纳税人会计核算计入成本费用，且按税法规定允许全额扣除的职工培训费用金额；第 2 列"税收规定扣除率"，填报税法规定的扣除比例（100％）；第 4 列"税收金额"，填报按照税法规定允许税前扣除的金额；第 5 列"纳税调整金额"，为第 1－4 列的余额。

一、第 1 列"账载金额"

《职工薪酬纳税调整明细表》（A105050）第 4 行至第 6 行第 1 列"账载金额"的填报数据来源为"销售（营业）费用"、"管理费用"、"业务及管理费"等成本费用科目的二级明细科目记录的会计数据。注意：应根据成本费用本年度累计发生额累计汇总后，再进行填报。

在填报时，应区分不同的企业性质进行填写：

软件生产企业、动漫企业、集成电路企业发生的职工培训费用以外的职工教育经费和一般企业发生的职工教育经费填入第 5 行"其中：按税收规定比例扣除的职工教育经费"。

软件生产企业、动漫企业、集成电路企业发生的职工培训费用，填入第 6 行"其中：按税收规定全额扣除的职工培训费用"。

二、第 2 列"税收规定扣除率"

《职工薪酬纳税调整明细表》（A105050）第 5 行第 2 列"税收规定扣除率"：填报税法规定的扣除比例，一般企业填写 2.5％；技术先进型服务企业、中关村等试点地区的高新技术企业填写 8％。

第 6 行第 2 列"税收规定扣除率"：填报税法规定的扣除比例（100％）；

三、第 3 列"以前年度累计结转扣除额"

《职工薪酬纳税调整明细表》（A105050）第 5 行第 3 列"以前年度累计结转扣除额"：填报以前年度累计结转准予扣除的职工教育经费支出余额，数据来源为上一年度《职工薪酬纳税调整明细表》（A105050）中第 4 行或第 4 行第 6 列的数据。

四、第 4 列"税收金额"

《职工薪酬纳税调整明细表》（A105050）第 4 列"税收金额"：填报税法规定允许扣除

的职工教育经费。

第 4 行第 4 列 "税收金额" 为第 5 行和第 6 行第 4 列 "税收金额" 合计数。

第 5 行第 4 列 "税收金额" 按第 1 行第 4 列 "工资薪金支出－税收金额" ×本行第 2 列 "税收规定扣除率"，与本行第 1 列 "账载金额" 加第 3 列 "以前年度累计结转扣除额" 之和的孰小值填报。

第 6 行第 4 列 "税收金额" 等于本行第 1 列 "账载金额"。

五、第 5 列 "纳税调整金额"

《职工薪酬纳税调整明细表》（A105050）第 5 列 "纳税调整金额" 为本行第 1 列 "账载金额" 减去第 4 列 "税收金额" 的余额。

六、第 6 列 "累计结转以后年度扣除额"

《职工薪酬纳税调整明细表》（A105050）第 6 列 "累计结转以后年度扣除额" 为本行第 1 列 "账载金额" 加上第 3 列 "以前年度累计结转扣除额" 减去第 4 列 "税收金额" 后的余额。

6.5.4.2 填报注意事项

1. 是否存在职工教育经费支出不按规定记账的问题，即实际发生的职工教育经费支出不计入有关应付款账户，而是计入成本、费用账户。应注意企业有无提取教育经费后，发生教育方面的支出时，又重复计入成本费用账户的问题。

2. 是否存在比例计提的问题。有无不按规定提取比例计提职工教育经费。

3. 不合理工资支出不能作为计提基数。对于经有关方面检查认定，不具有合理性的工资，不得作为计提 "职工教育经费支出" 的基数，已经计提的部分，必须按规定进行纳税调整。

4. 2007 年底结余职工教育经费的使用方法。2008 年发生的职工教育经费，应先冲减以前年度累计计提但尚未实际使用的教育经费余额，然后与税收金额进行比较，看是否超过 2.5%，再进行纳税调整。如还有尚未实际使用的教育经费余额，不得结转以后年度。

6.5.5 工会经费支出的填报和审核

6.5.5.1 填报说明

《职工薪酬纳税调整明细表》（A105050）第 7 行 "四、工会经费支出"：第 1 列 "账载金额"，填报纳税人会计核算计入成本费用的工会经费支出金额；第 2 列 "税收规定扣除率"，填报税法规定的扣除比例（2%）；第 4 列 "税收金额"，填报按照税法规定允许税前扣除的金额，按第 1 行第 4 列 "工资薪金支出－税收金额" ×2%与本行第 1 列的孰小值填报；第 5 列 "纳税调整金额"，为第 1—4 列的余额。

一、第 1 列 "账载金额"

《职工薪酬纳税调整明细表》（A105050）第 7 行第 1 列 "账载金额" 的填报数据来源为 "销售（营业）费用"、"管理费用"、"业务及管理费" 等成本费用科目的二级明细科目记录的会计数据。注意：应根据成本费用本年度累计发生额累计汇总后，再进行填报。

二、第 2 列 "税收规定扣除率"

《职工薪酬纳税调整明细表》（A105050）第 7 行第 2 列 "税收规定扣除率"：填报税法规定的扣除比例 2%。

三、第 4 列 "税收金额"

（一）税收数据来源。

《职工薪酬纳税调整明细表》（A105050）第 7 行第 4 列 "税收金额"：填报税法规定允许扣除的职工福利费，金额小于等于第 1 行 "工资薪金支出" 第 2 列 "税收金额" ×2%。

（二）审核注意事项。

1. 是否存在"职工福利费支出"支出不按规定记账的问题，即实际发生的"职工福利费支出"不计入有关应付款账户，而是计入成本、费用账户。应注意企业有无提取职工福利费后，发生职工福利的支出时，又重复计入成本费用账户的问题。

2. 是否存在超比例计提的问题。有无不按规定提取比例计提职工福利费。

3. 不合理工资支出不能作为计提基数。对于经有关方面检查认定，不具有合理性的工资，不得作为计提"三费"的基数，已经计提的部分，必须按规定进行纳税调整。

4. 2007 年底结余职工福利费的使用方法，按《国家税务总局关于做好 2007 年度企业所得税汇算清缴工作的补充通知》执行。

5. 第 4 列"税收金额"应报按照税法规定允许税前扣除的金额，按第 1 行第 4 列"工资薪金支出－税收金额"×2% 与本行第 1 列的孰小值填报。

四、第 5 列"纳税调整金额"

《职工薪酬纳税调整明细表》（A105050）第 7 行第 5 列"纳税调整金额"为表内计算栏次，等于本行第 1 列"账载金额"减去第 4 列"税收金额"的差额。

6.5.5.2 审核注意事项

1. 是否存在工会经费支出不按规定记账的问题，即实际发生的"工会经费"不计入有关应付款账户，而是计入成本、费用账户。应注意企业有无提取工会经费后，发生工会活动的支出时，又重复计入成本费用账户的问题。

2. 是否存在超比例计提的问题。有无不按规定提取比例计提工会经费。

3. 不合理工资支出能作为计提基数。对于经有关方面检查认定，不具有合理性的工资，不得作为计提"工会经费"的基数，已经计提的部分，必须按规定进行纳税调整。

4. 注意审核"工会经费"扣除凭证。《企业所得税法》的有关文件虽然还没有对此作业明确的规定，但就实际征管情况来看，依据凭证扣除这个原则还是应该坚持的。

6.5.6 各类基本社会保障性缴款的填报和审核

6.5.6.1 填报说明

《职工薪酬纳税调整明细表》（A105050）第 8 行"五、各类基本社会保障性缴款"：第 1 列"账载金额"，填报纳税人会计核算的各类基本社会保障性缴款的金额；第 4 列"税收金额"，填报按照税法规定允许税前扣除的各类基本社会保障性缴款的金额；第 5 列"纳税调整金额"，为第 1－4 列的余额。

一、第 1 列"账载金额"

《职工薪酬纳税调整明细表》（A105050）第 8 行第 1 列"账载金额"的填报数据来源为"管理费用"、"营业费用"、"业务及管理费"或其他成本费用科目的二级明细科目记录的各类基本社会保障性缴款的会计数据。注意：应根据成本费用本年度累计发生额累计汇总后，再进行填报。

二、第 4 列"税收金额"

《职工薪酬纳税调整明细表》（A105050）第 8 行第 4 列"税收金额"：填报按照税法规定允许税前扣除的各类基本社会保障性缴款的金额。

三、第 5 列"纳税调整金额"的填报

《职工薪酬纳税调整明细表》（A105050）第 8 行第 5 列"纳税调整金额"为表内计算栏次，等于本行第 1 列"账载金额"减去第 4 列"税收金额"的差额。

6.5.6.2 填报注意事项

上述填报要求所述"填报按税法规定允许扣除的金额"，实际就是根据各省、自治区、

直辖市的社保机构公布的基本社会保障性缴款缴存比例，计算出的上缴各类基本社会保障性缴款的金额。要求实际缴纳并取得缴款凭证。

6.5.7 住房公积金的填报和审核

6.5.7.1 填报说明

《职工薪酬纳税调整明细表》（A105050）第 9 行"六、住房公积金"：第 1 列"账载金额"，填报纳税人会计核算的住房公积金金额；第 4 列"税收金额"，填报按照税法规定允许税前扣除的住房公积金金额；第 5 列"纳税调整金额"，为第 1—4 列的余额。

一、第 1 列"账载金额"

《职工薪酬纳税调整明细表》（A105050）第 9 行第 1 列"账载金额"的填报数据来源为"管理费用"或其他成本费用科目的二级明细科目记录的住房公积金支出的会计数据。注意：应根据住房公积金支出本年度累计发生额汇总后，再进行填报。

二、第 4 列"税收金额"

《职工薪酬纳税调整明细表》（A105050）第 9 行第 4 列"税收金额"：填报按照税法规定允许税前扣除的住房公积金金额。

三、第 5 列"纳税调整金额"

《职工薪酬纳税调整明细表》（A105050）第 9 行第 5 列"纳税调整金额"为表内计算栏次，等于本行第 1 列"账载金额"减去第 4 列"税收金额"的差额。

6.5.7.2 填报注意事项

上述填报要求所述"填报按税收规定允许税前扣除的住房公积金"，实际就是根据各省、自治区、直辖市公布的住房公积金缴存比例，计算出的上缴住房公积金管理中心的金额。要求实际缴纳并取得缴款凭证。

6.5.8 补充养老保险的填报和审核

6.5.8.1 填报说明

《职工薪酬纳税调整明细表》（A105050）第 10 行"七、补充养老保险"：第 1 列"账载金额"，填报纳税人会计核算的补充养老保险金额；第 4 列"税收金额"，填报按照税法规定允许税前扣除的补充养老保险的金额，按第 1 行第 4 列"工资薪金支出－税收金额"×5％与本行第 1 列的孰小值填报；第 5 列"纳税调整金额"，为第 1—4 列的余额。

一、第 1 列"账载金额"

《职工薪酬纳税调整明细表》（A105050）第 10 行第 1 列"账载金额"的填报数据来源为"管理费用"、"营业费用"、"业务及管理费"或其他成本费用科目的二级明细科目记录的补充养老保险的会计数据。注意：应根据成本费用本年度累计发生额累计汇总后，再进行填报。

二、第 4 列"税收金额"

《职工薪酬纳税调整明细表》（A105050）第 10 行第 4 列"税收金额"：填报按照税法规定允许税前扣除的补充养老保险的金额，按第 1 行第 4 列"工资薪金支出－税收金额"×5％与本行第 1 列的孰小值填报。

在确认补充养老保险的税收金额时，应注意允许扣除的条件是：为本企业任职或者受雇的全体员工支付；如为只为个别员工支付，则补充养老保险不符合税法规定的允许扣除条件。

三、第 5 列"纳税调整金额"

《职工薪酬纳税调整明细表》（A105050）第 10 行第 5 列"纳税调整金额"为表内计算

栏次，等于本行第 1 列"账载金额"减去第 4 列"税收金额"的差额。

6.5.8.2　填报注意事项

1. 企业年金，是指企业及其职工在依法参加基本养老保险的基础上自愿建立的补充养老保险制度。审核时应注意，职工可以提取或转移企业年金基金的条件，仅限于退休、变动工作单位、死亡等三种情况，对于限定条件之外的其他原因提取或转移企业年金，应做纳税调整增加处理。

2. 根据《企业年金基金管理试行办法》的规定，在以下几种情况下，职工可以提取或转移企业年金基金：

（1）职工在达到国家规定的退休年龄时，可以从本人企业年金个人账户中一次或定期领取企业年金。职工未达到国家规定的退休年龄的，不得从个人账户中提前提取资金。出境定居人员的企业年金个人账户资金，可根据本人要求一次性支付给本人。

（2）职工变动工作单位时，企业年金个人账户资金可以随同转移。职工升学、参军、失业期间或新就业单位没有实行企业年金制度的，其年金个人账户可由原管理机构继续管理。

（3）职工或退休人员死亡后，其企业年金个人账户余额由其指定的受益人或法定继承人一次性领取。

6.5.9　补充医疗保险的填报和审核

6.5.9.1　填报说明

《职工薪酬纳税调整明细表》（A105050）第 11 行"八、补充医疗保险"：第 1 列"账载金额"，填报纳税人会计核算的补充医疗保险金额；第 4 列"税收金额"，填报按照税法规定允许税前扣除的金额，按第 1 行第 4 列"工资薪金支出－税收金额"×5％与本行第 1 列的孰小值填报；第 5 列"纳税调整金额"，为第 1—4 列的余额。

一、第 1 列"账载金额"

《职工薪酬纳税调整明细表》（A105050）第 11 行第 1 列"账载金额"的填报数据来源为"管理费用"、"营业费用"、"业务及管理费"或其他成本费用科目的二级明细科目记录的补充医疗保险的会计数据。注意：应根据成本费用本年度累计发生额累计汇总后，再进行填报。

二、第 4 列"税收金额"

《职工薪酬纳税调整明细表》（A105050）第 11 行第 4 列"税收金额"：填报按照税法规定允许税前扣除的补充医疗保险的金额，按第 1 行第 4 列"工资薪金支出－税收金额"×5％与本行第 1 列的孰小值填报。

在确认补充医疗保险的税收金额时，应注意允许扣除的条件是：为本企业任职或者受雇的全体员工支付；如为只为个别员工支付，则补充养老保险不符合税法规定的允许扣除条件。

三、第 5 列"纳税调整金额"

《职工薪酬纳税调整明细表》（A105050）第 11 行第 5 列"纳税调整金额"属于表内计算栏次，为本行第 1 列"账载金额"减去第 4 列"税收金额"的差额。

6.5.9.2　填报注意事项

1. 对工资薪金发生纳税调整的，应相应调整补充养老保险、补充医疗保险的计算基数。

2. 未代扣代缴个人所得税的补充养老保险、补充医疗保险，不得在税前扣除。企业年金的企业缴费计入个人账户的部分是个人因任职或受雇而取得的所得，属于个人所得税应税收入，在计入个人账户时，应视为个人一个月的工资、薪金（不与正常工资、薪金合并），不扣除任何费用，按照"工资、薪金所得"项目计算当期应纳个人所得税款，并由企业在缴费时代扣代缴。

3. 要求取得企业补充医疗保险具体管理办法的文件、年度预算方案的职工（代表）大会审议文件或股东大会和董事会审议文件。

4. 根据国家规定的范围、标准和实际缴纳情况，审核确认补充养老保险、补充医疗保险的税收金额。

6.5.10 其他职工薪酬的填报和审核

《职工薪酬纳税调整明细表》（A105050）第 12 行"九、其他"：填报其他职工薪酬支出会计处理、税法规定情况及纳税调整金额。

6.5.11 填报案例

一、案例基本情况
甲企业 2015 年度期间费用情况如下：

1. 销售费用 1 988 618.03 元，其中：工资 1 291 000.00 元，职工福利费 179 750.64 元。

2. 管理费用 5 579 596.55 元，其中：工资 1 300 294.73 元，职工福利费 182 046.57 元，职工教育经费 64 782.37 元。

3. 审核时发现办公费等费用中列支属于福利费性质支出 65 000.00 元。

4. 本年计提工资 2 591 294.73 元，在 2015 年 1 月全部发放。

5. 本年计提 2.5% 职工教育经费 64 782.37 元，实际使用 43 900.00 元。

6. 管理费用 5 579 596.55 元，其中：职工社保 226 393.90 元（其中：其中：基本养老保险 71 000 元，失业保险 21 000 元，基本医疗保险 92 000 元，基本生育保险 22 000 元，工伤保险 20 393.90 元）

二、填报情况
具体填报情况见表 6-3。

表 6-3

行次	项目	账载金额	税收规定扣除率	以前年度累计结转扣除额	税收金额	纳税调整金额	累计结转以后年度扣除额
		1	2	3	4	5（1-4）	6(1+3-4)
1	一、工资薪金支出	2 591 294.73	*	*	2 591 294.73	—	*
2	其中：股权激励		*	*		—	*
3	二、职工福利费支出	426 797.21	14%	*	362 781.26	64 015.95	*
4	三、职工教育经费支出	64 782.37	*	—	43 900.00	20 882.37	20 882.37
5	其中：按税收规定比例扣除的职工教育经费	64 782.37	0.025		43 900.00	20 882.37	20 882.37
6	按税收规定全额扣除的职工培训费用		*			—	*
7	四、工会经费支出	—	2%				

续表

行次	项目	账载金额	税收规定扣除率	以前年度累计结转扣除额	税收金额	纳税调整金额	累计结转以后年度扣除额
		1	2	3	4	5（1-4）	6(1+3-4)
8	五、各类基本社会保障性缴款	226 393.90	＊	＊	226 393.90	—	＊
9	六、住房公积金	—	＊	＊	—	—	＊
10	七、补充养老保险		5%	＊		—	＊
11	八、补充医疗保险	—	5%	＊		—	＊
12	九、其他		＊			—	—
13	合计（1+3+4+7+8+9+10+11+12）	3 309 268.21	＊	—	3 224 369.89	84 898.32	20 882.37

6.6 《广告费和业务宣传费跨年度纳税调整明细表》（A105060）的填报和审核

6.6.1 《广告费和业务宣传费跨年度纳税调整明细表》概述

6.6.1.1 适用范围、填报依据

《广告费和业务宣传费跨年度纳税调整明细表》（A105060）适用于发生广告费和业务宣传费纳税调整项目的纳税人填报。

纳税人根据税法、《财政部 国家税务总局关于广告费和业务宣传费支出税前扣除政策的通知》（财税〔2012〕48号）等相关规定，以及国家统一企业会计制度，填报广告费和业务宣传费会计处理、税法规定，以及跨年度纳税调整情况。

6.6.1.2 表内、表间关系

（一）表内关系。

（1）表A105060第3行＝第1-2行。

（2）表A105060第6行＝第4×5行。

（3）表A105060若第3＞6行，第7行＝第3-6行；若第3行≤第6行，第7行＝0。

（4）表A105060若第3＞6行，第9行＝0；若第3≤6行，第9行＝第8行或第6-3行的孰小值。

（5）表A105060若第3＞6行，第12行＝2+3-6+10-11行；若第3行≤第6行，第12行＝第2-9+10-11行。

（6）表A105060第13行＝第7+8-9行。

（二）表间关系。

表A105060第12行，若≥0，填入表A105000第16行第3列；若＜0，将绝对值填入表A105000第16行第4列。

6.6.1.3 填报注意事项

（1）审查"销售费用"、"营业费用"、"管理费用"、"业务及管理费用"等账户中有无广告、业务宣传等费用支出，如有应抽调相应记账凭证，核对原始凭证，看是否符合税法规定的申报扣除条件。

（2）以企业销售（营业）收入乘以适用比例计算出准予列支的最高限额，对照实际支出总额，将超支部分调增应纳税所得额。

（3）注意特殊行业广告费的列支标准。

（4）注意审核计提基数是否符合税法规定。

6.6.2 填报和审核

6.6.2.1 第 1 行"一、本年广告费和业务宣传费支出"

一、填报说明

《广告费和业务宣传费跨年度纳税调整明细表》（A105060）第 1 行"一、本年广告费和业务宣传费支出"：填报纳税人会计核算计入本年损益的广告费和业务宣传费用金额。

二、填报数据来源

本行的填报数据来源为"营业（销售）费用"、"管理费用"、"业务及管理费"科目的二级明细科目记录的费用支出。注意：应根据本年度二级明细科目记录的费用累计发生额累计汇总后，再进行填报。

该行数据不包括按照分摊协议从其他关联方归集至本企业的广告费和业务宣传费。

6.6.2.2 第 2 行"减：不允许扣除的广告费和业务宣传费支出"

一、填报说明

《广告费和业务宣传费跨年度纳税调整明细表》（A105060）第 2 行"减：不允许扣除的广告费和业务宣传费支出"：填报税法规定不允许扣除的广告费和业务宣传费支出金额。

二、填报数据来源

本行的填报数据来源为：根据广告法规定的禁止性行为，产生的广告费和业务宣传费支出；未取得税法规定的合法有效扣除凭证的广告费和业务宣传费支出。

《中华人民共和国广告法》第十六条规定，麻醉药品、精神药品、毒性药品、放射性药品等特殊药品，不得做广告。

第十八条规定，禁止利用广播、电影、电视、报纸、期刊发布烟草广告。禁止在各类等候室、影剧院、会议厅堂、体育比赛场馆等公共场所设置烟草广告。

第十九条规定，食品、酒类、化妆品广告的内容必须符合卫生许可的事项，并不得使用医疗用语或者易与药品混淆的用语。

6.6.2.3 第 3 行"二、本年符合条件的广告费和业务宣传费支出"

一、填报说明

《广告费和业务宣传费跨年度纳税调整明细表》（A105060）第 3 行"二、本年符合条件的广告费和业务宣传费支出"：填报第 1—2 行的金额。

二、填报数据来源

本行为表内计算栏次，根据下列公式计算得出填报数据：

第 3 行"本年度符合条件的广告费和业务宣传费支出"＝第 1 行"本年度广告费和业务宣传费支出"－第 2 行"不允许扣除的广告费和业务宣传费支出"

6.6.2.4 第 4 行"三、本年计算广告费和业务宣传费扣除限额的销售（营业）收入"

一、填报说明

《广告费和业务宣传费跨年度纳税调整明细表》（A105060）第 4 行"三、本年计算广告费和业务宣传费扣除限额的销售（营业）收入"：填报按照税法规定计算广告费和业务宣传费扣除限额的当年销售（营业）收入。

二、填报数据来源

本行应根据不同的企业类型，进行分析填报：

1. 一般企业填报：《一般企业收入明细表》（A101020）第1行"一、营业收入"＋《视同销售和房地产开发企业特定业务纳税调整明细表》（A105010）第1行"一、视同销售（营业）收入"。

2. 金融企业填报：《金融企业收入明细表》（A101020）第1行"一、营业收入"＋《视同销售和房地产开发企业特定业务纳税调整明细表》（A105010）第1行"一、视同销售（营业）收入"。

3. 事业单位和民间非营利组织填报：《事业单位、民间非营利组织收入、支出明细表》（A103000）第6行"（五）经营收入"＋《视同销售和房地产开发企业特定业务纳税调整明细表》（A105010）第1行"一、视同销售（营业）收入"。

4. 民间非营利组织填报：《事业单位、民间非营利组织收入、支出明细表》（A103000）第13行"（三）提供劳务收入"＋第14行"（四）商品销售收入"＋《视同销售和房地产开发企业特定业务纳税调整明细表》（A105010）第1行"一、视同销售（营业）收入"。

5. 房地产开发企业的填报：《一般企业收入明细表》（A101020）第1行"一、营业收入"＋《视同销售和房地产开发企业特定业务纳税调整明细表》（A105010）第1行"一、视同销售（营业）收入"＋第23行"1.销售未完工产品的收入"－第27行"1.销售未完工产品转完工产品确认的销售收入"。

6.6.2.5 第5行"税收规定扣除率"

一、填报说明

《广告费和业务宣传费跨年度纳税调整明细表》（A105060）第5行"税收规定扣除率"：填报税法规定的扣除比例。

二、填报数据来源

本行应根据不同的企业，填报不同的扣除率：一般企业按《企业所得税法实施条例》第四十四条的规定填报15％；化妆品制造与销售、医药制造和饮料制造（不含酒类制造）按《财政部 国家税务总局关于广告费和业务宣传费支出税前扣除政策的通知》（财税〔2012〕48号）的规定填报30％。

6.6.2.6 第6行"四、本企业计算的广告费和业务宣传费扣除限额"

一、填报说明

《广告费和业务宣传费跨年度纳税调整明细表》（A105060）第6行"四、本企业计算的广告费和业务宣传费扣除限额"：填报第4×5行的金额。

二、填报数据来源

本行为表内计算栏次，根据下列公式计算得出填报数据：

第6行"本年广告费和业务宣传费扣除限额"＝第4行"本年计算广告费和业务宣传费扣除限额的销售（营业）收入"×第5行"税收规定的扣除率"

6.6.2.7 第7行"五、本年结转以后年度扣除额"

一、填报说明

《广告费和业务宣传费跨年度纳税调整明细表》（A105060）第7行"五、本年结转以后年度扣除额"：若第3行＞第6行，填报第3－6行的金额；若第3行≤第6行，填0。

二、填报数据来源

本行为表内计算栏次，根据下列条件选择填报数据：

（1）当第3行"本年度符合条件的广告费和业务宣传费支出"＞第6行"本年广告费和业务宣传费扣除限额"时，第7行＝第3行－第6行。

（2）当第3行≤第6行时，第7行＝0。

6.6.2.8 第8行"加：以前年度累计结转扣除额"

一、填报说明

《广告费和业务宣传费跨年度纳税调整明细表》（A105060）第8行"加：以前年度累计结转扣除额"：填报以前年度允许税前扣除但超过扣除限额未扣除、结转扣除的广告费和业务宣传费的金额。

二、填报数据来源

本行的填报数据来源为：前一年度《广告费和业务宣传费跨年度纳税调整明细表》（A105060）第13行"累计结转以后年度扣除额"的金额。

6.6.2.9 第9行"减：本年扣除的以前年度结转额"

一、填报说明

《广告费和业务宣传费跨年度纳税调整明细表》（A105060）第9行"减：本年扣除的以前年度结转额"：若第3行＞第6行，填0；若第3行≤第6行，填报第6－3行或第8行的孰小值。

二、填报数据来源

本行为表内计算栏次，根据下列条件选择填报数据：

（一）当第3行≥第6行时，第9行＝0。

（二）当第3行＜第6行时：

（1）在第3行减第6行的差额≤第8行的情况下，差额直接填入第9行；

（2）在第3行减第6行的差额＞第8行的情况下，第9行＝第8行。

6.6.2.10 第10行"六、按照分摊协议归集至其他关联方的广告费和业务宣传费"

一、填报说明

《广告费和业务宣传费跨年度纳税调整明细表》（A105060）第10行"六、按照分摊协议归集至其他关联方的广告费和业务宣传费"：填报签订广告费和业务宣传费分摊协议（以下简称分摊协议）的关联企业的一方，按照分摊协议，将其发生的不超过当年销售（营业）收入税前扣除限额比例内的广告费和业务宣传费支出归集至其他关联方扣除的广告费和业务宣传费，本行应≤第3行或第6行的孰小值。

二、填报数据来源

本行的填报数据来源为：本企业按分摊协议的约定，将本年发生的不超过本企业当年销售（营业）收入税前扣除限额比例内的广告费和业务宣传费支出，即，第3行"二、本年符合条件的广告费和业务宣传费支出"或第6行"四、本企业计算的广告费和业务宣传费扣除限额"金额中孰小值，归集至其他关联方扣除的金额。

6.6.2.11 第11行"按照分摊协议从其他关联方归集至本企业的广告费和业务宣传费"

一、填报说明

《广告费和业务宣传费跨年度纳税调整明细表》（A105060）第11行"按照分摊协议从其他关联方归集至本企业的广告费和业务宣传费"：填报签订广告费和业务宣传费分摊协议（以下简称分摊协议）的关联企业的一方，按照分摊协议，从其他关联方归集至本企业的广告费和业务宣传费。

二、填报数据来源

本行的填报数据来源为：本企业按分摊协议的约定，从其他关联方归集至本企业的广告费和业务宣传费金额。

6.6.2.12 本年广告费和业务宣传费支出纳税调整金额

一、填报说明

《广告费和业务宣传费跨年度纳税调整明细表》（A105060）第12行"七、本年广告费和业务宣传费支出纳税调整金额"：若第3行＞第6行，填报第2＋3－6＋10－11行的金额；若第 3 行≤第 6 行，填报第 2＋10－11－9 行的金额。

二、填报数据来源

本行为表内计算栏次，分两种情况进行填报：

（1）第 3 行＞第 6 行，填报第 2＋3－6＋10－11 行的金额；

（2）第 3 行≤第 6 行，填报第 2＋10－11－9 行的金额。

6.6.2.13 第 13 行"八、累计结转以后年度扣除额"

一、填报说明

《广告费和业务宣传费跨年度纳税调整明细表》（A105060）第 13 行"八、累计结转以后年度扣除额"：填报第 7＋8－9 行的金额。

二、填报数据来源

本行为表内计算栏次，根据下列公式计算得出填报数据：

第 13 行"累计结转以后年度扣除额"＝第 7 行"本年结转以后年度扣除额"＋第 8 行"以前年度累计结转扣除额"－第 9 行"本年扣除的以前年度结转额"

6.6.3 填报案例

一、案例基本情况

A 企业、B 企业是甲集团公司的全资子公司，根据集团分摊协议，A 企业在 2015 年发生的广告费和业务宣传费的 30％归集至 B 企业扣除。假设 2015 年 A 企业销售收入为 1 500 万元，当年实际发生的广告费和业务宣传费以自产产品的形式对外支付，该批产品账面成本 400 万元，同类市场价格 500 万元（不含税）。B 企业销售收入为 5 000 万元，当年实际发生广告费和业务宣传费为 1 000 万元。A 企业 2014 年广告费超过扣除限额可结转以后年度扣除金额为 500 000 元。假设 A 企业当年无其他按税收政策规定应做视同销售处理的事项，用于广告支出的自产账面价值与计税基础相等。

二、会计处理

A 企业当年发生广告费和业务宣传费的会计处理如下：

借：销售费用——广告费	4 850 000
贷：库存商品	4 000 000
应交税费——应交增值税	850 000

三、填报分析

（一）视同销售事项调整。

依据《国家税务总局关于处置资产所得税处理问题的通知》（国税函〔2008〕828 号）第二条的规定，企业将资产用于广告的，因资产所有权属已发生改变而不属于内部处置资产，应按规定视同销售确认收入。因此，当企业以非货币资产用于广告，且未作收入处理时，应在《视同销售和房地产开发企业特定业务纳税调整明细表》（A105010）第 3 行"用于市场推广或销售视同销售收入"确认视同销售收入，在第 13 行"用于市场推广或销售视同销售成本"结转视同销售成本。同时在《纳税调整明细表》（A105000）第 29 行"其他"按照视同销售收入确认金额对广告支出扣除金额进行调整。

本例中，A 企业纳税申报时应在表 A105010 第 3 行确认视同销售收入 5 000 000 元，第 13 行结转视同销售成本 4 000 000 元。在表 A105000 第 29 行"其他"填写 1 000 000 元。

（二）扣除限额计算。

$$\begin{matrix} \text{A 企业当年销售} \\ \text{（营业收入）} \end{matrix} = \begin{matrix} \text{主表} \\ \text{第 1 行} \end{matrix} + \begin{matrix} \text{视同销售表} \\ \text{第 1 行} \end{matrix} + \begin{matrix} \text{视同销售表} \\ \text{第 23 行} \end{matrix} - \begin{matrix} \text{视同销售表} \\ \text{第 27 行} \end{matrix}$$

$$= 1\ 500 + 500 = 2\ 000 \text{（万元）}$$

A 企业当年广告费和业务宣传费支出扣除限额＝2 000×15％＝300（万元）

（三）广告费支出在关联企业之间的分摊。

根据《财政部 国家税务总局关于广告费和业务宣传费支出税前扣除政策的通知》（财税〔2012〕48 号）的规定，关联方转移到另一方扣除的广告费和业务宣传费，必须在按其销售收入的规定比例计算的限额内，且该转移费用与在本企业扣除的费用之和，不得超过按规定计算的限额。也就是说，A 企业可转移到 B 企业扣除的广告费和业务宣传费应为扣除限额的 30％，即 300×30％＝90（万元），而非 500×30％＝150（万元），在本企业扣除的广告费和业务宣传费为 300－90＝210（万元），本年结转以后年度扣除的广告费和业务宣传费为 500－300＝200（万元），而非 500－210＝290（万元）。

四、填报情况

具体填报情况见表 6-4。

表 6-4　　　　　　　　　　　**广告费和业务宣传费跨年度纳税调整明细表**

行次	项目	金额
1	一、本年广告费和业务宣传费支出	500.00
2	减：不允许扣除的广告费和业务宣传费支出	—
3	二、本年符合条件的广告费和业务宣传费支出（1－2）	500.00
4	三、本年计算广告费和业务宣传费扣除限额的销售（营业）收入	2 000.00
5	税收规定扣除率	15％
6	四、本企业计算的广告费和业务宣传费扣除限额（4×5）	300.00
7	五、本年结转以后年度扣除额（3＞6，本行＝3－6；3≤6，本行＝0）	200.00
8	加：以前年度累计结转扣除额	50.00
9	减：本年扣除的以前年度结转额〔3＞6，本行＝0；3≤6，本行＝8 或（6－3）孰小值〕	0.00
10	六、按照分摊协议归集至其他关联方的广告费和业务宣传费（10≤3 或 6 孰小值）	90.00
11	按照分摊协议从其他关联方归集至本企业的广告费和业务宣传费	
12	七、本年广告费和业务宣传费支出纳税调整金额（3＞6，本行＝2＋3－6＋10－11；3≤6，本行＝2＋10－11－9）	290.00
13	八、累计结转以后年度扣除额（7＋8－9）	250.00

6.7 《捐赠支出纳税调整明细表》（A105070）的填报和审核

6.7.1 《捐赠支出纳税调整明细表》概述

6.7.1.1 适用范围、填报依据

《捐赠支出纳税调整明细表》（A105070）适用于发生捐赠支出纳税调整项目的纳税人填报。

纳税人根据税法、《财政部 国家税务总局关于公益性捐赠税前扣除有关问题的通知》（财税〔2008〕160 号）等相关规定，以及国家统一企业会计制度，填报捐赠支出会计处理、税法规定，以及纳税调整情况。税法规定予以全额税前扣除的公益性捐赠不在本表填报。

6.7.1.2 报表结构说明

一、报表主体结构

本表按受赠单位分明细填报限额扣除的公益性捐赠和不允许扣除的非公益性捐赠。

二、表内、表间关系

（一）表内关系。

（1）表 105070 第 20 行第 5 列＝第 20 行第 2—4 列。

（2）表 105070 第 20 行第 7 列＝第 20 行第 5＋6 列。

（二）表间关系。

（1）表 105070 第 20 行第 2＋6 列＝表 A105000 第 17 行第 1 列。

（2）表 105070 第 20 行第 4 列＝表 A105000 第 17 行第 2 列。

（3）表 105070 第 20 行第 7 列＝表 A105000 第 17 行第 3 列。

6.7.1.3 填报注意事项

1. 全额税前扣除的公益性捐赠，不在《捐赠支出纳税调整明细表》及其他调整表中填报，直接在计算利润总额及应纳税所得额时予以扣除。

2. 注意区分公益救济性捐赠和非公益救济性捐赠。

3. 注意接受捐赠的非营利公益性社会团体和基金会是否符合下列税法规定的条件：

（1）依法登记，具有法人资格；

（2）以发展公益事业为宗旨，且不以营利为目的；

（3）全部资产及其增值为该法人所有；

（4）收益和营运结余主要用于符合该法人设立目的的事业；

（5）终止后的剩余财产不归属任何个人或者营利组织；

（6）不经营与其设立目的无关的业务；

（7）有健全的财务会计制度；

（8）捐赠者不以任何形式参与社会团体财产的分配；

（9）国务院财政、税务主管部门会同国务院民政部门等登记管理部门规定的其他条件。

4. 确认不存在接受捐赠的公益性社会团体不在公布的名单内，或虽在名单内但企业发生的公益性捐赠支出不属于名单所属年度的情况。

5. 审核选择的税前扣除金额是否正确。填表时，有两个金额可供选择，一是扣除限额，二是实际扣除额。选择方法是，"实际"小于等于"限额"，按"实际"；"实际"大于"限额"，按"限额"。

6. 注意公益性捐赠的税前扣除凭证的取得。纳税人应提供省级以上（含省级）财政部门印制，并加盖接受捐赠单位印章的公益性捐赠票据，或加盖接受捐赠单位印章的《非税收入一般缴款书》收据联，方可按规定进行税前扣除。

6.7.2 填报和审核

6.7.2.1 第 1 列"受赠单位名称"

一、填报说明

《捐赠支出纳税调整明细表》（A105070）第 1 列"受赠单位名称"：填报捐赠支出的具体受赠单位，按受赠单位进行明细填报。

二、填报数据来源

填报捐赠支出的具体受赠单位，按受赠单位进行明细填报。如果受赠单位存在重复情况，可以合并填列。

6.7.2.2 第 2 列 "公益性捐赠——账载金额"

一、填报说明

《捐赠支出纳税调整明细表》（A105070）第 2 列 "公益性捐赠——账载金额"：填报纳税人会计核算计入本年损益的公益性捐赠支出金额。

二、填报数据来源

本列的填报数据来源为 "营业外支出" 或其他成本费用科目的二级明细科目记录的捐赠支出的会计数据。注意：应根据成本费用本年度累计发生额累计汇总后，再进行填报。

纳税人《一般企业成本支出明细表》（A102010）、《金融企业支出明细表》（A102020）中 "营业外支出"——"捐赠支出" 项目填写的金额应≥本表中第 20 行第 1 列 "公益性捐赠——账载金额" 和第 6 列 "非公益性捐赠——账载金额" 之和。

6.7.2.3 第 3 列 "公益性捐赠——按税收规定计算的扣除限额"

《捐赠支出纳税调整明细表》（A105070）第 3 列 "公益性捐赠——按税收规定计算的扣除限额"：填报年度利润总额×12%。

6.7.2.4 第 4 列 "公益性捐赠——税收金额"

一、填报说明

《捐赠支出纳税调整明细表》（A105070）第 4 列 "公益性捐赠——税收金额"：填报税法规定允许税前扣除的公益性捐赠支出金额，不得超过当年利润总额的 12%，按第 2 列与第 3 列孰小值填报。

二、填报数据来源

本列是在企业实际发生捐赠支出金额与扣除限额之间选择孰小值填报。

6.7.2.5 第 5 列 "公益性捐赠——纳税调整金额"

《捐赠支出纳税调整明细表》（A105070）第 5 列 "公益性捐赠——纳税调整金额"：填报第 2—4 列的金额。

6.7.2.6 第 6 列 "非公益性捐赠——账载金额"

一、填报说明

《捐赠支出纳税调整明细表》（A105070）第 6 列 "非公益性捐赠——账载金额"：填报会计核算计入本年损益的税法规定公益性捐赠以外其他捐赠金额。

二、填报数据来源

本列的填报数据来源为 "营业外支出" 或其他成本费用科目的二级明细科目记录的捐赠支出的会计数据。注意：应根据成本费用本年度累计发生额累计汇总后，再进行填报。

纳税人《一般企业成本支出明细表》（A102010）、《金融企业支出明细表》（A102020）中 "营业外支出"——"捐赠支出" 项目填写的金额应≥本表中第 20 行第 1 列 "公益性捐赠——账载金额" 和第 6 列 "非公益性捐赠——账载金额" 之和。

6.7.2.7 第 7 列 "纳税调整金额"

《捐赠支出纳税调整明细表》（A105070）第 7 列 "纳税调整金额"：填报第 5＋6 列的金额。

6.7.3 填报案例

一、案例基本情况

A 公司为工业企业，取得增值税一般纳税人资格，适用税率为 17%，会计核算制度执行《企业会计准则》。2015 年 10 月，A 公司将生产的 200 台空调通过公益性组织捐赠给贫困地区的小学，并取得公益性捐赠票据，每台空调生产成本 1 万元，市场价格 2 万元。该公司当年实现会计利润 1 000 万元。

1. 会计处理。

A 公司对外捐赠空调，根据《中华人民共和国增值税暂行条例实施细则》的规定，企业将自产、委托加工或者购进的货物无偿赠送其他单位或者个人，应视同销售货物行为征收增值税＝2×200×17％＝68（万元）。

在会计核算时，由于对外捐赠而引起企业相关资产的流出事项并不符合销售收入确认的条件，企业不会因为捐赠而增加现金流量，也不会增加企业的利润，因此不作为销售进行处理。

借：营业外支出 268
　贷：库存商品 200
　　　应交税费——应交增值税（销项税额） 68

2. 所得税处理。

（1）视同销售。根据《企业所得税法》等有关规定，企业将资产用于对外捐赠，因资产所有权属已发生改变而不属于内部处置资产，应按规定视同销售确定收入。属于企业自制的资产，应按企业同类资产同期对外销售价格确定销售收入；属于外购的资产，可按购入时的价格确定销售收入。本例中，A 公司捐赠空调应确认商品销售收入 400 万元、销售成本 200 万元，应调增应纳税所得额 200 万元。

（2）公益性捐赠支出。公益性捐赠限额＝1 000×12％＝120（万元），实际发生捐赠支出 268 万元，应调增应纳税所得额＝268－120＝148（万元）。

二、填报情况

具体填报情况见表 6-5。

表 6-5　　　　　　　　　　　捐赠支出纳税调整明细表

行次	受赠单位名称	公益性捐赠				非公益性捐赠	纳税调整金额
		账载金额	按税收规定计算的扣除限额	税收金额	纳税调整金额	账载金额	
	1	2	3	4	5（2－4）	6	7（5＋6）
1	贫困小学	268.00	＊	＊	＊		＊
2			＊	＊	＊		＊
3			＊	＊	＊		＊
20	合计	268.00	120.00	120.00	148.00	—	148.00

6.8 《资产折旧、摊销情况及纳税调整明细表》（A105080）的填报和审核

6.8.1 《资产折旧、摊销情况及纳税调整明细表》概述

6.8.1.1 适用范围、填报依据

《资产折旧、摊销情况及纳税调整明细表》（A105080）适用于发生资产折旧、摊销及

存在资产折旧、摊销纳税调整的纳税人填报。

纳税人根据税法、《国家税务总局关于企业固定资产加速折旧所得税处理有关问题的通知》（国税发〔2009〕81号）、《国家税务总局关于融资性售后回租业务中承租方出售资产行为有关税收问题的公告》（国家税务总局公告2010年第13号）、《国家税务总局关于企业所得税若干问题的公告》（国家税务总局公告2011年第34号）、《国家税务总局关于发布〈企业所得税政策性搬迁所得税管理办法〉的公告》（国家税务总局公告2012年第40号）、《国家税务总局关于企业所得税应纳税所得额若干问题的公告》（国家税务总局公告2014年第29号）等相关规定，以及国家统一企业会计制度，填报资产折旧、摊销的会计处理、税法规定，以及纳税调整情况。

6.8.1.2 报表结构说明

一、报表主结构

（一）《资产折旧、摊销情况及纳税调整明细表》（A105080）纵向反映资产类别的情况，反映固定资产折旧、生产性生物资产、无形资产、长期摊销费用、油气勘探投资和油气开发投资的摊销情况。企业应根据固定资产折旧、生产性生物资产折旧、无形资产摊销、长期待摊费用摊销、油气勘探投资摊销和油气开发投资摊销分别进行分类统计，统计时可根据税法规定和企业会计核算情况进行适当归类。

（二）《资产折旧、摊销情况及纳税调整明细表》（A105080）横向分为以下三部分内容：

第一部分为"账载金额"。包括第1列"资产账载金额"、第2列"本年折旧、摊销额"、第3列"累计折旧、摊销额"。

第二部分为"税收金额"。包括第4列"资产计税基础"、第5列"按税收一般规定计算的本年折旧、摊销额"、第6列"本年加速折旧额"、第7列"其中：2014年及以后年度新增固定资产加速折旧额"、第8列"累计折旧、摊销额"。

第三部分为"纳税调整"。包括第9列"金额"、第10列"调整原因"。

第9列"金额"为表内计算栏次（第2－5－6列），计算结果为正数的，即调增应纳税所得额；计算结果为负数时，即调减应纳税所得额。

二、表内、表间关系

（一）表内关系。

（1）表A105080第1行＝第2＋3＋…＋7行。

（2）表A105080第8行＝第9＋10行。

（3）表A105080第11行＝第12＋13＋…＋18行。

（4）表A105080第19行＝第20＋21＋…＋24行。

（5）表A105080第27行＝第1＋8＋11＋19＋25＋26行。

（6）表A105080第9列＝第2－5－6列。

（二）表间关系。

（1）表A105080第27行第2列＝表A105000第31行第1列。

（2）表A105080第27行第5＋6列＝表A105000第31行第2列。

（3）表A105080第27行第9列，若≥0，填入表A105000第31行第3列；若＜0，将绝对值填入表A105000第31行第4列。

（4）表A105080第1行第7列＝表A105081第1行第16列。

（5）表A105080第2行第7列＝表A105081第1行第2列。

（6）表A105080第3行第7列＝表A105081第1行第4列。

（7）表A105080第4行第7列＝表A105081第1行第6列。

（8）表A105080第5行第7列＝表A105081第1行第8列。

（9）表A105080第6行第7列＝表A105081第1行第10列。

（10）表 A105080 第 7 行第 7 列＝表 A105081 第 1 行第 12 列。

6.8.1.3 填报注意事项

1. 应根据有关资产账户记录的有关数据，计算确认资产的原值、折旧摊销、减值、增值等财务会计数据；

2. 审核资产的范围。按税法规定审核资产的范围，资产包括：固定资产、生物资产、无形资产、长期待摊费用、投资资产、存货等。

3. 审核资产的计税基础。资产取得时，以实际发生的支出为计税基础；重组时，除国务院财政、税务主管部门另有规定外，企业在重组过程中，应当在交易发生时确认有关资产的转让所得或者损失，相关资产应当按照交易价格重新确定计税基础；企业持有各项资产期间资产增值或者减值，除国务院财政、税务主管部门规定可以确认损益外，不得调整该资产的计税基础。

4. 应正确选择成本和折旧摊销额的计算方法。资产按照直线法计算折旧、摊销。企业应当自固定资产投入使用月份的次月起计算折旧；停止使用的固定资产，应当自停止使用月份的次月起停止计算折旧；企业应当根据固定资产的性质和使用情况，合理确定固定资产的预计净残值，固定资产的预计净残值一经确定，不得变更；按税法规定选择折旧、摊销年限。

企业使用或者销售的存货的成本计算方法，可以在先进先出法、加权平均法、个别计价法中选用一种。计价方法一经选用，不得随意变更。

5. 应掌握资产净值验证方法。以有关资产、财产的计税基础为基数，按减除已经按照规定扣除的折旧、折耗、摊销、准备金等后的余额，确认资产净值。

6. 注意资产的纳税调整。根据财务会计数据和税收数据的分析对比结果，确认资产项目的纳税调整项目证据资料和纳税调整项目金额计算资料。

6.8.2 填报和审核

6.8.2.1 第 1 列 "资产账载金额"

一、填报说明

《资产折旧、摊销情况及纳税调整明细表》（A105080）第 1 列 "资产账载金额"：填报纳税人会计处理计提折旧、摊销的资产原值（或历史成本）的金额。

二、填报数据来源

本列的填报数据来源为：对企业记录固定资产、生产性生物资产、无形资产摊销、长期待摊费用、油气勘探投资和油气开发投资的相关会计账簿，分别进行分类统计，统计时可根据税法规定和企业会计核算情况进行适当归类。

6.8.2.2 第 2 列 "本年折旧、摊销额"

一、填报说明

《资产折旧、摊销情况及纳税调整明细表》（A105080）第 2 列 "本年折旧、摊销额"：填报纳税人会计核算的本年资产折旧、摊销额。

二、填报数据来源

本列的填报数据来源为：对企业记录固定资产折旧、生产性生物资产折旧、无形资产摊销、长期待摊费用摊销、油气勘探投资摊销和油气开发投资摊销的相关会计账簿，分别进行分类统计，统计时可根据税法规定和企业会计核算情况进行适当归类。

6.8.2.3 第 3 列 "累计折旧、摊销额"

一、填报说明

《资产折旧、摊销情况及纳税调整明细表》（A105080）第 3 列 "累计折旧、摊销额"：填报纳税人会计核算的历年累计资产折旧、摊销额。

二、填报数据来源

本列的填报数据来源为：对截止至本年度末止，企业记录固定资产折旧、生产性生物资产折旧、无形资产摊销、长期待摊费用摊销、油气勘探投资摊销和油气开发投资摊销的相关会计账簿，分别进行分类统计，统计时可根据税法规定和企业会计核算情况进行适当归类。

三、审核注意事项

《资产折旧、摊销情况及纳税调整明细表》（A105080）第 1 列"资产账载金额"、第 2 列"本年折旧、摊销额"、第 3 列"累计折旧、摊销额"等三列，应根据会计核算资料填报。

审核时，应对作为会计核算证据的会计核算资料的数据逻辑关系、会计处理方法的合规性进行审核。

如果存在会计处理差错，应按更正后的数据填报《资产折旧、摊销情况及纳税调整明细表》（A105080）；不能更正的，应在企业所得税汇算清缴时，作为纳税调整项目，在"计税基础"栏次内填报。

6.8.2.4　第 4 列"资产计税基础"

一、填报说明

《资产折旧、摊销情况及纳税调整明细表》（A105080）第 4 列"资产计税基础"：填报纳税人按照税法规定据以计算折旧、摊销的资产原值（或历史成本）的金额。

二、填报数据来源

本列的填报数据来源为：根据税法的相关规定，确认允许在税前扣除的资产的价值。此列数据应不包括不征税收入形成的资产，该类资产的计税基础应确认为 0。

6.8.2.5　第 5 列"按税收一般规定计算的本年折旧、摊销额"

一、填报说明

《资产折旧、摊销情况及纳税调整明细表》（A105080）第 5 列"按税收一般规定计算的本年折旧、摊销额"：填报纳税人按照税法一般规定计算的允许税前扣除的本年资产折旧、摊销额，不含加速折旧部分。

对于不征税收入形成的资产，其折旧、摊销额不得在税前扣除。第 5 至 8 列的金额应剔除不征税收入所形成资产的折旧、摊销额。

二、填报数据来源

本列的填报数据来源为：纳税人按第 4 列确定的"资产计税基础"，依据按税法规定的折旧摊销年限计算的允许税前扣除的本年折旧摊销额。此列数据不包括纳税按税法规定的加速折旧的规定计算确认的加速折旧金额。

三、填报注意事项

6.8.2.6　第 6 列"本年加速折旧额"的填报和审核

一、填报说明

《资产折旧、摊销情况及纳税调整明细表》（A105080）第 6 列"加速折旧额"：填报纳税人按照税法规定的加速折旧政策计算的折旧额。

二、填报数据来源

本列的填报数据来源为：纳税人第 4 列确定的"资产计税基础"，依据按税法规定加速折旧方法计算的允许税前扣除的本年交税折旧摊销额。

在填报过程中，第 6 列"本年加速折旧额"填写按加速方法计算的折旧、摊销全额，而非"加速折旧、摊销"和"税收一般规定计算"之间的差额。对同一项固定资产而言，在同一所属期间，第 5 列"按税收一般规定计算的本年折旧摊销额"与第 6 列"加速折旧额"不可以同时填报。即同一项资产在相同所属期间只在"按税收一般规定计算折旧"和

"加速折旧"之间选择其一。

6.8.2.7　第 7 列"其中：2014 年及以后年度新增固定资产加速折旧额"

一、填报说明

《资产折旧、摊销情况及纳税调整明细表》（A105080）第 7 列"其中：2014 年及以后年度新增固定资产加速折旧额"：根据《固定资产加速折旧、扣除明细表》（A105081）填报，为表 A105081 相应固定资产类别的金额。

二、填报数据来源

本列根据《固定资产加速折旧、扣除明细表》（A105081）相应固定资产类别的金额进行填报。

6.8.2.8　第 8 列"累计折旧、摊销额"

一、填报说明

《资产折旧、摊销情况及纳税调整明细表》（A105080）第 8 列"累计折旧、摊销额"：填报纳税人按照税法规定计算的历年累计资产折旧、摊销额。

二、填报数据来源

本列根据企业自行编制《固定资产加速折旧、扣除台账》相应固定资产类别的金额进行填报。

6.8.2.9　第 9 列"纳税调整"、第 10 列"调整原因"

《资产折旧、摊销情况及纳税调整明细表》（A105080）第 9 列"金额"：填报第 2－5－6 列的余额。

本列为表内计算栏次（第 2－5－6 列），计算结果为正数时，即调增应纳税所得额；计算结果为负数时，即调减应纳税所得额。

第 10 列"调整原因"：根据差异原因进行填报，A、折旧年限，B、折旧方法，C、计提原值，对多种原因造成差异的，按实际原因可多项填报。

6.8.3　填报案例

一、案例基本情况

甲公司 2015 年度固定资产情况如下：

1. 房屋建筑物的期末原值为 21 000 000.00 元，折旧年限 30 年，全年计提折旧 1 300 000.00 元。

2. 机器设备期末原值为 40 200 000.00 元，折旧年限 10 年，全年计提折旧 4 320 000.00 元。其中：2015 年 2 月甲公司接受政府补助 2 000 000.00 元，用于专项购买环境保护设备。企业又自行筹资 4 000 000.00 元，在 2014 年 6 月验收入库并投入使用，会计估计残值率为 5%，按照 10 年的折旧年限分别确认营业外收入 100 000.00 元（2 000 000.00÷10×6/12），折旧 285 000.00 元（6 000 000.00×95%÷10×6/12）。

3. 电子设备期末原值为 5 036 000.00 元，折旧年限 5 年，全年计提折旧 703 445.75 元。

二、填报情况

具体填报情况见表 6-6。

表 6-6

资产折旧、摊销情况及纳税调整明细表

行次	项目	账载金额			税收金额					纳税调整	
		资产账载金额	本年折旧、摊销额	累计折旧、摊销额	资产计税基础	按税收一般规定计算的本年折旧、摊销额	本年加速折旧额	其中：2014年及以后年度新增固定资产加速折旧额（填写A105081）	累计折旧、摊销额	金额	调整原因
		1	2	3	4	5	6	7	8	9 (2-5-6)	10
1	一、固定资产（2+3+4+5+6+7）	66 236 000.00	6 323 445.75	12 827 920.00	64 236 000.00	6 223 445.75	—	—	12 727 920.00	100 000.00	
2	（一）房屋、建筑物	21 000 000.00	1 300 000.00	2 652 000.00	21 000 000.00	1 300 000.00	—	—	2 652 000.00	—	
3	（二）飞机、火车、轮船、机器、机械和其他生产设备	40 200 000.00	4 320 000.00	6 523 600.00	38 200 000.00	4 220 000.00	—	—	6 423 600.00	100 000.00	
6	（五）电子设备	5 036 000.00	703 445.75	3 652 320.00	5 036 000.00	703 445.75	—	—	3 652 320.00	—	
27	合计（1+8+11+19+25+26）	66 236 000.00	6 323 445.75	12 827 920.00	64 236 000.00	6 223 445.75	—	—	12 727 920.00	100 000.00	*

6.9 《固定资产加速折旧、扣除明细表》（A105081）的填报和审核

6.9.1 《固定资产加速折旧、扣除明细表》概述

6.9.1.1 适用范围

《固定资产加速折旧、扣除明细表》（A105081）分为两部分：一是重要行业固定资产加速折旧填报，二是其他固定资产加速折旧备案信息填报。具体说明如下：

1. 重要行业固定资产加速折旧填报。本表第 1 行至第 14 行适用于按照《财政部 国家税务总局关于完善固定资产加速折旧税收政策有关问题的通知》（财税〔2014〕75号）、《财政部 国家税务总局关于进一步完善固定资产加速折旧企业所得税政策的通知》（财税〔2015〕106 号）等规定，享受固定资产加速折旧和一次性扣除优惠政策的查账征税纳税人填报。

2. 其他固定资产加速折旧备案信息填报。本表第 15 行至第 28 行适用于按照《国家税务总局关于企业固定资产加速折旧所得税处理有关问题的通知》（国税发〔2009〕81 号）、《财政部 国家税务总局关于进一步鼓励软件产业和集成电路产业发展企业所得税政策的通知》（财税〔2012〕27 号）的规定，由享受技术进步、更新换代、强震动、高腐蚀固定资产加速折旧，以及外购软件、集成电路企业生产设备加速折旧或摊销的查账征税纳税人填报，主要用于享受加速折旧、摊销优惠政策的备案。

6.9.1.2 主要用途

《固定资产加速折旧、扣除明细表》（A105081）不承担纳税调整职责，主要用途有两个：一是对纳税人享受重点行业、领域固定资产加速折旧，以及一次性扣除等优惠政策情况进行统计（第 1 行至第 14 行）。二是由汇算清缴享受国税发〔2009〕81 号和财税〔2012〕27 号文件规定固定资产加速折旧政策企业填写本表，以此履行固定资产加速折旧备案手续（第 15 行至第 28 行）。

6.9.1.3 表内、表间关系

（一）表内关系。

1. 单元格为"＊"时不填写，计算时跳过。

2. 表 A105081 第 1 行＝第 2＋3 行。

3. 表 A105081 第 4 行＝第 5＋6 行。

4. 表 A105081 第 7 行＝第 8＋11 行。

5. 表 A105081 第 8 行＝第 9＋10 行。

6. 表 A105081 第 11 行＝第 12＋13 行。

7. 表 A105081 第 14 行＝第 1＋4＋7 行。

8. 表 A105081 第 15 行＝第 16＋19＋22＋25 行。

9. 表 A105081 第 16 行＝第 17＋18 行。

10. 表 A105081 第 19 行＝第 20＋21 行。

11. 表 A105081 第 22 行＝第 23＋24 行。

12. 表 A105081 第 25 行＝第 26＋27 行。

13. 由于合计行次同时包括"税会处理一致"和"税会处理不一致"两种情形，以下"列间关系"在合计行次（第 1、4、7、8、11、14、15 行）不成立，在其他行次成立。

（1）表 A105081 第 13 列＝第 1＋3＋5＋7＋9＋11 列。

（2）表 A105081 第 16 列＝第 2＋4＋6＋8＋10＋12 列。

（3）表 A105081 第 17 列＝第 16－14 列。

（4）表 A105081 第 18 列＝第 16－15 列。

14. 另外，在第 9、10 行和第 12、13 行中：

（1）表 A105081 第 1 列＝第 2 列。

（2）表 A105081 第 3 列＝第 4 列。

（3）表 A105081 第 5 列＝第 6 列。

（4）表 A105081 第 7 列＝第 8 列。

（5）表 A105081 第 9 列＝第 10 列。

（6）表 A105081 第 11 列＝第 12 列。

（二）表间关系。

1. 表 A105081 第 1 行第 16 列＝表 A105080 第 1 行 7 列。

2. 表 A105081 第 1 行第 2 列＝表 A105080 第 2 行 7 列。

3. 表 A105081 第 1 行第 4 列＝表 A105080 第 3 行 7 列。

4. 表 A105081 第 1 行第 6 列＝表 A105080 第 4 行 7 列。

5. 表 A105081 第 1 行第 8 列＝表 A105080 第 5 行 7 列。

6. 表 A105081 第 1 行第 10 列＝表 A105080 第 6 行 7 列。

7. 表 A105081 第 1 行第 12 列＝表 A105080 第 7 行 7 列。

6.9.1.4 填报注意事项

1. 财税〔2015〕106 号文件将固定资产加速折旧范围由 6 大行业扩大到轻工、纺织、机械、汽车等四个领域重点行业企业 2015 年 1 月 1 日后新购进的固定资产，加速折旧政策与《财政部 国家税务总局关于完善固定资产加速折旧企业所得税政策的通知》（财税〔2014〕75 号）和《国家税务总局关于固定资产加速折旧税收政策有关问题的公告》（国家税务总局公告 2014 年第 64 号）一致。

2. 享受加速折旧政策的纳税人，填报本表即视为履行备案程序。

3. 本年度内税法折旧额大于会计折旧额（或正常折旧额，下同）的填写本表，税法折旧小于会计折旧的金额不再填写本表。

某项资产某月税法折旧额小于会计折旧额后，该项固定资产从当月起至年度末的会计折旧额和税法折旧额均不再填写计入本表，仅填报本年度内税法折旧额大于会计折旧额月份的数据。例如：A 汽车公司享受固定资产加速折旧政策，2018 年 5 月，某项固定资产税法折旧额开始小于会计折旧额（其 4 月前税法折旧大于会计折旧），2018 年度汇算清缴时，"税收折旧（扣除）额"除"原值"以外其他列次填写到 4 月份数额，"原值"据实填写。在以后年度汇算清缴时，该项资产不再填写本表，其此后年度的折旧、摊销额纳税调增填写表 A105080。

税法折旧额小于会计折旧额的主要情形：

（1）会计采取正常折旧方法，税法采取缩短折旧年限方法，按税法规定折旧完毕的。

（2）会计采取正常折旧方法，税法采取年数总和法或者双倍余额递减法，税法折旧金额小于会计折旧金额的。

（3）会计和税法均加速折旧，但税法与会计处理金额不一致，当税法折旧金额小于会计折旧金额的。

（4）会计和税法均加速折旧，该类固定资产税会处理一致，当税法折旧额小于正常折旧额的。

（5）税法采取一次性扣除后，年度内剩余月份。

4. 一次性扣除的固定资产，会计上未一次性扣除的资产，会计折旧额按首月折旧额填报。此处会计折旧额仅供统计，不影响纳税调整。

5. 对会计和税法均加速折旧、但其税会折旧金额不一致的资产，在"税会处理不一致"行填报。

6. 有"＊"号的单元格不需要填写。

6.9.1.5 重要领域（行业）代码表

具体代码见表 6-7。

表 6-7   重要领域（行业）固定资产加速折旧行业代码表

代码				类别名称	文件依据	领域/行业
门类	大类	中类	小类			
	13			农副食品加工业		
		131	1310	谷物磨制		
		132	1320	饲料加工		
		133		植物油加工		
		134	1340	制糖业	财税〔2015〕106 号	轻工
		135		屠宰及肉类加工		
		136		水产品加工		
		137		蔬菜、水果和坚果加工		
		139		其他农副食品加工		
	14			食品制造业		
		141		焙烤食品制造		
		142		糖果、巧克力及蜜饯制造		
		143		方便食品制造		
		144	1440	乳制品制造	财税〔2015〕106 号	轻工
		145		罐头食品制造		
		146		调味品、发酵制品制造		
		149		其他食品制造		
	17			纺织业		
		171		棉纺织及印染精加工		
		172		毛纺织及染整精加工		
		173		麻纺织及染整精加工		
		174		丝绢纺织及印染精加工	财税〔2015〕106 号	纺织
		175		化纤织造及印染精加工		
		176		针织或钩针编织物及其制品制造		
		177		家用纺织制成品制造		
		178		非家用纺织制成品制造		
	18			纺织服装、服饰业		
		181	1810	机织服装制造		
		182	1820	针织或钩针编织服装制造	财税〔2015〕106 号	纺织
		183	1830	服饰制造		

续表

代码				类别名称	文件依据	领域/行业
门类	大类	中类	小类			
	19			皮革、毛皮、羽毛及其制品和制鞋业		
		191	1910	皮革鞣制加工	财税〔2015〕106 号	轻工
		192		皮革制品制造		
		193		毛皮鞣制及制品加工		
		194		羽毛（绒）加工及制品制造		
		195		制鞋业		
	20			木材加工和木、竹、藤、棕、草制品业		
		201		木材加工	财税〔2015〕106 号	轻工
		202		人造板制造		
		203		木制品制造		
		204		竹、藤、棕、草等制品制造		
	21			家具制造业		
		211	2110	木质家具制造	财税〔2015〕106 号	轻工
		212	2120	竹、藤家具制造		
		213	2130	金属家具制造		
		214	2140	塑料家具制造		
		219	2190	其他家具制造		
	22			造纸和纸制品业		
		221		纸浆制造	财税〔2015〕106 号	轻工
		222		造纸		
		223		纸制品制造		
	23			印刷和记录媒介复制业		
		231		印刷	财税〔2015〕106 号	轻工
		232	2320	装订及印刷相关服务		
		233	2330	记录媒介复制		
	24			文教、工美、体育和娱乐用品制造业		
		241		文教办公用品制造	财税〔2015〕106 号	轻工
		242		乐器制造		
		243		工艺美术品制造		
		244		体育用品制造		
		245	2450	玩具制造		
		268		日用化学产品制造		
			2681	肥皂及合成洗涤剂制造	财税〔2015〕106 号	轻工
			2682	化妆品制造		
			2683	口腔清洁用品制造		
			2684	香料、香精制造		
			2689	其他日用化学产品制造		

代码				类别名称	文件依据	领域/行业
门类	大类	中类	小类			
	27			医药制造业	财税〔2015〕106 号	轻工
		271	2710	化学药品原料药制造		
		272	2720	化学药品制剂制造		
		273	2730	中药饮片加工		
		274	2740	中成药生产		
		275	2750	兽用药品制造		
		277	2770	卫生材料及医药用品制造		
		276	2760	生物药品制造	财税〔2014〕75 号	生物药品制造
	28			化学纤维制造业	财税〔2015〕106 号	纺织
		281		纤维素纤维原料及纤维制造		
		282		合成纤维制造		
		292		塑料制品业	财税〔2015〕106 号	轻工
			2921	塑料薄膜制造		
			2922	塑料板、管、型材制造		
			2923	塑料丝、绳及编织品制造		
			2924	泡沫塑料制造		
			2925	塑料人造革、合成革制造		
			2926	塑料包装箱及容器制造		
			2927	日用塑料制品制造		
			2928	塑料零件制造		
			2929	其他塑料制品制造		
	33			金属制品业	财税〔2015〕106 号	机械
		331		结构性金属制品制造		
		332		金属工具制造		
		333		集装箱及金属包装容器制造		
		334	3340	金属丝绳及其制品制造		
		335		建筑、安全用金属制品制造		
		336	3360	金属表面处理及热处理加工		
		337		搪瓷制品制造		
		338		金属制日用品制造		
		339		其他金属制品制造		

续表

代码				类别名称	文件依据	领域/行业
门类	大类	中类	小类			
	34			通用设备制造业	财税〔2015〕106 号	机械
		341		锅炉及原动设备制造		
		342		金属加工机械制造		
		343		物料搬运设备制造		
		344		泵、阀门、压缩机及类似机械制造		
		345		轴承、齿轮和传动部件制造		
		346		烘炉、风机、衡器、包装等设备制造		
		347		文化、办公用机械制造		
		348		通用零部件制造		
		349	3490	其他通用设备制造业		
	35			专用设备制造业	财税〔2014〕75 号	专用设备制造业
		351		采矿、冶金、建筑专用设备制造		
		352		化工、木材、非金属加工专用设备制造		
		353		食品、饮料、烟草及饲料生产专用设备制造		
		354		印刷、制药、日化及日用品生产专用设备制造		
		355		纺织、服装和皮革加工专用设备制造		
		356		电子和电工机械专用设备制造		
		357		农、林、牧、渔专用机械制造		
		358		医疗仪器设备及器械制造		
		359		环保、社会公共服务及其他专用设备制造		
	36			汽车制造业	财税〔2015〕106 号	汽车
		361	3610	汽车整车制造		
		362	3620	改装汽车制造		
		363	3630	低速载货汽车制造		
		364	3640	电车制造		
		365	3650	汽车车身、挂车制造		
		366	3660	汽车零部件及配件制造		
	37			铁路、船舶、航空航天和其他运输设备制造业	财税〔2014〕75 号	铁路、船舶、航空航天和其他运输设备制造业
		371		铁路运输设备制造		
		372	3720	城市轨道交通设备制造		
		373		船舶及相关装置制造		
		374		航空、航天器及设备制造		
		375		摩托车制造		
		376		自行车制造		
		377	3770	非公路休闲车及零配件制造		
		379		潜水救捞及其他未列明运输设备制造		

代码				类别名称	文件依据	领域/行业
门类	大类	中类	小类			
	38			电气机械和器材制造业	财税〔2015〕106 号	机械
		381		电机制造		
		382		输配电及控制设备制造		
		383		电线、电缆、光缆及电工器材制造		
		384		电池制造		
		385		家用电力器具制造		
		386		非电力家用器具制造		
		387		照明器具制造		
		389		其他电气机械及器材制造		
	39			计算机、通信和其他电子设备制造业	财税〔2014〕75 号	计算机、通信和其他电子设备制造业
		391		计算机制造		
		392		通信设备制造		
		393		广播电视设备制造		
		394	3940	雷达及配套设备制造		
		395		视听设备制造		
		396		电子器件制造		
		397		电子元件制造		
		399	3990	其他电子设备制造		
	40			仪器仪表制造业	财税〔2014〕75 号	仪器仪表制造业
		401		通用仪器仪表制造		
		402		专用仪器仪表制造		
		403	4030	钟表与计时仪器制造		
		404		光学仪器及眼镜制造		
		409	4090	其他仪器仪表制造业		
I				信息传输、软件和信息技术服务业	财税〔2014〕75 号	信息传输、软件和信息技术服务业
	63			电信、广播电视和卫星传输服务		
		631		电信		
		632		广播电视传输服务		
		633	6330	卫星传输服务		
	64			互联网和相关服务		
		641	6410	互联网接入及相关服务		
		642	6420	互联网信息服务		
		649	6490	其他互联网服务		
	65			软件和信息技术服务业		
		651	6510	软件开发		
		652	6520	信息系统集成服务		
		653	6530	信息技术咨询服务		
		654	6540	数据处理和存储服务		
		655	6550	集成电路设计		
		659		其他信息技术服务业		

6.9.2 各行次的填报说明

6.9.2.1 重要行业固定资产加速折旧的填报说明

根据固定资产类别填报相应数据列。

1. 第1行"一、重要行业固定资产加速折旧":生物药品制造业,专用设备制造业,铁路、船舶、航空航天和其他运输设备制造业,计算机、通信和其他电子设备制造业,仪器仪表制造业,信息传输、软件和信息技术服务业6个行业,以及轻工、纺织、机械、汽车四大领域18个行业的纳税人(以下简称"重要行业"),按照财税〔2014〕75号和财税〔2015〕106号文件的规定,对于新购进固定资产在税收上采取加速折旧的,结合会计折旧政策,分不同情况填报纳税调减(此处用于计算优惠,实际纳税调整通过表A105080)或者加速折旧优惠统计情况。本行=第2+3行。

第2行和第3行"项目"列空白处,由企业按照财税〔2014〕75号和财税〔2015〕106号文件规定的行业范围,选择填写其从事行业。按照《国民经济行业分类(GB/T 4754—2011)》,为了便于征纳双方操作,填报说明第四部分编列《重要领域(行业)固定资产加速折旧行业代码表》,纳税申报时填写所属行业名称及对应"行业中类"代码,代码长度为三位,全部由数字组成。

2. 第2行和第3行,由企业按照不同税会处理方式,填写固定资产加速折旧情况。"税会处理不一致"包括税法和会计都加速折旧,但税会折旧方法不一致的情况。

6.9.2.2 其他行业研发设备加速折旧的填报说明

1. 第4行"二、其他行业研发设备加速折旧":由重要行业以外的其他企业填报。填写单位价值超过100万元以上专用研发设备采取缩短折旧年限或加速折旧方法的纳税调减或者加速折旧优惠统计情况。本行=第5+6行。

2. 第5行和第6行,由企业根据其不同的税会处理方式,填写固定资产加速折旧情况。

6.9.2.3 允许一次性扣除的固定资产的填报说明

1. 第7行"三、允许一次性扣除的固定资产":填报新购进单位价值不超过100万元研发设备和单位价值不超过5 000元固定资产,按照税法规定一次性在当期扣除金额。本行=第8+11行。

2. 第8行"1. 单价不超过100万元研发设备":由重要行业中小型微利企业和重要行业以外的其他企业填报。填写单位价值不超过100万元研发设备一次性当期税前扣除金额。本行=第9+10行。

3. 第9行和第10行,由企业根据不同类型(重要行业小微、其他企业)和税会处理方式,填写固定资产加速折旧情况。

"重要行业小微"指"重要行业"中的小型微利企业,对其新购进研发和生产经营共用的仪器、设备,单位价值不超过100万元的,允许一次性扣除。

"其他企业"(包括"重要行业"非小型微利企业和"重要行业"以外的企业)对新购进专门用于研发活动的仪器、设备,单位价值不超过100万元的,可以一次性扣除。

4. 第9行和第10行"项目"列空白处选择"重要行业小微"或"其他企业"。选择"重要行业小微"时,第2行和第3行"项目"列空白处需同时按规定填报所属重要行业代码。

5. 第11行"2. 5 000元以下固定资产一次性扣除":填写单位价值不超过5 000元的固定资产,按照税法规定一次性在当期税前扣除的。本行=第12+13行。

6. 第12行和第13行,由企业根据不同的税会处理方式,填写固定资产加速折旧情况。

6.9.2.4　其他固定资产加速折旧备案信息的填报说明

1. 第 15 行"四、其他固定资产加速折旧备案信息"。由下列两种情形填报：一是技术进步、产品更新换代快固定资产和常年强震动、高腐蚀固定资产加速折旧；二是财税〔2012〕27 号文件规定外购软件、集成电路企业生产设备加速折旧。纳税人填报本行至 28 行履行备案手续。

2. 第 16 行"1. 技术进步、更新换代固定资产"：填写企业固定资产因技术进步，产品更新换代较快，按税法规定享受固定资产加速折旧金额。本行＝第 17＋18 行。

3. 第 17 行和第 18 行，由企业选择不同税会处理方式，填写固定资产加速折旧情况。

4. 第 19 行"2. 常年强震动、高腐蚀固定资产"：填写常年处于强震动、高腐蚀状态的固定资产，按税法规定享受固定资产加速折旧有关金额。本行＝第 20＋21 行。

5. 第 20 行和第 21 行，由企业选择不同税会处理方式，填写固定资产加速折旧情况。

6. 第 22 行"3. 外购软件折旧（摊销）"：填报企业外购软件，按财税〔2012〕27 号文件规定享受加速折旧、摊销的金额。本行＝第 23＋24 行。

7. 第 23 行和第 24 行，由企业选择不同的税会处理方式，填写固定资产加速折旧情况。

8. 第 25 行"4. 集成电路企业生产设备"：填报集成电路生产企业的生产设备，按照财税〔2012〕27 号文件规定享受加速折旧政策的金额。本行＝第 26＋27 行。

9. 第 26 行和第 27 行，由企业选择不同税会处理方式，填写固定资产加速折旧情况。

6.9.2.5　合计行次的填报说明

1. 第 14 行"合计（1 行＋4 行＋7 行）"：填写重要行业固定资产加速折旧、其他行业研发设备加速折旧、一次性扣除固定资产的合计金额。本行＝第 1＋4＋7 行。

2. 第 28 行"合计"：用于统计其他固定资产加速折旧优惠情况。

6.9.3　各列次的填报说明

6.9.3.1　第 1 列至第 12 列各类固定资产原值、折旧额的填报说明

1. 原值：填写固定资产计税基础。对于年度内只要有 1 个月税法折旧额大于会计折旧额的，其原值填入对应"原值"列。对于全年所有月份税法折旧额都小于会计折旧额的固定资产，其原值不填本表。

2. 税收折旧（扣除）额：当税法折旧额大于会计折旧额时，填报该项固定资产本年度税法折旧额。

对于本年度某些月份税法折旧额大于会计折旧额、某些月份税法折旧额小于会计折旧额的，只填报税法折旧额大于会计折旧额状态下的税法折旧额。

6.9.3.2　第 13 列至第 18 列"税收折旧（扣除）额合计"的填报说明

第 13 列至第 18 列"税收折旧（扣除）额合计"填报本年度税法折旧额大于会计折旧额情况下，固定资产加速折旧的纳税调整（此处只用于统计，不实际调整）和估算的加速折旧优惠统计额。

1. 第 13 列"原值"：等于第 1、3、5、7、9、11 列之和。

2. 第 14 列"会计折旧额"：税收加速折旧、会计未加速折旧的，或者会计与税法均加速折旧但折旧方法不一致的，本列填固定资产会计实际账载折旧额。会计与税法均加速折旧且折旧方法一致的，不填写本列。

3. 第 15 列"正常折旧额"：会计与税法均加速折旧且折旧方法一致的，为统计企业享受优惠情况，假定该资产未享受加速折旧政策，本列填报该固定资产视同按照税法规定最

低折旧年限用直线法估算折旧额，当估算的"正常折旧额"大于税法折旧额时，不再填报。

4．第 16 列"税收加速折旧额"：税法折旧额大于会计折旧额状态下，填报税法加速折旧额。等于第 2、4、6、8、10、12 列之和。

5．第 17 列"纳税减少额"：填报税收上加速折旧额与会计折旧额的差额，本行用于统计，不实际进行纳税调减。第 17 列＝第 16－14 列。

6．第 18 列"加速折旧优惠统计额"：填报会计与税法对固定资产均加速折旧且折旧方法一致的，以税法实际加速折旧额减去假定未加速折旧估算的"正常折旧额"，据此统计加速折旧情况。第 18 列＝第 16－15 列。

6.9.4 优惠情况统计填报说明

1．第 14 行"纳税减少额"＋"加速折旧优惠统计额"之和，由税务机关据以统计重要领域、行业固定资产加速折旧情况。

2．第 28 行"纳税减少额"＋"加速折旧优惠统计额"之和，由税务机关据以统计其他固定资产加速折旧优惠情况。

6.9.5 填报案例

具体案例内容可参见第 13 章 13.3 节"居民企业所得税月（季）度预缴纳税申报"中 13.3.4"《固定资产加速折旧（扣除）明细表》的填报"的相关内容。

6.10 《资产损失税前扣除及纳税调整明细表》（A105090）的填报和审核

6.10.1 《资产损失税前扣除及纳税调整明细表》概述

6.10.1.1 适用范围
《资产损失税前扣除及纳税调整明细表》（A105090）适用于发生资产损失税前扣除项目及纳税调整项目的纳税人填报。

6.10.1.2 填报依据
纳税人根据税法、《财政部 国家税务总局关于企业资产损失税前扣除政策的通知》（财税〔2009〕57 号）、《国家税务总局关于发布〈企业资产损失所得税税前扣除管理办法〉的公告》（国家税务总局公告 2011 年第 25 号）等相关规定，及国家统一企业会计制度，填报资产损失的会计处理、税法规定，以及纳税调整情况。

6.10.1.3 报表结构说明
本表分清单申报资产损失和专项申报资产损失，并按相应资产损失类型，分别填报其账载金额、税收金额及纳税调整金额。

6.10.1.4 表内、表间关系
（一）表内关系。

（1）表 105090 第 3 列＝第 1－2 列。

（2）表 105090 第 1 行＝第 2＋3＋…＋8 行。

（3）表 105090 第 14 行＝第 1＋9 行。

（二）表间关系。

（1）表 105090 第 14 行第 1 列＝表 A105000 第 33 行第 1 列。

（2）表 105090 第 14 行第 2 列＝表 A105000 第 33 行第 2 列。

（3）表 105090 第 14 行第 3 列，若≥0，填入表 A105000 第 33 行第 3 列；若<0，将绝对值填入表 A105000 第 33 行第 4 列。

（4）表 105090 第 9 行第 1 列＝表 A105091 第 20 行第 2 列。

（5）表 105090 第 9 行第 2 列＝表 A105091 第 20 行第 6 列。

（6）表 105090 第 9 行第 3 列＝表 A105091 第 20 行第 7 列。

（7）表 105090 第 10 行第 1 列＝表 A105091 第 1 行第 2 列。

（8）表 105090 第 10 行第 2 列＝表 A105091 第 1 行第 6 列。

（9）表 105090 第 10 行第 3 列＝表 A105091 第 1 行第 7 列。

（10）表 105090 第 11 行第 1 列＝表 A105091 第 6 行第 2 列。

（11）表 105090 第 11 行第 2 列＝表 A105091 第 6 行第 6 列。

（12）表 105090 第 11 行第 3 列＝表 A105091 第 6 行第 7 列。

（13）表 105090 第 12 行第 1 列＝表 A105091 第 11 行第 2 列。

（14）表 105090 第 12 行第 2 列＝表 A105091 第 11 行第 6 列。

（15）表 105090 第 12 行第 3 列＝表 A105091 第 11 行第 7 列。

（16）表 105090 第 13 行第 1 列＝表 A105091 第 16 行第 2 列。

（17）表 105090 第 13 行第 2 列＝表 A105091 第 16 行第 6 列。

（18）表 105090 第 13 行第 3 列＝表 A105091 第 16 行第 7 列。

6.10.1.5　填报注意事项

关于资产损失计算时应注意以下 11 个问题：

（1）本表及附表的损失均以正数填报。

（2）税法不允许扣除的资产评估增值；

（3）税法不允许计算折旧、摊销的资产；

（4）国家税务总局公告 2011 年第 25 号第四十六条规定的资产；

（5）企业在纳税年度内只要发生财产损失，无论是法定损失还是实际损失，都要按照《财政部 国家税务总局关于企业资产损失税前扣除政策的通知》和《国家税务总局关于发布〈企业资产损失所得税税前扣除管理办法〉的公告》的规定，区分为清单申报和专项申报来分别填报；对于专项申报，再按照资产损失类别分项在《资产损失（专项申报）税前扣除及纳税调整明细表》（A105091）中填报；且本表及附表的损失均以正数填报。

（6）应填报在本表第 3 行"存货发生的正常损耗"中。根据《国家税务总局关于商业零售企业存货损失税前扣除问题的公告》（国家税务总局公告 2014 年第 3 号）的规定，商业零售企业存货因零星失窃、报废、废弃、过期、破损、腐败、鼠咬、顾客退换货等正常因素形成的损失，为存货正常损失，准予按会计科目进行归类、汇总，然后将汇总数据以清单的形式进行企业所得税纳税申报。

商业零售企业存货因风、火、雷、震等自然灾害，仓储、运输失事，重大案件等非正常因素形成的损失，以及存货单笔（单项）损失超过 500 万元的，应当以专项申报形式进行企业所得税纳税申报，填报在表 A105091 的相关栏次中。

（7）对于因国务院决定事项形成的资产损失，应当填报在表 A105091 的相关栏次中。根据《国家税务总局关于企业因国务院决定事项形成的资产损失税前扣除问题的公告》（国家税务总局公告 2014 年第 18 号）的规定，企业因国务院决定事项形成的资产损失，应以专项申报的方式向主管税务机关申报扣除。

（8）对于转回的资产减值损失，应按资产减值的类别与处置方式，与《纳税调整项目明细表》（A105000）中的"资产减值准备"，以及《投资收益纳税调整明细表》（A105030）等关联附表的相关行次关联调整，防止重复调整的情况出现。

（9）会计上是按企业资产账面净值确认损失金额，税法上则是按原值扣除税法规定的以前年度已税前扣除的折旧额、摊销额，再扣除可回收金额为损失额。

在实际工作中，应注意不要用会计账面折旧、摊销额替代税法允许税前扣除的折旧、摊销额。

（10）纳税人只要发生资产损失，就应填报本表。本表作为纳税调整系列的例外，不论是否存在纳税调整，只要发生资产损失税前扣除事项（清单申报、专项）就应列示填报。

（11）本表与《投资收益纳税调整明细表》（A105030）、《纳税调整项目明细表》（A105000）中第 32 行"（二）资产减值准备金"纳税调整事项相关联。

6.10.2 各行次的填报和审核

6.10.2.1 第 1 行"一、清单申报资产损失"

《资产损失税前扣除及纳税调整明细表》（105090）第 1 行"一、清单申报资产损失"：填报以清单申报的方式向税务机关申报扣除的资产损失项目账载金额、税收金额以及纳税调整金额。填报第 2 行至第 8 行的合计数。

6.10.2.2 第 2 行至第 8 行

《资产损失税前扣除及纳税调整明细表》（105090）第 2 行至第 8 行，分别填报相应资产损失类型的会计处理、税法规定及纳税调整情况。第 1 列"账载金额"填报纳税人会计核算计入当期损益的资产损失金额，已经计入存货成本的正常损耗除外；第 2 列"税收金额"填报根据税法规定允许税前扣除的资产损失金额；第 3 列"纳税调整金额"为第 1—2 列的余额。

6.10.2.3 第 9 行"二、专项申报资产损失"

《资产损失税前扣除及纳税调整明细表》（105090）第 9 行"二、专项申报资产损失"：填报以专项申报的方式向税务机关申报扣除的资产损失项目的账载金额、税收金额以及纳税调整金额。本行根据《资产损失（专项申报）税前扣除及纳税调整明细表》（A105091）填报，第 1 列"账载金额"为表 A105091 第 20 行第 2 列金额；第 2 列"税收金额"为表 A105091 第 20 行第 6 列金额；第 3 列"纳税调整金额"为表 A105091 第 20 行第 7 列金额。

6.10.2.4 第 10 行"（一）货币资产损失"

《资产损失税前扣除及纳税调整明细表》（105090）第 10 行"（一）货币资产损失"：填报企业当年发生的货币资产损失（包括现金损失、银行存款损失和应收及预付款项损失等）的账载金额、税收金额以及纳税调整金额，根据《资产损失（专项申报）税前扣除及纳税调整明细表》（A105091）第 1 行相应数据列填报。

6.10.2.5 第 11 行"（二）非货币资产损失"

《资产损失税前扣除及纳税调整明细表》（105090）第 11 行"（二）非货币资产损失"：填报非货币资产损失的账载金额、税收金额以及纳税调整金额，根据《资产损失（专项申报）税前扣除及纳税调整明细表》（A105091）第 6 行相应数据列填报。

6.10.2.6 第 12 行"（三）投资损失"

《资产损失税前扣除及纳税调整明细表》（105090）第 12 行"（三）投资损失"：填报应进行专项申报扣除的投资损失账载金额、税收金额以及纳税调整金额，根据《资产损失（专项申报）税前扣除及纳税调整明细表》（A105091）第 11 行相应数据列填报。

6.10.2.7　第13行"（四）其他"

《资产损失税前扣除及纳税调整明细表》（105090）第13行"（四）其他"：填报应进行专项申报扣除的其他资产损失情况，根据《资产损失（专项申报）税前扣除及纳税调整明细表》（A105091）第16行相应数据列填报。

6.10.2.8　第14行"合计"

《资产损失税前扣除及纳税调整明细表》（105090）第14行"合计"：填报第1＋9行的金额。

6.10.3　各列次的填报和审核

6.10.3.1　第1列"账载金额"

《资产损失税前扣除及纳税调整明细表》（A105090）第1列"账载金额"填报本纳税年度实际发生的需报税务机关申报的财产损失金额，以及固定资产、无形资产转让、处置所得（损失）和金融资产转让、处置所得等损失金额，其填报数据来源为"营业外支出"科目记录的会计数据。

6.10.3.2　第2列"税收金额"

《资产损失税前扣除及纳税调整明细表》（A105090）第2列"税收金额"填报向税务机关受理申报并取得受理回执的本纳税年度财产损失金额，以及按照税法规定计算的固定资产、无形资产转让、处置所得（损失）和金融资产转让、处置所得等损失金额，长期股权投资除外，其填报数据来源为税务机关的受理回执等文件记录批准的财产损失金额。

需要向税务机关纳税申报的财产损失，如未取得税务机关的受理回执等文件，则税收金额为0。

6.11　《资产损失（专项申报）税前扣除及纳税调整明细表》（A105091）的填报和审核

6.11.1　《资产损失（专项申报）税前扣除及纳税调整明细表》概述

6.11.1.1　适用范围

《资产损失（专项申报）税前扣除及纳税调整明细表》（A105091）适用于发生资产损失税前扣除专项申报事项的纳税人填报。

6.11.1.2　填报依据

纳税人根据税法、《财政部 国家税务总局关于企业资产损失税前扣除政策的通知》（财税〔2009〕57号）、《国家税务总局关于发布〈企业资产损失所得税税前扣除管理办法〉的公告》（国家税务总局公告2011年第25号）等相关规定，及国家统一企业会计制度，填报纳税人资产损失会计、税法处理以及纳税调整情况。

6.11.1.3　表内、表间关系

（一）表内关系。

（1）表A105091第1行＝第2＋3＋4＋5行。

（2）表A105091第6行＝第7＋8＋9＋10行。

（3）表A105091第11行＝第12＋13＋14＋15行。

（4）表A105091第16行＝第17＋18＋19行。

（5）表 A105091 第 20 行＝第 1＋6＋11＋16 行。

（6）表 A105091 第 6 列＝第 5－3－4 列。

（7）表 A105091 第 7 列＝第 2－6 列。

（二）表间关系。

（1）表 A105091 第 1 行第 2 列＝表 A105090 第 10 行第 1 列。

（2）表 A105091 第 1 行第 6 列＝表 A105090 第 10 行第 2 列。

（3）表 A105091 第 1 行第 7 列＝表 A105090 第 10 行第 3 列。

（4）表 A105091 第 6 行第 2 列＝表 A105090 第 11 行第 1 列。

（5）表 A105091 第 6 行第 6 列＝表 A105090 第 11 行第 2 列。

（6）表 A105091 第 6 行第 7 列＝表 A105090 第 11 行第 3 列。

（7）表 A105091 第 11 行第 2 列＝表 A105090 第 12 行第 1 列。

（8）表 A105091 第 11 行第 6 列＝表 A105090 第 12 行第 2 列。

（9）表 A105091 第 11 行第 7 列＝表 A105090 第 12 行第 3 列。

（10）表 A105091 第 16 行第 2 列＝表 A105090 第 13 行第 1 列。

（11）表 A105091 第 16 行第 6 列＝表 A105090 第 13 行第 2 列。

（12）表 A105091 第 16 行第 7 列＝表 A105090 第 13 行第 3 列。

（13）表 A105091 第 20 行第 2 列＝表 A105090 第 9 行第 1 列。

（14）表 A105091 第 20 行第 6 列＝表 A105090 第 9 行第 2 列。

（15）表 A105091 第 20 行第 7 列＝表 A105090 第 9 行第 3 列。

6.11.1.4　填报注意事项

1. 填报第 2 列"账载金额"时，注意填报的是资产损失的账面记录金额，非资产的账载金额。即会计账面记入"营业外支出"等科目的金额。

2. 填报第 5 列"计税基础"时，填报按税法规定计算的发生损失时资产的计税基础，含损失资产涉及的不得抵扣增值税进项税额。在确认计税基础时，应以账面价值为基础，并考虑资产计提的减值准备金后，计算确认。

6.11.2　填报和审核

6.11.2.1　第 1 列"项目"

《资产损失（专项申报）税前扣除及纳税调整明细表》（A105091）第 1 列"项目"：填报纳税人发生资产损失的具体项目名称，应逐笔逐项填报具体资产损失明细。

6.11.2.2　第 2 列"账载金额"

《资产损失（专项申报）税前扣除及纳税调整明细表》（A105091）第 2 列"账载金额"：填报纳税人会计核算计入本年损益的资产损失金额。

6.11.2.3　第 3 列"处置收入"

《资产损失（专项申报）税前扣除及纳税调整明细表》（A105091）第 3 列"处置收入"：填报纳税人处置发生损失的资产可收回的残值或处置收益。

6.11.2.4　第 4 列"赔偿收入"

《资产损失（专项申报）税前扣除及纳税调整明细表》（A105091）第 4 列"赔偿收入"：填报纳税人发生的资产损失，取得的相关责任人、保险公司赔偿的金额。

6.11.2.5　第 5 列"计税基础"

《资产损失（专项申报）税前扣除及纳税调整明细表》（A105091）第 5 列"计税基础"：填报按税法规定计算的发生损失时资产的计税基础，含损失资产涉及的不得抵扣增值税进项税额。

6.11.2.6 第6列"税收金额"

《资产损失（专项申报）税前扣除及纳税调整明细表》（A105091）第6列"税收金额"：填报按税法规定确定的允许当期税前扣除的资产损失金额，为第5-3-4列的余额。

6.11.2.7 第7列"纳税调整金额"

《资产损失（专项申报）税前扣除及纳税调整明细表》（A105091）第7列"纳税调整金额"：填报第2-6列的余额。

6.12 《企业重组纳税调整明细表》（A105100）的填报和审核

6.12.1 《企业重组纳税调整明细表》概述

6.12.1.1 适用范围

《企业重组纳税调整明细表》（A105100）适用于发生企业重组纳税调整项目的纳税人，在企业重组日所属纳税年度分析填报。

6.12.1.2 填报依据

纳税人根据税法、《财政部 国家税务总局关于企业重组业务企业所得税处理若干问题的通知》（财税〔2009〕59号）、《国家税务总局关于发布〈企业重组业务企业所得税管理办法〉的公告》（国家税务总局公告2010年第4号）、《财政部 国家税务总局关于中国（上海）自由贸易试验区内企业以非货币性资产对外投资等资产重组行为有关企业所得税政策问题的通知》（财税〔2013〕91号）等相关规定，以及国家统一企业会计制度，填报企业重组的会计核算及税法规定，以及纳税调整情况。对于发生债务重组业务且选择特殊性税务处理（即债务重组所得可以在5个纳税年度均匀计入应纳所得额）的纳税人，重组日所属纳税年度的以后纳税年度，也在本表进行债务重组的纳税调整。除上述债务重组所得可以分期确认应纳税所得额的企业重组外，其他涉及资产计税基础与会计核算成本差异调整的企业重组，本表不作调整，在《资产折旧、摊销情况及纳税调整明细表》（A105080）中进行纳税调整。

6.12.1.3 报表结构说明

本表数据栏设置"一般性税务处理"、"特殊性税务处理"两大栏次，纳税人应根据企业重组所适用的税务处理办法，分别按照企业重组类型进行累计填报。

6.12.1.4 表内、表间关系

（一）表内关系。

（1）表A105100第8行＝第9+10行。

（2）表A105100第14行＝第1+4+6+8+11+12行。

（3）表A105100第3列＝第2-1列。

（4）表A105100第6列＝第5-4列。

（5）表A105100第7列＝第3+6列。

（二）表间关系。

（1）表A105100第14行第1+4列＝表A105000第36行第1列。

（2）表A105100第14行第2+5列＝表A105000第36行第2列。

（3）表A105100第14行第7列金额，若≥0，填入表A105000第36行第3列；若＜0，将绝对值填入表A105000第36行第4列。

6.12.2 填报说明

6.12.2.1 第 1 列 "一般性税务处理——账载金额"

《企业重组纳税调整明细表》（A105100）第 1 列 "一般性税务处理——账载金额"：填报企业重组适用一般性税务处理的纳税人会计核算确认的企业重组损益金额。

6.12.2.2 第 2 列 "一般性税务处理——税收金额"

《企业重组纳税调整明细表》（A105100）第 2 列 "一般性税务处理——税收金额"：填报企业重组适用一般性税务处理的纳税人按税法规定确认的所得（或损失）金额。

6.12.2.3 第 3 列 "一般性税务处理——纳税调整金额"

《企业重组纳税调整明细表》（A105100）第 3 列 "一般性税务处理——纳税调整金额"：填报企业重组适用一般性税务处理的纳税人，按税法规定确认的所得（或损失）与会计核算确认的损益金额的差。为第 2—1 列的余额。

6.12.2.4 第 4 列 "特殊性税务处理——账载金额"

《企业重组纳税调整明细表》（A105100）第 4 列 "特殊性税务处理——账载金额"：填报企业重组适用特殊性税务处理的纳税人，会计核算确认的企业重组损益金额。

6.12.2.5 第 5 列 "特殊性税务处理——税收金额"

《企业重组纳税调整明细表》（A105100）第 5 列 "特殊性税务处理——税收金额"：填报企业重组适用特殊性税务处理的纳税人，按税法规定确认的所得（或损失）。

6.12.2.6 第 6 列 "特殊性税务处理——纳税调整金额"

《企业重组纳税调整明细表》（A105100）第 6 列 "特殊性税务处理——纳税调整金额"：填报企业重组适用特殊性税务处理的纳税人，按税法规定确认的所得（或损失）与会计核算确认的损益金额的差额。此行为第 5—4 列的余额。

6.12.2.7 第 7 列 "纳税调整金额"

《企业重组纳税调整明细表》（A105100）第 7 列 "纳税调整金额"：填报第 3+6 列的金额。

6.12.3 一般性税务处理审核

6.12.3.1 填报方法

发生企业重组业务的纳税人，应根据特殊重组以外的重组业务所得或损失金额，确认 "账载金额" 和 "税收金额"。

6.12.3.2 填报政策

根据《国家税务总局关于企业处置资产所得税处理问题的通知》（国税函〔2008〕828 号）的规定，企业发生处置资产除将资产转移至境外以外，由于资产所有权属在形式和实质上均不发生改变，可作为内部处置资产，不视同销售确认收入，相关资产的计税基础延续计算，对初始投资环节的投资差额，不进行纳税调整。

6.12.3.3 填报案例

一、甲公司债务重组情况

2015 年 7 月将库存商品 150 000.00 元用于对外偿还丙公司债务，甲公司同类产品价值为 200 000.00 元，抵债金额 269 000.00 元，确认收入 200 000.00 元，成本 150 000.00 元，确认营业外收入 35 000.00 元。

营业外收入 35 000.00（元）＝269 000.00－200 000.00－200 000.00×17％

二、填报情况

具体填报情况见表 6-8。

表 6-8   企业重组纳税调整明细表

行次	项目	一般性税务处理			特殊性税务处理			纳税调整金额
		账载金额	税收金额	纳税调整金额	账载金额	税收金额	纳税调整金额	7(3+6)
		1	2	3(2－1)	4	5	6(5－4)	
1	一、债务重组	35 000.00	35 000.00	—			—	—
2	其中：以非货币性资产清偿债务	35 000.00	35 000.00	—			—	—
3	债转股			—			—	—
4	二、股权收购			—			—	—
5	其中：涉及跨境重组的股权收购			—			—	—
6	三、资产收购			—			—	—
7	其中：涉及跨境重组的资产收购			—			—	—
8	四、企业合并（9+10）	—	—	—			—	—
9	其中：同一控制下企业合并			—			—	—
10	非同一控制下企业合并			—			—	—
11	五、企业分立			—			—	—
12	六、其他			—			—	—
13	其中：以非货币性资产对外投资			—			—	—
14	合计（1+4+6+8+11+12）	35 000.00	35 000.00	—	—	—	—	—

6.12.4　特殊性税务处理审核

根据税务机关受理特殊重组备案申请的核准文件，确认特殊重组业务的税收数据。

6.13　《政策性搬迁纳税调整明细表》（A105110）的填报和审核

6.13.1　《政策性搬迁纳税调整明细表》概述

6.13.1.1　适用范围

《政策性搬迁纳税调整明细表》（A105110）适用于发生政策性搬迁纳税调整项目的纳税人在完成搬迁年度及以后进行损失分期扣除的年度填报。

纳税人根据税法、《国家税务总局关于发布〈企业政策性搬迁所得税管理办法〉的公告》（国家税务总局公告 2012 年第 40 号）、《国家税务总局关于企业政策性搬迁所得税有关问题的公告》（国家税务总局公告 2013 年第 11 号）等相关规定，以及国家统一企业会计制度，填报企业政策性搬迁项目的相关会计处理、税法规定及纳税调整情况。

6.13.1.2 表内、表间关系

（一）表内关系。

（1）表 105110 第 1 行＝第 2＋8 行。

（2）表 105110 第 2 行＝第 3＋4＋…＋7 行。

（3）表 105110 第 9 行＝第 10＋16 行。

（4）表 105110 第 10 行＝第 11＋12＋…＋15 行。

（5）表 105110 第 17 行＝第 1－9 行。

（6）表 105110 第 18 行＝第 19＋20＋21 行。

（7）表 105110 第 24 行＝第 18－22－23 行。

（二）表间关系。

第 24 行，若≥0，填入表 A105000 第 37 行第 3 列；若＜0，将绝对值填入表 A105000 第 37 行第 4 列。

6.13.1.3 填报注意事项

1. 本表第 1 行"一、搬迁收入"至第 21 行"五、计入当期损益的搬迁所得或损失"的金额，按照税法规定确认的政策性搬迁清算累计数填报。

2. 搬迁期间，税收上企业应按《国家税务总局关于发布〈企业政策性搬迁所得税管理办法〉的公告》的要求，就政策性搬迁过程中涉及的搬迁收入、搬迁支出、搬迁资产税务处理、搬迁所得等所得税征收管理事项，单独进行税务管理和核算。不能单独进行税务管理和核算的，应视为企业自行搬迁或商业性搬迁等非政策性搬迁进行所得税处理，不得执行政策性搬迁相关规定。企业在搬迁期间发生的搬迁收入和搬迁支出，可以暂不计入当期应纳税所得额，而在完成搬迁的年度，对搬迁收入和支出进行汇总清算。

3. 搬迁期间，会计上企业应按《企业会计准则解释第 3 号》的规定处理。即：公共利益进行搬迁，收到政府从财政预算直接拨付的搬迁补偿款，应作为专项应付款处理。其中，属于对企业在搬迁和重建过程中发生的固定资产和无形资产损失、有关费用性支出、停工损失及搬迁后拟新建资产进行补偿的，应将专项应付款转入递延收益，并按照《企业会计准则第 16 号——政府补助》进行会计处理。

搬迁支出时：

借：管理费用等

　　贷：银行存款等

借：专项应付款

　　贷：递延收益

借：递延收益

　　贷：营业外收入

4. 搬迁完成年度，税收上对搬迁收入和支出进行汇总清算。会计上，企业取得的搬迁补偿款扣除转入递延收益的金额后如有结余，应当作为资本公积处理。

5. 注意 2012 年 10 月 1 日前后签订搬迁协议的企业，购置资产支出的处理的不同。

2012 年 10 月 1 日以后签订搬迁协议的企业，执行《国家税务总局关于发布〈企业政策性搬迁所得税管理办法〉的公告》的规定，即：企业搬迁期间新购置的各类资产，应按《企业所得税法》及其实施条例等有关规定，计算确定资产的计税成本及折旧或摊销年限。企业发生的购置资产支出，不得从搬迁收入中扣除。

2012 年 10 月 1 日以前签订搬迁协议的企业，执行国家税务总局 2013 年第 11 号公告的规定，即：企业在重建或恢复生产过程中购置的各类资产，可以作为搬迁支出，从搬迁收

入中扣除。但购置的各类资产，应剔除该搬迁补偿收入后，作为该资产的计税基础，并按规定计算折旧或费用摊销。

6.13.2　填报说明

6.13.2.1　第1行"一、搬迁收入"

《政策性搬迁纳税调整明细表》（A105110）第1行"一、搬迁收入"：填报第2＋8行的合计数。

6.13.2.2　第2行"（一）搬迁补偿收入"

《政策性搬迁纳税调整明细表》（A105110）第2行"（一）搬迁补偿收入"：填报按税法规定确认的，纳税人从本企业以外取得的搬迁补偿收入金额，此行为第3行至第7行的合计金额。

6.13.2.3　第3行"1. 对被征用资产价值的补偿"

《政策性搬迁纳税调整明细表》（A105110）第3行"1. 对被征用资产价值的补偿"：填报按税法规定确认的，纳税人被征用资产价值而取得的补偿收入累计金额。

6.13.2.4　第4行"2. 因搬迁、安置而给予的补偿"

《政策性搬迁纳税调整明细表》（A105110）第4行"2. 因搬迁、安置而给予的补偿"：填报按税法规定确认的，纳税人因搬迁、安置而取得的补偿收入累计金额。

6.13.2.5　第5行"3. 对停产停业形成的损失而给予的补偿"

《政策性搬迁纳税调整明细表》（A105110）第5行"3. 对停产停业形成的损失而给予的补偿"：填报按税法规定确认的，纳税人停产停业形成损失而取得的补偿收入累计金额。

6.13.2.6　第6行"4. 资产搬迁过程中遭到毁损而取得的保险赔款"

《政策性搬迁纳税调整明细表》（A105110）第6行"4. 资产搬迁过程中遭到毁损而取得的保险赔款"：填报按税法规定确认，纳税人资产搬迁过程中遭到毁损而取得的保险赔款收入累计金额。

6.13.2.7　第7行"5. 其他补偿收入"

《政策性搬迁纳税调整明细表》（A105110）第7行"5. 其他补偿收入"：填报按税收规定确认，纳税人取得的其他补偿收入累计金额。

6.13.2.8　第8行"（二）搬迁资产处置收入"

《政策性搬迁纳税调整明细表》（A105110）第8行"（二）搬迁资产处置收入"：填报按税法规定确认，纳税人由于搬迁而处置各类资产所取得的收入累计金额。

6.13.2.9　第9行"二、搬迁支出"

《政策性搬迁纳税调整明细表》（A105110）第9行"二、搬迁支出"：填报第10＋16行的金额。

6.13.2.10　第10行"（一）搬迁费用支出"

《政策性搬迁纳税调整明细表》（A105110）第10行"（一）搬迁费用支出"：填报按税法规定确认，纳税人搬迁过程中发生的费用支出累计金额。此行为第11行至第15行的合计金额。

6.13.2.11　第11行"1. 安置职工实际发生的费用"

《政策性搬迁纳税调整明细表》（A105110）第11行"1. 安置职工实际发生的费用"：填报按税法规定确认，纳税人安置职工实际发生的费用支出累计金额。

6.13.2.12　第12行"2. 停工期间支付给职工的工资及福利费"

《政策性搬迁纳税调整明细表》（A105110）第12行"2. 停工期间支付给职工的工资及福利费"：填报按税法规定确认，纳税人因停工支付给职工的工资及福利费支出累计金额。

6.13.2.13　第 13 行 "3. 临时存放搬迁资产而发生的费用"

《政策性搬迁纳税调整明细表》（A105110）第 13 行 "3. 临时存放搬迁资产发生的费用"：填报按税法规定确认，纳税人临时存放搬迁资产发生的费用支出累计金额。

6.13.2.14　第 14 行 "4. 各类资产搬迁安装费用"

《政策性搬迁纳税调整明细表》（A105110）第 14 行 "4. 各类资产搬迁安装费用"：填报按税法规定确认，纳税人各类资产搬迁安装发生的费用支出累计金额。

6.13.2.15　第 15 行 "5. 其他与搬迁相关的费用"

《政策性搬迁纳税调整明细表》（A105110）第 15 行 "5. 其他与搬迁相关的费用"：填报按税法规定确认，纳税人其他与搬迁相关的费用支出累计金额。

6.13.2.16　第 16 行 "（二）搬迁资产处置支出"

《政策性搬迁纳税调整明细表》（A105110）第 16 行 "（二）搬迁资产处置支出"：填报按税法规定确认，纳税人搬迁资产处置发生的支出累计金额。符合《国家税务总局关于企业政策性搬迁所得税有关问题的公告》规定的资产购置支出，填报在本行。

6.13.2.17　第 17 行 "三、搬迁所得或损失"

《政策性搬迁纳税调整明细表》（A105110）第 17 行 "三、搬迁所得或损失"：填报政策性搬迁所得或损失。此行为第 1—9 行的余额。

6.13.2.18　第 18 行 "四、应计入本年应纳税所得额的搬迁所得或损失"

《政策性搬迁纳税调整明细表》（A105110）第 18 行 "四、应计入本年应纳税所得额的搬迁所得或损失"：填报政策性搬迁所得或损失按照税法规定计入本年应纳税所得额的金额。此行为第 19 行至第 21 行的合计金额。

6.13.2.19　第 19 行 "其中：搬迁所得"

《政策性搬迁纳税调整明细表》（A105110）第 19 行 "其中：搬迁所得"：填报按税法相关规定，搬迁完成年度政策性搬迁所得的金额。

6.13.2.20　第 20 行 "搬迁损失一次性扣除"

《政策性搬迁纳税调整明细表》（A105110）第 20 行 "搬迁损失一次性扣除"：由选择一次性扣除搬迁损失的纳税人填报，填报搬迁完成年度按照税法规定计算的搬迁损失金额，损失以负数填报。

6.13.2.21　第 21 行 "搬迁损失分期扣除"

《政策性搬迁纳税调整明细表》（A105110）第 21 行 "搬迁损失分期扣除"：由选择分期扣除搬迁损失的纳税人填报，填报搬迁完成年度按照税法规定计算的搬迁损失在本年扣除的金额，损失以负数填报。

6.13.2.22　第 22 行 "五、计入当期损益的搬迁收益或损失"

《政策性搬迁纳税调整明细表》（A105110）第 22 行 "五、计入当期损益的搬迁收益或损失"：填报政策性搬迁项目会计核算计入当期损益的金额，损失以负数填报。

6.13.2.23　第 23 行 "六、以前年度搬迁损失当期扣除金额"

《政策性搬迁纳税调整明细表》（A105110）第 23 行 "六、以前年度搬迁损失当期扣除金额"：填报以前年度完成搬迁形成的损失，按照税法规定在当期扣除的金额。

6.13.2.24　第 24 行 "七、纳税调整金额"

《政策性搬迁纳税调整明细表》（A105110）第 24 行 "七、纳税调整金额"：填报第18—22—23 行的余额。

6.13.3　填报案例

一、案例基本情况

（一）政策性搬迁补偿收入。

A 公司 2010—2012 年期间共收到政策性搬迁补偿收入 199 723 212.00 元，其中：黄河线果园路商场周边土地拆迁项目 151 240 907.00 元，天府路办公用地的拆迁补偿项目 48 482 305.00 元。

（二）政策性搬迁支出。

A 公司从规划搬迁次年起的五年内，账载实际发生政策性搬迁费用支出 68 654 598.76 元，其中：黄河线果园路商场周边土地拆迁项目 54 197 760.84 元，天府路办公用地的拆迁补偿项目 14 456 837.92 元。具体费用明细如下：

1. 安置职工实际发生的费用 15 000 000.00 元

2. 停工期间支付给职工的工资及福利费 8 000 000.00 元，

3. 临时存放搬迁资产而发生的费用 1 000 000.00 元；

4. 各类资产搬迁安装费用 0.00 元；

5. 其他与搬迁相关的费用 44 654 598.76 元。

（三）政策性搬迁重建支出。

A 公司根据天河商业拆迁重置总体规划，用黄河线果园路商场周边土地拆迁项目和天府路办公用地的拆迁补偿项目收到的补偿款，建造与搬迁前相同或类似性质、用途或者新的固定资产——天河商业。A 公司从 2011 年起的五年内，按企业制定的搬迁和重置计划书，账载可在政策性搬迁相关收入中扣除总额为 128 372 189.45 元，其中：直接成本 70 956 945.80 元，间接成本 57 415 243.65 元，审核调整减少 6 954 656.20 元，经审核确认扣除项目总额 121 417 533.25 元。

A 公司与建设公司签订施工合同，未最终办理结算而未取得全额发票的金额为 13 919 321.00 元，A 公司对于该部分费用在 2015 年 6 月全额预提，根据《国家税务总局关于印发〈房地产开发经营业务企业所得税处理办法〉的通知》（国税发〔2009〕31 号）的规定，出包工程未最终办理结算而未取得全额发票的，在证明资料充分的前提下，其发票不足金额可以预提，但最高不得超过合同总金额的 10%，本次可以扣除金额 6 964 664.80 元，按照税法规定不能计入政策性搬迁重置支出，调整减少重置支出 6 954 656.20 元。

二、填报情况

具体填报情况见表 6-9。

表 6-9 政策性搬迁纳税调整明细表

行次	项目	金额
1	一、搬迁收入（2＋8）	199 723 212.00
2	（一）搬迁补偿收入（3＋4＋5＋6＋7）	199 723 212.00
3	1. 对被征用资产价值的补偿	199 723 212.00
4	2. 因搬迁、安置而给予的补偿	
5	3. 对停产停业形成的损失而给予的补偿	
6	4. 资产搬迁过程中遭到毁损而取得的保险赔款	
7	5. 其他补偿收入	
8	（二）搬迁资产处置收入	
9	二、搬迁支出（10＋16）	190 072 132.93
10	（一）搬迁费用支出（11＋12＋13＋14＋15）	165 734 449.96
11	1. 安置职工实际发生的费用	15 000 000.00
12	2. 停工期间支付给职工的工资及福利费	8 000 000.00

续表

行次	项目	金额
13	3. 临时存放搬迁资产而发生的费用	1 000 000.00
14	4. 各类资产搬迁安装费用	—
15	5. 其他与搬迁相关的费用	141 734 449.96
16	（二）搬迁资产处置支出	24 337 682.97
17	三、搬迁所得或损失（1—9）	9 651 079.07
18	四、应计入本年应纳税所得额的搬迁所得或损失（19+20+21）	9 651 079.07
19	其中：搬迁所得	9 651 079.07
20	搬迁损失一次性扣除	
21	搬迁损失分期扣除	
22	五、计入当期损益的搬迁收益或损失	9 651 079.07
23	六、以前年度搬迁损失当期扣除金额	
24	七、纳税调整金额（18—22—23）	—

6.14　《特殊行业准备金纳税调整明细表》（A105120）的填报和审核

6.14.1　《特殊行业准备金纳税调整明细表》概述

6.14.1.1　适用范围

《特殊行业准备金纳税调整明细表》（A105120）适用于发生特殊行业准备金纳税调整项目的纳税人填报。

6.14.1.2　填报依据

纳税人根据税法，《财政部　国家税务总局关于保险公司准备金支出企业所得税税前扣除有关政策问题的通知》（财税〔2012〕45 号）、《财政部　国家税务总局关于保险公司农业巨灾风险准备金企业所得税税前扣除政策的通知》（财税〔2012〕23 号）、《财政部　国家税务总局关于证券行业准备金支出企业所得税税前扣除有关政策问题的通知》（财税〔2012〕11 号）、《财政部　国家税务总局关于金融企业贷款损失准备金企业所得税税前扣除政策的通知》（财税〔2012〕5 号）、《财政部　国家税务总局关于延长金融企业涉农贷款和中小企业贷款损失准备金税前扣除政策执行期限的通知》（财税〔2011〕104 号）、《财政部　国家税务总局关于中小企业信用担保机构有关准备金企业所得税税前扣除政策的通知》（财税〔2012〕25 号）等相关规定，以及国家统一企业会计制度，填报特殊行业准备金会计处理、税法规定及纳税调整情况。

6.14.1.3　表内、表间关系

（一）表内关系。

（1）表 A105120 第 3 列＝第 1—2 列。

（2）表 A105120 第 1 行＝第 2＋3＋6＋7＋8＋9＋10 行。

（3）表 A105120 第 3 行＝第 4＋5 行。

（4）表 A105120 第 11 行＝第 12＋13＋14＋15 行。

（5）表 A105120 第 16 行＝第 17＋18＋19＋20 行。

（6）表 A105120 第 21 行＝第 22＋23＋24 行。

（7）表 A105120 第 25 行＝第 26＋27＋28 行。

（8）表 A105120 第 30 行＝第 1＋11＋16＋21＋25＋29 行。

（二）表间关系。

（1）表 A105120 第 30 行第 1 列＝表 A105000 第 38 行第 1 列。

（2）表 A105120 第 30 行第 2 列＝表 A105000 第 38 行第 2 列。

（3）表 A105120 第 30 行第 3 列，若≥0，填入表 A105000 第 38 行第 3 列；若<0，将绝对值填入表 A105000 第 38 行第 4 列。

6.14.2 保险公司的填报和审核

保险公司需要填报《特殊行业准备金纳税调整明细表》（A105120）第 1 行至第 10 行。具体填报及审核要求如下。

6.14.2.1 填报说明

一、第 1 行"一、保险公司"

《特殊行业准备金纳税调整明细表》（A105120）第 1 行"一、保险公司"：填报第 2＋3＋6＋7＋8＋9＋10 行的金额。

二、第 2 行"（一）未到期责任准备金"

《特殊行业准备金纳税调整明细表》（A105120）第 2 行"（一）未到期责任准备金"：第 1 列"账载金额"，填报会计核算计入当期损益的金额；第 2 列"税收金额"，填报按税法规定允许税前扣除的金额；第 3 列为第 1－2 列的余额。

三、第 3 行"（二）未决赔款准备金"

《特殊行业准备金纳税调整明细表》（A105120）第 3 行"（二）未决赔款准备金"：填报第 4＋5 行的金额。本表调整的未决赔款准备金为已发生已报案未决赔款准备金、已发生未报案未决赔款准备金，不包括理赔费用准备金。

四、第 4 行"其中：已发生已报案未决赔款准备金"

《特殊行业准备金纳税调整明细表》（A105120）第 4 行"其中：已发生已报案未决赔款准备金"：填报未决赔款准备金中已发生已报案准备金的纳税调整情况。填列方法同第 2 行。

五、第 5 行"已发生未报案未决赔款准备金"

《特殊行业准备金纳税调整明细表》（A105120）第 5 行"已发生未报案未决赔款准备金"：填报未决赔款准备金中已发生未报案准备金的纳税调整情况。填列方法同第 2 行。

六、第 6 行"（三）巨灾风险准备金"

《特殊行业准备金纳税调整明细表》（A105120）第 6 行"（三）巨灾风险准备金"：填报巨灾风险准备金的纳税调整情况。填列方法同第 2 行。

七、第 7 行"（四）寿险责任准备金"

《特殊行业准备金纳税调整明细表》（A105120）第 7 行"（四）寿险责任准备金"：填报寿险责任准备金的纳税调整情况。填列方法同第 2 行。

八、第 8 行"（五）长期健康险责任准备金"

《特殊行业准备金纳税调整明细表》（A105120）第 8 行"（五）长期健康险责任准备金"：填报长期健康险责任准备金的纳税调整情况。填列方法同第 2 行。

九、第 9 行"（六）保险保障基金"

《特殊行业准备金纳税调整明细表》（A105120）第 9 行"（六）保险保障基金"：填报保

险保障基金的纳税调整情况。填列方法同第 2 行。

十、第 10 行"（七）其他"

《特殊行业准备金纳税调整明细表》（A105120）第 10 行"（七）其他"：填报除第 2 行至第 9 行以外的允许税前扣除的保险公司准备金的纳税调整情况。填列方法同第 2 行。

6.14.2.2　填报审核

一、保险公司准备金支出

（一）保险公司按规定缴纳的保险保障基金准予据实扣除。

保险公司按下列规定缴纳的保险保障基金，准予据实税前扣除：

1. 非投资型财产保险业务，不得超过保费收入的 0.8％；投资型财产保险业务，有保证收益的，不得超过业务收入的 0.08％，无保证收益的，不得超过业务收入的 0.05％。

2. 有保证收益的人寿保险业务，不得超过业务收入的 0.15％；无保证收益的人寿保险业务，不得超过业务收入的 0.05％。

3. 短期健康保险业务，不得超过保费收入的 0.8％；长期健康保险业务，不得超过保费收入的 0.15％。

4. 非投资型意外伤害保险业务，不得超过保费收入的 0.8％；投资型意外伤害保险业务，有保证收益的，不得超过业务收入的 0.08％，无保证收益的，不得超过业务收入的 0.05％。

（二）保险保障基金不得税前扣除的情形。

保险公司有下列情形之一的，其缴纳的保险保障基金不得在税前扣除：

1. 财产保险公司的保险保障基金余额达到公司总资产 6％的。

2. 人身保险公司的保险保障基金余额达到公司总资产 1％的。

（三）保险公司按国务院财政部门的相关规定提取的四项准备金准予扣除。

保险公司按国务院财政部门的相关规定提取的未到期责任准备金、寿险责任准备金、长期健康险责任准备金、已发生已报案未决赔款准备金和已发生未报案未决赔款准备金，准予在税前扣除。

1. 未到期责任准备金、寿险责任准备金、长期健康险责任准备金依据经中国保监会核准任职资格的精算师或出具专项审计报告的中介机构确定的金额提取。

2. 已发生已报案未决赔款准备金，按最高不超过当期已经提出的保险赔款或者给付金额的 100％提取；已发生未报案未决赔款准备金按不超过当年实际赔款支出额的 8％提取。

（四）保险公司实际发生的各种保险赔款、给付，先冲抵准备金，不足冲抵部分准予扣除。

保险公司实际发生的各种保险赔款、给付，应首先冲抵按规定提取的准备金，不足冲抵部分，准予在当年税前扣除。

（五）保险企业准备金支出各按企业会计有关规定计算扣除。

根据《财政部 国家税务总局关于保险公司准备金支出企业所得税税前扣除有关政策问题的通知》（财税〔2012〕45 号）的有关规定，保险企业未到期责任准备金、寿险责任准备金、长期健康险责任准备金、已发生已报告未决赔款准备金和已发生未报告未决赔款准备金应按财政部下发的企业会计有关规定计算扣除。

保险企业在计算扣除上述各项准备金时，凡未执行财政部有关会计规定仍执行中国保险监督管理委员会有关监管规定的，应将两者之间的差额调整当期应纳税所得额。

二、保险公司农业巨灾风险准备金

保险公司计提农业保险巨灾风险准备金企业所得税税前扣除政策的相关规定如下：

（一）补贴险种不超过当年保费收入 25％的计提的巨灾风险准备金准予税前据实扣除。

保险公司经营财政给予保费补贴的种植业险种（以下简称补贴险种）的，按不超过补贴险种当年保费收入 25％的比例计提的巨灾风险准备金，准予在企业所得税前据实扣除。具体计算公式如下：

$$\text{本年度扣除的}\atop\text{巨灾风险准备金} = \text{本年度}\atop\text{保费收入} \times 25\% - \text{上年度已在税前扣除的}\atop\text{巨灾风险准备金结存余额}$$

按上述公式计算的数额如为负数，应调增当年应纳税所得额。

（二）补贴险种的解释。

补贴险种是指各级财政部门根据财政部关于种植业保险保费补贴管理的相关规定确定，且各级财政部门补贴比例之和不低于保费 60％的种植业险种。

（三）巨灾风险准备金管理使用制度。

保险公司应当按专款专用原则建立健全巨灾风险准备金管理使用制度。在向主管税务机关报送企业所得税纳税申报表时，同时附送巨灾风险准备金提取、使用情况的说明和报表。

6.14.3　证券公司的填报和审核

证券公司需要填报《特殊行业准备金纳税调整明细表》（A105120）第 11 行至第 15 行。具体填报及审核要求如下。

6.14.3.1　填报说明

一、第 11 行"二、证券行业"

《特殊行业准备金纳税调整明细表》（A105120）第 11 行"二、证券行业"：填报第 12＋13＋14＋15 行的金额。

二、第 12 行"（一）证券交易所风险基金"

《特殊行业准备金纳税调整明细表》（A105120）第 12 行"（一）证券交易所风险基金"：填报证券交易所风险基金的纳税调整情况。填列方法同第 2 行。

三、第 13 行"（二）证券结算风险基金"

《特殊行业准备金纳税调整明细表》（A105120）第 13 行"（二）证券结算风险基金"：填报证券结算风险基金的纳税调整情况。填列方法同第 2 行。

四、第 14 行"（三）证券投资者保护基金"

《特殊行业准备金纳税调整明细表》（A105120）第 14 行"（三）证券投资者保护基金"：填报证券投资者保护基金的纳税调整情况。填列方法同第 2 行。

五、第 15 行"（四）其他"

《特殊行业准备金纳税调整明细表》（A105120）第 15 行"（四）其他"：填报除第 12 至14 行以外的允许税前扣除的证券行业准备金的纳税调整情况。填列方法同第 2 行。

6.14.3.2　填报审核

一、证券类准备金

（一）证券交易所风险基金。

上海、深圳证券交易所依据《证券交易所风险基金管理暂行办法》（证监发〔2000〕22号）的有关规定，按证券交易所交易收取经手费的 20％、会员年费的 10％提取的证券交易所风险基金，在各基金净资产不超过 10 亿元的额度内，准予在企业所得税税前扣除。

（二）证券结算风险基金。

1. 中国证券登记结算公司所属上海分公司、深圳分公司依据《证券结算风险基金管理办法》（证监发〔2006〕65 号）的有关规定，按证券登记结算公司业务收入的 20％提取的证券结算风险基金，在各基金净资产不超过 30 亿元的额度内，准予在企业所得税税前扣除。

2. 证券公司依据《证券结算风险基金管理办法》（证监发〔2006〕65 号）的有关规定，作为结算会员按人民币普通股和基金成交金额的十万分之三、国债现货成交金额的十万分之一、1 天期国债回购成交额的千万分之五、2 天期国债回购成交额的千万分之十、3 天期国债回购成交额的千万分之十五、4 天期国债回购成交额的千万分之二十、7 天期国债回购成交额的千万分之五十、14 天期国债回购成交额的十万分之一、28 天期国债回购成交额的十万分之二、91 天期国债回购成交额的十万分之六、182 天期国债回购成交额的十万分之十二逐日交纳的证券结算风险基金，准予在企业所得税税前扣除。

（三）证券投资者保护基金。

1. 上海、深圳证券交易所依据《证券投资者保护基金管理办法》的有关规定，在风险基金分别达到规定的上限后，按交易经手费的 20% 缴纳的证券投资者保护基金，准予在企业所得税税前扣除。

2. 证券公司依据《证券投资者保护基金管理办法》的有关规定，按其营业收入 0.5%～5% 缴纳的证券投资者保护基金，准予在企业所得税税前扣除。

二、期货类准备金

（一）期货交易所风险准备金。

大连商品交易所、郑州商品交易所和中国金融期货交易所依据《期货交易管理条例》、《期货交易所管理办法》和《商品期货交易财务管理暂行规定》（财商字〔1997〕44 号）的有关规定，上海期货交易所依据《期货交易管理条例》、《期货交易所管理办法》和《关于调整上海期货交易所风险准备金规模的批复》（证监函〔2009〕407 号）的有关规定，分别按向会员收取手续费收入的 20% 计提的风险准备金，在风险准备金余额达到有关规定的额度内，准予在企业所得税税前扣除。

（二）期货公司风险准备金。

期货公司依据《期货公司管理办法》和《商品期货交易财务管理暂行规定》（财商字〔1997〕44 号）的有关规定，从其收取的交易手续费收入减去应付期货交易所手续费后的净收入的 5% 提取的期货公司风险准备金，准予在企业所得税税前扣除。

（三）期货投资者保障基金。

1. 上海期货交易所、大连商品交易所、郑州商品交易所和中国金融期货交易所依据《期货投资者保障基金管理暂行办法》的有关规定，按其向期货公司会员收取的交易手续费的 3% 缴纳的期货投资者保障基金，在基金总额达到有关规定的额度内，准予在企业所得税税前扣除。

2. 期货公司依据《期货投资者保障基金管理暂行办法》的有关规定，从其收取的交易手续费中按照代理交易额的千万分之五至千万分之十的比例缴纳的期货投资者保障基金，在基金总额达到有关规定的额度内，准予在企业所得税税前扣除。

三、准备金清算、退还应补征企业所得税

上述准备金如发生清算、退还，应按规定补征企业所得税。

6.14.4　期货行业的填报和审核

期货行业需要填报《特殊行业准备金纳税调整明细表》（A105120）第 16 行至第 20 行。具体填报及审核要求如下。

6.14.4.1　填报说明

一、第 16 行"三、期货行业"

《特殊行业准备金纳税调整明细表》（A105120）第 16 行"三、期货行业"：填报第 17＋18＋19＋20 行的金额。

二、第 17 行"（一）期货交易所风险准备金"

《特殊行业准备金纳税调整明细表》（A105120）第 17 行"（一）期货交易所风险准备金"：填报期货交易所风险准备金的纳税调整情况。填列方法同第 2 行。

三、第 18 行"（二）期货公司风险准备金"

《特殊行业准备金纳税调整明细表》（A105120）第 18 行"（二）期货公司风险准备金"：填报期货公司风险准备金的纳税调整情况。填列方法同第 2 行。

四、第 19 行"（三）期货投资者保障基金"

《特殊行业准备金纳税调整明细表》（A105120）第 19 行"（三）期货投资者保障基金"：填报期货投资者保障基金的纳税调整情况。填列方法同第 2 行。

五、第 20 行"（四）其他"

《特殊行业准备金纳税调整明细表》（A105120）第 20 行"（四）其他"：填报除第 17 行至第 19 行以外的允许税前扣除的期货行业准备金的纳税调整情况。填列方法同第 2 行。

6.14.4.2　填报审核

一、期货类准备金

（一）期货交易所风险准备金。

大连商品交易所、郑州商品交易所和中国金融期货交易所依据《期货交易管理条例》、《期货交易所管理办法》和《商品期货交易财务管理暂行规定》（财商字〔1997〕44 号）的有关规定，上海期货交易所依据《期货交易管理条例》、《期货交易所管理办法》和《关于调整上海期货交易所风险准备金规模的批复》（证监函〔2009〕407 号）的有关规定，分别按向会员收取手续费收入的 20％计提的风险准备金，在风险准备金余额达到有关规定的额度内，准予在企业所得税税前扣除。

（二）期货公司风险准备金。

期货公司依据《期货公司管理办法》和《商品期货交易财务管理暂行规定》（财商字〔1997〕44 号）的有关规定，从其收取的交易手续费收入减去应付期货交易所手续费后的净收入的 5％提取的期货公司风险准备金，准予在企业所得税税前扣除。

（三）期货投资者保障基金。

1. 上海期货交易所、大连商品交易所、郑州商品交易所和中国金融期货交易所依据《期货投资者保障基金管理暂行办法》的有关规定，按其向期货公司会员收取的交易手续费的 3％缴纳的期货投资者保障基金，在基金总额达到有关规定的额度内，准予在企业所得税税前扣除。

2. 期货公司依据《期货投资者保障基金管理暂行办法》的有关规定，从其收取的交易手续费中按照代理交易额的千万分之五至千万分之十的比例缴纳的期货投资者保障基金，在基金总额达到有关规定的额度内，准予在企业所得税税前扣除。

二、准备金清算、退还应补征企业所得税

上述准备金如发生清算、退还，应按规定补征企业所得税。

6.14.5　金融企业的填报和审核

金融企业需要填报《特殊行业准备金纳税调整明细表》（A105120）第 21 行至第 28 行。具体填报及审核要求如下。

6.14.5.1　填报说明

一、第 21 行"四、金融企业"

《特殊行业准备金纳税调整明细表》（A105120）第 21 行"四、金融企业"：填报第 22＋23＋24行的合计数。

二、第 22 行"（一）涉农和中小企业贷款损失准备金"

《特殊行业准备金纳税调整明细表》（A105120）第 22 行"（一）涉农和中小企业贷款损失准备金"：填报涉农和中小企业贷款损失准备金的纳税调整情况。填列方法同第 2 行。

三、第 23 行"（二）贷款损失准备金"

《特殊行业准备金纳税调整明细表》（A105120）第 23 行"（二）贷款损失准备金"：填报贷款损失准备金的纳税调整情况。填列方法同第 2 行。

四、第 24 行"（三）其他"

《特殊行业准备金纳税调整明细表》（A105120）第 24 行"（三）其他"：填报除第 22 行至第 23 行以外的允许税前扣除的金融企业准备金的纳税调整情况。填列方法同第 2 行。

五、第 25 行"五、中小企业信用担保机构"

第 25 行"五、中小企业信用担保机构"：填报第 26＋27＋28 行的金额。

六、第 26 行"（一）担保赔偿准备"

《特殊行业准备金纳税调整明细表》（A105120）第 26 行"（一）担保赔偿准备"：填报担保赔偿准备金的纳税调整情况。填列方法同第 2 行。

七、第 27 行"（二）未到期责任准备"

《特殊行业准备金纳税调整明细表》（A105120）第 27 行"（二）未到期责任准备"：填报未到期责任准备金的纳税调整情况。填列方法同第 2 行。

八、第 28 行"（三）其他"

《特殊行业准备金纳税调整明细表》（A105120）第 28 行"（三）其他"：填报除第 26 行、第 27 行以外的允许税前扣除的中小企业信用担保机构准备金的纳税调整情况。填列方法同第 2 行。

6.14.5.2　填报审核

一、中小企业信用担保机构准备金

中小企业信用担保机构有关税前扣除政策的相关规定如下：

（一）计提的担保赔偿准备允许扣除，上年余额转为当期收入。

符合条件的中小企业信用担保机构按照不超过当年年末担保责任余额 1％的比例计提的担保赔偿准备，允许在企业所得税税前扣除，同时将上年度计提的担保赔偿准备余额转为当期收入。

（二）计提的未到期责任准备允许扣除，上年余额转为当期收入。

符合条件的中小企业信用担保机构按照不超过当年担保费收入 50％的比例计提的未到期责任准备，允许在企业所得税税前扣除，同时将上年度计提的未到期责任准备余额转为当期收入。

（三）代偿损失应冲减担保赔偿准备，不足冲减部分据实扣除。

中小企业信用担保机构实际发生的代偿损失，符合税收法律法规关于资产损失税前扣除政策规定的，应冲减已在税前扣除的担保赔偿准备，不足冲减部分据实在企业所得税税前扣除。

二、中小企业信用担保机构应符合的条件

符合条件的中小企业信用担保机构，必须同时满足以下条件：

1. 符合《融资性担保公司管理暂行办法》相关规定，并具有融资性担保机构监管部门颁发的经营许可证；

2. 以中小企业为主要服务对象，当年新增中小企业信用担保和再担保业务收入占新增担保业务收入总额的 70％以上（上述收入不包括信用评级、咨询、培训等收入）；

3. 中小企业信用担保业务的平均年担保费率不超过银行同期贷款基准利率的 50％；

4. 财政、税务部门规定的其他条件。

三、应提供的材料

申请享受相关规定的准备金税前扣除政策的中小企业信用担保机构，在汇算清缴时，需报送法人执照副本复印件、融资性担保机构监管部门颁发的经营许可证复印件、具有资质的中介机构鉴证的年度会计报表和担保业务情况（包括担保业务明细和风险准备金提取等），以及财政、税务部门要求提供的其他材料。

6.14.6　第29行和第30行的填报

6.14.6.1　第29行"六、其他"

《特殊行业准备金纳税调整明细表》（A105120）第29行"六、其他"：填报除保险公司、证券行业、期货行业、金融企业、中小企业信用担保机构以外的允许税前扣除的特殊行业准备金的纳税调整情况。填列方法同第2行。

6.14.6.2　第30行"合计"

《特殊行业准备金纳税调整明细表》（A105120）第30行"合计"：填报第1+11+16+21+25+29行的金额。

第 7 章

《企业所得税弥补亏损明细表》（A106000）的填报和审核

7.1 《企业所得税弥补亏损明细表》概述

7.1.1 适用范围

《企业所得税弥补亏损明细表》（A106000）填报纳税人根据税法，在本纳税年度及本纳税年度前5年度的纳税调整后所得、合并、分立转入（转出）可弥补的亏损额、当年可弥补的亏损额、以前年度亏损已弥补额、本年度实际弥补的以前年度亏损额、可结转以后年度弥补的亏损额。

7.1.2 表内、表间关系

一、表内关系

（1）若第2列＜0，第4列＝第2+3列，否则第4列＝第3列。

（2）若第3列＞0且第2列＜0，第3列＜第2列的绝对值。

（3）表 A106000 第9列＝第5+6+7+8列。

（4）若第2列第6行＞0，第10列第1至5行同一行次≤第4列1至5行同一行次的绝对值－第9列1至5行同一行次；若第2列第6行＜0，第10列第1行至第5行＝0。

（5）若第2列第6行＞0，第10列第6行＝第10列第1+2+3+4+5行且≤第2列第6行；若第2列第6行＜0，第10列第6行＝0。

（6）第4列为负数的行次，第11列同一行次＝第4列该行的绝对值－第9列该行－第10列该行。否则第11列同一行次填"0"。

（7）表 A106000 第11列第7行＝第11列第2+3+4+5+6行。

二、表间关系

（1）表 A106000 第6行第2列＝第6行第2列＝表 A100000 第19－20－21行，且减至0止（当表 A100000 第19行＞0），或者第6行第2列＝表 A100000 第19行（当表 A100000 第

19行＜0)。

(2) 表 A106000 第 6 行第 10 列＝表 A100000 第 22 行。

7.1.3 填报注意事项

1. 纵向主要栏次的加减关系：各年度第 4 列"当年可弥补的亏损额"并不完全等于第 2 列"纳税调整后所得"加第 3 列"合并、分立转入（转出）可弥补的亏损额"的金额之和。只有当第 2 列"纳税调整后所得"＜0 时，第 4 列才等于第 2 列加第 3 列；若第 2 列"纳税调整后所得"＞0，第 4 列"当年可弥补的亏损额"等于第 3 列"合并、分立转入（转出）可弥补的亏损额"。

企业当年发生合并、分立转出亏损的行为时（即第 3 列"合并、分立转入（转出）可弥补的亏损额"＞0），企业转出的亏损金额不得大于当年纳税调整后所得确认的亏损金额（第 2 列"纳税调整后所得"＜0），即第 3 列＜第 2 列的绝对值。

2. 企业无论盈利还是亏损，都必须填报本表。

3. 本表"纳税调整后所得"的口径：本列"本年度"填报金额为主表中纳税调整后所得相关数据的计算值，不能直接引自主表。

若表 A100000 第 19 行"纳税调整后所得"＞0，第 20 行"所得减免"＞0，则本表第 2 列第 6 行＝本年度表 A100000 第 19—20—21 行，且减至 0 止。

若第 20 行"所得减免"＜0，填报此处时，填写负数。

若表 A100000 第 19 行"纳税调整后所得"＜0，则本表第 2 列第 6 行＝本年度表 A100000 第 19 行。具体确认方法如图 7-1 所示：

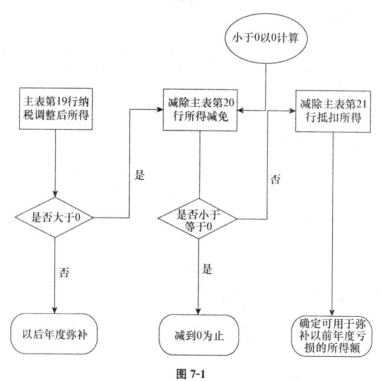

图 7-1

4. 政策性搬迁停止生产经营期间弥补亏损年限计算的中止。政策搬迁期间，停止生产经营活动年度从法定亏损结转弥补年限中减除。《国家税务总局关于企业政策性搬迁所得税有关问题的公告》（国家税务总局公告 2012 年第 40 号）规定："企业以前年度发生尚未弥补的亏损的，凡企业由于搬迁停止生产经营无所得的，从搬迁年度次年起，至搬迁完成年度前一年度止，可作为停止生产经营活动年度，从法定亏损结转弥补年限中减除。"

7.2 填报和审核

弥补亏损应注意审查企业以前年度亏损弥补期限及结转的计算是否正确，有无少转或多转亏损的问题。对照以前年度税务机关调整后的亏损额，核实本年度弥补亏损金额，对不符合规定的应加以调整，按调整后的金额弥补亏损。下面介绍各项目填报和审核的相关内容。

7.2.1 第 1 列"年度"

一、填报说明

《企业所得税弥补亏损明细表》（A106000）第 1 列"年度"：填报公历年度。纳税人应首先填报第 6 行本年度，再依次从第 5 行往第 1 行倒推填报以前年度。纳税人发生政策性搬迁事项，如停止生产经营活动年度可以从法定亏损结转弥补年限中减除，则按可弥补亏损年度进行填报。

二、填报审核

1. 企业前 5 年发生的亏损额，是指企业在弥亏年度按税前弥补亏损的有关规定，向税务机关申报的以前年度亏损额数据。

2. 企业应审核前 5 年发生的亏损额，审核依据为亏损年度报送税务机关的备案（核准）资料，或中介机构出具的企业亏损年度企业所得税汇算清缴鉴证报告，进行审核确认。

7.2.2 第 2 列"纳税调整后所得"

一、填报说明

《企业所得税弥补亏损明细表》（A106000）第 2 列"纳税调整后所得"，第 6 行按以下情形填写：

（1）若表 A100000 第 19 行"纳税调整后所得"＞0，第 20 行"所得减免"＞0，则本表第 2 列第 6 行＝本年度表 A100000 第 19—20—21 行，且减至 0 止。

若第 20 行"所得减免"＜0，填报此处时，以 0 计算。

（2）若表 A100000 第 19 行"纳税调整后所得"＜0，则本表第 2 列第 6 行＝本年度表 A100000 第 19 行。

第 1 行至第 5 行填报以前年度主表第 23 行（2013 纳税年度前）或以前年度表 A106000 第 2 列第 6 行（2014 纳税年度后）"纳税调整后所得"的金额（亏损额以"—"号表示）。发生查补以前年度应纳税所得额的、追补以前年度未能税前扣除的实际资产损失等情况，该行需按修改后的"纳税调整后所得"金额进行填报。

二、填报审核

在审核时，应注意弥补亏损年度查补应纳税所得额和房地产开发企业预计毛利额的审核。

1. 查补的应纳税所得额弥补亏损的审核。

（1）对接受过税务部门检查的企业，应查阅相关检查结论，企业应审核申请弥补的以前年度亏损，是否为已调减查补应纳税所得额后的余额，有无全额申请弥补的情况；

（2）审核企业是否存在将查补的应纳税所得额并入所属年度应纳税所得额，用来弥补以前年度亏损的情况。

2. 房地产企业预计利润弥补亏损的审核。

（1）房地产开发企业应审核是否存在对外进行预售并取得销售款的情况。

（2）房地产开发企业应审核按照预计利润率计算出来的预计利润额是否正确。

（3）房地产开发企业应审核是否存在预计利润并入所得额重复弥补亏损的情况。

7.2.3 第 3 列 "合并、分立转入（转出）可弥补亏损额"

一、填报说明

《企业所得税弥补亏损明细表》（A106000）第 3 列 "合并、分立转入（转出）可弥补亏损额"：填报按照企业重组特殊性税务处理规定因企业被合并、分立而允许转入可弥补亏损额，以及因企业分立转出的可弥补亏损额（转入亏损以 "－" 号表示，转出亏损以正数表示）。

二、填报审核

1. 企业前 5 年发生的合并分立企业转入（转出）可弥补亏损额，是指企业在弥亏年度按税前弥补亏损的有关规定，向税务机关申报的以前年度合并分立企业转入（转出）可弥补亏损数据。

2. 企业应审核前 5 年发生的合并分立企业转入（转出）可弥补亏损额，应依据合并分立企业转入（转出）亏损年度，报送税务机关的备案（核准）资料，或中介机构出具的企业转入（转出）亏损年度企业所得税汇算清缴鉴证报告，进行审核确认。

7.2.4 第 4 列 "当年可弥补的亏损额"

一、填报说明

《企业所得税弥补亏损明细表》（A106000）第 4 列 "当年可弥补的亏损额"：当第 2 列＜0 时金额等于第 2＋3 列，否则等于第 3 列（亏损以 "－" 号表示）。

二、填报审核

各年度第 4 列 "当年可弥补的亏损额" 并不完全等于第 2 列 "纳税调整后所得" 加第 3 列 "合并、分立转入（转出）可弥补的亏损额" 的金额之和。只有当年第 2 列 "纳税调整后所得" ＜0 时，第 4 列才等于第 2 列加第 3 列；当第 2 列 "纳税调整后所得" ＞0 时，第 4 列 "当年可弥补的亏损额" 等于第 3 列 "合并、分立转入（转出）可弥补的亏损额"。

7.2.5 第 5 列至第 9 列 "以前年度亏损已弥补额"

一、填报说明

《企业所得税弥补亏损明细表》（A106000）第 5 列至第 9 列 "以前年度亏损已弥补额"：填报以前年度盈利已弥补金额，其中：前四年度、前三年度、前二年度、前一年度与 "项目" 列中的前四年度、前三年度、前二年度、前一年度相对应。

二、填报审核

1. 以前年度亏损弥补额，是指企业在弥亏年度按税前弥补亏损的有关规定，向税务机关申报的以前年度已弥补过的亏损额数据。

2. 审核验证以前年度亏损弥补额，应根据弥亏年度报送税务机关的备案（核准）资料，或中介机构出具的弥亏年度企业所得税汇算清缴鉴证报告，进行审核验证。

7.2.6 第 10 列"本年度实际弥补的以前年度亏损额"

一、填报说明

《企业所得税弥补亏损明细表》（A106000）第 10 列"本年度实际弥补的以前年度亏损额"第 1 至 5 行：填报本年度盈利时，用第 6 行第 2 列本年度"纳税调整后所得"依次弥补前 5 年度尚未弥补完的亏损额。

第 6 行：金额等于第 10 列第 1 至 5 行的合计数，该数据填入本年度表 A100000 第 22 行。

二、填报审核

（一）第 10 列第 1 至 5 行"本年度实际弥补的以前年度亏损额"。

1. 本年度可弥补的以前年度亏损额，是指企业在弥亏年度按税前弥补亏损的有关规定，向税务机关申报的弥亏年度实际弥补的前 5 年度的尚未弥补的亏损额。

2. 企业应审核验证本年度可弥补的以前年度亏损额，应根据在弥补亏损年度，实际弥补以前 5 个年度的亏损额计算确认，确认顺序是从第一个年度至第五个年度，按年度依次计算实际弥补亏损额，没有弥亏的年度所对应的行次应为 0。

弥补亏损年度可弥补的亏损额合计数，应小于或等于申报的弥补亏损年度纳税调整后所得额。

（二）第 10 列第 6 行"本年度实际弥补的以前年度亏损额"。

如本年发生弥补以前年度亏损行为，第 10 列第 6 行"本年度实际弥补的以前年度亏损额"为表内计算栏次，根据下列公式计算得出填报数据：

第 10 列第 6 行"本年度实际弥补的以前年度亏损额"＝第 10 列第 1 至 5 行"本年度实际弥补的以前年度亏损额"合计数且小于本年度纳税调整后所得（即第 2 列第 6 行）的数据。

如本年未发生弥补以前年度亏损行为，第 10 列第 6 行"本年度实际弥补的以前年度亏损额"等于 0。

7.2.7 第 11 列"可结转以后年度弥补的亏损额"

一、填报说明

《企业所得税弥补亏损明细表》（A106000）第 11 列"可结转以后年度弥补的亏损额"第 2 行至第 6 行：填报本年度前 4 年度尚未弥补完的亏损额，以及本年度的亏损额。

第 7 行：填报第 11 列第 2 行至第 6 行的合计数。

二、填报审核

1. 可结转以后年度弥补的亏损额，是指企业在弥亏年度按税前弥补亏损的有关规定，向税务机关申报的弥亏年度实际弥补后，前 4 年度的尚未弥补的亏损额。

2. 企业应审核验证可结转以后年度弥补的亏损额，应以弥补亏损前 5 个年度的亏损额为基数，减去弥补亏损年度申报的实际弥补亏损额之后的余额，计算确认弥补亏损年度前 4 个年度仍未弥补完的亏损额。

弥补亏损年度前五年的第一年尚未弥补亏损额，由于已过法定弥补亏损期限，不能作为"可结转下一年度弥补的亏损额"，向以后年度结转。

计算确认应以弥补亏损年度前 5 年的第二年为起点，单独计算弥补亏损年度弥补亏损后，前 4 个年度尚未弥补完的亏损额。计算方法是从弥补亏损年度前 4 个年度的第一个年度至第四个年度，按年度依次计算确认。已全额弥补亏损的年度不存在"可结转以后年度弥补的亏损额"，相关数据为 0。

7.3　填报案例

一、案例基本

A 公司 2010 年度至 2015 年度经营情况如下：2010 年度亏损 500 万元、2011 年度亏损 100 万元、2012 年度盈利 200 万元、2013 年度亏损 100 万元、2014 年度盈利 100 万元、2015 年度盈利 400 万元。其中 2011 年度被税务机关查增应纳税所得额 50 万元，2013 年度从被合并企业转入亏损 80 万元，2014 年度被税务机关查增应纳税所得额 60 万元。

二、填报情况

A 公司 2015 年度根据上述资料填报的《税前弥补亏损明细表》详细内容如表 7-1 所示：

表 7-1　　　　　　　　　　企业所得税弥补亏损明细表

填报时间：2016 年 4 月 30 日　　　　　　　　　　　　　　　　　　金额单位：万元

行次	项目	年度	纳税调整后所得	合并分立企业转入（转出）可弥补亏损额	当年可弥补的所得额	以前年度亏损弥补额					本年度实际弥补的以前年度亏损额	可结转以后年度弥补的亏损额
						前四年度 2011	前三年度 2012	前二年度 2013	前一年度 2014	合计		
		1	2	3	4	5	6	7	8	9	10	11
1	前五年度	2010	−500	0	−500	0	200	0	100	300	200	*
2	前四年度	2011	−50	0	−50	*	0	0	0		50	0
3	前三年度	2012	200	0	200	*	*	0	0		0	0
4	前二年度	2013	−100	−80	−180	*	*	*	0	0	150	30
5	前一年度	2014	100	0	100	*	*	*	*		0	0
6	本年度	2015	400	0	400	*	*	*	*	*	400	0
7	可结转以后年度弥补的亏损额合计											30

第 8 章
税收优惠项目明细表的填报和审核

8.1 《免税、减计收入及加计扣除优惠明细表》（A107010）的填报和审核

8.1.1 《免税、减计收入及加计扣除优惠明细表》概述

8.1.1.1 适用范围

《免税、减计收入及加计扣除优惠明细表》（A107010）适用于享受免税收入、减计收入和加计扣除优惠的纳税人填报。

8.1.1.2 填报依据

纳税人根据税法及相关税收政策规定，填报本年发生的免税收入、减计收入和加计扣除优惠情况。

8.1.1.3 表内、表间关系

（一）表内关系。

（1）表 A107010 第 1 行＝第 2＋3＋4＋5 行。

（2）表 A107010 第 5 行＝第 6＋7＋…＋14 行。

（3）表 A107010 第 15 行＝第 16＋17 行。

（4）表 A107010 第 17 行＝第 18＋19＋20 行。

（5）表 A107010 第 21 行＝第 22＋23＋26 行。

（6）表 A107010 第 23 行＝第 24＋25 行。

（7）表 A107010 第 27 行＝第 1＋15＋21 行。

（二）表间关系。

（1）表 A107010 第 27 行＝表 A100000 第 17 行。

（2）表 A107010 第 3 行＝表 A107011 第 10 行第 16 列。

（3）表 A107010 第 16 行＝表 107012 第 10 行第 10 列。

（4）表 A107010 第 18 行＝表 A107013 第 13 行。

（5）表 A107010 第 22 行＝表 A107014 第 10 行第 19 列。

8.1.2 免税收入的填报和审核

8.1.2.1 第 1 行 "一、免税收入"

一、填报说明

《免税、减计收入及加计扣除优惠明细表》（A107010）第 1 行 "一、免税收入"：填报第 2＋3＋4＋5 行的金额。

二、填报审核

1. 对应按程序报经税务机关备案的免税收入，应根据免税审批文件确认免税收入。

2. 对于不需要报经税务机关备案的免税收入，应根据税收优惠政策规定的范围、条件、技术标准和计算方法，确认免税收入。

3. 国债利息收入是指持有国务院财政部门发行的国债取得的利息收入，不包括企业公开发行的金融债券的利息收入。

4. 符合条件的居民企业之间的股息、红利等权益性投资收益是指居民企业直接投资于其他居民企业所取得的投资收益，不包括连续持有居民企业公开发行并上市流通的股票不足 12 个月取得的投资收益；

5. 符合条件的居民企业之间长期股权投资的股息、红利，根据免税收入的金额确认；

6. 交易性金融资产持有期间被投资单位宣告发放的现金股利中，符合免税条件的股息红利所得，属于本审核项目的确认内容；

7. 符合条件的非营利组织的收入不包括除国务院财政、税务主管部门另有规定外的从事营利性活动所取得的收入。

8.1.2.2 第 2 行 "（一）国债利息收入"

一、填报说明

《免税、减计收入及加计扣除优惠明细表》（A107010）第 2 行 "（一）国债利息收入"：填报纳税人根据《国家税务总局关于企业国债投资业务企业所得税处理问题的公告》（国家税务总局公告 2011 年第 36 号）等相关税收政策规定的，持有国务院财政部门发行的国债取得的利息收入。

二、填报审核

本行的填报数据来源为 "投资收益" 科目相关核算国债利息收入的二级科目。本行数据国债的发行主体为国务院财政部门，对地方政府发行的债券取得的利息收入不在本行反映。企业取得的国债转让收入不属于免征企业所得税的范围。

（一）会计处理。

根据企业投资国债的不同目的，依据《企业会计准则》的相关规定，会计处理分为以下两种：

（1）投资者取得债券的目的，主要是为了近期内出售以赚取差价，则购买的国债属于以公允价值计量且其变动计入当期损益的金融资产，通过 "交易性金融资产" 科目核算。

（2）企业购买国债的意图是为了持有至到期，以期获得固定的收益，按《企业会计准则第 22 号——金融资产确认和计量》"持有至到期投资" 的相关规定进行会计处理。

（二）税务处理。

作为利息收入构成收入总额，但持有国务院财政部门发行的国债利息收入作为免税收入处理。

（1）持有期间，会计上一般按照权责发生制确认利息收入，而税法上在持有期间不确定收入，在年度申报时，企业通过《未按权责发生制确认收入纳税调整明细表》（A105020）第 3 行 "（一）利息"，将会计上确定的利息收入调减。

（2）到期兑付或转让国债取得利息收入时，税收上应按持有期间取得的利息收入计入应纳税所得额，但由于在持有期间会计上已经按权责发生制确认了部分利息收入，并按税收规定进行了纳税调减，因此在年度申报时，应先通过《未按权责发生制确认收入纳税调整明细表》（A105020）第 3 行"（一）利息"，将会计上以前确认的利息收入进行调增，如符合免税条件，再通过本表进行免税收入申报。

三、填报案例

（一）案例基本情况。

A 企业多次购买同一品种的国债，2015 年 1 月 1 日购买面值 1 000 万元，2015 年 2 月 1 日购买面值 300 万元，2015 年 3 月 1 日购买面值 2 000 万元。2015 年 5 月转让面值 1 500 万元国债，取得转让收入 2 000 万元、发生手续费支出 50 万元；2015 年 6 月 1 日转让剩余 1 800 万元国债，取得转让收入 2 000 万元，发生手续费支出 50 万元。该国债票面年利率 4%，到期日为 2017 年 10 月 31 日。A 企业选择先进先出法确认转让成本。

（二）会计处理。

A 企业 2015 年度的账务处理如下：

取得国债的账务处理（2015 年 1 月 1 日、2 月 1 日、3 月 1 日）：

借：交易性金融资产——成本（1 000＋300＋2 000）　　　　3 300 万元
　　贷：银行存款　　　　　　　　　　　　　　　　　　　　　3 300 万元

转让国债的账务处理（2015 年 5 月 1 日、6 月 1 日）：

一是 A 企业 2015 年 1—3 月三次购买国债，并于 5—6 月两次出售。由于未到资产负债表日，因此既不计算利息收入，也不需计量公允价值变动损益。

二是会计核算的国债处置收益（损失）。

[2 000－1 500－50]＋[2 000－1 800－50]＝600（万元）

借：银行存款（2 000＋2 000）　　　　　　　　　　　　　4 000 万元
　　贷：交易性金融资产——成本（1 500＋1 800）　　　　　3 300 万元
　　　　投资收益　　　　　　　　　　　　　　　　　　　　　700 万元
借：投资收益　　　　　　　　　　　　　　　　　　　　　　100 万元
　　贷：银行存款（50＋50）　　　　　　　　　　　　　　　100 万元

（三）税务处理。

第一步：国债利息收入及转让收益的计算（2015 年 5 月 1 日、6 月 1 日）。

2015 年 5 月 1 日转让面值 1 500 万元的国债：

国债利息收入＝1 000 万元×（4%÷365）×120 天＋300 万元×（4%÷365）×90 天
　　　　　　　＋200 万元×（4%÷365）×60 天＝17.42（万元）

国债转让收益＝2 000－1 500－17.42－50＝432.58（万元）

2015 年 6 月 1 日转让面值 1 800 万元的国债：

持有天数＝90 天　　　转让成本＝1 800 万元

国债利息收入＝1 800×（4%÷365）×90＝17.75（万元）

国债转让收益＝2 000－1 800－17.75－50＝132.25（万元）

A 企业国债利息收入 35.17 万元（17.42＋17.75）应确认为免税收入；

A 企业国债转让收益 564.83 万元（432.58＋132.25）应并入应纳税所得额。

第二步：A 企业 2015 年度的纳税申报处理。

将国债利息收入及转让收益计入 A 企业当年度的应纳税所得。

国债利息收入：填报表《未按权责发生制原则确认收入纳税调整明细表》（A105020）第 3 行"利息——账载金额"0；"利息——税收金额"32.54 万元；"利息——调增金额"32.54 万元。

债转让收益：填报《中华人民共和国企业所得税年度纳税申报表（A 类）》（A100000）

第 9 行"投资收益"600 万元，本年度应计入应纳税所得额的国债转让收益 564.83 万元。填报《纳税调整项目明细表》（A105000）第 11 行收益类调整项目的"其他"——"账载金额"600 万元；"税收金额"564.83 万元；"调减金额"35.17 万元。

第三步：国债利息收入的免税申报。

填报《免税、减计收入及加计扣除优惠明细表》（A107010）第 2 行"国债利息收入"35.17 万元。

8.1.2.3 第 3 行"（二）符合条件的居民企业之间的股息、红利等权益性投资收益"

一、填报说明

《免税、减计收入及加计扣除优惠明细表》（A107010）第 3 行"（二）符合条件的居民企业之间的股息、红利等权益性投资收益"：填报《符合条件的居民企业之间的股息、红利等权益性投资收益情况明细表》（A107011）第 10 行第 16 列金额。

二、填报案例

（一）情况说明。

甲公司确认投资收益 755 万元，其中：长期股权持有收益 365 万元，长期股权投资转让所得 390 万元。

（二）填报分析。

甲公司投资收益 160 万元，符合《企业所得税法》第二十六条的规定，可以确认为免税收入。甲公司免税收入投资收益明细情况如下：

（1）成本法 A 公司分回股息红利 120 万元；

（2）成本法 B 公司分回股息红利 30 万元；

（3）成本法 D 公司分回股息红利 10 万元。

（三）填报情况。

甲公司投资收益 160 万元，填报《符合条件的居民企业之间的股息、红利等权益性投资收益情况明细表》（A107011）第 10 行第 16 列金额

三、填报审核

详细内容参见本章 8.2 节"《符合条件的居民企业之间的股息、红利等权益性投资收益情况明细表》（A107011）的填报和审核"有关内容。

8.1.2.4 第 4 行"（三）符合条件的非营利组织的收入"

一、填报说明

《免税、减计收入及加计扣除优惠明细表》（A107010）第 4 行"（三）符合条件的非营利组织的收入"：填报纳税人根据《财政部 国家税务总局关于非营利组织企业所得税免税收入问题的通知》（财税〔2009〕122 号）、《财政部 国家税务总局关于非营利组织免税资格认定管理有关问题的通知》（财税〔2014〕13 号）等相关税收政策规定的，同时符合条件并依法履行登记手续的非营利组织，取得的捐赠收入等免税收入，不包括从事营利性活动所取得的收入。

二、填报审核

1. 审核本行填报的金额与《事业单位、民间非营利组织收入、支出明细表》（A103000）第 11 行"（一）接受捐赠收入"、第 12 行"（二）会费收入"、第 15 行"（五）政府补助收入"以及第 17 行"（七）其他收入"中的不征税收入和免税收入孳生的银行存款利息收入的关系。

2. 审核非营利组织是否符合《财政部 国家税务总局关于非营利组织免税资格认定管理有关问题的通知》规定的免税资格，根据税务机关出具的免税备案通知或免税批准文件确认，依据非经营收入确认免税金额。审核纳税人申报的免税收入是否符合《财政部 国家税务总局关于非营利组织企业所得税免税收入问题的通知》规定的范围。

8.1.2.5 第 5 行"（四）其他专项优惠"

《免税、减计收入及加计扣除优惠明细表》（A107010）第 5 行"（四）其他专项优惠"：

填报第 6＋7＋…＋14 行的金额。

8.1.2.6　第 6 行"1. 中国清洁发展机制基金取得的收入"

一、填报说明

《免税、减计收入及加计扣除优惠明细表》（A107010）第 6 行"1. 中国清洁发展机制基金取得的收入"：填报纳税人根据《财政部 国家税务总局关于中国清洁发展机制基金及清洁发展机制项目实施企业有关企业所得税政策问题的通知》（财税〔2009〕30 号）等相关税收政策规定的，中国清洁发展机制基金取得的 CDM 项目温室气体减排量转让收入上缴国家的部分，国际金融组织赠款收入，基金资金的存款利息收入、购买国债的利息收入，国内外机构、组织和个人的捐赠收入。

二、填报审核

本行填报专项的税收优惠，重点审核是否符合上述文件规定的免税企业所得税收入的范围。

8.1.2.7　第 7 行"2. 证券投资基金从证券市场取得的收入"

一、填报说明

《免税、减计收入及加计扣除优惠明细表》（A107010）第 7 行"2. 证券投资基金从证券市场取得的收入"：填报纳税人根据《财政部 国家税务总局关于企业所得税若干优惠政策的通知》（财税〔2008〕1 号）第二条第一款等相关税收政策规定的，证券投资基金从证券市场中取得的收入，包括买卖股票、债券的差价收入，股权的股息、红利收入，债券的利息收入及其他收入。

二、填报审核

本行填报专项的税收优惠，重点审核是否符合上述文件规定的免税企业所得税收入的范围。

8.1.2.8　第 8 行"3. 证券投资基金投资者获得的分配收入"

一、填报说明

《免税、减计收入及加计扣除优惠明细表》（A107010）第 8 行"3. 证券投资基金投资者获得的分配收入"：填报纳税人根据《财政部 国家税务总局关于企业所得税若干优惠政策的通知》第二条第二款等相关税收政策规定的，投资者从证券投资基金分配中取得的收入。

二、填报审核

本行填报专项的税收优惠，重点审核是否符合上述文件规定的免税企业所得税收入的范围。

8.1.2.9　第 9 行"4. 证券投资基金管理人运用基金买卖股票、债券的差价收入"

一、填报说明

《免税、减计收入及加计扣除优惠明细表》（A107010）第 9 行"4. 证券投资基金管理人运用基金买卖股票、债券的差价收入"：填报纳税人根据《财政部 国家税务总局关于企业所得税若干优惠政策的通知》第二条第三款等相关税收政策规定的，证券投资基金管理人运用基金买卖股票、债券的差价收入。

二、填报审核

本行填报专项的税收优惠，重点审核是否符合上述文件规定的免税企业所得税收入的范围。

8.1.2.10　第 10 行"5. 取得的地方政府债券利息所得或收入"

一、填报说明

《免税、减计收入及加计扣除优惠明细表》（A107010）第 10 行"5. 取得的地方政府债券利息所得或收入"：填报纳税人根据《财政部 国家税务总局关于地方政府债券利息所得免征所得税问题的通知》（财税〔2011〕76 号）、《财政部 国家税务总局关于地方政府债券利息免征所得税问题的通知》（财税〔2013〕5 号）等相关税收政策规定的，取得的 2009 年、2010 年和 2011 年发行的地方政府债券利息所得，2012 年及以后年度发行的地方政府债券利息收入。

二、填报审核

本行的填报数据来源为"投资收益"科目相关核算地方政府债券利息收入的二级科目记

录的会计数据。本行数据债券的发行主体为地方政府，对国务院财政部门发行的债券取得的利息收入不在本行反映。企业取得的地方政府债券转让收入不属于免税征企业所得税的范围。

8.1.2.11 第 11 行 "6. 受灾地区企业取得的救灾和灾后恢复重建款项等收入"

一、填报说明

《免税、减计收入及加计扣除优惠明细表》（A107010）第 11 行 "6. 受灾地区企业取得的救灾和灾后恢复重建款项等收入"：填报芦山受灾地区企业根据《财政部 海关总署 国家税务总局关于支持芦山地震灾后恢复重建有关税收政策问题的通知》（财税〔2013〕58 号）等相关税收政策规定的，通过公益性社会团体、县级以上人民政府及其部门取得的抗震救灾和灾后恢复重建款项和物资，以及税收法律、法规和国务院批准的减免税金及附加收入。

二、填报审核

本行重点审核纳税人取得的抗震救灾和灾后恢复重建款项和物资是否通过公益性社会团体、县级以上人民政府及其部门取得，如不是由捐赠人直接捐赠的，则不能作为免征企业所得税收入的范围。

8.1.2.12 第 12 行 "7. 中国期货保证金监控中心有限责任公司取得的银行存款利息等收入"

一、填报说明

《免税、减计收入及加计扣除优惠明细表》（A107010）第 12 行 "7. 中国期货保证金监控中心有限责任公司取得的银行存款利息等收入"：填报中国期货保证金监控中心有限责任公司根据《财政部 国家税务总局关于期货投资者保障基金有关税收政策继续执行的通知》（财税〔2013〕80 号）等相关税收政策规定的，取得的银行存款利息收入、购买国债、中央银行和中央级金融机构发行债券的利息收入，以及证监会和财政部批准的其他资金运用取得的收入。

二、填报审核

本行填报专项的税收优惠，重点审核是否符合上述文件规定的免税企业所得税收入的范围。

8.1.2.13 第 13 行 "8. 中国保险保障基金有限责任公司取得的保险保障基金等收入"

一、填报说明

《免税、减计收入及加计扣除优惠明细表》（A107010）第 13 行 "8. 中国保险保障基金有限责任公司取得的保险保障基金等收入"：填报中国保险保障基金有限责任公司根据《财政部 国家税务总局关于保险保障基金有关税收政策继续执行的通知》（财税〔2013〕81 号）等相关税收政策规定的，根据《保险保障基金管理办法》取得的境内保险公司依法缴纳的保险保障基金；依法从撤销或破产保险公司清算财产中获得的受偿收入和向有关责任方追偿所得，以及依法从保险公司风险处置中获得的财产转让所得；捐赠所得；银行存款利息收入；购买政府债券、中央银行、中央企业和中央级金融机构发行债券的利息收入；国务院批准的其他资金运用取得的收入。

二、填报审核

本行填报专项的税收优惠，重点审核是否符合上述文件规定的免税企业所得税收入的范围。

8.1.2.14 第 14 行 "9. 其他"

《免税、减计收入及加计扣除优惠明细表》（A107010）第 14 行 "9. 其他"：填报纳税人享受的其他免税收入金额。

8.1.3 减计收入的填报和审核

8.1.3.1 第 15 行 "二、减计收入"

一、填报说明

《免税、减计收入及加计扣除优惠明细表》（A107010）第 15 行 "二、减计收入"：填报第 16＋17 行的金额。

二、填报审核

1. 对应按程序报经税务机关批准的减计收入，应根据免税审批文件确认减计收入。

2. 对于不需要报经税务机关批准的减计收入，应根据税收优惠政策规定的范围、条件、技术标准和计算方法，确认减计收入。

3. 根据审核年度的备案文件资料，确认减计收入项目的纳税调整金额。

4. 企业综合利用资源，生产符合国家产业政策规定的产品所取得的收入是指以《资源综合利用企业所得税优惠目录》内的资源作为主要原材料，生产非国家限制和禁止并符合国家和行业相关标准的产品所取得的收入减计部分的数额。

5.《资源综合利用企业所得税优惠目录》应以 2008 年版为准。企业从事不符合《企业所得税实施条例》和该目录规定范围、条件和技术标准的项目，不得享受资源综合利用企业所得税优惠政策。

6. 企业同时从事其他项目而取得的非资源综合利用收入，应与资源综合利用收入分开核算，没有分开核算的，不得享受优惠政策。

8.1.3.2　第 16 行"（一）综合利用资源生产产品取得的收入"

一、填报说明

《免税、减计收入及加计扣除优惠明细表》（A107010）第 16 行"（一）综合利用资源生产产品取得的收入"：填报《综合利用资源生产产品取得的收入优惠明细表》（A107012）第 10 行第 10 列的金额。

二、填报审核

详细内容参见本章 8.3 节"《综合利用资源生产产品取得的收入优惠明细表》（A107012）的填报和审核"有关内容。

8.1.3.3　第 17 行"（二）其他专项优惠"

《免税、减计收入及加计扣除优惠明细表》（A107010）第 17 行"（二）其他专项优惠"：填报第 18＋19＋20 行的金额。

8.1.3.4　第 18 行"1. 金融、保险等机构取得的涉农利息、保费收入"

一、填报说明

《免税、减计收入及加计扣除优惠明细表》（A107010）第 18 行"1. 金融、保险等机构取得的涉农利息、保费收入"：填报《金融、保险等机构取得的涉农利息、保费收入优惠明细表》（A107013）第 13 行的金额。

二、填报审核

详细内容参见本章 8.4 节"《金融、保险等机构取得的涉农利息、保费收入优惠明细表》（A107013）的填报和审核"有关内容。

8.1.3.5　第 19 行"2. 取得的中国铁路建设债券利息收入"

一、填报说明

《免税、减计收入及加计扣除优惠明细表》（A107010）第 19 行"2. 取得的中国铁路建设债券利息收入"：填报纳税人根据《财政部 国家税务总局关于铁路建设债券利息收入企业所得税政策的通知》（财税〔2011〕99 号）、《财政部 国家税务总局关于 2014 2015 年铁路建设债券利息收入企业所得税政策的通知》（财税〔2014〕2 号）等相关税收政策规定的，对企业持有发行的中国铁路建设债券取得的利息收入，减半征收企业所得税。本行填报政策规定减计 50％收入的金额。

二、填报审核

本行的填报数据来源为"投资收益"科目中核算中国铁路建设债券利息收入的二级科目记录的会计数据。

8.1.3.6 第 20 行"3. 其他"

《免税、减计收入及加计扣除优惠明细表》（A107010）第 20 行"3. 其他"：填报纳税人享受的其他减计收入金额。

8.1.4 加计扣除的填报和审核

8.1.4.1 第 21 行"三、加计扣除"

一、填报说明

《免税、减计收入及加计扣除优惠明细表》（A107010）第 21 行"三、加计扣除"：填报第 22＋23＋26 行的金额。

二、填报审核

1. 根据审核年度的备案文件资料，确认加计扣除项目的纳税调整金额。
2. 确认是否属于加计扣除政策的范围。
3. 确认是否符合税法规定会计核算要求。
4. 确认是否符合加计扣除的限定条件。

8.1.4.2 第 22 行"（一）开发新技术、新产品、新工艺发生的研究开发费用加计扣除"

一、填报说明

《免税、减计收入及加计扣除优惠明细表》（A107010）第 22 行"（一）开发新技术、新产品、新工艺发生的研究开发费用加计扣除"：填报《研发费用加计扣除优惠明细表》（A107014）第 10 行第 19 列的金额。

二、填报审核

详细内容参见本章 8.5 节"《研发费用加计扣除优惠明细表》（A107014）的填报和审核"有关内容。

8.1.4.3 第 23 行"安置残疾人员及国家鼓励安置的其他就业人员所支付的工资加计扣除"

《免税、减计收入及加计扣除优惠明细表》（A107010）第 23 行"（二）安置残疾人员及国家鼓励安置的其他就业人员所支付的工资加计扣除"：填报第 24＋25 行的金额。

8.1.4.4 第 24 行"1. 支付残疾人员工资加计扣除"

一、填报说明

《免税、减计收入及加计扣除优惠明细表》（A107010）第 24 行"1. 支付残疾人员工资加计扣除"：填报纳税人根据《财政部 国家税务总局关于安置残疾人员就业有关企业所得税优惠政策问题的通知》（财税〔2009〕70 号）等相关税收政策规定的，安置残疾人员的，在支付给残疾职工工资据实扣除的基础上，按照支付给残疾职工工资的 100％加计扣除的金额。

二、填报审核

本行重点审核支付给残疾职工工资是否符合上述文件的规定。

8.1.4.5 第 25 行"2. 国家鼓励的其他就业人员工资加计扣除"

《免税、减计收入及加计扣除优惠明细表》（A107010）第 25 行"2. 国家鼓励的其他就业人员工资加计扣除"：填报享受企业向其他就业人员支付工资加计扣除金额。

8.1.4.6 第 26 行"（三）其他专项优惠"

《免税、减计收入及加计扣除优惠明细表》（A107010）第 26 行"（三）其他专项优惠"：填报纳税人享受的其他加计扣除的金额。

8.1.4.7 第 27 行"合计"

《免税、减计收入及加计扣除优惠明细表》（A107010）第 27 行"合计"：填报第 1＋15＋21 行的金额。

8.2　《符合条件的居民企业之间的股息、红利等权益性投资收益优惠明细表》（A107011）的填报和审核

8.2.1　《符合条件的居民企业之间的股息、红利等权益性投资收益优惠明细表》概述

8.2.1.1　适用范围

《符合条件的居民企业之间的股息、红利等权益性投资收益优惠明细表》（A107011）适用于享受符合条件的居民企业之间的股息、红利等权益性投资收益优惠的纳税人填报。

8.2.1.2　填报依据

纳税人根据税法、《财政部　国家税务总局关于企业清算业务企业所得税处理若干问题的通知》（财税〔2009〕60 号）、《财政部　国家税务总局关于执行企业所得税优惠政策若干问题的通知》（财税〔2009〕69 号）、《国家税务总局关于贯彻落实企业所得税法若干税收问题的通知》（国税函〔2010〕79 号）、《国家税务总局关于企业所得税若干问题的公告》（国家税务总局公告 2011 年第 34 号）等相关税收政策规定，填报本年发生的符合条件的居民企业之间的股息、红利等权益性投资收益优惠情况，不包括连续持有居民企业公开发行并上市流通的股票不足 12 个月取得的投资收益。

8.2.1.3　表内、表间关系

（一）表内关系。

（1）表 A107011 第 12 列＝第 3×11 列。

（2）表 A107011 第 13 列＝第 10－12 列。

（3）表 A107011 第 16 列＝第 6＋9＋15 列。

（4）表 A107011 第 9 列：第 7 列与第 8 列孰小数。

（5）表 A107011 第 15 列：第 13 列与第 14 列孰小数。

（6）表 A107011 第 10 行＝第 1＋2＋…＋9 行。

（二）表间关系。

表 A107011 第 10 行第 16 列＝表 A107010 第 3 行。

8.2.1.4　填报注意事项

1. 本表各行次按不同的被投资企业分别填报。

2. 本表填报内容不包括连续持有居民企业公开发行并上市流通的股票不足 12 个月取得的投资收益。

3. 若被投资企业将股权（票）溢价所形成的资本公积转为股本的，不作为投资方企业的股息、红利收入，投资方企业也不得增加该项长期投资的计税基础。

4. 注意被投资企业做出利润分配或转股决定的时间。

8.2.2　填报和审核

8.2.2.1　第 1 列"被投资企业"

一、填报说明

《符合条件的居民企业之间的股息、红利等权益性投资收益优惠明细表》（A107011）第 1 列"被投资企业"：填报被投资企业名称。

二、填报审核

填报本列时，应依据对外投资的合同、工商登记时附送的资料、产权登记时的资料、

会计核算资料等证明材料，核实长期股权投资情况是否账实相符，确认与被投资单位有关的股权投资归投资方所有。

8.2.2.2 第2列"投资性质"

一、填报说明

《符合条件的居民企业之间的股息、红利等权益性投资收益优惠明细表》（A107011）第2列"投资性质"：填报直接投资或股票投资。

二、填报审核

本列根据投资的情况填报。

8.2.2.3 第3列"投资成本"

一、填报说明

《符合条件的居民企业之间的股息、红利等权益性投资收益优惠明细表》（A107011）第3列"投资成本"：填报纳税人投资于被投资企业的计税成本。

二、填报审核

执行《企业会计制度》的纳税人，填报本列的数据来源为"长期股权投资"科目下明细科目"投资成本"记录的会计数据。

执行《企业会计准则》的纳税人，填报本列的数据来源为"长期股权投资"科目下明细科目"成本"记录的会计数据。

8.2.2.4 第4列"投资比例"

一、填报说明

《符合条件的居民企业之间的股息、红利等权益性投资收益优惠明细表》（A107011）第4列"投资比例"：填报纳税人投资于被投资企业的股权比例；若购买公开发行股票的，此列可不填报。

二、填报审核

本列的填报数据来源为：对外投资的合同、工商登记时附送的公司章程等资料、产权登记时的资料中记录的股权比例数据。

8.2.2.5 第5列"被投资企业做出利润分配或转股决定时间"

一、填报说明

《符合条件的居民企业之间的股息、红利等权益性投资收益优惠明细表》（A107011）第5列"被投资企业做出利润分配或转股决定时间"：填报被投资企业做出利润分配或转股决定的时间。

二、填报审核

本列的填报数据来源为：被投资企业股东会做出的利润分配或转股决定相关文件中记录的决定做出时间。

8.2.2.6 第6列"依决定归属于本公司的股息、红利等权益性投资收益金额"

一、填报说明

《符合条件的居民企业之间的股息、红利等权益性投资收益优惠明细表》（A107011）第6列"依决定归属于本公司的股息、红利等权益性投资收益金额"：填报纳税人按照投资比例或者其他方法计算的，实际归属于本公司的股息、红利等权益性投资收益金额。若被投资企业将股权（票）溢价所形成的资本公积转为股本，不作为投资方企业的股息、红利收入，投资方企业也不得增加该项长期投资的计税基础。

二、填报审核

本列的填报数据来源为：被投资企业股东会做出的利润分配或转股决定相关文件中，记录的按照投资比例计算的归属于本公司的股息、红利等权益性投资收益金额。

8.2.2.7　第 7 列"分得的被投资企业清算剩余资产"

一、填报说明

《符合条件的居民企业之间的股息、红利等权益性投资收益优惠明细表》（A107011）第 7 列"分得的被投资企业清算剩余资产"：填报纳税人分得的被投资企业清算后的剩余资产。

二、填报审核

本列的填报数据来源为：被投资企业剩余财产分配方案中记录的分配给本企业的金额。

8.2.2.8　第 8 列"被清算企业累计未分配利润和累计盈余公积应享有部分"

一、填报说明

《符合条件的居民企业之间的股息、红利等权益性投资收益优惠明细表》（A107011）第 8 列"被清算企业累计未分配利润和累计盈余公积应享有部分"：填报被清算企业累计未分配利润和累计盈余公积中本企业应享有的金额。

二、填报审核

本列的填报数据来源为：被清算企业清算基础日前会计报表中记录的累计未分配利润和累计盈余公积，按本企业持股比例计算的本企业应享有的金额。

8.2.2.9　第 9 列"应确认的股息所得"

一、填报说明

《符合条件的居民企业之间的股息、红利等权益性投资收益优惠明细表》（A107011）第 9 列"应确认的股息所得"：填报第 7 列与第 8 列孰小数。

二、填报审核

本列是表内计算填报栏次，应填报第 7 列"分得的被投资企业清算剩余资产"与第 8 列"被清算企业累计未分配利润和累计盈余公积应享有部分"中的较小数。

8.2.2.10　第 10 列"从被投资企业撤回或减少投资取得的资产"

一、填报说明

《符合条件的居民企业之间的股息、红利等权益性投资收益优惠明细表》（A107011）第 10 列"从被投资企业撤回或减少投资取得的资产"：填报纳税人从被投资企业撤回或减少投资时取得的资产。

二、填报审核

本列的填报数据来源为：被投资企业减资等相关文件中，记录的本企业从被投资企业撤回或减少投资时取得的资产金额。

8.2.2.11　第 11 列"减少投资比例"

一、填报说明

《符合条件的居民企业之间的股息、红利等权益性投资收益优惠明细表》（A107011）第 11 列"减少投资比例"：填报纳税人撤回或减少的投资额占投资方在被投资企业持有总投资比例。

二、填报审核

本列的填报数据来源为：纳税人撤资或减少投资的股东会决议、撤资或减少投资前、后的公司章程等工商登记资料。按本次撤回或减少的投资额占纳税人在被投资企业原总投资额的比例计算。

8.2.2.12　第 12 列"收回初始投资成本"

一、填报说明

《符合条件的居民企业之间的股息、红利等权益性投资收益优惠明细表》（A107011）第 12 列"收回初始投资成本"：填报第 3×11 列的金额。

二、填报审核

本列是表内计算填报栏次，计算公式如下：

第12列"收回初始投资成本"＝第3列"投资成本"×第11列"减少投资比例"

8.2.2.13 第13列"取得资产中超过收回初始投资成本部分"

一、填报说明

《符合条件的居民企业之间的股息、红利等权益性投资收益优惠明细表》（A107011）第13列"取得资产中超过收回初始投资成本部分"：填报第10—12列的金额。

二、填报审核

本列是表内计算填报栏次，计算公式如下：

第13列"取得资产中超过收回初始投资成本部分"＝第10列"从被投资企业撤回或减少投资取得的资产"－第12列"收回初始投资成本"

8.2.2.14 第14列"撤回或减少投资应享有被投资企业累计未分配利润和累计盈余公积"

一、填报说明

《符合条件的居民企业之间的股息、红利等权益性投资收益优惠明细表》（A107011）第14列"撤回或减少投资应享有被投资企业累计未分配利润和累计盈余公积"：填报被投资企业累计未分配利润和累计盈余公积按减少实收资本比例计算的部分。

二、填报审核

本列的填报数据来源为：被投资企业撤回或减少投资基础日前会计报表中，记录的累计未分配利润和累计盈余公积按本企业撤回或减少投资持股比例计算的，本企业应享有的金额。

8.3 《综合利用资源生产产品取得的收入优惠明细表》（A107012）的填报和审核

8.3.1 《综合利用资源生产产品取得的收入优惠明细表》概述

8.3.1.1 适用范围

《综合利用资源生产产品取得的收入优惠明细表》（A107012）适用于享受综合利用资源生产产品取得的收入优惠的纳税人填报。

8.3.1.2 填报依据

纳税人根据税法、《国家发展改革委 财政部 国家税务总局关于印发〈国家鼓励的资源综合利用认定管理办法〉的通知》（发改环资〔2006〕1864号）、《财政部 国家税务总局关于执行资源综合利用企业所得税优惠目录有关问题的通知》（财税〔2008〕47号）、《财政部 国家税务总局 国家发展改革委关于公布资源综合利用企业所得税优惠目录（2008年版）的通知》（财税〔2008〕117号）、《国家税务总局关于资源综合利用企业所得税优惠管理问题的通知》（国税函〔2009〕185号）等相关税收政策规定，填报本年发生的综合利用资源生产产品取得的收入优惠情况。

8.3.1.3 表内、表间关系

（一）表内关系。

（1）表A107012第10列＝第9列×10%。

（2）表A107012第10行第10列＝第10列第1+2+…+9行。

（二）表间关系。

表A107012第10行第10列＝表A107010第16行。

8.3.1.4 填报注意事项

1. 各行次按纳税人综合利用资源生产的不同产品名称分别填报。

2.《资源综合利用企业所得税优惠目录》应以 2008 年版为准。企业从事不符合《企业所得税法实施条例》和该目录规定范围、条件和技术标准的项目，不得享受资源综合利用企业所得税优惠政策。

3. 纳税人企业同时从事其他项目而取得的非资源综合利用收入，应与资源综合利用收入分开核算，没有分开核算的，不得享受优惠政策。

8.3.2 填报说明

8.3.2.1 第 1 列 "生产的产品名称"

《综合利用资源生产产品取得的收入优惠明细表》（A107012）第 1 列 "生产的产品名称"：填报纳税人综合利用资源生产的产品名称。

8.3.2.2 第 2 列 "《资源综合利用认定证书》取得时间"

《综合利用资源生产产品取得的收入优惠明细表》（A107012）第 2 列 "《资源综合利用认定证书》取得时间"：填报纳税人取得《资源综合利用认定证书》的时间。

8.3.2.3 第 3 列 "《资源综合利用认定证书》有效期"

《综合利用资源生产产品取得的收入优惠明细表》（A107012）第 3 列 "《资源综合利用认定证书》有效期"：填报证书有效期。

8.3.2.4 第 4 列 "《资源综合利用认定证书》编号"

《综合利用资源生产产品取得的收入优惠明细表》（A107012）第 4 列 "《资源综合利用认定证书》编号"：填报纳税人取得的《资源综合利用认定证书》编号。

8.3.2.5 第 5 列 "属于《资源综合利用企业所得税优惠目录》类别"

《综合利用资源生产产品取得的收入优惠明细表》（A107012）第 5 列 "属于《资源综合利用企业所得税优惠目录》类别"：填报纳税人生产产品综合利用的资源属于《资源综合利用企业所得税优惠目录》的类别，如共生、伴生矿产资源，废水（液）、废气、废渣或再生资源。

8.3.2.6 第 6 列 "综合利用的资源"

《综合利用资源生产产品取得的收入优惠明细表》（A107012）第 6 列 "综合利用的资源"：填报纳税人生产产品综合利用的资源名称，根据《资源综合利用企业所得税优惠目录》中综合利用的资源名称填报。

8.3.2.7 第 7 列 "综合利用的资源占生产产品材料的比例"

《综合利用资源生产产品取得的收入优惠明细表》（A107012）第 7 列 "综合利用的资源占生产产品材料的比例"：填报纳税人实际综合利用的资源占生产产品材料的比例。

8.3.2.8 第 8 列 "《资源综合利用企业所得税优惠目录》规定的标准"

《综合利用资源生产产品取得的收入优惠明细表》（A107012）第 8 列 "《资源综合利用企业所得税优惠目录》规定的标准"：填报纳税人综合利用资源生产产品在《资源综合利用企业所得税优惠目录》中规定的技术标准。

8.3.2.9 第 9 列 "符合条件的综合利用资源生产产品取得的收入总额"

《综合利用资源生产产品取得的收入优惠明细表》（A107012）第 9 列 "符合条件的综合利用资源生产产品取得的收入总额"：填报纳税人综合利用资源生产产品取得的收入总额。

8.3.2.10 第 10 列 "综合利用资源减计收入"

《综合利用资源生产产品取得的收入优惠明细表》（A107012）第 10 列 "综合利用资源

减计收入"：填报第 9 列×10％的金额。

8.3.2.11　第 10 行第 10 列"合计"

《综合利用资源生产产品取得的收入优惠明细表》（A107012）第 10 行第 10 列"合计"：填报第 10 列第 1＋2＋…＋9 行的金额。

8.3.3　填报案例

一、案例基本情况

甲发电有限公司利用秸秆、树根等发电，2015 年度发生如下经济业务：

1. 当年取得电力销售收入 2 000 万元，门市对外出租收入 400 万元，政府补助收入 300 万元。

2. 全年营业成本 1 300 万元，营业税金及附加 116 万元，管理费用 200 万元（准予列支 80 万元），财务费用 80 万元（其中 20 万元为银行罚息支出），全年营业外支出 200 万元（准予列支 150 万元）。

3. 账面尚存以前年度亏损 700 万元（均为 5 年内）。

4. 经审核，公司当年利润总额 2 550 万元。准予税前扣除管理费用 80 万元，财务费用 60 万元，营业外支出 150 万元。

现根据上述资料，对该公司 2014 年度企业所得税汇算进行分析。

1. 公司 2015 年的销售（营业）收入为 2 000（电力销售收入）＋400（其他业务收入）＝2 400（万元）。

2. 公司当年应纳税所得额为 2 000（收入总额）×90％（减计收入）＋400（其他业务收入）＋300（营业外收入）－1 300（成本）－116（税金）－80（管理费用）－60（财务费用）－150（营业外支出）－700（弥补亏损）＝94（万元）。

二、填报情况

具体填报情况见表 8-1。

表 8-1　　　　　综合利用资源生产产品取得的收入优惠明细表（A107012）

行次	生产的产品名称	资源综合利用认定证书基本情况			属于《资源综合利用企业所得税优惠目录》类别	综合利用的资源	综合利用的资源占生产产品材料的比例	《资源综合利用企业所得税优惠目录》规定的标准	符合条件的综合利用资源生产产品取得的收入总额	综合利用资源减计收入
		《资源综合利用认定证书》取得时间	《资源综合利用认定证书》有效期	《资源综合利用认定证书》编号						
		1	2	3	4	5	6	7	8	9	10（9×10％）
1	电力				再生资源	秸秆、树根	70％	符合产品标准；产品原料 100％来自所列资源	2 000.00	200.00
2										
3										
10	合计	＊	＊	＊	＊	＊	＊	＊	＊	200.00

8.4 《金融、保险等机构取得的涉农利息、保费收入优惠明细表》（A107013）的填报和审核

8.4.1 《金融、保险等机构取得的涉农利息、保费收入优惠明细表》概述

8.4.1.1 适用范围、填报依据
《金融、保险等机构取得的涉农利息、保费收入优惠明细表》（A107013）适用于享受金融、保险等机构取得的涉农利息、保费收入优惠的纳税人填报。

8.4.1.2 填报依据
纳税人根据税法、《财政部 国家税务总局关于农村金融有关税收政策的通知》（财税〔2010〕4 号）、《财政部 国家税务总局关于中国扶贫基金会小额信贷试点项目税收政策的通知》（财税〔2010〕35 号）、《财政部 国家税务总局关于中国扶贫基金会所属小额贷款公司享受有关税收优惠政策的通知》（财税〔2012〕33 号）等相关税收政策规定，填报本年发生的金融、保险等机构取得的涉农利息、保费收入优惠情况。（财税〔2010〕4 号政策执行期限至 2013 年 12 月 31 日，若无延期停止执行）

8.4.1.3 表内、表间关系
（一）表内关系。
（1）表 A107013 第 3 行＝第 2 行×10％。
（2）表 A107013 第 5 行＝第 6＋7－8 行。
（3）表 A107013 第 9 行＝第 5 行×10％。
（4）表 A107013 第 12 行＝第 11 行×10％。
（5）表 A107013 第 13 行＝第 3＋9＋12 行。
（二）表间关系。
表 A107013 第 13 行＝表 A107010 第 18 行。

8.4.1.4 填报注意事项
1. 金融机构、保险公司取得的涉农利息、保费收入必须单独核算，否则不能享受财税〔2010〕4 号文件中所述的税收优惠。
2. 可享受税收优惠政策的农户小额贷款需要同时满足两个条件：（1）单笔贷款不超过 5 万元；（2）同一农户取得多笔贷款的，贷款余额之和不超过 5 万元。
3. 农户确认标准应符合财税〔2010〕4 号中所规定的条件，享受税收优惠的金融机构范围应为税法明确列示的范围。

8.4.2 金融机构取得农户小额贷款利息收入的填报

8.4.2.1 第 2 行"（一）金融机构取得农户小额贷款利息收入总额"
一、填报说明
《金融、保险等机构取得的涉农利息、保费收入优惠明细表》（A107013）第 2 行"（一）金融机构取得农户小额贷款利息收入总额"：填报纳税人取得农户小额贷款利息收入总额。
二、填报数据来源
本行的填报数据来源为："利息收入"科目中核算农户小额贷款利息收入的明细科目记录的本年累计金额。

8.4.2.2 第3行"（二）金融机构取得农户小额贷款利息减计收入"

一、填报说明

《金融、保险等机构取得的涉农利息、保费收入优惠明细表》（A107013）第 3 行"（二）金融机构取得农户小额贷款利息减计收入"：填报第 2 行×10％的金额。

二、填报数据来源

本行为表内计算栏次，由第 2 行"（一）金融机构取得农户小额贷款利息收入总额"×10％得到。

8.4.3 保险公司为种植业、养殖业提供保险业务取得的保费收入的填报

8.4.3.1 第5行"（一）保险公司为种植业、养殖业提供保险业务取得的保费收入总额"

一、填报说明

《金融、保险等机构取得的涉农利息、保费收入优惠明细表》（A107013）第 5 行"（一）保险公司为种植业、养殖业提供保险业务取得的保费收入总额"：填报第 6＋7－8 行的金额。

二、填报数据来源

本行为表内计算栏次，由第 6 行"1. 原保费收入"＋第 7 行"2. 分保费收入"－第 8 行"3. 分出保费收入"得到。

8.4.3.2 第6行"1. 原保费收入"

一、填报说明

《金融、保险等机构取得的涉农利息、保费收入优惠明细表》（A107013）第 6 行"1. 原保费收入"：填报纳税人为种植业、养殖业提供保险业务取得的原保费收入。

二、填报数据来源

本行的填报数据来源为："保费收入"科目中核算为种植业、养殖业提供保险业务取得的原保费收入的二级明细科目记录的本年累计金额。

8.4.3.3 第7行"2. 分保费收入"

一、填报说明

《金融、保险等机构取得的涉农利息、保费收入优惠明细表》（A107013）第 7 行"2. 分保费收入"：填报纳税人为种植业、养殖业提供保险业务取得的分保费收入。

二、填报数据来源

本行的填报数据来源为："分保费收入"科目中核算为种植业、养殖业提供保险业务取得的分保费收入的二级明细科目记录的本年累计金额。

8.4.3.4 第8行"3. 分出保费收入"

一、填报说明

《金融、保险等机构取得的涉农利息、保费收入优惠明细表》（A107013）第 8 行"3. 分出保费收入"：填报纳税人为种植业、养殖业提供保险业务分出的保费收入。

二、填报数据来源

本行的填报数据来源为："分出保费"科目中核算为种植业、养殖业提供保险业务分出保费收入的二级明细科目记录的本年累计金额。

8.4.3.5 第9行"（二）保险公司为种植业、养殖业提供保险业务取得的保费减计收入"

一、填报说明

《金融、保险等机构取得的涉农利息、保费收入优惠明细表》（A107013）第 9 行"（二）保险公司为种植业、养殖业提供保险业务取得的保费减计收入"：填报第 5 行×10％的金额。

二、填报数据来源

本行为表内计算栏次，由第 5 行"（一）保险公司为种植业、养殖业提供保险业务取得的保费收入总额"×10%得到。

8.4.4 其他符合条件的机构取得农户小额贷款利息收入的填报

8.4.4.1 第 11 行"（一）其他符合条件的机构取得农户小额贷款利息收入总额"
一、填报说明

《金融、保险等机构取得的涉农利息、保费收入优惠明细表》（A107013）第 11 行"（一）其他符合条件的机构取得农户小额贷款利息收入总额"：填报中和农信项目管理有限公司和中国扶贫基金会举办的农户自立服务社（中心）、小额贷款公司从事农户小额贷款取得的利息收入总额。

二、填报数据来源

本行的填报数据来源为："利息收入"科目中核算农户小额贷款利息收入的二级明细科目记录的本年累计金额。

8.4.4.2 第 12 行"（二）其他符合条件的机构取得农户小额贷款利息减计收入"
一、填报说明

《金融、保险等机构取得的涉农利息、保费收入优惠明细表》（A107013）第 12 行"（二）其他符合条件的机构取得农户小额贷款利息减计收入"：填报第 11 行×10%的金额。

二、填报数据来源

本行为表内计算栏次，由第 11 行"（一）其他符合条件的机构取得农户小额贷款利息收入总额"×10 得到。

8.4.4.3 第 13 行"合计"
一、填报说明

《金融、保险等机构取得的涉农利息、保费收入优惠明细表》（A107013）第 13 行"合计"：填报第 3+9+12 行的金额。

二、填报数据来源

本行为表内计算项目，由第 3 行"（二）金融机构取得农户小额贷款利息减计收入"+第 9 行"（二）保险公司为种植业、养殖业提供保险业务取得的保费减计收入"+第 12 行"（二）其他符合条件的机构取得农户小额贷款利息减计收入"得到。

8.5 《研发费用加计扣除优惠明细表》（A107014）的填报和审核

8.5.1 《研发费用加计扣除优惠明细表》概述

8.5.1.1 适用范围

《研发费用加计扣除优惠明细表》（A107014）适用于享受研发费用加计扣除优惠的纳税人填报。

8.5.1.2 填报依据

纳税人根据税法、《国家税务总局关于印发〈企业研究开发费用税前扣除管理办法（试行）〉的通知》（国税发〔2008〕116 号）、《财政部 海关总署 国家税务总局关于支持文化企业发展若干税收政策问题的通知》（财税〔2009〕31 号）、《财政部 国家税务总局关于研究开发费用税前加计扣除有关政策问题的通知》（财税〔2013〕70 号）等相关税收政策规定，填报本年发生的研发费用加计扣除优惠情况。

8.5.1.3 表内、表间关系

（一）表内关系。

（1）表 A107014 第 10 列＝第 2＋3＋…＋9 列。

（2）表 A107014 第 12 列＝第 10－11 列。

（3）表 A107014 第 13 列≤第 12 列。

（4）表 A107014 第 14 列＝第 13 列×50％。

（5）表 A107014 第 18 列＝第 16＋17 列。

（6）表 A107014 第 19 列＝第 14＋18 列。

（7）表 A107014 第 10 行＝第 1＋2＋…＋9 行。

（二）表间关系。

表 A107014 第 10 行第 19 列＝表 A107010 第 22 行。

8.5.1.4 审核要点

研究开发费用加计扣除的审核，应按填报要求审核填报数据是否正确，还应关注以下四个问题：

（1）审核是否属于研究开发费用加计扣除政策的企业范围；

（2）审核是否符合税务机关管理的要求；

（3）研究开发费用的核算内容是否符合税法规定；

（4）审核是否符合加计扣除的限定条件。

8.5.2 填报和审核

8.5.2.1 第 1 列"研发项目"

一、填报说明

《研发费用加计扣除优惠明细表》（A107014）第 1 列"研发项目"：填报纳税人研发项目名称。

二、填报数据来源

本列的填报数据来为：纳税人研发项目立项报告中列示的研发项目名称，或科技主管部门研发项目备案中列示的研发项目名称。

8.5.2.2 第 2 列"研发活动直接消耗的材料、燃料和动力费用"

一、填报说明

《研发费用加计扣除优惠明细表》（A107014）第 2 列"研发活动直接消耗的材料、燃料和动力费用"：填报纳税人从事研发活动直接消耗的材料、燃料和动力费用。

二、填报数据来源

本列的填报数据来源为："研发支出"科目中核算直接消耗的材料、燃料和动力费用的二级科目记录的本年累计发生额。

8.5.2.3 第 3 列"直接从事研发活动的本企业在职人员费用"

一、填报说明

《研发费用加计扣除优惠明细表》（A107014）第 3 列"直接从事研发活动的本企业在职人员费用"：填报纳税人在职直接从事研发活动人员的工资、薪金、奖金、津贴、补贴，及纳税人依照国务院有关主管部门或者省级人民政府规定的范围和标准为在职直接从事研发活动人员缴纳的基本养老保险费、基本医疗保险费、失业保险费、工伤保险费、生育保险费和住房公积金。

二、填报数据来源

本列的填报数据来源为："研发支出"科目中核算直接从事研发活动的本企业在职人员

费用的二级科目记录的本年累计发生额。

8.5.2.4　第 4 列"专门用于研发活动的有关折旧费、租赁费、运行维护费"

一、填报说明

《研发费用加计扣除优惠明细表》（A107014）第 4 列"专门用于研发活动的有关折旧费、租赁费、运行维护费"：填报纳税人专门用于研发活动的仪器、设备的折旧费，租赁费及运行维护、调整、检验、维修等费用。

二、填报数据来源

本列的填报数据来源为："研发支出"科目中核算专门用于研发活动的有关折旧费、租赁费、运行维护费的二级科目记录的本年累计发生额。

8.5.2.5　第 5 列"专门用于研发活动的有关无形资产摊销费"

一、填报说明

《研发费用加计扣除优惠明细表》（A107014）第 5 列"专门用于研发活动的有关无形资产摊销费"：填报纳税人专门用于研发活动的软件、专利权、非专利技术等无形资产的摊销费用。

二、填报数据来源

本列的填报数据来源为："研发支出"科目中核算专门用于研发活动的有关无形资产摊销费的二级科目记录的本年累计发生额。

8.5.2.6　第 6 列"中间试验和产品试制的有关费用，样品、样机及一般测试手段购置费"

一、填报说明

《研发费用加计扣除优惠明细表》（A107014）第 6 列"中间试验和产品试制的有关费用，样品、样机及一般测试手段购置费"：填报纳税人专门用于中间试验和产品试制的模具、工艺装备开发及制造费，不构成固定资产的样品、样机及一般测试手段购置费。

二、填报数据来源

本列的填报数据来源为："研发支出"科目中核算中间试验和产品试制的有关费用，样品、样机及一般测试手段购置费的二级科目记录的本年累计发生额。

8.5.2.7　第 7 列"研发成果论证、评审、验收、鉴定费用"

一、填报说明

《研发费用加计扣除优惠明细表》（A107014）第 7 列"研发成果论证、评审、验收、鉴定费用"：填报纳税人研发成果的论证、评审、验收、鉴定费用。

二、填报数据来源

本列的填报数据来源为："研发支出"科目中核算研发成果论证、评审、验收、鉴定费用的二级科目记录的本年累计发生额。

8.5.2.8　第 8 列"勘探开发技术的现场试验费，新药研制的临床试验费"

一、填报说明

《研发费用加计扣除优惠明细表》（A107014）第 8 列"勘探开发技术的现场试验费，新药研制的临床试验费"：填报纳税人勘探开发技术的现场试验费，及新药研制的临床试验费。

二、填报数据来源

本列的填报数据来源为："研发支出"科目中核算勘探开发技术的现场试验费，新药研制的临床试验费的二级科目记录的本年累计发生额。

8.5.2.9　第 9 列"设计、制定、资料和翻译费用"

一、填报说明

《研发费用加计扣除优惠明细表》（A107014）第 9 列"设计、制定、资料和翻译费用"：填报纳税人新产品设计费、新工艺规程制定费以及与研发活动直接相关的技术图书资料费、资料翻译费。

二、填报数据来源

本列的填报数据来源为："研发支出"科目中核算设计、制定、资料和翻译费用的二级科目记录的本年累计发生额。

8.5.2.10 第 10 列"年度研发费用合计"

一、填报说明

《研发费用加计扣除优惠明细表》（A107014）第 10 列"年度研发费用合计"：填报第 2＋3＋…＋9 列的金额。

二、填报数据来源

本列为表内计算栏次，为第 2 列至第 9 列金额合计，即各项目本年"研发支出"科目中核算的，允许加计扣除金额合计。

8.5.2.11 第 11 列"减：作为不征税收入处理的财政性资金用于研发的部分"

一、填报说明

《研发费用加计扣除优惠明细表》（A107014）第 11 列"减：作为不征税收入处理的财政性资金用于研发的部分"：填报纳税人研究开发费用中作为不征税收入处理的财政性资金用于研发的部分。

二、填报数据来源

本列的填报数据来源为："递延收益"、"营业外收入"科目中核算属于政府对纳税人研发项目专项补助资金，且税收上在《专项用途财政性资金纳税调整明细表》（A105040）中填列，作为不征税收入处理的金额。

8.5.2.12 第 12 列"可加计扣除的研发费用合计"

一、填报说明

《研发费用加计扣除优惠明细表》（A107014）第 12 列"可加计扣除的研发费用合计"：填报第 10—11 列的金额。

二、填报数据来源

本列为表内计算栏次，由第 10 列"年度研发费用合计"－第 11 列"减：作为不征税收入处理的财政性资金用于研发的部分"得到。

8.5.2.13 第 13 列"计入本年损益的金额"

一、填报说明

《研发费用加计扣除优惠明细表》（A107014）第 13 列"计入本年损益的金额"：填报纳税人未形成无形资产计入本年损益的研发费用金额，本列金额≤第 12 列。

二、填报数据来源

本列的填报数据来源为："研发支出——费用化支出"明细科目中，结转记入本年"管理费用"科目的金额。

8.5.2.14 第 14 列"计入本年研发费用加计扣除额"

一、填报说明

《研发费用加计扣除优惠明细表》（A107014）第 14 列"计入本年研发费用加计扣除额"：填报第 13 列×50％的金额。

二、填报数据来源

本列为表内计算栏次，由第 13 列"计入本年损益的金额"×50％得到。

8.5.2.15 第 15 列"本年形成无形资产的金额"

一、填报说明

《研发费用加计扣除优惠明细表》（A107014）第 15 列"本年形成无形资产的金额"：填报纳税人本年按照国家统一会计制度核算的形成无形资产的金额，包括以前年度研发费用资本化本年结转无形资产金额和本年研发费用资本化本年结转无形资产金额。

二、填报数据来源

本列的填报数据来源为："研发支出——资本化支出"明细科目中，结转记入"无形资产"科目的金额。

8.5.2.16　第 16 列"本年形成无形资产加计摊销额"

一、填报说明

《研发费用加计扣除优惠明细表》（A107014）第 16 列"本年形成无形资产加计摊销额"：填报纳税人本年形成的无形资产计算的本年加计摊销额。

二、填报数据来源

本列的填报数据来源为："累计摊销"科目记录的，本企业本年度符合加计扣除条件的研发项目形成的无形资产，本年度累计摊销的金额合计。

8.5.2.17　第 17 列"以前年度形成无形资产本年加计摊销额"

一、填报说明

《研发费用加计扣除优惠明细表》（A107014）第 17 列"以前年度形成无形资产本年加计摊销额"：填报纳税人以前年度形成的无形资产计算的本年加计摊销额。

二、填报数据来源

本列的填报数据来源为："累计摊销"科目记录的，本企业以前年度符合加计扣除条件的研发项目形成的无形资产，本年度累计摊销的金额合计。

8.5.2.18　第 18 列"无形资产本年加计摊销额"

一、填报说明

《研发费用加计扣除优惠明细表》（A107014）第 18 列"无形资产本年加计摊销额"：填报第 16＋17 列的金额。

二、填报数据来源

本列为表内计算栏次，由第 16 列"本年形成无形资产加计摊销额"＋第 17 列"以前年度形成无形资产本年加计摊销额"得到。

8.5.2.19　第 19 列"本年研发费用加计扣除额合计"

一、填报说明

《研发费用加计扣除优惠明细表》（A107014）第 19 列"本年研发费用加计扣除额合计"：填报第 14＋18 列的金额。

二、填报数据来源

本列为表内计算栏次，由第 14 列"计入本年研发费用加计扣除额"＋第 18 列"无形资产本年加计摊销额"得到。

8.5.2.20　第 10 行"合计"

《研发费用加计扣除优惠明细表》（A107014）第 10 行"合计"：填报第 1＋2＋…＋9 行的金额。

8.6　《所得减免优惠明细表》（A107020）的填报和审核

8.6.1　《所得减免优惠明细表》概述

8.6.1.1　适用范围、填报依据

《所得减免优惠明细表》（A107020）适用于享受所得减免优惠的纳税人填报。纳税人根据税法及相关税收政策规定，填报本年发生的减免所得额优惠情况。

8.6.1.2　表内、表间关系

（一）表内关系。

（1）表 A107020 第 1 行＝第 2＋13 行。

（2）表 A107020 第 2 行＝第 3＋4＋…9＋11＋12 行。

（3）表 A107020 第 13 行＝第 14＋15＋16 行。

（4）表 A107020 第 17 行＝第 18＋19＋…＋25 行。

（5）表 A107020 第 26 行＝第 27＋28＋…＋32 行。

（6）表 A107020 第 33 行第 7 列＝第 34 行第 7 列＋第 35 行第 7 列。

（7）表 A107020 第 36 行＝第 37＋38＋39 行。

（8）表 A107020 第 40 行＝第 1＋17＋26＋33＋36 行。

（9）表 A107020 第 6 列＝第 1－2－3－4＋5 列。

（二）表间关系。

表 A107020 第 40 行第 7 列＝表 A100000 第 20 行。

8.6.1.3 减、免税项目所得审核方法

1. 按税法规定的享受减免所得额税收优惠政策的条件，审核确认被审核单位减免所得额行为的有关交易发生情况。

2. 根据税法规定的范围、条件、技术标准和计算方法，确认不需要备案或审批减免所得额项目的纳税调整金额。

3. 根据审核年度的审批、备案文件资料，确认需要备案或审批减免所得额项目的纳税调整金额。

8.6.1.4 填报注意事项

1. 项目所得的计算（本表是所得减免的计算过程，项目亏损要填）

$$项目所得＝项目收入－项目成本－相关税费－应分摊期间费用＋纳税调整$$

相关税费：项目实际发生的税费，包括除企业所得税、允许抵扣的增值税外的各项税金及附加、合同签订费用、律师费等相关费用及其他支出。

应分摊期间费用：该项目合理分摊的期间费用。合理分摊比例可按投资额、收入、资产、工资等参数确定。

纳税调整额：企业按照税法需要调整该项目收入、成本、费用的金额。纳税调减填报负数。

2. 项目所得为负数的处理。

《国家税务总局关于实施农、林、牧、渔业项目企业所得税优惠问题的公告》（国家税务总局公告 2011 年第 48 号）第八条规定：企业同时从事适用不同企业所得税政策规定项目的，应分别核算，单独计算优惠项目的计税依据及优惠数额；分别核算不清的，可由主管税务机关按照比例分摊法或其他合理方法进行核定。

由于《国家税务总局关于发布〈中华人民共和国企业所得税年度纳税申报表（A 类 2014 版）〉的公告》（国家税务总局公告 2014 年第 63 号）明确规定，《国家税务总局关于做好 2009 年度企业所得税汇算清缴工作的通知》（国税函〔2010〕148 号）废止，因此其中"对企业取得的免税收入、减计收入以及减征、免征所得额项目，不得弥补当期及以前年度应税项目亏损；当期形成亏损的减征、免征所得额项目，也不得用当期和以后纳税年度应税项目所得抵补"之规定也应废止。所以，当本表第 6 列"项目所得额"＜0 时，第 7 列"减免所得额"应填写为 0。

8.6.2 填报和审核

8.6.2.1 第 1 列"项目收入"

一、填报说明

《所得减免优惠明细表》（A107020）第 1 列"项目收入"：填报享受所得减免企业所得

税优惠的企业，该项目取得的收入总额。

二、填报数据来源

本列的填报数据来源为：纳税人会计资料"主营业务收入"或"其他业务收入"科目中，核算的享受所得减免项目的收入总额。

8.6.2.2　第 2 列"项目成本"

一、填报说明

《所得减免优惠明细表》（A107020）第 2 列"项目成本"：填报享受所得减免企业所得税优惠的企业，该项目发生的成本总额。

二、填报数据来源

本列的填报数据来源为：纳税人会计资料"主营业务成本"或"其他业务成本"科目中，核算的享受所得减免项目的成本总额。

8.6.2.3　第 3 列"相关税费"

一、填报说明

《所得减免优惠明细表》（A107020）第 3 列"相关税费"：填报享受所得减免企业所得税优惠的企业，该项目实际发生的有关税费，包括除企业所得税和允许抵扣的增值税以外的各项税金及其附加、合同签订费用、律师费等相关费用及其他支出。

二、填报数据来源

本列的填报数据来源为：纳税人会计资料"主营业务成本"或"其他业务成本"、"营业税金及附加"科目中，核算的享受所得减免项目的成本总额。

8.6.2.4　第 4 列"应分摊期间费用"

一、填报说明

《所得减免优惠明细表》（A107020）第 4 列"应分摊期间费用"：填报享受所得减免企业所得税优惠的企业，该项目合理分摊的期间费用。合理分摊比例可以按照投资额、销售收入、资产额、人员工资等参数确定。上述比例一经确定，不得随意变更。

二、填报数据来源

本列的中的合理分摊比例，纳税人应根据不同的项目性质，选择按照投资额、销售收入、资产额、人员工资等参数确定。在确定参数时，可选择单个或多个参数，并可考虑不同参数的权重比例。

例如，企业的某所得税减免项目，可选择按销售收入和人员工资来确定分摊比例，其中销售收入的权重为 60%，人员工资的权重为 40%。那么假定企业当年实现所得减免项目收入 100 万元，应税项目收入 200 万元；所得减免项目发生人员工资 20 万元，应税项目发生人员工资 50 万元。企业计算的所得减免项目应分摊的期间费用的合理分摊比例为：100/（100＋200）×60%＋20/（20＋50）×40%＝31.43%

8.6.2.5　第 5 列"纳税调整额"

《所得减免优惠明细表》（A107020）第 5 列"纳税调整额"：填报纳税人按照税法规定需要调整减免项目收入、成本、费用的金额，调整减少的金额以负数填报。

8.6.2.6　第 6 列"项目所得额"

《所得减免优惠明细表》（A107020）第 6 列"项目所得额"：填报第 1－2－3－4＋5 列的金额。

8.6.2.7　第 7 列"减免所得额"

《所得减免优惠明细表》（A107020）第 7 列"减免所得额"：填报享受所得减免企业所得税优惠的企业，该项目按照税法规定实际可以享受免征、减征的所得额。本行＜0 的，填写负数。

8.6.3 农、林、牧、渔业项目的填报和审核

8.6.3.1 填报说明
一、第1行"一、农、林、牧、渔业项目"

《所得减免优惠明细表》（A107020）第1行"一、农、林、牧、渔业项目"：填报纳税人根据《财政部 国家税务总局关于发布享受企业所得税优惠政策的农产品初加工范围（试行）的通知》（财税〔2008〕149号）、《国家税务总局关于黑龙江垦区国有农场土地承包费缴纳企业所得税问题的批复》（国税函〔2009〕779号）、《国家税务总局关于"公司＋农户"经营模式企业所得税优惠问题的公告》（国家税务总局公告2010年第2号）、《财政部 国家税务总局关于享受企业所得税优惠的农产品初加工有关范围的补充通知》（财税〔2011〕26号）、《国家税务总局关于实施农林牧渔业项目企业所得税优惠问题的公告》（国家税务总局公告2011年第48号）等相关税收政策规定的，本纳税年度发生的减征、免征企业所得税项目的所得额。本行填报第2＋13行的金额。

二、第2行"（一）免税项目"及下属行次

《所得减免优惠明细表》（A107020）第2行"（一）免税项目"：填报第3＋4＋…＋9＋11＋12行的金额。

第3行"1. 蔬菜、谷物、薯类、油料、豆类、棉花、麻类、糖料、水果、坚果的种植"：填报纳税人种植蔬菜、谷物、薯类、油料、豆类、棉花、麻类、糖料、水果、坚果取得的免征企业所得税项目的所得额。

第4行"2. 农作物新品种的选育"：填报纳税人从事农作物新品种的选育免征企业所得税项目的所得额。

第5行"3. 中药材的种植"：填报纳税人从事中药材的种植免征企业所得税项目的所得额。

第6行"4. 林木的培育和种植"：填报纳税人从事林木的培育和种植免征企业所得税项目的所得额。

第7行"5. 牲畜、家禽的饲养"：填报纳税人从事牲畜、家禽的饲养免征企业所得税项目的所得额。

第8行"6. 林产品的采集"：填报纳税人从事采集林产品免征企业所得税项目的所得额。

第9行"7. 灌溉、农产品初加工、兽医、农技推广、农机作业和维修等农、林、牧、渔服务业项目"：填报纳税人从事灌溉、农产品初加工、兽医、农技推广、农机作业和维修等农、林、牧、渔服务业免征企业所得税项目的所得额。

第10行"其中：农产品初加工"：填报纳税人从事农产品初加工免征企业所得税项目的所得额。

第11行"8. 远洋捕捞"：填报纳税人从事远洋捕捞免征企业所得税的所得额。

第12行"9. 其他"：填报纳税人享受的其他免税所得优惠政策。

三、第13行"（二）减半征税项目"及下属行次

《所得减免优惠明细表》（A107020）第13行"（二）减半征税项目"：填报第14＋15＋16行的金额。

第14行"1. 花卉、茶以及其他饮料作物和香料作物的种植"：填报纳税人从事花卉、茶以及其他饮料作物和香料作物种植减半征收企业所得税项目的所得额。

第15行"2. 海水养殖、内陆养殖"：填报纳税人从事海水养殖、内陆养殖减半征收企业所得税项目的所得额。

第16行"3. 其他"：填报国务院根据税法授权制定的其他减税所得税收优惠政策。

5.6.3.2　填报审核

企业从事农、林、牧、渔业项目的所得，可以免征、减征企业所得税。主要文件依据有：

◆《企业所得税法》及其实施条例。

◆《财政部　国家税务总局关于发布享受企业所得税优惠政策的农产品初加工范围（试行）的通知》（财税〔2008〕149 号）。

◆《国家税务总局关于黑龙江垦区国有农场土地承包费缴纳企业所得税问题的批复》（国税函〔2009〕779 号）。

◆《国家税务总局关于"公司＋农户"经营模式企业所得税优惠问题的公告》（国家税务总局公告 2010 年第 2 号）。

◆《财政部　国家税务总局关于享受企业所得税优惠的农产品初加工有关范围的补充通知》（财税〔2011〕26 号）。

◆《国家税务总局关于实施农林牧渔业项目企业所得税优惠问题的公告》（国家税务总局公告 2011 年第 48 号）。

8.6.4　国家重点扶持的公共基础设施项目的填报和审核

8.6.4.1　填报说明

一、第 17 行"二、国家重点扶持的公共基础设施项目"

《所得减免优惠明细表》（A107020）第 17 行"二、国家重点扶持的公共基础设施项目"：根据《财政部　国家税务总局关于执行公共基础设施项目企业所得税优惠目录有关问题的通知》（财税〔2008〕46 号）、《财政部　国家税务总局　国家发展改革委关于公布公共基础设施项目企业所得税优惠目录（2008 年版）的通知》（财税〔2008〕116 号）、《国家税务总局关于实施国家重点扶持的公共基础设施项目企业所得税优惠问题的通知》（国税发〔2009〕80 号）、《财政部　国家税务总局关于公共基础设施项目和环境保护　节能节水项目企业所得税优惠政策问题的通知》（财税〔2012〕10 号）、《财政部　国家税务总局关于支持农村饮水安全工程建设运营税收政策的通知》（财税〔2012〕30 号）第五条、《国家税务总局关于电网企业电网新建项目享受所得税优惠政策问题的公告》（国家税务总局公告 2013 年第 26 号）等相关税收政策的规定，从事《公共基础设施项目企业所得税优惠目录》规定的港口码头、机场、铁路、公路、城市公共交通、电力、水利等项目的投资经营的所得，自项目取得第一笔生产经营收入所属纳税年度起，第一年至第三年免征企业所得税，第四年至第六年减半征收企业所得税。不包括企业承包经营、承包建设和内部自建自用该项目的所得。本行填报第 18＋19＋…＋25 行的金额。

二、第 18 行"（一）港口码头项目"

《所得减免优惠明细表》（A107020）第 18 行"（一）港口码头项目"：填报纳税人从事《公共基础设施项目企业所得税优惠目录》规定的港口码头项目的投资经营的减免所得额。

三、第 19 行"（二）机场项目"

《所得减免优惠明细表》（A107020）、第 19 行"（二）机场项目"：填报纳税人从事《公共基础设施项目企业所得税优惠目录》规定的机场项目的投资经营的减免所得额。

四、第 20 行"（三）铁路项目"

《所得减免优惠明细表》（A107020）第 20 行"（三）铁路项目"：填报纳税人从事《公共基础设施项目企业所得税优惠目录》规定的铁路项目的投资经营的减免所得额。

五、第 21 行"（四）公路项目"

《所得减免优惠明细表》（A107020）第 21 行"（四）公路项目"：填报纳税人从事《公共基础设施项目企业所得税优惠目录》规定的公路项目的投资经营的减免所得额。

六、第22行"（五）城市公共交通项目"

《所得减免优惠明细表》（A107020）第22行"（五）城市公共交通项目"：填报纳税人从事《公共基础设施项目企业所得税优惠目录》规定的城市公共交通项目的投资经营的减免所得额。

七、第23行"（六）电力项目"

《所得减免优惠明细表》（A107020）第23行"（六）电力项目"：填报纳税人从事《公共基础设施项目企业所得税优惠目录》规定的电力项目的投资经营的减免所得额。

八、第24行"（七）水利项目"

《所得减免优惠明细表》（A107020）第24行"（七）水利项目"：填报纳税人从事《公共基础设施项目企业所得税优惠目录》规定的水利项目的投资经营的减免所得额。

九、第25行"（八）其他项目"

《所得减免优惠明细表》（A107020）第25行"（八）其他项目"：填报纳税人从事《公共基础设施项目企业所得税优惠目录》规定的其他项目的投资经营的减免所得额。

8.6.4.2 填报审核

企业从事《公共基础设施项目企业所得税优惠目录》规定的港口码头、机场、铁路、公路、城市公共交通、电力、水利等项目的投资经营的所得，自项目取得第一笔生产经营收入所属纳税年度起，第一年至第三年免征企业所得税，第四年至第六年减半征收企业所得税。主要文件依据有：

- ◆《企业所得税法》及其实施条例。
- ◆《财政部 国家税务总局关于发布享受企业所得税优惠政策的农产品初加工范围（试行）的通知》（财税〔2008〕149号）。
- ◆《国家税务总局关于黑龙江垦区国有农场土地承包费缴纳企业所得税问题的批复》（国税函〔2009〕779号）。
- ◆《国家税务总局关于"公司＋农户"经营模式企业所得税优惠问题的公告》（国家税务总局公告2010年第2号）。
- ◆《财政部 国家税务总局关于享受企业所得税优惠的农产品初加工有关范围的补充通知》（财税〔2011〕26号）。
- ◆《国家税务总局关于实施农林牧渔业项目企业所得税优惠问题的公告》（国家税务总局公告2011年第48号）。

8.6.5 符合条件的环境保护、节能节水项目的填报和审核

8.6.5.1 填报说明

一、第26行"三、符合条件的环境保护、节能节水项目"

《所得减免优惠明细表》（A107020）第26行"三、符合条件的环境保护、节能节水项目"：根据《财政部 国家税务总局 国家发展改革委关于公布环境保护 节能节水项目企业所得税优惠目录（试行）的通知》（财税〔2009〕166号）、《财政部 国家税务总局关于公共基础设施项目和环境保护 节能节水项目企业所得税优惠政策问题的通知》（财税〔2012〕10号）等相关税收政策的规定，从事符合条件的公共污水处理、公共垃圾处理、沼气综合开发利用、节能减排技术改造、海水淡化等环境保护、节能节水项目的所得，自项目取得第一笔生产经营收入所属纳税年度起，第一年至第三年免征企业所得税，第四年至第六年减半征收企业所得税。本行填报第27＋28＋…＋32行的金额。

二、第27行"（一）公共污水处理项目"

《所得减免优惠明细表》（A107020）第27行"（一）公共污水处理项目"：填报纳税人

从事符合条件的公共污水处理项目的减免所得额。

三、第 28 行"（二）公共垃圾处理项目"

《所得减免优惠明细表》（A107020）第 28 行"（二）公共垃圾处理项目"：填报纳税人从事符合条件的公共垃圾处理项目的减免所得额。

四、第 29 行"（三）沼气综合开发利用项目"

《所得减免优惠明细表》（A107020）第 29 行"（三）沼气综合开发利用项目"：填报纳税人从事符合条件的沼气综合开发利用项目的减免所得额。

五、第 30 行"（四）节能减排技术改造项目"

《所得减免优惠明细表》（A107020）第 30 行"（四）节能减排技术改造项目"：填报纳税人从事符合条件的节能减排技术改造项目的减免所得额。

六、第 31 行"（五）海水淡化项目"

《所得减免优惠明细表》（A107020）第 31 行"（五）海水淡化项目"：填报纳税人从事符合条件的海水淡化项目的减免所得额。

七、第 32 行"（六）其他项目"

《所得减免优惠明细表》（A107020）第 32 行"（六）其他项目"：填报纳税人从事符合条件的其他项目的减免所得额。

8.6.5.2　填报审核

企业从事符合条件的公共污水处理、公共垃圾处理、沼气综合开发利用、节能减排技术改造、海水淡化等环境保护、节能节水项目的所得，自项目取得第一笔生产经营收入所属纳税年度起，第一年至第三年免征企业所得税，第四年至第六年减半征收企业所得税。主要文件依据有：

◆《企业所得税法》及其实施条例。

◆《财政部 国家税务总局国家发展改革委关于公布环境保护 节能节水项目企业所得税优惠目录（试行）的通知》（财税〔2009〕166 号）。

◆《财政部 国家税务总局关于公共基础设施项目和环境保护 节能节水项目企业所得税优惠政策问题的通知》（财税〔2012〕10 号）。

8.6.6　符合条件的技术转让项目的填报和审核

8.6.6.1　填报说明

一、第 33 行"四、符合条件的技术转让项目"

《所得减免优惠明细表》（A107020）第 33 行"四、符合条件的技术转让项目"：根据《国家税务总局关于技术转让所得减免企业所得税有关问题的通知》（国税函〔2009〕212 号）、《财政部 国家税务总局关于居民企业技术转让有关企业所得税政策问题的通知》（财税〔2010〕111 号）、《国家税务总局关于技术转让所得减免企业所得税有关问题的公告》（国家税务总局公告 2013 年第 62 号）等相关税收政策的规定，一个纳税年度内，居民企业将其拥有的专利技术、计算机软件著作权、集成电路布图设计权、植物新品种、生物医药新品种，以及财政部和国家税务总局确定的其他技术的所有权或 5 年以上（含 5 年）使用权转让取得的所得，不超过 500 万元的部分，免征企业所得税；超过 500 万元的部分，减半征收企业所得税。居民企业从直接或间接持有股权之和达到 100% 的关联方取得的技术转让所得，不享受技术转让减免企业所得税优惠政策。本行第 1 至 6 列分别填报，第 7 列填报第 34＋35 行的金额。

二、第 34 行"（一）技术转让所得不超过 500 万元部分"

《所得减免优惠明细表》（A107020）第 34 行"（一）技术转让所得不超过 500 万元部

分"：填报纳税人符合条件的技术转让所得不超过 500 万元的部分，免征企业所得税。

三、第 35 行"（二）技术转让所得超过 500 万元部分"。

《所得减免优惠明细表》（A107020）第 35 行"（二）技术转让所得超过 500 万元部分"：填报纳税人符合条件的技术转让所得超过 500 万元的部分，减半征收企业所得税。

8.6.6.2 填报审核

企业将其拥有的专利技术、计算机软件著作权、集成电路布图设计权、植物新品种、生物医药新品种，以及财政部和国家税务总局确定的其他技术的所有权或 5 年以上（含 5 年）全球独占许可使用权转让取得的所得，不超过 500 万元的部分，免征企业所得税；超过 500 万元的部分，减半征收企业所得税。主要文件依据有：

◆《企业所得税法》及其实施条例。

◆《国家税务总局关于技术转让所得减免企业所得税有关问题的通知》（国税函〔2009〕212 号）。

◆《财政部 国家税务总局关于居民企业技术转让有关企业所得税政策问题的通知》（财税〔2010〕111 号）。

◆《国家税务总局关于技术转让所得减免企业所得税有关问题的公告》（国家税务总局公告 2013 年第 62 号）。

8.6.7 其他专项优惠项目的填报和审核

8.6.7.1 填报说明

一、第 36 行"五、其他专项优惠项目"

《所得减免优惠明细表》（A107020）第 36 行"五、其他专项优惠项目"：填报第 37＋38＋39 行的金额。

二、第 37 行"（一）实施清洁发展机制项目"

《所得减免优惠明细表》（A107020）第 37 行"（一）实施清洁发展机制项目"：填报纳税人根据《财政部 国家税务总局关于中国清洁发展机制基金及清洁发展机制项目实施企业有关企业所得税政策问题的通知》（财税〔2009〕30 号）等相关税收政策规定的，对企业实施的将温室气体减排量转让收入的 65％上缴给国家的 HFC 和 PFC 类 CDM 项目，以及将温室气体减排量转让收入的 30％上缴给国家的 N2O 类 CDM 项目，其实施该类 CDM 项目的所得，自项目取得第一笔减排量转让收入所属纳税年度起，第一年至第三年免征企业所得税，第四年至第六年减半征收企业所得税。

三、第 38 行"（二）符合条件的节能服务公司实施合同能源管理项目"

《所得减免优惠明细表》（A107020）第 38 行"（二）符合条件的节能服务公司实施合同能源管理项目"：填报纳税人根据《财政部 国家税务总局关于促进节能服务产业发展增值税营业税和企业所得税政策问题的通知》（财税〔2010〕110 号）、《国家税务总局 国家发展改革委关于落实节能服务企业合同能源管理项目企业所得税优惠政策有关征收管理问题的公告》（国家税务总局 国家发展改革委公告 2013 年第 77 号）等相关税收政策规定的，对符合条件的节能服务公司实施合同能源管理项目，符合企业所得税税法有关规定的，自项目取得第一笔生产经营收入所属纳税年度起，第一年至第三年免征企业所得税，第四年至第六年按照 25％的法定税率减半征收企业所得税。

四、第 39 行"（三）其他"

《所得减免优惠明细表》（A107020）第 39 行"（三）其他"：填报纳税人享受的其他专项减免应纳税所得额。

五、第 40 行"合计"

《所得减免优惠明细表》（A107020）第 40 行"合计"：填报第 1＋17＋26＋33＋36 行的金额。

8.6.7.2　填报审核

1. 实施清洁发展机制项目、符合条件的节能服务公司实施合同能源管理项目等。

2. 企业将对企业实施的将温室气体减排量转让收入的 65% 上缴给国家的 HFC 和 PFC 类 CDM 项目，以及将温室气体减排量转让收入的 30% 上缴给国家的 N2O 类 CDM 项目，其实施该类 CDM 项目的所得，自项目取得第一笔减排量转让收入所属纳税年度起，第一年至第三年免征企业所得税，第四年至第六年减半征收企业所得税。主要文件依据有：

◆《企业所得税法》及其实施条例。

◆《财政部 国家税务总局关于中国清洁发展机制基金及清洁发展机制项目实施企业有关企业所得税政策问题的通知》（财税〔2009〕30 号）。

◆《国家税务总局 国家发展改革委关于落实节能服务企业合同能源管理项目企业所得税优惠政策有关征收管理问题的公告》（国家税务总局 国家发展改革委公告 2013 年第 77 号）。

8.7　《抵扣应纳税所得额明细表》（A107030）的填报和审核

8.7.1　《抵扣应纳税所得额明细表》概述

8.7.1.1　适用范围

《抵扣应纳税所得额明细表》（A107030）适用于享受创业投资企业抵扣应纳税所得额优惠的纳税人填报。具体适用范围如下：

（一）创业投资企业直接投资于未上市中小高新企业按投资额一定比例抵扣应纳税所得额。

由创业投资企业（非合伙制）纳税人填报其以股权投资方式直接投资未上市中小高新技术企业 2 年（24 个月，下同）以上限额抵免应纳税所得额的金额。对于通过有限合伙制创业投资企业间接投资中小高新技术企业享受优惠政策填写本表第 9 行至 14 行。

（二）通过有限合伙制创业投资企业投资未上市中小高新企业按一定比例抵扣分得的应纳税所得额。

企业作为有限合伙制创业投资企业的合伙人，通过合伙企业间接投资未上市中小高新技术企业，根据《财政部 国家税务总局关于将国家自主创新示范区有关税收试点政策推广到全国范围实施的通知》（财税〔2015〕116 号）、《国家税务总局关于有限合伙制创业投资企业法人合伙人企业所得税有关问题的公告》（国家税务总局公告 2015 年第 81 号）的规定，享受有限合伙制创业投资企业法人合伙人按投资额的一定比例抵扣应纳税所得额政策，在本部分填报。

8.7.1.2　填报依据

纳税人根据《企业所得税法》、《国家税务总局关于实施创业投资企业所得税优惠问题的通知》（国税发〔2009〕87 号）、《财政部 国家税务总局关于执行企业所得税优惠政策若干问题的通知》（财税〔2009〕69 号）、《财政部 国家税务总局关于将国家自主创新示范区有关税收试点政策推广到全国范围实施的通知》（财税〔2015〕116 号）、《国家税务总局关于有限合伙制创业投资企业法人合伙人企业所得税有关问题的公告》（国家税务总局公告 2015 年第 81 号）等规定，填报本年度发生的创业投资企业抵扣应纳税所得额优惠情况。

8.7.1.3　报表结构说明

《抵扣应纳税所得额明细表》包括三部分：一是创业投资企业直接投资中小高新技术企

业按一定比例抵扣应纳税所得额；二是企业通过有限合伙制创投企业间接投资中小高新技术企业按一定比例抵扣应纳税所得额；三是上述两种情况的合计。

8.7.1.4　表内、表间关系

（一）表内关系。

（1）表 A107030 第 3 行＝第 1×2 行。

（2）表 A107030 第 5 行＝第 3＋4 行。

（3）表 A107030 第 7 行：若第 5 行≤第 6 行，则本行＝第 5 行；若第 5 行＞第 6 行，则本行＝第 6 行。

（4）表 A107030 第 8 行：第 5 行＞第 6 行，则本行＝第 5－7 行；若第 5 行≤第 6 行，则本行＝0。

（5）表 A107030 第 12 行＝第 10＋11 行。

（6）表 A107030 第 13 行：若 9 行≤12 行，则本行＝9 行；若 9 行＞12 行，则本行＝12 行。

（7）表 A107030 第 14 行：若 9 行≤12 行，则本行＝12 行－9 行；若 9 行＞12 行，则本行＝0。

（8）表 A107030 第 15 行＝第 7＋13 行。

（二）表间关系。

（1）第 6 行由主表生成，不可填写：本行＝表 A100000 第 19－20－22 行－本表第 13 行，若小于 0，则填报 0。

（2）表 A100000 第 21 行由本表第 15 行生成，表 A100000 第 21 行＝本表第 15 行。

8.7.1.5　填报注意事项

在填报时需要注意两点：一是本表填报两项创投优惠政策每年新增符合条件的投资额和有限合伙人每年分得的应纳税所得额；二是本表用于计算本年抵扣的应纳税所得额。因此，无论企业本年是否盈利，只要有新增符合条件的投资额或者从有限合伙人分得应纳税所得额，即使本年不抵扣应纳税所得额，也需填报本表。

8.7.2　创业投资企业抵扣应纳税所得额的填报和审核

8.7.2.1　第 1 行"本年新增的符合条件的股权投资额"

（一）填报说明。

1. 第 1 行"本年新增的符合条件的股权投资额"：填报创业投资企业采取股权投资方式投资于未上市的中小高新技术企业 2 年以上的，本年新增的符合条件的股权投资额。

（二）填报审核。

第 1 行"本年新增的符合条件的股权投资额"填报数据来源为：创业投资企业与未上市的中小高新技术企业签订的投资合同或协议，工商部门进行股权变更登记的相关资料等中记录的创业投资企业的投资额。

注意：无论企业本年是否盈利，有符合条件的投资额即填报本表，以后年度盈利时填写第 4 行"以前年度结转的尚未抵扣的股权投资余额"。

8.7.2.2　第 3 行"本年新增的可抵扣的股权投资额"

（一）填报说明。

《抵扣应纳税所得额明细表》（A107030）第 3 行"本年新增的可抵扣的股权投资额"：本行填报第 1×2 行的金额。

（二）填报审核。

本行为表内计算项目，即第 1 行"本年新增的符合条件的股权投资额"×第 2 行"税收

规定的抵扣率 70%"

8.7.2.3 第4行"以前年度结转的尚未抵扣的股权投资余额"

（一）填报说明。

《抵扣应纳税所得额明细表》（A107030）第 4 行"以前年度结转的尚未抵扣的股权投资余额"：填报以前年度符合条件的尚未抵扣的股权投资余额。

（二）填报审核。

本行的填报数据来源为：上一年度本表第 8 行"结转以后年度抵扣的股权投资余额"的金额。

8.7.2.4 第5行"本年可抵扣的股权投资额"

（一）填报说明。

《抵扣应纳税所得额明细表》（A107030）第 5 行"本年可抵扣的股权投资额"：本行填报第 3＋4 行的金额。

（二）填报审核。

第 5 行"本年可抵扣的股权投资额"为：第 3 行"本年新增的可抵扣的股权投资额"和第 4 行"以前年度结转的尚未抵扣的股权投资余额"之和。

8.7.2.5 第6行"本年可用于抵扣的应纳税所得额"

（一）填报说明。

《抵扣应纳税所得额明细表》（A107030）第 6 行"本年可用于抵扣的应纳税所得额"：本行填报表 A100000 第 19－20－22 行的金额，若金额小于 0，则填报 0。

（二）填报审核。

本行为比较后确认行次，具体情况如下：

1. 当表 A100000 第 19 行"纳税调整后所得"－第 20 行"所得减免"后的金额大于 0 时，即企业在享受完所得减免税收优惠后，企业仍有所得可继续享受抵扣应纳税所得额的税收优惠，因此应填写其差额。

2. 当表 A100000 第 19 行"纳税调整后所得"－第 20 行"所得减免"后的金额小于 0 时，即企业在享受完所得减免税收优惠后，企业无所得可继续享受抵扣应纳税所得额的税收优惠，因此应填写 0。

8.7.2.6 第7行"本年实际抵扣应纳税所得额"

《抵扣应纳税所得额明细表》（A107030）第 7 行"本年实际抵扣应纳税所得额"：若第 5 行≤第 6 行，则本行＝第 5 行；第 5 行＞第 6 行，则本行＝第 6 行。

8.7.2.7 第8行"结转以后年度抵扣的股权投资余额"

《抵扣应纳税所得额明细表》（A107030）第 8 行"结转以后年度抵扣的股权投资余额"：第 5 行＞第 6 行，则本行＝第 5－7 行；第 5 行≤第 6 行，则本行＝0。

8.7.3 有限合伙制创投企业间接投资抵扣应纳税所得额的填报和审核

8.7.3.1 第9行"本年从有限合伙创投企业应分得的应纳税所得额"

《抵扣应纳税所得额明细表》（A107030）第 9 行"本年从有限合伙创投企业应分得的应纳税所得额"：填写企业作为法人合伙人，通过有限合伙制创业投资企业投资未上市的中小高新技术企业，无论本年是否盈利、是否抵扣应纳税所得额，只要本年从有限合伙制创业投资企业中分配归属于该法人合伙人的应纳税所得额，需填写本行。

鉴于企业通过有限合伙制创投企业抵扣一定比例投资额，与直接投资中小高新技术企业政策不同，只能从本行数据中抵扣，为满足申报表核算需要，本行数据不用于弥补以前年度亏损。

8.7.3.2　第 10 行"本年新增的可抵扣投资额"

《抵扣应纳税所得额明细表》（A107030）第 10 行"本年新增的可抵扣投资额"：填写企业作为法人合伙人，通过有限合伙制创业投资企业投资未上市中小高新技术企业，本年投资满 2 年符合条件的可抵扣投资额中归属于该法人合伙人的本年新增可抵扣投资额。无论本年是否盈利、是否需要抵扣应纳税所得额，均需填写本行。

有限合伙制创业投资企业的法人合伙人对未上市中小高新技术企业的投资额，按照有限合伙制创业投资企业对中小高新技术企业的投资额和合伙协议约定的法人合伙人占有限合伙制创业投资企业的出资比例计算确定。其中，有限合伙制创业投资企业对中小高新技术企业的投资额按实缴投资额计算；法人合伙人占有限合伙制创业投资企业的出资比例按法人合伙人对有限合伙制创业投资企业的实缴出资额占该有限合伙制创业投资企业的全部实缴出资额的比例计算。

8.7.3.3　第 11 行"以前年度结转的可抵扣投资额"

《抵扣应纳税所得额明细表》（A107030）第 11 行"以前年度结转的可抵扣投资额"：填写法人合伙人上年度未抵扣，可以结转到本年及以后年度的抵扣投资额。

8.7.3.4　第 12 行"本年可抵扣投资额"

《抵扣应纳税所得税明细表》（A107030）第 12 行"本年可抵扣投资额"：填写本年法人合伙人可用于抵扣的投资额合计，包括本年新增和以前年度结转两部分，等于第 10＋11 行。

8.7.3.5　第 13 行"本年实际抵扣应分得的应纳税所得额"

《抵扣应纳税所得额明细表》（A107030）第 13 行"本年实际抵扣应分得的应纳税所得额"：填写本年法人合伙人享受优惠实际抵扣的投资额，为"本年从有限合伙创投企业应分得的应纳税所得额"和"本年可抵扣投资额"的孰小值，当 9 行≤12 行，本行＝第 9 行；当 9 行＞12 行，本行＝第 12 行。

8.7.3.6　第 14 行"结转以后年度抵扣的投资额余额"

《抵扣应纳税所得额明细表》（A107030）第 14 行"结转以后年度抵扣的投资额余额"：本年可抵扣投资额大于应分得的应纳税所得额时，抵扣后余额部分结转以后年度抵扣的金额，即当 9 行≤12 行，本行＝第 12－9 行；9 行＞12 行，本行＝0。

8.7.4　"抵扣应纳税所得额合计"填报说明

《抵扣应纳税所得额明细表》（A107030）第 15 行"三、抵扣应纳税所得额合计"：上述两类优惠合计额，带入 A100000 表计算应纳税所得额。本行＝第 7＋13 行。

8.7.5　填报案例

一、案例基本情况

A 企业 2013 年 1 月 1 日向 B 企业（未上市的中小高新技术企业）投资 100 万元，股权持有到 2014 年 12 月 31 日。A 企业 2013 年底结转的尚未抵扣的股权投资余额为 20 万元，本年可用于抵扣的应纳税所得额为 85 万元（B 企业职工人数不超过 500 人，年销售（营业）额不超过 2 亿元，资产总额不超过 2 亿元）。

二、填报情况

（1）2014 年度新增的可抵扣股权投资额为 100×70％＝70（万元）；

（2）本年可抵扣的股权投资额为 70＋20＝90（万元）；

（3）本年可用于抵扣的应纳税所得额 85 万元＜可抵扣的股权投资额 90 万元，本年实际抵扣应纳税所得额则为 85 万元；

（4）结转以后年度抵扣的股权投资余额为 90－85＝5（万元）。

8.8　《减免所得税优惠明细表》（A107040）的填报和审核

8.8.1　《减免所得税优惠明细表》概述

8.8.1.1　适用范围

《减免所得税优惠明细表》（A107040）由享受减免所得税优惠的纳税人填报。纳税人根据税法和相关税收政策规定，填报本年享受减免所得税优惠情况。

8.8.1.2　表内、表间关系

（一）表内关系。

（1）表 A107040 第 3 行＝第 4＋5 行。

（2）表 A107040 第 6 行＝第 7＋8＋9＋10＋11…＋14＋15＋16＋…＋31 行。

（3）表 A107040 第 7 行＝第 7.1＋7.2＋7.3 行。

（4）表 A107040 第 8 行＝第 8.1＋8.2＋8.3 行。

（5）表 A107040 第 9 行＝第 9.1＋9.2＋9.3 行。

（6）表 A107040 第 10 行＝第 10.1＋10.2＋10.3 行。

（7）表 A107040 第 14 行＝第 14.1＋14.2 行。

（8）表 A107040 第 15 行＝第 15.1＋15.2 行。

（9）表 A107040 第 34 行＝第 1＋3＋6－32＋33 行。

（二）表间关系。

（1）表 A107040 第 3 行＝表 A107041 第 29 行。

（2）表 A107040 第 34 行＝表 A100000 第 26 行。

8.8.2　减免所得税的填报和审核

8.8.2.1　第 1 行"一、符合条件的小型微利企业"、第 2 行"其中减半征税"

一、填报说明

《减免所得税优惠明细表》（A107040）第 1 行"一、符合条件的小型微利企业"、第 2 行"其中减半征税"：由享受小型微利企业所得税政策的纳税人填报。2015 年汇算清缴时，该政策包括两种情形：

一是小型微利企业 2015 年 9 月 30 日之前年应纳税所得额低于 20 万元的减半征税，应纳税所得税大于 20 万元、小于 30 万元的按 20％税率征税。

二是小型微利企业 2015 年 10 月 1 日之后应纳税所得额不超过 30 万元的减半征税。

2016 年及以后年度汇算清缴时，当《中华人民共和国企业所得税年度纳税申报表（A类，2014 版）》（A100000）第 23 行≤30 万元时，本行等于表 A100000 第 23 行×15％的值，该数字同时填入第 3 行"其中：减半征收"。

表 8-2   20 万至 30 万元小型微利企业所得税优惠比例查询表

企业成立时间	全年	
	优惠率	其中减半
2015 年 1 月及以前	7.50%	3.75%
2015 年 2 月	7.73%	4.09%
2015 年 3 月	8.00%	4.50%
2015 年 4 月	8.33%	5.00%
2015 年 5 月	8.75%	5.63%
2015 年 6 月	9.29%	6.43%
2015 年 7 月	10.00%	7.50%
2015 年 8 月	11.00%	9.00%
2015 年 9 月	12.50%	11.25%
2015 年 10 月	15.00%	15.00%
2015 年 11 月	15.00%	15.00%
2015 年 12 月	15.00%	15.00%

查询方法说明：

①《减免所得税优惠明细表》（A107040）由 2015 年度汇算清缴时应纳税所得额介于 20 万至 30 万元的小型微利企业查询使用。

②"企业成立时间"：企业根据其不同成立时间所在行次，查询申报税款所属期的对应优惠比率。

③"优惠率、其中减半"：优惠率主要指企业同时享受 20%、10%（减半征税）的综合优惠情况；"其中减半"指享受减半征税优惠情况。

应纳税所得额与"优惠率"的乘积，填入本表第 1 行"符合条件的小型微利企业"；应纳税所得额与"其中减半"的乘积，填入本表第 2 行"其中：减半征税"。

例如，A 小型微利企业成立于 2012 年 9 月 8 日，2015 年度应纳税所得额 29.8 万元。汇算清缴申报时，查询《20 万至 30 万元小型微利企业所得税优惠比例查询表》可知，成立时间"2015 年 1 月及以前"对应"12 月"列次的"优惠率"和"其中减半"为 7.50%、3.75%。因此，A 小型微利企业汇算清缴享受优惠税额＝29.8×7.50%＝2.235（万元），减半征税＝29.8×3.75%＝1.117 5（万元）。分别填写本表第 1 行、第 2 行。

二、享受条件

第 1 行"一、符合条件的小型微利企业"填报本行数据，与关注与《企业基础信息表》（A000000）中填写的"103 所属行业明细代码"、"104 从业人数"、"105 资产总额"和《中华人民共和国企业所得税年度纳税申报表（A 类）》（A10000）第 23 行"应纳税所得额"来判定，是否可以填该行。本行填报两种情况：

一是享受小微优惠政策减免的 5%；

二是享受小小微优惠政策换算后减免的 10%。

三、填报注意事项

财税〔2015〕34 号文件自 2015 年 1 月 1 日起将小型微利企业减半征收的范围由 10 万元提高到 20 万元（含），财税〔2015〕99 号文件自 2015 年 10 月 1 日起将小型微利企业减半征收的范围由 20 万元提高到 30 万元（含）。之前小型微利企业应纳税额都是按年计算，但是 2015 年度小型微利企业应纳税额需要分段计算，2015 年 1 月 1 日至 2015 年 9 月 30 日按照 20 万元（含）减半征收，2015 年 10 月 1 日至 2015 年 12 月 31 日按照 30 万元（含）减半征收。

2015 年度汇算清缴需区分以下情况进行填写，本行在 2015 年度汇算清缴结束后，本部分废止执行。现将具体情形列示如下：

1. 2015 年 1 月 1 日之前成立的企业。

当《中华人民共和国企业所得税年度纳税申报表（A 类，2014 版）》（A100000）第 23 行＞0 且≤20 万元时，本行等于表 A100000 第 23 行×15％的积，该数字同时填入第 2 行"其中：减半征收"。

当表 A100000 第 23 行＞20 万元且≤30 万元时，本行等于表 A100000 第 23 行×15％×（2015 年 10 月 1 日之后经营月份数/2015 年度经营月份数）＋表 A100000 第 23 行×5％×（9/2015 年度经营月份数）。表 A100000 第 23 行×15％×（2015 年 10 月 1 日之后经营月份数/2015 年度经营月份数）的计算金额，同时填入第 2 行"其中：减半征收"。

2. 2015 年 1 月 1 日—2015 年 9 月 30 日之间成立的企业。

当《中华人民共和国企业所得税年度纳税申报表（A 类，2014 版）》（A100000）第 23 行＞0 且≤20 万元时，本行等于表 A100000 第 23 行×15％的积，该数字同时填入第 2 行"其中：减半征收"。

当表 A100000 第 23 行＞20 万元且≤30 万元时，本行等于表 A100000 第 23 行×15％×（2015 年 10 月 1 日之后经营月份数/2015 年度经营月份数）＋表 A100000 第 23 行×5％×（2015 年 10 月 1 日之前经营月份数/2015 年度经营月份数）。表 A100000 第 23 行×5％×（2015 年 10 月 1 日之前经营月份数/2015 年度经营月份数）同时填入第 2 行"其中：减半征收"。

3. 2015 年 10 月 1 日之后的企业。

当《中华人民共和国企业所得税年度纳税申报表（A 类，2014 版）》（A100000）第 23 行＞0 且≤30 万元时，本行等于表 A100000 第 23 行×15％的值，该数字同时填入第 2 行"其中：减半征收"。

为简化计算，2015 年度汇算清缴申报时，年度应纳税所得额大于 20 万元不超过 30 万元的小型微利企业，可以按照《20 万至 30 万元小型微利企业所得税优惠比例查询表》（见表 8-1）计算填报该项优惠政策。

四、填报案例

案例 1： A 公司成立于 2014 年 3 月，符合小型微利企业条件。2015 年 12 月 31 日，该企业计算的全年实际利润额为 26 万元。

2015 年 10 月 1 日前：26×9/12×20％＝3.9（万元）

2015 年 10 月 1 日后：26×3/12×50％×20％＝0.65（万元）

2015 年度应缴纳企业所得税：3.9＋0.65＝4.55（万元）

A107040《减免所得税优惠明细表》填报方法：

第 1 行"符合条件的小型微利企业"：26×7.5％＝1.95（万元）

第 2 行"其中减半征税"：26×3.75％＝0.975（万元）

表 8-3　　　　　　　　　　《减免所得税优惠明细表》（A107040）　　　　　　　　　　单位：元

行次	项目	金额
1	一、符合条件的小型微利企业	19 500
2	其中：减半征税	9 750

案例 2： B 公司成立于 2015 年 5 月 10 日，符合小型微利企业条件。2015 年 12 月 31 日，该企业计算的全年实际利润额为 24 万元。

2015 年 10 月 1 日前：24×5/8×20％＝3（万元）

2015 年 10 月 1 日后：24×3/8×50％×20％＝0.9（万元）

2015 年度应缴纳企业所得税：3＋0.9＝3.9（万元）

A107040《减免所得税优惠明细表》填报方法：

第 1 行 "符合条件的小型微利企业"：24×8.75％＝2.1（万元）

第 2 行 "其中减半征税"：24×5.63％＝1.351 2（万元）

表 8-4 　　　　　　　　　　《减免所得税优惠明细表》（A107040）　　　　　　　　　单位：元

行次	项目	金额
1	一、符合条件的小型微利企业	21 000
2	其中：减半征税	13 512

案例 3：A 公司成立于 2013 年，符合小型微利企业条件。2015 年 12 月 31 日，该企业计算的全年实际利润额为 33 万元，有可弥补以前年度亏损 4 万元。

2015 年 10 月 1 日前：(33－4)×9/12×20％＝4.35（万元）

2015 年 10 月 1 日后：(33－4)×3/12×50％×20％＝0.725（万元）

2015 年度应缴纳企业所得税：4.35＋0.725＝5.075（万元）

A107040《减免所得税优惠明细表》填报方法：

第 1 行 "符合条件的小型微利企业"：(33－4)×7.5％＝2.175（万元）

第 2 行 "其中减半征税"：(33－4)×3.75％＝1.087 5（万元）

表 8-5 　　　　　　　　　　《减免所得税优惠明细表》（A107040）　　　　　　　　　单位：元

行次	项目	金额
1	一、符合条件的小型微利企业	21 750
2	其中：减半征税	10 875

案例 4：C 公司成立于 2015 年 10 月 30 日，符合小型微利企业条件。2015 年 12 月 31 日，该企业计算的全年实际利润额为 28 万元。

2015 年度应缴纳企业所得税：28×50％×20％＝2.8（万元）

A107040《减免所得税优惠明细表》填报方法：

第 1 行 "符合条件的小型微利企业"：28×15％＝4.2（万元）

第 2 行 "其中减半征税"：28×15％＝4.2（万元）

表 8-6 　　　　　　　　　　《减免所得税优惠明细表》（A107040）　　　　　　　　　单位：元

行次	项目	金额
1	一、符合条件的小型微利企业	42 000
2	其中：减半征税	42 000

8.8.2.2 第 3 行 "二、国家需要重点扶持的高新技术企业"

一、填报说明

《减免所得税优惠明细表》（A107040）第 3 行 "二、国家需要重点扶持的高新技术企业"：该行为合计行，填报第 4＋5 行的合计数。合计高新技术企业享受的低税率和定期减免税优惠。

（1）第 4 行 "（一）高新技术企业低税率优惠"：国家需要重点扶持的高新技术企业（含文化产业支撑技术领域，高新技术领域扩围以后，按新规定执行）享受 15％税率优惠金额填报本行。同时填报《高新技术企业优惠情况及明细表》（A107041）。

（2）第 5 行 "（二）经济特区和上海浦东新区新设立的高新技术企业定期减免"：填报纳税人根据《国务院关于经济特区和上海浦东新区新设立高新技术企业实行过渡性税收优

惠的通知》（国发〔2007〕40 号）、《财政部 国家税务总局关于贯彻落实国务院关于实施企业所得税过渡优惠政策有关问题的通知》（财税〔2008〕21 号）等规定，经济特区和上海浦东新区内，在 2008 年 1 月 1 日（含）之后完成登记注册的国家需要重点扶持的高新技术企业，在经济特区和上海浦东新区内取得的所得，自取得第一笔生产经营收入所属纳税年度起，第一年至第二年免征企业所得税，第三年至第五年按照 25％法定税率减半征收企业所得税。企业须同时填报《高新技术企业优惠情况及明细表》（A107041）。对于跨经济特区和上海浦东新区的高新技术企业，其区内所得优惠填写本行，区外所得优惠填写本表第 4 行。经济特区和上海浦东新区新设立的高新技术企业定期减免税期满后，只享受 15％税率优惠的，填写本表第 4 行。

二、填报数据来源

本行的填报数据来源为《高新技术企业优惠情况及明细表》（A107041）第 29 行的金额。

8.8.2.3　第 6 行"三、其他专项优惠"

一、填报说明

1. 《减免所得税优惠明细表》（A107040）第 6 行"三、其他专项优惠"：该行为合计行，填报第 7＋8＋9＋10＋11…＋14＋15＋16＋…＋31 的合计金额。

2. 第 7 行"（一）受灾地区损失严重的企业"：填报受灾地区损失严重的企业免征企业所得税优惠金额。免征所得税金额根据表 A100000 第 23 行应纳税所得额和法定税率计算。本行为合计行，等于 7.1 行＋7.2 行＋7.3 行。

《财政部 海关总署 国家税务总局关于支持芦山地震灾后恢复重建有关税收政策问题的通知》（财税〔2013〕58 号）、《财政部 海关总署 国家税务总局关于支持鲁甸地震灾后恢复重建有关税收政策问题的通知》（财税〔2015〕27 号）规定，对芦山、鲁甸受灾地区损失严重的企业，在规定期限内免征企业所得税。

芦山受灾地区免征所得税政策执行至 2015 年 12 月 31 日，在 7.1 行填列；鲁甸受灾地区免征所得税政策执行至 2016 年 12 月 31 日，在 7.2 行填列。7.3 行属于预留行次，需填报减免税项目名称、减免税代码和减免税金额。

3. 第 8 行"（二）受灾地区农村信用社"：填报受灾地区农村信用社免征企业所得税金额。免征所得税金额根据表 A100000 第 23 行应纳税所得额和法定税率计算。本行为合计行，等于 8.1 行＋8.2 行＋8.3 行。

《财政部 海关总署 国家税务总局关于支持芦山地震灾后恢复重建有关税收政策问题的通知》（财税〔2013〕58 号）、《财政部 海关总署 国家税务总局关于支持鲁甸地震灾后恢复重建有关税收政策问题的通知》（财税〔2015〕27 号）规定，对芦山、鲁甸受灾地区农村信用社，在规定期限内免征企业所得税。

芦山农村信用社在 2017 年 12 月 31 日前免征所得税，在 8.1 行填列；鲁甸农村信用社在 2018 年 12 月 31 日前免征所得税，在 8.2 行填列。8.3 行属于预留行次，需填报减免税项目名称、减免税代码和减免税金额。

4. 第 9 行"（三）受灾地区的促进就业企业"：填报受灾地区促进就业企业限额免征的税款中，扣减企业所得税的金额。本行为合计行，等于 9.1 行＋9.2 行＋9.3 行。

根据现行税收政策规定，对规定受灾地区范围内的企业招用当地因自然灾害失去工作人员就业的，按实际招用人数和实际工作时间予以定额依次扣减增值税、营业税、城市维护建设税、教育费附加和企业所得税。定额标准为每人每年 4 000 元，可上下浮动 20％，由省级人民政府根据当地实际情况具体确定。

按上述标准计算的税收抵扣额在企业当年实际应缴增值税、营业税、城市维护建设税、教育费附加和企业所得税税额中依次扣减。企业所得税预缴时不享受该项优惠，汇算清缴时，企业税收抵扣额抵减增值税、营业税、城市维护建设税、教育费附加后有未抵减余额的，在本行限额填写。当年扣减不足的，不得结转下年使用。

芦山受灾地区政策执行至 2015 年 12 月 31 日，在 9.1 行填列；鲁甸受灾地区政策执行至 2016 年 12 月 31 日，在 9.2 行填列。9.3 行属于预留行次，需填报减免税项目名称、减免税代码和减免税金额。

5. 第 10 行"（四）支持和促进重点群体创业就业企业"：填报企业安置下岗人员再就业、高校毕业生就业、退役士兵就业等，以每人每年减税标准乘以安置人数计算的税收抵扣额，依次扣减营业税、城市维护建设税、教育费附加后仍有余额的，在汇算清缴时限额扣减企业所得税。本行为合计行，等于第 10.1＋10.2＋10.3 行。

安置下岗人员再就业、高校毕业生就业、退役士兵就业扣减的所得税，分别填写本表 10.1 行、10.2 行、10.3 行。

6. 第 11 行"（五）技术先进型服务企业"：《财政部 国家税务总局 商务部 科技部 国家发展改革委关于完善技术先进型服务企业有关企业所得税政策问题的通知》（财税〔2014〕59 号）等规定，由经认定的技术先进型服务企业填报减按 15% 税率征收企业所得税的纳税人填报。本行根据表 A100000 第 23 行应纳税所得额乘以 10% 的积填写。

7. 第 12 行"（十六）动漫企业"：《财政部 国家税务总局关于扶持动漫产业发展有关税收政策问题的通知》（财税〔2009〕65 号）、《文化部 财政部 国家税务总局关于印发〈动漫企业认定管理办法（试行）〉的通知》（文市发〔2008〕51 号）、《文化部 财政部 国家税务总局关于实施〈动漫企业认定管理办法（试行）〉有关问题的通知》（文产发〔2009〕18 号）等规定，经认定的动漫企业自主开发、生产动漫产品，享受软件企业所得税优惠政策。即在 2017 年 12 月 31 日前自获利年度起，第一年至第二年免征所得税，第三年至第五年按照 25% 的法定税率减半征收所得税，并享受至期满为止。本行填报根据表 A100000 第 23 行应纳税所得额计算的免征、减征企业所得税金额。

8. 第 13 行"（七）集成电路线宽小于 0.8 微米（含）的集成电路生产企业"：《财政部 国家税务总局关于进一步鼓励软件产业和集成电路产业发展企业所得税政策的通知》（财税〔2012〕27 号）等规定，集成电路线宽小于 0.8 微米（含）的集成电路生产企业，在 2017 年 12 月 31 日前自获利年度起计算优惠期，第一年至第二年免征企业所得税，第三年至第五年按照 25% 的法定税率减半征收企业所得税，并享受至期满为止。本行填报根据表 A100000 第 23 行应纳税所得额计算的免征、减征企业所得税金额。

9. 第 14 行"（八）集成电路线宽小于 0.25 微米的集成电路生产企业"：《财政部 国家税务总局关于进一步鼓励软件产业和集成电路产业发展企业所得税政策的通知》（财税〔2012〕27 号）等规定，经认定的线宽小于 0.25 微米的集成电路生产企业，享受 15% 税率，其中经营期超过 15 年的，享受"五免五减半"优惠政策。本行＝第 14.1＋14.2 行。

第 14.1 行"1. 定期减免企业所得税"：集成电路线宽小于 0.25 微米的集成电路生产企业享受定期减免税期间，填写本行。

第 14.2 行"2. 减按 15% 税率征收企业所得税"：集成电路线宽小于 0.25 微米的集成电路生产企业不符合定期减免税条件或享受定期减免税期满后，只享受 15% 税率优惠的，填写本行。

10. 第 15 行"（九）投资额超过 80 亿元人民币的集成电路生产企业"：《财政部 国家税务总局关于进一步鼓励软件产业和集成电路产业发展企业所得税政策的通知》（财税〔2012〕27 号）等规定，经认定的投资额超过 80 亿元的集成电路生产企业，享受 15% 税率，其中经营期超过 15 年的，享受"五免五减半"优惠政策。本行＝第 15.1＋15.2 行。

第 15.1 行"1. 定期减免企业所得税"：投资额超过 80 亿元的集成电路生产企业，享受"五免五减半"优惠政策的填写本行。

第 15. 2 行 "2. 减按 15% 税率征收企业所得税"：投资额超过 80 亿元的集成电路生产企业，不符合定期减免税条件或享受定期减免税期满后，只享受 15% 税率优惠的，填写本行。

11. 第 16 行 "（十）新办集成电路设计企业"：享受 "两免三减半" 优惠政策，填报《软件、集成电路企业优惠情况及明细表》（A107042）第 41 行的金额。

12. 第 17 行 "（十一）国家规划布局内重点集成电路设计企业"：《财政部 国家税务总局关于进一步鼓励软件产业和集成电路产业发展企业所得税政策的通知》（财税〔2012〕27 号）等规定，国家规划布局内的重点集成电路设计企业，如当年未享受免税优惠的，可减按 10% 税率征收企业所得税。本行填报表 A100000 第 23 行乘以 15% 的积。

13. 第 18 行 "（十二）集成电路封装、测试企业"：《财政部 国家税务总局 发展改革委 工业和信息化部关于进一步鼓励集成电路产业发展企业所得税政策的通知》（财税〔2015〕6 号）规定，符合条件的集成电路封装、测试企业，自获利年度起第一年至第二年免征企业所得税，第三年至第五年按照 25% 的法定税率减半征收企业所得税。本行填报根据表 A100000 第 23 行应纳税所得额计算的免征、减征企业所得税金额。

14. 第 19 行 "（十三）集成电路关键专用材料生产企业、集成电路专用设备生产企业"：《财政部 国家税务总局 发展改革委 工业和信息化部关于进一步鼓励集成电路产业发展企业所得税政策的通知》（财税〔2015〕6 号）规定，符合条件的集成电路关键专用材料生产企业、集成电路专用设备生产企业，自获利年度起第一年至第二年免征企业所得税，第三年至第五年按照 25% 的法定税率减半征收企业所得税。本行填报根据表 A100000 第 23 行应纳税所得额计算的免征、减征企业所得税金额。

15. 第 20 行 "（十四）符合条件的软件企业"：享受 "两免三减半" 优惠政策的软件企业，填报《软件、集成电路企业优惠情况及明细表》（A107042）第 41 行的金额。

16. 第 21 行 "（十五）国家规划布局内重点软件企业"：《财政部 国家税务总局关于进一步鼓励软件产业和集成电路产业发展企业所得税政策的通知》（财税〔2012〕27 号）等规定，国家规划布局内的重点软件企业，如当年未享受免税优惠的，可减按 10% 税率征收企业所得税。本行填报表 A100000 第 23 行乘以 15% 的积。

17. 第 22 行 "（十六）经营性文化事业单位转制企业"：《财政部 国家税务总局 中宣部关于继续实施文化体制改革中经营性文化事业单位转制为企业若干税收政策的通知》（财税〔2014〕84 号）等规定，从事新闻出版、广播影视和文化艺术的经营性文化事业单位转制为企业的，转制注册之日起免征企业所得税。本行填报根据表 A100000 第 23 行应纳税所得额计算的免征企业所得税金额。

18. 第 23 行 "（十七）符合条件的生产和装配伤残人员专门用品企业"：《财政部 国家税务总局 民政部关于生产和装配伤残人员专门用品企业免征企业所得税的通知》（财税〔2011〕81 号）等规定，符合条件的生产和装配伤残人员专门用品的企业免征企业所得税。本行填报根据表 A100000 第 23 行应纳税所得额计算的免征企业所得税金额。

19. 第 24 行 "（十八）设在西部地区的鼓励类产业企业"：《财政部 海关总署 国家税务总局关于深入实施西部大开发战略有关税收政策问题的通知》（财税〔2011〕58 号）、《国家税务总局关于深入实施西部大开发战略有关企业所得税问题的公告》（国家税务总局公告 2012 第 12 号）、《财政部 海关总署 国家税务总局关于赣州市执行西部大开发税收政策问题的通知》（财税〔2013〕4 号）等规定，对设在西部地区的鼓励类产业企业减按 15% 的税率征收企业所得税；对设在赣州市的鼓励类产业的内资和外商投资企业减按 15% 税率征收企业所得税。

20. 第 25 行 "（十九）新疆困难地区新办企业"：《财政部 国家税务总局关于新疆困难地区新办企业所得税优惠政策的通知》（财税〔2011〕53 号）、《财政部 国家税务总局 国家发展改革委 工业和信息化部关于公布新疆困难地区重点鼓励发展产业企业所得税优惠目录

（试行）的通知》（财税〔2011〕60 号）等规定，对新疆困难地区新办属于《新疆困难地区重点鼓励发展产业企业所得税优惠目录》范围内的企业，自取得第一笔生产经营收入所属纳税年度起享受"两免三减半"优惠政策。本行填报根据表 A100000 第 23 行应纳税所得额计算的免征、减征企业所得税金额。

21. 第 26 行"（二十）新疆喀什、霍尔果斯特殊经济开发区新办企业"：《财政部 国家税务总局 国家发展改革委 工业和信息化部关于公布新疆困难地区重点鼓励发展产业企业所得税优惠目录（试行）的通知》（财税〔2011〕60 号）、《财政部 国家税务总局关于新疆喀什 霍尔果斯两个特殊经济开发区企业所得税优惠政策的通知》（财税〔2011〕112 号）等规定，对在新疆喀什、霍尔果斯特殊经济开发区内新办属于《新疆困难地区重点鼓励发展产业企业所得税优惠目录》范围内的企业，自取得第一笔生产经营收入所属纳税年度起，享受"两免三减半"优惠政策。本行填报根据表 A100000 第 23 行应纳税所得额计算免征、减征企业所得税金额。

22. 第 27 行"（二十一）横琴新区、平潭综合实验区和前海深港现代化服务业合作区企业"：《财政部 国家税务总局关于广东横琴新区、福建平潭综合实验区、深圳前海深港现代化服务业合作区企业所得税优惠政策及优惠目录的通知》（财税〔2014〕26 号）等规定，设在横琴新区、平潭综合实验区和前海深港现代化服务业合作区的鼓励类产业企业减按 15% 税率征收企业所得税。本行填报根据表 A100000 第 23 行应纳税所得额计算的减征 10% 企业所得税金额。

23. 第 28 行"（二十三）享受过渡期税收优惠企业"：填报《企业所得税法》实施后，纳税人符合国务院规定以及经国务院批准给予的过渡期税收优惠政策。本行填报根据表 A100000 第 23 行应纳税所得额计算的免征、减征企业所得税金额。

24. 第 29 行至第 31 行"其他"：填报国务院根据税法授权制定的其他税收优惠政策，需填报减免税项目名称和减免税代码，以及免征、减征企业所得税金额。

二、填报审核

1. 审核减免所得税额的类型。

2. 对应按程序报经税务机关核准的减免税事项，应根据减免税审批文件确认减免税额。

3. 对于不需要报经税务机关核准的减免税事项，应根据税收优惠政策规定的范围、条件、技术标准和计算方法，确认减免税额。

4. 按税法规定的享受减免税的税收优惠政策条件，审核确认被审核单位减免税的有关交易发生情况。

5. 《高新技术企业优惠情况及明细表》（A107041）中有关收入、成本的填报口径应以国科发火〔2008〕172 号文件为准。对享受研发费加计扣除的企业，当年实际发生的研发支出金额应小于或等于本表第 15 行"九、本年归集的高新研发费用金额"。

6. 《高新技术企业优惠情况及明细表》（A107041）填报的相关数据，应作为后期对高新技术企业复审依据。

7. 我国境内新办的集成电路设计企业和符合条件的软件企业，经认定后，在 2017 年 12 月 31 日前自获利年度起计算优惠期，第一年至第二年免征企业所得税，第三年至第五年按照 25% 的法定税率减半征收企业所得税，主要的法规文件如下：

（1）《财政部 国家税务总局关于进一步鼓励软件产业和集成电路产业发展企业所得税政策的通知》（财税〔2012〕27 号）。

（2）《国家税务总局关于软件和集成电路企业认定管理有关问题的公告》（国家税务总局公告 2012 年第 19 号）。

（3）《工业和信息化部 国家发展和改革委员会 财政部 国家税务总局关于印发〈软件企业认定管理办法〉的通知》（工信部联软〔2013〕64 号）。

（4）《工业和信息化部　国家发展和改革委员会　财政部　国家税务总局关于印发〈集成电路设计企业认定管理办法〉的通知》（工信部联电子〔2013〕487 号）。

（5）《国家税务总局关于执行软件企业所得税优惠政策有关问题的公告》（国家税务总局公告 2013 年第 43 号）。

8. 第二部分"关键指标情况"中区分企业不同的成立时间（以 2014 年 1 月 1 日为划分标准）分别按收入、人员指标、研究开发费用指标三项指标进行了细化，完整的反映了软件和集成电路企业认定、当年度各项指标情况。其中：

（1）2014 年 1 月 1 日以后成立的企业填报第 6 行至第 29 行。

（2）2014 年 1 月 1 日以前成立的企业填报第 31 行至第 40 行。

8.8.2.4　第 32 行"四、减：项目所得额按法定税率减半征收企业所得税叠加享受减免税优惠"

一、填报说明

《减免所得税优惠明细表》（A107040）第 32 行"四、减：项目所得额按法定税率减半征收企业所得税叠加享受减免税优惠"：纳税人同时享受优惠税率和所得项目减半情形下，在填报本表低税率优惠时，所得项目按照优惠税率减半多计算享受的优惠部分。

企业从事农林牧渔业项目、国家重点扶持的公共基础设施项目、符合条件的环境保护、节能节水项目、符合条件的技术转让、其他专项优惠等所得额应按法定税率 25％减半征收，同时享受小型微利企业、高新技术企业、技术先进型服务企业、集成电路线宽小于 0.25 微米或投资额超过 80 亿元人民币集成电路生产企业、国家规划布局内重点软件企业和集成电路设计企业、西部大开发等优惠税率政策，由于申报表填报顺序，按优惠税率减半叠加享受减免税优惠部分，应在本行对该部分金额进行调整。

计算公式为：

$$本行＝所得项目金额×（12.5％－优惠税率÷2）$$

二、填报案例

A 企业 2014 年经认定为高新技术企业，当年取得符合条件的技术转让所得 700 万元，其他应纳税所得额 1 000 万元。

1. A 企业享受技术转让所得税收优惠政策，减免所得额＝500+［（700－500）×50％］＝600（万元）。

2. A 企业 2014 年度应纳税所得额＝1 000+700－600＝1 100（万元）。

3. A 企业 2014 年度不享受税收优惠的应纳所得税额＝1 100×25％＝275（万元）。

4. 不考虑所得减免项目按法定税率还原问题。

A 企业 2014 年度应纳税额＝1 100×（25％－10％）＝165（万元）

5. 考虑所得减免项目按法定税率还原问题。

A 企业 2014 年度应纳所得税额＝1 000×（25％－10％）＋（700－500）×50％×25％＝175（万元）。

6. A 企业应补缴的减半征税项目所得按 25％税率计算应缴纳的所得税＝175－165＝10（万元）。

该案例中 10 万元在《减免所得税优惠明细表》（A107040）第 28 行中填报。

在实际工作中，可采取下列方法计算：

减半征税所得额的 50％×（25％－15％）或（25％－20％）或（25％－10％）

8.8.2.5　第 33 行"五、减免地方分享所得税的民族自治地方企业"

一、填报说明

《减免所得税优惠明细表》（A107040）第 33 行"五、减免地方分享所得税的民族自治地方企业"：填报纳税人经省级民族自治地方权力机关批准，减征或者免征民族自治地方的企业缴纳的企业所得税中属于地方分享的企业所得税金额。

二、填报数据来源

本行填报数据来源为：经省级民族自治地方权力机关批准文件。

8.8.2.6 第 34 行"合计"

一、填报说明

《减免所得税优惠明细表》（A107040）第 34 行"合计"：金额等于第 1＋3＋6－32＋33 行。

二、填报数据来源

本次为计算栏次，具体计算关系为：第 34 行"合计"＝第 1 行"一、符合条件的小型微利企业"＋第 3 行"二、国家需要重点扶持的高新技术企业"＋第 6 行"三、其他专项优惠"＋第 32 行"四、减：项目所得额按法定税率减半征收企业所得税叠加享受减免税优惠"＋第 33 行"五、减免地方分享所得税的民族自治地方企业"。

8.9 《高新技术企业优惠情况及明细表》（A107041）的填报和审核

8.9.1 《高新技术企业优惠情况及明细表》概述

8.9.1.1 适用范围

《高新技术企业优惠情况及明细表》（A107041）适用于享受高新技术企业优惠的纳税人填报。

8.9.1.2 填报依据

纳税人根据税法、《科技部 财政部 国家税务总局关于印发〈高新技术企业认定管理办法〉的通知》（国科发火〔2008〕172 号）、《科学技术部 财政部 国家税务总局关于印发〈高新技术企业认定管理工作指引〉的通知》（国科发火〔2008〕362 号）、《国家税务总局关于实施高新技术企业所得税优惠有关问题的通知》（国税函〔2009〕203 号）等相关税收政策规定，填报本年发生的高新技术企业优惠情况。

8.9.1.3 表内、表间关系

（一）表内关系。

（1）表 A107041 第 5 行＝第 6＋7 行。

（2）表 A107041 第 9 行＝第 5÷8 行。

（3）表 A107041 第 13 行＝第 10÷12 行。

（4）表 A107041 第 14 行＝第 11÷12 行。

（5）表 A107041 第 15 行＝第 16＋25 行。

（6）表 A107041 第 16 行＝第 17＋18＋19＋20＋21＋22＋24 行。

（7）表 A107041 第 25 行＝第 26＋27 行。

（二）表间关系。

表 A107041 第 29 行＝表 A107040 第 2 行。

8.9.1.4 填报注意事项

1. 本表是根据《高新技术企业认定管理办法》（国科发火〔2008〕172 号）、《高新技术企业认定管理工作指引》（国科发火〔2008〕362 号）等文件相关要求设计的。

2. 本表对高新技术企业是否可享受税收优惠的关键指标条件进行量化。

3. 本表中有关收入、成本的填报口径应以国科发火〔2008〕172 号为准。对享受研发费加计扣除的企业，当年实际发生的研发支出金额应小于或等于本表第 15 行"九、本年归集的高新研发费用金额"。

4. 本表填报的相关数据，应作为后期对高新技术企业复审依据，在填报时应综合考虑，不应只从企业所得税角度考虑。

8.9.2　基本信息的填报和审核

8.9.2.1　填报说明

《高新技术企业优惠情况及明细表》（A107041）第 1 行"高新技术企业证书编号"：填报纳税人高新技术企业证书上的编号；"高新技术企业证书取得时间"：填报纳税人高新技术企业证书上的取得时间。

第 2 行"产品（服务）属于《国家重点支持的高新技术领域》规定的范围"：填报纳税人产品（服务）属于《国家重点支持的高新技术领域》中的具体范围名称，填报至三级明细；"是否发生重大安全、质量事故"：纳税人按实际情况选择"是"或者"否"。

第 3 行"是否有环境等违法、违规行为，受到有关部门处罚的"、"是否发生偷骗税行为"：纳税人按实际情况选择"是"或者"否"。

8.9.2.2　填报审核

基本信息填报数据的主要依据：一是高新技术企业证书，二是高新技术企业信息登记资料，三是行政部门处罚文件等资料。

8.9.3　关键指标的填报和审核

8.9.3.1　第 5 行"一、本年高新技术产品（服务）收入"及下属行次

一、填报说明

《高新技术企业优惠情况及明细表》（A107041）第 5 行"一、本年高新技术产品（服务）收入"：填报第 6+7 行的金额。

第 6 行"其中：产品（服务）收入"：填报纳税人本年符合《国家重点支持的高新技术领域》要求的产品（服务）收入。

第 7 行"技术性收入"：填报纳税人本年符合《国家重点支持的高新技术领域》要求的技术性收入的总和。

二、填报审核

第 6 行"其中：产品（服务）收入"的填报数据来源为："主营业务收入"科目中核算符合《国家重点支持的高新技术领域》要求的产品（服务）收入的明细科目记录的本年累计金额。

第 7 行"技术性收入"的填报数据来源为："主营业务收入"科目中核算符合《国家重点支持的高新技术领域》要求的技术性收入的明细科目记录的本年累计金额。

8.9.3.2　第 8 行"二、本年企业总收入"

一、填报说明

《高新技术企业优惠情况及明细表》（A107041）第 8 行"二、本年企业总收入"：填报纳税人本年以货币形式和非货币形式从各种来源取得的收入，为《企业所得税法》第六条规定的收入总额。包括：销售货物收入，提供劳务收入，转让财产收入，股息、红利等权益性投资收益，利息收入，租金收入，特许权使用费收入，接受捐赠收入，其他收入。

二、填报审核

"二、本年企业总收入"为《企业所得税法》第六条规定的收入总额。包括：销售货物收入，提供劳务收入，转让财产收入，股息、红利等权益性投资收益，利息收入，租金收入，特许权使用费收入，接受捐赠收入，其他收入。

8.9.3.3 第9行"三、本年高新技术产品（服务）收入占企业总收入的比例"

一、填报说明

《高新技术企业优惠情况及明细表》（A107041）第9行"三、本年高新技术产品（服务）收入占企业总收入的比例"：填报第5÷8行的比例。

二、填报审核

一是计算比例。第9行"三、本年高新技术产品（服务）收入占企业总收入的比例"为表内计算栏次，根据下列公式计算得出填报数据：

> 第9行"三、本年高新技术产品（服务）收入占企业总收入的比例"＝第5行"一、本年高新技术产品（服务）收入"÷第8行"二、本年企业总收入"

二是收入比例问题。根据高新技术企业认定管理办法，高新技术企业的高新收入比例应不低于总收入的60％，在填报本行时也应关注该问题。

8.9.3.4 第10行"四、本年具有大学专科以上学历的科技人员数"

一、填报说明

《高新技术企业优惠情况及明细表》（A107041）第10行"四、本年具有大学专科以上学历的科技人员数"：填报纳税人具有大学专科以上学历，且在企业从事研发活动和其他技术活动，本年累计实际工作时间在183天以上的人员数。包括：直接科技人员及科技辅助人员。

二、填报审核

本行的填报数据来源是截至12月31日的人数，并且累计实际工作时间在183天以上的人员数。

8.9.3.5 第11行"五、本年研发人员数"

《高新技术企业优惠情况及明细表》（A107041）第11行"五、本年研发人员数"：填报纳税人本年研究人员、技术人员和辅助人员三类人员合计数，具体包括企业内主要从事研究开发项目的专业人员；具有工程技术、自然科学和生命科学中一个或一个以上领域的技术知识和经验，在研究人员指导下参与部分工作（包括关键资料的收集整理、编制计算机程序、进行实验、测试和分析、为实验、测试和分析准备材料和设备、记录测量数据、进行计算和编制图表、从事统计调查等）的人员；参与研究开发活动的熟练技工。

8.9.3.6 第12行"六、本年职工总数"

一、填报说明

《高新技术企业优惠情况及明细表》（A107041）第12行"六、本年职工总数"：填报纳税人本年职工总数。

二、填报审核

本行的填报数据来源是截至12月31日的人数，但是在填报时应考虑大专以上学历占企业职工总的比例问题，对于刚入职的员工可以参考本年具有大学专科以上学历的科技人员数的条件。

8.9.3.7 第13行"七、本年具有大学专科以上学历的科技人员占企业当年职工总数的比例"

一、填报说明

《高新技术企业优惠情况及明细表》（A107041）第13行"七、本年具有大学专科以上学历的科技人员占企业当年职工总数的比例"：填报第10÷12行的数据。

二、填报审核

本行为表内计算栏次，根据下列公式计算得出填报数据：

第 13 行"七、本年具有大学专科以上学历的科技人员占企业当年职工总数的比例"
＝第 10 行"四、本年具有大学专科以上学历的科技人员数"÷第 12 行"六、本年职工总数"

8.9.3.8　第 14 行"八、本年研发人员占企业当年职工总数的比例"

一、填报说明

《高新技术企业优惠情况及明细表》（A107041）第 14 行"八、本年研发人员占企业当年职工总数的比例"：填报第 11÷12 行的数据。

二、填报审核

本行为表内计算栏次，根据下列公式计算得出填报数据：

第 14 行"八、本年研发人员占企业当年职工总数的比例"＝第 11 行"五、本年研发人员数"÷第 12 行"六、本年职工总数"

8.9.3.9　第 15 行"九、本年归集的高新研发费用金额"

一、填报说明

《高新技术企业优惠情况及明细表》（A107041）第 15 行"九、本年归集的高新研发费用金额"：填报第 16＋25 行的金额。

二、填报审核

本行为表内计算栏次，根据下列公式计算得出填报数据：

第 15 行"九、本年归集的高新研发费用金额"＝第 16 行"（一）内部研究开发投入"＋第 25 行"（二）委托外部研究开发费用"

8.9.3.10　第 16 行"（一）内部研究开发投入"及下属行次

《高新技术企业优惠情况及明细表》（A107041）第 16 行"（一）内部研究开发投入"：填报第 17＋18＋19＋20＋21＋22＋24 行的金额。

第 17 行"1. 人员人工"：填报纳税人从事研究开发活动人员（也称研发人员）全年工资薪金，包括基本工资、奖金、津贴、补贴、年终加薪、加班工资以及与其任职或者受雇有关的其他支出。

第 18 行"2. 直接投入"：填报纳税人为实施研究开发项目而购买的原材料等相关支出。如：水和燃料（包括煤气和电）使用费等；用于中间试验和产品试制达不到固定资产标准的模具、样品、样机及一般测试手段购置费、试制产品的检验费等；用于研究开发活动的仪器设备的简单维护费；以经营租赁方式租入的固定资产发生的租赁费等。

第 19 行"3. 折旧费用与长期待摊费用"：填报纳税人为执行研究开发活动而购置的仪器和设备以及研究开发项目在用建筑物的折旧费用，包括研发设施改建、改装、装修和修理过程中发生的长期待摊费用。

第 20 行"4. 设计费用"：填报纳税人为新产品和新工艺的构思、开发和制造，进行工序、技术规范、操作特性方面的设计等发生的费用。

第 21 行"5. 装备调试费"：填报纳税人工装准备过程中研究开发活动所发生的费用（如研制生产机器、模具和工具，改变生产和质量控制程序，或制定新方法及标准等）。需特别注意的是：为大规模批量化和商业化生产所进行的常规性工装准备和工业工程发生的费用不能计入。

第 22 行"6. 无形资产摊销"：填报纳税人因研究开发活动需要购入的专有技术（包括专利、非专利发明、许可证、专有技术、设计和计算方法等）所发生的费用摊销。

第 23 行"7. 其他费用"：填报纳税人为研究开发活动所发生的其他费用，如办公费、通讯费、专利申请维护费、高新科技研发保险费等。

第 24 行 "其中：可计入研发费用的其他费用"：填报纳税人为研究开发活动所发生的其他费用中不超过研究开发总费用的 10% 的金额。

8.9.3.11 第 25 行 "（二）委托外部研究开发费用" 及下属行次

《高新技术企业优惠情况及明细表》（A107041）第 25 行 "（二）委托外部研究开发费用"：填报第 26＋27 行的金额。

第 26 行 "1. 境内的外部研发费"：填报纳税人委托境内的企业、大学、转制院所、研究机构、技术专业服务机构等进行的研究开发活动所支出的费用，按照委托外部研究开发费用发生额的 80% 计入研发费用总额。其中，企业在中国境内发生的研究开发费用总额占全部研究开发费用总额的比例不低于 60%。

第 27 行 "2. 境外的外部研发费"：填报纳税人委托境外机构完成的研究开发活动所发生的费用，按照委托外部研究开发费用发生额的 80% 计入研发费用总额。

8.9.3.12 第 28 行 "十、本年研发费用占销售（营业）收入比例"

一、填报说明

《高新技术企业优惠情况及明细表》（A107041）第 28 行 "十、本年研发费用占销售（营业）收入比例"：填报纳税人本年研发费用占销售（营业）收入的比例。

二、填报审核

本行为表内计算栏次，根据下列公式计算得出填报数据：

第 28 行 "十、本年研发费用占销售（营业）收入比例" ＝第 15 行 "九、本年归集的高新研发费用金额" ÷销售（营业）收入

8.9.4 减免税金额的填报和审核

一、填报说明

《高新技术企业优惠情况及明细表》（A107041）第 29 行 "减免税金额"：填报按照表 A100000 第 23 行应纳税所得额计算的减征 10% 企业所得税金额。

二、填报审核

本行 "减免税金额" 为表内计算栏次，根据下列公式计算得出填报数据：

第 29 行 "减免税金额" ＝表 A100000 第 23 行 "应纳税所得额" ×10%

8.10 《软件、集成电路企业优惠情况及明细表》（A107042）的填报和审核

8.10.1 《软件、集成电路企业优惠情况及明细表》概述

8.10.1.1 适用范围

《软件、集成电路企业优惠情况及明细表》（A107042）适用于享受软件、集成电路企业优惠的纳税人填报。

8.10.1.2 填报依据

纳税人根据税法、《财政部 国家税务总局关于进一步鼓励软件产业和集成电路产业发展企业所得税政策的通知》（财税〔2012〕27 号）、《国家税务总局关于软件和集成电路企业

认定管理有关问题的公告》（国家税务总局公告 2012 年第 19 号）、《工业和信息化部 国家发展和改革委员会 财政部 国家税务总局关于印发〈软件企业认定管理办法〉的通知》（工信部联软〔2013〕64 号）、《工业和信息化部 国家发展和改革委员会 财政部 国家税务总局关于印发〈集成电路设计企业认定管理办法〉的通知》（工信部联电子〔2013〕487 号）、《国家税务总局关于执行软件企业所得税优惠政策有关问题的公告》（国家税务总局公告 2013 年第 43 号）等相关税收政策规定，填报本年发生的软件、集成电路企业优惠情况。

8.10.1.3 表内、表间关系

（一）表内关系。

（1）表 A107042 第 9 行＝第 7÷6 行。

（2）表 A107042 第 10 行＝第 8÷6 行。

（3）表 A107042 第 13 行＝第 12÷11 行。

（4）表 A107042 第 16 行＝第 14÷11 行。

（5）表 A107042 第 17 行＝第 15÷11 行。

（6）表 A107042 第 22 行＝第 18÷11 行。

（7）表 A107042 第 23 行＝第 19÷11 行。

（8）表 A107042 第 24 行＝第 20÷11 行。

（9）表 A107042 第 25 行＝第 21÷11 行。

（10）表 A107042 第 29 行＝第 27÷26 行。

（11）表 A107042 第 33 行＝第 32÷31 行。

（12）表 A107042 第 37 行＝第 35÷34 行。

（13）表 A107042 第 38 行＝第 36÷35 行。

（14）表 A107042 第 40 行＝第 39÷35 行。

（二）表间关系。

表 A107042 第 41 行＝表 A107040 第 18 行或第 20 行。

8.10.1.4 填报注意事项

1. 我国境内新办的集成电路设计企业和符合条件的软件企业，经认定后，在 2017 年 12 月 31 日前自获利年度起计算优惠期，第一年至第二年免征企业所得税，第三年至第五年按照 25％的法定税率减半征收企业所得税，主要的法规文件如下：

◆《财政部 国家税务总局关于进一步鼓励软件产业和集成电路产业发展企业所得税政策的通知》（财税〔2012〕27 号）。

◆《国家税务总局关于软件和集成电路企业认定管理有关问题的公告》（国家税务总局公告 2012 年第 19 号）。

◆《工业和信息化部 国家发展和改革委员会 财政部 国家税务总局关于印发〈软件企业认定管理办法〉的通知》（工信部联软〔2013〕64 号）。

◆《工业和信息化部 国家发展和改革委员会 财政部 国家税务总局关于印发〈集成电路设计企业认定管理办法〉的通知》（工信部联电子〔2013〕487 号）。

◆《国家税务总局关于执行软件企业所得税优惠政策有关问题的公告》（国家税务总局公告 2013 年第 43 号）。

2. 第二部分"关键指标情况"中区分企业不同的成立时间（以 2011 年 1 月 1 日为划分标准）分别按收入、人员指标、研究开发费用指标三项指标进行了细化，完整地反映了软件和集成电路企业认定、当年度各项指标情况。

（1）2011 年 1 月 1 日以后成立的企业填报第 6 行至第 29 行。

（2）2011 年 1 月 1 日以前成立的企业填报第 31 行至第 40 行。

8.10.2 基本信息的填报和审核

8.10.2.1 填报说明

《软件、集成电路企业优惠情况及明细表》（A107042）"关键指标情况"第 6 至 29 行由 2011 年 1 月 1 日以后成立的企业填报，第 31 至 40 行由 2011 年 1 月 1 日以前成立的企业填报，其余行次均需填报。

《软件、集成电路企业优惠情况及明细表》（A107042）第 1 行中，"企业成立日期"：填报纳税人办理工商登记日期；"软件企业证书取得日期"：填报纳税人软件企业证书上的取得日期。

第 2 行中，"软件企业认定证书编号"：填报纳税人软件企业证书上的软件企业认定编号；"软件产品登记证书编号"：填报纳税人软件产品登记证书上的产品登记证号。

第 3 行中，"计算机信息系统集成资质等级认定证书编号"：填报纳税人的计算机信息系统集成资质等级认定证号；"集成电路生产企业认定文号"：填报纳税人集成电路生产企业认定的文号。

第 4 行"集成电路设计企业认定证书编号"：填报纳税人集成电路设计企业认定证书编号。

8.10.2.2 填报审核

基本信息填报数据的主要依据：一是软件、集成电路企业证书，二是软件、集成电路企业登记信息资料。

8.10.3 关键指标情况（2011 年 1 月 1 日以后成立企业）的填报说明

《软件、集成电路企业优惠情况及明细表》（A107042）第 6 行"一、企业本年月平均职工总人数"：填报表《企业基础信息表》（A000000）"104 从业人数"。

第 7 行"其中：签订劳动合同关系且具有大学专科以上学历的职工人数"：填报纳税人本年签订劳动合同关系且具有大学专科以上学历的职工人数。

第 8 行"二、研究开发人员人数"：填报纳税人本年研究开发人员人数。

第 9 行"三、签订劳动合同关系且具有大学专科以上学历的职工人数占企业本年月平均职工总人数的比例"：填报第 7÷6 行的数据。

第 10 行"四、研究开发人员占企业本年月平均职工总数的比例"：填报第 8÷6 行的数据。

第 11 行"五、企业收入总额"：填报纳税人本年以货币形式和非货币形式从各种来源取得的收入，为《企业所得税法》第六条规定的收入总额。包括：销售货物收入，提供劳务收入，转让财产收入，股息、红利等权益性投资收益，利息收入，租金收入，特许权使用费收入，接受捐赠收入，其他收入。

第 12 行"六、集成电路制造销售（营业）收入"：填报纳税人本年集成电路企业制造销售（营业）收入。

第 13 行"七、集成电路制造销售（营业）收入占企业收入总额的比例"：填报第 12÷11 行的数据。

第 14 行"八、集成电路设计销售（营业）收入"：填报纳税人本年集成电路设计销售（营业）收入。

第 15 行"其中：集成电路自主设计销售（营业）收入"：填报纳税人本年集成电路自主设计销售（营业）收入。

第 16 行"九、集成电路设计企业的集成电路设计销售（营业）收入占企业收入总额的比例"：填报第 14÷11 行的数据。

第 17 行"十、集成电路自主设计销售（营业）收入占企业收入总额的比例"：填报第 15÷11 行的数据。

第 18 行"十一、软件产品开发销售（营业）收入"：填报纳税人本年软件产品开发销售（营业）收入。

第 19 行"其中：嵌入式软件产品和信息系统集成产品开发销售（营业）收入"：填报纳税人本年嵌入式软件产品和信息系统集成产品开发销售（营业）收入。

第 20 行"十二、软件产品自主开发销售（营业）收入"：填报纳税人本年软件产品自主开发销售（营业）收入。

第 21 行"其中：嵌入式软件产品和信息系统集成产品自主开发销售（营业）收入"：填报纳税人本年嵌入式软件产品和信息系统集成产品自主开发销售（营业）收入。

第 22 行"十三、软件企业的软件产品开发销售（营业）收入占企业收入总额的比例"：填报第 18÷11 行的数据。

第 23 行"十四、嵌入式软件产品和信息系统集成产品开发销售（营业）收入占企业收入总额的比例"：填报第 19÷11 行的数据。

第 24 行"十五、软件产品自主开发销售（营业）收入占企业收入总额的比例"：填报第 20÷11 行的数据。

第 25 行"十六、嵌入式软件产品和信息系统集成产品自主开发销售（营业）收入占企业收入总额的比例"：填报第 21÷11 行的数据。

第 26 行"十七、研究开发费用总额"：填报纳税人本年按照《国家税务总局关于印发〈企业研究开发费用税前扣除管理办法（试行）〉的通知》（国税发〔2008〕116 号）归集的研究开发费用总额。

第 27 行"其中：企业在中国境内发生的研究开发费用金额"：填报纳税人本年在中国境内发生的研究开发费用金额。

第 28 行"十八、研究开发费用总额占企业销售（营业）收入总额的比例"：填报纳税人本年研究开发费用总额占企业销售（营业）收入总额的比例。

第 29 行"十九、企业在中国境内发生的研究开发费用金额占研究开发费用总额的比例"：填报第 27÷26 行的数据。

8.10.4　关键指标情况（2011 年 1 月 1 日以前成立企业）的填报说明

《软件、集成电路企业优惠情况及明细表》（A107042）第 31 行"二十、企业职工总数"：填报纳税人本年职工总数。

第 32 行"二十一、从事软件产品开发和技术服务的技术人员"：填报纳税人本年从事软件产品开发和技术服务的技术人员人数。

第 33 行"二十二、从事软件产品开发和技术服务的技术人员占企业职工总数的比例"：填报第 32÷31 行的数据。

第 34 行"二十三、企业年总收入"：填报纳税人本年以货币形式和非货币形式从各种来源取得的收入，为《企业所得税法》第六条规定的收入总额。包括：销售货物收入，提供劳务收入，转让财产收入，股息、红利等权益性投资收益，利息收入，租金收入，特许权使用费收入，接受捐赠收入，其他收入。

第 35 行"其中：企业年软件销售收入"：填报纳税人本年软件销售收入。

第 36 行"其中：自产软件销售收入"：填报纳税人本年销售自主开发软件取得的收入。

第 37 行"二十四、软件销售收入占企业年总收入比例"：填报第 35÷34 行的数据。

第 38 行"二十五、自产软件收入占软件销售收入比例"：填报第 36÷35 行的数据。

第 39 行"二十六、软件技术及产品的研究开发经费"：填报纳税人本年用于软件技术及产品的研究开发经费。

第 40 行"二十七、软件技术及产品的研究开发经费占企业年软件收入比例"：填报第 39÷35 行的数据。

8.10.5 减免税金额的填报说明

《软件、集成电路企业优惠情况及明细表》（A107042）第 41 行"减免税金额"：填报按照表 A100000 第 23 行"应纳税所得额"计算的免征、减征企业所得税金额。

8.11 《税额抵免优惠明细表》（A107050）的填报和审核

8.11.1 《税额抵免优惠明细表》概述

8.11.1.1 适用范围

《税额抵免优惠明细表》（A107050）适用于享受专用设备投资额抵免优惠的纳税人填报。

8.11.1.2 填报依据

纳税人根据税法、《财政部 国家税务总局关于执行环境保护专用设备企业所得税优惠目录、节能节水专用设备企业所得税优惠目录和安全生产专用设备企业所得税优惠目录有关问题的通知》（财税〔2008〕48 号）、《财政部 国家税务总局 国家发展改革委关于公布节能节水专用设备企业所得税优惠目录（2008 年版）和环境保护专用设备企业所得税优惠目录（2008 年版）的通知》（财税〔2008〕115 号）、《财政部 国家税务总局 安全监管总局关于公布〈安全生产专用设备企业所得税优惠目录（2008 年版）〉的通知》（财税〔2008〕118 号）、《财政部 国家税务总局关于执行企业所得税优惠政策若干问题的通知》（财税〔2009〕69 号）、《国家税务总局关于环境保护、节能节水、安全生产等专用设备投资抵免企业所得税有关问题的通知》（国税函〔2010〕256 号）等相关税收政策规定，填报本年发生的专用设备投资额抵免优惠情况。

8.11.1.3 表内、表间关系

（一）表内关系。

（1）表 A107050 第 4 列＝第 3 列×10％。

（2）表 A107050 第 10 列＝第 5+6+…+9 列。

（3）表 A107050 第 11 列≤第 4−10 列。

（4）表 A107050 第 12 列＝第 4−10−11 列。

（5）表 A107050 第 7 行第 11 列＝第 11 列第 1+2+…+6 行。

（6）表 A107050 第 8 行第 12 列＝第 12 列第 2+3+…+6 行。

（二）表间关系。

（1）表 A107050 第 7 行第 11 列≤表 A100000 第 25−26 行。

（2）表 A107050 第 7 行第 11 列＝表 A100000 第 27 行。

（3）表 A107050 第 2 列＝表 A100000 第 25 行−表 A100000 第 26 行。

2009—2013 年度：第 2 列＝原《企业所得税年度纳税申报表（A 类）》第 27－28 行。

8.11.1.4 填报注意事项

1. 注意购置专用设备享受抵免所得税额税收优惠资格的有关证件资料。
2. 注意专用设备购置和实际使用情况的有关证据资料。
3. 按规定比例计算当年抵免所得税额。
4. 确认可以在以后纳税年度结转的抵免所得税额。
5. 确认本年度抵免以前年度结转的抵免所得税额。

8.11.2 填报和审核

8.11.2.1 第 1 列"年度"

一、填报说明

《税额抵免优惠明细表》（A107050）第 1 列"年度"：填报公历年份。第 6 行为本年，第 5 至第 1 行依次填报。

二、填报审核

本列填报申报年度向前依次向前推五年。

8.11.2.2 第 2 列"本年抵免前应纳税额"

一、填报说明

《税额抵免优惠明细表》（A107050）第 2 列"本年抵免前应纳税额"：填报纳税人《中华人民共和国企业所得税年度纳税申报表（A 类）》（A100000）第 25 行"应纳所得税额"减第 26 行"减免所得税额"后的金额。2009—2013 年度的"当年抵免前应纳税额"：填报原《企业所得税年度纳税申报表（A 类）》第 27 行"应纳所得税额"减第 28 行"减免所得税额"后的金额。

二、填报审核

本列填报分为两种情况，一是 2013 年以后发生的情况，填报纳税人《中华人民共和国企业所得税年度纳税申报表（A 类）》（A100000）第 25 行"应纳所得税额"减第 26 行"减免所得税额"后的金额；二是 2013 年以前发生的情况，填报原《企业所得税年度纳税申报表（A 类）》第 27 行"应纳所得税额"减第 28 行"减免所得税额"后的金额。

8.11.2.3 第 3 列"本年允许抵免的专用设备投资额"

一、填报说明

《税额抵免优惠明细表》（A107050）第 3 列"本年允许抵免的专用设备投资额"：填报纳税人本年购置并实际使用《环境保护专用设备企业所得税优惠目录》、《节能节水专用设备企业所得税优惠目录》和《安全生产专用设备企业所得税优惠目录》规定的环境保护、节能节水、安全生产等专用设备的发票价税合计金额，但不包括允许抵扣的增值税进项税额、按有关规定退还的增值税税款以及设备运输、安装和调试等费用。

二、填报审核

本列填报数为环境保护、节能节水、安全生产等专用设备的发票价税合计金额。

不包括以下内容：

一是允许抵扣的增值税进项税额；

二是按有关规定退还的增值税税款；

三是设备运输、安装和调试等费用。

8.11.2.4 第 4 列"本年可抵免税额"

一、填报说明

《税额抵免优惠明细表》（A107050）第 4 列"本年可抵免税额"：填报第 3 列×10％的

金额。

二、填报审核

本列为表内计算栏次，根据下列公式计算得出填报数据：

第4列"本年可抵免税额"＝第3列"本年允许抵免的专用设备投资额"×10%

8.11.2.5 第5至9列"以前年度已抵免额"

一、填报说明

《税额抵免优惠明细表》（A107050）第5至9列"以前年度已抵免额"：填报纳税人以前年度已抵免税额，其中前五年度、前四年度、前三年度、前二年度、前一年度与"项目"列中的前五年度、前四年度、前三年度、前二年度、前一年度相对应。

二、填报审核

审核验证以前年度抵免额，应根据抵免年度报送税务机关的备案（核准）资料，或中介机构出具的弥亏年度企业所得税汇算清缴鉴证报告，进行审核验证。

8.11.2.6 第10列"以前年度已抵免额——小计"

一、填报说明

《税额抵免优惠明细表》（A107050）第10列"以前年度已抵免额——小计"：填报第5＋6＋7＋8＋9列的金额。

二、填报审核

本列为表内计算栏次，根据下列公式计算得出填报数据：

第10列"以前年度已抵免额——小计"＝第5列前五年度＋第6列前四年度＋第7列前三年度＋第8列前二年度＋第9列前一年度

8.11.2.7 第11列"本年实际抵免的各年度税额"

一、填报说明

《税额抵免优惠明细表》（A107050）第11列"本年实际抵免的各年度税额"：第1至6行填报纳税人用于依次抵免前5年度及本年尚未抵免的税额，第11列小于等于第4－10列，且第11列第1至6行合计数不得大于第6行第2列的金额。

二、填报审核

1. 本年实际抵免的各年度税额，是指企业在抵免年度按税法的有关规定，向税务机关申报的抵免年度实际抵免的前5年度的尚未抵免额。

2. 企业应审核验证本年度可抵免的税额，应根据在抵免年度，实际抵免以前5个年度的税额计算确认，确认顺序是从第一个年度至第五个年度，按年度依次计算实际抵免额，没有抵免的年度所对应的行次应为0。

8.11.2.8 第12列"可结转以后年度抵免的税额"

一、填报说明

《税额抵免优惠明细表》（A107050）第12列"可结转以后年度抵免的税额"：填报第4－10－11列的金额。

二、填报审核

本列为表内计算栏次，根据下列公式计算得出填报数据：

第12列"可结转以后年度抵免的税额"＝第4列"本年可抵免税额"＋第10列"以前年度已抵免额——小计"＋第11列"本年实际抵免的各年度税额"

8.11.2.9 第7行第11列"本年实际抵免税额合计"

一、填报说明

《税额抵免优惠明细表》（A107050）第7行第11列"本年实际抵免税额合计"：填报第

11 列第 1＋2＋…＋6 行的金额。

二、填报审核

第 7 行第 11 列为表内计算栏次，根据下列公式计算得出填报数据：

第 7 行第 11 列＝第 11 列第 1 行前五年度＋第 2 行前四年度＋第 3 行前二年度＋第 4 行前二年度＋第 5 行前一年度＋第 6 行本年度

8.11.2.10　第 8 行第 12 列"可结转以后年度抵免的税额合计"

一、填报说明

《税额抵免优惠明细表》（A107050）第 8 行第 12 列"可结转以后年度抵免的税额合计"：填报第 12 列第 2＋3＋…＋6 行的金额。

二、填报审核

第 8 行第 12 列为表内计算栏次，根据下列公式计算得出填报数据：

第 8 行第 12 列"可结转以后年度抵免的税额合计"＝第 12 列第 2 行前四年度＋第 3 行前三年度＋第 4 行前二年度＋第 5 行前一年度＋第 6 行本年度

8.11.2.11　第 9 行"本年允许抵免的环境保护专用设备投资额"

一、填报说明

《税额抵免优惠明细表》（A107050）第 9 行"本年允许抵免的环境保护专用设备投资额"：填报纳税人本年购置并实际使用《环境保护专用设备企业所得税优惠目录》规定的环境保护专用设备的发票价税合计价格，但不包括允许抵扣的增值税进项税额、按有关规定退还的增值税税款以及设备运输、安装和调试等费用。

二、填报审核

本行填报数为专用设备的发票价税合计金额。

不包括以下内容：

一是允许抵扣的增值税进项税额；

二是按有关规定退还的增值税税款；

三是设备运输、安装和调试等费用。

8.11.2.12　第 10 行"本年允许抵免节能节水的专用设备投资额"

一、填报说明

《税额抵免优惠明细表》（A107050）第 10 行"本年允许抵免节能节水的专用设备投资额"：填报纳税人本年购置并实际使用《节能节水专用设备企业所得税优惠目录》规定的节能节水等专用设备的发票价税合计价格，但不包括允许抵扣的增值税进项税额、按有关规定退还的增值税税款以及设备运输、安装和调试等费用。

二、填报审核

本行填报数为专用设备发票价税合计金额。

不包括以下内容：

一是允许抵扣的增值税进项税额；

二是按有关规定退还的增值税税款；

三是设备运输、安装和调试等费用。

8.11.2.13　第 11 行"本年允许抵免的安全生产专用设备投资额"

一、填报说明

《税额抵免优惠明细表》（A107050）第 11 行"本年允许抵免的安全生产专用设备投资额"：填报纳税人本年购置并实际使用《安全生产专用设备企业所得税优惠目录》规定的安全生产等专用设备的发票价税合计价格，但不包括允许抵扣的增值税进项税额、按有关规定退还的增值税税款以及设备运输、安装和调试等费用。

二、填报审核

本行填报数为专用设备发票价税合计金额。

不包括以下内容：

一是允许抵扣的增值税进项税额；

二是按有关规定退还的增值税税款；

三是设备运输、安装和调试等费用。

8.12　企业所得税优惠事项备案管理

企业所得税优惠事项备案管理的相关内容，请参见《企业所得税法规应用指南》（中国市场出版社，2016）。

第 9 章
境外所得税收抵免相关表格的填报和审核

9.1 《境外所得税收抵免明细表》（A108000）的填报和审核

9.1.1 《境外所得税收抵免明细表》概述

9.1.1.1 适用范围
《境外所得税收抵免明细表》（A108000）适用于取得境外所得的纳税人填报。

9.1.1.2 填报依据
纳税人应根据税法、《财政部 国家税务总局关于企业境外所得税收抵免有关问题的通知》（财税〔2009〕125 号）和《国家税务总局关于发布〈企业境外所得税收抵免操作指南〉的公告》（国家税务总局公告 2010 年第 1 号）的规定，填报本年来源于或发生于不同国家、地区的所得按照税收规定计算应缴纳和应抵免的企业所得税。对于我国石油企业在境外从事油（气）资源开采的，其境外应纳税所得额、可抵免境外所得税额和抵免限额按照《财政部 国家税务总局关于我国石油企业从事油（气）资源开采所得税收抵免有关问题的通知》（财税〔2011〕23 号）的规定计算填报。

9.1.1.3 表内、表间关系
（一）表内关系。

（1）表 A108000 第 5 列＝第 3－4 列。

（2）表 A108000 第 7 列＝第 5－6 列。

（3）表 A108000 第 9 列＝第 7×8 列。

（4）表 A108000 第 12 列＝第 10 列、第 11 列孰小。

（5）表 A108000 第 13 列＝第 11－12 列。

（6）表 A108000 第 14 列≤第 13 列。

（7）表 A108000 第 18 列＝第 15＋16＋17 列。

（8）表 A108000 第 19 列＝第 12＋14＋18 列。

（二）表间关系。

（1）表 A108000 第 2 列各行＝表 A108010 第 14 列相应行次。

（2）表 A108000 第 2 列合计＝表 A108010 第 14 列合计。

（3）表 A108000 第 3 列各行＝表 A108010 第 18 列相应行次。

（4）表 A108000 第 4 列各行＝表 A108020 第 4 列相应行次＋表 A108020 第 13 列相应行次。

（5）表 A108000 第 6 列合计＝表 A100000 第 18 行。

（6）表 A108000 第 9 列合计＝表 A100000 第 29 行。

（7）表 A108000 第 10 列各行＝表 A108010 第 13 列相应行次。

（8）表 A108000 第 14 列各行＝表 A108030 第 13 列相应行次。

（9）表 A108000 第 19 列合计＝表 A100000 第 30 行。

9.1.1.4 填报注意事项

（一）本表第 1 列至第 14 列由非选择简易办法计算抵免额的纳税人填报，第 15 列至第 18 列由选择简易办法计算抵免额的纳税人填报。

（二）境外所得弥补以前年度境内亏损的问题。

《企业所得税法》第十七条规定，企业在汇总计算缴纳企业所得税时，其境外营业机构的亏损不得抵减境内营业机构的盈利。

《国家税务总局关于发布〈企业境外所得税收抵免操作指南〉的公告》（国家税务总局公告 2010 年第 1 号）规定，"关于境外所得税款抵免限额"，若企业境内所得为亏损，境外所得为盈利，且企业已使用同期境外盈利全部或部分弥补了境内亏损，则境内已用境外盈利弥补的亏损不得再用以后年度境内盈利重复弥补。由此，在计算境外所得抵免限额时，形成当期境内、外应纳税所得总额小于零的，应以零计算当期境内、外应纳税所得总额，其当期境外所得税的抵免限额也为零。从上述规定来看，政策文件未对"境外所得弥补以前年度境内亏损"这一事项予以明确，既无授权性规定也无限制性规定。2014 版《企业所得税年度纳税申报表》在逻辑关系设置上也未给出"境外所得弥补境内亏损"的申报填写方法。

笔者认为，企业在纳税申报时应准确衡量"境外所得弥补境内亏损"是否符合自身利益诉求，如有意愿进行相关税务处理，应准备好境外所得相关数据计算资料，并与主管税务机关及时进行沟通。

（三）石油企业"不分国不分项"的境外所得计算原则。

"分国不分项"是境外所得应纳税所得额、应纳税额、可抵免税额、抵免限额计算时需遵循的原则。

《财政部 国家税务总局关于企业境外所得税收抵免有关问题的通知》第三条第（五）项规定，在汇总计算境外应纳税所得额时，企业在境外同一国家（地区）设立不具有独立纳税地位的分支机构，按照《企业所得税法》及其实施条例的有关规定计算的亏损，不得抵减其境内或他国（地区）的应纳税所得额，但可以用同一国家（地区）其他项目或以后年度的所得按规定弥补。

《企业境外所得税收抵免操作指南》第十三条指出，本项基于分国不分项计算抵免的原则及其要求，对在不同国家的分支机构发生的亏损不得相互弥补做出了规定，以避免出现同一笔亏损重复弥补或须进行繁复的还原弥补、还原抵免的现象。

《财政部 国家税务总局关于我国石油企业在境外从事油（气）资源开采所得税收抵免有关问题的通知》（财税〔2011〕23 号）第一条规定，石油企业可以选择按国（地区）别分别计算（即"分国（地区）不分项"），或者不按国（地区）别汇总计算（即"不分国（地区）不分项"）其来源于境外油（气）项目投资、工程技术服务和工程建设的油（气）资源开采活动的应纳税所得额，并按照第八条规定的税率，分别计算其可抵免境外所得税税额和抵免限额。上述方式一经选择，5 年内不得改变。

实务中，石油企业通常选择使用"不分国不分项"的抵免方式，一是能以"不分国"

的境外盈利弥补境外分支机构亏损，减少"境外应纳税所得额"。二是能平衡不同国家和地区之间的税率。增大"境外所得抵免限额"。

（四）"联合体公司"境外经营的境外所得税收抵免。

实务中，有纳税人作为建筑集团控股企业的关联企业，建筑集团控股企业与国内其他单位（简称合作方）以联合体形式合作中标境外施工项目，签订合作合同。集团公司再将项目分包给其下属关联企业。在此种合作模式下，项目施工所涉及的所有外事活动均以联合体公司的名义进行，因此在境外缴纳税款时完税凭证抬头是联合体公司。集团公司对承包项目的财务核算上述分包企业将分包项目缴纳的境外税收作为企业所得税进行账务处理，但该部分企业所得税不一定能由分包企业计算境外所得抵免。笔者认为，纳税人与主管税务机关沟通时一是应提供其将相关项目所得确认为自身企业所得税应税所得的核算资料，二是应提供清晰列明分包项目负担税款金额的完税凭证，三是应咨询主管税务机关是否认可分包企业纳税人按照"实质重于形式"的确认原则对境外所得应纳税额进行抵免。

9.1.2　填报和审核

9.1.2.1　第 1 列"国家（地区）"

一、填报说明

《境外所得税抵免明细表》（A108000）第 1 列"国家（地区）"：填报纳税人境外所得来源的国家（地区）名称，来源于同一国家（地区）的境外所得合并到一行填报。

二、填报数据来源

本列的填报数据来源为：所得来源国（地区）政府机关核发的具有纳税性质的凭证或证明中列示的国家（地区）名称。

9.1.2.2　第 2 列"境外税前所得"

《境外所得税抵免明细表》（A108000）第 2 列"境外税前所得"：填报《境外所得纳税调整后所得明细表》（A108010）第 14 列的金额。

9.1.2.3　第 3 列"境外所得纳税调整后所得"

《境外所得税抵免明细表》（A108000）第 3 列"境外所得纳税调整后所得"：填报表 A108010 第 18 列的金额。

9.1.2.4　第 4 列"弥补境外以前年度亏损"

《境外所得税抵免明细表》（A108000）第 4 列"弥补境外以前年度亏损"：填报《境外分支机构弥补亏损明细表》（A108020）第 4 列和第 13 列的合计金额。

9.1.2.5　第 5 列"境外应纳税所得额"

《境外所得税抵免明细表》（A108000）第 5 列"境外应纳税所得额"：填报第 3—4 列的金额。

9.1.2.6　第 6 列"抵减境内亏损"

《境外所得税抵免明细表》（A108000）第 6 列"抵减境内亏损"：填报纳税人境外所得按照税法规定抵减境内的亏损额。

本列的填报数据来源为：

当《中华人民共和国企业所得税年度纳税申报表（A 类）》（A100000）第 13 行"利润总额"－第 14 行"境外所得"＋第 15 行"纳税调整增加额"－第 16 行"纳税调整减少额"－第 17 行"免税、减计收入及加计扣除"≥0 时，本列 ＝0；

当《中华人民共和国企业所得税年度纳税申报表（A 类）》（A100000）第 13 行"利润总额"－第 14 行"境外所得"＋第 15 行"纳税调整增加额"－第 16 行"纳税调整减少额"－第 17 行"免税、减计收入及加计扣除"＜0 时，本列为上述计算金额与本表第 5 列"境外应纳税所得额"中较小值。

如果企业境内为亏损，境外盈利分别来自多个国家，则弥补境内亏损时，企业可以自行选择弥补境内亏损的境外所得来源国家（地区）顺序。

9.1.2.7 第 7 列"抵减境内亏损后的境外应纳税所得额"

《境外所得税抵免明细表》（A108000）第 7 列"抵减境内亏损后的境外应纳税所得额"：填报第 5—6 列的金额。

9.1.2.8 第 8 列"税率"

《境外所得税抵免明细表》（A108000）第 8 列"税率"：填报法定税率 25%。符合《财政部 国家税务总局关于高新技术企业境外所得适用税率及税收抵免问题的通知》（财税〔2011〕47 号）第一条规定的高新技术企业填报 15%。

9.1.2.9 第 9 列"境外所得应纳税额"

《境外所得税抵免明细表》（A108000）第 9 列"境外所得应纳税额"：填报第 7×8 列的金额。

9.1.2.10 第 10 列"境外所得可抵免税额"

《境外所得税抵免明细表》（A108000）第 10 列"境外所得可抵免税额"：填报表 A108010 第 13 列的金额。

9.1.2.11 第 11 列"境外所得抵免限额"

一、填报说明

《境外所得税抵免明细表》（A108000）第 11 列"境外所得抵免限额"：境外所得抵免限额按以下公式计算：

> 抵免限额＝中国境内、境外所得依照企业所得税法和条例的规定计算的应纳税总额×来源于某国（地区）的应纳税所得额÷中国境内、境外应纳税所得总额

二、填报数据来源

本列为表内计算栏次，由下列公式计算得到：

> 抵免限额＝中国境内、境外所得依照企业所得税法和条例的规定计算的应纳税总额×来源于某国（地区）的应纳税所得额÷中国境内、境外应纳税所得总额

9.1.2.12 第 12 列"本年可抵免境外所得税额"

一、填报说明

《境外所得税抵免明细表》（A108000）第 12 列"本年可抵免境外所得税额"：填报纳税人本年来源于境外的所得已缴纳所得税在本年度允许抵免的金额。

二、填报数据来源

本列填报第 10 列、第 11 列孰小的金额。

9.1.2.13 第 13 列"未超过境外所得税抵免限额的余额"

一、填报说明

《境外所得税抵免明细表》（A108000）第 13 列"未超过境外所得税抵免限额的余额"：填报纳税人本年在抵免限额内抵免完境外所得税后有余额的、可用于抵免以前年度结转的待抵免的所得税额。

二、填报数据来源

本列填报第 11—12 列的金额。

9.1.2.14 第 14 列"本年可抵免以前年度未抵免境外所得税额"

一、填报说明

《境外所得税抵免明细表》（A108000）第 14 列"本年可抵免以前年度未抵免境外所得税额"：填报纳税人本年可抵免以前年度未抵免、结转到本年度抵免的境外所得税额。

二、填报数据来源

本列填报第 13 列、《跨年度结转抵免境外所得税明细表》（A108030）第 7 列孰小的金额。

9.1.2.15　第 15 列"按低于 12.5% 的实际税率计算的抵免额"

《境外所得税抵免明细表》（A108000）第 15 列"按低于 12.5% 的实际税率计算的抵免额"：纳税人从境外取得营业利润所得以及符合境外税额间接抵免条件的股息所得，所得来源国（地区）的实际有效税率低于 12.5% 的，填报按照实际有效税率计算的抵免额。

9.1.2.16　第 16 列"按 12.5% 计算的抵免额"

《境外所得税抵免明细表》（A108000）第 16 列"按 12.5% 计算的抵免额"：纳税人从境外取得营业利润所得以及符合境外税额间接抵免条件的股息所得，除第 15 列情形外，填报按照 12.5% 计算的抵免额。

9.1.2.17　第 17 列"按 25% 计算的抵免额"

《境外所得税抵免明细表》（A108000）第 17 列"按 25% 计算的抵免额"：纳税人从境外取得营业利润所得以及符合境外税额间接抵免条件的股息所得，所得来源国（地区）的实际有效税率高于 25% 的，填报按照 25% 计算的抵免额。

9.1.2.18　第 19 列"境外所得抵免所得税额合计"

《境外所得税抵免明细表》（A108000）第 19 列"境外所得抵免所得税额合计"：填报第 12+14+18 列的金额。

9.2　《境外所得纳税调整后所得明细表》（A108010）的填报和审核

9.2.1　《境外所得纳税调整后所得明细表》概述

9.2.1.1　适用范围

《境外所得纳税调整后所得明细表》（A108010）适用于取得境外所得的纳税人填报。

9.2.1.2　填报依据

纳税人应根据税法、《财政部 国家税务总局关于企业境外所得税收抵免有关问题的通知》（财税〔2009〕125 号）和《国家税务总局关于发布〈企业境外所得税收抵免操作指南〉的公告》（国家税务总局公告 2010 年第 1 号）规定，填报本年来源于或发生于不同国家、地区的所得按照税法规定计算的境外所得纳税调整后所得。

9.2.1.3　表内、表间关系

（一）表内关系。

（1）表 A108010 第 9 列=第 2+3+…+8 列。

（2）表 A108010 第 13 列=第 10+11+12 列。

（3）表 A108010 第 14 列=第 9+10+11 列。

（4）表 A108010 第 18 列=第 14+15-16-17 列。

（二）表间关系。

（1）表 A108010 第 13 列各行=表 A108000 第 10 列相应行次。

（2）表 A108010 第 14 列各行=表 A108000 第 2 列相应行次。

（3）表 A108010 第 14 列-第 11 列=主表 A100000 第 14 行。

（4）表 A108010 第 16 列合计+第 17 列合计=表 A105000 第 28 行第 3 列。

（5）表 A108010 第 18 列各行=表 A108000 第 3 列相应各行。

9.2.2 填报和审核

9.2.2.1 第 1 列 "国家（地区）"

一、填报说明

《境外所得纳税调整后所得明细表》（A108010）第 1 列 "国家（地区）"：填报纳税人境外所得来源的国家（地区）名称，来源于同一个国家（地区）的境外所得可合并到一行填报。

二、填报数据来源

本列的填报数据来源为：所得来源国（地区）政府机关核发的具有纳税性质的凭证或证明中列示的国家（地区）名称。

9.2.2.2 第 2 列至第 9 列 "境外税后所得"

一、填报说明

《境外所得纳税调整后所得明细表》（A108010）第 2 列至第 9 列 "境外税后所得"：填报纳税人取得的来源于境外的税后所得，其中：第 2 列股息、红利等权益性投资所得包含通过《受控外国企业信息报告表》（国家税务总局公告 2014 年第 38 号附件 2）计算的视同分配给企业的股息。

二、填报数据来源

第 2 列至第 9 列 "境外税后所得" 的填报数据来源为：纳税人损益类会计科目中核算的属于来源于境外的所得，具体包括分支机构营业利润所得、股息、红利等权益性投资所得、利息所得、租金所得、特许权使用费所得、财产转让所得、其他所得。

在填报时，应根据投资收益账户、核算并入利润总额的境外收入及成本费用的有关账户，取得下列数据：

（一）境外应税所得的调增金额数据：

1. 并入利润总额的成本费用；

2. 确认的境外投资损失。

（二）境外应税所得的调减金额数据：

1. 并入利润总额的境外收入；

2. 并入利润总额的投资收益。

9.2.2.3 第 10 列 "直接缴纳的所得税额"

一、填报说明

《境外所得纳税调整后所得明细表》（A108010）第 10 列 "直接缴纳的所得税额"：填报纳税人来源于境外的营业利润所得在境外所缴纳的企业所得税，以及就来源于或发生于境外的股息、红利等权益性投资所得、利息、租金、特许权使用费、财产转让等所得在境外被源泉扣缴的预提所得税。

二、填报数据来源

本列的填报数据来源为：所得来源国（地区）政府机关核发的具有纳税性质的凭证或证明中列示预提所得税性质的税款金额。

9.2.2.4 第 11 列 "间接负担的所得税额"

《境外所得纳税调整后所得明细表》（A108010）第 11 列 "间接负担的所得税额"：填报纳税人从其直接或者间接控制的外国企业分得的来源于中国境外的股息、红利等权益性投资收益，外国企业在境外实际缴纳的所得税额中属于该项所得负担的部分。

9.2.2.5 第 12 列 "享受税收饶让抵免税额"

《境外所得纳税调整后所得明细表》（A108010）第 12 列 "享受税收饶让抵免税额"：填报纳税人从与我国政府订立税收协定（或安排）的国家（地区）取得的所得，按照该国

（地区）税收法律享受了免税或减税待遇，且该免税或减税的数额按照税收协定应视同已缴税额的金额。

9.2.2.6　第 15 列"境外分支机构收入与支出纳税调整额"

《境外所得纳税调整后所得明细表》（A108010）第 15 列"境外分支机构收入与支出纳税调整额"：填报纳税人境外分支机构收入、支出按照税法规定计算的纳税调整额。

9.2.2.7　第 16 列"境外分支机构调整分摊扣除的有关成本费用"

一、填报说明

《境外所得纳税调整后所得明细表》（A108010）第 16 列"境外分支机构调整分摊扣除的有关成本费用"：填报纳税人境外分支机构应合理分摊的总部管理费等有关成本费用，同时在《纳税调整项目明细表》（A105000）中进行纳税调增。

二、填报数据来源

境外分支机构合理支出范围通常包括境外分支机构发生的人员工资、资产折旧、利息、相关税费和应分摊的总机构用于管理分支机构的管理费用等。

9.2.2.8　第 17 列"境外所得对应调整的相关成本费用支出"

《境外所得纳税调整后所得明细表》（A108010）第 17 列"境外所得对应调整的相关成本费用支出"：填报纳税人实际发生与取得境外所得有关但未直接计入境外所得应纳税所得的成本费用支出，同时在《纳税调整项目明细表》（A105000）中进行纳税调增。

9.2.2.9　第 18 列"境外所得纳税调整后所得"

《境外所得纳税调整后所得明细表》（A108010）第 18 列"境外所得纳税调整后所得"：填报第 14＋15－16－17 列的金额。

9.3　《境外分支机构弥补亏损明细表》（A108020）的填报和审核

9.3.1　《境外分支机构弥补亏损明细表》概述

9.3.1.1　适用范围

《境外分支机构弥补亏损明细表》（A108020）适用于取得境外所得的纳税人填报。

9.3.1.2　填报依据

纳税人应根据税法、《财政部 国家税务总局关于企业境外所得税收抵免有关问题的通知》（财税〔2009〕125 号）、《国家税务总局关于发布〈企业境外所得税收抵免操作指南〉的公告》（国家税务总局公告 2010 年第 1 号）的规定，填报境外分支机构本年及以前年度发生的税前尚未弥补的非实际亏损额和实际亏损额、结转以后年度弥补的非实际亏损额和实际亏损额。

9.3.1.3　表内、表间关系

（一）表内关系。

（1）表 A108020 第 5 列＝第 2＋3－4 列。

（2）表 A108020 第 11 列＝第 6＋7＋…＋10 列。

（3）表 A108020 第 19 列＝第 14＋15＋…＋18 列。

（二）表间关系。

表 A108020 第 4 列各行＋第 13 列各行＝表 A108000 第 4 列相应行次。

9.3.1.4　填报注意事项

（一）境外分支机构弥补亏损遵循"分国不分项"原则。

在汇总计算境外应纳税所得额时，企业在境外同一国家（地区）设立不具有独立纳税

地位的分支机构，按照《企业所得税法》及其实施条例的有关规定计算的亏损，不得抵减其境内或他国（地区）的应纳税所得额，但可以用同一国家（地区）其他项目或以后年度的所得按规定弥补。

本项基于分国不分项计算抵免的原则及其要求，对在不同国家的分支机构发生的亏损不得相互弥补做出了规定，以避免出现同一笔亏损重复弥补或须进行繁复的还原弥补、还原抵免的现象。

（二）"非实际亏损"与"实际亏损"的判断标准：境外分支机构亏损额是否超过企业盈利额。

应当注意的是，这里的"境外分支机构亏损额"指的是境外分支机构形成负的纳税调整后所得经"分国不分项"弥补亏损的余额；"企业盈利额"指的是境内和应纳税所得额为正数的境外国家（地区）的应纳税所得额之和。

企业在同一纳税年度的境内外所得加总为正数的，其境外分支机构发生的亏损，由于上述"分国不分项"结转弥补的限制而发生的未予弥补的部分（以下称为非实际亏损额），今后在该分支机构的结转弥补期限不受5年期限制。即：如果企业当期境内外所得盈利额与亏损额加总后和为零或正数，则其当年度境外分支机构的非实际亏损额可无限期向后结转弥补。

（三）境外分支机构弥补亏损的计算管理要求。

企业应对境外分支机构的实际亏损额与非实际亏损额不同的结转弥补情况做好记录。

9.3.2　填报和审核

在汇总计算境外应纳税所得额时，企业在境外同一国家（地区）设立不具有独立纳税地位的分支机构，按照企业所得税法及实施条例的有关规定计算的亏损，不得抵减其境内或他国（地区）的应纳税所得额，但可以用同一国家（地区）其他项目或以后年度的所得按规定弥补。在填报本表时，应按照国家税务总局公告2010年第1号第13、14条有关规定，分析填报企业的境外分支机构发生的实际亏损额和非实际亏损额及其弥补、结转的金额。

9.3.2.1　第2列至第5列"非实际亏损额的弥补"

一、填报说明

《境外分支机构弥补亏损明细表》（A108020）第2列至第5列"非实际亏损额的弥补"：填报纳税人境外分支机构非实际亏损额未弥补金额、本年发生的金额、本年弥补的金额、结转以后年度弥补的金额。

二、填报数据来源

非实际亏损额为企业在同一纳税年度的境内外所得加总为正数的，其境外分支机构发生的亏损，由于上述结转弥补的限制而发生的未予弥补的部分，今后在该分支机构的结转弥补期限不受5年期限制。即：如果企业当期境内外所得盈利额与亏损额加总后和为零或正数，则其当年度境外分支机构的非实际亏损额可无限期向后结转弥补。

企业应对境外分支机构的实际亏损额与非实际亏损额不同的结转弥补情况做好记录。

9.3.2.2　第6列至第19列"实际亏损额的弥补"

一、填报说明

《境外分支机构弥补亏损明细表》（A108020）第6列至第19列"实际亏损额的弥补"：填报纳税人境外分支机构实际亏损额弥补金额。

二、填报数据来源

实际亏损额为企业在同一纳税年度的境内外所得加总为负数的，其境外分支机构发生的亏损。即：如果企业当期境内外所得盈利额与亏损额加总后和为负数，则以境外分支构的亏损额超过企业盈利额部分的实际亏损额，按企业所得税法第十八条规定的不超过五年的期限进行亏损弥补。

9.4　《跨年度结转抵免境外所得税明细表》（A108030）的填报和审核

9.4.1　《跨年度结转抵免境外所得税明细表》概述

9.4.1.1　适用范围、填报依据
《跨年度结转抵免境外所得税明细表》（A108030）适用于取得境外所得的纳税人填报。

纳税人应根据税法、《财政部 国家税务总局关于企业境外所得税收抵免有关问题的通知》（财税〔2009〕125 号）、《国家税务总局关于发布〈企业境外所得税收抵免操作指南〉的公告》（国家税务总局公告 2010 年第 1 号）的规定，填报本年发生的来源于不同国家或地区的境外所得按照我国税收法律、法规的规定可以抵免的所得税额。

9.4.1.2　表内、表间关系
（一）表内关系。

（1）表 A108030 第 7 列＝第 2＋3＋…＋6 列。

（2）表 A108030 第 13 列＝第 8＋9＋…＋12 列。

（3）表 A108030 第 19 列＝第 14＋15＋…＋18 列。

（二）表间关系。

（1）表 A108030 第 13 列各行＝表 A108000 第 14 列相应行次。

（2）表 A108030 第 18 列各行＝表 A108000 第 10 列相应行次－表 A108000 第 12 列相应行次（当表 A108000 第 10 列相应行次大于表 A108000 第 12 列相应行次时填报）。

9.4.1.3　填报注意事项
（一）跨年度结转抵免境外所得税的计算方法。

企业在境外一国（地区）当年缴纳和间接负担的符合规定的企业所得税税额的具体抵免方法为：企业每年应分国（地区）别在抵免限额内据实抵免境外所得税额，超过抵免限额的部分可在以后连续 5 个纳税年度延续抵免；企业当年境外一国（地区）可抵免税额中既有属于当年已直接缴纳或间接负担的境外所得税额，又有以前年度结转的未逾期可抵免税额时，应首先抵免当年已直接缴纳或间接负担的境外所得税额后，抵免限额有余额的，可再抵免以前年度结转的未逾期可抵免税额，仍抵免不足的，继续向以后年度结转。

（二）跨年度结转抵免境外所得税的管理要求。

《国家税务总局关于发布〈企业境外所得税收抵免操作指南〉的公告》规定："税务机关、企业在年度企业所得税汇算清缴时，应对结转以后年度抵免的境外所得税额分国别（地区）建立台账管理，准确填写逐年抵免情况。"

9.4.2　填报和审核

9.4.2.1　第 2 列至第 7 列 "前五年境外所得已缴所得税未抵免余额"
一、填报说明

《跨年度结转抵免境外所得税明细表》（A108030）第 2 行至第 7 列 "前五年境外所得已缴所得税未抵免余额"：填报纳税人前五年境外所得已缴纳的企业所得税尚未抵免的余额。

二、填报数据来源

第 2 列至第 7 列的填报数据来源为：前五年境外所得已缴纳的所得税，超过抵免限额的部分。

9.4.2.2　第 8 列至第 13 列 "本年实际抵免以前年度未抵免的境外已缴所得税额"

一、填报说明

《跨年度结转抵免境外所得税明细表》（A108030）第 8 列至第 13 列 "本年实际抵免以前年度未抵免的境外已缴所得税额"：填报纳税人用本年未超过境外所得税款抵免限额的余额抵免以前年度未抵免的境外已缴所得税额。

二、填报数据来源

第 8 列至第 13 列的填报数据来源为：本年抵免限额大于本年实际缴纳的所得税，因此为以前年度未抵免的境外已缴所得税额的金额。

9.4.2.3　第 14 列至第 19 列 "结转以后年度抵免的境外所得已缴所得税额"

一、填报说明

《跨年度结转抵免境外所得税明细表》（A108030）第 14 列至第 19 列 "结转以后年度抵免的境外所得已缴所得税额"：填报纳税人以前年度和本年未能抵免并结转以后年度抵免的境外所得已缴所得税额。

二、填报数据来源

第 14 列至第 19 列的填报数据来源为：前五年境外所得已缴所得税未抵免余额减去本年实际抵免以前年度未抵免的境外已缴所得税额的余额。

第 10 章

跨地区经营汇总纳税明细表的填报和审核

······

10.1 《跨地区经营汇总纳税企业年度分摊企业所得税明细表》（A109000）的填报和审核

10.1.1 《跨地区经营汇总纳税企业年度分摊企业所得税明细表》概述

10.1.1.1 适用范围

《跨地区经营汇总纳税企业年度分摊企业所得税明细表》（A109000）适用于跨地区经营汇总纳税的纳税人填报。

10.1.1.2 填报依据

纳税人应根据税法规定、《财政部 国家税务总局 中国人民银行关于印发〈跨省市总分机构企业所得税分配及预算管理办法〉的通知》（财预〔2012〕40 号）、《国家税务总局关于印发〈跨地区经营汇总纳税企业所得税征收管理办法〉的公告》（国家税务总局公告 2012 年第 57 号）的规定，计算总分机构每一纳税年度应缴的企业所得税、总分机构应分摊的企业所得税。

10.1.1.3 表内、表间关系

（一）表内关系。

（1）表 A109000 第 4 行＝第 1－2＋3 行。

（2）表 A109000 第 5 行＝第 6＋7＋8＋9 行。

（3）表 A109000 第 11 行＝第 4－5 行。

（4）表 A109000 第 12 行＝第 11 行×25％。

（5）表 A109000 第 13 行＝第 11 行×25％。

（6）表 A109000 第 14 行＝第 11 行×50％。

（7）表 A109000 第 15 行＝第 11 行×总机构主体生产经营部门分摊比例。

（8）表 A109000 第 16 行＝第 2－3 行。

（9）表 A109000 第 17 行＝第 12＋13＋15＋16 行。

（二）表间关系。

（1）表 A109000 第 1 行＝表 A10000 第 31 行。

（2）表 A109000 第 2 行＝表 A10000 第 29 行。

（3）表 A109000 第 3 行＝表 A10000 第 30 行。

（4）表 A109000 第 5 行＝表 A10000 第 32 行。

（5）表 A109000 第 12＋16 行＝表 A10000 第 34 行。

（6）表 A109000 第 13 行＝表 A100000 第 35 行。

（7）表 A109000 第 15 行＝表 A10000 第 36 行。

10.1.1.4　填报注意事项

（一）分支机构企业所得税年度纳税申报需要提供资料和填报表格。

汇总纳税企业汇算清缴时，总机构除报送企业所得税年度纳税申报表和年度财务报表外，还应报送汇总纳税企业分支机构所得税分配表、各分支机构的年度财务报表和各分支机构参与企业年度纳税调整情况的说明。

分支机构除报送企业所得税年度纳税申报表（只填列部分项目）外，还应报送经总机构所在地主管税务机关受理的汇总纳税企业分支机构所得税分配表、分支机构的年度财务报表（或年度财务状况和营业收支情况）和分支机构参与企业年度纳税调整情况的说明。

分支机构参与企业年度纳税调整情况的说明，可参照企业所得税年度纳税申报表附表"纳税调整项目明细表"中列明的项目进行说明，涉及需由总机构统一计算调整的项目不进行说明。

（二）跨地区汇总纳税企业总机构所得税汇算清缴报送的申报资料。

汇总纳税企业总机构汇算清缴适用 2014 版企业所得税年度纳税申报表。汇总纳税企业总机构所得税汇算清缴要求报送的申报资料包括：企业所得税年度纳税申报表、汇总纳税企业年度财务报表、汇总纳税企业分支机构所得税分配表、各分支机构的年度财务报表、各分支机构参与企业年度纳税调整情况的说明。

其中"汇总纳税企业分支机构所得税分配表"申报信息已在 2014 版企业所得税年度纳税申报表附表《企业所得税汇总纳税分支机构所得税分配表》（A109010）中采集，不再独立于年度纳税申报表进行申报。

（三）总分机构处于不同税率地区的税款分摊计算方法。

对于按照税收法律、法规和其他规定，总机构和分支机构处于不同税率地区的，先由总机构统一计算全部应纳税所得额，然后按上述分摊计算比例，计算划分不同税率地区机构的应纳税所得额，再分别按各自的适用税率计算应纳税额后加总计算出汇总纳税企业的应纳所得税总额，最后按上述分摊计算比例，向总机构和分支机构分摊就地缴纳的企业所得税款。

（四）分支机构分摊比例在一个纳税年度内调整的情形。

分支机构分摊比例按上述方法一经确定后，除出现下述三类情形外，当年不作调整。

一是当年撤销的二级分支机构，自办理注销税务登记之日所属企业所得税预缴期间起，不就地分摊缴纳企业所得税。

二是汇总纳税企业当年由于重组等原因从其他企业取得重组当年之前已存在的二级分支机构，并作为本企业二级分支机构管理的，该二级分支机构不视同当年新设立的二级分支机构，按国家税务总局公告 2012 第 57 号规定计算分摊并就地缴纳企业所得税。

三是汇总纳税企业内就地分摊缴纳企业所得税的总机构、二级分支机构之间，发生合并、分立、管理层级变更等形成的新设或存续的二级分支机构，不视同当年新设立的二级分支机构，按国家税务总局公告 2012 第 57 号规定计算分摊并就地缴纳企业所得税。

（五）总机构直接管理的建筑项目部所在地预分所得税额计算。

建筑企业总机构直接管理的跨地区设立的项目部，应按项目实际经营收入的 0.2％按月或按季由总机构向项目所在地预分企业所得税，并由项目部向所在地主管税务机关预缴。

10.1.2　填报和审核

10.1.2.1　第 1 行"总机构实际应纳所得税额"
《跨地区经营汇总纳税企业年度分摊企业所得税明细表》（A109000）第 1 行"总机构实际应纳所得税额"：填报《企业所得税年度纳税申报表》（A100000）第 31 行的金额。

10.1.2.2　第 2 行"境外所得应纳所得税额"
《跨地区经营汇总纳税企业年度分摊企业所得税明细表》（A109000）第 2 行"境外所得应纳所得税额"：填报表 A100000 第 29 行的金额。

10.1.2.3　第 3 行"境外所得抵免所得税额"
《跨地区经营汇总纳税企业年度分摊企业所得税明细表》（A109000）第 3 行"境外所得抵免所得税额"：填报表 A100000 第 30 行的金额。

10.1.2.4　第 4 行"总机构用于分摊的本年实际应纳所得税"
《跨地区经营汇总纳税企业年度分摊企业所得税明细表》（A109000）第 4 行"总机构用于分摊的本年实际应纳所得税"：填报第 1－2＋3 行的金额。

10.1.2.5　第 5 行"本年累计已预分、已分摊所得税"
一、填报说明
《跨地区经营汇总纳税企业年度分摊企业所得税明细表》（A109000）第 5 行"本年累计已预分、已分摊所得税"：填报总机构按照税收规定计算的跨地区分支机构本年累计已分摊的所得税额、建筑企业总机构直接管理的跨地区项目部本年累计已预分并就地预缴的所得税额。本行填报第 6＋7＋8＋9 行的金额。
二、填报数据来源
本行的填报数据来源为：总分机构预缴所得税的税收缴款书上记录的已预缴金额。

10.1.2.6　第 6 行"总机构向其直接管理的建筑项目部所在地预分的所得税额"
一、填报说明
《跨地区经营汇总纳税企业年度分摊企业所得税明细表》（A109000）第 6 行"总机构向其直接管理的建筑项目部所在地预分的所得税额"：填报建筑企业总机构按照规定在预缴纳税申报时，向其直接管理的项目部所在地按照项目收入的 0.2％预分的所得税额。
二、填报数据来源
本行的填报数据来源为：直接管理的项目部所在地按 0.2％预缴的所得税完税凭证上记录的金额。

10.1.2.7　第 7 行"总机构已分摊所得税额"
《跨地区经营汇总纳税企业年度分摊企业所得税明细表》（A109000）第 7 行"总机构已分摊所得税额"：填报总机构在预缴申报时已按照规定比例计算缴纳的由总机构分摊的所得税额。

10.1.2.8　第 8 行"财政集中已分配所得税额"
《跨地区经营汇总纳税企业年度分摊企业所得税明细表》（A109000）第 8 行"财政集中已分配所得税额"：填报总机构在预缴申报时已按照规定比例计算缴纳的由财政集中分配的所得税额。

10.1.2.9　第 9 行"总机构所属分支机构已分摊所得税额"
《跨地区经营汇总纳税企业年度分摊企业所得税明细表》（A109000）第 9 行"总机构所属分支机构已分摊所得税额"：填报总机构在预缴申报时已按照规定比例计算缴纳的由所属分支机构分摊的所得税额。

10.1.2.10 第10行"总机构主体生产经营部门已分摊所得税额"

《跨地区经营汇总纳税企业年度分摊企业所得税明细表》（A109000）第10行"总机构主体生产经营部门已分摊所得税额"：填报总机构在预缴申报时已按照规定比例计算缴纳的由总机构主体生产经营部门分摊的所得税额。

10.1.2.11 第11行"总机构本年度应分摊的应补（退）的所得税"

《跨地区经营汇总纳税企业年度分摊企业所得税明细表》（A109000）第11行"总机构本年度应分摊的应补（退）的所得税"：填报总机构汇总计算本年度应补（退）的所得税额，不包括境外所得应纳所得税额。填报第4—5行的金额。

10.1.2.12 第12行"总机构分摊本年应补（退）的所得税额"

《跨地区经营汇总纳税企业年度分摊企业所得税明细表》（A109000）第12行"总机构分摊本年应补（退）的所得税额"：填报第11行×25％的金额。

10.1.2.13 第13行"财政集中分配本年应补（退）的所得税额"

《跨地区经营汇总纳税企业年度分摊企业所得税明细表》（A109000）第13行"财政集中分配本年应补（退）的所得税额"：填报第11行×25％的金额。

10.1.2.14 第14行"总机构所属分支机构分摊本年应补（退）的所得税额"

《跨地区经营汇总纳税企业年度分摊企业所得税明细表》（A109000）第14行"总机构所属分支机构分摊本年应补（退）的所得税额"：填报第11行×50％的金额。

10.1.2.15 第15行"总机构主体生产经营部门分摊本年应补（退）的所得税额"

《跨地区经营汇总纳税企业年度分摊企业所得税明细表》（A109000）第15行"总机构主体生产经营部门分摊本年应补（退）的所得税额"：填报第11行×总机构主体生产经营部门分摊比例的金额。

10.1.2.16 第16行"总机构境外所得抵免后的应纳所得税额"

《跨地区经营汇总纳税企业年度分摊企业所得税明细表》（A109000）第16行"总机构境外所得抵免后的应纳所得税额"：填报第2—3行的金额。

10.1.2.17 第17行"总机构本年应补（退）的所得税额"

《跨地区经营汇总纳税企业年度分摊企业所得税明细表》（A109000）第17行"总机构本年应补（退）的所得税额"：填报第12+13+15+16行的金额

10.2 《企业所得税汇总纳税分支机构所得税分配表》（A109010）的填报和审核

10.2.1 《企业所得税汇总纳税分支机构所得税分配表》概述

10.2.1.1 适用范围

《企业所得税汇总纳税分支机构所得税分配表》（A109010）适用于跨地区经营汇总纳税的总机构填报。

10.2.1.2 填报依据

纳税人应根据税法规定、《财政部 国家税务总局 中国人民银行关于印发〈跨省市总分机构企业所得税分配及预算管理办法〉的通知》（财预〔2012〕40号）、《国家税务总局关于印发〈跨地区经营汇总纳税企业所得税征收管理办法〉的公告》（国家税务总局公告2012年第57号）规定计算总分机构每一纳税年度应缴的企业所得税、总分机构应分摊的企业所得税。

10.2.1.3　表内、表间关系

（一）表内关系。

（1）表 A109010 总机构分摊所得税额＝应纳所得税额×25％。

（2）表 A109010 总机构财政集中分配所得税额＝应纳所得税额×25％。

（3）表 A109010 分支机构分摊所得税额＝应纳所得税额×50％

（4）表 A109010 分支机构分配比例＝（该分支机构营业收入÷分支机构营业收入合计）×35％＋（该分支机构职工薪酬÷分支机构职工薪酬合计）×35％＋（该分支机构资产总额÷分支机构资产总额）×30％。

（5）表 A109010 分支机构分配所得税额＝该分支机构分配比例×分支机构分摊所得税额。

（二）表间关系。

表 A109010 应纳所得税额＝表 A109000 第 11 行。

10.2.1.4　填报注意事项

就地分摊缴纳企业所得税的二级分支机构，是指汇总纳税企业依法设立并领取非法人营业执照（登记证书），且总机构对其财务、业务、人员等直接进行统一核算和管理的分支机构，以下二级分支机构不就地分摊缴纳企业所得税：

（1）不具有主体生产经营职能，且在当地不缴纳增值税、营业税的产品售后服务、内部研发、仓储等汇总纳税企业内部辅助性的二级分支机构，不就地分摊缴纳企业所得税。

（2）上年度认定为小型微利企业的，其二级分支机构不就地分摊缴纳企业所得税。

（3）新设立的二级分支机构，设立当年不就地分摊缴纳企业所得税。

（4）当年撤销的二级分支机构，自办理注销税务登记之日所属企业所得税预缴期间起，不就地分摊缴纳企业所得税。

（5）汇总纳税企业在中国境外设立的不具有法人资格的二级分支机构，不就地分摊缴纳企业所得税。

10.2.2　填报和审核

10.2.2.1　表头项目的填报

1.“税款所属时期”：填报公历 1 月 1 日至 12 月 31 日。

2.“总机构名称”、“分支机构名称”：填报税务机关核发的税务登记证记载的纳税人全称。

3.“总机构纳税人识别号”、“分支机构纳税人识别号”：填报税务机关核发的税务登记证件号码（15 位）。

4.“应纳所得税额”：填报总机构按照汇总计算的、且不包括境外所得应纳所得税额的本年应补（退）的所得税额。数据来源于《跨地区经营汇总纳税企业年度分摊企业所得税明细表》（A109000）第 11 行“总机构本年度应分摊的应补（退）的所得税”。

5.“总机构分摊所得税额”：填报总机构统一计算的本年应补（退）的所得税额的 25％。

6.“总机构财政集中分配所得税额”：填报总机构统一计算的本年应补（退）的所得税额的 25％。

10.2.2.2　“分支机构分摊所得税额”的填报

“分支机构分摊所得税额”：填报总机构根据税务机关确定的分摊方法计算，由各分支机构进行分摊的本年应补（退）的所得税额。

10.2.2.3 "营业收入"的填报

一、填报说明

"营业收入"：填报上一年度各分支机构销售商品、提供劳务、让渡资产使用权等日常经营活动实现的全部收入的合计额。

二、填报数据来源

"营业收入"的填报数据来源为：各分支机构"主营业务收入"、"其他业务收入"科目中记录的上一年度实现收入的总额。

10.2.2.4 "职工薪酬"的填报

一、填报说明

"职工薪酬"：填报上一年度各分支机构为获得职工提供的服务而给予各种形式的报酬以及其他相关支出的合计额。

二、填报数据来源

"职工薪酬"的填报数据来源为：各分支机构"应付职工薪酬"、"应付工资"、"应付福利费"核算职工薪酬科目中记录的，为职工支付的工资、职工福利、社会保险费、住房公积金、工会经费、职工教育经费、非货币性福利、辞退福利、股份支付等。

10.2.2.5 "资产总额"的填报

一、填报说明

"资产总额"：填报上一年度各分支机构在经营活动中实际使用的应归属于该分支机构的资产合计额。

二、填报数据来源

"资产总额"的填报数据来源为：各分支机构资产负债表中记录的资产总额的月平均额。

10.2.2.6 "分配比例"的填报

一、填报说明

"分配比例"：填报经总机构所在地主管税务机关审核确认的各分支机构分配比例，分配比例应保留小数点后四位。

二、填报数据来源

"分配比例"的填报数据来源为：总机构所在地主管税务机关审核确认的《企业所得税汇总纳税分支机构所得税分配表》中记录的分配比例。

10.2.2.7 "分配所得税额"的填报

一、填报说明

"分配所得税额"：填报分支机构按照分支机构分摊所得税额乘以相应的分配比例后的金额。

二、填报数据来源

"分配所得税额"的填报数据来源为：《跨地区经营汇总纳税企业年度分摊企业所得税明细表》（A109000）第 9 行"总机构所属分支机构已分摊所得税额"乘以各分支机构相应的分配比例后的金额。

10.2.2.8 "合计"的填报

"合计"：填报上一年度各分支机构的营业收入总额、职工薪酬总额和资产总额三项因素的合计数及本年各分支机构分配比例和分配税额的合计数。

10.2.3 填报案例

一、 案例基本情况

2015 年，总机构位于北京的丙集团公司（内资企业），跟省设置 3 户分支机构 A、B、

C，所在地分别在南京、海南、上海，总机构 2014 年收入总额、工资总额、资产总额分别为 100 万元、20 万元、1000 万元；A 分公司 2014 年三项因素分别为 50 万元、10 万元、200 万元；B 分公司 2014 年三项因素分别为 30 万元、10 万元、100 万元；C 分公司 2014 年三项因素分别为 5 万元、1 万元、50 万元。

企业所得税年度纳税申报时，应将三个分公司的利润同总公司的利润进行汇总并计算应纳所得税额，再根据各分公司的三项因素所占比例分别计算分公司应承担的所得税。

假设：甲集团公司汇总后计算的应纳所得税额为 20 万元，则由总机构缴纳 20 万元×50％＝10（万元），再由三个分支机构共计缴纳 20 万元×50％＝10（万元），各个分支机构应分摊税款计算如下：

A 分公司分摊比例和缴纳税款：

A 分公司分摊比例＝[50÷（50＋30＋5）×0.35＋10÷（10＋10＋1）×0.35＋200÷（200＋100＋50）×0.3]＝0.543 977 6

A 分公司分摊比例＝0.543 977 6×10＝5.439 776（万元）

B 分公司分摊比例和缴纳税款：

B 分公司分摊比例＝[30÷（50＋30＋5）×0.35＋10÷（10＋10＋1）×0.35＋100÷（200＋100＋50）×0.3]＝0.375 910 4

B 分公司分摊税款＝0.375 910 4×10＝3.759 104（万元）

C 分公司分摊比例和缴纳税款：

C 分公司分摊比例＝[5÷（50＋30＋5）×0.35＋1÷（10＋10＋1）×0.35＋50÷（200＋100＋50）×0.3]＝0.080 112

C 分公司缴纳税款＝0.080 112×10＝0.801 120（万元）

二、填报情况

其填写的分配表如表 10-1 所示。

表 10-1　　　　中华人民共和国企业所得税汇总纳税分支机构分配表

税款所属期间：2014 年 01 月 01 日 至 2014 年 12 月 31 日

总机构名称：甲集团公司　　　　　　　　　　　　　　　金额单位：人民币元（列至角分）

总机构情况	纳税人识别号	总机构名称	总机构分摊所得税额		总机构财政集中分配所得税额		分支机构分摊的所得税额	
	110××××××	丙	50 000		50 000		100 000	
分支机构情况	纳税人识别号	分支机构名称	三项因素				分配比例	分配税额
			收入总额	工资总额	资产总额	合计		
	320××××××	A	500 000	100 000	2 000 000	2 600 000	0.543 977 6	54 397.76
	460××××××	B	300 000	100 000	1 000 000	1 400 000	0.375 910 4	37 591.04
	310××××××	C	50 000	10 000	500 000	560 000	0.080 112	8 011.20

第 11 章
关联业务往来报告表和扣缴企业所得税报告表的填报和审核

11.1 《企业年度关联业务往来报告表》概述

11.1.1 适用范围及填报依据

1. 根据《中华人民共和国企业所得税法》第四十三条的规定，制定《企业年度关联业务往来报告表》。

2. 《企业年度关联业务往来报告表》包括"关联关系表（表一）"、"关联交易汇总表（表二）"、"购销表（表三）"、"劳务表（表四）"、"无形资产表（表五）"、"固定资产表（表六）"、"融通资金表（表七）"、"对外投资情况表（表八）"、"对外支付款项情况表（表九）"，共九张报告表。

3. 《企业年度关联业务往来报告表》适用于实行查账征收的居民企业和在中国境内设立机构、场所并据实申报缴纳企业所得税的非居民企业填报。

4. 企业向税务机关报送年度企业所得税纳税申报表时，应附送《企业年度关联业务往来报告表》。

11.1.2 《企业年度关联业务往来报告表》封面的填报

一、纳税人填写内容
1. "所属年度"：填写报告的关联业务往来事项的所属年度。
2. "纳税人名称"：填报税务登记证所载纳税人的全称。
3. "纳税人识别号"：填报税务机关统一核发的税务登记证号码。
4. "法定代表人"：填写纳税人的法定代表人姓名。
5. "联系电话"：填写纳税人负责涉税事宜部门或人员的电话号码。
6. 申报日期：填写向税务机关递交此关联业务往来事项报告表的日期。
二、税务机关填写内容
1. "主管税务机关名称"：填写负责日常管理该纳税人的税务机关名称。

2. "受理税务人员"：填写受理此申报事项的税务人员姓名。

3. "联系电话"填写受理该申报事项的税务部门的电话号码。

4. "受理日期"：填写收到纳税人此关联业务往来事项报告表的日期。

三、填报时注意问题

1. "所属年度"与"企业所得税年度纳税申报表（A 类）"或"非居民企业所得税年度纳税申报表（核实征收）"表头部分的"税款所属期间"中的"年度"保持一致。

2. "纳税人名称"和"纳税人识别号"与"企业所得税年度纳税申报表（A 类）"或"非居民企业所得税年度纳税申报表（核实征收）"表头部分的"纳税人名称"和"纳税人识别号"保持一致。

11.2　《关联关系表》（表一）的填报和审核

11.2.1　填报提示

一、填报内容

《关联关系表》（表一）填报与纳税人有业务往来的关联方的信息，包括：关联方名称、纳税人识别号、国家（地区）、地址、法定代表人、关联关系类型等六项内容。

二、表间关系

1. 《购销表》（表三）、《劳务表》（表四）中的"境外关联方名称"和对应的"国家（地区）"信息均应来自本表。

2. 《融通资金表》（表七）中的"境外关联方名称"、"境内关联方名称"和对应的"国家（地区）"信息均应来自本表。

11.2.2　填报说明

1. "纳税人识别号"：填报关联方所在国家或地区用于纳税申报的纳税人号码。

2. "国家（地区）"：填报关联方所在国家或地区的名称。

3. "地址"：填报关联企业注册地址和实际经营管理机构所在地地址或关联个人住所。

4. "关联关系类型"：应按以下关联关系标准填报代码 A、B、C 等，有多个关联关系类型的，应填报多个代码：

A. 一方直接或间接持有另一方的股份总和达到 25％或以上，或者双方直接或间接同为第三方所持有股份达到 25％或以上。若一方通过中间方对另一方间接持有股份，只要一方对中间方持股比例达到 25％或以上，则一方对另一方的持股比例按照中间方对另一方的持股比例计算；

B. 一方与另一方（独立金融机构除外）之间借贷资金占一方实收资本的 50％或以上，或者一方借贷资金总额的 10％或以上是由另一方（独立金融机构除外）担保；

C. 一方半数以上的高级管理人员（包括董事会成员和经理）或至少一名可以控制董事会的董事会高级成员是由另一方委派，或者双方半数以上的高级管理人员（包括董事会成员和经理）或至少一名可以控制董事会的董事会高级成员同为第三方委派；

D. 一方半数以上的高级管理人员（包括董事会成员和经理）同时担任另一方的高级管理人员（包括董事会成员和经理），或者一方至少一名可以控制董事会的董事会高级成员同时担任另一方的董事会高级成员；

    E. 一方的生产经营活动必须由另一方提供工业产权、专有技术等特许权才能正常进行；

    F. 一方的购买或销售活动主要由另一方控制；

    G. 一方接受或提供劳务主要由另一方控制；

    H. 一方对另一方的生产经营、交易具有实质控制，或者双方在利益上具有相关联的其他关系，包括虽未达到A项持股比例，但一方与另一方的主要持股方享受基本相同的经济利益，以及家族、亲属关系等。

11.2.3　填报案例

一、案例基本情况

乙公司有11个关联方，应在《关联关系表（表一）》中填报所有关联方。

（1）境外法人法国A公司（A公司直接持有乙公司30%股份）；

（2）境内个人张飞（张飞直接持有乙公司40%的股份）；

（3）境外法人美国B公司（B公司持有A公司25%的股份，注：根据透视原则，视同B公司通过A公司间接持有乙公司30%的股份）；

（4）境外法人英属维尔京群岛C公司、K公司（K公司分别持有乙公司26%股份和C公司40%的股份）；

（5）境内法人D公司（乙公司的实收资本为500万人民币，汇算清缴年度向D公司借入资金300万人民币）；

（6）境内法人E公司（乙公司和E公司半数以上的高级管理人员均由M公司委派）；

（7）境外法人美国F公司（乙公司有一名可以控制董事会的董事会高级成员，例如执行董事，由F公司委派）；

（8）境外法人法国G公司（乙公司的董事长同时兼任G公司的董事长）；

（9）境外法人法国H公司（乙公司的经营活动必须由H公司提供商标使用权、专有技术使用权才能正常进行）；

（10）境外法人法国I公司（I公司对乙公司的经营有实质控制，控制乙公司的购买、销售、提供劳务、接受劳务或其他经营活动，如乙公司的产品大部分销售给I公司，产品销售定价或交易条件等由I公司决定）；

（11）境内法人李奎（李奎与张飞属于同一家族）。

二、填报情况

具体填报情况见表11-1。

表 11-1　　　　　　　　　　　　关联关系表（表一）

关联方名称	乙公司识别号	国家（地区）	地　址	法定代表人	关联关系类型
A公司	填写法定的乙公司税务或商业登记号码	法国	按实填写	填写企业负责人姓名	A
张飞	填写身份证或护照号码	中国	按实填写	不需要填写	A
B公司	填写法定的乙公司税务或商业登记号码	美国	按实填写	填写企业负责人姓名	A
C公司	填写法定的乙公司税务或商业登记号码	英属维尔京群岛	按实填写	填写企业负责人姓名	A
K公司	填写法定的乙公司税务或商业登记号码	英属维尔京群岛	按实填写	填写企业负责人姓名	A

续表

关联方名称	乙公司识别号	国家（地区）	地　址	法定代表人	关联关系类型
D公司	填写法定的乙公司税务或商业登记号码	中国	按实填写	填写企业法人姓名	B
E公司	填写法定的乙公司税务或商业登记号码	中国	按实填写	填写企业法人姓名	C
F公司	填写法定的乙公司税务或商业登记号码	美国	按实填写	填写企业负责人姓名	C
G公司	填写法定的乙公司税务或商业登记号码	法国	按实填写	填写企业负责人姓名	D
H公司	填写法定的乙公司税务或商业登记号码	法国	按实填写	填写企业负责人姓名	E
I公司	填写法定的乙公司税务或商业登记号码	法国	按实填写	填写企业负责人姓名	F、G、H
李奎	填写身份证或护照号码	中国	按实填写	不需要填写	H

11.3　《关联交易汇总表》（表二）的填报和审核

11.3.1　填报说明及表内、表间关系

一、填报说明

（一）《关联交易汇总表》（表二）为表三至表七的汇总情况表，除其他交易类型的交易金额外，所有交易类型的交易金额均为表三至表七各表的相应交易类型的交易金额汇总数。各表间钩稽关系如下：

（1）材料（商品）购入第 1 列＝表 3 购销表第 1 项；

材料（商品）购入第 4 列＝表 3 购销表第 4 项；

材料（商品）购入第 7 列＝表 3 购销表第 7 项。

（2）商品（材料）销售第 1 列＝表 3 购销表第 8 项；

商品（材料）销售第 4 列＝表 3 购销表第 11 项；

商品（材料）销售第 7 列＝表 3 购销表第 14 项。

（3）劳务收入第 1 列＝表 4 劳务表第 1 项；

劳务收入第 4 列＝表 4 劳务表第 4 项；

劳务收入第 7 列＝表 4 劳务表第 7 项。

（4）劳务支出第 1 列＝表 4 劳务表第 8 项；

劳务支出第 4 列＝表 4 劳务表第 11 项；

劳务支出第 7 列＝表 4 劳务表第 14 项。

（5）受让无形资产第 1 列＝表 5 无形资产表总计第 1 列；

受让无形资产第 4 列＝表 5 无形资产表总计第 2 列；

受让无形资产第 7 列＝表 5 无形资产表总计第 4 列。

（6）出让无形资产第 1 列＝表 5 无形资产表总计第 6 列；

出让无形资产第 4 列＝表 5 无形资产表总计第 7 列；

出让无形资产第 7 列＝表 5 无形资产表总计第 9 列。

（7）受让固定资产第 1 列＝表 6 固定资产表总计第 1 列；

受让固定资产第 4 列＝表 6 固定资产表总计第 2 列；

受让固定资产第 7 列＝表 6 固定资产表总计第 4 列。

（8）出让固定资产第 1 列＝表 6 固定资产表总计第 6 列；

出让固定资产第 4 列＝表 6 固定资产表总计第 7 列；

出让固定资产第 7 列＝表 6 固定资产表总计第 9 列。

（9）融资应计利息收入第 4 列＝表 7 融通资金表合计 1 第 8 列；

融资应计利息收入第 7 列＝表 7 融通资金表合计 2 第 8 列；

融资应计利息支出第 4 列＝表 7 融通资金表合计 1 第 7 列；

融资应计利息支出第 7 列＝表 7 融通资金表合计 2 第 7 列。

（10）其他是指除上述列举业务类型以外的业务发生金额。

（二）"是否按要求准备了同期资料：是□否□"：按有关规定准备同期资料的企业在"是□"方框内打√，否则在"否□"方框内打√。

（三）"免除准备同期资料□"：符合免除准备同期资料条件的企业在方框内打√。

（四）"本年度是否签订成本分摊协议：是□否□"：本年度签订成本分摊协议的企业在"是□"方框内打√，否则在"否□"方框内打√。

二、表内、表间关系

（一）表内关系。

（1）表二第 2 列＝第 4 列＋第 7 列。

（2）表二第 3 列＝第 2 列/第 1 列。

（3）表二第 5 列＝第 4 列/第 1 列。

（4）表二第 6 列＝第 4 列/第 2 列。

（5）表二第 8 列＝第 7 列/第 1 列。

（6）表二第 9 列＝第 7 列/第 2 列。

"合计"行第 1 列＝第 1 列 1 至 11 行合计。

"合计"行第 2 列＝第 2 列 1 至 11 行合计；

"合计"行第 4 列＝第 4 列 1 至 11 行合计；

"合计"行第 6 列＝"合计"行第 4 列/"合计"行第 2 列；

"合计"行第 7 列＝第 7 列 1 至 11 行合计；

"合计"行第 9 列＝第 9 列 1 至 11 行合计；

"合计"行第 9 列＝"合计"行第 7 列/"合计"行第 2 列。

（二）表间关系。

（1）表二材料（商品）购入第 1 列＝表 3 购销表第 1 项；

材料（商品）购入第 4 列＝表 3 购销表第 4 项；

材料（商品）购入第 7 列＝表 3 购销表第 7 项。

（2）表二商品（材料）销售第 1 列＝表 3 购销表第 8 项；

商品（材料）销售第 4 列＝表 3 购销表第 11 项；

商品（材料）销售第 7 列＝表 3 购销表第 14 项。

（3）表二劳务收入第 1 列＝表 4 劳务表第 1 项；

劳务收入第 4 列＝表 4 劳务表第 4 项；

劳务收入第 7 列＝表 4 劳务表第 7 项。

（4）表二劳务支出第 1 列＝表 4 劳务表第 8 项；

劳务支出第 4 列＝表 4 劳务表第 11 项；

劳务支出第 7 列＝表 4 劳务表第 14 项。

（5）表二受让无形资产第 1 列＝表 5 无形资产表总计第 1 列；

受让无形资产第 4 列＝表 5 无形资产表总计第 2 列；

受让无形资产第 7 列＝表 5 无形资产表总计第 4 列。

（6）表二出让无形资产第 1 列＝表 5 无形资产表总计第 6 列；

出让无形资产第 4 列＝表 5 无形资产表总计第 7 列；

出让无形资产第 7 列＝表 5 无形资产表总计第 9 列。

（7）表二受让固定资产第 1 列＝表 6 固定资产表总计第 1 列；

受让固定资产第 4 列＝表 6 固定资产表总计第 2 列；

受让固定资产第 7 列＝表 6 固定资产表总计第 4 列。

（8）表二出让固定资产第 1 列＝表 6 固定资产表总计第 6 列；

出让固定资产第 4 列＝表 6 固定资产表总计第 7 列；

出让固定资产第 7 列＝表 6 固定资产表总计第 9 列。

（9）表二融资应计利息收入第 4 列＝表 7 融通资金表境外定期融资应计利息收入合计（第 9 列）；

融资应计利息收入第 7 列＝表 7 融通资金表境内定期融资应计利息收入合计（第 9 列）。

（10）表二融资应计利息支出第 4 列＝表 7 融通资金表境外定期融资应计利息支出合计（第 8 列）；

融资应计利息支出第 7 列＝表 7 融通资金表境内定期融资应计利息支出合计（第 8 列）。

11.3.2　填报提示

一、填报企业的范围

与关联方发生材料（商品）购入、商品（材料）销售、提供或接收劳务、受让或出让无形资产、受让或出让固定资产、提供或接收融资以及不属于以上类型的其他业务的企业均需填报《关联交易汇总表》（表二）。

二、企业填报的项目

（一）手工录入的数据：表二第 11 行"其他"；

（二）取自其他表格的数据：

1. 表二第 1 至 8 行的第 1、4、7 列数据根据表三至表六的填报数据填写；

2. 表二第 9 至 10 行的第 4、7 列数据根据表七的填报数据填写；

3. 根据表二逻辑关系计算生成的数据：第 1 至 8 行和第 11 行的第 2、3、5、6、8、9 列数据，第 9 至 10 行的第 2、6、9 列数据，第 12 行（合计行）的第 1、2、4、6、7、9 列数据。

11.4　《购销表》（表三）的填报和审核

11.4.1　填报说明及表内、表间关系

一、填报说明

1. "购入总额"：填报年度购入的原材料、半成品、材料（商品）等有形资产的金额，

不包括固定资产、工程物资和低值易耗品。

2. "销售总额"：填报年度所有销售商品（材料）的金额。

3. "来料加工"：填报收取的加工费金额。

4. "国家（地区）"：填报境外关联方或非关联方所在国家或地区的名称。

5. "定价方法"：分为以下六种：（1）可比非受控价格法；（2）再销售价格法；（3）成本加成法；（4）交易净利润法；（5）利润分割法；（6）其他方法。本栏填报对应数字，如选择"6"，应在备注栏中说明所使用的具体方法。

二、表内、表间关系

（一）表内关系。

（1）表三"总购销"第 1 项"购入总额"＝"总购销"第 2 项"进口购入"＋"总购销"内第 5 项"国内购入"。

（2）表三"总购销"第 2 项"进口购入"＝"总购销"第 3 项"非关联进口"＋"总购销"内第 4 项"关联进口"。

（3）表三"总购销"第 5 项"国内购入"＝"总购销"第 6 项"非关联购入"＋"总购销"内第 7 项"关联购入"。

（4）表三"总购销"第 8 项"销售总额"＝"总购销"第 9 项"出口销售"＋"总购销"内第 12 项"国内销售"。

（5）表三"总购销"第 9 项"出口销售"＝"总购销"第 10 项"非关联出口"＋"总购销"内第 11 项"关联出口"。

（6）表三"总购销"第 12 项"国内销售"＝"总购销"第 13 项"非关联销售"＋"总购销"内第 14 项"关联销售"。

（二）表间关系。

（1）表三"总购销"第 1 项"购入总额"＝表二第 1 行第 1 列。

（2）表三"总购销"第 4 项"关联进口"＝表二第 1 行第 4 列。

（3）表三"总购销"第 7 项"关联购入"＝表二第 1 行第 7 列。

（4）表三"总购销"第 8 项"销售总额"＝表二第 2 行第 1 列。

（5）表三"总购销"第 11 项"关联出口"＝表二第 2 行第 4 列。

（6）表三"总购销"第 14 项"关联销售"＝表二第 2 行第 7 列。

11.4.2 填报提示

一、填报企业范围

《购销表》（表三）适用于执行《企业会计准则》、《企业会计制度》或《小企业会计制度》的纳税人填报。

二、填报数据来源

纳税人根据会计科目核算的"存货"、"营业收入"填报此表。

三、具体项目的填报

（一）"总购销"的具体项目。

1. "总购销"第 1 项"购入总额"：填报年度购入的原材料、半成品、材料（商品）等有形资产的金额，不包括固定资产、工程物资和低值易耗品。金额为本表"总购销"第 2 项"进口购入"＋"总购销"第 5 项"国内购入"。该项数额填入表二第 1 行第 1 列。

2. "总购销"第 2 项"进口购入"：填报通过进口方式购进的原材料、半成品、材料（商品）等有形资产的金额，不包括固定资产、工程物资和低值易耗品。金额为本表"总购销"第 3 项"非关联进口"＋"总购销"第 4 项"关联进口"。

3. "总购销" 第 4 项 "关联进口"：填报通过境外关联方进口购入的原材料、半成品、材料（商品）等有形资产的金额，不包括固定资产、工程物资和低值易耗品。该项数额填入表二第 1 行第 4 列。

4. "总购销" 第 5 项 "国内购入"：填报在本国境内购入的原材料、半成品、材料（商品）等有形资产的金额，不包括固定资产、工程物资和低值易耗品。金额为本表 "总购销" 第 6 项 "非关联购入" ＋ "总购销" 第 7 项 "关联购入"。

5. "总购销" 第 7 项 "关联购入"：填报通过国内关联方购入的原材料、半成品、材料（商品）等有形资产的金额，不包括固定资产、工程物资和低值易耗品。该项数额填入表二第 1 行第 7 列。

6. "总购销" 第 8 项 "销售总额"：填报年度所有销售商品（材料）的金额。金额为本表 "总购销" 第 9 项 "出口销售" ＋ "总购销" 第 12 项 "国内销售"。该项数额填入表二第 2 行第 1 列。

7. "总购销" 第 9 项 "出口销售"：填报年度所有销往境外的商品（材料）的金额。金额为本表 "总购销" 第 10 项 "非关联出口" ＋ "总购销" 第 11 项 "关联出口"。

8. "总购销" 第 11 项 "关联出口"：填报年度所有销往境外关联企业的商品（材料）的金额。该项数额填入表二第 2 行第 4 列。

9. "总购销" 第 12 项 "国内销售"：填报年度所有销售国内的商品（材料）的金额。金额为本表 "总购销" 第 13 项 "非关联销售" ＋ "总购销" 第 14 项 "关联销售"。

10. "总购销" 第 14 项 "关联销售"：填报年度所有销售国内关联企业的商品（材料）的金额。该项数额填入表二第 2 行第 7 列。

（二）按出口贸易方式分类的出口销售收入具体项目。

1. "来料加工"：填报年度收取的加工费金额。

2. "国家（地区）"：填报境外关联方或非关联方所在国家或地区的名称。

3. "定价方法" 如填报 "6. 其他方法"，必须在本表 "备注栏" 中说明所使用的具体方法（不能为空）。

（三）占出口销售总额 10％ 以上的境外销售对象及其交易和占进口采购总额 10％ 以上的境外采购对象及其交易具体项目。

1. "三、占出口销售总额 10％ 以上的境外销售对象及其交易：交易金额" 应大于或等于 "一、总购销：销售总额——出口销售（第 9 项）" ×10％（允许 0.50 元误差）；"四、占进口采购总额 10％ 以上的境外采购对象及其交易：交易金额" 应大于或等于 "一、总购销：购入总额——进口购入（第 2 项）" ×10％（允许 0.50 元误差）。

2. "一、总购销：销售总额——出口销售（第 9 项）" 值应等于 "二、按出口贸易方式分类的出口销售收入" 各项值之和。

11.4.3 填报案例

一、案例基本情况

乙公司在汇算清缴年度购入材料（商品）35 000 万元，销售产品（商品）50 000 万元，具体交易情况如下：

（1）以来料加工方式向关联方法国 A 公司出口销售获得收入（不含料值）15 000 万元；

（2）以进料加工方式向 A 公司出口销售获得收入（含料值）10 000 万元；

（3）以一般贸易方式向非关联方日本 B 公司出口销售获得收入 12 000 万元；

（4）向境内关联方 C 公司销售获得收入 6 000 万元；

（5）向境内非关联方 D 公司销售获得收入 7 000 万元；

（6）从关联方法国 A 公司进口原材料 8 000 万元（进料加工方式）；

（7）从非关联方法国 E 公司进口原材料 10 000 万元；

（8）从境内关联方 F 公司购入原材料 6 000 万元；

（9）从境内非关联方 G 公司购入原材料 11 000 万元。

二、填表要点

1. 乙公司应区分来料加工和其他贸易形式，在栏目二中分别填报交易金额。填写时，来料加工的关联金额和非关联金额均不含来料料值，其他贸易方式的关联金额和非关联金额需含料值。

2. 如乙公司向境外某一企业、组织、个人的销售或采购金额占出口销售总额或进口采购总额 10%（含）以上的，应在栏目三、栏目四分别填写该境外关联、非关联交易对象的信息及交易情况。

3. 定价方法分为以下六种：（1）可比非受控价格法；（2）再销售价格法；（3）成本加成法；（4）交易净利润法；（5）利润分割法；（6）其他方法（在备注栏说明所使用的具体方法）。

三、填报情况

具体填报情况见表 11-2。

表 11-2　　　　　　　　　　　　　购销表（表三）　　　　　　　　　金额单位：人民币万元

一、总购销					
材料（商品）购入		金额	商品（材料）销售		金额
购入总额 1＝2＋5		35 000	销售总额 8＝9＋12		5
其中	进口购入 2＝3＋4	18 000	其中	出口销售 9＝10＋11	37 000
	其中 非关联进口 3	1		其中 非关联进口 10	12 000
	关联进口 4	8 000		关联进口 11	25 000
	国内购入 5＝6＋7	17 000		国内销售 12＝13＋14	13 000
	其中 非关联进口 6	11 000		其中 非关联进口 13	7 000
	关联进口 7	6 000		关联进口 14	6 000
二、按出口贸易方式分类的出口销售收入					
来料加工	关联金额	非关联金额	其他贸易	关联金额	非关联金额
	15 000	0		1	12 000
三、占出口销售总额 10%以上的境外销售对象及其交易					
境外关联方名称	国家（地区）	交易金额	定价方法		备注
A 公司	法国	25 000	按实填写（请参看《特别纳税调整实施办法》第四章）		
境外非关联方名称	国家（地区）	交易金额	定价方法		备注
B 公司	日本	12 000	—		
四、占进口采购总额 10%以上的境外采购对象及其交易					
境外关联方名称	国家（地区）	交易金额	定价方法		备注
A 公司	法国	8 000	按实填写（请参看《特别纳税调整实施办法》第四章）		
境外非关联方名称	国家（地区）	交易金额	定价方法		备注
E 公司	法国	1	—		
			—		

11.5　《劳务表》（表四）的填报和审核

11.5.1　填报说明及表内、表间关系

一、填报说明

1. "境外劳务收入"：填报企业提供劳务从境外取得的收入。

2. "境外劳务支出"：填报企业接受劳务向境外支付的费用。

3. "国家（地区）"：填写境外关联方或非关联方所在国家或地区的名称。

4. "定价方法"：分为以下六种：（1）可比非受控价格法；（2）再销售价格法；（3）成本加成法；（4）交易净利润法；（5）利润分割法；（6）其他方法。本栏填报对应数字，如选择"6"，应在备注栏中说明所使用的具体方法。

二、表内、表间关系

（一）表内关系。

（1）表四第 1 项＝第 2＋5 项。

（2）表四第 2 项＝第 3＋4 项。

（3）表四第 5 项＝第 6＋7 项。

（4）表四第 8 项＝第 9＋12 项。

（5）表四第 9 项＝第 10＋11 项。

（6）表四第 12 项＝第 13＋14 项。

（二）表间关系。

（1）表四第 1 项＝表二第 3 行（劳务收入）第 1 列（交易总金额）。

（2）表四第 4 项＝表二第 3 行（劳务收入）第 4 列（境外关联交易：金额）。

（3）表四第 7 项＝表二第 3 行（劳务收入）第 7 列（境内关联交易：金额）。

（4）表四第 8 项＝表二第 4 行（劳务支出）第 1 列（交易总金额）。

（5）表四第 11 项＝表二第 4 行（劳务支出）第 4 列（境外关联交易：金额）。

（6）表四第 14 项＝表二第 4 行（劳务支出）第 7 列（境内关联交易：金额）。

11.5.2　填报提示

一、填报企业范围

《劳务表》（表四）适用于实行查账征收的居民企业和在中国境内设立机构、场所并据实申报缴纳企业所得税的非居民企业填报，发生提供或接收劳务业务的企业均需填报此表。

二、填报数据来源

企业根据"主营业务收入"、"其他业务收入"、"主营业务成本"、"其他业务支出"以及相关费用类科目记录的会计数据填报。

三、具体项目填报说明

1. "境外劳务收入"：填报企业提供劳务从境外取得的收入；"境外劳务支出"：填报企业接受劳务向境外支付的费用。

2. "总劳务交易"中第 1 项"劳务收入"金额为第 2 项"境外劳务收入"与第 5 项

"境内劳务收入"数据之和。该项数据填入表二第3行"劳务收入"第1列。

3. "总劳务交易"中第2项"境外劳务收入"金额为第3项"非关联劳务收入"与第4项"关联劳务收入"数据之和。

4. "总劳务交易"中第4项"关联劳务收入"数据填入表二第3行"劳务收入"第4列。

"总劳务交易"中第5项"境内劳务收入"金额为第6项"非关联劳务收入"与第7项"关联劳务收入"数据之和。

5. "总劳务交易"中第7项"关联劳务收入"数据填入表二第3行"劳务收入"第7列。

6. "总劳务交易"中第8项"劳务支出"金额为第9项"境外劳务支出"与第12项"境内劳务支出"数据之和。该项数据填入表二第4行"劳务支出"第1列。

7. "总劳务交易"中第9项"境外劳务支出"金额为第10项"非关联劳务支出"与第11项"关联劳务支出"数据之和。

8. "总劳务交易"中第11项"关联劳务支出"数据填入表二第4行"劳务支出"第4列。

9. "总劳务交易"中第12项"境内劳务支出"金额为第13项"非关联劳务支出"与第14项"关联劳务支出"数据之和。

10. "总劳务交易"中第14项"关联劳务支出"数据填入表二第4行"劳务支出"第7列。

11. "二、占境外劳务收入额占劳务收入总额10%以上的境外交易对象及其交易：交易金额"应大于或等于"一、总劳务交易：劳务收入（第1项）"×10%（允许0.50元误差）；"三、占境外劳务支出额占劳务支出总额10%以上的境外交易对象及其交易：交易金额"应大于或等于"一、总劳务交易：劳务支出（第8项）"×10%（允许0.50元误差）。

12. "定价方法"如填报"6. 其他方法"，必须在本表"备注栏"中说明所使用的具体方法（不能为空）。

11.5.3 填报案例

一、案例基本情况

乙公司在汇算清缴年度获得劳务（服务）收入4 000万元，支付劳务（服务）费3 500万元，具体交易情况如下：

（1）境外关联方A公司为乙公司提供销售服务，乙公司向A公司支付销售服务费1 500万元。

（2）境外非关联方B公司为乙公司提供技术指导和设备运行维护服务，乙公司向B公司支付技术服务费1 200万元。

（3）境内关联方C公司为乙公司提供培训服务和行政管理服务，乙公司向C公司支付培训费500万元；管理服务费300万元；

（4）乙公司为境内关联方D公司提供产品检测服务，收取检测费1 000万元。

（5）乙公司为境外关联方E公司、境外非关联方F公司分别提供市场信息收集和处理服务，向E、F公司分别收取信息处理费1 500万元。

二、填表要点

1. 劳务收入或支出是指企业提供或接受市场调查、行销、管理、行政事务、技术服务、维修、设计、咨询、代理、科研、法律、会计事务等服务发生的收入或支出，具体项目主要有佣金、手续费、设计费、咨询费、培训费、管理服务费、承包工作款、建筑安装款、文体演出款、市场开拓费、认证检测费、售后服务费等。

2. 如乙公司向境外某一企业、组织、个人提供或接受劳务的金额占劳务收入总额或劳务支出总额10%（含）以上，应在栏目二、栏目三分别填写该境外关联、非关联交易对象的信息及交易情况。

三、填报情况

具体填报情况见表11-3、表11-4。

表 11-3 　　　　　　　　　　劳务表（表四）　　　　金额单位：人民币万元（列至角分）

一、总劳务交易						
劳务收入			金额	劳务支出		金额
劳务收入 1＝2＋5			4 000	劳务支出 8＝9＋12		3 500
其中	境外劳务收入 2＝3＋4		3 000	其中	境外劳务支出 9＝10＋11	2 700
	其中	非关联进口 3	1 500		其中 非关联劳务支出 10	1 200
		关联进口 4	1 500		关联劳务支出 11	1 500
	境内劳务收入 5＝6＋7		1 000		境内劳务支出 12＝13＋14	800
	其中	非关联进口 6	0		其中 非关联劳务支出 13	0
		关联进口 7	1 000		关联劳务支出 14	800

二、境外劳务收入额占劳务收入总额10%以上的境外交易对象及其交易				
境外关联方名称	国家（地区）	交易金额	定价方法	备注
E公司	法国	1 500	按实填写（参看《特别纳税调整实施办法》第四章）	
境外非关联方名称	国家（地区）	交易金额	定价方法	备注
F公司	澳门	1 500	—	

三、境外劳务支出额占劳务支出总额10%以上的境外交易对象及其交易				
境外关联方名称	国家（地区）	交易金额	定价方法	备注
A公司	美国	1 500	按实填写（参看《特别纳税调整实施办法》第四章）	
境外非关联方名称	国家（地区）	交易金额	定价方法	备注
B公司	法国	1 200	—	

表 11-4 　　　　　　　　　对外支付款项情况表（表九）　　金额单位：人民币万元（列至角分）

项 目	本年度向境外支付款项金额	其中：向境外关联企业支付款项金额	已扣缴企业所得税金额	是否享受税收协定优惠
1. 股息、红利				
2. 利息				
3. 租金				
4. 特许权使用费				

续表

项　目	本年度向境外支付款项金额	其中：向境外关联企业支付款项金额	已扣缴企业所得税金额	是否享受税收协定优惠
其中：商标费				
技术使用费				
5. 财产转让支出				
6. 佣金	1 500	1 500	按实填写	按实填写
7. 设计费				
8. 咨询费				
9. 培训费				
10. 管理服务费				
11. 承包工程款				
12. 建筑安装款				
13. 文体演出款				
14. 认证、检测费				
15. 市场拓展费				
16. 售后服务费				
17. 其他	1 200	0	按实填写	按实填写
其中：技术服务费	1 200	0	按实填写	按实填写
合　计	2 700	1 500		

11.6　《无形资产表》（表五）的填报和审核

11.6.1　填报企业范围

《无形资产表》（表五）适用于实行查账征收的居民企业和在中国境内设立机构、场所并据实申报缴纳企业所得税的非居民企业填报。发生受让或出让无形资产（包括使用权和所有权）业务的纳税人填报本表。

11.6.2　表内、表间关系

（一）表内关系。

（1）表五第 1 列＝第 2＋3＋4＋5 列。

（2）表五第 6 列＝第 7＋8＋9＋10 列。

（3）表五第 8 行＝第 1＋2＋3＋4＋5＋6 行。

（4）表五第 15 行＝第 9＋10＋11＋12＋13 行。

（5）表五第 16 行＝第 8＋15 行。

（二）表间关系。

（1）表五第 16 行第 1 列＝表二第 5 行第 1 列。

（2）表五第 16 行第 2 列＝表二第 5 行第 4 列。

（3）表五第 16 行第 4 列＝表二第 5 行第 7 列。

（4）表五第 16 行第 6 列＝表二第 6 行第 1 列。

（5）表五第 16 行第 7 列＝表二第 6 行第 4 列。

（6）表五第 16 行第 9 列＝表二第 6 行第 7 列。

11.6.3　填报数据来源

纳税人根据"制造费用"、"管理费用"、"营业费用"、"无形资产"、"主营业务收入"、"营业外收入"、"其他业务收入"等科目记录的会计数据填报此表。

11.6.4　具体项目的填报说明

一、各列次的填报

1. 第 1 列"受让总交易金额"：金额为本表第 2＋3＋4＋5 列。

2. 第 2 列"从境外受让无形资产关联交易金额"：填报受让无形资产使用权或购买无形资产所有权向境外关联方支付的金额。

3. 第 3 列"从境外受让无形资产非关联交易金额"：填报受让无形资产使用权或购买无形资产所有权向境外非关联方支付的金额。

4. 第 4 列"从境内受让无形资产关联交易金额"：填报受让无形资产使用权或购买无形资产所有权向境内关联方支付的金额。

5. 第 5 列"从境内受让无形资产非关联交易金额"：填报受让无形资产使用权或购买无形资产所有权向境内非关联方支付的金额。

6. 第 6 列"出让总交易金额"：金额为本表第 7＋8＋9＋10 列。

7. 第 7 列"向境外出让无形资产关联交易金额"：填报出让无形资产使用权或出售无形资产所有权向境外关联方收取的金额。

8. 第 8 列"向境外出让无形资产非关联交易金额"：填报出让无形资产使用权或出售无形资产所有权向境外非关联方收取的金额。

9. 第 9 列"向境内出让无形资产关联交易金额"：填报出让无形资产使用权或出售无形资产所有权向境内关联方收取的金额。

10. 第 10 列"向境内出让无形资产非关联交易金额"：填报出让无形资产使用权或出售无形资产所有权向境内非关联方收取的金额。

二、各行次的填报

1. 第 1 行使用权项下的"土地使用权"：填报受让土地使用权而发生的使用费支出或让渡土地使用权而取得的使用费收入。

2. 第 2 行使用权项下的"专利权"：填报受让专利权而发生的使用费支出或让渡专利权而取得的使用费收入。

3. 第 3 行使用权项下的"非专利技术"：填报受让非专利技术而发生的使用费支出或让渡非专利技术而取得的使用费收入。

4. 第 4 行使用权项下的"商标权"：填报受让商标权而发生的使用费支出或让渡商标权而取得的使用费收入。

5. 第 5 行使用权项下的"著作权"：填报受让著作权而发生的使用费支出或让渡著作权而取得的使用费收入。

6. 第 6 行使用权项下的"其他"：填报在"制造费用"、"管理费用"、"营业费用"会计科目核算的、上述未列举的其他受让无形资产使用权而发生的使用费支出或在"主营业务收入"、"其他业务收入"、"营业外收入"等会计科目核算的、上述未列举的其他让渡无形资产使用权而取得的使用费收入。

7. 第 7 行使用权项下的"其中："：填报需要特别列明的无形资产使用权受让支出或出让收入（是第 6 行"其他"行的补充）。

8. 第 8 行使用权项下的"合计"：金额为本表第 1＋2＋3＋4＋5＋6 行。

9. 第 9 行所有权项下的"专利权"：填报购买专利权所有权而发生的支出或出售专利权所有权而取得的收入。

10. 第 10 行所有权项下的"非专利技术"：填报购买非专利技术所有权而发生的支出或出售非专利技术所有权而取得的收入。

11. 第 11 行所有权项下的"商标权"：填报购买商标权所有权而发生的支出或出售商标权所有权而取得的收入。

12. 第 12 行所有权项下的"著作权"：填报购买著作权所有权而发生的支出或出售著作权所有权而取得的收入。

13. 第 13 行所有权项下的"其他"：填报在"无形资产"会计科目核算的、上述未列举的其他购买无形资产所有权而发生的支出或在"营业外收入"会计科目核算的、上述未列举的其他出售无形资产所有权而取得的收入。

14. 第 14 行所有权项下的"其中："：填报需要特别列明的无形资产所有权受让支出或出让收入（是第 13 行"其他"的补充）

15. 第 15 行所有权项下的"合计"：金额为本表第 9＋10＋11＋12＋13 行。

16. 第 16 行"总计"：金额为本表第 8＋15 行。该行第 1 列数额填入表二第 5 行第 1 列，该行第 2 列数额填入表二第 5 行第 4 列，该行第 4 列数额填入表二第 5 行第 7 列；该行第 6 列数额填入表二第 6 行第 1 列，该行第 7 列数额填入表二第 6 行第 4 列，该行第 9 列数额填入表二第 6 行第 7 列。

11.6.5 填报案例

一、案例基本情况

乙公司在汇算清缴年度发生下列无形资产方面的交易：

（1）境外关联方 A 公司提供其自有商标给乙公司使用，乙公司向 A 公司支付商标使用费 2 000 万元。

（2）境外关联方 B 公司向乙公司提供某项生产专有技术（非专利）和知识诀窍的使用权，乙公司向 B 公司支付技术转让费 2 500 万元。

（3）境外非关联方 C 公司向乙公司出让某计算机专用软件的所有权，乙公司向 C 公司支付 500 万元。

（4）乙公司向新成立的境内关联方 D 公司转让其自有客户信息资料，并向 D 公司收取 1 500 万元。

（5）乙公司向境内非关联方 E 公司出让土地使用权，并向 E 公司收取 3 500 万元。

二、填表要点

1. 准确区分无形资产交易是属于所有权还是使用权转让，并相应填报所属具体项目。

2. 各项目应按实填写。

三、填报情况

具体填报情况见表 11-5、表 11-6。

表 11-5

无形资产表（表五）

金额单位：人民币万元

注：第 1～5 栏为"受让"（从境外受让无形资产 关联交易金额 2、非关联交易金额 3；从境内受让无形资产 关联交易金额 4、非关联交易金额 5）；第 6～10 栏为"出让"（向境外出让无形资产 关联交易金额 7、非关联交易金额 8；向境内出让无形资产 关联交易金额 9、非关联交易金额 10）。

项目	总交易金额 1=2+3+4+5	从境外受让无形资产 关联交易金额 2	从境外受让无形资产 非关联交易金额 3	从境内受让无形资产 关联交易金额 4	从境内受让无形资产 非关联交易金额 5	总交易金额 6=7+8+9+10	向境外出让无形资产 关联交易金额 7	向境外出让无形资产 非关联交易金额 8	向境内出让无形资产 关联交易金额 9	向境内出让无形资产 非关联交易金额 10
使用权　土地使用权										
使用权　专利权						3 500				3 500
使用权　非专利技术	2 500	2 500								
使用权　商标权	2 000	2 000								
使用权　著作权										
使用权　其他										
使用权　合计	4 500	4 500				3 500				3 500
所有权　专利权										
所有权　非专利技术										
所有权　商标权										
所有权　著作权										
所有权　其他	500		500			1 500			1 500	
所有权　合计	500		500			1 500			1500	
总计	5 000	4 500	500			5 000			1 500	3 500

表 11-6　　　　　　　　　对外支付款项情况表（表九）　　金额单位：人民币万元（列至角分）

项　目	本年度向境外支付款项金额	其中：向境外关联企业支付款项金额	已扣缴企业所得税金额	是否享受税收协定优惠
1. 股息、红利				
2. 利息				
3. 租金				
4. 特许权使用费	4 500	4 500		
其中：商标费	2 000	2 000	按实填写	按实填写
技术使用费	2 500	2 500	按实填写	按实填写
5. 财产转让支出	500	0	按实填写	按实填写
6. 佣金				
7. 设计费				
8. 咨询费				
9. 培训费				
10. 管理服务费				
11. 承包工程款				
12. 建筑安装款				
13. 文体演出款				
14. 认证、检测费				
15. 市场拓展费				
16. 售后服务费				
17. 其他				
其中：				
合计	9 500	9 000		

11.7 《固定资产表》（表六）的填报和审核

11.7.1 填报企业范围

《固定资产表》（表六）适用于实行查账征收的居民企业和在中国境内设立机构、场所并据实申报缴纳企业所得税的非居民企业填报。发生受让或出让固定资产（包括使用权和所有权）业务的纳税人填报本表。

11.7.2 表内、表间关系

（一）表内关系。

（1）表六第1列＝第2＋3＋4＋5列。

（2）表六第 6 列＝第 7＋8＋9＋10 列。

（3）表六第 7 行＝第 1＋2＋3＋4＋5＋6 行。

（4）表六第 14 行＝第 8＋9＋10＋11＋12＋13 行。

（5）表六第 15 行＝第 7＋14 行。

（二）表间关系。

（1）表六第 15 行第 1 列＝表二第 7 行第 1 列。

（2）表六第 15 行第 2 列＝表二第 7 行第 4 列。

（3）表六第 15 行第 4 列＝表二第 7 行第 7 列。

（4）表六第 15 行第 6 列＝表二第 8 行第 1 列。

（5）表六第 15 行第 7 列＝表二第 8 行第 4 列。

（6 表六第 15 行第 9 列＝表二第 8 行第 7 列。

11.7.3　填报数据来源

纳税人根据"制造费用"、"管理费用"、"营业费用"、"固定资产"、"主营业务收入"、"其他业务收入"、"营业外收入"等科目记录的会计数据填报此表。

11.7.4　具体项目的填报说明

一、各列次的填报

1. 第 1 列"受让总交易金额"：金额为本表第 2＋3＋4＋5 列。

2. 第 2 列"从境外受让固定资产关联交易金额"：填报受让固定资产使用权或购买固定资产所有权向境外关联方支付的金额。

3. 第 3 列"从境外受让固定资产非关联交易金额"：填报受让固定资产使用权或购买固定资产所有权向境外非关联方支付的金额。

4. 第 4 列"从境内受让固定资产关联交易金额"：填报受让固定资产使用权或购买固定资产所有权向境内关联方支付的金额。

5. 第 5 列"从境内受让固定资产非关联交易金额"：填报受让固定资产使用权或购买固定资产所有权向境内非关联方支付的金额。

6. 第 6 列"出让总交易金额"：金额为本表第 7＋8＋9＋10 列。

7. 第 7 列"向境外出让固定资产关联交易金额"：填报出让固定资产使用权或出售固定资产所有权向境外关联方收取的金额。

8. 第 8 列"向境外出让固定资产非关联交易金额"：填报出让固定资产使用权或出售固定资产所有权向境外非关联方收取的金额。

9. 第 9 列"向境内出让固定资产关联交易金额"：填报出让固定资产使用权或出售固定资产所有权向境内关联方收取的金额。

10. 第 10 列"向境内出让固定资产非关联交易金额"：填报出让固定资产使用权或出售固定资产所有权向境内非关联方收取的金额。

二、各行次的填报

1. 第 1 行使用权项下的"房屋、建筑物"：填报租入房屋、建筑物使用权而发生的租金支出或出租房屋、建筑物使用权而取得的租金收入。

2. 第 2 行使用权项下的"飞机、火车、轮船、机器、机械和其他生产设备"：填报租入"飞机、火车、轮船、机器、机械和其他生产设备"而发生的租金支出或出租"飞机、火车、轮船、机器、机械和其他生产设备"使用权而取得的租金收入。

3. 第 3 行使用权项下的"与生产经营活动有关的器具、工具、家具"：填报租入"与生产经营活动有关的器具、工具、家具"使用权而发生的租金支出或出租与"生产经营活动有关的器具、工具、家具"使用权而取得的租金收入。

4. 第 4 行使用权项下的"飞机、火车、轮船以外的运输工具"：填报租入"飞机、火车、轮船以外的运输工具"使用权而发生的租金支出或出租"飞机、火车、轮船以外的运输工具"使用权而取得的租金收入。

5. 第 5 行使用权项下的"电子设备"：填报租入"电子设备"使用权而发生的租金支出或出租"电子设备"使用权而取得的租金收入。

6. 第 6 行使用权项下的"其他"：填报租入"未列入以上项目的其他固定资产"使用权而发生的租金支出或出租"未列入以上项目的其他固定资产"使用权而取得的租金收入。

7. 第 7 行使用权项下的"合计"：金额为本表第 1＋2＋3＋4＋5＋6 行。

8. 第 8 行所有权项下的"房屋、建筑物"：填报购买房屋、建筑物所有权而发生的支出或出售房屋、建筑物所有权而取得的收入。

9. 第 9 行所有权项下的"飞机、火车、轮船、机器、机械和其他生产设备"：填报购买"飞机、火车、轮船、机器、机械和其他生产设备"所有权而发生的支出或出售"飞机、火车、轮船、机器、机械和其他生产设备"所有权而取得的收入。

10. 第 10 行所有权项下的"与生产经营活动有关的器具、工具、家具"：填报购买"与生产经营活动有关的器具、工具、家具"所有权而发生的支出或出售"与生产经营活动有关的器具、工具、家具"所有权而取得的收入。

11. 第 11 行所有权项下的"飞机、火车、轮船以外的运输工具"：填报购买"飞机、火车、轮船以外的运输工具"所有权而发生的支出或出售"飞机、火车、轮船以外的运输工具"所有权而取得的收入。

12. 第 12 行所有权项下的"电子设备"：填报购买"电子设备"所有权而发生的支出或出售"电子设备"所有权而取得的收入。

13. 第 13 行所有权项下的"其他"：填报购买"未列入以上项目的其他固定资产"所有权而发生的支出或出售"未列入以上项目的其他固定资产"所有权而取得的收入。

14. 第 14 行所有权项下的"合计"：金额为本表第 8＋9＋10＋11＋12＋13 行。

15. 第 15 行"总计"：金额为本表第 7＋14 行。该行第 1 列数额填入表二第 7 行第 1 列，该行第 2 列数额填入表二第 7 行第 4 列，该行第 4 列数额填入表二第 7 行第 7 列；该行第 6 列数额填入表二第 8 行第 1 列，该行第 7 列数额填入表二第 8 行第 4 列，该行第 9 列数额填入表二第 8 行第 7 列。

11.7.5 填报案例

一、案例基本情况

乙公司在汇算清缴年度发生下列固定资产的交易：

（1）从境外关联方 A 公司购入一套质量检测设备，支付设备款 1 500 万元；

（2）向境内关联方 B 公司按固定资产净值 2 000 万元转让一条生产线；

（3）向境外非关联方 C 公司出租仓库，并收取年租金 10 万元；

（4）向境内非关联方 D 公司租用运输车多辆，每年支付租金 8 万元。

二、填报情况

具体填报情况见表 11-7、表 11-8。

固定资产表（表六）

金额单位：人民币万元

表11-7

项目		总交易金额	受让				总交易金额	出让			
			从境外受让固定资产		从境内受让固定资产			向境外出让固定资产		向境内出让固定资产	
			关联交易金额	非关联交易金额	关联交易金额	非关联交易金额		关联交易金额	非关联交易金额	关联交易金额	非关联交易金额
		1=2+3+4+5	2	3	4	5	6=7+8+9+10	7	8	9	10
使用权	房屋、建筑物	8				8	10				10
	飞机、火车、轮船、机器、机械和其他生产设备										
	与生产经营活动有关的器具、工具、家具等										
	飞机、火车、轮船以外的运输工具										
	电子设备										
	其他										
	合计	8				8	10				10
所有权	房屋、建筑物										
	飞机、火车、轮船、机器、机械和其他生产设备	1 500	1 500				2 000			2 000	
	与生产经营活动有关的器具、工具、家具等										
	飞机、火车、轮船以外的运输工具										
	电子设备										
	其他										
	合计	1 500	1 500				2 000			2 000	
总计		1 508	1 500			8	2 010			2 000	10

表 11-8　　　　　　　**对外支付款项情况表（表九）**　　金额单位：人民币万元（列至角分）

项目	本年度向境外支付款项金额	其中：向境外关联企业支付款项金额	已扣缴企业所得税金额	是否享受税收协定优惠
1. 股息、红利				
2. 利息				
3. 租金				
4. 特许权使用费				
其中：商标费				
技术使用费				
5. 财产转让支出	1 500	1 500	按实填写	按实填写
6. 佣金				
7. 设计费				
8. 咨询费				
9. 培训费				
10. 管理服务费				
11. 承包工程款				
12. 建筑安装款				
13. 文体演出款				
14. 认证、检测费				
15. 市场拓展费				
16. 售后服务费				
17. 其他				
其中：				
合　计	1 500	1 500		

11.8 《融通资金表》（表七）的填报和审核

11.8.1 填报说明及表内、表间关系

一、填报说明

1. 企业从其关联方接受的债权性投资与企业接受的权益性投资的比例＝年度各月平均关联债权投资之和÷年度各月平均权益投资之和，其中：各月平均关联债权投资＝（关联债权投资月初账面余额＋月末账面余额）÷2；各月平均权益投资＝（权益投资月初账面余额＋月末账面余额）÷2。

2. 定期融资应按每笔融资分别填报，融入、融出不得填在同一行。

3. "国家（地区）"：填报境外关联方所在国家或地区的名称。

4. "利率"：填报融资的年利率。

5. "应计利息支出"或"应计利息收入"：填报按权责发生制计算的应计利息支出或应计利息收入，应计利息支出包括资本化的应计利息支出。

6. 如果金额单位为外币，应按照纳税年度最后一日的人民币汇率中间价折合成人民币。

二、表内、表间关系

（一）表内关系。

（1）表七境外合计栏＝境外定期融资栏次合计＋境外其他合计。

（2）表七境内合计栏＝境内定期融资栏次合计＋境内其他合计。

（3）表七总计栏＝境外合计＋境内合计。

（二）表间关系。

（1）表七境外"应计利息支出"列"总计"＝表二"融资应计利息支出"行第 4 列。

（2）表七境内"应计利息支出"列"总计"＝表二"融资应计利息支出"行第 7 列。

（3）表七境外"应计利息收入"列"总计"＝表二"融资应计利息收入"行第 4 列。

（4）表七境内"应计利息收入"列"总计"＝表二"融资应计利息收入"行第 7 列。

11.8.2 填报提示

一、填报企业范围

《融通资金表》（表七）适用于实行查账征收的居民企业和在中国境内设立机构、场所并据实申报缴纳企业所得税的非居民企业填报。发生从关联方接受债权性投资或向关联方提供债权性投资业务的企业均需填报此表，包括发生在当前所属申报年度或发生在以前所属申报年度但存续到当前所属申报年度。

二、填报数据来源

一般企业根据"短期借款"、"长期借款"、"其他应收款"、"应计利息"、"财务费用"填报；金融企业根据"拆放同业"、"贷款及应收款"、"发行存款证及同业拆入"、"发行债券"、"营业收入"、"营业成本"等科目记录的会计数据填报。

三、具体项目填报说明

1. 定期融资应按每笔融资分别填报，针对同一关联方的融入、融出分行填列。填列"融资金额：融入金额"栏次后，"融资金额：融出金额"和"应计利息收入"栏则不能填报；填列"融资金额：融出金额"栏次后，"融资金额：融入金额"和"应计利息支出"栏则不能填报。

2. 对于关联方通过无关联第三方提供的债权性投资，或通过无关联第三方提供给关联方的债权性投资，境外关联方名称或境内关联方名称填该关联方；对于无关联第三方提供的、由关联方担保且负有连带责任的债权性投资，境外关联方名称或境内关联方名称与担保方名称均填报该关联方。

11.8.3 填报案例

一、案例基本情况

1. 计付利息的定期资金借贷：乙公司 2014 年 7 月从境外关联 A 公司借入资金 1 000 万元，借款期限两年，年利率 3.5％，2015 年乙公司向 A 公司支付利息 35 万元。

2. 计付利息的不定期资金借贷（如计付利息的现金池等）：乙公司参与企业集团内部（境内）的现金池融资安排，2011 年通过现金池累计借入资金 2 000 万元，应计利息支出为 40 万元；累计借出资金 800 万元，应计利息收入为 16 万元。

3. 不计付利息的融资（包括预付款、延期付款、不计付利息的现金池、集团内资金调拨等）：乙公司向其境内关联方 B 公司销售产品 3 000 万元，合同规定 B 公司应于 2015 年 6 月 30 日前支付货款。由于 B 公司资金周转困难，乙公司同意 B 公司可延期到 2015 年 12 月 31 日支付上述货款，且不收取 B 公司的利息。（注：本交易"应计利息收入"按同期人民银行贷款利率计算，即半年期贷款利率 6.1％（2011 年 7 月），应计利息收入＝3 000 万元×6.1％÷12×6＝91.5（万元）

4. 担保类融资：境内关联方 B 公司 2010 年 7 月从银行借入 5 000 万元，借款期限两年，年利率 3.5％，2015 年应付利息 175 万元，并由乙公司进行全额担保，乙公司按借款额的 2％向 B 公司收取担保费 100 万元。

5. 委托融资：境外关联方 C 公司通过委托第三方银行向乙公司提供总额 2 000 万元的长期借款，合同借款期限为五年，年利率 5％。乙公司通过银行向 C 公司支付 2015 年的借款利息 100 万元。

二、填表说明

1. 表七表头的"企业从其关联方接受的债权性投资与企业接受的权益性投资的比例"一栏请按照《特别纳税调整实施办法》第九章的规定计算填写。

2. 企业与关联方之间各类有明确规定融资起止时间和利率的长短期资金拆借和担保应在"定期融资"栏目填写，"应计利息支出"和"应计利息收入"按实际融资利率计算。其中，企业为关联方提供融资担保并收取担保费的，应按融出资金方式填报，在"融出金额"中填写企业担保的关联方借款金额，"应计利息收入"填写"0"，关联方名称、担保方和费率等则据实填写；企业从关联方获得融资担保并支付担保费的，应按融入资金方式填报，在"融入金额"中填写被担保的企业借款金额，"应计利息支出"填写"0"，关联方名称、担保方和费率等则据实填写。

3. 企业与关联方之间各类应计息预付款、延期付款、现金池或集团内企业间无协议的长短期资金调拨使用等应在表中"其他合计"栏目填写。其中"应计利息支出"和"应计利息收入"按同期的中国人民银行贷款基准利率计算。

三、填报情况

具体填报情况见表 11-9、表 11-10。

11.9 《对外投资情况表》（表八）的填报和审核

11.9.1 填报说明及表内关系

一、填报说明

1. 《对外投资情况表》（表八）适用于持有外国（地区）企业股份的中国居民企业填报。

2. "被投资外国企业基本信息"：填报企业所投资的外国企业的基本信息，如企业投资多个外国企业的，应分别填报。其中，"对人民币汇率"填报年度 12 月 31 日的记账本位货币对人民币汇率的中间价。

3. "被投资外国企业总股份信息"和"企业持有被投资外国企业股份信息"：填报外国企业全部股份数量和企业持有的股份数量，按照有表决权的普通股、无表决权的普通股、优先股以及其他类似股份的权益性资本等分类、分时间段填报。

4. 在香港特别行政区、澳门特别行政区和台湾地区成立的企业，参照适用本表所称的"外国企业"。

二、表内关系

（1）表八"被投资外国企业总股份信息"及"企业持有被投资外国企业股份信息"第 6 列＝第 5 列/第 1 列。

表 11-9

企业从其关联方接受的债权性投资与企业接受的权益性投资的比例：＿＿＿＿＿＿

融通资金表（表七）

（根据《特别纳税调整实施办法》第九章计算填写）

金额单位：人民币万元（列至角分）

	境外关联方名称	国家（地区）	币种	融资金额		利率	融资起止时间	应计利息支出	应计利息收入	担保方名称	担保费	担保费率
				融入金额	融出金额							
定期融资	A公司	法国	人民币	1 000		3.5%	2010-07-01至2012-06-30	35				
定期融资	C公司	法国	人民币	2 000		5%	2010-01-01至2014-12-31	100				
其他	—	—	—	—	—	—	—	—	—	—	—	—
合计	—	—	—	3 000	—	135	—	—	—	—	—	—

	境内关联方名称	国家（地区）	币种	融资金额		利率	融资起止时间	应计利息支出	应计利息收入	担保方名称	担保费	担保费率
				融入金额	融出金额							
定期融资	B公司	中国	人民币	—	5 000	3.5%	2010-07-01至2015-06-30	—	0	（填写乙公司名称）	100	2%
其他	—	—	—	2 000	—	—	—	40	107.50	—	—	—
合计	—	—	—	2 000	3 800	40	—	—	107.50	—	—	—
总计	—	—	—	5 000	3 800	175	—	—	107.50	—	—	—

表 11-10　　　　　　　　　　对外支付款项情况表（表九）　　　金额单位：人民币元（列至角分）

项目	本年度向境外支付款项金额	其中：向境外关联企业支付款项金额	已扣缴企业所得税金额	是否享受税收协定优惠
1. 股息、红利				
2. 利息	135	135	按实填写	按实填写
3. 租金				
4. 特许权使用费				
其中：商标费				
技术使用费				
5. 财产转让支出				
6. 佣金				
7. 设计费				
8. 咨询费				
9. 培训费				
10. 管理服务费				
11. 承包工程款				
12. 建筑安装款				
13. 文体演出款				
14. 认证、检测费				
15. 市场拓展费				
16. 售后服务费				
17. 其他				
其中：				
合计	135	135		

（2）表八"五、被投资外国企业年度所得税税负信息"第 9 列（税后利润）＝第 7 列（应纳税所得额）－第 8 列（实际缴纳所得税）。

（3）表八"五、被投资外国企业年度所得税税负信息"第 10 列（实际税负比率%）＝第 8 列（实际缴纳所得税）/第 7 列（应纳税所得额）。

（4）表八"七、企业从被投资外国企业分得的股息情况"第 14 列（比例%）＝第 13 列（本年度实际分配股息额）/第 12 列（本年度应分配股息额）。

11.9.2　填报提示

一、填报企业范围

《对外投资情况表》适用于实行查账征收的居民企业填报，在所属申报年度持有外国（地区）企业股份的中国居民企业均需填报此表。

二、填报数据来源

一般企业根据"长期股权投资"科目记录的会计数据填报；金融企业根据"投资子公司"、"投资联营企业及合营企业"科目记录的会计数据填报。

11.9.3　填报案例

一、案例基本情况

乙公司在新加坡与 X 公司合资设立了 Y 公司，Y 公司总股本为 3 000 万股。在汇算清缴年度，乙公司持有普通股 1 000 万股，优先股 500 万股，并从 Y 公司分得股息 300 万元

（Y 公司该年度的应分配股息额为 1 000 万元）。

二、填表要点

1. 栏目三所指的"非低税率国家"目前包括美国、英国、法国、德国、日本、意大利、加拿大、澳大利亚、印度、南非、新西兰、挪威。

2. 如乙公司投资多个外国企业，应按投资的外国企业，一户一表分别填写。

三、填报情况

具体填报情况见表 11-11。

表 11-11　　　　　　　　　　**对外投资情况表（表八）**　　　　　　金额单位：人民币万元

一、企业基本信息					
企业名称	填写乙公司名称		乙公司识别号	按实填写	
注册地址	按实填写		法定代表人	按实填写	
二、被投资外国企业基本信息					
企业名称	Y 公司		乙公司识别号	填写 Y 公司法定注册号	
注册地址	按实填写		法定代表人	填写 Y 公司负责人	
主要经营地址	按实填写		成立时间	按实填写	
法定代表人居住地址	按实填写		记账本位货币	按实填写	
主营业务范围	按实填写		对人民币汇率	按实填写	
			纳税年度起止	按实填写	
被投资外国企业总股份信息			企业持有被投资外国企业股份信息		
总股份量	起止时间	股份种类	起止时间	持股数量	持股比例%
1	2	3	4	5	6=5/1
3 000	按实填写	普通股	按实填写	1 000	33.33%
		优先股	按实填写	500	16.67%
三、被投资外国企业是否在国家税务总局指定的非低税率国家（地区）是□　否√					
四、被投资外国企业年度利润是否不高于 500 万元人民币　　　　　　是□　否√					
五、被投资外国企业年度企业所得税税负信息					
应纳税所得额	实际缴纳所得税	税后利润额	实际税负比率%	被投资企业法定所得税率	
7	8	9=7−8	10=8/7	11	
按实填写	按实填写	按实填写	按实填写	按实填写	
六、被投资外国企业全部股东信息					
股东名称	国家（地区）	乙公司识别号	持股种类	起止时间	占全部股份比例%
乙公司名称	中国	按实填写	普通股、优先股	按实填写	50%
X 公司名称	新加坡	按实填写	按实填写	按实填写	50%
七、被投资外国企业年度损益表			八、被投资外国企业资产负债表		
项目	金额		项目	金额	
收入总额	按实填写		现金	按实填写	
成本	按实填写		应收账款	按实填写	
毛利润	按实填写		存货	按实填写	
股息、红利收入	按实填写		其他流动资产	按实填写	
利息收入	按实填写		向股东或其他关联方贷款	按实填写	
租金、特许权使用费收入	按实填写		对附属机构投资	按实填写	
财产转让收益（损失）	按实填写		其他投资	按实填写	
其他收入	按实填写		建筑物及其他可折旧财产	按实填写	
扣减补偿支出	按实填写		土地	按实填写	
租金、特许权使用总支出	按实填写		无形资产	按实填写	
利息支出	按实填写		其他财产	按实填写	
折旧	按实填写		总资产	按实填写	

税金	按实填写	应付账款	按实填写
其他扣除	按实填写	其他流动负债	按实填写
年度利润总额	按实填写	股东或其他关联方贷款	按实填写
		其他负债	按实填写
		股本	按实填写
		未分配利润	按实填写
		总负债	按实填写
九、企业从被投资外国企业分得的股息情况			
本年度应分配股息额	本年度实际分配股息额	比例%	
12	13	14＝13/12	
1 000（实例假设）	300（实例假设）	30%	

11.10 《对外支付款项情况表》（表九）的填报和审核

11.10.1 填报说明

1. 本年度向境外支付款项金额"：填报本年度向境外实际支付款项的金额，包括未支付但已列入本年度成本费用的金额。

2. "是否享受税收协定优惠"：填报"是"或"否"。

3. "已扣缴企业所得税金额"：填报该项支付金额所对应的非居民企业所得税扣缴金额，不属于非居民企业所得税扣缴范围的，填报"不适用"。

4. "股息、红利"：填报向权益性投资方支付的投资收益。

5. "利息"：填报向债权性投资方支付的投资收益。

6. "租金"：填报因取得固定资产等有形资产的使用权而向出租方支付的费用。

7. "特许权使用费"：填报支付的专利权、非专利技术、商标权、著作权等无形资产的使用费。

8. "财产转让支出"：填报因取得各种财产所有权而支付的款项。

9. "佣金"：填报向居间介绍货物购销成交的第三方支付的费用，包括佣金、手续费、回扣等。

10. "设计费"：填报委托受托方进行建筑、工程、系统、软件等项目设计而支付的费用。

11. "咨询费"：填报接受咨询服务而支付的费用。

12. "培训费"：填报接受业务技能、专业知识、系统操作、设备操作等培训而支付的费用。

13. "管理服务费"：填报接受各种管理服务而支付的费用。

14. "承包工程款"：填报接受承包装配、勘探等工程作业或有关工程项目劳务而支付的款项。

15. "建筑安装款"：填报接受建筑、安装等项目的劳务而支付的款项。

16. "文体演出款"填报向境外演出团体或个人支付的境内文艺、体育等表演的款项。

17. "认证、检测费"：填报接受有关资质、证书、产品检测等劳务而支付的费用。

18. "市场拓展费"：填报接受有关市场开发、拓展、渗透等劳务而支付的费用。

19. "售后服务费"：填报接受产品的检测、维修、保养等售后服务而支付的费用。

20. "其他"：填报不能归入上述分类的劳务费支出，对于主要的项目应在下面的栏目中列明具体名称。

11.10.2　填报提示

一、填报企业范围

表九适用于实行查账征收的居民企业和在中国境内设立机构、场所并据实申报缴纳企业所得税的非居民企业填报，发生向境外支付各项费用业务的企业均需填报此表。

二、填报数据来源

纳税人根据相关科目记录的会计数据填列。

三、具体项目填报说明

1. 第 17 行"其他"：填报不能归入上述分类的劳务费支出。
2. "其中："：作为第 17 行"其他"的补充，列明占"其他"金额的 15% 以上的明细。
3. "合计"行填报第 1 行至第 17 行的加总数。

11.10.3　填报案例

一、填表要点

1. 表九的填写口径为：（1）本年度列支成本费用且于本年度支付；（2）本年度列支成本费用但在以后年度支付；（3）本年度支付但在以后年度列支成本费用。填写原则为：按照"支付"和"应支付"孰先原则归属年度填列，各年度不应重复填列（如：企业在上年度向境外支付但在本年度才列支成本费用，且在上年度关联申报时已填报的金额则不需要重复填列）。

2. 支付项目如涉及应税事项则"本年度向境外支付款项金额"应为含税金额。

3. 空白之处由纳税人按实填写。

二、填报情况

具体填报情况见表 11-12。

表 11-12　　　　　　　　　　　对外支付款项情况表（表九）　金额单位：人民币万元（列至角分）

项　目	本年度向境外支付款项金额	其中：向境外关联企业支付款项金额	已扣缴企业所得税金额	是否享受税收协定优惠
1. 股息、红利	按实填写（包括关联和非关联支付额）			
2. 利息	填表要点同上	此栏有数且已税前扣除的应同时填写表七		
3. 租金	填表要点同上	此栏有数且已税前扣除的应同时填写表六		
4. 特许权使用费	此栏填写特许权使用费的总额，因此此栏数应大于或等于商标费和技术使用费之和	此栏有数且已税前扣除的应同时填写表五		
其中：商标费		此栏有数且已税前扣除的应同时填写表五		
技术使用费		此栏有数且已税前扣除的应同时填写表五		

续表

项　目	本年度向境外支付款项金额	其中：向境外关联企业支付款项金额	已扣缴企业所得税金额	是否享受税收协定优惠
5. 财产转让支出	按实填写（包括关联和非关联支付额）	此栏有数且已税前扣除的应同时填写表六		
6. 佣金	填表要点同上	此栏有数且已税前扣除的应同时填写表四		
7. 设计费	填表要点同上	此栏有数且已税前扣除的应同时填写表四		
8. 咨询费	填表要点同上	此栏有数且已税前扣除的应同时填写表四		
9. 培训费	填表要点同上	此栏有数且已税前扣除的应同时填写表四		
10. 管理服务费	填表要点同上	此栏有数且已税前扣除的应同时填写表四		
11. 承包工程款	填表要点同上	此栏有数且已税前扣除的应同时填写表四		
12. 建筑安装款	填表要点同上	此栏有数且已税前扣除的应同时填写表四		
13. 文体演出款	填表要点同上	此栏有数且已税前扣除的应同时填写表四		
14. 认证、检测费	填表要点同上	此栏有数且已税前扣除的应同时填写表四		
15. 市场拓展费	填表要点同上	此栏有数且已税前扣除的应同时填写表四		
16. 售后服务费	填表要点同上	此栏有数且已税前扣除的应同时填写表四		
17. 其他	填报不能归入上述分类的劳务费支出	此栏有数且已税前扣除的应同时填写表四		
其中：	对于"其他"中的主要项目应列明具体名称			
合计				

11.11　《扣缴企业所得税报告表》的填报和审核

11.11.1　《扣缴企业所得税报告表》概述

11.11.1.1　报表结构说明

《扣缴企业所得税报告表》分为四个部分，包括：扣缴义务人基本情况、纳税人基本情况、源泉扣缴情况和主管税务机关指定扣缴情况。

11.11.1.2　适用范围

《扣缴企业所得税报告表》适用于扣缴义务人或纳税人按照《企业所得税法》及其实施条例的规定，对下列所得，按次或按期扣缴或申报企业所得税税款的报告。

1. 非居民企业（以下简称企业）在中国境内未设立机构、场所的，应当就其来源于中国境内的所得缴纳企业所得税。

2. 企业虽设立机构、场所但取得的所得与其所设机构、场所没有实际联系的，应当就其来源于中国境内的所得缴纳企业所得税。

3. 企业在中国境内取得承包工程作业和提供劳务所得并实行指定扣缴的。

11.11.1.3　扣缴义务人的义务和责任

1. 扣缴义务人应当按税法规定期限向主管税务机关报送本表，并同时报送主管税务机关要求报送的其他资料。

2. 扣缴义务人确有困难不能按规定期限报送本表的，应当在规定的报送期限内向主管税务机关提出书面延期申请，经主管税务机关核准，可以适当延期。

3. 扣缴义务人不依法履行扣缴义务的，将按《中华人民共和国税收征收管理法》及其实施细则的有关规定，予以处罚。

11.11.1.4　表内关系

（1）《扣缴企业所得税报告表》第 5 行＝第 3×4 行。

（2）《扣缴企业所得税报告表》第 6 行＝第 1＋5 行。

（3）《扣缴企业所得税报告表》第 8 行＝第 6－7 行（本行数据≥0）。

（4）《扣缴企业所得税报告表》第 10 行＝第 8×9 行。

（5）《扣缴企业所得税报告表》第 12 行＝第 8×11 行。

（6）《扣缴企业所得税报告表》第 13 行＝第 10－12 行（本行数据≥0）。

（7）《扣缴企业所得税报告表》第 16 行＝第 14×15 行。

（8）《扣缴企业所得税报告表》第 18 行＝第 16×17 行。

11.11.1.5　填报依据

《扣缴企业所得税报告表》中所称"国家有关税收规定"除另有说明外，均指《企业所得税法》及其实施条例的有关规定，以及国务院、国务院税务主管部门根据税法制定的相关规定。

11.11.1.6　表尾项目填报说明

1.《扣缴企业所得税报告表》要求中、英两种文字填写的栏目，应当使用中、英文同时填写。

2. 声明人签字：由扣缴义务人或企业的法定代表人或其授权代表负责人签字。

3. 申报日期：填写实际到主管税务机关进行纳税申报的当日。

4. 本表一式二份，一份由企业留存，一份由主管税务机关备查。

11.11.2　填报说明

11.11.2.1　扣缴义务人基本信息填报说明

1. "扣缴义务人名称"：填写税务登记证所载扣缴义务人的全称。

2. "扣缴义务人纳税人识别号"：填写扣缴义务人税务登记证上注明的"纳税人识别号"。

3. "扣缴义务人地址名称"：填写税务登记证所载扣缴义务人的地址。

4. "经济类型代码及名称"：按企业的经济类型和税务机关确认的相应代码填写。

5. "经济行业分类代码及名称"：按企业的经济行业和国家税务总局确认的、根据《国民经济行业分类》（GB/T4754—2002）编制的《经济行业代码》（代码位数 6 位）填写。

6.“纳税人在其居民国纳税识别号”：填写企业在其居民国（地区）的纳税识别代码。

7.“居民国（地区）名称及代码”：填写设立常驻代表机构的外国企业或来华承包工程、提供劳务等的外国企业的总机构的居民国（地区）的名称和代码。

11.11.2.2 纳税人基本信息填报说明

1.“纳税人在中国境内的名称”：填写纳税人在中国境内的全称。

2.“纳税人在其居民国名称”：填写纳税人在其居民国（地区）的全称。

3.“纳税人在其居民国地址名称”：填写纳税人在其居民国（地区）的注册地址。

4.“申报所得类型及代码”，应按照如后的类型及代码填写：股息红利所得—10，利息所得—11，特许权使用费所得—12，转让财产所得—13，不动产租金—6，承包工程、提供劳务所得、其他租金—7，其他所得—21。

5.“合同名称”：填写外国企业在我国境内承包工程、提供劳务或通过其他方式取得来源于我国境内的所得与我国居民企业签订的合同名称。

6.“合同编号”：填写外国企业在我国境内承包工程、提供劳务或通过其他方式取得来源于我国境内的所得与我国居民企业签订合同的合同编号。

7.“合同执行起始时间”：填写合同开始执行的年月日。

8.“合同执行终止时间”：填写合同执行完毕或终止执行的年月日。

9.“合同总金额”：填写外国企业在我国境内承包工程、提供劳务或通过其他方式取得来源于我国境内的所得与我国居民企业签订的合同上注明的应税总金额。

10.“本次申报所得的取得日期”：按照合同规定取得所得的日期填写，填写支付日期或应支付日期。

11.11.2.3 法定扣缴情况的填报和审核

一、本次申报收入

《扣缴企业所得税报告表》中的“本次申报收入”包括：人民币金额、外币（外币名称、外币金额、汇率、折算人民币金额）等行次，具体填报内容如下：

1.“人民币金额”：填报纳税人取得的人民币所得金额。

2.“外币名称”：填报纳税人取得外币的名称，如：美元、港元等。

3.“外币金额”：填报纳税人取得的外币所得金额。

4.“汇率”：填写每1单位外币兑换人民币的额度，按国家公布牌价折算。

5.“折算人民币金额”：本行为表内计算栏次，金额等于第3行“外币金额”×第4行“汇率”。

6.“人民币金额合计”：本行为表内计算栏次，金额等于第1行“人民币金额”＋第5行“折算人民币金额”。

二、应纳税所得额的计算

（一）扣除额。

《扣缴企业所得税报告表》第7行“扣除额”：填写转让财产所得类型中允许扣除的金额及其他允许扣除项目的金额。

（二）应纳税所得额。

《扣缴企业所得税报告表》第8行“应纳税所得额”：本行为表内计算栏次，金额等于第6行“人民币金额合计”×第7行“扣除额”。

三、应纳企业所得税额的计算

（一）适用税率。

《扣缴企业所得税报告表》第9行“适用税率”：填写税法规定的申报的所得项目适用的税率。

（二）应缴纳的企业所得税额。

《扣缴企业所得税报告表》第 10 行"应缴纳的应纳所得税额"：本行为表内计算栏次，金额等于第 8 行"应纳税所得额"×第 9 行"适用税率"。

（三）实际征收率。

《扣缴企业所得税报告表》第 11 行"实际征收率"：我国与企业居民国（地区）签订的税收协定或安排中对该项申报所得的税率低于 10％的，填写税收协定或安排规定适用的税率。其他按税法规定享受所得税税收优惠的企业，填写在税收优惠期内的企业所得税征收率。

（四）实际应缴纳的企业所得税额。

《扣缴企业所得税报告表》第 12 行"实际应缴纳的企业所得税额"：本行属于计算栏次，金额等于第 8 行"应纳税所得额"×第 11 行"实际征收率"。

（五）减免企业所得税额。

《扣缴企业所得税报告表》第 13 行"减免企业所得税额"：本行为表内计算栏次，金额等于第 10 行"应缴纳的应纳所得税额"－第 12 行"实际应缴纳的企业所得税额"。

11.11.2.4　税务机关指定扣缴情况的填报

一、本次申报的收入总额

《扣缴企业所得税报告表》第 14 行"本次申报的收入总额"：填报纳税人本次申报时的收入额，包括：货币性收入和非货币收入。

二、税务机关核定的利润率

《扣缴企业所得税报告表》第 15 行"税务机关核定的利润率"：填报纳税人经税务机关审核批准后的利润率。

三、应纳税所得额

《扣缴企业所得税报告表》第 16 行"应纳税所得额"：本行为表内计算栏次，金额等于第 14 行"本次申报的收入总额"×第 15 行"税务机关核定的利润率"。

四、适用税率

《扣缴企业所得税报告表》第 17 行"适用税率"：填写税法规定的申报的所得项目适用的税率。

五、应纳企业所得税额

《扣缴企业所得税报告表》第 18 行"应纳企业所得税额"：本行为表内计算栏次，金额等于第 16 行"应纳税所得额"×第 17 行"适用税率"。

11.11.3　填报案例

具体填报情况见表11-13。

表 11-13　　　　　　中华人民共和国扣缴企业所得税报告表

税款所属期间：2015 年　01　月　01　日至 2015 年　12　月　31　日

金额单位：人民币元（列至角分）

扣缴义务人基本信息：			
纳税人识别号	4600＊＊＊＊＊＊＊＊＊＊	经济类型代码及名称	＊＊＊＊
名称	中：海南房地产公司	经济行业分类代码及名称	＊＊＊＊
	英：	联系人	张三
地址	中：海南海口	联系电话	66666666
	英：	邮政编码	88888888
纳税人基本信息：			

在其居民国纳税识别号	123456 * * * *	在中国境内的名称		中：
居民国（地区）名称及代码	香港			英：
在其居民国名称	中：香港汇丰银行	在其居民国地址		中：香港＊＊区＊＊街
	英：			英：
申报所得类型及代码	利息所得－11	本次申报所得取得日期		2014.12.31
合同名称	＊＊＊＊借款合同	合同编号		1234
合同执行起始时间	2012.01.01	合同执行终止时间	2015.12.31	合同总金额	4 000 000

以下内容适用于法定源泉扣缴情况填写：

行次	项目			依法申报数据
1	本次申报收入	人民币金额		0
2		外币	名称	港元
3			金额	1 000 000
4			汇率	0.8
5			折算人民币金额 5＝3×4	800 000
6		人民币金额合计 6＝1＋5		800 000
7	应纳税所得额的计算	扣除额		0
8		应纳税所得额 8＝6×7		800 000
9	应纳企业所得税额的计算	适用税率（10%）		10%
10		应缴纳的企业所得税额 10＝8×9		80 000
11		实际征收率（%）		7%
12		实际应缴纳的企业所得税额 12＝8×11		56 000
13		减免企业所得税额 13＝10－12		24 000

以下内容适用于主管税务机关指定扣缴情况填写：

行次	项目	依法申报数据
14	本次申报的收入总额	
15	税务机关核定的利润率（%）	
16	应纳税所得额 16＝14×15	
17	适用税率（%）	
18	应纳企业所得税额 18＝16×17	

谨声明：此扣缴所得税报告是根据《中华人民共和国企业所得税法》及其实施条例和相关税收协定和国家有关税收规定填报的，是真实的、可靠的、完整的。

声明人签字：　　　　年　月　日

扣缴义务人（纳税人）公章：	代理申报中介机构公章：	主管税务机关受理专用章：
经办人：	经办人及其执业证件号码：	受理人：
申报日期：　年　月　日	代理申报日期：　年　月　日	受理日期：　年　月　日

11.11.4 源泉扣缴审核的审核依据

更多税法内容，请参见 2009 年 1 月 9 日国家税务总局国税发〔2009〕3 号公布的《非居民企业所得税源泉扣缴管理暂行办法》或者参见中国市场出版社出版的《企业所得税法规应用指南》。

11.12　《企业年度关联业务往来报告表》填报的审核依据

企业年度关联业务往来报告填制涉及的税法规定，请参见《企业所得税法规应用指南》（中国市场出版社，2016）。

第12章
企业清算的企业所得税申报表填报和审核

12.1 《企业清算所得税申报表》的填报和审核

12.1.1 《企业清算所得税申报表》概述

12.1.1.1 适用范围

《企业清算所得税申报表》由四张组成，分别为主表《企业清算所得税申报表》和附表《资产处置损益明细表》、《负债清偿损益明细表》、《剩余财产计算和分配明细表》等三张，适用于按税收规定进行清算、缴纳企业所得税的居民企业纳税人填报。

12.1.1.2 报表结构

（一）《企业清算所得税申报表（主表）》包括三部分：第一部分反映清算所得应纳税所得额的计算，从第1行至第11行；第二部分反映应纳所得税额的计算过程，从第12行至第13行；第三部分反映企业清算过程中税款的应补退情况，从第14行至第18行。

（二）《企业清算所得税申报表（主表）》主要反映企业所得税纳税义务情况，附表三《剩余财产计算和分配明细表》主要从财务会计、法律角度核算清算过程中的损益，并关注投资者所取得的清算收益和投资损失。主表数据与附表三数据可以相互验证，增强比对，达到加强税源管理的作用。

12.1.1.3 填报依据

纳税人根据《企业所得税法》及其实施条例和相关税收政策规定计算填报。

12.1.1.4 表头项目填报说明

1. "清算期间"：填报纳税人实际生产经营终止之日至办理完毕清算事务之日止的期间。

2. "纳税人名称"：填报税务机关统一核发的税务登记证所载纳税人的全称。

3. "纳税人识别号"：填报税务机关统一核发的税务登记证号码。

12.1.1.5 表内、表间关系

（一）表内关系。

（1）主表第6行＝第1＋2－3－4＋5行。

（2）主表第11行＝第6－7－8－9－10行。

（3）主表第13行＝第11×12行。

（4）主表第 16 行＝第 13－14＋15 行。

（5）主表第 18 行＝第 16＋17 行。

（二）表间关系。

（1）主表第 1 行＝附表一第 32 行"资产处置损益（4）"列的总计数。

（2）主表第 2 行＝附表二第 23 行"负债清偿损益（4）"列的总计数。

（3）主表第 3 行＝附表三第 2 行。

（4）主表第 4 行＝附表三第 6 行。

（5）主表第 16 行＝附表三第 7 行。

12.1.1.6　填报注意问题

企业清算过程中，在填报《企业清算所得税申报表》时应关注下列事项：

（1）根据清算基准日正确划分正常经营期间的申报和清算期间的申报的界限。

（2）清理清算基准日的资产负债情况。

（3）清算业务过程中的会计处理合规性。

（4）清算业务过程中的税务处理合法性。

12.1.2　应纳税所得额的计算部分

12.1.2.1　第 1 行"资产处置损益"

一、填报说明

《企业清算所得税申报表》第 1 行"资产处置损益"：填报纳税人全部资产按可变现价值或交易价格扣除其计税基础后确认的资产处置所得或损失金额。

二、填报数据来源

本行的填报数据来源为附表一《资产处置损益明细表》第 32 行"资产处置损益（4）"列的总计数。填报时还应注意以下问题：

1. 在企业清算过程中，出售的资产确认收入分为两种：

（1）按交易价格确认收入。企业重组中的清算，由于重组交易各方已同意购买或合并被重组方的资产，按照评估价或协商价格进行交易，该价格即为市场交易价格；

（2）按照可变现价值确认收入。对于近期内难以出售的资产，按照可变现价值进行估算，后续变现或处置工作由股东负责。

2. 企业清算改变持续经营原则，应对应收款项进行追收。

12.1.2.2　第 2 行"负债清偿损益"

一、填报说明

《企业清算所得税申报表》第 2 行"负债清偿损益"：填报纳税人全部负债按计税基础减除其清偿金额后确认的负债清偿所得或损失金额。

二、填报数据来源

本行的填报数据来源为附表二《负债清偿损益明细表》第 23 行"负债清偿损益（4）"列的总计数。填报时还应注意下列问题：

1. 企业清算过程中，对即将发生的未来支付义务，如未决诉讼、有关赔偿支付等，要通过诉讼程序或经债权人、清算组同意，确认为现实义务。

2. 企业清算改变持续经营原则，应对应付款项等进行清偿。

3. 企业清算过程中，其账面记载的负债账面数额为其应承担的最大义务，实际清算过程中往往按低于账面数额的金额清偿负债，因此，企业将会产生一些损益。

4. 企业清算处置货物（存货），所发生增值税销项税金可以抵扣留抵的进项税金，企业清算中一般不会发生大额增值税进项税金，但留抵税金未能抵扣完毕的，税务机关不予退税，在性质上近似于应收款项未收回，相当于对企业负债的负数的处理，可以填入本表第 2 行"负债清偿损益"。

5. 对于以前欠税，填入本表第 2 行"负债清偿损益"。

12.1.2.3 第 3 行"清算费用"

一、填报说明

《企业清算所得税申报表》第 3 行"清算费用"：填报纳税人清算过程中发生的与清算业务有关的费用支出，包括清算组组成人员的报酬，清算财产的管理、变卖及分配所需的评估费、咨询费等费用，清算过程中支付的诉讼费用、仲裁费用及公告费用，以及为维护债权人和股东的合法权益支付的其他费用。

二、填报数据来源

本行的填报数据来源为纳税人清算过程中发生的与清算业务有关的费用支出，确认时不按权责发生制原则，只要与清算业务有关，经清算组同意支付的，直接计入清算费用，不涉及纳税调整问题。但不包括企业清偿拖欠职工工资和基本社会保险费等。

12.1.2.4 第 4 行"清算税金及附加"

一、填报说明

《企业清算所得税申报表》第 4 行"清算税金及附加"：填报纳税人清算过程中发生的除企业所得税和允许抵扣的增值税以外的各项税金及其附加。

二、填报数据来源

本行的填报数据来源为企业在清算过程中发生的税金，如转让房屋、土地使用权、专利权等缴纳的营业税、城建税、教育费附加等。

12.1.2.5 第 5 行"其他所得或支出"

一、填报说明

《企业清算所得税申报表》第 5 行"其他所得或支出"：填报纳税人清算过程中取得的其他所得或发生的其他支出。其中，其他支出以"－"号（负数）填列。

二、填报数据来源

本行的填报数据来源为纳税人清算过程中取得的或发生的与清算业务关联度较小的其他所得或其他支出，如企业清算过程中，发生交通事故等支付的赔偿金等。

12.1.2.6 第 6 行"清算所得"

一、填报说明

《企业清算所得税申报表》第 6 行"清算所得"：填报纳税人全部资产按可变现价值或交易价格减除其计税基础、清算费用、相关税费，加上债务清偿损益等后的余额。

二、填报数据来源

本行为表内计算栏次，根据下列公式计算得出填报数据：

第 6 行＝第 1＋2－3－4＋5 行

12.1.2.7 第 7 行"免税收入"

一、填报说明

《企业清算所得税申报表》第 7 行"免税收入"：填报纳税人清算过程中取得的按税收规定免税收入。

二、填报数据来源

本行的填报数据来源为企业清算过程中处置对外股权投资时，从其他被清算企业取的股息性收入、在此期间兑付的国债利息收入等项目。

12.1.2.8 第 8 行"不征税收入"

一、填报说明

《企业清算所得税申报表》第 8 行"不征税收入"：填报纳税人清算过程中取得的按税

收规定不征税收入。

二、填报数据来源

本行的填报数据来源为企业在清算时取得财政部门专项拨款等。

12.1.2.9　第 9 行"其他免税所得"

《企业清算所得税申报表》第 9 行"其他免税所得"：填报纳税人清算过程中取得的按税收规定免税的所得。

12.1.2.10　第 10 行"弥补以前年度亏损"

一、填报说明

《企业清算所得税申报表》第 10 行"弥补以前年度亏损"：填报纳税人按税收规定可在税前弥补的以前纳税年度尚未弥补的亏损额。

二、填报数据来源

本行的填报数据来源包括：（1）以前年度未超过五年弥补期限尚未弥补的亏损；（2）2008年以前未能用投资收益弥补的股权转让损失。

12.1.2.11　第 11 行"应纳税所得额"

一、填报说明

《企业清算所得税申报表》第 11 行"应纳税所得额"：金额等于本表第 6－7－8－9－10 行。本行按照上述顺序计算结果为负数时，本行金额填 0。

二、填报数据来源

本行为表内计算栏次，根据下列公式计算得出填报数据：

第 11 行＝第 6－7－8－9－10 行

注意：第 11 行计算结果如果为负数，本行金额填 0。

12.1.3　应纳所得税额的计算部分

12.1.3.1　第 12 行"税率"

《企业清算所得税申报表》第 12 行"税率"：填报企业所得税法规定的税率 25％。

12.1.3.2　第 13 行"应纳所得税额"

一、填报说明

《企业清算所得税申报表》第 13 行"应纳所得税额"：金额等于本表第 11×12 行。

二、填报数据来源

《企业清算所得税申报表》第 13 行"应纳所得税额"为表内计算栏次，根据下列公式计算得出填报数据：

第 13 行＝第 11×12 行

12.1.4　应补（退）所得税额的计算部分

12.1.4.1　第 14 行"减（免）企业所得税额"

一、填报说明

《企业清算所得税申报表》第 14 行"减（免）企业所得税额"：填报纳税人按税收规定准予减免的企业所得税额。

二、填报数据来源

本行的填报数据来源为税务机关的批准文件或者在税务机关的备案资料。

12.1.4.2　第 15 行"境外应补所得税额"

一、填报说明

《企业清算所得税申报表》第 15 行"境外应补所得税额"：填报纳税人按税收规定在清算期间发生的境外所得应在境内补缴的企业所得税额。

二、填报数据来源

本行的填报数据来源为企业来源于中国境外的应纳税所得额，按 25％的税率计算的应纳税额减去当期准予抵免限额后实际应补缴的所得税。

注：《企业所得税法》第十七条规定，境外营业机构的亏损不得抵减境内营业机构的盈利。

12.1.4.3　第 16 行"境内外实际应纳所得税额"

一、填报说明

《企业清算所得税申报表》第 16 行"境内外实际应纳所得税额"：金额等于本表第 13－14＋15 行。

二、填报数据来源

本行为表内计算栏次，根据下列公式计算得出填报数据：

第 16 行＝第 13－14＋15 行

12.1.4.4　第 17 行"以前纳税年度应补（退）所得税额"

一、填报说明

《企业清算所得税申报表》第 17 行"以前纳税年度应补（退）所得税额"：填报纳税人因以前纳税年度损益调整、汇算清缴多缴、欠税等在清算期间应补（退）企业所得税额。其中，应退企业所得税额以"－"号（负数）填列。

二、填报注意问题

企业清算处置财产可能发生企业所得税，如处置财产并委托代开票纳税人代开运费发票，按规定被代扣的企业所得税，不允许在清算所得本次扣除，但允许作为已缴所得税处理，建议填入第 17 行"以前纳税年度应补（退）所得税额"。

12.1.4.5　第 18 行"实际应补（退）所得税额"

一、填报说明

《企业清算所得税申报表》第 18 行"实际应补（退）所得税额"：金额＝本表第 16＋17 行。

二、填报数据来源

本行为表内计算栏次，根据下列公式计算得出填报数据：

第 18 行＝第 16＋17 行

12.2　《资产处置损益明细表》的填报和审核

12.2.1　《资产处置损益明细表》概述

12.2.1.1　与主表的关系

《资产处置损益明细表》是《中华人民共和国企业清算所得税申报表》的附表，主要反映企业清算环节资产（财产）的处置损益。

12.2.1.2　报表结构说明

（一）《资产处置损益明细表》从横向反映资产项目，分为流动资产项目和非流动资产项目，具体项目包括：货币资金、短期投资、交易性金融资产、应收票据、应收账款、预付账款、应收利息、应收股利、应收补贴款、其他应收款、存货、待摊费用、一年内到期的非流动资产、其他流动资产、可供出售金融资产、持有至到期投资、长期应收款、长期股权投资、长期债权投资、投资性房地产、固定资产、在建工程、工程物资、固定资产清理、生物资产、油气资产、无形资产、开发支出、商誉、长期待摊费用、其他非流动资产。

（二）《资产处置损益明细表》纵向分为以下四部分：

第一列为"账面价值（1）"列：填报纳税人按照国家统一会计制度规定确定的清算开始日的各项资产账面价值的金额。

第二列为"计税基础（2）"列：填报纳税人按照税收规定确定的清算开始日的各项资产计税基础的金额，即取得资产时确定的计税基础减除在清算开始日以前纳税年度内按照税收规定已在税前扣除折旧、摊销、准备金等的余额。

第三列为"可变现价值或交易价格（3）"列：填报纳税人清算过程中各项资产可变现价值或交易价格的金额。

第四列为"资产处置损益（4）"列：填报纳税人各项资产可变现价值或交易价格减除其计税基础的余额。

（三）标有＊行次由执行《企业会计制度》的纳税人填报；标有♯行次由执行《企业会计准则》的纳税人填报；其他行次执行《企业会计制度》和《企业会计准则》的纳税人均需要填报。

执行《企业会计制度》和《企业会计准则》以外的纳税人，按照本表的行次内容根据其负债情况分析填报。

12.2.1.3　表内关系

（1）附表一"资产处置损益（4）"列＝"可变现价值或交易价格（3）"列－"计税基础（2）"列。

（2）附表一第 32 行"账面价值（1）"列总计＝"账面价值（1）"列第 1 至第 31 行总计。

（3）附表一第 32 行"计税基础（2）"列总计＝"计税基础（2）"列第 1 至 31 行总计。

（4）附表一第 32 行"可变现价值或交易价格（3）"列总计＝"可变现价值或交易价格（3）"列第 1 至第 31 行总计。

（5）附表一第 32 行"资产处置损益（4）"列总计＝第 32 行"可变现价值或交易价格（3）"列总计－第 32 行"计税基础（2）"列总计＝"资产处置损益（4）"列第 1 至第 31 行总计。

12.2.2　流动资产项目的填报和审核

12.2.2.1　第 1 行"货币资金"

一、填报说明

《资产处置损益明细表》第 1 行"货币资金"：填报纳税人清算过程中的货币资金情况。本行执行《企业会计制度》和《企业会计准则》的纳税人均需要填报，由于账面价值与计税基础相同，原则上不会产生处置收益。

二、填报数据来源

本行的填报数据来源为"库存现金"、"银行存款"、"其他货币资金"等科目记录的会计数据。

12.2.2.2　第 2 行"短期投资"

一、填报说明

《资产处置损益明细表》第 2 行"短期投资"：填报纳税人清算过程中的短期投资情况。

本行由执行《企业会计制度》的纳税人填报。

二、填报数据来源

本行的填报数据来源为"短期投资"科目记录的会计数据。

"短期投资"科目核算企业购入能随时变现并且持有时间不准备超过1年（含1年）的投资，包括各种股票、债券、基金等。

12.2.2.3　第3行"交易性金融资产"

一、填报说明

《资产处置损益明细表》第3行"交易性金融资产"：填报纳税人清算过程中交易性金融资产情况。本行由执行《企业会计准则》的纳税人填报。

二、填报数据来源

本行的填报数据来源为"交易性金融资产"科目记录的会计数据。

"交易性金融资产"科目核算企业为交易目的所持有的债券投资、股票投资、基金投资等交易性金融资产的公允价值和企业持有的直接指定为以公允价值计量且其变动计入当期损益的金融资产，以及企业（金融）接受委托采用全额承购包销、余额承购包销方式承销的证券，应在收到证券时将其进行分类，划分为以公允价值计量且其变动计入当期损益的金融资产。

12.2.2.4　第4行"应收票据"

一、填报说明

《资产处置损益明细表》第4行"应收票据"：填报纳税人清算过程中应收票据的情况。本行执行《企业会计制度》和《企业会计准则》的纳税人均需要填报。

二、填报数据来源

本行的填报数据来源为"应收票据"科目记录的会计数据。

"应收票据"科目核算企业因销售商品、产品、提供劳务等而收到的商业汇票，包括银行承兑汇票和商业承兑汇票。

12.2.2.5　第5行"应收账款"

一、填报说明

《资产处置损益明细表》第5行"应收账款"：填报纳税人清算过程中应收账款的情况。本行执行《企业会计制度》和《企业会计准则》的纳税人均需要填报。

二、填报数据来源

本行的填报数据来源为"应收账款"会计科目。

"应收账款"科目核算企业因销售商品、产品、提供劳务等，应向购货单位或接受劳务单位收取的款项。

12.2.2.6　第6行"预付账款"

一、填报说明

《资产处置损益明细表》第6行"预付账款"：填报纳税人清算过程中预付账款的情况。本行执行《企业会计制度》和《企业会计准则》的纳税人均需要填报。

二、填报数据来源

本行的填报数据来源为"预付账款"科目记录的会计数据，如果企业未设"预付账款"科目，还应关注"应付账款"科目。

"预付账款"科目核算企业按照合同规定预付的款项。

12.2.2.7　第7行"应收利息"

一、填报说明

《资产处置损益明细表》第7行"应收利息"：填报纳税人清算过程中应收利息的情况。本行执行《企业会计制度》和《企业会计准则》的纳税人均需要填报。

二、填报数据来源

本行的填报数据来源为"应收利息"科目记录的会计数据。

1.《企业会计制度》规定，"应收利息"科目核算企业因债权投资而应收取的利息。

2.《企业会计准则》规定，"应收利息"科目核算企业交易性金融资产、持有至到期投资、可供出售金融资产、发放贷款、存放中央银行款项、拆出资金、买入返售金融资产等应收取的利息。

12.2.2.8　第 8 行"应收股利"

一、填报说明

《资产处置损益明细表》第 8 行"应收股利"：填报纳税人清算过程中应收股利的情况。本行执行《企业会计制度》和《企业会计准则》的纳税人均需要填报。

二、填报数据来源

本行的填报数据来源为"应收股利"科目记录的会计数据。

"应收股利"科目核算企业应收取的现金股利和应收取其他单位分配的利润。

12.2.2.9　第 9 行"应收补贴款"

一、填报说明

《资产处置损益明细表》第 9 行"应收补贴款"：填报纳税人清算过程中应收补贴款的情况。本行由执行《企业会计制度》的纳税人填报。

二、填报数据来源

本行的填报数据来源为"应收补贴款"科目记录的会计数据。

"应收补贴款"科目核算企业按国家规定给予的定额补贴而应收的补贴款。企业按规定实行所得税先征后返、流转税先征后返政策的，以及国家拨入具有专门用途的拨款和国家财政扶持的领域而给予的补贴，其应返还的所得税、流转税，以及应拨入的款项和国家财政应扶持的领域而给予的补贴，于实际收到时在有关科目核算，不在"应收补贴款"科目核算。

12.2.2.10　第 10 行"其他应收款"

一、填报说明

《资产处置损益明细表》第 10 行"其他应收款"：填报纳税人清算过程中其他应收款的情况。本行执行《企业会计制度》和《企业会计准则》的纳税人均需要填报。

二、填报数据来源

本行的填报数据来源为"其他应收款"科目记录的会计数据。

"其他应收款"科目核算企业除存出保证金、买入返售金融资产、应收票据、应收账款、预付账款、应收股利、应收利息、应收代位追偿款、应收分保账款、应收分保合同准备金、长期应收款等以外的其他各种应收及暂付款项。

12.2.2.11　第 11 行"存货"

一、填报说明

《资产处置损益明细表》第 11 行"存货"：填报纳税人清算过程中存货的情况。本行执行《企业会计制度》和《企业会计准则》的纳税人均需要填报。企业的存货的品种、类别、项目、型号较多，企业清算时往往分别处理，填报时，需要合并申报。

二、填报数据来源

本行的填报数据来源为"原材料"、"包装物"、"低值易耗品"、"自制半成品"、"库存商品"、"委托加工物资"、"委托代销商品"、"受托代销商品"、"分期收款发出商品"、"材料采购"、"在途物资"、"发出商品"、"周转材料"等科目记录的会计数据。

12.2.2.12　第 12 行"待摊费用"

一、填报说明

《资产处置损益明细表》第 12 行"待摊费用"：填报纳税人清算过程中待摊费用的情

况。本行由执行《企业会计制度》的纳税人填报。

二、填报数据来源

本行的填报数据来源为"待摊费用"科目记录的会计数据。

"待摊费用"科目核算企业已经支出，但应由本期和以后各期分别负担的分摊期限在 1 年以内（包括 1 年）的各项费用，如低值易耗品摊销、预付保险费、固定资产修理费用，以及一次购买印花税票和一次交纳印花税税额较大需分摊的数额等。超过 1 年以上摊销的固定资产修理支出和租入固定资产改良支出，以及摊销期限在五年以上的其他费用，应当在"长期待摊费用"科目核算，不在"待摊费用"科目核算。

12.2.2.13　第 13 行"一年内到期的非流动资产"

一、填报说明

《资产处置损益明细表》第 13 行"一年内到期的非流动资产"：填报纳税人清算过程中一年内到期的非流动资产的情况。本行执行《企业会计制度》和《企业会计准则》的纳税人均需要填报。

二、填报数据来源

本行填报企业持有的一年内即将到期的国债、企业债券、金融债券、长期对外借款等非流动资产，在会计上，对于一年内到期的非流动资产视同流动资产进行管理。

12.2.2.14　第 14 行"其他流动资产"

一、填报说明

《资产处置损益明细表》第 14 行"其他流动资产"：填报纳税人清算过程中其他流动资产的情况。本行执行《企业会计制度》和《企业会计准则》的纳税人均需要填报。

二、填报数据来源

本行填报除本附表第 1 行至第 13 行所列举流动资产项目以外的其他流动资产。

12.2.3　非流动资产项目的填报和审核

12.2.3.1　第 15 行"可供出售金融资产"

一、填报说明

《资产处置损益明细表》第 15 行"可供出售金融资产"：填报纳税人清算过程中可供出售金融资产的情况。本行由执行《企业会计准则》的纳税人填报。本行主要填报企业持有的可供出售金融资产的公允价值，包括划分为可供出售的股票投资、债券投资等金融资产。期末借方余额，反映企业可供出售金融资产的公允价值。

二、填报数据来源

本行的填报数据来源为"可供出售金融资产"科目记录的会计数据。

"可供出售金融资产"科目核算企业持有的可供出售金融资产的公允价值，包括划分为可供出售的股票投资、债券投资等金融资产。

12.2.3.2　第 16 行"持有至到期投资"

一、填报说明

《资产处置损益明细表》第 16 行"持有至到期投资"：填报纳税人清算过程中持有至到期投资情况。本行由执行《企业会计准则》的纳税人填报。

二、填报数据来源

本行的填报数据来源为"持有至到期投资"科目记录的会计数据。

"持有至到期投资"科目核算企业持有至到期投资的摊余成本。持有至到期投资可按持有至到期投资的类别和品种，分别按照"成本"、"利息调整"、"应计利息"等进行明细核算。

12.2.3.3　第 17 行"长期应收款"

一、填报说明

《资产处置损益明细表》第 17 行"长期应收款"：填报纳税人清算过程中长期应收款情况。本行由执行《企业会计准则》的纳税人填报。

二、填报数据来源

本行的填报数据来源为"长期应收款"科目记录的会计数据。

"长期应收款"科目核算企业的长期应收款项，包括融资租赁产生的应收款项、采用递延方式具有融资性质的销售商品和提供劳务等产生的应收款项等。

实质上构成对被投资单位净投资的长期权益，也通过"长期应收款"科目核算。

12.2.3.4　第 18 行"长期股权投资"

一、填报说明

《资产处置损益明细表》第 18 行"长期股权投资"：填报纳税人清算过程中长期股权投资情况。本行执行《企业会计准则》和《企业会计制度》的纳税人均需要填报。

本行填报采用成本法和权益法核算的长期股权投资的账面价值和计税基础，期末借方余额，反映企业长期股权投资的价值。长期股权投资采用权益法核算的，还应当分别"成本"、"损益调整"、"其他权益变动"进行明细核算。

二、填报数据来源

本行的填报数据来源为"长期股权投资"科目记录的会计数据。

《企业会计制度》规定："长期股权投资"科目核算企业投出的期限在 1 年以上（不含 1 年）各种股权性质的投资，包括购入的股票和其他股权投资等。

《企业会计准则》规定："长期股权投资"科目核算企业持有的采用成本法和权益法核算的长期股权投资。

12.2.3.5　第 19 行"长期债权投资"

一、填报说明

《资产处置损益明细表》第 19 行"长期债权投资"：填报纳税人清算过程中长期债权投资情况。本行由执行《企业会计制度》的纳税人填报。

二、填报数据来源

本行的填报数据来源为"长期债权投资"科目记录的会计数据。

"长期债权投资"科目核算企业购入的在一年内不能变现或不准备随时变现的债券和其他债权投资，清算日借方余额反映长期债权投资的本息和溢折价摊销。

12.2.3.6　第 20 行"投资性房地产"

一、填报说明

《资产处置损益明细表》第 20 行"投资性房地产"：填报纳税人清算过程中投资性房地产情况。本行由执行《企业会计准则》的纳税人填报。

二、填报数据来源

本行的填报数据来源为"投资性房地产"科目记录的会计数据。

"投资性房地产"科目核算采用成本模式计量和采用公允价值模式计量投资性房地产。采用成本模式计量的投资性房地产成本的清算日借方余额，反映企业采用成本模式计量的投资性房地产成本；采用公允价值模式计量的投资性房地产的清算日借方余额，反映投资性房地产的公允价值。

12.2.3.7　第 21 行"固定资产"

一、填报说明

《资产处置损益明细表》第 21 行"固定资产"：填报纳税人清算过程中固定资产情况。本行执行《企业会计准则》和《企业会计制度》的纳税人均需要填报，包括建造承包商的临时设施，企业购置计算机硬件所附带的、未单独计价的软件，融资租入的固定资产等。账面价值按折余价值填写，计税基础按固定资产的实际税收成本填写。

二、填报数据来源

本行的填报数据来源为"固定资产"科目记录的会计数据。

《企业会计制度》规定："固定资产"科目核算企业固定资产的原价。固定资产是指使用期限超过五年的房屋、建筑物、机器、机械、运输工具以及其他与生产、经营有关的设备、器具、工具等。不属于生产、经营主要设备的物品，单位价值在2 000元以上，并且使用期限超过2年的，也应当作为固定资产。

《企业会计准则》规定："固定资产"科目核算企业持有的固定资产原价。建造承包商的临时设施，以及企业购置计算机硬件所附带的、未单独计价的软件，也通过固定资产核算。

12.2.3.8　第22行"在建工程"

一、填报说明

《资产处置损益明细表》第22行"在建工程"：填报纳税人清算过程中在建工程情况。本行执行《企业会计准则》和《企业会计制度》的纳税人均需要填报。

二、填报数据来源

本行的填报数据来源为"在建工程"科目记录的会计数据。

"在建工程"科目核算企业基建、更新改造等在建工程发生的支出，包括在建工程发生的管理费、征地费、可行性研究费、临时设施费、公证费、监理费及应负担的税费等，可按"建筑工程"、"安装工程"、"在安装设备"、"待摊支出"以及单项工程等进行明细核算，清算日借方余额，反映企业尚未达到预定可使用状态的在建工程的成本。

12.2.3.9　第23行"工程物资"

一、填报说明

《资产处置损益明细表》第23行"工程物资"：填报纳税人清算过程中工程物资情况。本行执行《企业会计准则》和《企业会计制度》的纳税人均需要填报。

二、填报数据来源

本行的填报数据来源为"工程物资"科目记录的会计数据。

"工程物资"科目核算企业为在建工程准备的各种物资的成本，包括工程用材料、尚未安装的设备以及为生产准备的工器具等，清算日借方余额，反映企业为在建工程准备的各种物资的成本。可按"专用材料"、"专用设备"、"工器具"等进行明细核算。

12.2.3.10　第24行"固定资产清理"

一、填报说明

《资产处置损益明细表》第24行"固定资产清理"：填报纳税人清算过程中固定资产清理情况。本行执行《企业会计准则》和《企业会计制度》的纳税人均需要填报。

二、填报数据来源

本行的填报数据来源为"固定资产清理"科目记录的会计数据。

"固定资产清理"科目核算企业因出售、报废、毁损、对外投资、非货币性资产交换、债务重组等原因转出的固定资产价值以及在清理过程中发生的费用等，"固定资产清理"是一个过渡性科目，固定资产清理完成后，属于生产经营期间正常处理损失，借记"营业外支出——处置非流动资产损失"，贷记"固定资产清理"；属于自然灾害等非正常原因的损失，借记"营业外支出——非常损失"科目，贷记"固定资产清理"如为贷方余额，借记"固定资产清理"，贷记"营业外收入"，清算日借方余额，反映企业尚未清理完毕的固定资产清理净损失。

12.2.3.11　第25行"生物资产"

一、填报说明

《资产处置损益明细表》第25行"生物资产"：填报纳税人清算过程中生物资产情况。

本行由执行《企业会计准则》的纳税人填报。

二、填报数据来源

本行的填报数据来源为"生产性生物资产"、"公益性生物资产"、"消耗性生物资产"科目记录的会计数据。

生物资产包括生产性生物资产、公益性生物资产、消耗性生物资产；其中，生产性生物资产在会计和税法核算中近似于固定资产，填报生产性生物资产的折余价值；消耗性生物资产近似于存货，填报消耗性生物资产的账面价值和计税成本；公益性生物资产由于取得成本较低，企业不能自由处置，会计和税法不进行折旧或摊销，清算日借方余额，反映企业公益性生物资产的原价，一旦对其进行处理，按近似于投资资产或存货资产的方法处理。

12.2.3.12　第 26 行"油气资产"

一、填报说明

《资产处置损益明细表》第 26 行"油气资产"：填报纳税人清算过程中油气资产情况。本行由执行《企业会计准则》并从事石油、天然气资源勘探、开发和商业化生产的纳税人填报。

二、填报数据来源

本行的填报数据来源为"油气资产"科目记录的会计数据。

"油气资产"科目核算企业（石油天然气开采）持有的矿区权益和油气井及相关设施的原价，对于企业（石油天然气开采）与油气开采活动相关的辅助设备及设施在"固定资产"科目核算。本行按照清算日油气资产原值扣除累计折耗后的余额填报。

12.2.3.13　第 27 行"无形资产"

一、填报说明

《资产处置损益明细表》第 27 行"无形资产"：填报纳税人清算过程中无形资产情况。本行执行《企业会计准则》和《企业会计制度》的纳税人均需要填报，填报无形资产的摊余价值，包括专利权、非专利技术、商标权、著作权、土地使用权等。执行《企业会计制度》的纳税人的无形资产包括商誉，不再填写本附表第 29 行"商誉"。

二、填报数据来源

本行的填报数据来源为"无形资产"科目记录的会计数据。

无形资产核算企业为生产商品、提供劳务、出租给他人、或为管理目的而持有的、没有实物形态的非货币性长期资产。无形资产可分为可辨认无形资产和不可辨认无形资产。可辨认无形资产包括专利权、非专利技术、商标权、著作权、土地使用权等；不可辨认无形资产是指商誉。

12.2.3.14　第 28 行"开发支出"

一、填报说明

《资产处置损益明细表》第 28 行"开发支出"：填报纳税人清算过程中开发支出情况。本行由执行《企业会计准则》的纳税人填报。

根据《企业会计准则第 6 号——无形资产》的规定，无形资产的形成划分为研究阶段和开发阶段，由于研究阶段基本属于探索性研究，不确定性较大，为降低研发风险，研究阶段的支出采取费用化处理，直接计入当期损益；开发阶段是指在进行商业性生产或使用前，将研究成果或其他知识应用于某项计划或设计，开发支出采取资本化处理方法。本行填报企业开发支出所归集的成本。

二、填报数据来源

"开发支出"科目核算企业开发无形资产过程中能够资本化形成无形资产成本的支出。开发支出项目应当根据"研发支出"科目所属的"资本化支出"明细科目期末余额填列。

12.2.3.15 第29行"商誉"

一、填报说明

《资产处置损益明细表》第29行"商誉"：填报纳税人清算过程中商誉情况。本行由执行《企业会计准则》的纳税人填报。

二、填报数据来源

本行的填报数据来源为"商誉"科目记录的会计数据。

"商誉"科目核算企业合并中形成的商誉价值。企业会计制度和《企业所得税法》将商誉作为无形资产的一项内容，注意其区别。本行只填报企业合并中形成的外购商誉，对于自创商誉，会计与税法不予反映。

12.2.3.16 第30行"长期待摊费用"

一、填报说明

《资产处置损益明细表》第30行"长期待摊费用"：填报纳税人清算过程中长期待摊费用情况。本行执行《企业会计准则》和《企业会计制度》的纳税人均需要填报。

二、填报数据来源

本行的填报数据来源为"长期待摊费用"科目记录的会计数据。

"长期待摊费用"科目核算企业已经支出，但摊销期限在1年以上（不含1年）的各项费用，包括固定资产修理支出、租入固定资产的改良支出以及摊销期限在1年以上的其他待摊费用。

根据《企业所得税法》第十三条的规定，长期待摊费用包括：一是已足额提取折旧的固定资产的改建支出；二是租人固定资产的改建支出；三是固定资产的大修理支出；四是其他应当作为长期待摊费用的支出。会计与税法有关"长期待摊费用"的范围基本一致，清算日借方余额，反映企业尚未摊销完毕的长期待摊费用。

12.2.3.17 第31行"其他非流动资产"

《资产处置损益明细表》第31行"其他非流动资产"：填报除本附表第14行至第30行以外的其他非流动资产的处置损益情况。

12.3 《负债清偿损益明细表》的填报和审核

12.3.1 《负债清偿损益明细表》概述

一、与主表的关系

《负债清偿损益明细表》是《企业清算所得税申报表》的附表，主要反映企业清算环节清偿负债所发生的损益。

二、报表结构说明

（一）《负债清偿损益明细表》从横向反映资产项目，分为流动负债项目和非流动负债项目，具体项目包括：短期借款、交易性金融负债、应付票据、应付账款、预收账款、应付职工薪酬、应付工资、应付福利费、应交税费、应付利息、应付股利、其他应交款、其他应付款、预提费用、一年内到期的非流动负债、其他流动负债、长期借款、应付债券、长期应付款、专项应付款、预计负债、其他非流动负债。

（二）《负债清偿损益明细表》纵向分为以下四部分：

1. "账面价值（1）"列：填报纳税人按照国家统一会计制度规定确定的清算开始日的各项负债账面价值的金额。

2. "计税基础 (2)"列：填报纳税人按照税收规定确定的清算开始日的各项负债计税基础的金额，即负债的账面价值减去未来期间计算应纳税所得额时按照税收规定予以扣除金额的余额。

3. "清偿金额 (3)"列：填报纳税人清算过程中各项负债的清偿金额。

4. "负债清偿损益 (4)"列：填报纳税人各项负债计税基础减除其清偿金额的余额。

（三）标有 * 行次由执行《企业会计制度》的纳税人填报；标有 ♯ 行次由执行《企业会计准则》的纳税人填报；其他行次执行《企业会计制度》和《企业会计准则》的纳税人均需要填报。

执行《企业会计制度》和《企业会计准则》以外的纳税人，按照本表的行次内容根据其负债情况分析填报。

三、表内、表间关系

（一）表内关系。

（1）"负债清偿损益 (4)"列 = "计税基础 (2)"列 - "清偿金额 (3)"列。

（2）第 23 行"账面价值 (1)"列总计 = "账面价值 (1)"列第 1 至第 22 行总计。

（3）第 23 行"计税基础 (2)"列总计 = "计税基础 (2)"列第 1 至第 22 行总计。

（4）第 23 行"清偿金额 (3)"列总计 = "清偿金额 (3)"列第 1 至第 22 行总计。

（5）第 23 行"负债清偿损益 (4)"列总计 = 第 23 行"计税基础 (2)"列总计 - 第 23 行"清偿金额 (3)"列总计 = "负债清偿损益 (4)"列第 1 至第 22 行总计。

（二）表间关系。

附表二第 23 行"负债清偿损益"列总计 = 主表第 2 行。

12.3.2　流动负债项目的填报和审核

12.3.2.1　第 1 行"短期借款"

一、填报说明

《负债清偿损益明细表》第 1 行"短期借款"：填报纳税人清算过程中短期借款情况。本行执行《企业会计制度》和《企业会计准则》的纳税人均需要填报。

二、填报数据来源

本行的填报数据来源为"短期借款"科目记录的会计数据。

"短期借款"科目核算企业向银行或其他金融机构等借入的期限在 1 年以下（含 1 年）的各种借款，可按借款种类、贷款人和币种明细核算，资产负债表日，应按计算确定的短期借款利息费用，借记"财务费用"、"利息支出"等科目，贷记"银行存款"、"应付利息"等科目，可见利息确认未影响短期投资的账面价值和计税基础，清算日贷方余额，反映企业尚未偿还的短期借款，会计与税法不存在差异。

12.3.2.2　第 2 行"交易性金融负债"

一、填报说明

《负债清偿损益明细表》第 2 行"交易性金融负债"：填报纳税人清算过程中交易性金融负债情况。本行由执行《企业会计准则》的纳税人填报。

二、填报数据来源

本行的填报数据来源为"交易性金融负债"科目记录的会计数据。

"交易性金融负债"科目核算企业承担的交易性金融负债的公允价值，包括企业持有的直接指定为以公允价值计量且其变动计入当期损益的金融负债。会计上按交易性金融负债类别，分别"本金"、"公允价值变动"等进行明细核算。资产负债表日，按交易性金融负债票面利率计算的利息，借记"投资收益"科目，贷记"应付利息"科目，资产负债表日，交易性金融负债的公允价值高于其账面余额的差额，借记"公允价值变动损益"科目，贷记交易性金融负债——公允价值变动；公允价值低于其账面余额的差额，借记交易性金融负债——公允价值变动，贷记"公允价值变动损益"。处置交易性金融负债，应按该金融负债的账面余额，借记"交易性金融负债"，按实际支付的金额，贷记"银行存款"、"存放中央银行款项"、"结算备付金"等科目，按其差额，贷记或借记"投资收益"科目；同时，按该金融负债的公允价值变动，借记或贷记"公允价值变动损益"科目，贷记或借记"投资收益"科目。由于税法不认可交易性金融负债按公允价值计量所确认的损益，仍按历史成本法核算交易性金融负债的计税基础，因此，其账面价值与计税基础存在较大差异。

12.3.2.3　第3行"应付票据"

一、填报说明

《负债清偿损益明细表》第3行"应付票据"：填报纳税人清算过程中应付票据情况。本行执行《企业会计制度》和《企业会计准则》的纳税人均需要填报。

二、填报数据来源

本行的填报数据来源为"应付票据"科目记录的会计数据。

"应付票据"科目核算企业购买材料、商品和接受劳务供应等开出、承兑的商业汇票，包括银行承兑汇票和商业承兑汇票，清算日贷方余额，反映企业尚未到期的商业汇票的票面金额。

12.3.2.4　第4行"应付账款"

一、填报说明

《负债清偿损益明细表》第4行"应付账款"：填报纳税人清算过程中应付账款情况。本行执行《企业会计制度》和《企业会计准则》的纳税人均需要填报。

二、填报数据来源

本行的填报数据来源为"应付账款"科目记录的会计数据。

"应付账款"科目核算企业因购买材料、商品和接受劳务等经营活动应支付的款项，清算日贷方余额，反映企业尚未支付的应付账款余额。

12.3.2.5　第5行"预收账款"

一、填报说明

《负债清偿损益明细表》第5行"预收账款"：填报纳税人清算过程中预收账款情况。本行执行《企业会计制度》和《企业会计准则》的纳税人均需要填报。

二、填报数据来源

本行填报数据来源为"预收账款"科目记录的会计数据。

"预收账款"科目核算企业按照合同规定向购货单位预收的款项。

12.3.2.6　第6行"应付职工薪酬"

一、填报说明

《负债清偿损益明细表》第6行"应付职工薪酬"：填报纳税人清算过程中应付职工薪酬情况。本行由执行《企业会计准则》的纳税人填报。

二、填报数据来源

本行的填报数据来源为"应付职工薪酬"科目记录的会计数据。

"应付职工薪酬"科目核算企业根据有关规定应付给职工的各种薪酬。企业（外商）按规定从净利润中提取的职工奖励及福利基金，也在"应付职工薪酬"科目核算。

《企业会计准则第9号——职工薪酬》规定，职工薪酬指企业根据有关规定应付给职工的各种薪酬，以及外商投资企业从净利润中提取的职工奖励及福利基金，清算日贷方余额反映企业应付未付的职工薪酬。包括"工资"、"职工福利"、"社会保险费"、"住房公积金"、"工会经费"、"职工教育经费"、"非货币性福利"、"辞退福利"、"股份支付"等项目。

可见，《企业会计准则》中规定的"应付职工薪酬"范围非常宽泛，而《企业所得税法》仍按《企业会计制度》和原内、外资企业所得税法的划分方法，明确区分工资、职工福利费、职工教育经费、工会经费、辞退福利等内容，由此本行会计与税法的差异较大。

笔者建议，鉴于本附表第 1 列不参与运算，本行第 1 列按《企业会计准则》的口径填写，第 2 列、第 3 列需将《企业所得税法》的应付工资、应付福利费等内容合并填写，职工薪酬其他内容原则上不存在清算日负债问题。

12.3.2.7　第 7 行"应付工资"

一、填报说明

《负债清偿损益明细表》第 7 行"应付工资"：填报纳税人清算过程中应付工资情况。本行由执行《企业会计制度》的纳税人填报。

二、填报数据来源

本行的填报数据来源为"应付工资"科目记录的会计数据。

"应付工资"科目核算企业应支付给职工的工资总额，包括在工资总额内的工资、奖金、津补贴等，不包括在工资总额内发给职工的医药费、福利补助、退休费等。

12.3.2.8　第 8 行"应付福利费"

一、填报说明

《负债清偿损益明细表》第 8 行"应付福利费"：填报纳税人清算过程中应付福利费情况。本行由执行《企业会计制度》的纳税人填报。

"应付福利费"科目贷方余额反映企业计提福利费的结余。会计上对职工福利费采取计提方法，2008 年以前，原企业所得税政策对福利费也采取计提方法，2008 年实施《企业所得税法》后，在税收上取消了预提职工福利费的做法，发生的职工福利支出先冲减职工福利费贷方余额。本项目会计数据与税法数据可能不一致，不排除在企业清算时部分职工福利费未能兑现的情形，应确认负债清偿收益。

二、填报数据来源

本行的填报数据来源为"应付福利费"科目记录的会计数据。

"应付福利费"科目核算企业提取的福利费。外商投资企业按规定从税后利润中提取的职工奖励及福利基金、用于支付职工的非经常性奖金（如特别贡献奖、年终奖等）和职工集体福利的，也在"应付福利费"科目核算。

12.3.2.9　第 9 行"应交税费"

一、填报说明

《负债清偿损益明细表》第 9 行"应交税费"：填报纳税人清算过程中应交税费情况。本行执行《企业会计制度》和《企业会计准则》的纳税人均需要填报。

《财政部 国家税务总局关于增值税若干政策的通知》（财税〔2005〕165 号）规定，一般纳税人注销时，其存货不作进项税额转出处理，其留抵税额也不予以退税，是企业清偿应交税费的损失。

二、填报数据来源

本行的填报数据来源为"应交税费"科目记录的会计数据。

"应交税费"科目核算企业按税法和有关规定计算应交纳的各种税费，包括增值税、消费税、营业税、所得税、资源税、土地增值税、城市维护建设税、房产税、土地使用税、车船使用税、教育费附加、矿产资源补偿费（执行《企业会计制度》的纳税人，不包括教育费附加、矿产资源补偿费）等。

12.3.2.10　第 10 行"应付利息"

一、填报说明

《负债清偿损益明细表》第 10 行"应付利息"：填报纳税人清算过程中应付利息情况。

本行执行《企业会计制度》和《企业会计准则》的纳税人均需要填报。

二、填报数据来源

本行的填报数据来源为"应付利息"、"预提费用"、"长期借款"、"长期待摊费用"、"应付债券"科目记录的会计数据。

应付利息核算企业按照合同约定应支付的利息，包括吸收存款、分期付息到期还本的长期借款、企业债券等应支付的利息。

（1）执行《企业会计准则》纳税人的会计处理：按摊余成本和实际利率计算确定的利息费用，借记"利息支出"、"在建工程"、"财务费用"、"研发支出"等科目，按合同利率计算确定的应付未付利息，贷记"应付利息"，按其差额，借记或贷记"长期借款——利息调整"、"吸收存款——利息调整"等科目。

（2）执行《企业会计制度》纳税人的会计处理：企业发生的借款费用（包括利息、汇兑损失等），应按照上述规定，分别计入有关科目：属于筹建期间的，计入长期待摊费用，借记"长期待摊费用"科目，贷记"长期借款"科目；属于生产经营期间的，计入财务费用，借记"财务费用"科目，贷记"长期借款"科目；属于发生的与固定资产购建有关的专门借款的借款费用，在固定资产达到预定可使用状态前按规定应予以资本化的，借记"在建工程"科目，贷记"长期借款"科目；固定资产达到预定可使用状态后所发生的借款费用以及按规定不能予以资本化的借款费用，借记"财务费用"科目，贷记"长期借款"科目。

发生的短期借款利息应当直接计入当期财务费用，借记"财务费用"科目，贷记"预提费用"、"银行存款"等科目。

股份有限公司委托其他单位发行股票支付的手续费或佣金减去发行股票冻结期间的利息收入后的相关费用，从发行股票的溢价中不够抵消的，或者无溢价的，作为长期待摊费用，在不超过 2 年的期限内平均摊销，计入管理费用。

面值发行债券应计提的利息，借记"在建工程"、"财务费用"科目，贷记"应付债券——应计利息"科目。溢价发行债券，按应摊销的溢价金额，借记"应付债券——债券溢价"科目，按应计利息与溢价摊销的差额，借记"在建工程"、"财务费用"等科目，按应计利息，贷记"应付债券——应计利息"科目。

折价发行债券，按应摊销的折价金额和应计利息之和，借记"在建工程"、"财务费用"等科目，按应摊销的折价金额，贷记"应付债券（债券折价）"科目，按应计利息，贷记"应付债券——应计利息"科目。

12.3.2.11 第 11 行"应付股利"

一、填报说明

《负债清偿损益明细表》第 11 行"应付股利"：填报纳税人清算过程中应付股利情况。本行执行《企业会计制度》和《企业会计准则》的纳税人均需要填报。

二、填报数据来源

本行的填报数据来源为"应付股利"科目记录的会计数据。

"应付股利"科目核算企业分配的现金股利或利润，贷方余额，反映企业应付未付的现金股利或利润；企业分配股票股利不作账务处理。

12.3.2.12 第 12 行"其他应交款"

一、填报说明

《负债清偿损益明细表》第 12 行"其他应交款"：填报纳税人清算过程中其他应交款情况。本行由执行《企业会计制度》的纳税人填报。

二、填报数据来源

本行的填报数据来源为"其他应交款"科目记录的会计数据。

"其他应交款"科目核算企业除应交税金、应付股利等以外的其他各种应交的款项，包括应交的教育费附加、矿产资源补偿费、应交住房公积金等。

12.3.2.13　第 13 行"其他应付款"

一、填报说明

《负债清偿损益明细表》第 13 行"其他应付款"：填报纳税人清算过程中其他应付款情况。本行执行"企业会计制度"和"企业会计准则"的纳税人均需要填报。

二、填报数据来源

本行的填报数据来源为"其他应付款"科目记录的会计数据。

"其他应付款"科目核算企业应付、暂收其他单位或个人的款项。

12.3.2.14　第 14 行"预提费用"

一、填报说明

《负债清偿损益明细表》第 14 行"预提费用"：填报纳税人清算过程中预提费用情况。本行由执行《企业会计制度》的纳税人填报。

二、填报数据来源

本行的填报数据来源为"预提费用"科目记录的会计数据。

"预提费用"科目核算企业按规定从成本费用中预先提取但尚未支付的费用，如预提的租金、保险费、借款利息、固定资产修理费等。

12.3.2.15　第 15 行"一年内到期的非流动负债"

一、填报说明

《负债清偿损益明细表》第 15 行"一年内到期的非流动负债"：填报纳税人清算过程中一年内到期的非流动负债情况。本行执行《企业会计制度》和《企业会计准则》的纳税人均需要填报。

二、填报数据来源

"一年内到期的非流动负债"科目核算企业发行距到期日时间短于一年的长期债券、长期借款等非流动负债，需在一年内还本付息，在会计上，对于一年内到期的非流动负债视同流动负债进行管理。

12.3.2.16　第 16 行"其他流动负债"

一、填报说明

《负债清偿损益明细表》第 16 行"其他流动负债"：填报纳税人清算过程中其他流动负债情况。本行执行《企业会计制度》和《企业会计准则》的纳税人均需要填报。

二、填报数据来源

本行填报除本附表第 1 行至第 15 行以外的其他流动负债。

12.3.3　非流动负债项目的填报和审核

12.3.3.1　第 17 行"长期借款"

一、填报说明

《负债清偿损益明细表》第 17 行"长期借款"：填报纳税人清算过程中长期借款情况。本行执行《企业会计制度》和《企业会计准则》的纳税人均需要填报。

二、填报数据来源

本行的填报数据来源为"长期借款"科目记录的会计数据。

"长期借款"科目核算企业向银行或其他金融机构借入的期限在 1 年以上（不含 1 年）的各项借款，企业按贷款单位和贷款种类，分别"本金"、"利息调整"等进行明细核算。

12.3.3.2 第 18 行 "应付债券"

一、填报说明

《负债清偿损益明细表》第 18 行 "应付债券"：填报纳税人清算过程中应付债券情况。本行执行《企业会计制度》和《企业会计准则》的纳税人均需要填报。

二、填报数据来源

本行的填报数据来源为 "应付债券" 科目记录的会计数据。

《企业会计制度》规定：应付债券核算企业为筹集长期资金而实际发行的债券及应付的利息。

发行 1 年期及 1 年期以下的短期债券，应当另设 "2112 应付短期债券" 科目核算。

《企业会计准则》规定：应付债核算企业为筹集（长期）资金而发行债券的本金和利息。企业发行的可转换公司债券，应将负债和权益成分进行分拆，分拆后形成的负债成分在 "应付债券" 科目核算。

12.3.3.3 第 19 行 "长期应付款"

一、填报说明

《负债清偿损益明细表》第 19 行 "长期应付款"：填报纳税人清算过程中长期应付款情况。本行执行《企业会计制度》和《企业会计准则》的纳税人均需要填报。

二、填报数据来源

本行的填报数据来源为 "长期应付款" 科目记录的会计数据。

"长期应付款" 科目核算企业除长期借款和应付债券以外的其他各种长期应付款项，包括应付融资租入固定资产的租赁费、以分期付款方式购入固定资产等发生的应付款项等。

12.3.3.4 第 20 行 "专项应付款"

一、填报说明

《负债清偿损益明细表》第 20 行 "专项应付款"：填报纳税人清算过程中专项应付款情况。本行执行《企业会计制度》和《企业会计准则》的纳税人均需要填报。

二、填报数据来源

本行的填报数据来源为 "专项应付款" 科目记录的会计数据。

"专项应付款" 科目核算企业取得政府作为企业所有者投入的具有专项或特定用途的款项，如专项用于技术改造、技术研究、环境治理等专项资金。

12.3.3.5 第 21 行 "预计负债"

一、填报说明

《负债清偿损益明细表》第 21 行 "预计负债"：填报纳税人清算过程中预计负债情况。本行由执行《企业会计准则》的纳税人填报。

二、填报数据来源

本行的填报数据来源为 "预计负债" 科目记录的会计数据。

"预计负债" 科目核算企业确认的对外提供担保、未决诉讼、产品质量保证、重组义务、亏损性合同等预计负债。企业由对外提供担保、未决诉讼、重组义务产生的预计负债，应按确定的金额，借记 "营业外支出" 等科目，贷记 "预计负债" 科目。由产品质量保证产生的预计负债，应按确定的金额，借记 "销售费用" 科目，贷记 "预计负债" 科目；由资产弃置义务产生的预计负债，应按确定的金额，借记 "固定资产" 或 "油气资产" 科目，贷记 "预计负债" 科目。在固定资产或油气资产的使用寿命内，按计算确定各期应负担的利息费用，借记 "财务费用" 科目，贷记 "预计负债" 科目。

12.3.3.6 第 22 行 "其他非流动负债"

一、填报说明

《负债清偿损益明细表》第 22 行 "其他非流动负债"：填报纳税人清算过程中其他非流

动负债情况。本行执行企业会计制度和企业会计准则的纳税人均需要填报。

二、填报数据来源

本行填报除本附表第 17 行至第 21 行以外的非流动负债。

12.4　《剩余财产计算和分配明细表》的填报和审核

12.4.1　《剩余财产计算和分配明细表》概述

12.4.1.1　与主表的关系及本表的定位

《剩余财产计算和分配明细表》是《企业清算所得税申报表（主表）》的附表，但附表三不参与主表数据运算，亦不协助主表生成数据。

从功能定位来讲，附表三与主表属于并列平行关系，主表侧重计算企业清算所得税问题，附表三则从股东角度，侧重计算企业清算财产的处置及剩余财产在股东之间的分配。

从结构分析，本附表结合企业清算特点，突出了企业所拖欠职工工资、基本社会保险费等清偿问题，在性质上，主表近似于企业所得税纳税申报表，本附表则近似于利润表和利润分配表。

从计算顺序、方法分析，本附表侧重于从资产负债表角度反映企业清算过程，主表则严格按照《企业所得税法实施条例》第十一条的有关规定设计。

12.4.1.2　报表结构说明

本附表可以为两部分：第一部分反映剩余财产的计算过程，从第 1 行至第 12 行；第二部分反映剩余财产在股东之间的分配过程，从第 13 行至第 17 行。

12.4.1.3　表内关系

第 10 行＝第 1－2－…－9 行。

12.4.2　剩余财产的计算部分

12.4.2.1　第 1 行"资产可变现价值或交易价格"

一、填报说明

《剩余财产计算和分配明细表》第 1 行"资产可变现价值或交易价格"：填报纳税人全部资产的可变现价值或交易价格金额。

二、填报数据来源

本行的填报数据来源为附表一《资产处置损益明细表》第 32 行第 3 列"资产可变现价值或交易价格"合计数。

12.4.2.2　第 2 行"清算费用"

一、填报说明

《剩余财产计算和分配明细表》第 2 行"清算费用"：填报纳税人清算过程中发生的与清算业务有关的费用支出，包括清算组组成人员的报酬，清算财产的管理、变卖及分配所需的评估费、咨询费等费用，清算过程中支付的诉讼费用、仲裁费用及公告费用，以及为维护债权人和股东的合法权益支付的其他费用。

二、填报数据来源

本行的填报数据来源为主表《中华人民共和国企业清算所得税申报表》第 3 行"清算

费用"。

12.4.2.3　第3行"职工工资"

一、填报说明

《剩余财产计算和分配明细表》第3行"职工工资"：填报纳税人清算过程中偿还的职工工资。

二、填报数据来源

本行的填报数据与附表二《负债清偿损益明细表》第6行"应付职工薪酬"、第7行"应付工资"、第8行"应付福利费"存在一定对应关系。

12.4.2.4　第4行"社会保险费用"

一、填报说明

《剩余财产计算和分配明细表》第4行"社会保险费用"：填报纳税人清算过程中偿还欠缴的各种社会保险费用。

二、填报数据来源

本行的填报数据来源为"应付工资"、"应付职工薪酬"科目记录的会计数据。

《企业会计准则》规定：按照国家有关规定缴纳社会保险费和住房公积金，借记"应付职工薪酬"科目，贷记"银行存款"科目。

12.4.2.5　第5行"法定补偿金"

一、填报说明

《剩余财产计算和分配明细表》第5行"法定补偿金"：填报纳税人清算过程中按照有关规定支付的法定补偿金。

二、填报数据来源

本行的填报数据来源为对以前因公伤残职工给予的补偿。如：某人在20年前因公受伤，单位当时跟此人签订协议，每年支付此人生活费1万元。

12.4.2.6　第6行"清算税金及附加"

一、填报说明

《剩余财产计算和分配明细表》第6行"清算税金及附加"：填报纳税人清算过程中发生的除企业所得税和允许抵扣的增值税以外的各项税金及其附加。

二、填报数据来源

本行的填报数据来源为主表《中华人民共和国企业清算所得税申报表》第4行"清算税金及附加"。

12.4.2.7　第7行"清算所得税额"

一、填报说明

《剩余财产计算和分配明细表》第7行"清算所得税额"：填报纳税人清算过程中应缴的清算企业所得税金额。

二、填报数据来源

本行的填报数据来源为主表《中华人民共和国企业清算所得税申报表》第16行"境内外实际应纳所得税额"。

12.4.2.8　第8行"以前年度欠税额"

一、填报说明

《剩余财产计算和分配明细表》第8行"以前年度欠税额"：填报纳税人以前年度欠缴的各项税金及其附加。

二、填报数据来源

本行的填报数据来源为纳税人以前年度所欠缴的各项税金及其附加，如：增值税、消费税、营业税、城市维护建设税、教育费附加等。

12.4.2.9　第 9 行"其他债务"

一、填报说明

《剩余财产计算和分配明细表》第 9 行"其他债务"：填报纳税人清算过程中偿还的其他债务。

二、填报数据来源

本行的数据应结合附表二《负债清偿损益明细表》有关内容填报。

12.4.2.10　第 10 行"剩余财产"

一、填报说明

《剩余财产计算和分配明细表》第 10 行"剩余财产"：填报纳税人全部资产按可变现价值或交易价格减除清算费用、职工工资、社会保险费用、法定补偿金、清算税费、清算所得税额、以前年度欠税和企业其他债务后的余额。

二、填报数据来源

本行的填报数据为本表第 1－2－3－4－5－6－7－8－9 行所得数据。

12.4.2.11　第 11 行"累计盈余公积"

一、填报说明

《剩余财产计算和分配明细表》第 11 行"其中：累计盈余公积"：填报纳税人截至开始分配剩余财产时累计从净利润提取的盈余公积金额。

二、填报数据来源

本行的填报数据来源为"盈余公积"科目记录的会计数据。

"盈余公积"科目核算企业从净利润中提取的盈余公积。

12.4.2.12　第 12 行"累计未分配利润"

一、填报说明

《剩余财产计算和分配明细表》第 12 行"其中：累计未分配利润"：填报纳税人截至开始分配剩余财产时累计的未分配利润金额。

二、填报数据来源

本行的填报数据来源为"利润分配——未分配利润"科目记录的会计数据。

"利润分配"科目核算企业利润的分配（或亏损的弥补）和历年分配（或弥补）后的余额。

12.4.3　剩余财产的分配部分

12.4.3.1　"股东名称"的填报

《剩余财产计算和分配明细表》第 13 行至第 17 行"股东名称"列：填报清算企业的各股东名称。

12.4.3.2　"持有清算企业权益性投资比例"的填报

《剩余财产计算和分配明细表》第 13 行至第 17 行"持有清算企业权益性投资比例"列：填报清算企业的各股东持有清算企业的权益性投资比例。

12.4.3.3　"投资额"的填报

《剩余财产计算和分配明细表》第 13 行至第 17 行"投资额"列：填报清算企业各股东向清算企业进行权益性投资总额。

12.4.3.4　"分配的财产金额"的填报

《剩余财产计算和分配明细表》第 13 行至第 17 行"分配的财产金额"列：填报清算企业的各股东从清算企业剩余财产中按照其持有的清算企业的权益性投资比例分得的财产金额。

12.4.3.5　"确认为股息金额"的填报

一、填报说明

《剩余财产计算和分配明细表》第 13 行至第 17 行"其中：确认为股息金额"列：填报清

算企业的各股东从清算企业剩余财产分得财产中，相当于累计未分配利润和累计盈余公积按照其持有清算企业权益性投资比例计算确认的部分。清算企业的非企业所得税纳税人股东不填此列。

二、填报数据来源

根据《企业所得税法》第二十六条、《企业所得税法实施条例》第十一条的规定，投资方企业从被清算企业分得的剩余资产，其中相当于从被清算企业累计未分配利润和累计盈余公积中应当分得的部分，应当确认为股息所得，属于免税收入；剩余资产减除上述股息所得后的余额，超过或者低于投资成本的部分，应当确认为投资资产转让所得或者损失。因此，清算企业的非企业所得税纳税人股东不填此列（单设此列主要是为了加强免税的股息收入的管理）。

12.5 企业清算申报案例

一、交易情况

转让方 A 公司 100％持有甲公司的股份 800 万元。清算基准日甲公司实收资本为 800 万元、资本公积为 50 万元、盈余公积为 30 万元、未分配利润为 120 万元。

20×0 年 5 月，收购方乙公司吸收合并甲公司，合并时甲公司的资产账面价值为 3 000 万元，计税基础为 3 200 万元，可变现净值为 5 000 万元，负债账面价值为 2 000 万元，计税基础为 1 900 万元，最终清偿额为 1 800 万元。

乙公司给付转让方 A 公司 3 200 万元作为对价。假设甲公司资产和负债的账面价值与计税基础一致，案例中的企业都是居民企业，不考虑其他因素。

二、所得税处理

（1）合并时甲公司资产和负债的公允价值分别为 5 000 万元、1 800 万元，因此，乙公司据此确认合并资产和负债的计税基础。

（2）甲公司资产处置、负债清偿。假设甲公司资产处置损益 5 000－3 200＝1 800（万元），负债清偿损益 1 900－1 800＝100（万元），清算费用、相关税费等合计 200 万元，不考虑其他因素。

（3）公司清算所得税计算。《财政部 国家税务总局关于企业清算业务企业所得税处理若干问题的通知》（财税〔2009〕60 号）规定，企业的全部资产可变现价值或交易价格，减除资产的计税基础、清算费用、相关税费，加上债务清偿损益等后的余额，为清算所得。则甲公司清算所得为 1 800＋100－200＝1 700（万元），应纳所得税额为 1 700×25％＝425（万元）。

（4）甲公司清算后剩余财产的分配。不考虑其他因素，剩余财产为 5 000－200－425－1 800＝2 575（万元），分配归 A 公司所有。

（5）投资方（甲公司股东）A 公司分得剩余资产的所得税计算。《企业所得税法实施条例》规定，投资方企业从被清算企业分得的剩余资产，其中相当于从被清算企业累计未分配利润和累计盈余公积中应当分得的部分，应当确认为股息所得；剩余资产减除上述股息所得后的余额，超过或者低于投资成本的部分，应当确认为投资资产转让所得或者损失。

因此，A 公司应确认股息所得和投资资产转让所得。

A 公司分得的剩余资产 2 575 万元中，未分配利润 120 万元和盈余公积 30 万元都应确认为股息所得，剩余资产减除股息所得后的余额为 2 575－120－30＝2 425（万元），该余额超过投资成本的部分 2 425－800＝1 625（万元）应当确认为股权转让所得。

（6）会计处理与所得税处理的差异说明。会计核算的清算所得为 2 000 万元，比税法计算的清算所得 1 700 万元多 300 万元，是由资产的计税基础与账面价值差异（200 万元）和负债的账面价值与计税基础差异（100 万元）造成的。

三、甲公司会计处理

（1）资产负债清算（金额单位为万元，下同）。

借：银行存款　　　　　　　　　　　　　　　　　　　5 000

　　贷：资产类科目　　　　　　　　　　　　　　　　　3 000

　　　　清算损益　　　　　　　　　　　　　　　　　　2 000

借：负债类科目　　　　　　　　　　　　　　　　　　2 000

　　贷：清算损益　　　　　　　　　　　　　　　　　　 200

　　　　银行存款　　　　　　　　　　　　　　　　　　1 800

（2）发生清算税费。

借：清算费用等　　　　　　　　　　　　　　　　　　 200

　　贷：银行存款　　　　　　　　　　　　　　　　　　 200

（3）结转损益。

借：清算损益　　　　　　　　　　　　　　　　　　　2 200

　　贷：清算所得　　　　　　　　　　　　　　　　　　2 000

　　　　清算费用等　　　　　　　　　　　　　　　　　 200

（4）计算清算所得税。

借：所得税　　　　　　　　　　　　　　　　　　　　 425

　　贷：应交税金——应交所得税　　　　　　　　　　　 425

借：应交税金——应交所得税　　　　　　　　　　　　 425

　　贷：银行存款　　　　　　　　　　　　　　　　　　 425

（5）结转所得税。

借：清算所得　　　　　　　　　　　　　　　　　　　 425

　　贷：所得税　　　　　　　　　　　　　　　　　　　 425

四、乙公司合并甲公司的会计处理

借：资产类科目　　　　　　　　　　　　　　　　　　5 000

　　贷：负债类科目　　　　　　　　　　　　　　　　　1 800

　　　　银行存款　　　　　　　　　　　　　　　　　　3 200

五、A 公司会计处理

收回投资，确认股息所得和股权转让所得。

借：银行存款　　　　　　　　　　　　　　　　　　　2 575

　　贷：投资收益/应收股利等科目　　　　　　　　　　1 775

　　　　长期股权投资——甲公司　　　　　　　　　　　 800

12.6　企业清算所得税申报填报的审核依据

更多税法内容，请参见 2009 年 4 月 30 日《财政部 国家税务总局关于企业清算业务企业所得税处理若干问题的通知》（财税〔2009〕60 号）或者参见中国市场出版社出版的《企业所得税纳税调整与申报操作实务（2016 版）》——企业所得税纳税申报表政策法规指引。

第 13 章
居民企业月、季、年核定征收和
月、季查账征收的填报和审核

13.1 《中华人民共和国企业所得税月（季）度和年度纳税申报表（B类，2015 年版）》概述

2015 年 4 月 30 日，国家税务总局在《关于发布〈中华人民共和国企业所得税月（季）度预缴纳税申报表（2015 年版）等报表〉的公告》（国家税务总局公告 2015 年第 31 号）中发布了《中华人民共和国企业所得税月（季）度和年度纳税申报表（B类，2015 年版)》。实行核定征收企业所得税的纳税人在月（季）度申报缴纳企业所得税时和年度汇算清缴时，都使用本表。

在本表填报说明中明确：核定征收的纳税人，如符合小型微利企业减免所得税额的条件，可享受小型微利税收优惠。

13.2 《中华人民共和国企业所得税月（季）度和年度纳税申报表（B类，2015 年版)》填报说明

13.2.1 适用范围

本表由实行核定征收企业所得税的纳税人在月（季）度申报缴纳企业所得税时使用。实行核定应税所得率方式的纳税人，年度汇算清缴使用本表。

13.2.2 表内关系

（1）本表第 9 行＝第 1－2－3 行。

（2）本表第 11 行＝第 9×10 行。

（3）本表第 14 行＝第 12 行÷（100%－第 13 行）×第 13 行。

（4）本表第 16 行＝第 11 行（或第 14 行）×第 15 行。

（5）本表第 17 行＝第 11 行或第 14 行×15%（或 5%）的积。

（6）本表第 20 行＝第 16－17－19 行。当第 20 行≤0 时，本行填 0。

13.2.3　表头项目的填报

1. "税款所属期间"：为税款所属期月（季）度第一日至所属期月（季）度最后一日。

年度中间开业的，"税款所属期间"为当月（季）开始经营之日至所属月（季）度的最后一日。次月（季）度起按正常情况填报。

2. "纳税人识别号"：填报税务机关核发的税务登记证件号码（15 位）。

3. "纳税人名称"：填报税务机关核发的税务登记证件中的纳税人全称。

13.2.4　具体项目的填报

13.2.4.1　应纳税所得额的计算部分

（一）《中华人民共和国企业所得税月（季）度和年度纳税申报表（B 类，2015 版）》第 1 行至第 11 行由"按收入总额核定应纳税所得额"的纳税人填写。

第 1 行"收入总额"：填报本年度累计取得的各项收入金额。

第 2 行"不征税收入"：填报纳税人计入收入总额但属于税收规定不征税的财政拨款、依法收取并纳入财政管理的行政事业性收费以及政府性基金和国务院规定的其他不征税收入。

第 3 行"免税收入"：填报纳税人计入利润总额但属于税收规定免税的收入或收益。第 3 行填报第 4＋5＋6＋7＋8 行的合计数。

第 4 行"国债利息收入"：填报纳税人持有国务院财政部门发行的国债取得的利息收入。

第 5 行"地方政府债券利息收入"：填报纳税人持有地方政府债券利息收入。

第 6 行"符合条件居民企业之间股息红利等权益性收益"：填报本期发生的符合条件的居民企业之间的股息、红利等权益性投资收益情况。不包括连续持有居民企业公开发行并上市流通的股票不足 12 个月取得的投资收益。

第 7 行"符合条件的非营利组织的收入"：根据《财政部 国家税务总局关于非营利组织企业所得税免税收入问题的通知》（财税〔2009〕122 号）等规定，符合条件并依法履行登记手续的非营利组织，填报取得的捐赠收入等免税收入，不包括营利性收入。

第 8 行"其他免税收入"：填报国家税务总局发布的最新减免项目名称及减免性质代码。

第 9 行"应税收入额"：根据相关行次计算填报。第 9 行＝第 1－2－3 行。

第 10 行"税务机关核定的应税所得率"：填报税务机关核定的应税所得率。

第 11 行"应纳税所得额"：根据相关行次计算填报。第 11 行＝第 9×10 行。

（二）第 12 行至第 14 行由"按成本费用核定应纳税所得额"的纳税人填报。

第 12 行"成本费用总额"：填写本年度累计发生的各项成本费用金额。

第 13 行"税务机关核定的应税所得率"：填报税务机关核定的应税所得率。

第 14 行"应纳税所得额"：根据相关行次计算填报。第 14 行＝第 12 行÷（100%－第 13 行"应税所得率"）×第 13 行。

13.2.4.2　应纳所得税额的计算部分

第 15 行"税率"：填写企业所得税法规定的 25% 税率。

第 16 行"应纳所得税额"：

（1）按照收入总额核定应纳所得额的纳税人，第 16 行＝第 11×15 行。

（2）按照成本费用核定应纳所得额的纳税人，第 16 行＝第 14×15 行。

13.2.4.3 应补（退）所得税额的计算部分

第 17 行"减：符合条件的小型微利企业减免所得税额"：填报根据《企业所得税法》和相关税收政策规定，符合小型微利企业条件的纳税人减免的所得税额。包括减按 20％税率征收（减低税率政策）和减按 10％税率征收（减半征税政策）两种情况。

享受减低税率政策的，本行填写本表第 11 行或第 14 行×5％的积。

享受减半征税政策的，本行填写本表第 11 行或第 14 行×15％的积；同时填写第 18 行"减半征税"。

第 19 行"已预缴所得税额"：填报当年累计已经预缴的企业所得税。

第 20 行"应补（退）所得税额"：根据相关行计算填报。第 20 行＝第 16－17－19 行。当第 20 行≤0 时，本行填 0。

13.2.4.4 其他信息的填报

《中华人民共和国企业所得税月（季）度和年度纳税申报表（B 类，2015 版）》第 21 行"税务机关核定应纳所得税额"：填报税务机关核定本期应当缴纳的所得税额（小型微利企业填报核减减免税额之后的数额）。税务机关统计小型微利企业减免税时，按照该行次数额，根据情况倒算减免税数额。由税务机关核定应纳所得税额的企业需填报此行。

13.2.5 小型微利企业判定信息的填报

（一）预缴申报时本栏次为必填项目，填写"是否属于小型微利企业"。

1. 核定应税所得率征收的纳税人。

（1）纳税人上一纳税年度汇算清缴符合小型微利企业条件的，本年预缴时，选择"是"，预缴累计会计利润不符合小微企业条件的，选择"否"。

（2）本年度新办企业，"资产总额"和"从业人数"符合规定条件的，选择"是"，预缴累计会计利润不符合小微企业条件的，选择"否"。

（3）上年度"资产总额"和"从业人数"符合规定条件，应纳税所得额不符合小微企业条件的，预计本年度会计利润符合小微企业条件，选择"是"，预缴累计会计利润不符合小微企业条件，选择"否"。

（4）纳税人第一季度预缴所得税时，鉴于上一年度汇算清缴尚未结束，可以按照上年度第四季度预缴情况选择"是"或"否"。

（5）不符合小型微利企业条件的，选择"否"。

2. 核定应纳税额的纳税人。

核定定额征收纳税人，换算应纳税所得额大于 30 万元的填"否"，其余填"是"。

（二）年度申报时填写小型微利企业相关指标，本栏次为必填项目。

（1）"所属行业"：填写"工业"或者"其他"。工业企业包括：采矿业、制造业、电力、燃气及水的生产和供应业；除工业以外的行业填写"其他"。

（2）"从业人数"：指与企业建立劳动关系的职工人数，以及企业接受劳务派遣用工人数之和。从业人数填报纳税人全年季度平均从业人数，具体计算公式如下：

季度平均值＝（季初值＋季末值）÷2

全年季度平均从业人数＝全年各季度平均值之和÷4

（3）"资产总额"：填报纳税人全年季度资产总额平均数，计算方法同"从业人数"口径，资产总额单位为万元，小数点后保留两位小数。

（4）"国家限制和禁止行业"：纳税人从事国家限制和禁止行业，选择"是"，其他选择"否"。

13.3　居民企业所得税月（季）度预缴纳税申报

13.3.1　《企业所得税月（季）度预缴纳税申报表（A 类，2015 年版）》修改说明

2015 年 4 月 30 日，国家税务总局《关于发布〈中华人民共和国企业所得税月（季）度预缴纳税申报表（2015 年版）等报表〉的公告》（国家税务总局公告 2015 年第 31 号）中发布了《中华人民共和国企业所得税月（季）度预缴纳税申报表（A 类，2015 年版）》。实行查账征收企业所得税的纳税人在月（季）度申报缴纳企业所得税时，都使用本表。本次修改预缴申报表，主要有以下三方面的变化：

一是修改了适用于固定资产加速折旧的申报表。原纳税申报表只能满足原有 6 个行业固定资产加速折旧优惠政策。修改后的固定资产加速折旧申报表，不再采取"每个行业占一个行次"的方法，设计通用行次，满足多个行业的填报，增强了包容性。修改后的申报表进一步区分"税法与会计一致"和"税法与会计不一致"两种情形，方便纳税人在季度预缴时进行纳税调减，便于纳税人在预缴环节享受优惠政策；对于"税法与会计一致"的，由于企业所得税按实际利润预缴，"税法与会计一致"的企业实际上已经享受了此项优惠，申报表主要便于税务机关统计优惠数据。修改后的申报表，更适合于计算机软件申报、监控、取数等，是一次技术上的优化。

二是为满足转让技术使用权享受优惠政策，修改了《不征税收入和税基类减免应纳税所得额明细表》第 25 行"4. 符合条件的技术转让项目"的填报说明，删除了其中"全球独占许可"的内容。原来，企业技术转让所得优惠政策只能在汇算清缴时享受，季度、月份预缴时不能享受。为贯彻实施此项优惠政策，国家税务总局对申报表有关限制内容进行了调整，允许企业在预缴环节享受优惠。

三是小微企业减半征税政策从 2015 年 10 月 1 日起进一步扩大优惠范围，打破了企业所得税按年度核算税款的常规做法，增加了技术操作难度。为满足小微企业预缴享受 2015 年第四季度（含 10 至 12 月）优惠政策，修改了《减免所得税额明细表（附表 3）及填报说明》和《中华人民共和国企业所得税月（季）度预缴和年度纳税申报表（B 类，2015 年版）》有关小微企业 2015 年第四季度（含 10 至 12 月）预缴填报说明，其中，核定征税小微企业 2015 年度汇算清缴也按该公告规定执行。为便于 2015 年 10 月 1 日之前成立的，应纳税所得额或利润额介于 20 万元至 30 万元的小微企业申报享受优惠政策，我们设计了《小型微利企业所得税优惠比例查询表》，供小微企业申报享受所得税优惠政策。

需要说明的是，2015 年第四季度（含 10 至 12 月）预缴申报期和核定征税小微企业 2015 年度汇算清缴期结束后，该公告附件 2《小型微利企业 2015 年 4 季度预缴和定率征税小型微利企业 2015 年度汇算清缴填报说明》停止执行。小微企业预缴所得税仍按原有规定执行。

13.3.2　《企业所得税月（季）度预缴纳税申报表（A 类，2015 年版）》的填报

13.3.2.1　《企业所得税月（季）度预缴纳税申报表（A 类，2015 年版）》概述
一、适用范围

《企业所得税月（季）度预缴纳税申报表（A 类，2015 年版）》适用于实行查账征收企业所得税的居民纳税人在月（季）度预缴企业所得税时使用。跨地区经营汇总纳税企业的

分支机构年度汇算清缴申报适用本表。

二、报表结构说明

（一）报表列次的结构说明。

1. 第一部分，按照实际利润额预缴税款的纳税人，填报第 2 行至第 17 行。

其中：第 2 行至第 17 行的"本期金额"列，填报所属月（季）度第一日至最后一日的数据；第 2 行至第 17 行的"累计金额"列，填报所属年度 1 月 1 日至所属月（季）度最后一日的累计数额。

2. 第二部分，按照上一纳税年度应纳税所得额平均额计算预缴税款的纳税人，填报第 19 行至第 24 行。

其中：第 19 行至第 24 行的"本期金额"列，填报所属月（季）度第一日至最后一日的数据；第 19 行至第 24 行的"累计金额"列，填报所属年度 1 月 1 日至所属月（季）度最后一日的累计数额。

3. 第三部分，按照税务机关确定的其他方法预缴的纳税人，填报第 26 行。

其中："本期金额"列，填报所属月（季）度第一日至最后一日的数额；"累计金额"列，填报所属年度 1 月 1 日至所属月（季）度最后一日的累计数额。

（二）报表行次的结构说明。

1. 第 1 行至第 26 行，纳税人根据其预缴申报方式分别填报。

实行"按照实际利润额预缴"的纳税人填报第 2 行至第 17 行。实行"按照上一纳税年度应纳税所得额平均额预缴"的纳税人填报第 19 行至第 24 行。实行"按照税务机关确定的其他方法预缴"的纳税人填报第 26 行。

2. 第 27 行至第 33 行，由跨地区经营汇总纳税企业（以下简称汇总纳税企业）填报。其中：汇总纳税企业总机构在填报第 1 行至第 26 行的基础上，填报第 28 行至第 31 行。汇总纳税企业二级分支机构只填报本表第 30 行、第 32 行、第 33 行。

三、表内、表间关系

（一）表内关系。

（1）本表第 9 行＝第 4＋5－6－7－8 行。

（2）本表第 11 行＝第 9×10 行。当汇总纳税企业的总机构和分支机构适用不同税率时，第 11 行≠第 9×10 行。

（3）本表第 15 行＝第 11－12－13－14 行，且第 15 行≤0 时，填 0。

（4）本表第 17 行＝第 15－16 行，且第 17 行≤0 时，填 0。

（5）本表第 20 行"本期金额"＝第 19 行"累计金额"×1/4 或 1/12。

（6）本表第 22 行＝第 20×21 行。

（7）本表第 24 行＝第 22－23 行。

（8）本表第 28 行＝第 15 行或第 24 行或第 26 行×规定比例。

（9）本表第 29 行＝第 15 行或第 24 行或第 26 行×规定比例。

（二）表间关系。

（1）本表第 6 行＝《不征税收入和税基类减免应纳税所得额明细表》（附表 1）第 1 行。

（2）本表第 7 行"本期金额"＝《固定资产加速折旧（扣除）明细表》（附表 2）第 13 行 11 列；第 7 行"累计金额"＝《固定资产加速折旧（扣除）明细表》（附表 2）第 13 行 16 列。

（3）本表第 12 行、23 行＝《减免所得税额明细表》（附表 3）第 1 行。

（4）本表第 30 行＝《企业所得税汇总纳税分支机构所得税分配表（2015 年版）》中的"分支机构分摊所得税额"。

（5）本表第 32、33 行＝《企业所得税汇总纳税分支机构所得税分配表（2015 年版）》中与填表纳税人对应行次中的"分配比例"、"分配所得税额"列。

四、表头项目的填报

1. "税款所属期间"：为税款所属期月（季）度第一日至所属期月（季）度最后一日。年度中间开业的纳税人，"税款所属期间"为当月（季）开始经营之日至所属月（季）度的最后一日。次月（季）度起按正常情况填报。

2. "纳税人识别号"：填报税务机关核发的税务登记证号码（15 位）。

3. "纳税人名称"：填报税务机关核发的税务登记证记载的纳税人全称。

五、填报注意问题

利润总额计算实际利润额的过程中，将"6、不征税收入"、"7、免税收入"行合并调整为"6、不征税收入和税基减免应纳税所得额"，并增加《不征税收入和税基类减免应纳税所得额明细表》（附表 1-1），纳税人可在预缴时详细填报不征税收入、免税收入、减计收入、所得减免、新产品、新工艺、新技术研发费用加计扣除、抵扣应纳税所得额优惠项目。

2014 年实施的预缴申报表虽然明确第 8 行"减征、免征应纳税所得额"填报按照税收规定，允许在月（季）度预缴税款时享受优惠政策的减征、免征、减计收入、加计扣除的应纳税所得额，但是国家税务总局一直没有明确具体有哪些优惠可以在预缴税款时享受，因此，在实际执行过程中，各地掌握有所差异，使得纳税人无法在预缴时充分享受税收优惠。本次发布的新表就解决了这一尴尬，企业的不征税收入和所得税年度纳税申报表中 A107010、A107020、A107030、A107050 各表填报的税收优惠项目基本都可以在预缴申报时享受。

新申报表在附表中明确了新产品、新工艺、新技术研发费用加计扣除栏次，但对汇算清缴时同属加计扣除项目的残疾人员工资却只字未提，或许可以理解为支付残疾人员工资，不能在预缴申报时加计扣除。

13.3.2.2 具体项目填报说明

一、按实际利润额预缴部分

1. 《企业所得税月（季）度预缴所得税申报表（A 类，2015 年版）》第 2 行"营业收入"：填报按照《企业会计制度》、《企业会计准则》等国家会计规定核算的营业收入。本行主要列示纳税人营业收入数额，不参与计算。

2. 第 3 行"营业成本"：填报按照《企业会计制度》、《企业会计准则》等国家会计规定核算的营业成本。本行主要列示纳税人营业成本数额，不参与计算。

3. 第 4 行"利润总额"：填报按照《企业会计制度》、《企业会计准则》等国家会计规定核算的利润总额。本行数据与利润表列示的利润总额一致。

4. 第 5 行"特定业务计算的应纳税所得额"：从事房地产开发等特定业务的纳税人，填报按照税收规定计算的特定业务的应纳税所得额。房地产开发企业销售未完工开发产品取得的预售收入，按照税收规定的预计计税毛利率计算的预计毛利额填入此行。

5. 第 6 行"不征税收入和税基减免应纳税所得额"：填报属于税法规定的不征税收入、免税收入、减计收入、所得减免、抵扣应纳税所得额等金额。本行通过《不征税收入和税基类减免应纳税所得额明细表》（附表 1）填报。

6. 第 7 行"固定资产加速折旧（扣除）调减额"：填报按照《财政部 国家税务总局关于完善固定资产加速折旧税收政策有关问题的通知》（财税〔2014〕75 号）等相关规定，固定资产税收上采取加速折旧，会计上未加速折旧的纳税调整情况。本行通过《固定资产加速折旧（扣除）明细表》（附表 2）填报。

7. 第 8 行"弥补以前年度亏损"：填报按照税收规定可在企业所得税前弥补的以前年度尚未弥补的亏损额。

8. 第 9 行"实际利润额"：根据本表相关行次计算结果填报。第 9 行＝第 4＋5－6－7－

8 行。

9. 第 10 行"税率"：填报企业所得税法规定税率 25％。

10. 第 11 行"应纳所得税额"：根据相关行次计算结果填报。第 11 行＝第 9×10 行，且 11 行≥0。跨地区经营汇总纳税企业总机构和分支机构适用不同税率时，第 11 行≠第 9×10 行。

11. 第 12 行"减免所得税额"：填报按照税收规定，当期实际享受的减免所得税额。本行通过《减免所得税额明细表》（附表 3）填报。

12. 第 13 行"实际已预缴所得税额"：填报纳税人本年度此前月份、季度累计已经预缴的企业所得税额，"本期金额"列不填写。

13. 第 14 行"特定业务预缴（征）所得税额"：填报按照税收规定的特定业务已经预缴（征）的所得税额。建筑企业总机构直接管理的跨地区设立的项目部，按规定向项目所在地主管税务机关预缴的企业所得税填入此行。

14. 第 15 行"应补（退）所得税额"：根据本表相关行次计算填报。第 15 行列＝第 11－12－13－14 行，且第 15 行≤0 时，填 0；"本期金额"列不填。

15. 第 16 行"减：以前年度多缴在本期抵缴所得税额"：填报以前年度多缴的企业所得税税款未办理退税，在本纳税年度抵缴的所得税额。

16. 第 17 行"本月（季）实际应补（退）所得税额"：根据相关行次计算填报。第 17 行"累计金额"列＝第 15－16 行，且第 17 行≤0 时，填 0，"本期金额"列不填。

二、按照上一年度应纳税所得额平均额预缴部分

1. 第 19 行"上一纳税年度应纳税所得额"：填报上一纳税年度申报的应纳税所得额。"本期金额"列不填。

2. 第 20 行"本月（季）应纳税所得额"：根据相关行次计算填报。

（1）按月度预缴的纳税人：第 20 行＝第 19 行×1/12。

（2）按季度预缴的纳税人：第 20 行＝第 19 行×1/4。

3. 第 21 行"税率"：填报企业所得税法规定的 25％税率。

4. 第 22 行"本月（季）应纳所得税额"：根据本表相关行次计算填报。第 22 行＝第 20×21 行。

5. 第 23 行"减：减免所得税额"：填报按照税收规定，当期实际享受的减免所得税额。本行通过《减免所得税额明细表》（附表 3）填报。

6. 第 24 行"本月（季）应纳所得税额"：根据相关行次计算填报。第 24 行＝第 22－23 行。

三、按照税务机关确定的其他方法预缴

第 26 行"本月（季）确定预缴所得税额"：填报税务机关认可的其他方法确定的本月（季）度应缴纳所得税额。

四、汇总纳税企业总分机构有关项目的填报

1. 第 28 行"总机构分摊所得税额"：汇总纳税企业的总机构，以本表（第 1 行至第 26 行）本月（季）度预缴所得税额为基数，按总机构应当分摊的预缴比例计算出的本期预缴所得税额填报，并按不同预缴方式分别计算：

（1）"按实际利润额预缴"的汇总纳税企业的总机构：第 15 行×总机构应分摊预缴比例。

（2）"按照上一纳税年度应纳税所得额的平均额预缴"的汇总纳税企业的总机构：第 24 行×总机构应分摊预缴比例。

（3）"按照税务机关确定的其他方法预缴"的汇总纳税企业的总机构：第 26 行×总机构应分摊预缴比例。

上述计算公式中的"总机构分摊预缴比例"：跨地区经营（跨省、自治区、直辖市、计划单列市）汇总纳税企业，总机构分摊的预缴比例填报 25%；省内经营的汇总纳税企业，总机构应分摊的预缴比例按各省级税务机关规定填报。

2．第 29 行"财政集中分配所得税额"：汇总纳税企业的总机构，以本表（第 1 行至第 26 行）本月（季）度预缴所得税额为基数，按财政集中分配的预缴比例计算出的本期预缴所得税额填报，并按不同预缴方式分别计算：

（1）"按实际利润额预缴"的汇总纳税企业的总机构：第 15 行×财政集中分配预缴比例。

（2）"按照上一纳税年度应纳税所得额的平均额预缴"的汇总纳税企业的总机构：第 24 行×财政集中分配预缴比例。

（3）"按照税务机关确定的其他方法预缴"的汇总纳税企业的总机构：第 26 行×财政集中分配预缴比例。

上述计算公式中，跨地区经营（跨省、自治区、直辖市、计划单列市）汇总纳税企业，财政集中分配的预缴比例填报 25%；省内经营的汇总纳税企业，财政集中分配的预缴比例按各省级税务机关规定填报。

3．第 30 行"分支机构应分摊所得税额"：汇总纳税企业的总机构，以本表（第 1 行至第 26 行）本月（季）度预缴所得税额为基数，按分支机构应分摊的预缴比例计算出的本期预缴所得税额填报，并按不同预缴方式分别计算：

（1）"按实际利润额预缴"的汇总纳税企业的总机构：第 15 行×分支机构应分摊预缴比例。

（2）"按照上一纳税年度应纳税所得额平均额预缴"的汇总纳税企业的总机构：第 24 行×分支机构应分摊预缴比例。

（3）"按照税务机关确定的其他方法预缴"的汇总纳税企业的总机构：第 26 行×分支机构应分摊预缴比例。

上述计算公式中的"分支机构应分摊预缴比例"：跨地区经营（跨省、自治区、直辖市、计划单列市）汇总纳税企业，分支机构应分摊的预缴比例填报 50%；省内经营的汇总纳税企业，分支机构应分摊的预缴比例按各省级税务机关规定执行填报。

分支机构根据《中华人民共和国企业所得税汇总纳税分支机构所得税分配表（2015 年版）》中的"分支机构分摊所得税额"填写本行。

4．第 31 行"其中：总机构独立生产经营部门应分摊所得税额"：填报跨地区经营汇总纳税企业的总机构，设立的具有主体生产经营职能且按规定视同二级分支机构的部门，所应分摊的本期预缴所得税额。

5．第 32 行"分配比例"：汇总纳税企业的分支机构，填报依据《企业所得税汇总纳税分支机构所得税分配表（2015 年版）》确定的该分支机构的分配比例。

6．第 33 行"分配所得税额"：填报汇总纳税企业的分支机构按分配比例计算应预缴或汇算清缴的所得税额。第 33 行＝第 30×32 行。

13.3.2.3　"是否属于小型微利企业"部分的填报

1．纳税人上一纳税年度汇算清缴符合小型微利企业条件的，本年预缴时，选择"是"，预缴累计会计利润不符合小微企业条件的，选择"否"。

2．本年度新办企业，"资产总额"和"从业人数"符合规定条件，选择"是"，预缴累计会计利润不符合小微企业条件的，选择"否"。

3．上年度"资产总额"和"从业人数"符合规定条件，应纳税所得额不符合小微企业条件的，预计本年度会计利润符合小微企业条件，选择"是"，预缴累计会计利润不符合小微企业条件的，选择"否"。

4．纳税人第一季度预缴所得税时，鉴于上一年度汇算清缴尚未结束，可以按照上年度第四季度预缴情况选择"是"或"否"。

本栏次为必填项目，不符合小型微利企业条件的，选择"否"。

13.3.3 《不征税收入和税基类减免应纳税所得额明细表》的填报

13.3.3.1 《不征税收入和税基类减免应纳税所得额明细表》概述
一、适用范围

《不征税收入和税基类减免应纳税所得额明细表》作为《中华人民共和国企业所得税月（季）度预缴纳税申报表（A 类，2015 年版）》的附表，适用于享受不征税收入，以及享受免税收入、减计收入、所得减免、研发费用加计扣除及抵扣应纳税所得额等税基类优惠政策的查账征收的纳税人填报。纳税人根据税法规定，填报本期及本年累计优惠情况。

二、表内、表间关系

（一）表内关系。

（1）本表第 1 行＝第 2＋3＋14＋19＋30＋31＋32＋33＋34 行。

（2）本表第 3 行＝第 4＋5＋6＋7＋8＋9＋10＋11＋12＋13 行。

（3）本表第 14 行＝第 15＋16＋17＋18 行。

（4）本表第 19 行＝第 20＋23＋24＋25＋26＋27＋28＋29 行。

（二）表间关系。

本表第 1 行＝企业所得税月（季）度预缴纳税申报表（A 类，2015 年版）第 6 行。

13.3.3.2 各列次填报说明

《不征税收入和税基类减免应纳税所得额明细表》"本期金额"列填报纳税人本季度、月份发生的不征税收入和税基类减免应纳税所得额的数据。"累计金额"填报纳税人自本年度 1 月 1 日（或开始营业之日）至本季度、月份止发生的不征税收入和税基类减免应纳税所得额的数据。

13.3.3.3 各行次填报说明

1.《不征税收入和税基类减免应纳税所得额明细表》第 1 行"合计"：填报第 2＋3＋14＋19＋30＋31＋32＋33＋34 行的金额，第 34 行后如有增加行次，加至最后一行。

2. 第 2 行"一、不征税收入"：填报纳税人已计入当期损益但属于税法规定不征税的财政拨款、依法收取并纳入财政管理的行政事业性收费、政府性基金以及国务院规定的其他不征税收入。通过本表进行纳税调减。

3. 第 3 行"二、免税收入"：填报第 4 行至第 13 行的金额合计数。

4. 第 4 行"1. 国债利息收入"：填报纳税人持有国务院财政部门发行的国债取得的利息收入。

5. 第 5 行"2. 地方政府债券利息收入"：填报纳税人持有地方政府债券利息收入。

6. 第 6 行"3. 符合条件的居民企业之间的股息、红利等权益性投资收益"：填报本期发生的符合条件的居民企业之间的股息、红利等权益性投资收益情况。不包括连续持有居民企业公开发行并上市流通的股票不足 12 个月取得的投资收益。

7. 第 7 行"4. 符合条件的非营利组织的收入"：根据《企业所得税法》等有关规定，符合条件并依法履行登记手续的非营利组织，填报取得的捐赠收入等免税收入，不包括营利性收入。

8. 第 8 行"5. 证券投资基金投资者取得的免税收入"：填报纳税人根据《财政部 国家税务总局关于企业所得税若干优惠政策的通知》（财税〔2008〕1 号）的规定，证券投资基金从证券市场中取得收入（包括买卖股票、债券差价收入，股息、红利收入，债券利息收入及其他收入）以及投资者从证券投资基金分配中取得的收入。

9. 第9行"6. 证券投资基金管理人取得的免税收入"：填报纳税人根据《财政部 国家税务总局关于企业所得税若干优惠政策的通知》的规定，证券投资基金管理人运用基金买卖股票、债券差价收入。

10. 第10行"7. 中国清洁发展机制基金取得的收入"：填报中国清洁发展机制基金取得的 CDM 项目温室气体减排量转让收入上缴国家部分，国际金融组织赠款收入，基金资金存款利息收入、购买国债利息收入，国内外机构、组织和个人的捐赠收入。

11. 第11行"8. 受灾地区企业取得的救灾和灾后恢复重建款项等收入"：填报芦山、鲁甸及其他受灾地区企业灾后重建政策，通过公益性社会团体、县级以上人民政府及其部门取得的抗震救灾和灾后恢复重建款项和物资，以及税收法律、法规和国务院批准的减免税金及附加收入。

12. 第12行"9. 其他 1"、第13行"10. 其他 2"：填报其他未列明的预缴申报可以享受的免税收入项目，包括国家税务总局发布的最新政策规定的免税收入。填报时需在"项目"列填写（软件申报时选择具体优惠项目）减免项目名称及减免性质代码。

13. 第14行"三、减计收入"：填报第 15＋16＋17＋18 行的金额。

14. 第15行"1. 综合利用资源生产产品取得的收入"：填报纳税人根据现行企业所得税法规定，综合利用资源生产产品取得的收入减计征税的部分。本行填报"综合利用资源生产产品取得收入"×10%的积。

15. 第16行"2. 金融、保险等机构取得的涉农利息、保费收入"：填报金融保险企业、中国扶贫基金会所属小额贷款公司等取得的涉农利息、保费收入，根据《企业所得税法》和相关税收政策规定享受"减计收入"情况。本行填报"金融、保险等机构取得的涉农利息、保费收入"×10%的积。

16. 第17行"3. 取得的中国铁路建设债券利息收入"：填报纳税人取得铁路建设债券利息收入，根据现行税收政策规定享受"减计收入"情况。本行填报"取得的中国铁路建设债券利息收入"×50%的积。

17. 第18行"4. 其他"：填报国家税务总局发布的最新政策规定的其他减计收入乘以"减计收入"比例的金额，需在"项目"列填写（软件申报时选择具体优惠项目）享受减免项目名称及减免性质代码。

18. 第19行"四、所得减免"：填报第 20＋23＋24＋25＋26＋27＋28＋29 行的金额。本行小于 0 时填 0。

19. 第20行"1. 农、林、牧、渔业项目"：填报纳税人根据《企业所得税法》规定，从事农、林、牧、渔业项目发生的减征、免征企业所得税项目的所得额。本行＝第 21＋22 行，该项目所得为负数时填 0。

20. 第21行"其中：免税项目"：填报纳税人根据企业所得税法及相关税收政策规定发生的免征企业所得税项目的所得额，当该项目所得为负数时填 0。

免征企业所得税项目主要有：种植蔬菜、谷物、薯类、油料、豆类、棉花、麻类、糖料、水果、坚果；农作物新品种的选育；中药材的种植；林木的培育和种植；牲畜、家禽的饲养；林产品的采集；灌溉、农产品初加工、兽医、农技推广、农机作业和维修等农、林、牧、渔服务业项目；远洋捕捞等。

21. 第22行"减半征收项目"：填报纳税人根据企业所得税法及相关税收政策规定，从事农、林、牧、渔业项目发生的减半征收企业所得税项目的所得额。本行＝"减半征收企业所得税项目的所得额"×50%，当该项目所得为负数时填 0。

减半征收企业所得税项目主要有：花卉、茶以及其他饮料作物和香料作物的种植；海水养殖、内陆养殖等。

22．第 23 行"2．国家重点扶持的公共基础设施项目"：填报纳税人根据企业所得税法和相关税收政策规定，从事《公共基础设施项目企业所得税优惠目录》中规定的港口码头、机场、铁路、公路、城市公共交通、电力、水利等项目的投资经营的所得，自项目取得第一笔生产经营收入所在年度起，享受企业所得税"三免三减半"优惠政策情况。其免税期间填报从事基础设施项目的所得额，减半征税期间填报从事基础设施项目的所得额×50％的积。当该项目所得为负数时填 0。不包括企业承包经营、承包建设和内部自建自用该项目的所得。

23．第 24 行"3．符合条件的环境保护、节能节水项目"：填报纳税人根据企业所得税法和相关税收政策规定，从事符合条件的公共污水处理、公共垃圾处理、沼气综合开发利用、节能减排技术改造、海水淡化等环境保护、节能节水项目的所得，自项目取得第一笔生产经营收入所在年度起，享受企业所得税"三免三减半"优惠政策情况。其免税期间填报从事环境保护、节能节水项目的所得额，减半征税期间填报从事环境保护、节能节水项目的所得额×50％的积。当该项目所得为负数时填 0。

24．第 25 行"4．符合条件的技术转让项目"：填报纳税人根据《企业所得税法》和相关税收政策规定，对转让技术所有权或 5 年以上全球独占许可使用权取得的所得，减征、免征的所得额。

25．第 26 行"5．实施清洁发展机制项目"：填报纳税人根据《企业所得税法》和相关税收政策规定，实施的将温室气体减排量转让收入的 65％上缴给国家的 HFC 和 PFC 类 CDM 项目，以及将温室气体减排量转让收入的 30％上缴给国家的 N2O 类 CDM 项目，其实施该类 CDM 项目的所得，自项目取得第一笔减排量转让收入所属纳税年度起，第一年至第三年免征、第四年至第六年减半征收的所得额。

26．第 27 行"节能服务公司实施合同能源管理项目"：填报根据《企业所得税法》和相关税收政策规定符合条件的节能服务公司，实施合同能源管理的项目，自项目取得第一笔生产经营收入所属纳税年度起，第一年至第三年免征、第四年至第六年按照 25％的法定税率减半征收的所得额。

27．第 28 行"7．其他 1"、第 29 行"8．其他 2"：填报国家税务总局发布的最新政策规定的其他专项减免应纳税所得额，当项目所得为负数时填 0。填报时需在"项目"列填写（软件申报时选择具体优惠项目）享受减免项目名称及减免性质代码。

28．第 30 行"五、新产品、新工艺、新技术研发费用加计扣除"：填报纳税人根据《企业所得税法》和相关税收政策规定，发生的新产品、新工艺、新技术研发费用加计扣除的金额。

29．第 31 行"六、抵扣应纳税所得额"：填报纳税人根据《企业所得税法》和相关税收政策规定，享受创业投资企业抵扣应纳税所得额优惠的金额。

30．第 32 行及后续行次"七、其他 1"、"其他 2"、"其他 3"等：填报纳税人享受的国家税务总局发布的最新的税基类优惠项目的金额，同时需在"项目"列填写减免项目名称及减免性质代码，如行次不足，可增加行次填写。

13.3.3.4 填报审核

详细内容参见第 5 章"纳税调整项目明细表的填报和审核"和第 8 章"税收优惠项目明细表的填报和审核"有关内容。

13.3.4 《固定资产加速折旧（扣除）明细表》的填报

13.3.4.1 《固定资产加速折旧（扣除）明细表》概述

一、适用范围

1.《固定资产加速折旧（扣除）明细表》作为《中华人民共和国企业所得税月

（季）度预缴纳税申报表（A 类，2015 年版）》的附表，适用于按照《财政部 国家税务总局关于完善固定资产加速折旧税收政策有关问题的通知》（财税〔2014〕75 号，以及此后扩大行业范围）规定，享受固定资产加速折旧和一次性扣除优惠政策的查账征税的纳税人填报。

2.《国家税务总局关于企业固定资产加速折旧所得税处理有关问题的通知》（国税发〔2009〕81 号）规定的固定资产加速折旧，不填报本表。

3. 本表主要任务：一是对税法上采取加速折旧，会计上未采取加速折旧的固定资产，预缴环节对折旧额的会计与税法差异进行纳税调减。本表预缴时不作纳税调增，纳税调整统一在汇算清缴时处理。二是对于税法、会计都采取加速折旧的，对纳税人享受加速折旧优惠情况进行统计。

当税法折旧额小于会计折旧额（或正常折旧额）时，该项固定资产不再填写本表，当期数据按实际数额填报，年度内保留累计数。主要包括以下情形：

（1）会计采取正常折旧方法，税法采取缩短折旧年限方法，按税法规定折旧完毕的。

（2）会计采取正常折旧方法，税法采取年数总和法或双倍余额递减法方法，税法折旧金额小于会计折旧金额的。

上述（1）、（2）情形，填写第 8 列、第 13 列"会计折旧额"，第 10 列、第 15 列"税收加速折旧额"，第 11 列、第 16 列"纳税调整额"。

（3）会计和税法均采取加速折旧的，该类固定资产填报第 9 列、第 14 列"正常折旧额"，第 10 列、第 15 列"税收加速折旧额"，第 12 列、第 17 列"加速折旧优惠统计额"，当税法折旧金额小于按会计折旧金额时，不再填写本表。

二、表内、表间关系

（一）表内关系。

（1）本表第 7 列＝第 1＋4 列。

（2）本表第 10 列＝第 2＋5 列。

（3）本表第 11 列＝第 10－8 列。

（4）本表第 12 列＝第 10－9 列。

（5）本表第 15 列＝第 3＋6 列。

（6）本表第 16 列＝第 15－13 列。

（7）本表第 17 列＝第 15－14 列。

（8）本表第 1 行＝第 2＋3＋4＋…＋7 行。

（9）本表第 9 行＝第 10＋12 行。

（10）本表第 13 行＝第 1＋8＋9 行。

（二）表间关系。

（1）企业所得税月（季）度预缴纳税申报表（A 类，2015 年版）第 7 行"本期金额"＝本表第 13 行第 11 列。

（2）企业所得税月（季）度预缴纳税申报表（A 类，2015 年版）第 7 行"累计金额"＝本表第 13 行第 16 列。

13.3.4.2 各行次填报说明

根据固定资产类别填报相应数据列。

1.《固定资产加速折旧（扣除）明细表》第 1 行"一、重要行业固定资产"：生物药品制造业，专用设备制造业，铁路、船舶、航空航天和其他运输设备制造业，计算机、通信和其他电子设备制造业，仪器仪表制造业，信息传输、软件和信息技术服务业等行业的纳税人，按照《财政部 国家税务总局关于完善固定资产加速折旧企业所得税政策的通知》

（财税〔2014〕75 号）的规定，对于 2014 年 1 月 1 日后新购进固定资产在税收上采取加速折旧的，结合会计折旧政策，分不同情况填报纳税调减或者加速折旧优惠统计情况。本行＝第 2＋3＋4＋5＋6＋7 行。

第 2 行至第 7 行，由企业根据固定资产加速折旧情况填报。

2. 第 8 行"二、其他行业研发设备"：由重要行业以外的其他企业填报。填写单位价值超过 100 万元的研发仪器、设备采取缩短折旧年限或加速折旧方法，在预缴环节进行纳税调减或者加速折旧优惠统计情况。

3. 第 9 行"三、允许一次性扣除的固定资产"：填报 2014 年 1 月 1 日后新购进单位价值不超过 100 万元的用于研发的仪器、设备和单位价值不超过 5 000 元的固定资产，按照税法规定一次性在当期所得税前扣除的金额。本行＝第 10＋12 行。

小型微利企业研发与经营活动共用的仪器、设备一次性扣除，同时填写本表第 10 行、第 11 行。

单位价值不超过 5 000 元的固定资产，按照税法规定一次性在当期税前扣除的，填写第 12 行。

13.3.4.3　各列次填报说明

1.《固定资产加速折旧（扣除）明细表》第 1 列至第 7 列有关固定资产原值、折旧额。

（1）原值：填写固定资产的计税基础。

（2）本期折旧（扣除）额：填报按税法规定享受加速折旧优惠政策的固定资产当月（季）度折旧（扣除）额。

（3）累计折旧（扣除）额：填写按税法规定享受加速折旧优惠政策的固定资产自本年度 1 月 1 日至当月（季）度的累计折旧（扣除）额。年度中间开业的，填写开业之日至当月（季）度的累计折旧（扣除）额。

2. 第 8 列至第 17 列"本期折旧（扣除）额"填报当月（季）度的数据；"累计折旧（扣除）额"填报自本年度 1 月 1 日至当月（季）度的累计数；年度中间开业的，填写开业之日至当月（季）度的累计折旧（扣除）额。

（1）填报规则。

一是对于会计上未加速折旧，税法上加速折旧的，填写第 8 列、第 10 列、第 11 列和第 13 列、15 列、16 列，据此进行纳税调减。

二是对于会计与税法上均加速折旧的，填写第 9 列、第 10 列、第 12 列和第 14 列、第 15 列、第 17 列，据此统计优惠政策情况。

三是对于税法上加速折旧，但部分资产会计上加速折旧，另一部分资产会计上未加速折旧的，应区分会计上不同资产折旧情况，按上述规则分别填报各列次。此时，不完全满足上述各列次逻辑关系，但"税收加速折旧额"－"会计折旧额"－"正常折旧额"＝"纳税调整额"＋"加速折旧优惠统计额"。

（2）具体列次的填报。

一是"会计折旧额"：税收上加速折旧，会计上未加速折旧的，本列填固定资产会计上实际账载折旧数额。会计与税法均加速折旧的，不填写本列。

二是"正常折旧额"：会计和税收上均加速折旧，为统计企业享受优惠情况，假定该资产未享受加速折旧政策，本列填报该固定资产视同按照税法规定最低折旧年限用直线法估算折旧额。当税法折旧额小于正常折旧额时，第 9 列填写本期实际折旧额，第 14 列按照本年累计数额填报。对于会计上未加速折旧，税法上加速折旧的，不填写本列。

三是"税收加速折旧额"：填报按税法规定享受加速折旧优惠政策的固定资产，按税法规定的折旧（扣除）数额。

四是"纳税调整额"：填报税收上加速折旧、会计上未加速折旧的差额，在预缴申报时进行纳税调减。预缴环节不进行纳税调增，有关纳税调整在汇算清缴时统一处理。当税法折旧金额小于按会计折旧金额时，不再填写本表。第 11 列＝第 10－8 列，第 16 列＝第 15－13 列。

五是"加速折旧优惠统计额"：填报会计与税法上对固定资产均加速折旧，以税法实际加速折旧额减去假定未加速折旧的"正常折旧"额，据此统计加速折旧情况。第 12 列＝第 10－9 列，第 17 列＝第 15－14 列。

税务机关以"纳税调整额"＋"加速折旧优惠统计额"之和，进行固定资产加速折旧优惠情况统计工作。

13.3.4.4　填报案例

一、生物药品制造业等六大行业企业《固定资产加速折旧（扣除）明细表》填报案例

（一）固定资产会计上和税收上均采取加速折旧方法。

A 企业属于专用设备制造业，2014 年 12 月购进一台全新的生产设备并当月投入使用，价值 360 万元。该设备会计折旧年限为 6 年，税法规定该类固定资产最低折旧年限为 10 年，暂不考虑残值，企业所得税分季预缴。

分析：A 企业属于生物医药制造业等六大行业，根据《关于固定资产加速折旧税收政策有关问题的公告》（国家税务总局公告 2014 年第 64 号）的规定，可对 2014 年 1 月 1 日后购进的固定资产享受加速折旧优惠。该企业采取缩短折旧年限方式对该类资产进行税务处理，折旧年限缩短为 6 年（10×60％），与会计折旧年限一致。A 企业虽然因税法与会计折旧金额一致，无须进行纳税调整，但仍然需要在预缴申报的同时附报相关报表，2015 年度第一季度预缴申报需填报《固定资产加速折旧（扣除）预缴情况统计表》，第二季度预缴申报启用《中华人民共和国企业所得税月（季）度预缴申报表（A 类，2015 年版）》，需要同时填报《固定资产加速折旧（扣除）明细表》（附表 2），将税法实际加速折旧额减去假定采取直线法所提取的"正常折旧"额的差额，填入"加速折旧优惠统计额"相关列次，不需要在预缴申报表主表上填报。此例中法定最低折旧年限为 10 年，当季正常折旧额为 9 万元，本期加速折旧额为 15 万元，当季加速折旧优惠统计额为 6 万元。

具体填报情况见表 13-1。

（二）会计上未采取加速折旧方法，税收上采取加速折旧方法。

B 企业属于生物药品制造业，2015 年 12 月购进一台全新的生产设备并当月投入使用，该设备价值 360 万元。该设备会计折旧年限为 10 年，暂不考虑残值，企业所得税分季预缴。

分析：B 企业属于生物医药制造业等六大行业，根据《关于固定资产加速折旧税收政策有关问题的公告》的规定，可对 2014 年 1 月 1 日后购进的固定资产享受加速折旧优惠。该企业税收上采取缩短折旧年限方式，折旧年限缩短为 6 年（10×60％）。2015 年度第一季度预缴申报需填报《固定资产加速折旧（扣除）预缴情况统计表》，第二季度预缴申报启用《中华人民共和国企业所得税月（季）度预缴申报表（A 类，2015 年版）》，需要同时填报《固定资产加速折旧（扣除）明细表》（附表 2），税收上加速折旧与会计上未加速折旧的差额，填入"纳税调整额"一列进行纳税调减。本例中，第二季度会计上折旧额为 9 万元 [360÷（10×12）×3]，税收上加速折旧额为 15 万元 [360÷（6×12）×3]，税会处理不一致，其差额 6 万元应该填入第 11 列"纳税调减额"，同时转入《中华人民共和国企业所得税月（季）度预缴纳税申报表（A 类，2015 年版）》第 7 行"固定资产加速折旧（扣除）调减额"。

具体填报情况见表 13-2。

表13-1　中华人民共和国企业所得税月（季）度预缴申报表（A类，2015年版）附表2《固定资产加速折旧（扣除）明细表》

所属期间：2015 年 1 月 1 日—2015 年 6 月 30 日

单位：元

行次	项目	是否适用加速折旧优惠（国家税务总局公告2014年第64号）	机器设备和其他固定资产				本期折旧（扣除）额					累计折旧（扣除）额				
			原值	本期税收加速折旧（扣除）额	累计税收加速折旧（扣除）额	原值	合计折旧额	正常折旧额	税收加速折旧额	纳税调整额	加速折旧优惠统计额	合计折旧额	正常折旧额	税收加速折旧额	纳税调整额	加速折旧优惠统计额
		...	4	5	6	7＝1+4	8	9	10＝2+5	11＝10-8	12＝10-9	13	14	15＝6+3	16＝15-13	17＝15-14
1	一、允许加速折旧的固定资产															
2	（二）专用设备制造业	是	3 600 000	150 000	300 000	3 600 000		90 000	150 000		60 000		180 000	300 000		120 000
2-1	其中：税、会一致按加速折旧处理的固定资产		3 600 000	150 000	300 000	3 600 000	*	90 000	150 000	*	60 000	*	180 000	300 000	*	120 000
2-2	税、会处理不一致，会计未按加速折旧处理的固定资产	否														
	……															
7	合计															

表13-2　中华人民共和国企业所得税月（季）度预缴申报表（A类，2015年版）附表2《固定资产加速折旧（扣除）明细表》

所属期间：2015年1月1日—2015年6月30日

单位：元

行次	项目	是否适用加速折旧优惠（国家税务总局公告2014年第64号）	机器设备和其他固定资产				本期折旧（扣除）额					累计折旧（扣除）额合计				
			原值	本期税收加速折旧（扣除）额	累计税收加速折旧（扣除）额	原值	合计折旧额	正常折旧额	税收加速折旧额	纳税调整额	加速折旧优惠统计额	合计折旧额	正常折旧额	税收加速折旧额	纳税调整额	加速折旧优惠统计额
		…														
			4	5	6	7=1+4	8	9	10=2+5	11=10-8	12=10-9	13	14	15=6+3	16=15-13	17=15-14
1	一、允许加速折旧的固定资产															
2	（二）生物药品制造业		3 600 000	150 000	300 000	3 600 000	90 000		150 000	60 000		180 000		300 000	120 000	
2-1	其中：税、会一致按加速折旧处理的固定资产	否														
2-2	税、会处理不一致、会计未按加速折旧处理的固定资产	是	3 600 000	150 000	300 000	3 600 000	90 000		150 000	60 000		180 000		300 000	120 000	
……																
13	合计															

（三）税收上加速折旧，但部分资产会计上加速折旧，另一部分资产会计上未加速折旧。

C企业属于专用设备制造业，2014年12月购进一台全新的生产设备并当月投入使用，价值360万元，该类设备会计折旧年限为6年。2015年3月又购进一件生产工具并在当月投入使用，价值180万元，该类资产会计折旧年限为5年。暂不考虑残值，企业所得税分季预缴。

分析：C企业属于生物医药制造业等六大行业，根据《关于固定资产加速折旧税收政策有关问题的公告》的规定，可对2014年1月1日后购进的固定资产享受加速折旧优惠。生产设备税收上规定的最低折旧年限为10年，生产工具税收上规定的最低折旧年限是5年，C企业享受固定资产加速折旧优惠，那么生产设备的折旧年限缩短为6年（10×60%），生产工具的折旧年限缩短为3年（5×60%），税收上采取加速折旧方法，但是会计上对部分资产采取了加速折旧方法，对另一部分资产未采取加速折旧方法。C企业2015年度第二季度预缴申报时，需填报《固定资产加速折旧（扣除）明细表》（附表2），在江苏省地税局的网报系统中，要将税会处理一致的和税会处理不一致的分不同的行次进行填报。本例中，价值360万元的生产设备，税会处理一致，都采取了加速折旧的方法，无须纳税调整，二季度正常折旧额为9万元，加速折旧金额为15万元，其差额6万元填入"加速折旧优惠统计额"列次。价值180万元的生产工具，税会处理不一致，会计上按正常折旧年限5年计提折旧，当季会计折旧为9万元，税收上加速折旧，按3年计提折旧，当季加速折旧金额为15万元，当季纳税调减6万元，填入"纳税调整额"列次，并同时转入《中华人民共和国企业所得税月（季）度预缴纳税申报表（A类，2015年版）》第7行"固定资产加速折旧（扣除）调减额"。税务机关以"纳税调整额"＋"加速折旧优惠统计额"之和，进行固定资产加速折旧优惠情况统计工作，本例中C企业二季度享受固定资产加速折旧优惠12万元。

具体填报情况见表13-3。

二、其他行业企业《固定资产加速折旧（扣除）明细表》填报案例

（一）固定资产会计和税收上均采取加速折旧方法。

D企业属于六大行业之外的其他行业，2015年3月购进一件全新的与生产经营活动有关的工具并当月投入使用，单位价值为4 500元，会计上一次性扣除处理，暂不考虑残值，企业所得税分季预缴。

分析：D企业购入的固定资产，单位价值不超过5 000元，根据《关于固定资产加速折旧税收政策有关问题的公告》的规定，企业持有的单位价值不超过5 000元的固定资产，在2014年1月1日以后可以一次性在计算应纳税所得额时扣除。因此企业可以在当期计算应纳税所得额时一次性扣除，在2015年度第二季度预缴申报时同时填报《固定资产加速折旧（扣除）明细表》。D企业在进行企业所得税预缴申报时，因税法与会计处理一致，所以无须进行纳税调整，也不需要在预缴主表上填报。税法规定，与生产经营活动有关的工具，最低折旧年限为5年，因此当季正常折旧金额应该为225元，税法实际加速折旧额减去假定未采取加速折旧的"正常折旧"额的差额为4 275元（4 500－225），填入"加速折旧优惠统计额"列次。

具体填报情况见表13-4。

（二）会计上未采取加速折旧方法，税收上采取加速折旧方法。

E企业属于六大行业之外的其他行业，2014年12月购进一台全新的设备专门用于研发，单位价值为360万元，该类资产会计折旧年限为10年。暂不考虑残值，企业所得税分季预缴。

表 13-3　中华人民共和国企业所得税月（季）度预缴申报表（A类，2015 年版）附表 2《固定资产加速折旧（扣除）明细表》

所属期间：2015 年 1 月 1 日—2015 年 6 月 30 日

单位：元

行次	项目	是否适用加速折旧优惠（国家税务总局公告 2014 年第 64 号）	机器设备和其他固定资产				合计										
							本期折旧（扣除）额					累计折旧（扣除）额				
			原值	本期税收加速折旧（扣除）额	累计税收加速折旧（扣除）额	原值	会计折旧额	正常折旧额	税收加速折旧额	纳税调整额	加速折旧优惠统计额	会计折旧额	正常折旧额	税收加速折旧额	纳税调整额	加速折旧优惠统计额
		…	4	5	6	7＝1＋4	8	9	10＝2＋5	11＝10－8	12＝10－9	13	14	15＝6＋3	16＝15－13	17＝15－14
1	一、允许加速折旧的固定资产															
2	（二）专用设备制造业		5 400 000	300 000	450 000	5 400 000	90 000	90 000	300 000	60 000	60 000	90 000	180 000	450 000	60 000	120 000
2-1	其中：税、会一致按加速折旧处理的固定资产	是	3 600 000	150 000	300 000	3 600 000	*	90 000	150 000	*	60 000	*	180 000	300 000	*	120 000
2-2	税、会处理不一致，会计未按加速折旧处理的固定资产	是	1 800 000	150 000	150 000	1 800 000	9 0000	*	150 000	60 000	*	90 000	*	150 000	60 000	*
	……															
7	合计															

表13-4　中华人民共和国企业所得税月（季）度预缴申报表（A类，2015年版）附表2《固定资产加速折旧（扣除）明细表》

所属期间：2015 年 1 月 1 日—2015 年 6 月 30 日

单位：元

行次	项目	是否适用加速折旧优惠（国家税务总局公告2014年第64号）	机器设备和其他固定资产			合计										
			原值	本期税收加速折旧（扣除）额	累计税收加速折旧（扣除）额	原值	本期折旧（扣除）额					累计折旧（扣除）额				
							合计折旧额	正常折旧额	税收加速折旧额	纳税调整额	加速折旧优惠统计额	合计折旧额	正常折旧额	税收加速折旧额	纳税调整额	加速折旧优惠统计额
			4	5	6	7=1+4	8	9	10=2+5	11=10-8	12=10-9	13	14	15=6+3	16=15-13	17=15-14
1	……	……														
3	二、允许一次性扣除的固定资产															
6	（二）单位价值不超过 5 000 元的固定资产															
6-1	其中：税、会一致按一次性扣除处理的固定资产	是	4 500	4 500	4 500	4 500	*	225	4 500	*	4 275	*	225	4 500	*	4 275
6-2	税、会处理不一致，会计按折旧处理的固定资产	否														
13	合计															

表 13-5 中华人民共和国企业所得税月（季）度预缴申报表（A 类，2015 年版）附表 2《固定资产加速折旧（扣除）明细表》

所属期间：2015 年 1 月 1 日—2015 年 6 月 30 日

单位：元

行次	项目	是否适用加速折旧优惠（国家税务总局公告 2014 年第 64 号）	机器设备和其他固定资产				合计									
							本期折旧（扣除）额					累计折旧（扣除）额				
			原值	本期税收加速折旧（扣除）额	累计税收加速折旧（扣除）额	原值	会计折旧额	正常折旧额	税收加速折旧额	纳税调整额	加速折旧优惠统计额	会计折旧额	正常折旧额	税收加速折旧额	纳税调整额	加速折旧优惠统计额
		...	4	5	6	7＝1＋4	8	9	10＝2＋5	11＝10-8	12＝10-9	13	14	15＝6＋3	16＝15-13	17＝15-14
1	一、允许加速折旧的固定资产															
2	（七）其他行业超过单位价值 100 万元的专门研发仪器设备	否	3 600 000	150 000	300 000	3 600 000	90 000	*	150 000	60 000	*	180 000	*	300 000	120 000	*
2-1	其中：税、会计一致按加速折旧处理的固定资产															
2-2	税、会计处理不一致，会计未按加速折旧处理的固定资产	是	3 600 000	150 000	300 000	3 600 000	90 000	*	150 000	60 000	*	180 000	*	300 000	120 000	*
……	……	……														
7	合计															

分析：根据《关于固定资产加速折旧税收政策有关问题的公告》的规定，可对 2014 年 1 月 1 日后购进并专门用于研发活动的仪器、设备，享受加速折旧优惠。E 企业购进并专门用于研发活动的仪器、设备，单位价值超过 100 万元，可按采取缩短折旧年限方式，折旧年限缩短为 6 年（10×60％）。从 2015 年度第一季度预缴申报需填报《固定资产加速折旧（扣除）预缴情况统计表》，第二季度预缴申报启用《中华人民共和国企业所得税月（季）度预缴申报表（A 类，2015 年版）》，需要同时填报《固定资产加速折旧（扣除）明细表》（附表2），江苏省地税局的网上申报系统中，在"允许加速折旧的固定资产"项目下第 2 行次选择"（七）其他行业（单位价值超过 100 万元的专门研发仪器）"，将相关数据归于此类。税收上加速折旧与会计上未加速折旧的差额，填入"纳税调整额"一列进行纳税调减，本例中，会计上当季折旧金额为 9 万元，税收上加速折旧金额为 15 万元，纳税调减 6 万元填入第 11 列"纳税调整额"，并同时转入《中华人民共和国企业所得税月（季）度预缴纳税申报表（A 类，2015 年版）》第 7 行"固定资产加速折旧（扣除）调减额"。

具体填报情况见表 13-5。

13.3.5 《减免所得税额明细表》的填报

13.3.5.1 《减免所得税额明细表》概述
一、适用范围

《减免所得税额明细表》作为《中华人民共和国企业所得税月（季）度预缴纳税申报表（A 类，2015 年版）》的附表，适用于享受减免所得税额优惠的查账征税的纳税人填报。纳税人根据企业所得税法及相关税收政策规定，填报本期及本年累计发生的减免所得税优惠情况。

二、表内、表间关系

（一）表内关系。

（1）本表第 1 行＝第 2＋4＋5＋6 行。

（2）本表第 6 行＝第 7＋8＋…＋30 行。

（二）表间关系。

企业所得税月（季）度预缴纳税申报表（A 类，2015 年版）第 12 行、第 23 行＝本表第 1 行。

三、填报注意问题

本次申报表新增附表 1-3《减免所得税额明细表》，优惠内容与年度纳税申报表（表 A107040）的内容相对应。

取消的原申报表第 14 行"其中：符合条件的小型微利企业减免所得税额"也将在本表中体现出来。预缴表"是否符合小型微利企业"栏次选择"是"的纳税人，除享受《不征税收入和税基类减免应纳税所得额明细表》（附表 1）中"所得减免"或者本表其他减免税政策之外，不得放弃享受小型微利企业所得税优惠政策。

13.3.5.2 具体项目填报说明

1. 《减免所得税额明细表》第 1 行"合计"：填报第 2＋4＋5＋6 行的金额。

2. 第 2 行"一、符合条件的小型微利企业"：根据《企业所得税法》和相关税收政策规定，符合小型微利企业条件的纳税人填报的减免所得税额。包括减按 20％税率征收（减低税率政策）和减按 10％税率征收（减半征税政策）。

享受减低税率政策的纳税人，本行填写《中华人民共和国企业所得税月（季）度预缴纳税申报表（A 类，2015 年版）》第 9 行或第 20 行×5％的积。享受减半征税政策的纳税人，本行填写《中华人民共和国企业所得税月（季）度预缴纳税申报表（A 类，2015 年版）》第 9 行或第 20 行×15％的积；同时填写本表第 3 行"减半征税"。

《中华人民共和国企业所得税月（季）度预缴纳税申报表（A 类，2015 年版）》"是否符合小型微利企业"栏次选择"是"的纳税人，除享受《不征税收入和税基类减免应纳税所得额明细表》（附表 1）中"所得减免"或者本表其他减免税政策之外，不得放弃享受小型微利企业所得税优惠政策。

3. 第 4 行"二、国家需要重点扶持的高新技术企业"：填报享受国家重点扶持的高新技术企业优惠的减免税额。本行＝《中华人民共和国企业所得税月（季）度预缴纳税申报表（A 类，2015 年版）》第 9 行或第 20 行×10％的积。

4. 第 5 行"三、减免地方分享所得税的民族自治地方企业"：填报纳税人经民族自治地方所在省、自治区、直辖市人民政府批准，减征或者免征民族自治地方的企业缴纳的企业所得税中属于地方分享的企业所得税金额。

5. 第 6 行"四、其他专项优惠"：填报第 7＋8＋…＋30 行的金额。

6. 第 7 行"（一）经济特区和上海浦东新区新设立的高新技术企业"：根据《国务院关于经济特区和上海浦东新区新设立高新技术企业实行过渡性税收优惠的通知》（国发〔2007〕40 号）等规定，经济特区和上海浦东新区内，在 2008 年 1 月 1 日（含）之后完成登记注册的国家需要重点扶持的高新技术企业，在经济特区和上海浦东新区内取得的所得，自取得第一笔生产经营收入所属纳税年度起，第一年至第二年免征企业所得税，第三年至第五年按照 25％的法定税率减半征收企业所得税。本行填报根据实际利润额计算的免征、减征企业所得税金额。

7. 第 8 行"（二）经营性文化事业单位转制企业"：根据相关税收政策规定，从事新闻出版、广播影视和文化艺术的经营性文化事业单位转制为企业，转制注册之日起免征企业所得税。本行填报纳税人根据实际利润额计算的免征企业所得税金额。

8. 第 9 行"（三）动漫企业"：根据相关税收政策规定，经认定的动漫企业自主开发、生产动漫产品，可申请享受现行鼓励软件产业发展所得税优惠政策。自获利年度起第一年至第二年免征企业所得税，第三年至第五年按照 25％法定税率减半征收企业所得税，并享受至期满为止。本行填报纳税人根据实际利润额计算的免征、减征企业所得税金额。

9. 第 10 行"（四）受灾地区损失严重的企业"：根据相关税收政策规定，对受灾地区损失严重的企业免征企业所得税。本行填报根据实际利润额计算的免征企业所得税金额。

10. 第 11 行"（五）受灾地区农村信用社"：根据相关税收政策规定，对特定受灾地区农村信用社免征企业所得税。本行填报根据实际利润额计算的免征企业所得税金额。

11. 第 12 行"（六）受灾地区的促进就业企业"：根据相关税收政策规定，按定额依次扣减增值税、营业税、城市维护建设税、教育费附加和企业所得税。本行填报减征的企业所得税金额。

12. 第 13 行"（七）技术先进型服务企业"：根据相关税收政策规定，对经认定的技术先进型服务企业，减按 15％的税率征收企业所得税。本行填报根据实际利润额计算的减征10％企业所得税金额。

13. 第 14 行"（八）新疆困难地区新办企业"：根据相关税收政策规定，对在新疆困难地区新办属于《新疆困难地区重点鼓励发展产业企业所得税优惠目录》范围内企业，自取得第一笔生产经营收入所属纳税年度起，第一年至第二年免征企业所得税，第三年至第五年减半征收企业所得税。本行填报免征、减征企业所得税金额。

14. 第 15 行"（九）新疆喀什、霍尔果斯特殊经济开发区新办企业"：根据相关税收政策规定，对在新疆喀什、霍尔果斯特殊经济开发区内新办的属于《新疆困难地区重点鼓励发展产业企业所得税优惠目录》范围内企业，自取得第一笔生产经营收入所属纳税年度起，五年内免征企业所得税。本行填报免征的企业所得税金额。

15. 第 16 行"（十）支持和促进重点群体创业就业企业"：填报纳税人根据相关税收政

策规定，可在当年扣减的企业所得税税额。本行按现行税收政策规定填报。

16. 第 17 行"（十一）集成电路线宽小于 0.8 微米（含）的集成电路生产企业"：根据相关税收政策规定，集成电路线宽小于 0.8 微米（含）的集成电路生产企业，经认定后，自获利年度起计算优惠期，第一年至第二年免征企业所得税，第三年至第五年按照 25％的法定税率减半征收企业所得税，并享受至期满为止。本行填报免征、减征企业所得税金额。

17. 第 18 行"（十二）集成电路线宽小于 0.25 微米的集成电路生产企业"：根据相关税收政策规定，集成电路线宽小于 0.25 微米的集成电路生产企业，经认定后，减按 15％的税率征收企业所得税，其中经营期在 15 年以上的，自获利年度起计算优惠期，第一年至第五年免征企业所得税，第六年至第十年按照 25％的法定税率减半征收企业所得税，并享受至期满为止。本行填报免征、减征企业所得税金额。

18. 第 19 行"（十三）投资额超过 80 亿元人民币的集成电路生产企业"：根据相关税收政策规定，投资额超过 80 亿元的集成电路生产企业，经认定后，减按 15％的税率征收企业所得税，其中经营期在 15 年以上的，自获利年度起计算优惠期，第一年至第五年免征企业所得税，第六年至第十年按照 25％的法定税率减半征收企业所得税，并享受至期满为止。本行填报免征、减征企业所得税金额。

19. 第 20 行"（十四）新办集成电路设计企业"：根据相关税收政策规定，经认定后，自获利年度起计算优惠期，第一年至第二年免征企业所得税，第三年至第五年按照 25％的法定税率减半征收企业所得税，并享受至期满为止。本行填报免征、减征企业所得税金额。

20. 第 21 行"（十五）国家规划布局内重点集成电路设计企业"：根据相关税收政策规定，国家规划布局内的重点集成电路设计企业，如当年未享受免税优惠的，可减按 10％的税率征收企业所得税。本行填报减征 15％企业所得税金额。

21. 第 22 行"（十六）符合条件的软件企业"：填报纳税人根据相关税收政策规定，经认定后，自获利年度起计算优惠期，第一年至第二年免征企业所得税，第三年至第五年按照 25％的法定税率减半征收企业所得税，并享受至期满为止。本行填报免征、减征企业所得税金额。

22. 第 23 行"（十七）国家规划布局内重点软件企业"：根据相关税收政策规定，国家规划布局内的重点软件企业，如当年未享受免税优惠的，可减按 10％的税率征收企业所得税。本行填报减征 15％企业所得税金额。

23. 第 24 行"（十八）设在西部地区的鼓励类产业企业"：根据《财政部 海关总署 国家税务总局关于深入实施西部大开发战略有关税收政策问题的通知》（财税〔2011〕58 号）等相关税收政策规定，对设在西部地区和赣州市的鼓励类产业企业减按 15％的税率征收企业所得税。本行填报根据实际利润额计算的减征 10％企业所得税金额。

24. 第 25 行"（十九）符合条件的生产和装配伤残人员专门用品企业"：根据相关税收政策规定，符合条件的生产和装配伤残人员专门用品的企业免征企业所得税。本行填报根据实际利润额计算的免征企业所得税金额。

25. 第 26 行"（二十）中关村国家自主创新示范区从事文化产业支撑技术等领域的高新技术企业"：根据相关税收政策规定，中关村国家自主创新示范区从事文化产业支撑技术等领域的企业，按规定认定为高新技术企业的，减按 15％税率征收企业所得税。本行填报根据实际利润额计算的减征 10％企业所得税金额。

26. 第 27 行"（二十一）享受过渡期税收优惠企业"：填报纳税人符合国务院规定以及经国务院批准给予过渡期税收优惠政策。本行填报根据实际利润额计算的免征、减征企业所得税金额。

27. 第 28 行"（二十二）横琴新区、平潭综合实验区和前海深港现代化服务业合作区企业"：根据相关税收政策规定，设在横琴新区、平潭综合实验区和前海深港现代化服务业合作区的鼓励类产业企业减按 15％的税率征收企业所得税。本行填报根据实际利润额计算的减征 10％企业所得税金额。

28. 第 29 行"（二十三）其他 1"、第 30 行"（二十四）其他 2"：填报国家税务总局发布的最新减免项目名称及减免性质代码。如行次不足，可增加行次填报。

13.3.5.3　填报审核

详细内容参见第 8 章"税收优惠项目明细表的填报和审核"有关内容。

13.3.6　预缴申报和汇总纳税审核的审核依据

居民企业核定征收的具体规定，请参见国税发〔2008〕30 号和国税函〔2009〕377 号、国家税务总局公告 2012 年第 27 号，或者参见《企业所得税法规应用指南》（中国市场出版社，2016）。

第 14 章
非居民企业季度、年度纳税申报的填报和审核

14.1 《非居民企业所得税年度纳税申报表》（据实申报）的填报和审核

14.1.1 《非居民企业所得税年度纳税申报表（主表）》的填报和审核

14.1.1.1 《非居民企业所得税年度纳税申报表（主表）》概述

一、适用范围及申报时限

1.《非居民企业所得税年度纳税申报表》主表及附表适用于能够提供完整、准确的成本、费用凭证，如实计算应纳税所得额的非居民企业所得税纳税人。非居民企业（以下简称企业）正常经营的，自年度终了之日起 5 个月内向主管税务机关报送；在年度中间终止经营活动的，应当自实际终止经营之日起 60 日内向主管税务机关报送。在纳税年度内无论盈利或者亏损，都必须按照企业所得税法的规定报送本表和相关资料。

2. 企业应当按税法规定期限向主管税务机关报送本表，并同时报送主管税务机关要求报送的其他资料。

企业因确有困难，不能在规定期限内办理年度所得税申报，应当在规定的申报期限内向主管税务机关提出书面延期申请，经主管税务机关核准，可以适当延期。

3. 企业未按规定期限向主管税务机关报送本表、会计报表及主管税务机关要求报送的其他资料的，依照《中华人民共和国税收征收管理法》及其实施细则的有关规定，予以处罚。

二、填报依据及内容

1.《非居民企业所得税年度纳税申报表》主表中所称国家有关税收规定除另有说明外，均指《企业所得税法》及其实施条例的有关规定，以及国务院、国务院税务主管部门根据税法制定的相关规定。

2.《非居民企业所得税年度纳税申报表》主表应在企业账载会计利润总额核算的基础上，依法进行纳税调整相关项目后申报企业应纳税所得额，并依法计算年度应纳所得税后填报。本表及附表的账载金额是指企业根据现行国家统一会计制度的规定，记载在相应报

表、总账、明细账上的汇总或明细金额；依法申报金额是指企业按照现行税收法律、行政法规、规章和规范性文件的规定，对账载金额进行调整后的申报金额。

3.《非居民企业所得税年度纳税申报表》主表用中文填写。

三、表头、表尾项目的填报

（一）《非居民企业所得税年度纳税申报表（主表）》表头项目填报要求：

1. 税款所属期间：正常经营的企业，填写公历年度，自公历 1 月 1 日起至 12 月 31 日止；企业在年度中间开业的，应填报实际开始经营之日至同年 12 月 31 日；企业在年度中间终止经营活动的，应填报公历 1 月 1 日至实际终止经营之日。

2. 纳税人识别号：填写税务登记证上所注明的"纳税人识别号"或主管税务机关颁发的临时纳税人纳税识别号。

3. 金额单位：填写"人民币元"列至角分。

4. 纳税人名称：填写企业税务登记证上的中文名称或临时税务登记的中文名称。

5. 居民国（地区）名称及代码：填写设立常驻代表机构的外国企业或来华承包工程、提供劳务等的外国企业的总机构的居民国（地区）的名称和代码。

（二）《非居民企业所得税年度纳税申报表（主表）》表尾项目填报说明：

1. 声明人签字：由设立企业的外国企业法定代表人或其授权代表企业的负责人签字。

2. 申报日期：填写实际到主管税务机关进行纳税申报的当日。

四、表内栏次的类型

《非居民企业所得税年度纳税申报表（主表）》由第 1 行至第 23 行共 23 个栏次组成，根据表间逻辑关系，可以分为以下三类：

1. 直接填报栏次。

（1）第 3 行"营业税金及附加"；

（2）第 8 行"营业外收入"；

（3）第 9 行"营业外支出"；

（4）第 11 行"其他应税项目调增（减）额"；

（5）第 14 行"法定税率"；

（6）第 16 行"实际征收率"；

（7）第 19 行"境外所得应补企业所得税额"；

（8）第 21 行"本年度已预缴企业所得税额"；

（9）第 22 行"以前年度损益应补（退）企业所得税额"。

2. 表内计算栏次。

（1）第 7 行"营业利润"；

（2）第 10 行"利润（亏损）总额"；

（3）第 13 行"应纳税所得额"；

（4）第 15 行"应纳企业所得税额"；

（5）第 17 行"实际应纳企业所得税额"；

（6）第 18 行"减（免）企业所得税额"；

（7）第 20 行"境内外实际应纳企业所得税额"；

（8）第 23 行"本年度应补（退）企业所得税额"。

3. 依据附表填报的栏次。

（1）第 1 行"营业收入"（依据附表一）；

（2）第 2 行"营业成本"（依据附表一）；

（3）第 4 行"营业费用"（依据附表一）；

（4）第 5 行"管理费用"（依据附表一）；

（5）第 6 行"财务费用"（依据附表一）；

（6）第 12 行"按规定可弥补的以前年度亏损额"（依据附表二）。

14.1.1.2 利润（亏损）总额的计算部分的填报

一、第 1 行"营业收入"

（一）填报要求。

《非居民企业所得税年度纳税申报表（主表）》第 1 行"营业收入"：分别填写附表一第 1 行对应栏目数据。

（二）填报数据来源。

本行的填报数据来源为附表一《营业收入及成本费用明细表》第 1 行"营业收入合计"。

二、第 2 行"营业成本"

（一）填报要求。

《非居民企业所得税年度纳税申报表（主表）》第 2 行"营业成本"：分别填写附表一第 9 行对应栏目数据。

（二）填报数据来源。

本行的填报数据来源为附表一《营业收入及成本费用明细表》第 9 行"营业成本合计"。

三、第 3 行"营业税金及附加"

（一）填报要求

《非居民企业所得税年度纳税申报表（主表）》第 3 行"营业税金及附加"：填报企业经营业务实际发生的营业税、消费税、城市维护建设税、资源税、土地增值税和教育费附加等。已经计入期间费用的税金及附加不得重复填列。

（二）填报数据来源

执行《企业会计制度》的纳税人，本行的填报数据来源为"主营业务税金及附加"科目及"应交税金"二级明细科目记录的会计数据。

执行《企业会计准则》的纳税人，本行的填报数据来源为"主营业务税金及附加"科目及"应交税费"二级明细科目记录的会计数据。

四、第 4 行"营业费用"

（一）填报要求。

《非居民企业所得税年度纳税申报表（主表）》第 4 行"营业费用"：分别填写附表一第 14 行对应栏目数据。

（二）填报数据来源。

本行的填报数据来源为附表一《营业收入及成本费用明细表》第 14 行"1. 营业费用"。

五、第 5 行"管理费用"

（一）填报要求。

《非居民企业所得税年度纳税申报表（主表）》第 5 行"管理费用"：分别填写附表一第 30 行对应栏目数据。

（二）填报数据来源。

本行的填报数据来源为附表一《营业收入及成本费用明细表》第 30 行"2. 管理费用"。

六、第 6 行"财务费用"

（一）填报要求。

《非居民企业所得税年度纳税申报表（主表）》第 6 行"财务费用"：分别填写附表一第

46 行对应栏目数据。

（二）填报数据来源。

本行的填报数据来源为附表一《营业收入及成本费用明细表》第 46 行"3. 财务费用"。

七、第 7 行"营业利润"

（一）填报说明。

《非居民企业所得税年度纳税申报表（主表）》第 7 行"营业利润"：金额等于本表第 1－2－3－4－5－6 行。

（二）填报数据来源。

本行为表内计算栏次，根据下列公式计算得出填报数据：

第 7 行＝第 1－2－3－4－5－6 行

八、第 8 行"营业外收入"

（一）填报要求。

《非居民企业所得税年度纳税申报表（主表）》第 8 行"营业外收入"：填报企业发生的与其经营活动无直接关系的各项收入总额。

（二）填报数据来源。

本行的填报数据来源为"营业外收入"科目记录的会计数据，具体规定如下：

（1）《企业会计制度》规定，"营业外收入"是指企业发生的与其生产经营无直接关系的各项收益，包括固定资产盘盈、处置固定资产净收益、非货币性交易收益、出售无形资产收益、罚款净收入等。

（2）《企业会计准则》规定，"营业外收入"科目核算企业发生的各项营业外收入，主要包括非流动资产处置利得、非货币性资产交换利得、债务重组利得、政府补助、盘盈利得、捐赠利得等。

九、第 9 行"营业外支出"

（一）填报要求。

《非居民企业所得税年度纳税申报表（主表）》第 9 行"营业外支出"：填报企业发生的与其经营活动无直接关系的各项支出总额。

（二）填报数据来源。

本行的填报数据来源为"营业外支出"科目记录的会计数据，具体规定如下：

（1）《企业会计制度》规定，"营业外支出"是指企业发生的与其生产经营无直接关系的各项支出，如固定资产盘亏、处置固定资产净损失、出售无形资产损失、债务重组损失、计提的固定资产减值准备、计提的无形资产减值准备、计提的在建工程减值准备、罚款支出、捐赠支出、非常损失等。

（2）《企业会计准则》规定，"营业外支出"是指不属于企业生产经营费用，与企业生产活动没有直接关系，但按照有关规定应从企业实现的总额中扣除的支出，是直接计入利润的损失。营业外支出的内容具体包括处置非流动资产损失、非货币性资产交换损失、债务重组损失、盘亏损失、公益性捐赠支出、非常损失等。

十、第 10 行"利润（亏损）总额"

（一）填报要求。

《非居民企业所得税年度纳税申报表（主表）》第 10 行"利润（亏损）总额"：亏损以负数表示。

（二）填报数据来源。

本行为表内计算栏次，根据下列公式计算得出填报数据：

第 10 行＝第 7＋8－9 行

14.1.1.3 应纳税所得额的计算部分的填报

一、第 11 行"其他应税项目调增（减）额"

（一）填报要求。

《非居民企业所得税年度纳税申报表（主表）》第 11 行"其他应税项目调增（减）额"：填报按照现行税收法律、行政法规、规章和规范性文件的规定，直接调整本年度应纳税所得额和其他应税项目的数额。已通过相应收入、成本、费用、营业外收支及其他损益等项目下进行调整的，不在本栏反映。调增时，用正数表示，调减时，用负数表示。

（二）填报数据来源。

本行反映除第 1 行至第 10 行已经进行纳税调整之外的项目，而且本行所填金额为调增额与调减额相抵之后的余额。

二、第 12 行"按规定可弥补的以前年度亏损"

（一）填报要求。

《非居民企业所得税年度纳税申报表（主表）》第 12 行"可弥补的以前年度亏损"：填报附表二中第 6 行第 8 栏数据。

（二）填报数据来源。

本行的填报数据来源为附表二《弥补亏损明细表》第 6 行"本年"中第 8 栏数据"本年度可弥补的亏损额"。

三、第 13 行"应纳税所得额"

（一）填报说明。

《非居民企业所得税年度纳税申报表（主表）》第 13 行"应纳税所得额"金额等于第 10＋11－12 行。

（二）填报数据来源。

本行表内计算栏次，根据下列公式计算得出填报数据：

第 13 行＝第 10＋11－12 行

14.1.1.4 应纳税额的计算部分的填报

一、第 14 行"法定税率"

《非居民企业所得税年度纳税申报表（主表）》第 14 行"税率"：填报《企业所得税法》及其实施条例规定的法定税率，即 25％。

二、第 15 行"应纳企业所得税额"

（一）填报说明。

《非居民企业所得税年度纳税申报表（主表）》第 15 行"应纳企业所得税额"金额等于第 13×14 行。

（二）填报数据来源。

本行为表内计算栏次，根据下列公式计算得出填报数据：

第 15 行＝第 13×14 行

三、第 16 行"实际征收率"

《非居民企业所得税年度纳税申报表（主表）》第 16 行"实际征收率"：本表的实际征收率是指在法定税率的基础上，按税法规定享受所得税税收优惠的企业，在税收优惠期内的企业所得税征收率。不享受所得税税收优惠的，填写本栏时数据应与"法定税率"栏相同。

四、第 17 行"实际应纳企业所得税额"

（一）填报说明。

《非居民企业所得税年度纳税申报表（主表）》第 17 行"实际应纳企业所得税额"：金

额等于第 13×16 行。

（二）填报数据来源。

本行为表内计算栏次，根据下列公式计算得出填报数据：

第 17 行＝第 13×16 行

五、第 18 行"减（免）企业所得税额"

（一）填报说明。

《非居民企业所得税年度纳税申报表（主表）》第 19 行"减（免）企业所得税额"：金额等于第 15－17 行。

（二）填报数据来源。

本行为表内计算栏次，根据下列公式计算得出填报数据：

第 18 行＝第 15－17 行

六、第 19 行"境外所得应补企业所得税额"

（一）填报要求。

《非居民企业所得税年度纳税申报表（主表）》第 19 行"境外所得应补企业所得税额"：填报企业来源于中国境外的应纳税所得额（如分得的为税后利润应还原计算），按《企业所得税法》及其实施条例规定的税率（25%）计算的应纳税额减去当期准予抵免限额后实际应补缴的所得税。

抵免限额是指企业来源于中国境外的所得，依照《企业所得税法》及其实施条例规定计算的应纳税额。除国务院财政、税务主管部门另有规定外，该抵免限额应当分国（地区）不分项计算，计算公式如下：

$$抵免限额＝\frac{中国境内、境外所得依照企业所得税法及其实施条例的规定计算的应纳税总额}{中国境内、境外应纳税所得总额}×来源于某国（地区）的应纳税所得额$$

企业已在境外缴纳的所得税税额，小于抵免限额的，当期准予抵免限额为其在境外实际缴纳的所得税税额；大于抵免限额的，当期准予抵免限额为计算的抵免限额。企业在境外实际缴纳的所得税税额超过抵免限额的部分，可以在以后五个年度内，用每年度抵免限额抵免当年应抵税额后的余额进行抵补。

（二）填报数据来源。

本行的填报数据来源为企业来源于中国境外的应纳税所得额，按 25% 的税率计算的应纳税额减去当期准予抵免限额后实际应补缴的所得税。

具体内容和计算方法，请参见第 9 章 9.1 节"《境外所得税抵免计算明细表》（A108000）的填报和审核"有关内容。

七、第 20 行"境内外实际应纳企业所得税额"

（一）填报说明。

《非居民企业所得税年度纳税申报表（主表）》第 20 行"境内外实际应纳企业所得税额"：金额等于第 17＋19 行。

（二）填报数据来源。

本行为表内计算栏次，根据下列公式计算得出填报数据：

第 20 行＝第 17＋19 行

八、第 21 行"本年已预缴企业所得税额"

（一）填报要求。

《非居民企业所得税年度纳税申报表（主表）》第 21 行"本年已预缴企业所得税额"：

填报企业按照现行税收法律、行政法规、规章和规范性文件的规定已在本年的季度累计预缴的所得税额。

（二）填报数据来源。

本行的填报数据来源为本年度应交税费会计核算资料、四个季度的企业所得税月（季）度预缴纳税申报表（A 类）和税收缴款书。

九、第 22 行"以前年度损益应补（退）企业所得税额"

《非居民企业所得税年度纳税申报表（主表）》第 22 行"以前年度损益应补（退）企业所得税额"：填报企业经主管税务机关核准后的因以前年度损益发生调整而导致的应补（退）所得税的数额。应补时，以正数表示；应退时，以负数表示。

十、第 23 行"本年度应补（退）企业所得税额"

（一）填报说明。

《非居民企业所得税年度纳税申报表（主表）》第 23 行"本年度应补（退）企业所得税额"：金额等于第 20－21＋22 行。

（二）填报数据来源。

本行为表内计算栏次，根据下列公式计算得出填报数据：

第 23 行＝第 20－21＋22 行。

14.1.2 《营业收入及成本费用明细表》的填报和审核

14.1.2.1 《营业收入及成本费用明细表》概述

一、适用范围

附表一《营业收入及成本费用明细表》是《非居民企业所得税年度纳税申报表（适用于据实申报企业）》相关栏目的明细补充，反映企业营业收入、成本和费用明细的情况。非居民企业（以下简称企业）在纳税年度内无论盈利或者亏损，都必须按照《企业所得税法》的规定将本表与主表和相关资料一并报送主管税务机关。

账载金额是指企业根据现行国家统一会计制度的规定，记载在相应报表、总账、明细账上的汇总或明细金额；

依法申报金额是指企业按照现行税收法律、行政法规、规章和规范性文件的规定，对账载金额进行调整后的申报金额。

二、表内栏次的类型

《营业收入及成本费用明细表》由第 1 行至第 48 行共 48 个栏次组成，根据表间逻辑关系，可以分为以下两类：

第一，直接填报栏次。

（1）第 3 行"销售货物收入"；

（2）第 4 行"提供劳务收入"；

（3）第 5 行"其他"；

（4）第 6 行"其他业务收入"；

（5）第 10 行"销售货物成本"；

（6）第 11 行"提供劳务成本"；

（7）第 12 行"其他业务成本"；

（8）第 14 行"营业费用至第 48 行汇兑损益"。

第二，表内计算栏次。

（1）第 1 行"营业收入合计"；

（2）第 2 行"主营业务收入"；

（3）第 9 行"营业成本合计"；

（4）第 13 行"期间费用合计"。

14.1.2.2　填报和审核

一、第 1 行"营业收入合计"

《营业收入及成本费用明细表》第 1 行"一、营业收入合计"：填报第 2 行"主营业务收入"和第 6 行"其他业务收入"之和。

二、主营业务收入部分

（一）填报说明。

《营业收入及成本费用明细表》第 2 行"1. 主营业务收入"：填报企业经常性的、主要业务所产生的收入，一般占企业收入的比重较大，对企业的经济效益产生较大的影响。

（二）填报数据来源。

本行为表内计算栏次，根据下列公式计算得出填报数据：

第 2 行 = 第 3 + 4 + 5 行

（三）"销售货物收入"、"提供劳务收入"、"其他"的填报和审核。

1. 账载金额。《营业收入及成本费用明细表》第 3 行"销售货物收入"、第 4 行"提供劳务收入"、第 5 行"其他"等三行的填报数据来源为"主营业务收入"的二级明细科目记录的会计数据，具体填报和审核的内容请参见第 4 章 4.1 节"《一般企业收入明细表》（A101010）的填报和审核"。

2. 依法申报金额。《营业收入及成本费用明细表》第 3 行"销售货物收入"、第 4 行"提供劳务收入"、第 5 行"其他"等三行，是在账载金额的基础上，根据税法规定进行纳税调整，以调整后的金额进行填报。调整内容主要是对会计与税法存在差异的会计事项进行调整，归纳起来主要有确认、计量、记录等事项。

三、其他业务收入部分

（一）填报说明。

《营业收入及成本费用明细表》第 6 行"2. 其他业务收入"：填报企业非经常性、兼营的业务所产生的收入。如果有其他业务收入，填写数额的同时在其他业务收入下面的空白处填写收入的明细项目。

（二）填报数据来源。

1. 账载金额。《营业收入及成本费用明细表》第 6 行"2. 其他业务收入"的填报数据来源为"其他业务收入"科目或者其二级明细科目记录的会计数据。具体填报和审核的内容，请参见第 4 章 4.1 节"《一般企业收入明细表》（A101010）的填报和审核"。

2. 依法申报金额。在企业的经营过程中，除了取得主营经营收入外，还会取得一些相对少量的或不经常发生的其他业务收入，或叫非主营业务收入。比如，工业企业的材料销售、外购商品销售、包装物出租、对外提供运输劳务等；施工企业的产品销售、作业销售、提供水、电、气的劳务收入等；商业企业为其他单位代销商品收取的手续费以及开展代修、代配、代租、代回收等业务取得的收入。企业的其他业务收入也分别按不同业务进行明细分类核算（特别是对那些经常发生且收入额较大的业务），以便正确地结转或计算各项业务的营业成本、营业税金和盈亏情况。其他业务收入的实现原则，与主营业务收入实现原则相同。纳税调整主要是对会计与税法存在差异的会计事项进行调整，归纳起来主要有确认、计量、记录等事项，与主营业务收入的调整基本相同。

四、营业成本部分

（一）填报说明。

《营业收入及成本费用明细表》第 9 行"二、营业成本合计"：填报第 10 行"销售货物成本"、第11行"提供劳务成本"、第12行"其他业务成本"三行之和。

（二）填报数据来源。

1. 本行为表内计算栏次，根据下列公式计算得出填报数据：

第9行＝第10＋11＋12行

2. 账载金额。《营业收入及成本费用明细表》第10行"销售货物成本"、第11行"提供劳务成本"、第12行"其他业务成本"等三行的填报数据来源为"主营业务成本"和"其他业务成本"的二级明细科目记录的会计数据，具体填报和审核的内容，请参见第4章"收入成本费用明细填报和审核"。

3. 依法申报金额。《营业收入及成本费用明细表》第10行"销售货物成本"、第11行"提供劳务成本"、第12行"其他业务成本"等三行，在账载金额的基础上，根据税法规定进行纳税调整，以调整后的金额进行填报。调整内容主要包括以下几个方面：

（1）成本核算程序；

（2）确认成本的范围、时间和金额；

（3）永久性差异、时间性差异事项；

（4）暂时性差异事项。

五、营业费用部分

（一）填报说明。

《营业收入及成本费用明细表》第14行"1. 营业费用"：填报企业在销售货物过程中发生的包装费、广告费等费用和为销售本企业货物而专设的销售机构的职工薪酬、业务费等经营费用。本项目应根据"营业费用"科目的发生额分析填列。

（二）填报数据来源。

1. 账载金额。《营业收入及成本费用明细表》第14行"1. 营业费用"的填报数据来源为"营业费用"科目累计发生额，第15行"工资薪金"至第29行"租赁费"的填报数据来源为"营业费用"对应的二级明细科目累计发生额。

2. 依法申报金额。《营业收入及成本费用明细表》第14行"1. 营业费用"和第15行"工资薪金"至第29行"租赁费"，是在账载金额的基础上，根据税法的规定进行纳税调整，以调整后的金额进行填报。调整项目主要有：工资薪金、福利费、职工教育经费、工会经费、住房公积金、退休保险基金、医疗保险基金、折旧费、保险费、广告宣传费、无形资产摊销、业务招待费、通讯费、差旅费、租赁费。

具体的纳税调整的内容与方法，请参见第5章"《纳税调整项目明细表》的填报和审核"。

六、管理费用部分

（一）填报要求。

《营业收入及成本费用明细表》第30行"2. 管理费用"：填报企业为组织和管理生产经营发生的管理费用。本项目应根据"管理费用"科目的发生额分析填列。管理费用应按照表内所列项目分项如实填写。

（二）填报数据来源。

1. 账载金额。《营业收入及成本费用明细表》第30行"2. 管理费用"的填报数据来源为"管理费用"科目累计发生额，第31行"工资薪金"至第45行"租赁费"的填报数据来源为"营业费用"对应的二级明细科目累计发生额。

2. 依法申报金额。《营业收入及成本费用明细表》第30行"2. 管理费用"和第31行"工资薪金"至第45行"租赁费"，是在账载金额的基础上，根据税法的规定进行纳税调整，以调整后的金额进行填报。调整项目主要有：工资薪金、福利费、职工教育经费、工会经费、住房公积金、退休保险基金、医疗保险基金、折旧费、保险费、广告宣传费、无形资产摊销、业务招待费、通讯费、差旅费、租赁费。

具体的纳税调整的内容与方法，请参见第 5 章 "《纳税调整项目明细表》的填报和审核"。

七、财务费用部分

（一）填报说明。

《营业收入及成本费用明细表》第 46 行 "3.　财务费用"：填报企业筹集生产经营所需资金等而发生的筹资费用。本项目应根据 "财务费用" 科目的发生额分析填列。利息填写利息支出扣除利息收入后的净额；汇兑损益填写汇兑净损失，是汇兑收益扣除汇兑损失后的数额，如为汇兑净收入以负数填列。

（二）填报数据来源。

1. 账载金额。《营业收入及成本费用明细表》第 46 行 "3.　财务费用" 的填报数据来源为 "财务费用" 科目的累计发生发生额，第 47 行 "利息" 和第 48 行 "汇兑损益" 的填报数据来源为 "财务费用" 对应二级科目的累计发生发生额。

2. 依法申报金额。《营业收入及成本费用明细表》第 46 行 "3.　财务费用"、第 47 行 "利息"、第 48 行 "汇兑损益"，是在账载金额的基础上，根据税法的规定进行纳税调整，以调整后的金额进行填报。

14.1.3　《弥补亏损明细表》的填报和审核

14.1.3.1　《弥补亏损明细表》概述

1. 附表二《弥补亏损明细表》是《非居民企业所得税年度纳税申报表（适用于据实征收企业）》相关栏目的明细补充，反映企业以前年度亏损在本年度弥补的情况。非居民企业（以下简称企业）在纳税年度内无论盈利或者亏损，都必须按照企业所得税法的规定将本表与主表和相关资料一并报送主管税务机关。

2. 《税前弥补亏损明细表》横向第 1 行至第 6 行内容，是按年度划分行次，分别填报各年对应的亏损或盈利金额、已弥补亏损额、本年可弥补亏损额、本年度弥补以前年度亏损额；第 7 行为可结转以后年度弥补的亏损额。

《税前弥补亏损明细表》纵向第 1 列至第 11 列内容可分为四个部分：第一部分反映各年度盈亏情况，包括第 1 列至第 2 列的有关内容；第二部分为在亏损年度以后已弥补过的亏损额，包括第 3 列至第 7 列的有关内容；第三部分为本年度可弥补的亏损额，相关内容在第 8 列反映；第四部分为可结转下一年度弥补的亏损额，相关内容在第 9 列反映。

3. 企业相关年度亏损和盈利额、已弥补的亏损额以及未弥补的亏损额发生变化的，应按调整后实际数额填报。

4. 表间关系。

附表二第 6 行第 8 列＝主表第 12 行。

14.1.3.2　《弥补亏损明细表》的填报说明

一、第 1 列 "年度"

《弥补亏损明细表》第 1 列 "年度"：填报本纳税年度上溯前五年的年度，填写时依公历年度顺序填写。

二、第 2 列 "盈利或亏损金额"

《弥补亏损明细表》第 2 列 "盈利或亏损金额"：填报依照税法规定调整后经主管税务机关确认的盈利或亏损金额；亏损额以负数表示。如存在经税务机关审核确认的其他被合并、分立企业的有效亏损额分配结转至（出）本企业的数额，在本栏合并填写，同时提供被合并、分立企业的亏损弥补表和税务机关审核确认的其他被合并、分立企业的有效亏损额分配结转表和相关说明资料。

三、第 3 列 "已弥补过的亏损额"

《弥补亏损明细表》第 3 列 "已弥补过的亏损额"：填报每一年度当期亏损额用其以后

四个年度盈利额弥补过的金额。

四、第 4 列"本年度可弥补的亏损额"

附表二《弥补亏损明细表》第 4 列"本年度可弥补的亏损额"：填报以前年度发生的亏损尚未弥补或未弥补完的亏损额需用本年度盈利额弥补的金额。该金额应小于或等于本年度实际盈利额。如本年度为亏损，则弥补额为零。

五、第 5 列"可结转下一年度未弥补完的亏损额"

《弥补亏损明细表》第 5 列"可结转下一年度未弥补完的亏损额"：填报按税法规定可结转到下一年度可弥补的亏损额。

14.1.3.3 《弥补亏损明细表》的填报审核

应注意审查企业以前年度亏损弥补期限及结转的计算是否正确，有无少转或多转亏损的问题。对照以前年度税务机关调整后的亏损额，核实本年度弥补亏损金额，对不符合规定的应加以调整，按调整后的金额弥补亏损。

具体的纳税调整的内容与方法，请参见第 7 章"《企业所得税前弥补亏损明细表》（A106000）的填报和审核"。

14.2 《非居民企业所得税年度纳税申报表》（核定征收）的填报和审核

14.2.1 《非居民企业所得税年度纳税申报表》概述

14.2.1.1 适用范围及申报期限

1. 《非居民企业所得税年度纳税申报表》适用于按核定利润率，以及按经费支出、成本费用换算收入方式缴纳所得税的非居民企业（以下简称企业），包括：企业所得税法第三条第二款规定的非居民企业和外国企业常驻代表机构。

2. 企业应当按税法规定期限向主管税务机关报送本表，并同时报送主管税务机关要求报送的其他资料。

3. 企业因确有困难，不能在规定期限内办理年度所得税申报，应当在规定的申报期限内向主管税务机关提出书面延期申请，经主管税务机关核准，可以适当延期。

企业未按规定期限向主管税务机关报送本表、会计报表及主管税务机关要求报送的其他资料的，依照《中华人民共和国税收征收管理法》及其实施细则的有关规定，予以处罚。

14.2.1.2 填报依据及内容

1. 《非居民企业所得税年度纳税申报表》中所称国家有关税收规定除另有说明外，均指《企业所得税法》及其实施条例的有关规定，以及国务院、国务院税务主管部门根据税法制定的相关规定。

2. 《非居民企业所得税年度纳税申报表》的账载金额是指企业记载在相应报表、总账、明细账上的汇总或明细金额；依法申报金额是指企业按照现行税收法律、行政法规、规章和规范性文件的规定，对账载金额进行调整后的申报金额。

14.2.1.3 报表结构说明

《非居民企业所得税年度纳税申报表》分为七部分，第一部分为表头项目，反映纳税人的基本情况信息；第二部分为按收入总额核定应纳税所得额的计算，反映纳税人项目收入额；第三部分为按经费支出换算应纳税所得额的计算，反映纳税人的经费支出；第四部分为按成本费用核定应纳税所得额的计算，反映纳税人的成本费用额；第五部分为应纳企业所得税额的计算，反映纳税人应纳税款计算情况；第六部分为应补（退）所得额的计算，反映纳税人税款的应补（退）情况；第七部分为表尾项目，反映纳税人和中介代理机构申报情况、税务机关的受理情况等内容。

14.2.1.4　表内栏次的类型

《非居民企业所得税年度纳税申报表》由第 1 行至第 26 行等栏次组成，根据表间逻辑关系，可以分为以下两类，

1．直接填报栏次。

（1）项目名称；

（2）第 1 行、第 4 行、第 7 行"收入额"；

（3）第 2 行、第 5 行、第 8 行"经税务机关核定的利润率（％）"；

（4）第 12 行"经费支出总额"及明细项目，包括：工资薪金、奖金、津贴、、福利费、物品采购费、固定资产折旧、装修费、通讯费、差旅费、房租、设备租赁费、交通费、业务招待费；

（5）第 13 行、第 17 行"换算的收入额"；

（6）第 14 行、第 18 行"经税务机关核定的利润率（％）"；

（7）第 16 行"成本费用总额"；

（8）第 20 行"法定税率（25％）"；

（9）第 22 行"实际征收率（％）"；

（10）第 25 行"全年已预缴企业所得税额"。

2．表内计算栏次。

（1）第 3 行、第 6 行、第 9 行、第 15 行、第 19 行"应纳税所得额"；

（2）第 11 行"应纳税所得额合计"；

（3）第 21 行"应纳企业所得税额"；

（4）第 23 行"实际应纳企业所得税额"；

（5）第 24 行"减（免）企业所得税额"；

（6）第 26 行"应补（退）企业所得税额"。

14.2.1.5　表头、表尾项目的填报

1．《非居民企业所得税年度纳税申报表》用中文填写，一式二份，一份由企业留存，一份由主管税务机关备查。

2．《非居民企业所得税年度纳税申报表》表头、表尾有关栏目填写说明。

（1）税款所属期间：正常经营的企业，填写公历年度，自公历 1 月 1 日起至 12 月 31 日止；企业在年度中间开业的，应填报实际开始经营之日至同年 12 月 31 日；企业在年度中间终止经营活动的，应填报公历 1 月 1 日至实际终止经营之日。

（2）纳税人识别号：填写税务登记证上所注明的"纳税人识别号"或主管税务机关颁发的临时纳税人纳税识别号。

（3）金额单位：填写"人民币元"列至角分。

（4）纳税人名称：填写企业税务登记证上的中文名称或临时税务登记的中文名称。

（5）居民国（地区）名称及代码：填写设立常驻代表机构的外国企业或来华承包工程、提高劳务等的外国企业的总机构的居民国（地区）的名称和代码。

（6）声明人签字：由设立企业的外国企业法定代表人或其授权代表企业的负责人签字。

（7）申报日期：填写实际到主管税务机关进行纳税申报的当日。

14.2.2 《非居民企业所得税年度纳税申报表》的填报和审核

14.2.2.1 按收入总额核定应纳税所得额的计算部分

一、项目名称的填报

（一）填报说明。

《非居民企业所得税年度纳税申报表》"按收入总额核定应纳税所得额的计算"中的应税项目：企业在我国境内提供应税劳务时，凡同一项目项下，发生适用不同核定利润率情况的应税劳务的，均应按照不同的核定利润率分别填报。在"应税项目名称"下填写具体的项目名称、合同号。

（二）填报数据来源。

《非居民企业所得税年度纳税申报表》"按收入总额核定应纳税所得额的计算"中的项目名称的填报数据来源为双方签订的合同，根据合同填写项目的名称和合同号，如："承包某工程建设＋合同号＋境内工程设计"或"承包某工程建设＋合同号＋境内工程施工"。

二、收入额的填报

（一）填报说明。

《非居民企业所得税年度纳税申报表》第1行、第4行、第7行"收入额"：填报纳税人在我国境内提供应税劳务取得收入的金额，包括企业以货币形式和非货币形式取得的收入。

（二）填报数据来源。

《非居民企业所得税年度纳税申报表》第1行、第4行、第7行"收入额"的填报数据来源为"营业收入"科目记录的会计数据或者双方签订的合同提供劳务的金额。

三、经税务机关核定的利润率的填报

（一）填报说明。

《非居民企业所得税年度纳税申报表》第2行、第5行、第8行"经税务机关核定的利润率"：填报纳税人经税务机关审核批准后的利润率。

（二）填报数据来源。

《非居民企业所得税年度纳税申报表》第2行、第5行、第8行"经税务机关核定的利润率"填报数据来源为税务机关批准文件。

《国家税务总局关于印发〈非居民企业所得税核定征收管理办法〉的通知》（国税发〔2010〕19号）规定，税务机关可按照以下标准确定非居民企业的利润率：

（1）从事承包工程作业、设计和咨询劳务的，利润率为15%～30%；

（2）从事管理服务的，利润率为30%～50%；

（3）从事其他劳务或劳务以外经营活动的，利润率不低于15%。

四、应纳税所得额的填报

《非居民企业所得税年度纳税申报表》第3行、第6行、第9行"应纳税所得额"，为表内计算栏次，计算关系如下：

> 第3行＝第1×2行
> 第6行＝第4×5行
> 第9行＝第7×8行

五、收入总额的填报

《非居民企业所得税年度纳税申报表》第10行"收入总额"为表内计算栏次，金额等于第1＋4＋7行。

六、应纳税所得额合计的填报

《非居民企业所得税年度纳税申报表》第 11 行"应纳税所得额合计"为表内计算栏次，金额等于第 3＋6＋9 行。

14.2.2.2　按经费支出换算应纳税所得额的计算部分

一、"经费支出总额"的填报说明

《非居民企业所得税年度纳税申报表》第 12 行"经费支出总额"：该栏下设的"其中"栏为企业本纳税年度实际支出的经费明细，"其中"项下的各项之和应等于"经费支出总额"栏数据。企业本纳税年度实际支出的经费不能归集到本栏"其中"项下已列明的范围的，要将实际支出的经费的名称、金额在本栏空白行处据实填写。

（1）企业购置固定资产所发生的支出，在发生时一次性计入费用支出换算收入的，在"其中"项下的"物品采购费"中填写。不是一次性计入费用支出换算收入的，在"其中"项下的"固定资产折旧"中填写。

（2）企业发生的装修费，无论采用一次性计入费用支出还是 5 年摊销，均在"其中"项下的"装修费"中填写。但采用 5 年摊销方式的应在"备注"栏中注明"5 年摊销，第×年"。

二、"经费支出总额"的填报数据来源

《非居民企业所得税年度纳税申报表》第 12 行"经费支出总额"账载金额的填报数据来源为经费支出项目各科目的本纳税年度实际支出金额的汇总。包括：工资薪金、奖金、津贴、福利费、物品采购费、固定资产折旧、装修费、通讯费、差旅费、房租、设备租赁费、交通费、业务招待费等。

三、"换算的收入额"的计算公式

《非居民企业所得税年度纳税申报表》第 13 行"换算收入额"："按经费支出换算应纳税所得额的计算"中的"换算的收入额"按以下公式计算：

换算的收入额＝经费支出总额÷（1－经税务机关核定的利润率－营业税税率）

四、经税务机关核定的利润率的填报

（一）填报说明。

《非居民企业所得税年度纳税申报表》第 14 行"经税务机关核定的利润率"：填报纳税人经税务机关审核批准后的利润率。

（二）填报数据来源。

本行的填报数据来源为税务机关批准文件。

五、应纳税所得额的填报

《非居民企业所得税年度纳税申报表》第 15 行"应纳税所得额"为表内计算栏次，计算关系为：

第 15 行＝第 13×14 行

14.2.2.3　按成本费用核定应纳税所得额的计算的部分

一、成本费用总额的填报

《非居民企业所得税年度纳税申报表》第 16 行"成本费用总额"：填报纳税人本年度累计发生的各项成本费用金额。

二、换算的收入额的填报

《非居民企业所得税年度纳税申报表》第 17 行"换算的收入额"："按成本费用核定应纳税所得额的计算"中的"换算的收入额"按以下公式计算：

换算的收入额＝成本费用总额÷（1－经税务机关核定的利润率）

三、经税务机关核定的利润率的填报

（一）填报说明。

《非居民企业所得税年度纳税申报表》第18行"经税务机关核定的利润率"：填报纳税人经税务机关审核批准后的利润率。

（二）填报数据来源。

本行的填报数据来源为税务机关批准文件。

四、应纳税所得额的填报

《非居民企业所得税年度纳税申报表》第19行"应纳税所得额"为表内计算栏次，计算关系为：

$$第 19 行 = 第 17 × 18 行$$

14.2.2.4　应纳企业所得税额的计算部分

一、法定税率的填报

《非居民企业所得税年度纳税申报表》第20行"法定税率"：填报《企业所得税法》及实施条例规定的法定税率25%。

二、应纳企业所得税额的填报

《非居民企业所得税年度纳税申报表》第21行"应纳企业所得税额"为表内计算栏次，分为三种情况：

（1）按收入总额核定应纳税所得额的计算时，第21行＝第11×20行。

（2）按经费支出换算应纳税所得额的计算时，第21行＝第15×20行。

（3）按成本费用核定应纳税所得额的计算时，第21行＝第19×20行。

三、实际征收率的填报

《非居民企业所得税年度纳税申报表》第22行"实际征收率"：本表的实际征收率是指在法定税率的基础上，按税法规定享受所得税税收优惠的企业，在税收优惠期内的企业所得税征收率。不享受所得税税收优惠的，填写本栏时，数据应与"法定税率"栏相同。

四、实际应纳企业所得税额的填报

《非居民企业所得税年度纳税申报表》第23行"实际应纳企业所得税额"为表内计算栏次，分为三种情况：

（1）按收入总额核定应纳税所得额的计算时，第23行＝第11×22行。

（2）按经费支出换算应纳税所得额的计算时，第23行＝第15×22行。

（3）按成本费用核定应纳税所得额的计算时，第23行＝第19×22行。

五、减（免）企业所得税额的填报

《非居民企业所得税年度纳税申报表》第24行"减（免）企业所得税额"为表内计算栏次，金额等于第21－23行。

14.2.2.5　应补（退）所得额的计算部分

一、全年已预缴企业所得税额的填报

（一）填报说明。

《非居民企业所得税年度纳税申报表》第25行"全年已预缴企业所得税额"：填报纳税人按照税收规定本纳税年度已累计预缴的所得税款。

（二）填报数据来源。

本行的填报数据来源为本年度应交税费会计核算资料、四个季度的企业所得税预缴纳税申报表和税收缴款书。

二、应补（退）企业所得税额的填报

《非居民企业所得税年度纳税申报表》第26行"应补（退）企业所得税额"为表内计算栏次，金额等于第23－25行。

14.2.3　非居民企业所得税核定征收审核的审核依据

非居民企业所得税核定征收的具体规定，请参见《非居民企业所得税核定征收管理办法》（国税发〔2010〕19 号）。

14.3　《非居民企业所得税季度纳税申报表》（据实征收）的填报

14.3.1　适用范围、填报依据和报送要求

1.《非居民企业所得税季度纳税申报表》（据实征收）适用于能够提供完整、准确的成本、费用凭证，如实计算应纳税所得额的非居民企业所得税纳税人。非居民企业（以下简称企业）正常经营的，自季度终了之日起 15 日内向主管税务机关报送。

2. 企业应当按税法规定期限向主管税务机关报送本表，并同时报送主管税务机关要求报送的其他资料。

3. 企业因确有困难，不能在规定期限内办理季度所得税申报，应当在规定的申报期限内向主管税务机关提出书面延期申请，经主管税务机关核准，可以适当延期。

4. 企业未按规定期限向主管税务机关报送本表、会计报表及主管税务机关要求报送的其他资料的，依照《中华人民共和国税收征收管理法》及其实施细则的有关规定，予以处罚。

本表中所称国家有关税收规定除另有说明外，均指《企业所得税法》及其实施条例的有关规定，以及国务院、国务院税务主管部门根据税法制定的相关规定。

5.《非居民企业所得税季度纳税申报表》（据实征收）是在企业账载会计利润总额核算的基础上，依法进行纳税调整相关项目后申报企业应纳税所得额，并依法计算季度应纳所得税。本表及附表的账载金额是指企业根据现行国家统一会计制度的规定，记载在相应报表、总账、明细账上的汇总或明细金额；依法申报金额是指企业按照现行税收法律、行政法规、规章和规范性文件的规定，对账载金额进行调整后的申报金额。

6.《非居民企业所得税季度纳税申报表》（据实征收）用中文填写。

14.3.2　表头项目、表尾项目的填报

1. 税款所属期间：填写公历年度，自公历每季度 1 日起至该季度末止。企业在一个纳税季度中间开业，或者终止经营活动，应当以其实际经营期为一个纳税季度。

2. 纳税人识别号：填写税务登记证上所注明的"纳税人识别号"或主管税务机关颁发的临时纳税人纳税识别号。

3. 金额单位：填写"人民币元"列至角分。

4. 纳税人名称：填写企业税务登记证上的中文名称或临时税务登记的中文名称。

5. 居民国（地区）名称及代码：填写设立常驻代表机构的外国企业或来华承包工程、提供劳务等的外国企业的总机构的居民国（地区）的名称和代码。

6. 声明人签字：由设立企业的外国企业法定代表人或其授权代表企业的负责人签字。

7. 申报日期：填写实际到主管税务机关进行纳税申报的当日。

8.《非居民企业所得税季度纳税申报表》（据实征收）一式二份，一份由企业留存，一

份由主管税务机关备查。

14.3.3　具体项目的填报说明

1. 营业收入：填报企业在所属期间所取得的收入。
2. 营业成本：填报企业在所属期间所支出的成本。
3. 本季度利润（亏损）额：亏损以负数表示。
4. 实际征收率：本表的实际征收率是指在法定税率的基础上，按税法规定享受所得税税收优惠的企业，在税收优惠期内的企业所得税征收率。不享受所得税税收优惠的，填写本栏时数据应与"法定税率"栏相同。
5. 本季度前已预缴企业所得税额：填写企业按照现行税收法律、行政法规、规章和规范性文件的规定已在本季度前累计预缴的所得税额。

14.4　《非居民企业所得税季度纳税申报表》（核定征收）的填报

14.4.1　适用范围、填报依据和报送要求

1. 《非居民企业所得税季度纳税申报表》（核定征收）适用于按核定利润率，以及按经费支出、成本费用换算收入方式缴纳所得税的非居民企业（以下简称企业）。企业自季度终了之日起 15 日内向主管税务机关报送。企业应当按税法规定期限向主管税务机关报送本表，并同时报送主管税务机关要求报送的其他资料。
2. 企业因确有困难，不能在规定期限内办理季度所得税申报，应当在规定的申报期限内向主管税务机关提出书面延期申请，经主管税务机关核准，可以适当延期。
3. 企业未按规定期限向主管税务机关报送本表及主管税务机关要求报送的其他资料的，依照《中华人民共和国税收征收管理法》及其实施细则的有关规定，予以处罚。
4. 《非居民企业所得税季度纳税申报表》（核定征收）中所称国家有关税收规定除另有说明外，均指《企业所得税法》及其实施条例的有关规定，以及国务院、国务院税务主管部门根据税法制定的相关规定。
5. 《非居民企业所得税季度纳税申报表》（核定征收）的账载金额是指企业根据现行国家统一会计制度的规定，记载在相应报表、总账、明细账上的汇总或明细金额；依法申报金额是指企业按照现行税收法律、行政法规、规章和规范性文件的规定，对账载金额进行调整后的申报金额。
6. 《非居民企业所得税季度纳税申报表》（核定征收）用中文填写。

14.4.2　表头项目、表尾项目的填报

1. 税款所属期间：填写公历年度，自公历每季度 1 日起至该季度末止。企业在一个纳税季度中间开业，或者终止经营活动，应当以其实际经营期为一个纳税季度。
2. 纳税人识别号：填写税务登记证上所注明的"纳税人识别号"或主管税务机关颁发的临时纳税人纳税识别号。
3. 金额单位：填写"人民币元"，列至角分。
4. 纳税人名称：填写企业税务登记证上的中文名称或临时税务登记的中文名称。

5.　居民国（地区）名称及代码：填写设立常驻代表机构的外国企业或来华承包工程、提高劳务等的外国企业的居民国（地区）的名称和代码。

6.　声明人签字：由设立企业的外国企业法定代表人或其授权代表企业的负责人签字。

7.　申报日期：填写实际到主管税务机关进行纳税申报的当日。

8.　《非居民企业所得税季度纳税申报表》（核定征收）一式二份，一份由企业留存，一份由主管税务机关备查。

14.4.3　具体项目的填报说明

1.　"按收入总额核定应纳税所得额的计算"中的应税项目：企业在我国境内提供应税劳务时，凡同一项目项下，发生适用不同核定利润率情况的应税劳务的，均应按照不同的核定利润率分别填报。在"应税劳务名称"下填写具体的项目名称、合同号及应税劳务的具体名称。如："承包某工程建设＋合同号＋境内工程设计"或"承包某工程建设＋合同号＋境内工程施工"。

2.　经费支出总额：填写企业本期实际支出的经费总额。

3.　"按经费支出换算应纳税所得额的计算"中的"换算的收入额"按以下公式计算：

换算的收入额＝经费支出总额÷（1－经税务机关核定的利润率－营业税税率）

4.　"按成本费用核定应纳税所得额的计算"中的"换算的收入额"按以下公式计算：

换算的收入额＝成本费用总额÷（1－经税务机关核定的利润率）

5.　实际征收率：本表的实际征收率是指在法定税率的基础上，按税法规定享受所得税税收优惠的企业，在税收优惠期内的企业所得税征收率。不享受所得税税收优惠的，填写本栏时数据应与"法定税率"栏相同。

02

第2部分

企业所得税纳税申报表政策法规指引

第 15 章
利润总额计算类明细表法规指引

15.1 收入类明细表法规指引

15.1.1 收入总额的定义、形式、计量

15.1.1.1 收入总额的定义
企业以货币形式和非货币形式从各种来源取得的收入，为收入总额。包括：
（一）销售货物收入；
（二）提供劳务收入；
（三）转让财产收入；
（四）股息、红利等权益性投资收益；
（五）利息收入；
（六）租金收入；
（七）特许权使用费收入；
（八）接受捐赠收入；
（九）其他收入。

（摘自《企业所得税法》第六条）

15.1.1.2 货币形式收入与非货币形式收入的解释
企业所得税法第六条所称企业取得收入的货币形式，包括现金、存款、应收账款、应收票据、准备持有至到期的债券投资以及债务的豁免等。

企业所得税法第六条所称企业取得收入的非货币形式，包括固定资产、生物资产、无形资产、股权投资、存货、不准备持有至到期的债券投资、劳务以及有关权益等。

（摘自《企业所得税法实施条例》第十二条）

为防止纳税人将应征税的经济利益排除在应税收入之外，新企业所得税法将企业以货币形式和非货币形式取得的收入，都作为收入总额。实施条例将企业取得收入的货币形式，界定为取得的现金、存款、应收账款、应收票据、准备持有至到期的债券投资以及债务的豁免等；企业取得收入的非货币形式，界定为固定资产、生物资产、无形资产、股权投资、

存货、不准备持有至到期的债券投资、劳务以及有关权益等。

（摘自国税函〔2008〕159 号第八条）

15.1.1.3　货币形式收入按公允价值确定收入额

企业所得税法第六条所称企业以非货币形式取得的收入，应当按照公允价值确定收入额。前款所称公允价值，是指按照市场价格确定的价值。

（摘自《企业所得税法实施条例》第十三条）

由于取得收入的货币形式的金额是确定的，而取得收入的非货币形式的金额不确定，企业在计算非货币形式收入时，必须按一定标准折算为确定的金额。实施条例规定，企业以非货币形式取得的收入，按照公允价值确定收入额。公允价值，是指按照市场价格确定的价值。

（摘自国税函〔2008〕159 号第八条）

15.1.1.4　应一次性确认的收入

根据《中华人民共和国企业所得税法实施条例》第二十五条规定，现就企业以不同形式取得财产转让等收入征收企业所得税问题公告如下：

一、企业取得财产（包括各类资产、股权、债权等）转让收入、债务重组收入、接受捐赠收入、无法偿付的应付款收入等，不论是以货币形式、还是非货币形式体现，除另有规定外，均应一次性计入确认收入的年度计算缴纳企业所得税。

二、本公告自发布之日起 30 日后施行。2008 年 1 月 1 日至本公告施行前，各地就上述收入计算的所得，已分 5 年平均计入各年度应纳税所得额计算纳税的，在本公告发布后，对尚未计算纳税的应纳税所得额，应一次性作为本年度应纳税所得额计算纳税。

（摘自国家税务总局公告 2010 年第 19 号）

15.1.1.5　可以分期确认收入的生产经营业务

● **实施条例关于分期确认收入的规定**

企业的下列生产经营业务可以分期确认收入的实现：

（一）以分期收款方式销售货物的，按照合同约定的收款日期确认收入的实现；

（二）企业受托加工制造大型机械设备、船舶、飞机，以及从事建筑、安装、装配工程业务或者提供其他劳务等，持续时间超过 12 个月的，按照纳税年度内完工进度或者完成的工作量确认收入的实现。

（摘自《企业所得税法实施条例》第二十三条）

● **新企业所得税法精神宣传提纲的解释说明**

企业受托加工、制造大型机械设备、船舶等，以及从事建筑、安装、装配工程业务和提供劳务，持续时间通常分属于不同的纳税年度，甚至会跨越数个纳税年度，而且涉及的金额一般比较大。为了及时反映各纳税年度的应税收入，一般情况下，不能等到合同完工时或进行结算时才确定应税收入。企业按照完工进度或者完成的工作量对跨年度的特殊劳务确认收入和扣除进行纳税，也有利于保证跨纳税年度的收入在不同纳税年度得到及时确认，保证税收收入的均衡入库。因此，实施条例对企业受托加工、制造大型机械设备、船舶等，以及从事建筑、安装、装配工程业务和提供劳务，持续时间跨越纳税年度的，应当按照纳税年度内完工进度或者完成的工作量确定收入。

除受托加工、制造大型机械设备、船舶等，以及从事建筑、安装、装配工程业务和提供劳务之外，其他跨纳税年度的经营活动，通常情况下持续时间短、金额小，按照纳税年度内完工进度或者完成的工作量确定应税收入没有实际意义。另外，这些经营活动在纳税年度末收入和相关的成本费用不易确定，相关的经济利益能否流入企业也不易判断，因此，一般不采用按照纳税年度内完工进度或者完成的工作量确定收入的办法。

（摘自国税函〔2008〕159 号第九条）

15.1.2　销售货物收入

15.1.2.1　销售货物收入的范围

企业所得税法第六条第（一）项所称销售货物收入，是指企业销售商品、产品、原材料、包装物、低值易耗品以及其他存货取得的收入。

（摘自《企业所得税法实施条例》第十四条）

15.1.2.2　销售收入的确认

除企业所得税法及实施条例另有规定外，企业销售收入的确认，必须遵循权责发生制原则和实质重于形式原则。

（一）企业销售商品同时满足下列条件的，应确认收入的实现：

1. 商品销售合同已经签订，企业已将商品所有权相关的主要风险和报酬转移给购货方；

2. 企业对已售出的商品既没有保留通常与所有权相联系的继续管理权，也没有实施有效控制；

3. 收入的金额能够可靠地计量；

4. 已发生或将发生的销售方的成本能够可靠地核算。

（二）符合上款收入确认条件，采取下列商品销售方式的，应按以下规定确认收入实现时间：

1. 销售商品采用托收承付方式的，在办妥托收手续时确认收入。

2. 销售商品采取预收款方式的，在发出商品时确认收入。

3. 销售商品需要安装和检验的，在购买方接受商品以及安装和检验完毕时确认收入。如果安装程序比较简单，可在发出商品时确认收入。

4. 销售商品采用支付手续费方式委托代销的，在收到代销清单时确认收入。

（三）采用售后回购方式销售商品的，销售的商品按售价确认收入，回购的商品作为购进商品处理。有证据表明不符合销售收入确认条件的，如以销售商品方式进行融资，收到的款项应确认为负债，回购价格大于原售价的，差额应在回购期间确认为利息费用。

（四）销售商品以旧换新的，销售商品应当按照销售商品收入确认条件确认收入，回收的商品作为购进商品处理。

（五）企业为促进商品销售而在商品价格上给予的价格扣除属于商业折扣，商品销售涉及商业折扣的，应当按照扣除商业折扣后的金额确定销售商品收入金额。

债权人为鼓励债务人在规定的期限内付款而向债务人提供的债务扣除属于现金折扣，销售商品涉及现金折扣的，应当按扣除现金折扣前的金额确定销售商品收入金额，现金折扣在实际发生时作为财务费用扣除。

企业因售出商品的质量不合格等原因而在售价上给的减让属于销售折让；企业因售出商品质量、品种不符合要求等原因而发生的退货属于销售退回。企业已经确认销售收入的售出商品发生销售折让和销售退回，应当在发生当期冲减当期销售商品收入。

（摘自国税函〔2008〕875 号第一条）

15.1.2.3　买一赠一等方式组合销售收入的确认

企业以买一赠一等方式组合销售本企业商品的，不属于捐赠，应将总的销售金额按各项商品的公允价值的比例来分摊确认各项的销售收入。

（摘自国税函〔2008〕875 号第三条）

15.1.2.4　产品分成方式收入的确认

采取产品分成方式取得收入的，按照企业分得产品的日期确认收入的实现，其收入额按照产品的公允价值确定。

（摘自《企业所得税法实施条例》第二十四条）

15.1.3 提供劳务收入

15.1.3.1 提供劳务收入的范围

企业所得税法第六条第（二）项所称提供劳务收入，是指企业从事建筑安装、修理修配、交通运输、仓储租赁、金融保险、邮电通信、咨询经纪、文化体育、科学研究、技术服务、教育培训、餐饮住宿、中介代理、卫生保健、社区服务、旅游、娱乐、加工以及其他劳务服务活动取得的收入。

（摘自《企业所得税法实施条例》第十五条）

15.1.3.2 提供劳务收入的确认

企业在各个纳税期末，提供劳务交易的结果能够可靠估计的，应采用完工进度（完工百分比）法确认提供劳务收入。

（一）提供劳务交易的结果能够可靠估计，是指同时满足下列条件：

1. 收入的金额能够可靠地计量；

2. 交易的完工进度能够可靠地确定；

3. 交易中已发生和将发生的成本能够可靠地核算。

（二）企业提供劳务完工进度的确定，可选用下列方法：

1. 已完工作的测量；

2. 已提供劳务占劳务总量的比例；

3. 发生成本占总成本的比例。

（三）企业应按照从接受劳务方已收或应收的合同或协议价款确定劳务收入总额，根据纳税期末提供劳务收入总额乘以完工进度扣除以前纳税年度累计已确认提供劳务收入后的金额，确认为当期劳务收入；同时，按照提供劳务估计总成本乘以完工进度扣除以前纳税期间累计已确认劳务成本后的金额，结转为当期劳务成本。

（四）下列提供劳务满足收入确认条件的，应按规定确认收入：

1. 安装费。应根据安装完工进度确认收入。安装工作是商品销售附带条件的，安装费在确认商品销售实现时确认收入。

2. 宣传媒介的收费。应在相关的广告或商业行为出现于公众面前时确认收入。广告的制作费，应根据制作广告的完工进度确认收入。

3. 软件费。为特定客户开发软件的收费，应根据开发的完工进度确认收入。

4. 服务费。包含在商品售价内可区分的服务费，在提供服务的期间分期确认收入。

5. 艺术表演、招待宴会和其他特殊活动的收费。在相关活动发生时确认收入。收费涉及几项活动的，预收的款项应合理分配给每项活动，分别确认收入。

6. 会员费。申请入会或加入会员，只允许取得会籍，所有其他服务或商品都要另行收费的，在取得该会员费时确认收入。申请入会或加入会员后，会员在会员期内不再付费就可得到各种服务或商品，或者以低于非会员的价格销售商品或提供服务的，该会员费应在整个受益期内分期确认收入。

7. 特许权费。属于提供设备和其他有形资产的特许权费，在交付资产或转移资产所有权时确认收入；属于提供初始及后续服务的特许权费，在提供服务时确认收入。

8. 劳务费。长期为客户提供重复的劳务收取的劳务费，在相关劳务活动发生时确认收入。

（摘自国税函〔2008〕875 号第二条）

15.1.4 转让财产收入

15.1.4.1 转让财产收入的范围

企业所得税法第六条第（三）项所称转让财产收入，是指企业转让固定资产、生物资产、无形资产、股权、债权等财产取得的收入。

（摘自《企业所得税法实施条例》第十六条）

15.1.4.2 股权转让收入的确认和计算

企业转让股权收入，应于转让协议生效、且完成股权变更手续时，确认收入的实现。转让股权收入扣除为取得该股权所发生的成本后，为股权转让所得。企业在计算股权转让所得时，不得扣除被投资企业未分配利润等股东留存收益中按该项股权所可能分配的金额。

（摘自国税函〔2010〕79 号第三条）

15.1.5 股息、红利等权益性投资收益

15.1.5.1 股息、红利等权益性投资收益的范围

企业所得税法第六条第（四）项所称股息、红利等权益性投资收益，是指企业因权益性投资从被投资方取得的收入。

（摘自《企业所得税法实施条例》第十七条第一款）

15.1.5.2 股息、红利等权益性投资收益的确认

股息、红利等权益性投资收益，除国务院财政、税务主管部门另有规定外，按照被投资方作出利润分配决定的日期确认收入的实现。

（摘自《企业所得税法实施条例》第十七条第二款）

企业权益性投资取得股息、红利等收入，应以被投资企业股东会或股东大会作出利润分配或转股决定的日期，确定收入的实现。

被投资企业将股权（票）溢价所形成的资本公积转为股本的，不作为投资方企业的股息、红利收入，投资方企业也不得增加该项长期投资的计税基础。

（摘自国税函〔2010〕79 号第四条）

15.1.6 利息收入、租金收入和特许权使用费收入

15.1.6.1 利息收入

● 利息收入的范围

企业所得税法第六条第（五）项所称利息收入，是指企业将资金提供他人使用但不构成权益性投资，或者因他人占用本企业资金取得的收入，包括存款利息、贷款利息、债券利息、欠款利息等收入。

（摘自《企业所得税法实施条例》第十八条第一款）

● 利息收入的确认时间

利息收入，按照合同约定的债务人应付利息的日期确认收入的实现。

（摘自《企业所得税法实施条例》第十八条）

● 金融企业贷款利息收入的确认

根据《中华人民共和国企业所得税法》及其实施条例的规定，现对金融企业贷款利息收入所得税处理问题公告如下：

一、金融企业按规定发放的贷款，属于未逾期贷款（含展期，下同），应根据先收利息

后收本金的原则，按贷款合同确认的利率和结算利息的期限计算利息，并于债务人应付利息的日期确认收入的实现；属于逾期贷款，其逾期后发生的应收利息，应于实际收到的日期，或者虽未实际收到，但会计上确认为利息收入的日期，确认收入的实现。

二、金融企业已确认为利息收入的应收利息，逾期90天仍未收回，且会计上已冲减了当期利息收入的，准予抵扣当期应纳税所得额。

三、金融企业已冲减了利息收入的应收未收利息，以后年度收回时，应计入当期应纳税所得额计算纳税。

四、本公告自发布之日起30日后施行。

（摘自国家税务总局公告2010年第23号）

15.1.6.2 租金收入

● **租金收入的范围**

企业所得税法第六条第（六）项所称租金收入，是指企业提供固定资产、包装物或者其他有形资产的使用权取得的收入。

（摘自《企业所得税法实施条例》第十九条第一款）

● **租金收入的确认**

租金收入，按照合同约定的承租人应付租金的日期确认收入的实现。

（摘自《企业所得税法实施条例》第十九条第二款）

根据《实施条例》第十九条的规定，企业提供固定资产、包装物或者其他有形资产的使用权取得的租金收入，应按交易合同或协议规定的承租人应付租金的日期确认收入的实现。其中，如果交易合同或协议中规定租赁期限跨年度，且租金提前一次性支付的，根据《实施条例》第九条规定的收入与费用配比原则，出租人可对上述已确认的收入，在租赁期内，分期均匀计入相关年度收入。

出租方如为在我国境内设有机构场所、且采取据实申报缴纳企业所得的非居民企业，也按本条规定执行。

（摘自国税函〔2010〕79号第一条）

● **金融资产管理公司利用其接受的抵债资产从事经营租赁业务应当纳税**

广东省地方税务局：

你局《关于金融资产管理公司有关税收政策问题的请示》（粤地税发〔2008〕86号）收悉。经研究，批复如下：

金融资产管理公司利用其接受的抵债资产从事经营租赁业务，不属于《国务院办公厅转发人民银行、财政部、证监会关于组建中国华融资产管理公司、中国长城资产管理公司和中国东方资产管理公司意见的通知》（国办发〔1999〕66号）和《财政部、国家税务总局关于中国信达等4家金融资产管理公司税收政策问题的通知》（财税〔2001〕10号）规定的免税范围，应当依法纳税。

（摘自国税函〔2009〕190号）

15.1.6.3 特许权使用费收入

企业所得税法第六条第（七）项所称特许权使用费收入，是指企业提供专利权、非专利技术、商标权、著作权以及其他特许权的使用权取得的收入。

特许权使用费收入，按照合同约定的特许权使用人应付特许权使用费的日期确认收入的实现。

（摘自《企业所得税法实施条例》第二十条）

15.1.6.4 新税法实施前后的过渡性办法

新税法实施前已按其他方式计入当期收入的利息收入、租金收入、特许权使用费收入，在新税法实施后，凡与按合同约定支付时间确认的收入额发生变化的，应将该收入额减去以前年度已按照其他方式确认的收入额后的差额,确认为当期收入。

(摘自国税函〔2009〕98 号第三条)

15.1.7 接受捐赠收入

企业所得税法第六条第(八)项所称接受捐赠收入,是指企业接受的来自其他企业、组织或者个人无偿给予的货币性资产、非货币性资产。

接受捐赠收入,按照实际收到捐赠资产的日期确认收入的实现。

(摘自《企业所得税法实施条例》第二十一条)

15.1.8 其他收入

15.1.8.1 其他收入的范围

企业所得税法第六条第(九)项所称其他收入,是指企业取得的除企业所得税法第六条第(一)项至第(八)项规定的收入外的其他收入,包括企业资产溢余收入、逾期未退包装物押金收入、确实无法偿付的应付款项、已作坏账损失处理后又收回的应收款项、债务重组收入、补贴收入、违约金收入、汇兑收益等。

(摘自《企业所得税法实施条例》第二十二条)

15.1.8.2 已经作为损失处理的资产以后年度收回时应计入当期收入

企业已经作为损失处理的资产,在以后纳税年度又全部收回或者部分收回时,应当计入当期收入。

(摘自《企业所得税法实施条例》第三十二条第三款)

15.1.8.3 债务重组收入的确认

企业发生债务重组,应在债务重组合同或协议生效时确认收入的实现。

(摘自国税函〔2010〕79 号第二条)

15.1.8.4 社保基金管理活动取得的收入

对社保基金投资管理人、社保基金托管人从事社保基金管理活动取得的收入,依照税法的规定征收企业所得税。

(摘自财税〔2008〕136 号第二条)

15.1.8.5 中国移动代收代计服务费、相应的下行不均衡通信费及其他相关费用

对中国移动通信集团公司收取的中国青少年发展基金会"10699966"捐款业务的代收代计服务费、相应的下行不均衡通信费及其他相关费用,计入应纳税所得额,照章征收企业所得税。

(摘自财税〔2008〕2 号第二条)

15.2 成本支出明细表法规指引

15.2.1 扣除原则和框架

15.2.1.1 相关性和合理性原则
● **企业所得税法关于相关性、合理性的规定**

企业实际发生的与取得收入有关的、合理的支出,包括成本、费用、税金、损失和其

他支出，准予在计算应纳税所得额时扣除。

（摘自《企业所得税法》第八条）

- ● 实施条例关于相关性、合理性的解释

企业所得税法第八条所称有关的支出，是指与取得收入直接相关的支出。

企业所得税法第八条所称合理的支出，是指符合生产经营活动常规，应当计入当期损益或者有关资产成本的必要和正常的支出。

（摘自《企业所得税法实施条例》第二十七条）

- ● 宣传提纲关于相关性和合理性的解释说明

相关性和合理性是企业所得税税前扣除的基本要求和重要条件。实施条例规定，支出税前扣除的相关性是指与取得收入直接相关的支出。对相关性的具体判断一般是从支出发生的根源和性质方面进行分析，而不是看费用支出的结果。如企业经理人员因个人原因发生的法律诉讼，虽然经理人员摆脱法律纠纷有利于其全身心投入企业的经营管理，结果可能确实对企业经营会有好处，但这些诉讼费用从性质和根源上分析属于经理人员的个人支出，因而不允许作为企业的支出在税前扣除。

同时，相关性要求为限制取得的不征税收入所形成的支出不得扣除提供了依据。实施条例规定，企业的不征税收入用于支出所形成的费用或财产，不得扣除或计算对应的折旧、摊销扣除。由于不征税收入是企业非营利性活动取得的收入，不属于企业所得税的应税收入，与企业的应税收入没有关联，因此，对取得的不征税收入所形成的支出，不符合相关性原则，不得在税前扣除。

实施条例规定，支出税前扣除的合理性是指符合生产经营活动常规，应当计入当期损益或者有关资产成本的必要和正常的支出。合理性的具体判断，主要是发生的支出其计算和分配方法是否符合一般经营常规。例如企业发生的业务招待费与所成交的业务额或业务的利润水平是否相吻合，工资水平与社会整体或同行业工资水平是否差异过大。

（摘自国税函〔2008〕159号第十二条）

15.2.1.2 区分收益性支出和资本性支出原则

企业发生的支出应当区分收益性支出和资本性支出。收益性支出在发生当期直接扣除；资本性支出应当分期扣除或者计入有关资产成本，不得在发生当期直接扣除。

（摘自《企业所得税法实施条例》第二十八条第一款）

15.2.1.3 不得重复扣除原则

除企业所得税法和本条例另有规定外，企业实际发生的成本、费用、税金、损失和其他支出，不得重复扣除。

（摘自《企业所得税法实施条例》第二十八条第三款）

15.2.1.4 宣传提纲关于税前扣除一般框架的解释说明

按照企业所得税的国际惯例，一般对税前扣除进行总体上的肯定性概括处理（一般扣除规则），辅之以特定的禁止扣除的规定（禁止扣除规则），同时又规定了允许税前扣除的特别规则（特殊扣除规则）。在具体运用上，一般扣除规则服从于禁止扣除规则，同时禁止扣除规则又让位于特殊扣除规则。例如，为获得长期利润而发生的资本性支出是企业实际发生的合理相关的支出，原则上应允许扣除，但禁止扣除规则规定资本性资产不得"即时"扣除，同时又规定了资本性资产通过折旧摊销等方式允许在当年及以后年度分期扣除的特别规则。新企业所得税法明确对企业实际发生的与取得收入有关的、合理的支出允许税前扣除的一般规则，同时明确不得税前扣除项目的禁止扣除规则，又规定了允许扣除的特殊项目。这些一般扣除规则、禁止扣除规则和特殊扣除规则，构成了我国企业所得税制度税前扣除的一般框架。

新的企业所得税法及其实施条例中采取税前扣除一般框架的安排，可以避免将企业所

有的支出项目——列举，同时给纳税人、税务机关和司法部门提供一个合理的框架，简化了对扣除项目的定性工作。

（摘自国税函〔2008〕159 号第十一条）

15.2.2　一般扣除项目

15.2.2.1　扣除项目的范围

企业实际发生的与取得收入有关的、合理的支出，包括成本、费用、税金、损失和其他支出，准予在计算应纳税所得额时扣除。

（摘自《企业所得税法》第八条）

15.2.2.2　成　本

● **成本的范围**

企业所得税法第八条所称成本，是指企业在生产经营活动中发生的销售成本、销货成本、业务支出以及其他耗费。

（摘自《企业所得税法实施条例》第二十九条）

● **转让资产的净值允许扣除**

企业转让资产，该项资产的净值，准予在计算应纳税所得额时扣除。

（摘自《企业所得税法》第十六条）

● **净值的解释**

企业所得税法第十六条所称资产的净值和第十九条所称财产净值，是指有关资产、财产的计税基础减除已经按照规定扣除的折旧、折耗、摊销、准备金等后的余额。

（摘自《企业所得税法实施条例》第七十四条）

15.2.2.3　其他支出

企业所得税法第八条所称其他支出，是指除成本、费用、税金、损失外，企业在生产经营活动中发生的与生产经营活动有关的、合理的支出。

（摘自《企业所得税法实施条例》第三十三条）

15.2.2.4　扣除项目提供有效凭证的时间

企业当年度实际发生的相关成本、费用，由于各种原因未能及时取得该成本、费用的有效凭证，企业在预缴季度所得税时，可暂按账面发生金额进行核算；但在汇算清缴时，应补充提供该成本、费用的有效凭证。

（摘自国家税务总局公告 2011 年第 34 号第六条）

15.3　期间费用明细表法规指引

15.3.1　费　用

企业所得税法第八条所称费用，是指企业在生产经营活动中发生的销售费用、管理费用和财务费用，已经计入成本的有关费用除外。

（摘自《企业所得税法实施条例》第三十条）

15.3.2　融资费用

企业通过发行债券、取得贷款、吸收保户储金等方式融资而发生的合理的费用支出，符合资本化条件的，应计入相关资产成本；不符合资本化条件的，应作为财务费用，准予在企业所得税前据实扣除。

（摘自国家税务总局公告 2012 年第 15 号第二条）

15.3.3 借款费用

企业在生产经营活动中发生的合理的不需要资本化的借款费用，准予扣除。

企业为购置、建造固定资产、无形资产和经过 12 个月以上的建造才能达到预定可销售状态的存货发生借款的，在有关资产购置、建造期间发生的合理的借款费用，应当作为资本性支出计入有关资产的成本，并依照本条例的规定扣除。

（摘自《企业所得税法实施条例》第三十七条）

15.3.4 汇兑损失

企业在货币交易中，以及纳税年度终了时将人民币以外的货币性资产、负债按照期末即期人民币汇率中间价折算为人民币时产生的汇兑损失，除已经计入有关资产成本以及与向所有者进行利润分配相关的部分外，准予扣除。

（摘自《企业所得税法实施条例》第三十九条）

15.3.5 员工服饰费用

企业根据其工作性质和特点，由企业统一制作并要求员工工作时统一着装所发生的工作服饰费用，根据《实施条例》第二十七条的规定，可以作为企业合理的支出给予税前扣除。

（摘自国家税务总局公告 2011 年第 34 号第二条）

15.3.6 劳动保护支出

企业发生的合理的劳动保护支出，准予扣除。

（摘自《企业所得税法实施条例》第四十八条）

15.3.7 财产保险

企业参加财产保险，按照规定缴纳的保险费，准予扣除。

（摘自《企业所得税法实施条例》第四十六条）

15.3.8 核电厂操纵员培养费

核力发电企业为培养核电厂操纵员发生的培养费用，可作为企业的发电成本在税前扣除。企业应将核电厂操纵员培养费与员工的职工教育经费严格区分，单独核算，员工实际发生的职工教育经费支出不得计入核电厂操纵员培养费直接扣除。

（摘自国家税务总局公告 2014 年第 29 号第四条）

15.3.9 租入固定资产支付的租赁费

企业根据生产经营活动的需要租入固定资产支付的租赁费，按照以下方法扣除：

（一）以经营租赁方式租入固定资产发生的租赁费支出，按照租赁期限均匀扣除；

（二）以融资租赁方式租入固定资产发生的租赁费支出，按照规定构成融资租入固定资产价值的部分应当提取折旧费用，分期扣除。

（摘自《企业所得税法实施条例》第四十七条）

15.3.10 维简费支出

根据《中华人民共和国企业所得税法》及其实施条例（以下简称企业所得税法）规定，现就企业维简费支出企业所得税税前扣除问题公告如下：

一、企业实际发生的维简费支出，属于收益性支出的，可作为当期费用税前扣除；属于资本性支出的，应计入有关资产成本，并按企业所得税法规定计提折旧或摊销费用在税前扣除。

企业按照有关规定预提的维简费，不得在当期税前扣除。

二、本公告实施前，企业按照有关规定提取且已在当期税前扣除的维简费，按以下规定处理：

（一）尚未使用的维简费，并未作纳税调整的，可不作纳税调整，应首先抵减 2013 年实际发生的维简费，仍有余额的，继续抵减以后年度实际发生的维简费，至余额为零时，企业方可按照本公告第一条规定执行；已作纳税调整的，不再调回，直接按照本公告第一条规定执行。

（二）已用于资产投资并形成相关资产全部成本的，该资产提取的折旧或费用摊销额，不得税前扣除；已用于资产投资并形成相关资产部分成本的，该资产提取的折旧或费用摊销额中与该部分成本对应的部分，不得税前扣除；已税前扣除的，应调整作为 2013 年度应纳税所得额。

三、本公告自 2013 年 1 月 1 日起施行。

煤矿企业不执行本公告，继续执行《国家税务总局关于煤矿企业维简费和高危行业企业安全生产费用企业所得税税前扣除问题的公告》（国家税务总局公告 2011 年第 26 号）。

（摘自国家税务总局公告 2013 年第 67 号）

15.3.11 煤矿企业维简费和高危行业企业安全生产费用

根据《中华人民共和国企业所得税法》（以下简称企业所得税法）和《中华人民共和国企业所得税法实施条例》规定，现就煤矿企业维简费和高危行业企业安全生产费用支出企业所得税税前扣除问题，公告如下：

一、煤矿企业实际发生的维简费支出和高危行业企业实际发生的安全生产费用支出，属于收益性支出的，可直接作为当期费用在税前扣除；属于资本性支出的，应计入有关资产成本，并按企业所得税法规定计提折旧或摊销费用在税前扣除。企业按照有关规定预提的维简费和安全生产费用，不得在税前扣除。

二、本公告实施前，企业按照有关规定提取的、且在税前扣除的煤矿企业维简费和高危行业企业安全生产费用，相关税务问题按以下规定处理：

（一）本公告实施前提取尚未使用的维简费和高危行业企业安全生产费用，应用于抵扣本公告实施后的当年度实际发生的维简费和安全生产费用，仍有余额的，继续用于抵扣以后年度发生的实际费用，至余额为零时，企业方可按本公告第一条规定执行。

（二）已用于资产投资、并计入相关资产成本的，该资产提取的折旧或费用摊销额，不得重复在税前扣除。已重复在税前扣除的，应调整作为 2011 年度应纳税所得额。

（三）已用于资产投资、并形成相关资产部分成本的，该资产成本扣除上述部分成本后的余额，作为该资产的计税基础，按照企业所得税法规定的资产折旧或摊销年限，从本公告实施之日的次月开始，就该资产剩余折旧年限计算折旧或摊销费用，并在税前扣除。

三、本公告自 2011 年 5 月 1 日起执行。

（摘自国家税务总局公告 2011 年第 26 号）

15.3.12　棚户区改造支出

财税〔2013〕65 号文件的规定（自 2013 年 1 月 1 日起施行）如下：

根据《国务院关于加快棚户区改造工作的意见》（国发〔2013〕25 号）精神，为鼓励企业参与政府统一组织的棚户区（危房）改造工作，帮助解决低收入家庭住房困难，现将企业参与政府统一组织的工矿（含中央下放煤矿）棚户区改造、林区棚户区改造、垦区危房改造有关企业所得税政策问题通知如下：

一、企业参与政府统一组织的工矿（含中央下放煤矿）棚户区改造、林区棚户区改造、垦区危房改造并同时符合一定条件的棚户区改造支出，准予在企业所得税前扣除。

二、本通知所称同时符合一定条件的棚户区改造支出，是指同时满足以下条件的棚户区改造支出：

（一）棚户区位于远离城镇、交通不便，市政公用、教育医疗等社会公共服务缺乏城镇依托的独立矿区、林区或垦区；

（二）该独立矿区、林区或垦区不具备商业性房地产开发条件；

（三）棚户区市政排水、给水、供电、供暖、供气、垃圾处理、绿化、消防等市政服务或公共配套设施不齐全；

（四）棚户区房屋集中连片户数不低于 50 户，其中，实际在该棚户区居住且在本地区无其他住房的职工（含离退休职工）户数占总户数的比例不低于 75%；

（五）棚户区房屋按照《房屋完损等级评定标准》和《危险房屋鉴定标准》评定属于危险房屋、严重损坏房屋的套内面积不低于该片棚户区建筑面积的 25%；

（六）棚户区改造已纳入地方政府保障性安居工程建设规划和年度计划，并由地方政府牵头按照保障性住房标准组织实施；异地建设的，原棚户区土地由地方政府统一规划使用或者按规定实行土地复垦、生态恢复。

三、在企业所得税年度纳税申报时，企业应向主管税务机关提供其棚户区改造支出同时符合本通知第二条规定条件的书面说明材料。

四、本通知自 2013 年 1 月 1 日起施行。2012 年 1 月 10 日财政部与国家税务总局颁布的《关于企业参与政府统一组织的棚户区改造支出企业所得税税前扣除政策有关问题的通知》（财税〔2012〕12 号）同时废止。

（摘自财税〔2013〕65 号）

15.3.13　以前年度发生应扣未扣支出

根据《中华人民共和国税收征收管理法》的有关规定，对企业发现以前年度实际发生的、按照税收规定应在企业所得税前扣除而未扣除或者少扣除的支出，企业做出专项申报及说明后，准予追补至该项目发生年度计算扣除，但追补确认期限不得超过 5 年。

企业由于上述原因多缴的企业所得税税款，可以在追补确认年度企业所得税应纳税款中抵扣，不足抵扣的，可以向以后年度递延抵扣或申请退税。

亏损企业追补确认以前年度未在企业所得税前扣除的支出，或盈利企业经过追补确认后出现亏损的，应首先调整该项支出所属年度的亏损额，然后再按照弥补亏损的原则计算以后年度多缴的企业所得税款，并按前款规定处理。

（摘自国家税务总局公告 2012 年第 15 号第六条）

15.3.14　环境保护、生态恢复等方面的专项资金

企业依照法律、行政法规有关规定提取的用于环境保护、生态恢复等方面的专项资金，准予扣除。上述专项资金提取后改变用途的，不得扣除。

（摘自《企业所得税法实施条例》第四十五条）

15.3.15　免税收入所对应的费用

根据《实施条例》第二十七条、第二十八条的规定，企业取得的各项免税收入所对应的各项成本费用，除另有规定者外，可以在计算企业应纳税所得额时扣除。

（摘自国税函〔2010〕79 号第六条）

15.3.16　开（筹）办费

新税法中开（筹）办费未明确列作长期待摊费用，企业可以在开始经营之日的当年一次性扣除，也可以按照新税法有关长期待摊费用的处理规定处理，但一经选定，不得改变。

企业在新税法实施以前年度的未摊销完的开办费，也可根据上述规定处理。

（摘自国税函〔2009〕98 号第九条）

企业自开始生产经营的年度，为开始计算企业损益的年度。企业从事生产经营之前进行筹办活动期间发生筹办费用支出，不得计算为当期的亏损，应按照《国家税务总局关于企业所得税若干税务事项衔接问题的通知》（国税函〔2009〕98 号）第九条规定执行。

（摘自国税函〔2010〕79 号第七条）

企业在筹建期间，发生的与筹办活动有关的业务招待费支出，可按实际发生额的 60%计入企业筹办费，并按有关规定在税前扣除；发生的广告费和业务宣传费，可按实际发生额计入企业筹办费，并按有关规定在税前扣除。

（摘自国家税务总局公告 2012 年第 15 号第五条）

15.4　营业税金及附加法规指引

企业所得税法第八条所称税金，是指企业发生的除企业所得税和允许抵扣的增值税以外的各项税金及其附加。

（摘自《企业所得税法实施条例》第三十一条）

第16章
纳税调整项目明细表法规指引

16.1 纳税调整明细表直接填报项目法规指引

16.1.1 收入类调整项目——不征税收入

16.1.1.1 企业所得税法规定的三项不征税收入
收入总额中的下列收入为不征税收入：

（一）财政拨款；

（二）依法收取并纳入财政管理的行政事业性收费、政府性基金；

（三）国务院规定的其他不征税收入。

（摘自《企业所得税法》第七条）

16.1.1.2 财政拨款
企业所得税法第七条第（一）项所称财政拨款，是指各级人民政府对纳入预算管理的事业单位、社会团体等组织拨付的财政资金，但国务院和国务院财政、税务主管部门另有规定的除外。

（摘自《企业所得税法实施条例》第二十六条第一款）

16.1.1.3 依法收取并纳入财政管理的行政事业性收费、政府性基金
● **行政事业性收费和政府性基金的范围**

企业所得税法第七条第（二）项所称行政事业性收费，是指依照法律法规等有关规定，按照国务院规定程序批准，在实施社会公共管理，以及在向公民、法人或者其他组织提供特定公共服务过程中，向特定对象收取并纳入财政管理的费用。

企业所得税法第七条第（二）项所称政府性基金，是指企业依照法律、行政法规等有关规定，代政府收取的具有专项用途的财政资金。

（摘自《企业所得税法实施条例》第二十六条第二款、第三款）

● **政府性基金和行政事业性收费是否征税的判断标准**

（一）企业按照规定缴纳的、由国务院或财政部批准设立的政府性基金以及由国务院和省、自治区、直辖市人民政府及其财政、价格主管部门批准设立的行政事业性收费，准予

在计算应纳税所得额时扣除。

企业缴纳的不符合上述审批管理权限设立的基金、收费，不得在计算应纳税所得额时扣除。

（二）企业收取的各种基金、收费，应计入企业当年收入总额。

（三）对企业依照法律、法规及国务院有关规定收取并上缴财政的政府性基金和行政事业性收费，准予作为不征税收入，于上缴财政的当年在计算应纳税所得额时从收入总额中减除；未上缴财政的部分，不得从收入总额中减除。

（摘自财税〔2008〕151 号第二条）

16.1.1.4 国务院规定的其他不征税收入

● **国务院规定的其他不征税收入的范围**

企业所得税法第七条第（三）项所称国务院规定的其他不征税收入，是指企业取得的，由国务院财政、税务主管部门规定专项用途并经国务院批准的财政性资金。

（摘自《企业所得税法实施条例》第二十六条第四款）

● **核力发电企业取得的专项用于还本付息的增值税退税款不征税**

自 2008 年 1 月 1 日起，核力发电企业取得的增值税退税款，专项用于还本付息，不征收企业所得税。

（摘自财税〔2008〕38 号第二条）

● **软件企业即征即退增值税款可以作为不征税收入**

符合条件的软件企业按照《财政部 国家税务总局关于软件产品增值税政策的通知》（财税〔2011〕100 号）规定取得的即征即退增值税款，由企业专项用于软件产品研发和扩大再生产并单独进行核算，可以作为不征税收入，在计算应纳税所得额时从收入总额中减除。

（摘自财税〔2012〕27 号第五条）

● **社保基金银行存款利息收入、从证券市场中取得的收入为不征税收入**

对社保基金理事会、社保基金投资管理人管理的社保基金银行存款利息收入，社保基金从证券市场中取得的收入，包括买卖证券投资基金、股票、债券的差价收入，证券投资基金红利收入，股票的股息、红利收入，债券的利息收入及产业投资基金收益、信托投资收益等其他投资收入，作为企业所得税不征税收入。

（摘自财税〔2008〕136 号第一条）

16.1.1.5 不征税收入管理

企业取得的不征税收入，应按照《财政部 国家税务总局关于专项用途财政性资金企业所得税处理问题的通知》（财税〔2011〕70 号，以下简称《通知》）的规定进行处理。凡未按照《通知》规定进行管理的，应作为企业应税收入计入应纳税所得额，依法缴纳企业所得税。

（摘自国家税务总局公告 2012 年第 15 号第七条）

16.1.2 收入类调整项目——销售折扣、折让和退回

企业为促进商品销售而在商品价格上给予的价格扣除属于商业折扣，商品销售涉及商业折扣的，应当按照扣除商业折扣后的金额确定销售商品收入金额。

债权人为鼓励债务人在规定的期限内付款而向债务人提供的债务扣除属于现金折扣，销售商品涉及现金折扣的，应当按扣除现金折扣前的金额确定销售商品收入金额，现金折扣在实际发生时作为财务费用扣除。

企业因售出商品的质量不合格等原因而在售价上给的减让属于销售折让；企业因售出商品质量、品种不符合要求等原因而发生的退货属于销售退回。企业已经确认销售收入的售出商品发生销售折让和销售退回，应当在发生当期冲减当期销售商品收入。

（摘自国税函〔2008〕875 号第一条）

16.1.3　收入类调整项目——其他

16.1.3.1　其他收入的范围

企业所得税法第六条第（九）项所称其他收入，是指企业取得的除企业所得税法第六条第（一）项至第（八）项规定的收入外的其他收入，包括企业资产溢余收入、逾期未退包装物押金收入、确实无法偿付的应付款项、已作坏账损失处理后又收回的应收款项、债务重组收入、补贴收入、违约金收入、汇兑收益等。

（摘自《企业所得税法实施条例》第二十二条）

16.1.3.2　已经作为损失处理的资产以后年度收回时应计入当期收入

企业已经作为损失处理的资产，在以后纳税年度又全部收回或者部分收回时，应当计入当期收入。

（摘自《企业所得税法实施条例》第三十二条第三款）

16.1.4　扣除类调整项目——业务招待费支出

16.1.4.1　业务招待费的扣除比例及方法

企业发生的与生产经营活动有关的业务招待费支出，按照发生额的 60% 扣除，但最高不得超过当年销售（营业）收入的 5‰。

（摘自《企业所得税法实施条例》第四十三条）

业务招待是正常的商业做法，但商业招待又不可避免包括个人消费的成分，在许多情况下，无法将商业招待与个人消费区分开。因此，国际上许多国家采取对企业业务招待费支出在税前"打折"扣除的做法，比如意大利，业务招待费的 30% 属于商业招待可在税前扣除，加拿大为 80%，美国、新西兰为 50%，借鉴国际做法，结合原税法按销售收入的一定比例限制扣除的经验，同时考虑到业务招待费管理难度大，坚持从严控制的要求，实施条例规定，将企业发生的与生产经营活动有关的业务招待费，按照发生额的 60% 扣除，且扣除总额全年最高不得超过当年销售（营业）收入的 5‰。

（摘自国税函〔2008〕159 号第十五条）

16.1.4.2　关于销售（营业）收入基数的确定问题

企业在计算业务招待费、广告费和业务宣传费等费用扣除限额时，其销售（营业）收入额应包括《实施条例》第二十五条规定的视同销售（营业）收入额。

（摘自国税函〔2009〕202 号第一条）

16.1.4.3　从事股权投资业务的企业业务招待费计算

对从事股权投资业务的企业（包括集团公司总部、创业投资企业等），其从被投资企业所分配的股息、红利以及股权转让收入，可以按规定的比例计算业务招待费扣除限额。

（国税函〔2010〕79 号第八条）

16.1.4.4　筹建期间业务招待费支出的税前扣除标准

企业在筹建期间，发生的与筹办活动有关的业务招待费支出，可按实际发生额的 60% 计入企业筹办费，并按有关规定在税前扣除；……。

（摘自国家税务总局公告 2012 年第 15 号第五条）

16.1.5　扣除类调整项目——利息支出

16.1.5.1　利息支出扣除范围和比例

企业在生产经营活动中发生的下列利息支出，准予扣除：

（一）非金融企业向金融企业借款的利息支出、金融企业的各项存款利息支出和同业拆借利息支出、企业经批准发行债券的利息支出；

（二）非金融企业向非金融企业借款的利息支出，不超过按照金融企业同期同类贷款利率计算的数额的部分。

（摘自《企业所得税法实施条例》第三十八条）

16.1.5.2　金融企业同期同类贷款利率确定

根据《实施条例》第三十八条规定，非金融企业向非金融企业借款的利息支出，不超过按照金融企业同期同类贷款利率计算的数额的部分，准予税前扣除。鉴于目前我国对金融企业利率要求的具体情况，企业在按照合同要求首次支付利息并进行税前扣除时，应提供"金融企业的同期同类贷款利率情况说明"，以证明其利息支出的合理性。

"金融企业的同期同类贷款利率情况说明"中，应包括在签订该借款合同当时，本省任何一家金融企业提供同期同类贷款利率情况。该金融企业应为经政府有关部门批准成立的可以从事贷款业务的企业，包括银行、财务公司、信托公司等金融机构。"同期同类贷款利率"是指在贷款期限、贷款金额、贷款担保以及企业信誉等条件基本相同下，金融企业提供贷款的利率。既可以是金融企业公布的同期同类平均利率，也可以是金融企业对某些企业提供的实际贷款利率。

（摘自国家税务总局公告 2011 年第 34 号第一条）

16.1.5.3　企业投资者投资未到位而发生利息支出的税前扣除

大连市国家税务局：

你局《关于企业贷款中相当于投资者投资未到位部分的利息支出能否税前列支的请示》（大国税发〔2009〕68 号）收悉。经研究，批复如下：

关于企业由于投资者投资未到位而发生的利息支出扣除问题，根据《中华人民共和国企业所得税法实施条例》第二十七条规定，凡企业投资者在规定期限内未缴足其应缴资本额的，该企业对外借款所发生的利息，相当于投资者实缴资本额与在规定期限内应缴资本额的差额应计付的利息，其不属于企业合理的支出，应由企业投资者负担，不得在计算企业应纳税所得额时扣除。

具体计算不得扣除的利息，应以企业一个年度内每一账面实收资本与借款余额保持不变的期间作为一个计算期，每一计算期内不得扣除的借款利息按该期间借款利息发生额乘以该期间企业未缴足的注册资本占借款总额的比例计算，公式为：

$$\text{企业每一计算期不得} \atop \text{扣除的借款利息} = \text{该期间借款} \atop \text{利息额} \times \text{该期间未缴足} \atop \text{注册资本额} \div \text{该期间} \atop \text{借款额}$$

企业一个年度内不得扣除的借款利息总额为该年度内每一计算期不得扣除的借款利息额之和。

（摘自国税函〔2009〕312 号）

16.1.5.4　企业向自然人借款利息支出的税前扣除

现就企业向自然人借款的利息支出企业所得税税前扣除问题，通知如下：

一、企业向股东或其他与企业有关联关系的自然人借款的利息支出，应根据《中华人民共和国企业所得税法》（以下简称税法）第四十六条及《财政部、国家税务总局关于企业关联方利息支出税前扣除标准有关税收政策问题的通知》（财税〔2008〕121 号）规定的条件，计算企业所得税扣除额。

二、企业向除第一条规定以外的内部职工或其他人员借款的利息支出，其借款情况同时符合以下条件的，其利息支出在不超过按照金融企业同期同类贷款利率计算的数额的部分，根据税法第八条和税法实施条例第二十七条规定，准予扣除。

（一）企业与个人之间的借贷是真实、合法、有效的，并且不具有非法集资目的或其他违反法律、法规的行为；

（二）企业与个人之间签订了借款合同。

（摘自国税函〔2009〕777号）

16.1.5.5 关联方利息支出税前扣除标准

为规范企业利息支出税前扣除，加强企业所得税管理，根据《中华人民共和国企业所得税法》（以下简称税法）第四十六条和《中华人民共和国企业所得税法实施条例》（国务院令第512号，以下简称实施条例）第一百一十九条的规定，现将企业接受关联方债权性投资利息支出税前扣除的政策问题通知如下：

一、在计算应纳税所得额时，企业实际支付给关联方的利息支出，不超过以下规定比例和税法及其实施条例有关规定计算的部分，准予扣除，超过的部分不得在发生当期和以后年度扣除。

企业实际支付给关联方的利息支出，除符合本通知第二条规定外，其接受关联方债权性投资与其权益性投资比例为：

（一）金融企业，为5∶1；

（二）其他企业，为2∶1。

二、企业如果能够按照税法及其实施条例的有关规定提供相关资料，并证明相关交易活动符合独立交易原则的；或者该企业的实际税负不高于境内关联方的，其实际支付给境内关联方的利息支出，在计算应纳税所得额时准予扣除。

三、企业同时从事金融业务和非金融业务，其实际支付给关联方的利息支出，应按照合理方法分开计算；没有按照合理方法分开计算的，一律按本通知第一条有关其他企业的比例计算准予税前扣除的利息支出。

四、企业自关联方取得的不符合规定的利息收入应按照有关规定缴纳企业所得税。

（摘自财税〔2008〕121号）

16.1.6 扣除类调整项目——罚金、罚款和被没收财物的损失

在计算应纳税所得额时，下列支出不得扣除：

……；（四）罚金、罚款和被没收财物的损失；……。

（摘自《企业所得税法》第十条）

16.1.7 扣除类调整项目——税收滞纳金、加收利息

在计算应纳税所得额时，下列支出不得扣除：……；（三）税收滞纳金；……。

（摘自《企业所得税法》第十条）

16.1.8 扣除类调整项目——赞助支出

在计算应纳税所得额时，下列支出不得扣除：……；（六）赞助支出；……。

（摘自《企业所得税法》第十条）

企业所得税法第十条第（六）项所称赞助支出，是指企业发生的与生产经营活动无关的各种非广告性质支出。

（摘自《企业所得税法实施条例》第五十四条）

16.1.9　扣除类调整项目——与未实现融资收益相关在当期确认的财务费用

● **会计规定**

未实现融资收益是资产类科目，会计上的核算规定如下：

（一）未实现融资收益科目核算企业分期计入租赁收入或利息收入的未实现融资收益。

（二）未实现融资收益科目可按未实现融资收益项目进行明细核算。

（三）未实现融资收益的主要账务处理。

1. 出租人融资租赁产生的应收租赁款，在租赁期开始日，应按租赁开始日最低租赁收款额与初始直接费用之和，借记"长期应收款"科目，按未担保余值，借记"未担保余值"科目，按融资租赁资产的公允价值（最低租赁收款额的现值和未担保余值的现值之和），贷记"融资租赁资产"科目，按融资租赁资产的公允价值与账面价值的差额，借记"营业外支出"科目或贷记"营业外收入"科目，按发生的初始直接费用，贷记"银行存款"等科目，按其差额，贷记"未实现融资收益"科目。

采用实际利率法按期计算确定的融资收入，借记"未实现融资收益"科目，贷记"租赁收入"科目。

2. 采用递延方式分期收款、实质上具有融资性质的销售商品或提供劳务等经营活动产生的长期应收款，满足收入确认条件的，按应收的合同或协议价款，借记"长期应收款"科目，按应收的合同或协议价款的公允价值，贷记"主营业务收入"等科目，按其差额，贷记"未实现融资收益"科目。涉及增值税的，还应进行相应的处理。

采用实际利率法按期计算确定的利息收入，借记"未实现融资收益"科目，贷记"财务费用"科目。

● **税收规定**

《企业所得税法实施条例》第二十三条规定，企业的下列生产经营业务可以分期确认收入的实现：以分期收款方式销售货物的，按照合同约定的收款日期确认收入的实现。

对于融资性的分期收款业务，会计上对于利息收益的处理方法与企业所得税的处理方法是一致的，对于本金收现比税法规定的确认时间提前了，应进行纳税调整，作为以后年度可转回的收入事项处理。

16.1.10　扣除类调整项目——佣金和手续费支出

16.1.10.1　手续费及佣金支出税前扣除比例及方法

企业发生与生产经营有关的手续费及佣金支出，不超过以下规定计算限额以内的部分，准予扣除；超过部分，不得扣除。

1. 保险企业：财产保险企业按当年全部保费收入扣除退保金等后余额的15％（含本数，下同）计算限额；人身保险企业按当年全部保费收入扣除退保金等后余额的10％计算限额。

2. 其他企业：按与具有合法经营资格中介服务机构或个人（不含交易双方及其雇员、代理人和代表人等）所签订服务协议或合同确认的收入金额的5％计算限额。

（摘自财税〔2009〕29 号第一条）

16.1.10.2　非转账支付不得扣除，证券承销机构的手续费及佣金不得扣除

企业应与具有合法经营资格中介服务企业或个人签订代办协议或合同，并按国家有关规定支付手续费及佣金。除委托个人代理外，企业以现金等非转账方式支付的手续费及佣金不得在税前扣除。企业为发行权益性证券支付给有关证券承销机构的手续费及佣金不得

在税前扣除。

（摘自财税〔2009〕29号第二条）

16.1.10.3 不得将手续费及佣金支出计入回扣、业务提成、返利、进场费等费用

企业不得将手续费及佣金支出计入回扣、业务提成、返利、进场费等费用。

（摘自财税〔2009〕29号第三条）

16.1.10.4 已计入相关资产的手续费及佣金支出应通过折旧、摊销分期扣除

企业已计入固定资产、无形资产等相关资产的手续费及佣金支出，应当通过折旧、摊销等方式分期扣除，不得在发生当期直接扣除。

（摘自财税〔2009〕29号第四条）

16.1.10.5 手续费及佣金不得直接冲减服务协议金额

企业支付的手续费及佣金不得直接冲减服务协议或合同金额，并如实入账。

（摘自财税〔2009〕29号第五条）

16.1.10.6 应当如实提供相关资料

企业应当如实向当地主管税务机关提供当年手续费及佣金计算分配表和其他相关资料，并依法取得合法真实凭证。

（摘自财税〔2009〕29号第六条）

16.1.10.7 从事代理服务企业其手续费及佣金支出属于企业营业成本范畴

从事代理服务、主营业务收入为手续费、佣金的企业（如证券、期货、保险代理等企业），其为取得该类收入而实际发生的营业成本（包括手续费及佣金支出），准予在企业所得税前据实扣除。

（摘自国家税务总局公告2012年第15号第三条）

16.1.10.8 电信企业手续费及佣金支出税前扣除

电信企业在发展客户、拓展业务等过程中（如委托销售电话入网卡、电话充值卡等），需向经纪人、代办商支付手续费及佣金的，其实际发生的相关手续费及佣金支出，不超过企业当年收入总额5%的部分，准予在企业所得税前据实扣除。

（摘自国家税务总局公告2012年第15号第四条）

国家税务总局公告2012年第15号第四条所称电信企业手续费及佣金支出，仅限于电信企业在发展客户、拓展业务等过程中因委托销售电话入网卡、电话充值卡所发生的手续费及佣金支出。

本公告施行时间同国家税务总局公告2012年第15号施行时间。

（摘自国家税务总局公告2013年第59号）

16.1.11 扣除类调整项目——不征税收入用于支出所形成的费用

企业的不征税收入用于支出所形成的费用或者财产，不得扣除或者计算对应的折旧、摊销扣除。

（摘自《企业所得税法实施条例》第二十八条第二款）

企业的不征税收入用于支出所形成的费用，不得在计算应纳税所得额时扣除；企业的不征税收入用于支出所形成的资产，其计算的折旧、摊销不得在计算应纳税所得额时扣除。

（摘自财税〔2008〕151号第三条）

16.1.12 扣除类调整项目——跨期扣除项目

16.1.12.1 租入固定资产支付的租赁费

企业根据生产经营活动的需要租入固定资产支付的租赁费，按照以下方法扣除：

（一）以经营租赁方式租入固定资产发生的租赁费支出，按照租赁期限均匀扣除；

（二）以融资租赁方式租入固定资产发生的租赁费支出，按照规定构成融资租入固定资产价值的部分应当提取折旧费用，分期扣除。

（摘自《企业所得税法实施条例》第四十七条）

16.1.12.2　维简费支出

根据《中华人民共和国企业所得税法》及其实施条例（以下简称企业所得税法）规定，现就企业维简费支出企业所得税税前扣除问题公告如下：

一、企业实际发生的维简费支出，属于收益性支出的，可作为当期费用税前扣除；属于资本性支出的，应计入有关资产成本，并按企业所得税法规定计提折旧或摊销费用在税前扣除。

企业按照有关规定预提的维简费，不得在当期税前扣除。

二、本公告实施前，企业按照有关规定提取且已在当期税前扣除的维简费，按以下规定处理：

（一）尚未使用的维简费，并未作纳税调整的，可不作纳税调整，应首先抵减 2013 年实际发生的维简费，仍有余额的，继续抵减以后年度实际发生的维简费，至余额为零时，企业方可按照本公告第一条规定执行；已作纳税调整的，不再调回，直接按照本公告第一条规定执行。

（二）已用于资产投资并形成相关资产全部成本的，该资产提取的折旧或费用摊销额，不得税前扣除；已用于资产投资并形成相关资产部分成本的，该资产提取的折旧或费用摊销额中与该部分成本对应的部分，不得税前扣除；已税前扣除的，应调整作为 2013 年度应纳税所得额。

三、本公告自 2013 年 1 月 1 日起施行。

煤矿企业不执行本公告，继续执行《国家税务总局关于煤矿企业维简费和高危行业企业安全生产费用企业所得税税前扣除问题的公告》（国家税务总局公告 2011 年第 26 号）。

（摘自国家税务总局公告 2013 年第 67 号）

16.1.12.3　煤矿企业维简费和高危行业企业安全生产费用

根据《中华人民共和国企业所得税法》（以下简称企业所得税法）和《中华人民共和国企业所得税法实施条例》规定，现就煤矿企业维简费和高危行业企业安全生产费用支出企业所得税税前扣除问题，公告如下：

一、煤矿企业实际发生的维简费支出和高危行业企业实际发生的安全生产费用支出，属于收益性支出的，可直接作为当期费用在税前扣除；属于资本性支出的，应计入有关资产成本，并按企业所得税法规定计提折旧或摊销费用在税前扣除。企业按照有关规定预提的维简费和安全生产费用，不得在税前扣除。

二、本公告实施前，企业按照有关规定提取的、且在税前扣除的煤矿企业维简费和高危行业企业安全生产费用，相关税务问题按以下规定处理：

（一）本公告实施前提取尚未使用的维简费和高危行业企业安全生产费用，应用于抵扣本公告实施后的当年度实际发生的维简费和安全生产费用，仍有余额的，继续用于抵扣以后年度发生的实际费用，至余额为零时，企业方可按本公告第一条规定执行。

（二）已用于资产投资、并计入相关资产成本的，该资产提取的折旧或费用摊销额，不得重复在税前扣除。已重复在税前扣除的，应调整作为 2011 年度应纳税所得额。

（三）已用于资产投资、并形成相关资产部分成本的，该资产成本扣除上述部分成本后的余额，作为该资产的计税基础，按照企业所得税法规定的资产折旧或摊销年限，从本公告实施之日的次月开始，就该资产剩余折旧年限计算折旧或摊销费用，并在税前扣除。

三、本公告自 2011 年 5 月 1 日起执行。

（摘自国家税务总局公告 2011 年第 26 号）

16.1.12.4 弃置费
● 计提的弃置费作为专项资金允许扣除

油（气）田企业或合作各方企业应承担或者按投资比例承担设施废弃处置的责任和义务，其按本办法计提的弃置费，应依照规定作为环境保护、生态恢复等方面专项资金，并准予在计算企业年度应纳税所得额时扣除。

（摘自国家税务总局公告 2011 年第 22 号第十五条）

● 所有权转移取得弃置费补偿作为收入，支付方一次性扣除

合作油（气）田的合同生产期尚未结束，一方企业决定放弃生产，将油（气）田所有权全部转移给另一方企业、或者合作油（气）田的合同生产期结束，一方企业决定继续生产，若放弃或退出方企业取得已经计提的弃置费补偿，应作为收入计入企业当年度应纳税所得计算纳税。支付方企业可以作为弃置费，在支付年度一次性扣除。

（摘自国家税务总局公告 2011 年第 22 号第十六条）

● 实际发生的弃置费超过计提的部分作为当年的费用扣除

作业者完成海上油（气）田设施废弃处置后，实际发生的弃置费超过计提的部分，应作为企业当年度费用，在计算企业应纳税所得额时扣除。

（摘自国家税务总局公告 2011 年第 22 号第十九条）

● 弃置费改变用途的不得扣除

企业依本办法计提的弃置费，凡改变用途的，不得在企业所得税前扣除。已经扣除的，应调增改变用途当年的应纳税所得额，并按《中华人民共和国税收征收管理法》的有关规定处理。

（摘自国家税务总局公告 2011 年第 22 号第二十四条）

16.1.13 扣除类调整项目——与取得收入无关的支出

在计算应纳税所得额时，下列支出不得扣除：……；（八）与取得收入无关的其他支出。

（摘自《企业所得税法》第十条）

16.1.14 扣除类调整项目——其他

16.1.14.1 企业间支付的管理费，非银行企业内部支付的租金、特许权使用费、利息不得扣除

企业之间支付的管理费、企业内营业机构之间支付的租金和特许权使用费，以及非银行企业内营业机构之间支付的利息，不得扣除。

（摘自《企业所得税法实施条例》第四十九条）

16.1.14.2 计算股权转让所得时不得扣除被投资企业留存收益

企业在计算股权转让所得时，不得扣除被投资企业未分配利润等股东留存收益中按该项股权所可能分配的金额。

（摘自国税函〔2010〕79 号第三条）

16.1.14.3 棚户区改造支出

根据《国务院关于加快棚户区改造工作的意见》（国发〔2013〕25 号）精神，为鼓励企业参与政府统一组织的棚户区（危房）改造工作，帮助解决低收入家庭住房困难，现将企业参与政府统一组织的工矿（含中央下放煤矿）棚户区改造、林区棚户区改造、垦区危房改造有关企业所得税政策问题通知如下：

一、企业参与政府统一组织的工矿（含中央下放煤矿）棚户区改造、林区棚户区改造、垦区危房改造并同时符合一定条件的棚户区改造支出，准予在企业所得税前扣除。

二、本通知所称同时符合一定条件的棚户区改造支出，是指同时满足以下条件的棚户区改造支出：

（一）棚户区位于远离城镇、交通不便，市政公用、教育医疗等社会公共服务缺乏城镇依托的独立矿区、林区或垦区；

（二）该独立矿区、林区或垦区不具备商业性房地产开发条件；

（三）棚户区市政排水、给水、供电、供暖、供气、垃圾处理、绿化、消防等市政服务或公共配套设施不齐全；

（四）棚户区房屋集中连片户数不低于 50 户，其中，实际在该棚户区居住且在本地区无其他住房的职工（含离退休职工）户数占总户数的比例不低于 75%；

（五）棚户区房屋按照《房屋完损等级评定标准》和《危险房屋鉴定标准》评定属于危险房屋、严重损坏房屋的套内面积不低于该片棚户区建筑面积的 25%；

（六）棚户区改造已纳入地方政府保障性安居工程建设规划和年度计划，并由地方政府牵头按照保障性住房标准组织实施；异地建设的，原棚户区土地由地方政府统一规划使用或者按规定实行土地复垦、生态恢复。

三、在企业所得税年度纳税申报时，企业应向主管税务机关提供其棚户区改造支出同时符合本通知第二条规定条件的书面说明材料。

四、本通知自 2013 年 1 月 1 日起施行。2012 年 1 月 10 日财政部与国家税务总局颁布的《关于企业参与政府统一组织的棚户区改造支出企业所得税税前扣除政策有关问题的通知》（财税〔2012〕12 号）同时废止。

（摘自财税〔2013〕65 号）

16.1.14.4　环境保护、生态恢复等方面的专项资金

企业依照法律、行政法规有关规定提取的用于环境保护、生态恢复等方面的专项资金，准予扣除。上述专项资金提取后改变用途的，不得扣除。

（摘自《企业所得税法实施条例》第四十五条）

16.1.14.5　免税收入所对应的费用

根据《实施条例》第二十七条、第二十八条的规定，企业取得的各项免税收入所对应的各项成本费用，除另有规定者外，可以在计算企业应纳税所得额时扣除。

（摘自国税函〔2010〕79 号第六条）

16.1.14.6　非居民企业机构管理费

非居民企业在中国境内设立的机构、场所，就其中国境外总机构发生的与该机构、场所生产经营有关的费用，能够提供总机构出具的费用汇集范围、定额、分配依据和方法等证明文件，并合理分摊的，准予扣除。

（摘自《企业所得税法实施条例》第五十条）

16.1.14.7　商业保险费

除企业依照国家有关规定为特殊工种职工支付的人身安全保险费和国务院财政、税务主管部门规定可以扣除的其他商业保险费外，企业为投资者或者职工支付的商业保险费，不得扣除。

（摘自《企业所得税法实施条例》第三十六条）

16.1.15　资产类调整项目——资产减值准备金

16.1.15.1　实施条例关于未经核定的准备金支出的解释

企业的各项资产，包括固定资产、生物资产、无形资产、长期待摊费用、投资资产、

存货等，以历史成本为计税基础。

前款所称历史成本，是指企业取得该项资产时实际发生的支出。

企业持有各项资产期间资产增值或者减值，除国务院财政、税务主管部门规定可以确认损益外，不得调整该资产的计税基础。

（摘自《企业所得税法实施条例》第五十六条）

企业所得税法第十条第（七）项所称未经核定的准备金支出，是指不符合国务院财政、税务主管部门规定的各项资产减值准备、风险准备等准备金支出。

（摘自《企业所得税法实施条例》第五十五条）

16.1.15.2　2008 年 1 月 1 日以前各类准备金余额的处理

2008 年 1 月 1 日以前计提的各类准备金余额处理问题

根据《实施条例》第五十五条规定，除财政部和国家税务总局核准计提的准备金可以税前扣除外，其他行业、企业计提的各项资产减值准备、风险准备等准备金均不得税前扣除。

2008 年 1 月 1 日前按照原企业所得税法规定计提的各类准备金，2008 年 1 月 1 日以后，未经财政部和国家税务总局核准的，企业以后年度实际发生的相应损失，应先冲减各项准备金余额。

（摘自国税函〔2009〕202 号第二条）

16.1.16　特别纳税调整应税所得

税务机关按照企业所得税法第四十七条、企业所得税法实施条例第一百二十条、国家税务总局令第 32 号等相关税收规定，对企业实施的不具有合理商业目的而获取税收利益的避税安排，实施的特别纳税调整所确认的金额。

16.2　《视同销售和房地产开发企业特定业务纳税调整明细表》（A105010）法规指引

16.2.1　视同销售

企业发生非货币性资产交换，以及将货物、财产、劳务用于捐赠、偿债、赞助、集资、广告、样品、职工福利或者利润分配等用途的，应当视同销售货物、转让财产或者提供劳务，但国务院财政、税务主管部门另有规定的除外。

（摘自《企业所得税法实施条例》第二十五条）

根据《中华人民共和国企业所得税法实施条例》第二十五条规定，现就企业处置资产的所得税处理问题通知如下：

一、企业发生下列情形的处置资产，除将资产转移至境外以外，由于资产所有权属在形式和实质上均不发生改变，可作为内部处置资产，不视同销售确认收入，相关资产的计税基础延续计算。

（一）将资产用于生产、制造、加工另一产品；

（二）改变资产形状、结构或性能；

（三）改变资产用途（如，自建商品房转为自用或经营）；

（四）将资产在总机构及其分支机构之间转移；

（五）上述两种或两种以上情形的混合；

（六）其他不改变资产所有权属的用途。

二、企业将资产移送他人的下列情形，因资产所有权属已发生改变而不属于内部处置资产，应按规定视同销售确定收入。

（一）用于市场推广或销售；

（二）用于交际应酬；

（三）用于职工奖励或福利；

（四）用于股息分配；

（五）用于对外捐赠；

（六）其他改变资产所有权属的用途。

三、企业发生本通知第二条规定情形时，属于企业自制的资产，应按企业同类资产同期对外销售价格确定销售收入；属于外购的资产，可按购入时的价格确定销售收入。

四、本通知自 2008 年 1 月 1 日起执行。对 2008 年 1 月 1 日以前发生的处置资产，2008 年 1 月 1 日以后尚未进行税务处理的，按本通知规定执行。

（摘自国税函〔2008〕828 号）

16.2.2　房地产开发企业特定业务计算的纳税调整额

16.2.2.1　开发产品完工的确认

● **国税发〔2009〕31 号第三条的规定**

企业房地产开发经营业务包括土地的开发，建造、销售住宅、商业用房以及其他建筑物、附着物、配套设施等开发产品。除土地开发之外，其他开发产品符合下列条件之一的，应视为已经完工：

（一）开发产品竣工证明材料已报房地产管理部门备案。

（二）开发产品已开始投入使用。

（三）开发产品已取得了初始产权证明。

（摘自国税发〔2009〕31 号第三条）

● **国税函〔2010〕201 号的规定**

现就房地产开发企业开发产品完工条件确认有关问题，通知如下：

根据《国家税务总局关于房地产开发经营业务征收企业所得税问题的通知》（国税发〔2006〕31 号）规定精神和《国家税务总局关于印发〈房地产开发经营业务企业所得税处理办法〉的通知》（国税发〔2009〕31 号）第三条规定，房地产开发企业建造、开发的开发产品，无论工程质量是否通过验收合格，或是否办理完工（竣工）备案手续以及会计决算手续，当企业开始办理开发产品交付手续（包括入住手续）、或已开始实际投入使用时，为开发产品开始投入使用，应视为开发产品已经完工。房地产开发企业应按规定及时结算开发产品计税成本，并计算企业当年度应纳税所得额。

（摘自国税函〔2010〕201 号）

● **国税函〔2009〕342 号对海南国税局的批复**

海南省国家税务局：

你局《关于海南永生实业投资有限公司偷税案中如何认定开发产品已开始投入使用问题的请示》（琼国税发〔2009〕121 号）收悉。经研究，批复如下：

根据《国家税务总局关于房地产开发经营业务征收企业所得税问题的通知》（国税发〔2006〕31 号）规定的精神，房地产开发企业建造、开发的开发产品无论工程质量是否通过验收合格，或是否办理完工（竣工）备案手续以及会计决算手续，当其开发产品开始投入使用时均应视为已经完工。房地产开发企业应按规定及时结算开发产品计税成本并计算此前以预售方式销售开发产品所取得收入的实际毛利额，同时将开发产品实际毛利额与其对应的预计毛利额之间的差额，计入当年（完工年度）应纳税所得额。

开发产品开始投入使用是指房地产开发企业开始办理开发产品交付手续（包括入住手续）或已开始实际投入使用。

（摘自国税函〔2009〕342号）

16.2.2.2 开发产品销售收入的范围

开发产品销售收入的范围为销售开发产品过程中取得的全部价款，包括现金、现金等价物及其他经济利益。企业代有关部门、单位和企业收取的各种基金、费用和附加等，凡纳入开发产品价内或由企业开具发票的，应按规定全部确认为销售收入；未纳入开发产品价内并由企业之外的其他收取部门、单位开具发票的，可作为代收代缴款项进行管理。

（摘自国税发〔2009〕31号第五条）

16.2.2.3 开发产品销售收入的确认

企业通过正式签订《房地产销售合同》或《房地产预售合同》所取得的收入，应确认为销售收入的实现，具体按以下规定确认：

（一）采取一次性全额收款方式销售开发产品的，应于实际收讫价款或取得索取价款凭据（权利）之日，确认收入的实现。

（二）采取分期收款方式销售开发产品的，应按销售合同或协议约定的价款和付款日确认收入的实现。付款方提前付款的，在实际付款日确认收入的实现。

（三）采取银行按揭方式销售开发产品的，应按销售合同或协议约定的价款确定收入额，其首付款应于实际收到日确认收入的实现，余款在银行按揭贷款办理转账之日确认收入的实现。

（四）采取委托方式销售开发产品的，应按以下原则确认收入的实现：

1. 采取支付手续费方式委托销售开发产品的，应按销售合同或协议中约定的价款于收到受托方已销开发产品清单之日确认收入的实现。

2. 采取视同买断方式委托销售开发产品的，属于企业与购买方签订销售合同或协议，或企业、受托方、购买方三方共同签订销售合同或协议的，如果销售合同或协议中约定的价格高于买断价格，则应按销售合同或协议中约定的价格计算的价款于收到受托方已销开发产品清单之日确认收入的实现；如果属于前两种情况中销售合同或协议中约定的价格低于买断价格，以及属于受托方与购买方签订销售合同或协议的，则应按买断价格计算的价款于收到受托方已销开发产品清单之日确认收入的实现。

3. 采取基价（保底价）并实行超基价双方分成方式委托销售开发产品的，属于由企业与购买方签订销售合同或协议，或企业、受托方、购买方三方共同签订销售合同或协议的，如果销售合同或协议中约定的价格高于基价，则应按销售合同或协议中约定的价格计算的价款于收到受托方已销开发产品清单之日确认收入的实现，企业按规定支付受托方的分成额，不得直接从销售收入中减除；如果销售合同或协议约定的价格低于基价的，则应按基价计算的价款于收到受托方已销开发产品清单之日确认收入的实现。属于由受托方与购买方直接签订销售合同的，则应按基价加上按规定取得的分成额于收到受托方已销开发产品清单之日确认收入的实现。

4. 采取包销方式委托销售开发产品的，包销期内可根据包销合同的有关约定，参照上述1至3项规定确认收入的实现；包销期满后尚未出售的开发产品，企业应根据包销合同或协议约定的价款和付款方式确认收入的实现。

（摘自国税发〔2009〕31号第六条）

16.2.2.4 开发产品视同销售的范围及价格确认

企业将开发产品用于捐赠、赞助、职工福利、奖励、对外投资、分配给股东或投资人、抵偿债务、换取其他企事业单位和个人的非货币性资产等行为，应视同销售，于开发产品所有权或使用权转移，或于实际取得利益权利时确认收入（或利润）的实现。确认收入（或利润）的方法和顺序为：

（一）按本企业近期或本年度最近月份同类开发产品市场销售价格确定；

（二）由主管税务机关参照当地同类开发产品市场公允价值确定；

（三）按开发产品的成本利润率确定。开发产品的成本利润率不得低于 15％，具体比例由主管税务机关确定。

（摘自国税发〔2009〕31 号第七条）

16.2.2.5　销售未完工开发产品的计税毛利率

企业销售未完工开发产品的计税毛利率由各省、自治、直辖市国家税务局、地方税务局按下列规定进行确定：

（一）开发项目位于省、自治区、直辖市和计划单列市人民政府所在地城市城区和郊区的，不得低于 15％。

（二）开发项目位于地及地级市城区及郊区的，不得低于 10％。

（三）开发项目位于其他地区的，不得低于 5％。

（四）属于经济适用房、限价房和危改房的，不得低于 3％。

（摘自国税发〔2009〕31 号第八条）

16.2.2.6　销售未完工开发产品的计税毛利额

企业销售未完工开发产品取得的收入，应先按预计计税毛利率分季（或月）计算出预计毛利额，计入当期应纳税所得额。开发产品完工后，企业应及时结算其计税成本并计算此前销售收入的实际毛利额，同时将其实际毛利额与其对应的预计毛利额之间的差额，计入当年度企业本项目与其他项目合并计算的应纳税所得额。

在年度纳税申报时，企业须出具对该项开发产品实际毛利额与预计毛利额之间差异调整情况的报告以及税务机关需要的其他相关资料。

（摘自国税发〔2009〕31 号第九条）

16.3　《未按权责发生制确认收入纳税调整明细表》（A105020）法规指引

16.3.1　实施条例关于分期确认收入的规定

《企业所得税法实施条例》第二十三条规定，企业的下列生产经营业务可以分期确认收入的实现：

（一）以分期收款方式销售货物的，按照合同约定的收款日期确认收入的实现；

（二）企业受托加工制造大型机械设备、船舶、飞机，以及从事建筑、安装、装配工程业务或者提供其他劳务等，持续时间超过 12 个月的，按照纳税年度内完工进度或者完成的工作量确认收入的实现。

（摘自《企业所得税法实施条例》第二十三条）

16.3.2　利息收入

16.3.2.1　利息收入的范围

《企业所得税法实施条例》第十八条第一款规定，企业所得税法第六条第（五）项所称利息收入，是指企业将资金提供他人使用但不构成权益性投资，或者因他人占用本企业资金取得的收入，包括存款利息、贷款利息、债券利息、欠款利息等收入。

（摘自《企业所得税法实施条例》第十八条）

16.3.2.2　利息收入的确认时间

《企业所得税法实施条例》第十八条规定，利息收入，按照合同约定的债务人应付利息的日期确认收入的实现。

（摘自《企业所得税法实施条例》第十八条）

16.3.2.3　金融企业贷款利息收入的确认

国家税务总局公告 2010 年第 23 号规定，根据《中华人民共和国企业所得税法》及其实施条例的规定，现对金融企业贷款利息收入所得税处理问题公告如下：

一、金融企业按规定发放的贷款，属于未逾期贷款（含展期，下同），应根据先收利息后收本金的原则，按贷款合同确认的利率和结算利息的期限计算利息，并于债务人应付利息的日期确认收入的实现；属于逾期贷款，其逾期后发生的应收利息，应于实际收到的日期，或者虽未实际收到，但会计上确认为利息收入的日期，确认收入的实现。

二、金融企业已确认为利息收入的应收利息，逾期 90 天仍未收回，且会计上已冲减了当期利息收入的，准予抵扣当期应纳税所得额。

三、金融企业已冲减了利息收入的应收未收利息，以后年度收回时，应计入当期应纳税所得额计算纳税。

四、本公告自发布之日起 30 日后施行。

（摘自国家税务总局公告 2010 年第 23 号）

16.3.3　租金收入

16.3.3.1　租金收入的范围

《企业所得税法实施条例》第十九条第一款规定，企业所得税法第六条第（六）项所称租金收入，是指企业提供固定资产、包装物或者其他有形资产的使用权取得的收入。

（摘自《企业所得税法实施条例》第十九条）

16.3.3.2　租金收入的确认

《企业所得税法实施条例》第十九条第二款规定，租金收入，按照合同约定的承租人应付租金的日期确认收入的实现。

（摘自《企业所得税法实施条例》第十九条）

国税函〔2010〕79 号第一条规定，根据《实施条例》第十九条的规定，企业提供固定资产、包装物或者其他有形资产的使用权取得的租金收入，应按交易合同或协议规定的承租人应付租金的日期确认收入的实现。其中，如果交易合同或协议中规定租赁期限跨年度，且租金提前一次性支付的，根据《实施条例》第九条规定的收入与费用配比原则，出租人可对上述已确认的收入，在租赁期内，分期均匀计入相关年度收入。出租方如为在我国境内设有机构场所、且采取据实申报缴纳企业所得的非居民企业，也按本条规定执行。

（摘自国税函〔2010〕79 号第一条）

16.3.4　特许权使用费收入

《企业所得税法实施条例》第二十条规定，企业所得税法第六条第（七）项所称特许权使用费收入，是指企业提供专利权、非专利技术、商标权、著作权以及其他特许权的使用权取得的收入。特许权使用费收入,按照合同约定的特许权使用人应付特许权使用费的日期确认收入的实现。

(摘自《企业所得税法实施条例》第二十条)

16.3.5　利息收入、租金收入和特许权使用费收入确认的过渡性办法

国税函〔2009〕98 号第三条规定,新税法实施前已按其他方式计入当期收入的利息收入、租金收入、特许权使用费收入,在新税法实施后,凡与按合同约定支付时间确认的收入额发生变化的,应将该收入额减去以前年度已按照其他方式确认的收入额后的差额,确认为当期收入。

(摘自国税函〔2009〕98 号第三条)

16.4　《投资收益纳税调整明细表》(A105030) 法规指引

16.4.1　投资的概说

16.4.1.1　投资的概念

● **投资的定义**

财务会计中的投资有广义和狭义之分,广义的投资既包括对外投资,又包括对内投资。

广义的投资可以分为两大类,一类是对内投资,如固定资产投资、存货投资等;另一类是对外投资,如权益性投资等。

狭义的投资一般仅包括对外投资,如权益性投资、债权性投资,而不包括对内投资。

投资是指企业为通过分配来增加财富或为谋求其他利益而将资产让渡给其他单位所获得的另一项资产。从此定义中可以得出,投资主要包括两个方面:

1. 将企业的部分资产转让给其他单位使用,通过其他单位使用投资者投入的资产创造效益后进行分配,或者通过投资改善贸易关系等达到获取利益的目的;

2. 将企业的现金投资于一定的金融资产,通过金融资产的买卖使得资本增值。这两个方面的投资目的和增加财富的方式是不一样的。

● **投资的目的**

企业在正常生产经营之外进行投资,可能目的是有效地利用暂时闲置的资金,以获取一定的经济利益,或者为了影响或控制其他企业的经营与财务政策,以保障本企业正常经营业务的顺利进行和经营规模的扩大;或者为了积累整笔巨额资金,为满足企业未来某些特定用途做准备等而将现金、实物资产或无形资产让渡给其他单位,获得股票、债券、期货、房地产、固定资产等,从而形成企业的各种投资。

16.4.1.2　投资的分类

为了更好地体现企业管理部门的目的和意图,便于加强对投资的管理,恰当地组织投资的核算,应按照不同的标准对投资进行分类。按照不同的标准,投资有各种不同的分类,主要有按投资的性质分类、按投资的变现能力分类、按投资的目的分类等几种。

● **按投资的性质分类**

按投资的性质分类,投资可以分为权益性投资、债权性投资和混合性投资三类。

1. 权益性投资。权益性投资是指为获取其他企业的权益或净资产所进行的投资。如对其他企业的普通股股票投资、为获取其他企业股权的联营投资等,均属于权益性投资。企

业进行这种投资是为了取得对另一企业的控制权，或实施对另一企业的重大影响，或为了其他目的。

2. 债权性投资。债权性投资是指为取得债权所进行的投资。如购买公司债券、购买国库券等，均属于债权性投资。企业进行这种投资不是为了获得其他企业的剩余资产，而是为了获取高于银行存款利率的利息，并保证按期收回本息。

3. 混合性投资。混合性投资兼有权益性质和债权性质的投资。这种投资通常表现为混合性证券投资，如购买另一企业发行的优先股股票，购买可转换公司债券等，均属于混合性投资。

● **按投资的变现能力分类**

按投资的变现能力分类，投资可以分为易于变现的投资和不易于变现的投资两类。

1. 易于变现的投资。易于变现的投资是指能在证券市场上随时变现的投资。如企业持有的能够上市交易的股票、债券等，均属于易于变现的投资。

2. 不易于变现的投资。不易于变现的投资是指不能轻易在证券市场上变现的投资。这类投资通常不能上市交易，要将所持投资变现并非易事，如企业持有的非上市公司的股票、持有的有限责任公司的股份、持有的不能上市交易的公司债券等，均属于不易于变现的投资。

● **按投资的目的分类**

按投资的目的分类，投资可以分为短期投资和长期投资两类。

1. 短期投资。短期投资是指能够随时变现并且持有时间不准备超过一年的投资。这种投资的目的是暂时存放剩余资金，并通过这种投资取得高于银行存款利率的利息收入；或在转让时取得价差收入，待需要使用现金时即可兑换成现金。短期投资是一种易于变现的投资，它既可以是债权性投资，也可以是权益性投资，如企业购买的可上市交易的股票和债券。

2. 长期投资。长期投资是指短期投资以外的投资。这种投资的目的是积累整笔资金，以供特定用途的需要，或达到控制其他企业或对其他企业实施重大影响，或出于其他长期性质的战略考虑等。长期投资是一种为了实现上述目的而准备长期持有的投资，它既可以是不易于变现的投资，也可以是易于变现的投资；既可以是权益性投资，也可以是债权性投资或混合性投资。

对于短期投资与长期投资的划分，不同的国家或地区有不同的标准。长短期投资的划分主要依管理当局的意图而定：管理当局准备短期持有的，作为短期投资，主要包括短期股票、短期债券投资和短期其他投资；准备长期持有的，作为长期投资，主要包括长期股权投资和长期债券投资。

16.4.1.3 会计制度的权益性投资和债权性投资

● **会计制度投资的范围**

企业会计制度所称的投资仅指狭义投资中的权益性投资和债权性投资，不包括固定资产投资、存货投资、外币投资的折算、证券经营业务、合并会计报表、企业合并、房地产投资、期货投资、债务重组时债权人将债权转为股权或债权投资业务。

上述这些不包括在投资范围内的事项，由于其特殊性，已在或有待于在其他相关会计制度中规定。

企业会计制度所规定的投资范围与现金流量表中投资活动的范围不同。现金流量表中的投资范围比企业会计制度所称的投资范围大，它除了包括企业会计制度所称的投资外，还包括企业对内长期资产的投资，如购置固定资产、无形资产等。

税法对投资的界定，主要是为了区分经营活动中使用的资产和为投资目的而持有的资本资产。企业营业活动中使用的存货资产、固定资产、租赁资产、无形资产和其他资产不属于税法界定的投资资产。税法界定的投资比会计制度定义的投资业务范围要宽，是指一切为投资目的持有的资本资产，主要是为取得股息、利息和资本利得。

● **会计制度投资的定义**

会计制度将投资定义为"企业为通过分配来增加财富，或为谋求其他利益，而将资产让渡给其他单位所获得的另一项资产"。投资具有以下特点：

1. 投资是通过让渡其他资产而换取的债权投资或股权投资等另一项资产。

2. 投资所流入的经济利益与其他资产为企业带来的经济利益在形式上有所不同。企业所拥有或者控制的除投资以外的其他资产，通常能为企业带来直接的经济利益。而投资通常是将企业的部分资产转让给其他单位使用，通过分配其他单位使用投资者投入的资产所创造的效益后取得利益，或者通过投资改善贸易关系等手段达到获取利益的目的。

税法对投资没有做出明确定义，在税务处理当中，将投资界定为纳税人为了获得利息、股息、转让所得，或为了改善利益关系，用所持有现金资产、非现金资产与其他企业单位进行交换，取得股权资产。与会计制度相比较，关于投资的定义基本是一致的。

● **会计制度投资的分类**

对投资进行适当的分类，是确定投资会计核算方法和如何在会计报表中披露的前提。按照不同的标准，投资有各种不同的分类。

按照投资性质分类，可以分为权益性投资、债权性投资、混合性投资等。

按照投资对象的变现能力分类，可以分为易于变现和不易变现两类。

按照投资目的分类，可以分为短期投资和长期投资两类。会计制度对投资分短期投资、长期债权投资、长期股权投资三类分别进行核算。

从管理当局的意图和投资的可变现程度划分，能够随时变现并且持有时间不准备超过一年的投资，是短期投资；而管理当局准备长期持有，达到对被投资方管理控制或实施重大影响，不准备随时变现的投资，是长期投资。

从税法的角度，由于短期投资变现快，通货膨胀影响小，投机性强，一般不需要特殊政策照顾；长期投资变现慢，投资性高，有利于经济的稳定发展，其增值中有部分是膨胀的因素，同时是长期积累的增值，一朝实现，集中纳税有不合理之处，可能需要特别处理。债权性投资是指投资方与被投资方签署了表明债权、债务关系的合同或协议，规定有明确的到期日，被投资方必须在到期日或之前偿还本金和支付利息的投资，收益水平事先约定，具有相对稳定性，有明确的还本付息要求。权益性投资的要点是对被投资方有控制、重大影响关系，它参与剩余资产或权益的分配。税务机关有权根据纳税人的合同或协议的有关条款、投资双方的目的、投资双方的关系、投资方参与被投资方管理的程度、被投资方的资本结构、投资的风险性质、投资的使用范围、投资的清偿顺序等情况，本着实质重于形式的原则，视具体情况确定企业投资的性质。

16.4.1.4　会计准则的长期股权投资

● **长期股权投资的概念**

（一）长期股权投资。

长期股权投资是指能够取得并意图长期持有被投资单位股份的投资，包括股票投资和其他股权投资。

（二）股票投资。

股票投资是指企业以购买股票的方式对其他企业所进行的投资。企业购买并持有某股份有限公司的股票后，即成为该公司的股东，投资企业有权参与被投资企业的经营管理，并可根据股份有限公司经营的好坏，按持有股份的比例分享利润、分担亏损。

（三）其他股权投资。

其他股权投资是指除股票投资以外具有股权性质的投资，一般是企业直接将现金、实物或无形资产等投入其他企业而取得股权的一种投资。其他股权投资是一种直接投资，在我国主要是指联营投资。进行其他股权投资的企业，资产一经投出，除联营期满或由于特殊原因联营企业解散外，一般不得抽回投资，投资企业根据被投资企业经营的好坏，按其投资比例分享利润或分担亏损。其他投资与股票投资一样，也是一种权益性投资，其特点与股票投资基本相同。

● **准则的实施范围**

《〈企业会计准则第 2 号——长期股权投资〉应用指南》规定："长期股权投资准则规范的范围包括：

1. 企业持有的能够对被投资单位实施控制的权益性投资，即对子公司投资。

2. 企业持有的能够与其他合营方一同对被投资单位实施共同控制的权益性投资，即对合营企业投资。

3. 企业持有的能够对被投资单位施加重大影响的权益性投资，即对联营企业投资。

4. 企业对被投资单位不具有控制、共同控制或重大影响、在活跃市场中没有报价、公允价值不能可靠计量的权益性投资。"

除上述所说的长期股权投资规定的这四个核算范围之外，其他的原有投资准则所规范的，包括短期投资（包括短期性债券投资和短期性股票投资）和长期债权投资，都须按照《企业会计准则第 22 号——金融工具确认和计量》来进行核算；对于长期股权投资中的外币折算则按照《企业会计准则第 19 号——外币折算》加以规范。

● **长期股权投资的内容及其分类**

（一）长期股权投资按照是否取得股票分类。

长期股权投资是指能够取得并意图长期持有的被投资单位股份的投资，包括股票投资和其他股权投资。股票投资是指企业以购买股票的方式对其他企业所进行的投资。与债券投资相比，股票投资具有风险较大、责任权力较大、获取经济利益较多等特点。

其他股权投资是指除股票投资以外具有权益性质的投资，一般是企业直接将现金、实物或无形资产等投入其他企业，取得所有者权益的一种投资。这种投资一经投出，除联营期满或由于特殊原因联营企业解散外，一般不得抽回投资。投资企业根据被投资企业经营的好坏，按其投资比例分享利润或分担亏损，这也是一种权益性投资，其特点与股票投资基本相同。

（二）长期股权投资按照是否公允交易分类。

长期股权投资在国际会计准则中规定只能采用购买法进行会计核算，因为在资本市场发达的环境里，股权投资都是公开、公正、公平的，因而能够取得公允价值信息。以公允价值作为股权投资的实际成本，能够保证会计信息的相关性与可靠性。但是，我国现阶段实务中存在大量的股权投资并不是投资双方自愿的行为，投资方与被投资方之间有着一定的经济利益联系，甚至存在着上下级关系，或者双方共同受同一上级或权力机构的控制。他们之间的长期股权投资是一种没有讨价还价的权益投资，尽管投资方也要支付一定的代价，但对价不公允，导致参与合并投资各方在合并前后同受一方或相同多方的最终控制，称为同一控制下的长期股权投资。

除同一控制下的长期股权投资之外，那些不存在关联方关系，也不受同一上级或权力机构的控制的长期股权投资，能够按照公允价值计量股权投资成本的，导致参与合并投资各方在合并前后都不受一方或相同多方的最终控制，称为非同一控制下的长期股权投资。

16.4.1.5 新会计准则中投资收益的性质

在我国的新会计准则中，投资收益包括长期股权投资收益和金融资产投资收益。一般而言，长期股权投资所取得的投资收益是企业在正常的生产经营中所取得的可持续投资收益。如下属公司生产经营状况好转，有了比较大的收益，开始回报母公司，这部分的投资收益越高，那么企业的可持续发展能力越强，对于投资者来说，这种企业越具有投资价值。

并不是所有的长期股权投资都是可持续的，如企业处置长期股权投资所获得的投资收益就是一次性不可持续的。但是，这些收益是为企业带来真实现金流入的收益，它实际上也是资本市场发展的产物。作为投资者，没有理由否认它的存在。

至于大家所关心的由于股价的上升使得企业所持有的金融资产随之变动而所获得的虚拟收益在新会计准则中并没有计入投资收益科目，而是计入了公允价值变动和资本公积科目。这种确认方法一方面反映了企业所持有的金融资产的现时价值；另一方面由于这部分收益并未实现，从而没有将其计入投资收益。

16.4.1.6　新会计准则与旧会计准则及会计制度的变化

新会计准则与旧会计准则及会计制度比较，发生较大变化，主要变化如下：

● **名称的变化**

旧准则及会计制度及会计制度的名称叫"投资"，新准则叫"长期股权投资"，不难看出，新准则所规范的内容和范围比旧准则及会计制度窄。旧准则及会计制度主要规范短期投资、长期债权投资和长期股权投资；而新准则只规范长期股权投资。短期投资视为交易性证券，长期债权投资归入持有至到期投资，在金融工具准则中进行规范。

● **框架结构的变化**

旧准则包括引言、定义、投资的分类、初始投资成本的确定、投资账面价值的调整（包括短期投资、长期债权投资、长期股权投资、长期投资减值）、投资的划转、投资的处理、披露、衔接办法和附则共十项内容；新准则只有总则、初始计量、后续计量和披露共四章内容；会计制度对投资的会计处理与旧会计准则是相同的。

● **初始投资成本计量的变化**

旧准则及会计制度规定，初始投资成本是指取得投资时实际支付的全部价款（包括税金、手续费等相关费用）或放弃非现金资产的账面价值（以投出资产的账面价值作为计量基础）；新准则对初始成本的确定，分为企业合并和企业非合并形成的长期股权投资两种情况分别进行规定。

1. 企业合并形成的长期股权投资分为同一控制下和非同一控制下两种情况：

（1）同一控制下的企业合并形成的长期股权投资，旧准则及会计制度以投入资产的账面价值作为初始投资成本；而新准则是以取得被投资方所有者权益账面价值的份额作为初始投资成本。

［例］A 公司支付现金 3 000 万元取得 B 公司 80％的股权（A 和 B 同受一方控制），投资时 B 公司的账面价值为 5 000 万元。

按照旧准则及会计制度的做法，A 公司对 B 公司的初始投资成本为 3 000 万元。

若按新准则的做法，长期股权投资初始投资成本与支付的现金、转让的非现金资产以及所承担债务账面价值之间的差额，应当调整资本公积；资本公积不足冲减的，调整留存收益。A 公司对 B 公司的初始投资成本为 4 000 万元（5 000×80％），因为以 3 000 万元的代价取得了 4 000 万元的份额，多的 1 000 万元应计入资本公积。

（2）非同一控制下企业合并形成的长期股权投资，初始投资成本为投资方在购买日应当按照《企业会计准则第 20 号——企业合并》确定的合并成本作为长期股权投资的初始投资成本。

2. 企业非合并形成的长期股权投资的初始投资成本的确定与非同一控制下的企业合并取得的长期股权投资基本一致。

● **成本法与权益法核算范围的变化**

旧准则及会计制度中规定，投资企业对被投资单位具有控制权（即对子公司投资）应采用权益法核算；而新准则第五条明确规定投资企业能够对被投资单位实施控制的长期股权投资采用成本法核算。但在编制合并财务报表时才调整为权益法。其变化的原因是国际会计准则对子公司的投资采用成本法核算，为了和国际会计准则保持一致，新会计准则未采用旧准则及会计制度相关处理方法。

● **披露内容的变化**

新旧准则及会计制度披露部分相比较，变化较大。旧准则及会计制度中规定企业应在财务报告中披露的长期股权投资的相关信息包括 8 项；而新准则只有 5 项。所披露的内容也不相同，新准则主要披露如下内容：

（1）子公司、合营企业和联营企业清单，包括企业名称、注册地、业务性质、投资企业的持股比例和表决权比例。

（2）合营企业和联营企业当期的主要财务信息，包括资产、负债、收入、费用等合计金额。

（3）被投资单位向投资企业转移资金的能力受到严格限制的情况。

（4）当期及累计未确认的投资损失金额。

（5）与对子公司、合营企业及联营企业投资相关的或有负债。

16.4.1.7 新旧准则中投资收益核算的共同点

长期股权投资采用成本法核算时，被投资单位宣告分派的利润或股利，投资企业按应享有的部分，确认为投资收益。

长期股权投资采用权益法核算时，属于被投资单位当年实现的净利润而影响的所有者权益的变动，投资企业应按股份比例确认为投资收益。

处置长期股权投资时，应按照所收到的处置收入与长期股权投资账面价值和已确认但尚未收到的应收股利的差额确认为投资收益。

16.4.2 执行会计制度纳税人会计核算规定

16.4.2.1 初始计量的差异

对以现金购入的长期股权投资，税法与会计的处理是一致的，均按实际支付的全部价款（包括支付的税金、手续费等相关费用），作为初始投资成本；实际支付的价款中包含已宣告但尚未领取的现金股利，按实际支付的价款减去已宣告但尚未领取的现金股利后的差额，作为初始投资成本。

以债转股、非货币性交易、行政划拨等非现金资产方式取得时，长期股权投资成本的初始计量，存在差异。

● **以债转股方式取得的长期股权投资**

会计上的基本方法是，以应收债权账面价值"替代"债务重组换入的长期股权投资入账价值。税法是以应收债权的公允价值为计算基础。

会计上以应收债权账面价值为基础，加上相关税费，计量长期股权投资的初始成本。

企业所得税法是以应收债权的公允价值为基础，加上相关税费，计量长期股权投资的初始成本。

● **以非货币性资产交易方式取得的长期股权投资**

会计上以换出资产账面价值为基础，加上相关税费，计量长期股权投资的初始成本。涉及补价的，支付补价的应加上补价；收到补价方，还要加上应确认的收益，减去补价；

企业所得税法是以换出资产的公允价值为基础，加上相关税费，计量长期股权投资的初始成本。

16.4.2.2 后续计量的差异

投资一般应按取得时的初始投资成本计量。但如发生下列情况，投资成本应作调整，初始投资成本经调整后，重新计算初始投资成本。

● **权益法核算的股权投资差额调整**

权益法核算的长期股权投资，投资成本与应享有被投资单位所有者权益份额的差额即股权投资差额，调整该长期股权投资的初始投资成本，经调整后的成本为新的投资成本（即"长期股权投资"科目下的"投资成本"明细科目的余额）。税法对按权益法调整后的投资成本，在税务处理时不予承认，仍按历史成本计算损益。

● **取得超过接受投资后产生的累积净利润分配额的成本调整**

收到被投资单位分派的属于投资前累积盈余的分配额冲减投资成本的，其初始投资成本应按减去收到的利润或现金股利后的差额，作为新的投资成本。会计上对分配所得，以投资时点为界限，对分回的投资前的被投资单位累计盈余作为收回投资处理，对分回的被投资单位接受投资后产生的累积盈余作为股息性所得。税法没有作这个划分，规定股息性所得是指从被投资企业税后累积未分配利润和累计盈余公积金中取得的分配额。税法对投资人从被投资单位分回的股息，无论是接受投资前还是接受投资后产生的，只要是在持有股权期间分回的，均属于股权所得，只有处置股权时才确认股权收回。

● **长期股权投资权益法改为成本法核算**

取得股权投资后，由于减少被投资单位股份，而使原长期股权投资由权益法改为成本法核算，则按原投资账面价值作为新的投资成本。

如果在改变核算方法前，该项股权投资没有计提减值准备，对这项业务税法与会计制度的处理是一致的；该项股权投资计提了减值准备的情况下，对这项业务税法与会计制度的处理是不一致的。

因为，税法对以前年度计提的减值准备，已作纳税调增处理，该项资产的计税基础包括账面价值和减值准备等两项内容，会计只包括账面价值一项内容。

16.4.3　执行会计准则纳税人会计核算规定

16.4.3.1　同一控制下企业合并的长期股权投资成本初始计量差异

● **初始成本的计量基础不同**

会计准则以被合并方所有者权益账面价值为计算基础。企业所得税法以长期股权投资资产的购买价款或公允价值为计算基础。

会计准则规定，应当在合并日按照取得被合并方所有者权益账面价值的份额作为长期股权投资的初始投资成本。企业所得税法规定，通过支付现金方式取得的投资资产，以购买价款为成本；通过支付现金以外的方式取得的投资资产，以该资产的公允价值和支付的相关税费为成本。

● **初始投资成本与支付对价账面价值之间差额的处理方法不同**

会计准则要求，调整资本公积；资本公积不足冲减的，调整留存收益。根据国税函〔2008〕828号文件规定，处置资产除将资产转移至境外以外，由于资产所有权属在形式和实质上均不发生改变，可作为内部处置资产，不视同销售确认收入，相关资产的计税基础延续计算，对初始投资环节的投资差额，不进行纳税调整。

这项差异设计报表时，应进行纳税调整；政策变化后，根据国税函〔2008〕828号文件，不需要进行纳税调整。

● **初始成本计量方法不同**

会计准则"以取得被合并方所有者权益账面价值的份额"，作为初始成本。税法以支付的现金总额，或非现金资产的公允价值，作为初始成本。

根据表 A105000 的填报要求，初始成本计量差异应当进行纳税调整。

长期股权投资初始成本的计量差异，影响的是处置环节的投资差异，不影响持有期间的投资收益。根据上述规定，在初始投资时进行调整，若干年后处置时，在根据会计数据和调整数据，分别填报表 A105030《投资收益纳税调整明细表》第 6 列"处置投资的账面价值"和第 7 列"处置投资的计税基础"。

从理论层面看，上述的方法是非常严谨的，但考虑有关调整数据在会计上并没有进行记录，在纳税申报台账上怎样进行记录还没有明确的说法，若干年后，期初调整时的信息能否传递下去，现在看是没有保证的。因此，作者认为，可以考虑放弃初始计量成本的差异调整。

16.4.3.2 取得超过接受投资后产生的累积净利润分配额的成本调整

收到被投资单位分派的属于投资前累积盈余的分配额冲减投资成本的，其初始投资成本应按减去收到的利润或现金股利后的差额，作为新的投资成本。会计处理上对分配所得，以投资时点为界限，对分回的投资前的被投资单位累计盈余作为收回投资处理，对分回的被投资单位接受投资后产生的累积盈余作为股息性所得。

税法没有作这个划分，规定股息性所得是指从被投资企业税后累积未分配利润和累计盈余公积金中取得的分配额。税法对投资人从被投资单位分回的股息，无论是接受投资前还是接受投资后产生的，只要是在持有股权期间分回的，均属于股权所得，只有处置股权时才能确认股权收回。

16.4.3.3 长期股权投资减值的差异

企业按照《企业会计准则》的规定，计提的长期股权投资减值准备，企业所得税法规定，不允许税前扣除，应做纳税调增处理。同时，因长期股权投资减值准备转回而增加的收益，应做纳税调减处理。

16.4.3.4 长期股权投资处置的差异

处置长期股权投资时，会计上将收到金额与长期股权投资账面价值的差额，贷记或借记"投资收益"科目。已计提减值准备的，还应同时结转减值准备。采用权益法核算的长期股权投资，处置时还应结转原记入资本公积的相关金额，借记或贷记"资本公积——其他资本公积"科目，贷记或借记"投资收益"科目。

税法在确认投资收益或损失时，应扣除税法确定的投资成本。

16.4.4 转让限售股

根据《中华人民共和国企业所得税法》（以下简称企业所得税法）及其实施条例的有关规定，现就企业转让上市公司限售股（以下简称限售股）有关所得税问题，公告如下：

16.4.4.1 纳税义务人的范围界定

根据企业所得税法第一条及其实施条例第三条的规定，转让限售股取得收入的企业（包括事业单位、社会团体、民办非企业单位等），为企业所得税的纳税义务人。

（摘自国家税务总局公告 2011 年第 39 号第一条）

16.4.4.2 企业转让代个人持有的限售股征税问题

因股权分置改革造成原由个人出资而由企业代持的限售股，企业在转让时按以下规定处理：

（一）企业转让上述限售股取得的收入，应作为企业应税收入计算纳税。

上述限售股转让收入扣除限售股原值和合理税费后的余额为该限售股转让所得。企业未能提供完整、真实的限售股原值凭证，不能准确计算该限售股原值的，主管税务机关一律按该限售股转让收入的 15％，核定为该限售股原值和合理税费。

依照本条规定完成纳税义务后的限售股转让收入余额转付给实际所有人时不再

纳税。

（二）依法院判决、裁定等原因，通过证券登记结算公司，企业将其代持的个人限售股直接变更到实际所有人名下的，不视同转让限售股。

（摘自国家税务总局公告 2011 年第 39 号第二条）

16.4.4.3　企业在限售股解禁前转让限售股征税问题

企业在限售股解禁前将其持有的限售股转让给其他企业或个人（以下简称受让方），其企业所得税问题按以下规定处理：

（一）企业应按减持在证券登记结算机构登记的限售股取得的全部收入，计入企业当年度应税收入计算纳税。

（二）企业持有的限售股在解禁前已签订协议转让给受让方，但未变更股权登记、仍由企业持有的，企业实际减持该限售股取得的收入，依照本条第一项规定纳税后，其余额转付给受让方的，受让方不再纳税。

（摘自国家税务总局公告 2011 年第 39 号第三条）

16.4.4.4　执行日期、政策衔接

本公告自 2011 年 7 月 1 日起执行。本公告生效后尚未处理的纳税事项，按照本公告规定处理；已经处理的纳税事项，不再调整。

（摘自国家税务总局公告 2011 年第 39 号第四条）

16.4.5　投资资产

16.4.5.1　对外投资期间投资资产的成本不得扣除

企业对外投资期间，投资资产的成本在计算应纳税所得额时不得扣除。

（摘自《企业所得税法》第十四条）

16.4.5.2　投资资产的范围

企业所得税法第十四条所称投资资产，是指企业对外进行权益性投资和债权性投资形成的资产。

（摘自《企业所得税法实施条例》第七十一条第一款）

16.4.5.3　处置时投资资产的成本准予扣除

企业在转让或者处置投资资产时，投资资产的成本，准予扣除。

（摘自《企业所得税法实施条例》第七十一条第二款）

16.4.5.4　投资资产成本的确定方法

投资资产按照以下方法确定成本：

（一）通过支付现金方式取得的投资资产，以购买价款为成本；

（二）通过支付现金以外的方式取得的投资资产，以该资产的公允价值和支付的相关税费为成本。

（摘自《企业所得税法实施条例》第七十一条第三款）

16.4.5.5　计算股权转让所得时不得扣除被投资企业留存收益

企业在计算股权转让所得时，不得扣除被投资企业未分配利润等股东留存收益中按该项股权所可能分配的金额。

（摘自国税函〔2010〕79 号第三条）

16.5 《专项用途财政性资金纳税调整明细表》（A105040）法规指引

16.5.1 财政性资金是否征税的判断标准

（一）企业取得的各类财政性资金，除属于国家投资和资金使用后要求归还本金的以外，均应计入企业当年收入总额。

（二）对企业取得的由国务院财政、税务主管部门规定专项用途并经国务院批准的财政性资金，准予作为不征税收入，在计算应纳税所得额时从收入总额中减除。

（三）纳入预算管理的事业单位、社会团体等组织按照核定的预算和经费报领关系收到的由财政部门或上级单位拨入的财政补助收入，准予作为不征税收入，在计算应纳税所得额时从收入总额中减除，但国务院和国务院财政、税务主管部门另有规定的除外。

本条所称财政性资金，是指企业取得的来源于政府及其有关部门的财政补助、补贴、贷款贴息，以及其他各类财政专项资金，包括直接减免的增值税了即征即退、先征后退、先征后返的各种税收，但不包括企业按规定取得的出口退税款；所称国家投资，是指国家以投资者身份投入企业，并按有关规定相应增加企业实收资本（股本）的直接投资。

（摘自财税〔2008〕151 号第一条）

16.5.2 财税〔2011〕70 号文件的规定

根据《中华人民共和国企业所得税法》及《中华人民共和国企业所得税法实施条例》（国务院令第 512 号，以下简称实施条例）的有关规定，经国务院批准，现就企业取得的专项用途财政性资金企业所得税处理问题通知如下：

一、企业从县级以上各级人民政府财政部门及其他部门取得的应计入收入总额的财政性资金，凡同时符合以下条件的，可以作为不征税收入，在计算应纳税所得额时从收入总额中减除：

（一）企业能够提供规定资金专项用途的资金拨付文件；

（二）财政部门或其他拨付资金的政府部门对该资金有专门的资金管理办法或具体管理要求；

（三）企业对该资金以及以该资金发生的支出单独进行核算。

二、根据实施条例第二十八条的规定，上述不征税收入用于支出所形成的费用，不得在计算应纳税所得额时扣除；用于支出所形成的资产，其计算的折旧、摊销不得在计算应纳税所得额时扣除。

三、企业将符合本通知第一条规定条件的财政性资金作不征税收入处理后，在 5 年（60 个月）内未发生支出且未缴回财政部门或其他拨付资金的政府部门的部分，应计入取得该资金第六年的应税收入总额；计入应税收入总额的财政性资金发生的支出，允许在计算应纳税所得额时扣除。

四、本通知自 2011 年 1 月 1 日起执行。

（摘自财税〔2011〕70 号）

16.6 《职工薪酬纳税调整明细表》（A105050）法规指引

16.6.1 职工福利费

16.6.1.1 职工福利费的税前扣除比例及方法

企业发生的职工福利费支出，不超过工资薪金总额 14%的部分，准予扣除。

（摘自《企业所得税法实施条例》第四十条）

实施条例规定，企业发生的职工福利费支出，不超过工资薪金总额 14%的部分，准予扣除。这与原内、外资企业所得税对职工福利费的处理做法一致。目前，我国发票管理制度尚待完善、发票管理亟待加强，纳税人的税法遵从意识有待提高，对职工福利费的税前扣除实行比例限制，有利于保护税基，防止企业利用给职工搞福利为名侵蚀税基，减少税收漏洞。

（摘自国税函〔2008〕159 号第十四条）

16.6.1.2 职工福利费的范围

《实施条例》第四十条规定的企业职工福利费，包括以下内容：

（一）尚未实行分离办社会职能的企业，其内设福利部门所发生的设备、设施和人员费用，包括职工食堂、职工浴室、理发室、医务所、托儿所、疗养院等集体福利部门的设备、设施及维修保养费用和福利部门工作人员的工资薪金、社会保险费、住房公积金、劳务费等。

（二）为职工卫生保健、生活、住房、交通等所发放的各项补贴和非货币性福利，包括企业向职工发放的因公外地就医费用、未实行医疗统筹企业职工医疗费用、职工供养直系亲属医疗补贴、供暖费补贴、职工防暑降温费、职工困难补贴、救济费、职工食堂经费补贴、职工交通补贴等。

（三）按照其他规定发生的其他职工福利费，包括丧葬补助费、抚恤费、安家费、探亲假路费等。

（摘自国税函〔2009〕3 号第三条）

16.6.1.3 职工福利费的核算

企业发生的职工福利费，应该单独设置账册，进行准确核算。没有单独设置账册准确核算的，税务机关应责令企业在规定的期限内进行改正。逾期仍未改正的，税务机关可对企业发生的职工福利费进行合理的核定。

（摘自国税函〔2009〕3 号第四条）

16.6.1.4 以前年度职工福利费余额的处理

根据《国家税务总局关于做好 2007 年度企业所得税汇算清缴工作的补充通知》（国税函〔2008〕264 号）的规定，企业 2008 年以前按照规定计提但尚未使用的职工福利费余额，2008 年及以后年度发生的职工福利费，应首先冲减上述的职工福利费余额，不足部分按新税法规定扣除；仍有余额的，继续留在以后年度使用。企业 2008 年以前节余的职工福利费，已在税前扣除，属于职工权益，如果改变用途的，应调整增加企业应纳税所得额。

（摘自国税函〔2009〕98 号第四条）

16.6.1.5 职工福利费财务管理

党中央有关部门，国务院各部委、各直属机构，全国人大常委会办公厅，全国政协办公厅，解放军总后勤部，武警总部，各省、自治区、直辖市、计划单列市财政厅（局），新疆生产建设兵团财务局，各中央管理企业：

为加强企业职工福利费财务管理，维护正常的收入分配秩序，保护国家、股东、企业和职工的合法权益，根据《公司法》、《企业财务通则》（财政部令第 41 号）等有关精神，现通知如下：

一、企业职工福利费是指企业为职工提供的除职工工资、奖金、津贴、纳入工资总额管理的补贴、职工教育经费、社会保险费和补充养老保险费（年金）、补充医疗保险费及住房公积金以外的福利待遇支出，包括发放给职工或为职工支付的以下各项现金补贴和非货币性集体福利：

（一）为职工卫生保健、生活等发放或支付的各项现金补贴和非货币性福利，包括职工因公外地就医费用、暂未实行医疗统筹企业职工医疗费用、职工供养直系亲属医疗补贴、职工疗养费用、自办职工食堂经费补贴或未办职工食堂统一供应午餐支出、符合国家有关财务规定的供暖费补贴、防暑降温费等。

（二）企业尚未分离的内设集体福利部门所发生的设备、设施和人员费用，包括职工食堂、职工浴室、理发室、医务所、托儿所、疗养院、集体宿舍等集体福利部门设备、设施的折旧、维修保养费用以及集体福利部门工作人员的工资薪金、社会保险费、住房公积金、劳务费等人工费用。

（三）职工困难补助，或者企业统筹建立和管理的专门用于帮助、救济困难职工的基金支出。

（四）离退休人员统筹外费用，包括离休人员的医疗费及离退休人员其他统筹外费用。企业重组涉及的离退休人员统筹外费用，按照《财政部关于企业重组有关职工安置费用财务管理问题的通知》（财企〔2009〕117 号）执行。国家另有规定的，从其规定。

（五）按规定发生的其他职工福利费，包括丧葬补助费、抚恤费、职工异地安家费、独生子女费、探亲假路费，以及符合企业职工福利费定义但没有包括在本通知各条款项目中的其他支出。

二、企业为职工提供的交通、住房、通讯待遇，已经实行货币化改革的，按月按标准发放或支付的住房补贴、交通补贴或者车改补贴、通讯补贴，应当纳入职工工资总额，不再纳入职工福利费管理；尚未实行货币化改革的，企业发生的相关支出作为职工福利费管理，但根据国家有关企业住房制度改革政策的统一规定，不得再为职工购建住房。

企业给职工发放的节日补助、未统一供餐而按月发放的午餐费补贴，应当纳入工资总额管理。

三、职工福利是企业对职工劳动补偿的辅助形式，企业应当参照历史一般水平合理控制职工福利费在职工总收入的比重。按照《企业财务通则》第四十六条规定，应当由个人承担的有关支出，企业不得作为职工福利费开支。

四、企业应当逐步推进内设集体福利部门的分离改革，通过市场化方式解决职工福利待遇问题。同时，结合企业薪酬制度改革，逐步建立完整的人工成本管理制度，将职工福利纳入职工工资总额管理。

对实行年薪制等薪酬制度改革的企业负责人，企业应当将符合国家规定的各项福利性货币补贴纳入薪酬体系统筹管理，发放或支付的福利性货币补贴从其个人应发薪酬中列支。

五、企业职工福利一般应以货币形式为主。对以本企业产品和服务作为职工福利的，企业要严格控制。国家出资的电信、电力、交通、热力、供水、燃气等企业，将本企业产品和服务作为职工福利的，应当按商业化原则实行公平交易，不得直接供职工及其亲属免费或者低价使用。

六、企业职工福利费财务管理应当遵循以下原则和要求：

（一）制度健全。企业应当依法制订职工福利费的管理制度，并经股东会或董事会批准，明确职工福利费开支的项目、标准、审批程序、审计监督。

（二）标准合理。国家对企业职工福利费支出有明确规定的，企业应当严格执行。国家没有明确规定的，企业应当参照当地物价水平、职工收入情况、企业财务状况等要求，按照职工福利项目制订合理标准。

（三）管理科学。企业应当统筹规划职工福利费开支，实行预算控制和管理。职工福利费预算应当经过职工代表大会审议后，纳入企业财务预算，按规定批准执行，并在企业内部向职工公开相关信息。

（四）核算规范。企业发生的职工福利费，应当按规定进行明细核算，准确反映开支项目和金额。

七、企业按照企业内部管理制度，履行内部审批程序后，发生的职工福利费，按照《企业会计准则》等有关规定进行核算，并在年度财务会计报告中按规定予以披露。

在计算应纳税所得额时，企业职工福利费财务管理同税收法律、行政法规的规定不一致的，应当依照税收法律、行政法规的规定计算纳税。

八、本通知自印发之日起施行。以前有关企业职工福利费的财务规定与本通知不符的，以本通知为准。金融企业另有规定的，从其规定。

（摘自财企〔2009〕242 号）

16.6.2　职工教育经费、培养费、训练费

16.6.2.1　职工教育经费的税前扣除比例及方法

除国务院财政、税务主管部门另有规定外，企业发生的职工教育经费支出，不超过工资薪金总额 2.5% 的部分，准予扣除；超过部分，准予在以后纳税年度结转扣除。

（摘自《企业所得税法实施条例》第四十二条）

16.6.2.2　以前年度职工教育经费余额的处理

对于在 2008 年以前已经计提但尚未使用的职工教育经费余额，2008 年及以后新发生的职工教育经费应先从余额中冲减。仍有余额的，留在以后年度继续使用。

（摘自国税函〔2009〕98 号第五条）

16.6.2.3　软件生产企业职工培训费用的税前扣除

集成电路设计企业和符合条件软件企业的职工培训费用，应单独进行核算并按实际发生额在计算应纳税所得额时扣除。

（摘自财税〔2012〕27 号第六条）

软件生产企业发生的职工教育经费中的职工培训费用，根据《财政部国家税务总局关于企业所得税若干优惠政策的通知》（财税〔2008〕1 号）规定，可以全额在企业所得税前扣除。软件生产企业应准确划分职工教育经费中的职工培训费支出，对于不能准确划分的，以及准确划分后职工教育经费中扣除职工培训费用的余额，一律按照《实施条例》第四十二条规定的比例扣除。

（摘自国税函〔2009〕202 号第四条）

16.6.2.4　技术先进型服务企业发生的职工教育经费支出

将示范城市离岸服务外包业务免征营业税和技术先进型服务企业减按 15% 的税率征收企业所得税、职工教育经费不超过工资薪金总额 8% 的部分税前扣除两项政策延续至 2018 年底。

（摘自国办函〔2013〕33 号第一条第（二）项）

16.6.2.5　核电厂操纵员培养费的企业所得税处理

核力发电企业为培养核电厂操纵员发生的培养费用，可作为企业的发电成本在税前扣除。企业应将核电厂操纵员培养费与员工的职工教育经费严格区分，单独核算，员工实际发生的职工教育经费支出不得计入核电厂操纵员培养费直接扣除。

（摘自国家税务总局公告 2014 年第 29 号第四条）

16.6.2.6 航空企业空勤训练费可作为运输成本扣除

航空企业实际发生的飞行员养成费、飞行训练费、乘务训练费、空中保卫员训练费等空勤训练费用，根据《实施条例》第二十七条规定，可以作为航空企业运输成本在税前扣除。

（摘自国家税务总局公告 2011 年第 34 号第三条）

16.6.2.7 高新技术企业职工教育经费税前扣除

经国务院批准，现就高新技术企业职工教育经费税前扣除政策通知如下：

一、高新技术企业发生的职工教育经费支出，不超过工资薪金总额 8％的部分，准予在计算企业所得税应纳税所得额时扣除；超过部分，准予在以后纳税年度结转扣除。

二、本通知所称高新技术企业，是指注册在中国境内、实行查账征收、经认定的高新技术企业。

三、本通知自 2015 年 1 月 1 日起执行。

（摘自财税〔2015〕63 号）

16.6.3　工会经费

16.6.3.1 工会经费的税前扣除比例及方法

企业拨缴的工会经费，不超过工资薪金总额 2％的部分，准予扣除。

（摘自《企业所得税法实施条例》第四十一条）

16.6.3.2 工会经费的税前扣除凭据

根据《工会法》、《中国工会章程》和财政部颁布的《工会会计制度》，以及财政票据管理的有关规定，全国总工会决定从 2010 年 7 月 1 日起，启用财政部统一印制并套印财政部票据监制章的《工会经费收入专用收据》，同时废止《工会经费拨缴款专用收据》。为加强对工会经费企业所得税税前扣除的管理，现就工会经费税前扣除凭据问题公告如下：

一、自 2010 年 7 月 1 日起，企业拨缴的职工工会经费，不超过工资薪金总额 2％的部分，凭工会组织开具的《工会经费收入专用收据》在企业所得税税前扣除。

二、《国家税务总局关于工会经费税前扣除问题的通知》（国税函〔2000〕678 号）同时废止。

（摘自国家税务总局公告 2010 年第 24 号）

自 2010 年 1 月 1 日起，在委托税务机关代收工会经费的地区，企业拨缴的工会经费，也可凭合法、有效的工会经费代收凭据依法在税前扣除。

（摘自国家税务总局公告 2011 年第 30 号）

16.6.4　职工保险和住房公积金

16.6.4.1 基本社会保险费和住房公积金

企业依照国务院有关主管部门或者省级人民政府规定的范围和标准为职工缴纳的基本养老保险费、基本医疗保险费、失业保险费、工伤保险费、生育保险费等基本社会保险费和住房公积金，准予扣除。

企业为投资者或者职工支付的补充养老保险费、补充医疗保险费，在国务院财政、税务主管部门规定的范围和标准内，准予扣除。

（摘自《企业所得税法实施条例》第三十五条）

16.6.4.2 补充养老保险费、补充医疗保险费

根据《中华人民共和国企业所得税法》及其实施条例的有关规定，现就补充养老保险

费、补充医疗保险费有关企业所得税政策问题通知如下：

自 2008 年 1 月 1 日起，企业根据国家有关政策规定，为在本企业任职或者受雇的全体员工支付的补充养老保险费、补充医疗保险费，分别在不超过职工工资总额 5% 标准内的部分，在计算应纳税所得额时准予扣除；超过的部分，不予扣除。

（摘自财税〔2009〕27 号）

16.7 《广告费和业务宣传费跨年度纳税调整明细表》（A105060）法规指引

16.7.1 广告和业务宣传费的扣除比例及方法

企业发生的符合条件的广告费和业务宣传费支出，除国务院财政、税务主管部门另有规定外，不超过当年销售（营业）收入 15% 的部分，准予扣除；超过部分，准予在以后纳税年度结转扣除。

（摘自《企业所得税法实施条例》第四十四条）

过去，内资企业对广告费和业务宣传费支出分别实行比例扣除的政策，外资企业则允许据实扣除。实施条例第四十四条规定，企业每一纳税年度发生的符合条件的广告费和业务宣传费支出合并计算，除国务院财政、税务主管部门另有规定外，不超过当年销售（营业）收入 15% 的部分，准予扣除；超过部分，准予在以后纳税年度结转扣除。这主要考虑：一是许多行业反映，业务宣传费与广告费性质相似，应统一处理；二是广告费和业务宣传费是企业正常经营必须的营销费用，应允许在税前扣除；三是广告费具有一次投入大、受益期长的特点；四是目前我国的广告市场不规范，有的甚至以虚假广告欺骗消费者。实行每年比例限制扣除，有利于收入与支出配比，符合广告费支出一次投入大、受益期长的特点，也有利于规范广告费和业务宣传费支出。

（摘自国税函〔2008〕159 号第十六条）

16.7.2 化妆品、医药和饮料制造企业（不含酒类制造）广告费和业务宣传费支出扣除标准

对化妆品制造与销售、医药制造和饮料制造（不含酒类制造，下同）企业发生的广告费和业务宣传费支出，不超过当年销售（营业）收入 30% 的部分，准予扣除；超过部分，准予在以后纳税年度结转扣除。

（摘自财税〔2012〕48 号第一条）

16.7.3 关联企业广告费和业务宣传费的分摊

对签订广告费和业务宣传费分摊协议（以下简称分摊协议）的关联企业，其中一方发生的不超过当年销售（营业）收入税前扣除限额比例内的广告费和业务宣传费支出可以在本企业扣除，也可以将其中的部分或全部按照分摊协议归集至另一方扣除。另一方在计算本企业广告费和业务宣传费支出企业所得税税前扣除限额时，可将按照上述办法归集至本企业的广告费和业务宣传费不计算在内。

（摘自财税〔2012〕48 号第二条）

16.7.4 烟草广告费和业务宣传费支出不得扣除

烟草企业的烟草广告费和业务宣传费支出，一律不得在计算应纳税所得额时扣除。

（摘自财税〔2012〕48 号第三条）

16.7.5 关于销售（营业）收入基数的确定问题

企业在计算业务招待费、广告费和业务宣传费等费用扣除限额时，其销售（营业）收入额应包括《实施条例》第二十五条规定的视同销售（营业）收入额。

（摘自国税函〔2009〕202 号第一条）

16.7.6 关于以前年度未扣除的广告费的处理

企业在 2008 年以前按照原政策规定已发生但尚未扣除的广告费，2008 年实行新税法后，其尚未扣除的余额，加上当年度新发生的广告费和业务宣传费后，按照新税法规定的比例计算扣除。

（摘自国税函〔2009〕98 号第七条）

16.8 《捐赠支出纳税调整明细表》（A105070）法规指引

16.8.1 企业所得税法的规定

企业发生的公益性捐赠支出，在年度利润总额 12％以内的部分，准予在计算应纳税所得额时扣除。

（摘自《企业所得税法》第九条）

16.8.2 实施条例的规定

企业所得税法第九条所称公益性捐赠，是指企业通过公益性社会团体或者县级以上人民政府及其部门，用于《中华人民共和国公益事业捐赠法》规定的公益事业的捐赠。

（摘自《企业所得税法实施条例》第五十一条）

本条例第五十一条所称公益性社会团体，是指同时符合下列条件的基金会、慈善组织等社会团体：

（一）依法登记，具有法人资格；

（二）以发展公益事业为宗旨，且不以营利为目的；

（三）全部资产及其增值为该法人所有；

（四）收益和营运结余主要用于符合该法人设立目的的事业；

（五）终止后的剩余财产不归属任何个人或者营利组织；

（六）不经营与其设立目的无关的业务；

（七）有健全的财务会计制度；

（八）捐赠者不以任何形式参与社会团体财产的分配；

（九）国务院财政、税务主管部门会同国务院民政部门等登记管理部门规定的其他条件。

（摘自《企业所得税法实施条例》第五十二条）

企业发生的公益性捐赠支出，不超过年度利润总额 12％的部分，准予扣除。

年度利润总额，是指企业依照国家统一会计制度的规定计算的年度会计利润。

（摘自《企业所得税法实施条例》第五十三条）

16.8.3 捐赠支出的税前扣除基本规定

16.8.3.1 公益性捐赠在年度利润总额 12％以内的部分允许扣除

企业通过公益性社会团体或者县级以上人民政府及其部门，用于公益事业的捐赠支出，在年度利润总额 12％以内的部分，准予在计算应纳税所得额时扣除。年度利润总额，是指企业依照国家统一会计制度的规定计算的大于零的数额。

（摘自财税〔2008〕160 号第一条）

16.8.3.2 用于公益事业的捐赠支出的解释

本通知第一条所称的用于公益事业的捐赠支出，是指《中华人民共和国公益事业捐赠法》规定的向公益事业的捐赠支出，具体范围包括：

（一）救助灾害、救济贫困、扶助残疾人等困难的社会群体和个人的活动；

（二）教育、科学、文化、卫生、体育事业；

（三）环境保护、社会公共设施建设；

（四）促进社会发展和进步的其他社会公共和福利事业。

（摘自财税〔2008〕160 号第三条）

16.8.3.3 公益性社会团体的解释

本通知第一条所称的公益性社会团体和第二条所称的社会团体均指依据国务院发布的《基金会管理条例》和《社会团体登记管理条例》的规定，经民政部门依法登记、符合以下条件的基金会、慈善组织等公益性社会团体：

（一）符合《中华人民共和国企业所得税法实施条例》第五十二条第（一）项到第（八）项规定的条件；

（二）申请前 3 年内未受到行政处罚；

（三）基金会在民政部门依法登记 3 年以上（含 3 年）的，应当在申请前连续 2 年年度检查合格，或最近 1 年年度检查合格且社会组织评估等级在 3A 以上（含 3A），登记 3 年以下 1 年以上（含 1 年）的，应当在申请前 1 年年度检查合格或社会组织评估等级在 3A 以上（含 3A），登记 1 年以下的基金会具备本款第（一）项、第（二）项规定的条件；

（四）公益性社会团体（不含基金会）在民政部门依法登记 3 年以上，净资产不低于登记的活动资金数额，申请前连续 2 年年度检查合格，或最近 1 年年度检查合格且社会组织评估等级在 3A 以上（含 3A），申请前连续 3 年每年用于公益活动的支出不低于上年总收入的 70％（含 70％），同时需达到当年总支出的 50％以上（含 50％）。

前款所称年度检查合格是指民政部门对基金会、公益性社会团体（不含基金会）进行年度检查，做出年度检查合格的结论；社会组织评估等级在 3A 以上（含 3A）是指社会组织在民政部门主导的社会组织评估中被评为 3A、4A、5A 级别，且评估结果在有效期内。

（摘自财税〔2008〕160 号第四条）

16.8.3.4 县级以上人民政府及其部门和国家机关的解释

本通知第一条所称的县级以上人民政府及其部门和第二条所称的国家机关均指县级（含县级，下同）以上人民政府及其组成部门和直属机构。

（摘自财税〔2008〕160 号第五条）

16.8.3.5　可按程序申请公益性捐赠税前扣除资格的社会团体

符合本通知第四条规定的基金会、慈善组织等公益性社会团体，可按程序申请公益性捐赠税前扣除资格。

（一）经民政部批准成立的公益性社会团体，可分别向财政部、国家税务总局、民政部提出申请；

（二）经省级民政部门批准成立的基金会，可分别向省级财政、税务（国、地税，下同）、民政部门提出申请。经地方县级以上人民政府民政部门批准成立的公益性社会团体（不含基金会），可分别向省、自治区、直辖市和计划单列市财政、税务、民政部门提出申请；

（三）民政部门负责对公益性社会团体的资格进行初步审核，财政、税务部门会同民政部门对公益性社会团体的捐赠税前扣除资格联合进行审核确认；

（四）对符合条件的公益性社会团体，按照上述管理权限，由财政部、国家税务总局和民政部及省、自治区、直辖市和计划单列市财政、税务和民政部门分别定期予以公布。

（摘自财税〔2008〕160号第六条）

16.8.3.6　申请捐赠税前扣除资格需报送的材料

申请捐赠税前扣除资格的公益性社会团体，需报送以下材料：

（一）申请报告；

（二）民政部或地方县级以上人民政府民政部门颁发的登记证书复印件；

（三）组织章程；

（四）申请前相应年度的资金来源、使用情况，财务报告，公益活动的明细，注册会计师的审计报告；

（五）民政部门出具的申请前相应年度的年度检查结论、社会组织评估结论。

（摘自财税〔2008〕160号第七条）

16.8.3.7　公益性捐赠票据的使用

公益性社会团体和县级以上人民政府及其组成部门和直属机构在接受捐赠时，应按照行政管理级次分别使用由财政部或省、自治区、直辖市财政部门印制的公益性捐赠票据，并加盖本单位的印章；对个人索取捐赠票据的，应予以开具。

新设立的基金会在申请获得捐赠税前扣除资格后，原始基金的捐赠人可凭捐赠票据依法享受税前扣除。

（摘自财税〔2008〕160号第八条）

16.8.3.8　接受捐赠资产价值的确认原则

公益性社会团体和县级以上人民政府及其组成部门和直属机构在接受捐赠时，捐赠资产的价值，按以下原则确认：

（一）接受捐赠的货币性资产，应当按照实际收到的金额计算；

（二）接受捐赠的非货币性资产，应当以其公允价值计算。捐赠方在向公益性社会团体和县级以上人民政府及其组成部门和直属机构捐赠时，应当提供注明捐赠非货币性资产公允价值的证明，如果不能提供上述证明，公益性社会团体和县级以上人民政府及其组成部门和直属机构不得向其开具公益性捐赠票据。

（摘自财税〔2008〕160号第九条）

16.8.3.9　应取消公益性捐赠税前扣除资格的情形

存在以下情形之一的公益性社会团体，应取消公益性捐赠税前扣除资格：

（一）年度检查不合格或最近一次社会组织评估等级低于3A的；

（二）在申请公益性捐赠税前扣除资格时有弄虚作假行为的；

（三）存在偷税行为或为他人偷税提供便利的；

（四）存在违反该组织章程的活动，或者接受的捐赠款项用于组织章程规定用途之外的支出等情况的；

（五）受到行政处罚的。

被取消公益性捐赠税前扣除资格的公益性社会团体，存在本条第一款第（一）项情形的，1 年内不得重新申请公益性捐赠税前扣除资格，存在第（二）项、第（三）项、第（四）项、第（五）项情形的，3 年内不得重新申请公益性捐赠税前扣除资格。

对本条第一款第（三）项、第（四）项情形，应对其接受捐赠收入和其他各项收入依法补征企业所得税。

（摘自财税〔2008〕160 号第十条）

16.8.3.10　执行日期、政策衔接、废止信息

本通知从 2008 年 1 月 1 日起执行。本通知发布前已经取得和未取得捐赠税前扣除资格的公益性社会团体，均应按本通知的规定提出申请。《财政部国家税务总局关于公益救济性捐赠税前扣除政策及相关管理问题的通知》（财税〔2007〕6 号）停止执行。

（摘自财税〔2008〕160 号第十一条）

16.8.4　捐赠支出的税前扣除补充规定

为进一步规范公益性捐赠税前扣除政策，加强税收征管，根据《财政部国家税务总局民政部关于公益性捐赠税前扣除有关问题的通知》（财税〔2008〕160 号）的有关规定，现将公益性捐赠税前扣除有关问题补充通知如下：

16.8.4.1　允许税前扣除的公益性捐赠支出，县级以上人民政府及其组成部门和直属机构的公益性捐赠税前扣除资格不需要认定

企业或个人通过获得公益性捐赠税前扣除资格的公益性社会团体或县级以上人民政府及其组成部门和直属机构，用于公益事业的捐赠支出，可以按规定进行所得税税前扣除。

县级以上人民政府及其组成部门和直属机构的公益性捐赠税前扣除资格不需要认定。

（摘自财税〔2010〕45 号第一条）

16.8.4.2　之前已经获得税前扣除资格的公益性社会团体须按规定的条件和程序重新提出申请

在财税〔2008〕160 号文件下发之前已经获得公益性捐赠税前扣除资格的公益性社会团体，必须按规定的条件和程序重新提出申请，通过认定后才能获得公益性捐赠税前扣除资格。

符合财税〔2008〕160 号文件第四条规定的基金会、慈善组织等公益性社会团体，应同时向财政、税务、民政部门提出申请，并分别报送财税〔2008〕160 号文件第七条规定的材料。

民政部门负责对公益性社会团体资格进行初步审查，财政、税务部门会同民政部门对公益性捐赠税前扣除资格联合进行审核确认。

（摘自财税〔2010〕45 号第二条）

16.8.4.3　获得税前扣除资格的公益性社会团体名单的公布

对获得公益性捐赠税前扣除资格的公益性社会团体，由财政部、国家税务总局和民政部以及省、自治区、直辖市、计划单列市财政、税务和民政部门每年分别联合公布名单。名单应当包括当年继续获得公益性捐赠税前扣除资格和新获得公益性捐赠税前扣除资格的公益性社会团体。

企业或个人在名单所属年度内向名单内的公益性社会团体进行的公益性捐赠支出，可按规定进行税前扣除。

（摘自财税〔2010〕45 号第三条）

16.8.4.4　原始基金的捐赠人在基金会首次获得税前扣除资格的当年汇算清缴时进行税前扣除

2008 年 1 月 1 日以后成立的基金会，在首次获得公益性捐赠税前扣除资格后，原始基金的捐赠人在基金会首次获得公益性捐赠税前扣除资格的当年进行所得税汇算清缴时，可按规定进行税前扣除。

（摘自财税〔2010〕45 号第四条）

16.8.4.5　捐赠支出应提供公益性捐赠票据或《非税收入一般缴款书》收据联

对于通过公益性社会团体发生的公益性捐赠支出，企业或个人应提供省级以上（含省级）财政部门印制并加盖接受捐赠单位印章的公益性捐赠票据，或加盖接受捐赠单位印章的《非税收入一般缴款书》收据联，方可按规定进行税前扣除。

对于通过公益性社会团体发生的公益性捐赠支出，主管税务机关应对照财政、税务、民政部门联合公布的名单予以办理，即接受捐赠的公益性社会团体位于名单内的，企业或个人在名单所属年度向名单内的公益性社会团体进行的公益性捐赠支出可按规定进行税前扣除；接受捐赠的公益性社会团体不在名单内，或虽在名单内但企业或个人发生的公益性捐赠支出不属于名单所属年度的，不得扣除。

（摘自财税〔2010〕45 号第五条）

16.8.4.6　连续两年基本合格视同不合格，应取消公益性捐赠税前扣除资格

对已经获得公益性捐赠税前扣除资格的公益性社会团体，其年度检查连续两年基本合格视同为财税〔2008〕160 号文件第十条规定的年度检查不合格，应取消公益性捐赠税前扣除资格。

（摘自财税〔2010〕45 号第六条）

16.8.4.7　税前扣除资格的审核确认

获得公益性捐赠税前扣除资格的公益性社会团体，发现其不再符合财税〔2008〕160 号文件第四条规定条件之一，或存在财税〔2008〕160 号文件第十条规定情形之一的，应自发现之日起 15 日内向主管税务机关报告，主管税务机关可暂时明确其获得资格的次年内企业或个人向该公益性社会团体的公益性捐赠支出，不得税前扣除。同时，提请审核确认其公益性捐赠税前扣除资格的财政、税务、民政部门明确其获得资格的次年不具有公益性捐赠税前扣除资格。

税务机关在日常管理过程中，发现公益性社会团体不再符合财税〔2008〕160 号文件第四条规定条件之一，或存在财税〔2008〕160 号文件第十条规定情形之一的，也按上述规定处理。

（摘自财税〔2010〕45 号第七条）

16.8.5　特定事项捐赠可据实全额扣除

企业发生为汶川地震灾后重建、举办北京奥运会和上海世博会等特定事项的捐赠，按照《财政部　海关总署　国家税务总局关于支持汶川地震灾后恢复重建有关税收政策问题的通知》（财税〔2008〕104 号）、《财政部　国家税务总局　海关总署关于 29 届奥运会税收政策问题的通知》（财税〔2003〕10 号）、《财政部　国家税务总局关于 2010 年上海世博会有关税收政策问题的通知》（财税〔2005〕180 号）等相关规定，可以据实全额扣除。企业发生的其他捐赠，应按《企业所得税法》第九条及《实施条例》第五十一、五十二、五十三条的规定计算扣除。

（摘自国税函〔2009〕202 号第三条）

16.8.6　捐赠住房作为公租房、廉租房的税前扣除

16.8.6.1　财税〔2014〕52 号文件的规定

企事业单位、社会团体以及其他组织捐赠住房作为公共租赁住房，符合税收法律法规规定的，对其公益性捐赠支出在年度利润总额 12% 以内的部分，准予在计算应纳税所得额时扣除。

（摘自财税〔2014〕52 号第五条）

16.8.6.2　财税〔2010〕88 号文件的规定

企事业单位、社会团体以及其他组织捐赠住房作为公租房，符合税收法律法规规定的，捐赠支出在年度利润总额 12% 以内的部分，准予在计算应纳税所得额时扣除。

（摘自财税〔2010〕88 号第五条）

16.8.7　捐赠第 3 届亚洲沙滩运动会的资金、物资支出允许税前扣除

对企事业单位、社会团体和其他组织以及个人通过公益性社会团体或者县级以上人民政府及其部门捐赠亚沙会的资金、物资支出，在计算企业和个人应纳税所得额时按现行税收法律法规的有关规定予以税前扣除。

（摘自财税〔2011〕11 号第二条）

16.8.8　捐赠第 16 届亚洲运动会等三项国际综合运动会的资金、物资支出允许税前扣除

对企事业单位、社会团体和其他组织以及个人通过公益性社会团体或者县级以上人民政府及其部门捐赠亚运会、大运会和大冬会的资金、物资支出，在计算企业和个人应纳税所得额时按现行税收法律法规的有关规定予以税前扣除。

（摘自财税〔2009〕94 号）

16.8.9　普华永道中天会计师事务所有限公司及其关联机构赞助第 29 届奥运会允许全额扣除

对普华永道公司及其关联机构向北京奥组委提供的现金赞助支出以及按照市场价格确认的服务形式赞助支出，应先计入营业收入，同时可以按照《财政部 国家税务总局海关总署关于第 29 届奥运会税收政策问题的通知》（财税〔2003〕10 号）第二条第（四）款的规定，以当年实际发生数在计算企业应纳税所得额时予以全额扣除。

以上普华永道公司的关联机构是指：普华永道咨询（深圳）有限公司，普华永道国际贸易咨询（上海）有限公司，普华永道商务咨询（上海）有限公司。

（摘自国税函〔2008〕286 号第一条）

16.8.10　深圳市腾讯计算机系统有限公司赞助 2010 年上海世博会允许全额扣除

对深圳市腾讯计算机系统有限公司向 2010 年上海世博会提供的现金赞助和现金等价物赞助支出，按照《财政部 国家税务总局关于 2010 年上海世博会有关税收问题的通知》（财

税〔2005〕180 号）第二条第二款的规定，在计算企业应纳税所得额时予以全额扣除。

（摘自国税函〔2008〕1065 号第一条）

16.8.11　赞助第 13 届残奥会、"好运北京"体育赛事比照奥运会可全额扣除

（一）企业、社会组织和团体捐赠、赞助第 13 届残奥会、"好运北京"体育赛事的资金和物资支出，比照执行第 29 届奥运会的税收优惠政策，在计算企业应纳税所得额时全额扣除。

（摘自财税〔2008〕128 号第二条第（一）项）

16.8.12　向自然灾害的公益性捐赠允许扣除

（二）企业发生的公益性捐赠支出，按企业所得税法及其实施条例的规定在计算应纳税所得额时扣除。

（摘自财税〔2008〕62 号第一条（二））

16.8.13　通过公益性群众团体的公益性捐赠税前扣除

为贯彻落实《中华人民共和国企业所得税法》和《中华人民共和国个人所得税法》，现对企业和个人通过依照《社会团体登记管理条例》规定不需进行社团登记的人民团体以及经国务院批准免予登记的社会团体（以下统称群众团体）的公益性捐赠所得税税前扣除有关问题明确如下：

16.8.13.1　公益事业的捐赠支出在年度利润总额 12% 以内的部分准予扣除、年度利润总额的解释

企业通过公益性群众团体用于公益事业的捐赠支出，在年度利润总额 12% 以内的部分，准予在计算应纳税所得额时扣除。年度利润总额，是指企业依照国家统一会计制度的规定计算的大于零的数额。

（摘自财税〔2009〕124 号第一条）

16.8.13.2　公益事业的解释

本通知第一条和第二条所称的公益事业，是指《中华人民共和国公益事业捐赠法》规定的下列事项：

（一）救助灾害、救济贫困、扶助残疾人等困难的社会群体和个人的活动；

（二）教育、科学、文化、卫生、体育事业；

（三）环境保护、社会公共设施建设；

（四）促进社会发展和进步的其他社会公共和福利事业。

（摘自财税〔2009〕124 号第三条）

16.8.13.3　公益性群众团体的解释

本通知第一条和第二条所称的公益性群众团体，是指同时符合以下条件的群众团体：

（一）符合《中华人民共和国企业所得税法实施条例》第五十二条第（一）项至第（八）项规定的条件；

（二）县级以上各级机构编制部门直接管理其机构编制；

（三）对接受捐赠的收入以及用捐赠收入进行的支出单独进行核算，且申请前连续 3 年接受捐赠的总收入中用于公益事业的支出比例不低于 70%。

（摘自财税〔2009〕124 号第四条）

16.8.13.4　公益性群众团体税前扣除资格的申请程序

符合本通知第四条规定的公益性群众团体，可按程序申请公益性捐赠税前扣除资格。

（一）由中央机构编制部门直接管理其机构编制的群众团体，向财政部、国家税务总局提出申请；

（二）由县级以上地方各级机构编制部门直接管理其机构编制的群众团体，向省、自治区、直辖市和计划单列市财政、税务部门提出申请；

（三）对符合条件的公益性群众团体，按照上述管理权限，由财政部、国家税务总局和省、自治区、直辖市、计划单列市财政、税务部门分别每年联合公布名单。名单应当包括继续获得公益性捐赠税前扣除资格和新获得公益性捐赠税前扣除资格的群众团体，企业和个人在名单所属年度内向名单内的群众团体进行的公益性捐赠支出，可以按规定进行税前扣除。

（摘自财税〔2009〕124 号第五条）

16.8.13.5　申请公益性捐赠税前扣除资格需报送的材料

申请公益性捐赠税前扣除资格的群众团体，需报送以下材料：

（一）申请报告；

（二）县级以上各级党委、政府或机构编制部门印发的"三定"规定；

（三）组织章程；

（四）申请前相应年度的受赠资金来源、使用情况，财务报告，公益活动的明细，注册会计师的审计报告或注册税务师的鉴证报告。

（摘自财税〔2009〕124 号第六条）

16.8.13.6　公益性捐赠票据的使用管理

公益性群众团体在接受捐赠时，应按照行政管理级次分别使用由财政部或省、自治区、直辖市财政部门印制的公益性捐赠票据或者《非税收入一般缴款书》收据联，并加盖本单位的印章；对个人索取捐赠票据的，应予以开具。

（摘自财税〔2009〕124 号第七条）

16.8.13.7　接受捐赠资产价值的确认原则

公益性群众团体接受捐赠的资产价值，按以下原则确认：

（一）接受捐赠的货币性资产，应当按照实际收到的金额计算；

（二）接受捐赠的非货币性资产，应当以其公允价值计算。捐赠方在向公益性群众团体捐赠时，应当提供注明捐赠非货币性资产公允价值的证明，如果不能提供上述证明，公益性群众团体不得向其开具公益性捐赠票据或者《非税收入一般缴款书》收据联。

（摘自财税〔2009〕124 号第八条）

16.8.13.8　应取消公益性捐赠税前扣除资格的情形

对存在以下情形之一的公益性群众团体，应取消其公益性捐赠税前扣除资格：

（一）前 3 年接受捐赠的总收入中用于公益事业的支出比例低于 70％的；

（二）在申请公益性捐赠税前扣除资格时有弄虚作假行为的；

（三）存在逃避缴纳税款行为或为他人逃避缴纳税款提供便利的；

（四）存在违反该组织章程的活动，或者接受的捐赠款项用于组织章程规定用途之外的支出等情况的；

（五）受到行政处罚的。

被取消公益性捐赠税前扣除资格的公益性群众团体，存在本条第一款第（二）项、第（三）项、第（四）项、第（五）项情形的，3 年内不得重新申请公益性捐赠税前扣除资格。

对存在本条第一款第（三）项、第（四）项情形的公益性群众团体，应对其接受捐赠收入和其他各项收入依法补征企业所得税。

（摘自财税〔2009〕124 号第九条）

16.8.13.9　对名单内公益性群众团体的捐赠允许扣除，名单外的不得扣除

对于通过公益性群众团体发生的公益性捐赠支出，主管税务机关应对照财政、税务部门联合发布的名单，接受捐赠的群众团体位于名单内，则企业或个人在名单所属年度发生的公益性捐赠支出可按规定进行税前扣除；接受捐赠的群众团体不在名单内，或虽在名单内但企业或个人发生的公益性捐赠支出不属于名单所属年度的，不得扣除。

（摘自财税〔2009〕124 号第十条）

16.8.13.10　取消公益性捐赠税前扣除资格的处理方法

获得公益性捐赠税前扣除资格的公益性群众团体，应自不符合本通知第四条规定条件之一或存在本通知第九条规定情形之一之日起 15 日内向主管税务机关报告，主管税务机关可暂时明确其获得资格的次年内企业向该群众团体的公益性捐赠支出，不得税前扣除，同时提请财政部、国家税务总局或省级财政、税务部门明确其获得资格的次年不具有公益性捐赠税前扣除资格。

（摘自财税〔2009〕124 号第十一条）

16.8.13.11　执行日期、政策衔接

本通知从 2008 年 1 月 1 日起执行。本通知发布前已经取得和未取得公益性捐赠税前扣除资格的群众团体，均应按本通知规定提出申请。

（摘自财税〔2009〕124 号第十二条）

16.9　《资产折旧、摊销情况及纳税调整明细表》（A105080）法规指引

16.9.1　资产的税务处理原则

16.9.1.1　历史成本计价原则

企业的各项资产，包括固定资产、生物资产、无形资产、长期待摊费用、投资资产、存货等，以历史成本为计税基础。

前款所称历史成本，是指企业取得该项资产时实际发生的支出。

企业持有各项资产期间资产增值或者减值，除国务院财政、税务主管部门规定可以确认损益外，不得调整该资产的计税基础。

（摘自《企业所得税法实施条例》第五十六条）

16.9.1.2　尽量与财务会计制度一致原则

考虑到过去在资产取得、持有、使用、处置等税务处理上税法与财务会计制度存在一定的差异，并且主要是时间性差异，纳税调整烦琐，税务机关税收执行成本和纳税人遵从成本都较高，实施条例在资产税务处理的规定上，对资产分类、取得计税成本等问题，尽量与财务会计制度保持一致，比如固定资产取得计税成本与会计账面价值基本保持一致、残值处理一致，只是在折旧年限上有所差异，这样可以降低纳税人纳税调整的负担。

（摘自国税函〔2008〕159 号第十八条第一款）

16.9.2　固定资产

16.9.2.1　按照规定计算的固定资产折旧准予扣除

在计算应纳税所得额时，企业按照规定计算的固定资产折旧，准予扣除。

（摘自《企业所得税法》第十一条第一款）

16.9.2.2　不得计算折旧扣除的固定资产

下列固定资产不得计算折旧扣除：

（一）房屋、建筑物以外未投入使用的固定资产；

（二）以经营租赁方式租入的固定资产；

（三）以融资租赁方式租出的固定资产；

（四）已足额提取折旧仍继续使用的固定资产；

（五）与经营活动无关的固定资产；

（六）单独估价作为固定资产入账的土地；

（七）其他不得计算折旧扣除的固定资产。

（摘自《企业所得税法》第十一条第二款）

16.9.2.3　固定资产的范围

企业所得税法第十一条所称固定资产，是指企业为生产产品、提供劳务、出租或者经营管理而持有的、使用时间超过 12 个月的非货币性资产，包括房屋、建筑物、机器、机械、运输工具以及其他与生产经营活动有关的设备、器具、工具等。

（摘自《企业所得税法实施条例》第五十七条）

16.9.2.4　固定资产计税基础

固定资产按照以下方法确定计税基础：

（一）外购的固定资产，以购买价款和支付的相关税费以及直接归属于使该资产达到预定用途发生的其他支出为计税基础；

（二）自行建造的固定资产，以竣工结算前发生的支出为计税基础；

（三）融资租入的固定资产，以租赁合同约定的付款总额和承租人在签订租赁合同过程中发生的相关费用为计税基础，租赁合同未约定付款总额的，以该资产的公允价值和承租人在签订租赁合同过程中发生的相关费用为计税基础；

（四）盘盈的固定资产，以同类固定资产的重置完全价值为计税基础；

（五）通过捐赠、投资、非货币性资产交换、债务重组等方式取得的固定资产，以该资产的公允价值和支付的相关税费为计税基础；

（六）改建的固定资产，除企业所得税法第十三条第（一）项和第（二）项规定的支出外，以改建过程中发生的改建支出增加计税基础。

（摘自《企业所得税法实施条例》第五十八条）

企业固定资产投入使用后，由于工程款项尚未结清未取得全额发票的，可暂按合同规定的金额计入固定资产计税基础计提折旧，待发票取得后进行调整。但该项调整应在固定资产投入使用后 12 个月内进行。

（摘自国税函〔2010〕79 号第五条）

16.9.2.5　固定资产折旧的计算方法、起始时间、净残值

第五十九条固定资产按照直线法计算的折旧，准予扣除。

企业应当自固定资产投入使用月份的次月起计算折旧；停止使用的固定资产，应当自停止使用月份的次月起停止计算折旧。

企业应当根据固定资产的性质和使用情况，合理确定固定资产的预计净残值。固定资产的预计净残值一经确定，不得变更。

（摘自《企业所得税法实施条例》第五十九条）

16.9.2.6　固定资产计算折旧的最低年限

除国务院财政、税务主管部门另有规定外，固定资产计算折旧的最低年限如下：

（一）房屋、建筑物，为 20 年；

（二）飞机、火车、轮船、机器、机械和其他生产设备，为 10 年；

（三）与生产经营活动有关的器具、工具、家具等，为5年；

（四）飞机、火车、轮船以外的运输工具，为4年；

（五）电子设备，为3年。

（摘自《企业所得税法实施条例》第六十条）

16.9.2.7 新税法实施前已购置固定资产预计净残值和折旧年限的处理

新税法实施前已投入使用的固定资产，企业已按原税法规定预计净残值并计提的折旧，不做调整。新税法实施后，对此类继续使用的固定资产，可以重新确定其残值，并就其尚未计提折旧的余额，按照新税法规定的折旧年限减去已经计提折旧的年限后的剩余年限，按照新税法规定的折旧方法计算折旧。新税法实施后，固定资产原确定的折旧年限不违背新税法规定原则的，也可以继续执行。

（摘自国税函〔2009〕98号第一条）

16.9.2.8 房屋、建筑物固定资产改扩建

企业对房屋、建筑物固定资产在未足额提取折旧前进行改扩建的，如属于推倒重置的，该资产原值减除提取折旧后的净值，应并入重置后的固定资产计税成本，并在该固定资产投入使用后的次月起，按照税法规定的折旧年限，一并计提折旧；如属于提升功能、增加面积的，该固定资产的改扩建支出，并入该固定资产计税基础，并从改扩建完工投入使用后的次月起，重新按税法规定的该固定资产折旧年限计提折旧，如该改扩建后的固定资产尚可使用的年限低于税法规定的最低年限的，可以按尚可使用的年限计提折旧。

（摘自国家税务总局公告2011年第34号第四条）

16.9.2.9 固定资产折旧会计与税法差异的纳税调整

（一）企业固定资产会计折旧年限如果短于税法规定的最低折旧年限，其按会计折旧年限计提的折旧高于按税法规定的最低折旧年限计提的折旧部分，应调增当期应纳税所得额；企业固定资产会计折旧年限已期满且会计折旧已提足，但税法规定的最低折旧年限尚未到期且税收折旧尚未足额扣除，其未足额扣除的部分准予在剩余的税收折旧年限继续按规定扣除。

（二）企业固定资产会计折旧年限如果长于税法规定的最低折旧年限，其折旧应按会计折旧年限计算扣除，税法另有规定除外。

（三）企业按会计规定提取的固定资产减值准备，不得税前扣除，其折旧仍按税法确定的固定资产计税基础计算扣除。

（四）企业按税法规定实行加速折旧的，其按加速折旧办法计算的折旧额可全额在税前扣除。

（五）石油天然气开采企业在计提油气资产折耗（折旧）时，由于会计与税法规定计算方法不同导致的折耗（折旧）差异，应按税法规定进行纳税调整。

（摘自国家税务总局公告2014年第29号第五条）

16.9.3 生产性生物资产

16.9.3.1 生产性生物资产计税基础

生产性生物资产按照以下方法确定计税基础：

（一）外购的生产性生物资产，以购买价款和支付的相关税费为计税基础；

（二）通过捐赠、投资、非货币性资产交换、债务重组等方式取得的生产性生物资产，以该资产的公允价值和支付的相关税费为计税基础。

前款所称生产性生物资产，是指企业为生产农产品、提供劳务或者出租等而持有的生

物资产，包括经济林、薪炭林、产畜和役畜等。

（摘自《企业所得税法实施条例》第六十二条）

16.9.3.2　生产性生物资产折旧计算方法、起始时间、净残值

生产性生物资产按照直线法计算的折旧，准予扣除。

企业应当自生产性生物资产投入使用月份的次月起计算折旧；停止使用的生产性生物资产，应当自停止使用月份的次月起停止计算折旧。

企业应当根据生产性生物资产的性质和使用情况，合理确定生产性生物资产的预计净残值。生产性生物资产的预计净残值一经确定，不得变更。

（摘自《企业所得税法实施条例》第六十三条）

16.9.3.3　生产性生物资产计算折旧的最低年限

生产性生物资产计算折旧的最低年限如下：

（一）林木类生产性生物资产，为 10 年；

（二）畜类生产性生物资产，为 3 年。

（摘自《企业所得税法实施条例》第六十四条）

16.9.4　无形资产

16.9.4.1　按照规定计算的无形资产摊销费用准予扣除

在计算应纳税所得额时，企业按照规定计算的无形资产摊销费用，准予扣除。

（摘自《企业所得税法》第十二条第一款）

16.9.4.2　不得计算摊销费用扣除的无形资产

下列无形资产不得计算摊销费用扣除：

（一）自行开发的支出已在计算应纳税所得额时扣除的无形资产；

（二）自创商誉；

（三）与经营活动无关的无形资产；

（四）其他不得计算摊销费用扣除的无形资产。

（摘自《企业所得税法》第十二条第二款）

16.9.4.3　无形资产的范围

企业所得税法第十二条所称无形资产，是指企业为生产产品、提供劳务、出租或者经营管理而持有的、没有实物形态的非货币性长期资产，包括专利权、商标权、著作权、土地使用权、非专利技术、商誉等。

（摘自《企业所得税法实施条例》第六十五条）

16.9.4.4　无形资产计税基础

无形资产按照以下方法确定计税基础：

（一）外购的无形资产，以购买价款和支付的相关税费以及直接归属于使该资产达到预定用途发生的其他支出为计税基础；

（二）自行开发的无形资产，以开发过程中该资产符合资本化条件后至达到预定用途前发生的支出为计税基础；

（三）通过捐赠、投资、非货币性资产交换、债务重组等方式取得的无形资产，以该资产的公允价值和支付的相关税费为计税基础。

（摘自《企业所得税法实施条例》第六十六条）

16.9.4.5　无形资产的摊销方法、摊销年限、外购商誉企业整体转让或清算时准予扣除

无形资产按照直线法计算的摊销费用，准予扣除。

无形资产的摊销年限不得低于 10 年。

作为投资或者受让的无形资产，有关法律规定或者合同约定了使用年限的，可以按照规定或者约定的使用年限分期摊销。

外购商誉的支出，在企业整体转让或者清算时，准予扣除。

（摘自《企业所得税法实施条例》第六十七条）

16.9.4.6 软 件

企业外购的软件，凡符合固定资产或无形资产确认条件的，可以按照固定资产或无形资产进行核算，其折旧或摊销年限可以适当缩短，最短可为 2 年（含）。

（摘自财税〔2012〕27 号第七条）

16.9.5 长期待摊费用

16.9.5.1 长期待摊费用摊销准予扣除的范围

在计算应纳税所得额时，企业发生的下列支出作为长期待摊费用，按照规定摊销的，准予扣除：

（一）已足额提取折旧的固定资产的改建支出；

（二）租入固定资产的改建支出；

（三）固定资产的大修理支出；

（四）其他应当作为长期待摊费用的支出。

（摘自《企业所得税法》第十三条）

16.9.5.2 已足额提取折旧的固定资产的改建支出和租入固定资产的改建支出

企业所得税法第十三条第（一）项和第（二）项所称固定资产的改建支出，是指改变房屋或者建筑物结构、延长使用年限等发生的支出。

企业所得税法第十三条第（一）项规定的支出，按照固定资产预计尚可使用年限分期摊销；第（二）项规定的支出，按照合同约定的剩余租赁期限分期摊销。

改建的固定资产延长使用年限的，除企业所得税法第十三条第（一）项和第（二）项规定外，应当适当延长折旧年限。

（摘自《企业所得税法实施条例》第六十八条）

16.9.5.3 固定资产大修理支出

企业所得税法第十三条第（三）项所称固定资产的大修理支出，是指同时符合下列条件的支出：

（一）修理支出达到取得固定资产时的计税基础 50％以上；

（二）修理后固定资产的使用年限延长 2 年以上。

企业所得税法第十三条第（三）项规定的支出，按照固定资产尚可使用年限分期摊销。

（摘自《企业所得税法实施条例》第六十九条）

16.9.5.4 其他应当作为长期待摊费用的支出

企业所得税法第十三条第（四）项所称其他应当作为长期待摊费用的支出，自支出发生月份的次月起，分期摊销，摊销年限不得低于 3 年。

（摘自《企业所得税法实施条例》第七十条）

16.9.5.5 开（筹）办费

新税法中开（筹）办费未明确列作长期待摊费用，企业可以在开始经营之日的当年一次性扣除，也可以按照新税法有关长期待摊费用的处理规定处理，但一经选定，不得改变。

企业在新税法实施以前年度的未摊销完的开办费，也可根据上述规定处理。

（摘自国税函〔2009〕98 号第九条）

企业自开始生产经营的年度，为开始计算企业损益的年度。企业从事生产经营之前进行筹办活动期间发生筹办费用支出，不得计算为当期的亏损，应按照《国家税务总局关于企业所得税若干税务事项衔接问题的通知》（国税函〔2009〕98 号）第九条规定执行。

（摘自国税函〔2010〕79 号第七条）

企业在筹建期间，发生的与筹办活动有关的业务招待费支出，可按实际发生额的 60%计入企业筹办费，并按有关规定在税前扣除；发生的广告费和业务宣传费，可按实际发生额计入企业筹办费，并按有关规定在税前扣除。

（摘自国家税务总局公告 2012 年第 15 号第五条）

16.10　《固定资产加速折旧、扣除明细表》（A105081）法规指引

16.10.1　企业所得税法的规定

企业的固定资产由于技术进步等原因，确需加速折旧的，可以缩短折旧年限或者采取加速折旧的方法。

（摘自《企业所得税法》第三十二条）

16.10.2　实施条例的解释

企业所得税法第三十二条所称可以采取缩短折旧年限或者采取加速折旧的方法的固定资产，包括：

（一）由于技术进步，产品更新换代较快的固定资产；

（二）常年处于强震动、高腐蚀状态的固定资产。

采取缩短折旧年限方法的，最低折旧年限不得低于本条例第六十条规定折旧年限的 60%；采取加速折旧方法的，可以采取双倍余额递减法或者年数总和法。

（摘自《企业所得税法实施条例》第九十八条）

16.10.3　国税发〔2009〕81 号文件的规定

根据《中华人民共和国企业所得税法》（以下简称《企业所得税法》）及《中华人民共和国企业所得税法实施条例》（以下简称《实施条例》）的有关规定，现就企业固定资产实行加速折旧的所得税处理问题通知如下：

16.10.3.1　可以加速折旧的固定资产

根据《企业所得税法》第三十二条及《实施条例》第九十八条的相关规定，企业拥有并用于生产经营的主要或关键的固定资产，由于以下原因确需加速折旧的，可以缩短折旧年限或者采取加速折旧的方法：

（一）由于技术进步，产品更新换代较快的；

（二）常年处于强震动、高腐蚀状态的。

（摘自国税发〔2009〕81 号第一条）

16.10.3.2　加速折旧的处理方法

企业拥有并使用的固定资产符合本通知第一条规定的，可按以下情况分别处理：

（一）企业过去没有使用过与该项固定资产功能相同或类似的固定资产，但有充分的证

据证明该固定资产的预计使用年限短于《实施条例》规定的计算折旧最低年限的，企业可根据该固定资产的预计使用年限和本通知的规定，对该固定资产采取缩短折旧年限或者加速折旧的方法。

（二）企业在原有的固定资产未达到《实施条例》规定的最低折旧年限前，使用功能相同或类似的新固定资产替代旧固定资产的，企业可根据旧固定资产的实际使用年限和本通知的规定，对新替代的固定资产采取缩短折旧年限或者加速折旧的方法。

（摘自国税发〔2009〕81 号第二条）

16.10.3.3 最低折旧年限的确定

企业采取缩短折旧年限方法的，对其购置的新固定资产，最低折旧年限不得低于《实施条例》第六十条规定的折旧年限的 60%；若为购置已使用过的固定资产，其最低折旧年限不得低于《实施条例》规定的最低折旧年限减去已使用年限后剩余年限的 60%。最低折旧年限一经确定，一般不得变更。

（摘自国税发〔2009〕81 号第三条）

16.10.3.4 由于技术进步，产品更新换代较快的固定资产可以采用双倍余额递减法或者年数总和法

企业拥有并使用符合本通知第一条规定条件的固定资产采取加速折旧方法的，可以采用双倍余额递减法或者年数总和法。加速折旧方法一经确定，一般不得变更。

（一）双倍余额递减法，是指在不考虑固定资产预计净残值的情况下，根据每期期初固定资产原值减去累计折旧后的金额和双倍的直线法折旧率计算固定资产折旧的一种方法。应用这种方法计算折旧额时，由于每年年初固定资产净值没有减去预计净残值，所以在计算固定资产折旧额时，应在其折旧年限到期前的两年期间，将固定资产净值减去预计净残值后的余额平均摊销。计算公式如下：

$$年折旧率＝2÷预计使用寿命（年）×100\%$$

$$月折旧率＝年折旧率÷12$$

$$月折旧额＝月初固定资产账面净值×月折旧率$$

（二）年数总和法，又称年限合计法，是指将固定资产的原值减去预计净残值后的余额，乘以一个以固定资产尚可使用寿命为分子、以预计使用寿命逐年数字之和为分母的逐年递减的分数计算每年的折旧额。计算公式如下：

$$年折旧率＝尚可使用年限÷预计使用寿命的年数总和×100\%$$

$$月折旧率＝年折旧率÷12$$

$$月折旧额＝（固定资产原值－预计净残值）×月折旧率$$

（摘自国税发〔2009〕81 号第四条）

16.10.3.5 缩短折旧年限或者加速折旧方法的备案、应报送的资料

企业确需对固定资产采取缩短折旧年限或者加速折旧方法的，应在取得该固定资产后一个月内，向其企业所得税主管税务机关（以下简称主管税务机关）备案，并报送以下资料：

（一）固定资产的功能、预计使用年限短于《实施条例》规定计算折旧的最低年限的理由、证明资料及有关情况的说明；

（二）被替代的旧固定资产的功能、使用及处置等情况的说明；

（三）固定资产加速折旧拟采用的方法和折旧额的说明；

（四）主管税务机关要求报送的其他资料。

企业主管税务机关应在企业所得税年度纳税评估时，对企业采取加速折旧的固定资产的使用环境及状况进行实地核查。对不符合加速折旧规定条件的，主管税务机关有权要求

企业停止该项固定资产加速折旧。

（摘自国税发〔2009〕81 号第五条）

16.10.3.6 缩短折旧年限的固定资产更新替代、改造改建后不得重复使用

对于采取缩短折旧年限的固定资产，足额计提折旧后继续使用而未进行处置（包括报废等情形）超过 12 个月的，今后对其更新替代、改造改建后形成的功能相同或者类似的固定资产，不得再采取缩短折旧年限的方法。

（摘自国税发〔2009〕81 号第六条）

16.10.3.7 主管税务机关应设立相应的税收管理台账，并加强监督，实施跟踪管理

对于企业采取缩短折旧年限或者采取加速折旧方法的，主管税务机关应设立相应的税收管理台账，并加强监督，实施跟踪管理。对发现不符合《实施条例》第九十八条及本通知规定的，主管税务机关要及时责令企业进行纳税调整。

分支机构使用的符合《实施条例》第九十八条及本通知规定情形的固定资产采取缩短折旧年限或者采取加速折旧方法的，由其总机构向其所在地主管税务机关备案。

（摘自国税发〔2009〕81 号第七条）

16.10.3.8 分支机构使用加速折旧方法的备案与管理

适用总、分机构汇总纳税的企业，对其所属分支机构使用的符合《实施条例》第九十八条及本通知规定情形的固定资产采取缩短折旧年限或者采取加速折旧方法的，由其总机构向其所在地主管税务机关备案。分支机构所在地主管税务机关应负责配合总机构所在地主管税务机关实施跟踪管理。

（摘自国税发〔2009〕81 号第八条）

16.10.4 财税〔2014〕75 号文件的规定

为贯彻落实国务院完善固定资产加速折旧政策精神，现就有关固定资产加速折旧企业所得税政策问题通知如下：

16.10.4.1 6 个行业 2014 年以后新购进的固定资产允许加速折旧

对生物药品制造业，专用设备制造业，铁路、船舶、航空航天和其他运输设备制造业，计算机、通信和其他电子设备制造业，仪器仪表制造业，信息传输、软件和信息技术服务业等 6 个行业的企业 2014 年 01 月 01 日后新购进的固定资产，可缩短折旧年限或采取加速折旧的方法。

对上述 6 个行业的小型微利企业 2014 年 01 月 01 日后新购进的研发和生产经营共用的仪器、设备，单位价值不超过 100 万元的，允许一次性计入当期成本费用在计算应纳税所得额时扣除，不再分年度计算折旧；单位价值超过 100 万元的，可缩短折旧年限或采取加速折旧的方法。

（摘自财税〔2014〕75 号第一条）

16.10.4.2 专门用于研发的仪器、设备加速折旧

对所有行业企业 2014 年 01 月 01 日后新购进的专门用于研发的仪器、设备，单位价值不超过 100 万元的，允许一次性计入当期成本费用在计算应纳税所得额时扣除，不再分年度计算折旧；单位价值超过 100 万元的，可缩短折旧年限或采取加速折旧的方法。

（摘自财税〔2014〕75 号第二条）

16.10.4.3 单位价值不超过 5 000 元的固定资产允许一次性扣除

对所有行业企业持有的单位价值不超过 5 000 元的固定资产，允许一次性计入当期成本费用在计算应纳税所得额时扣除，不再分年度计算折旧。

（摘自财税〔2014〕75 号第三条）

16.10.4.4 缩短折旧年限的不得低于 60%

企业按本通知第一条、第二条规定缩短折旧年限的，最低折旧年限不得低于企业所得税法实施条例第六十条规定折旧年限的 60%；采取加速折旧方法的，可采取双倍余额递减法或者年数总和法。本通知第一至三条规定之外的企业固定资产加速折旧所得税处理问题，继续按照企业所得税法及其实施条例和现行税收政策规定执行。

（摘自财税〔2014〕75 号第四条）

16.10.4.5 执行日期

本通知自 2014 年 01 月 01 日起执行。

（摘自财税〔2014〕75 号第五条）

16.10.5 国家税务总局公告 2014 年第 64 号的规定

为落实国务院完善固定资产加速折旧政策，促进企业技术改造，支持创业创新，根据《中华人民共和国企业所得税法》（以下简称企业所得税法）及其实施条例、《财政部 国家税务总局关于完善固定资产加速折旧企业所得税政策的通知》（财税〔2014〕75 号）规定，现就落实完善固定资产加速折旧企业所得税政策有关问题公告如下：

16.10.5.1 六大行业的确定

对生物药品制造业，专用设备制造业，铁路、船舶、航空航天和其他运输设备制造业，计算机、通信和其他电子设备制造业，仪器仪表制造业，信息传输、软件和信息技术服务业等行业企业（以下简称六大行业），2014 年 01 月 01 日后购进的固定资产（包括自行建造），允许按不低于企业所得税法规定折旧年限的 60% 缩短折旧年限，或选择采取双倍余额递减法或年数总和法进行加速折旧。

六大行业按照国家统计局《国民经济行业分类与代码（GB/4754—2011）》确定。今后国家有关部门更新国民经济行业分类与代码，从其规定。

六大行业企业是指以上述行业业务为主营业务，其固定资产投入使用当年主营业务收入占企业收入总额 50%（不含）以上的企业。所称收入总额，是指企业所得税法第六条规定的收入总额。

（摘自国家税务总局公告 2014 年第 64 号第一条）

16.10.5.2 用于研发活动的仪器、设备范围口径

企业在 2014 年 01 月 01 日后购进并专门用于研发活动的仪器、设备，单位价值不超过 100 万元的，可以一次性在计算应纳税所得额时扣除；单位价值超过 100 万元的，允许按不低于企业所得税法规定折旧年限的 60% 缩短折旧年限，或选择采取双倍余额递减法或年数总和法进行加速折旧。

用于研发活动的仪器、设备范围口径，按照《国家税务总局关于印发〈企业研究开发费用税前扣除管理办法（试行〉）的通知》（国税发〔2008〕116 号）或《科学技术部财政部国家税务总局关于印发〈高新技术企业认定管理工作指引〉的通知》（国科发火〔2008〕362 号）规定执行。

企业专门用于研发活动的仪器、设备已享受上述优惠政策的，在享受研发费加计扣除时，按照《国家税务总局关于印发〈企业研发费用税前扣除管理办法（试行〉）的通知》（国税发〔2008〕116 号）、《财政部 国家税务总局关于研究开发费用税前加计扣除有关政策问题的通知》（财税〔2013〕70 号）的规定，就已经进行会计处理的折旧、费用等金额进行加计扣除。

六大行业中的小型微利企业研发和生产经营共用的仪器、设备，可以执行本条第一、二款的规定。所称小型微利企业，是指企业所得税法第二十八条规定的小型微利企业。

（摘自国家税务总局公告 2014 年第 64 号第二条）

16.10.5.3　固定资产单位价值不超过 5 000 元的可以一次性扣除

企业持有的固定资产，单位价值不超过 5 000 元的，可以一次性在计算应纳税所得额时扣除。企业在 2013 年 12 月 31 日前持有的单位价值不超过 5000 元的固定资产，其折余价值部分，2014 年 01 月 01 日以后可以一次性在计算应纳税所得额时扣除。

（摘自国家税务总局公告 2014 年第 64 号第三条）

16.10.5.4　折旧年限 60％的计算标准

企业采取缩短折旧年限方法的，对其购置的新固定资产，最低折旧年限不得低于企业所得税法实施条例第六十条规定的折旧年限的 60％；企业购置已使用过的固定资产，其最低折旧年限不得低于实施条例规定的最低折旧年限减去已使用年限后剩余年限的 60％，最低折旧年限一经确定，一般不得变更。

（摘自国家税务总局公告 2014 年第 64 号第四条）

16.10.5.5　双倍余额递减法或者年数总和法的执行标准

企业的固定资产采取加速折旧方法的，可以采用双倍余额递减法或者年数总和法。加速折旧方法一经确定，一般不得变更。

所称双倍余额递减法或者年数总和法，按照《国家税务总局关于企业固定资产加速折旧所得税处理有关问题的通知》（国税发〔2009〕81 号）第四条的规定执行。

（摘自国家税务总局公告 2014 年第 64 号第五条）

16.10.5.6　同时符合多项优惠政策的选择

企业的固定资产既符合本公告优惠政策条件，同时又符合《国家税务总局关于企业固定资产加速折旧所得税处理有关问题的通知》（国税发〔2009〕81 号）、《财政部 国家税务总局关于进一步鼓励软件产业和集成电路产业发展企业所得税政策的通知》（财税〔2012〕27 号）中相关加速折旧政策条件的，可由企业选择其中最优惠的政策执行，且一经选择，不得改变。

（摘自国家税务总局公告 2014 年第 64 号第六条）

16.10.5.7　预缴申报时须同时报送《固定资产加速折旧（扣除）预缴情况统计表》

企业固定资产采取一次性税前扣除、缩短折旧年限或加速折旧方法的，预缴申报时，须同时报送《固定资产加速折旧（扣除）预缴情况统计表》（见附件 1），年度申报时，实行事后备案管理，并按要求报送相关资料。

企业应将购进固定资产的发票、记账凭证等有关凭证、凭据（购入已使用过的固定资产，应提供已使用年限的相关说明）等资料留存备查，并应建立台账，准确核算税法与会计差异情况。

主管税务机关应对适用本公告规定优惠政策的企业加强后续管理，对预缴申报时享受了优惠政策的企业，年终汇算清缴时应对企业全年主营业务收入占企业收入总额的比例进行重点审核。

（摘自国家税务总局公告 2014 年第 64 号第七条）

16.10.5.8　执行日期

本公告适用于 2014 年及以后纳税年度。

（摘自国家税务总局公告 2014 年第 64 号第八条）

16.10.6　关于进一步完善固定资产加速折旧企业所得税政策的通知

各省、自治区、直辖市、计划单列市财政厅（局）、国家税务局、地方税务局，新疆生产建设兵团财务局：

根据国务院常务会议的有关决定精神，现就有关固定资产加速折旧企业所得税政策问题通知如下：

一、对轻工、纺织、机械、汽车等四个领域重点行业（具体范围见附件）的企业 2015 年 1 月 1 日后新购进的固定资产，可由企业选择缩短折旧年限或采取加速折旧的方法。

二、对上述行业的小型微利企业 2015 年 1 月 1 日后新购进的研发和生产经营共用的仪器、设备，单位价值不超过 100 万元的，允许一次性计入当期成本费用在计算应纳税所得额时扣除，不再分年度计算折旧；单位价值超过 100 万元的，可由企业选择缩短折旧年限或采取加速折旧的方法。

三、企业按本通知第一条、第二条规定缩短折旧年限的，最低折旧年限不得低于企业所得税法实施条例第六十条规定折旧年限的 60%；采取加速折旧方法的，可采取双倍余额递减法或者年数总和法。

按照企业所得税法及其实施条例有关规定，企业根据自身生产经营需要，也可选择不实行加速折旧政策。

四、本通知自 2015 年 1 月 1 日起执行。2015 年前 3 季度按本通知规定未能计算办理的，统一在 2015 年第 4 季度预缴申报时享受优惠或 2015 年度汇算清缴时办理。

附件：轻工、纺织、机械、汽车四个领域重点行业范围

附件

轻工、纺织、机械、汽车四个领域重点行业范围

代码			类别名称	备注
大类	中类	小类		
	268		日用化学产品制造	轻工
		2681	肥皂及合成洗涤剂制造	
		2682	化妆品制造	
		2683	口腔清洁用品制造	
		2684	香料、香精制造	
		2689	其他日用化学产品制造	
27			医药制造业	轻工
	271		化学药品原料药制造	
	272		化学药品制剂制造	
	273		中药饮片加工	
	274		中成药生产	
	275		兽用药品制造	
	277		卫生材料及医药用品制造	
13			农副食品加工业	轻工
	131		谷物磨制	
	132		饲料加工	
	133		植物油加工	
	134		制糖业	
	135		屠宰及肉类加工	
	136		水产品加工	
	137		蔬菜、水果和坚果加工	
	139		其他农副食品加工	

续表

代码			类别名称	备注
大类	中类	小类		
14			食品制造业	轻工
	141		焙烤食品制造	
	142		糖果、巧克力及蜜饯制造	
	143		方便食品制造	
	144		乳制品制造	
	145		罐头食品制造	
	146		调味品、发酵制品制造	
	149		其他食品制造	
17			纺织业	纺织
	171		棉纺织及印染精加工	
	172		毛纺织及染整精加工	
	173		麻纺织及染整精加工	
	174		丝绢纺织及印染精加工	
	175		化纤织造及印染精加工	
	176		针织或钩针编织物及其制品制造	
	177		家用纺织制成品制造	
	178		非家用纺织制成品制造	
18			纺织服装、服饰业	纺织
	181		机织服装制造	
	182		针织或钩针编织服装制造	
	183		服饰制造	
19			皮革、毛皮、羽毛及其制品和制鞋业	轻工
	191		皮革鞣制加工	
	192		皮革制品制造	
	193		毛皮鞣制及制品加工	
	194		羽毛（绒）加工及制品制造	
	195		制鞋业	
20			木材加工和木、竹、藤、棕、草制品业	轻工
	201		木材加工	
	202		人造板制造	
	203		木制品制造	
	204		竹、藤、棕、草等制品制造	
21			家具制造业	轻工
	211		木质家具制造	
	212		竹、藤家具制造	
	213		金属家具制造	
	214		塑料家具制造	
	219		其他家具制造	
22			造纸和纸制品业	轻工

续表

代码			类别名称	备注
大类	中类	小类		
	221		纸浆制造	
	222		造纸	
	223		纸制品制造	
23			印刷和记录媒介复制业	轻工
	231		印刷	
	232		装订及印刷相关服务	
	233		记录媒介复制	
24			文教、工美、体育和娱乐用品制造业	轻工
	241		文教办公用品制造	
	242		乐器制造	
	243		工艺美术品制造	
	244		体育用品制造	
	245		玩具制造	
28			化学纤维制造业	纺织
	281		纤维素纤维原料及纤维制造	
	282		合成纤维制造	
	292		塑料制品业	轻工
		2921	塑料薄膜制造	
		2922	塑料板、管、型材制造	
		2923	塑料丝、绳及编织品制造	
		2924	泡沫塑料制造	
		2925	塑料人造革、合成革制造	
		2926	塑料包装箱及容器制造	
		2927	日用塑料制品制造	
		2928	塑料零件制造	
		2929	其他塑料制品制造	
33			金属制品业	机械
	331		结构性金属制品制造	
	332		金属工具制造	
	333		集装箱及金属包装容器制造	
	334		金属丝绳及其制品制造	
	335		建筑、安全用金属制品制造	
	336		金属表面处理及热处理加工	
	337		搪瓷制品制造	
	338		金属制日用品制造	
	339		其他金属制品制造	
34			通用设备制造业	机械
	341		锅炉及原动设备制造	
	342		金属加工机械制造	

续表

代码			类别名称	备注
大类	中类	小类		
	343		物料搬运设备制造	
	344		泵、阀门、压缩机及类似机械制造	
	345		轴承、齿轮和传动部件制造	
	346		烘炉、风机、衡器、包装等设备制造	
	347		文化、办公用机械制造	
	348		通用零部件制造	
	349		其他通用设备制造业	
36			汽车制造业	汽车
	361		汽车整车制造	
	362		改装汽车制造	
	363		低速载货汽车制造	
	364		电车制造	
	365		汽车车身、挂车制造	
	366		汽车零部件及配件制造	
38			电气机械和器材制造业	机械
	381		电机制造	
	382		输配电及控制设备制造	
	383		电线、电缆、光缆及电工器材制造	
	384		电池制造	
	385		家用电力器具制造	
	386		非电力家用器具制造	
	387		照明器具制造	
	389		其他电气机械及器材制造	

注：以上代码和类别名称来自《国民经济行业分类（GB/T4754—2011）》。

16.10.7　进一步完善固定资产加速折旧企业所得税政策有关问题的公告

为落实国务院扩大固定资产加速折旧优惠范围的决定，根据《中华人民共和国企业所得税法》（以下简称企业所得税法）及其实施条例（以下简称实施条例）、《财政部　国家税务总局关于进一步完善固定资产加速折旧企业所得税政策的通知》（财税〔2015〕106 号）规定，现就进一步完善固定资产加速折旧企业所得税政策有关问题公告如下：

一、对轻工、纺织、机械、汽车等四个领域重点行业（以下简称四个领域重点行业）企业 2015 年 1 月 1 日后新购进的固定资产（包括自行建造，下同），允许缩短折旧年限或采取加速折旧方法。

四个领域重点行业按照财税〔2015〕106 号附件"轻工、纺织、机械、汽车四个领域重点行业范围"确定。今后国家有关部门更新国民经济行业分类与代码，从其规定。

四个领域重点行业企业是指以上述行业业务为主营业务，其固定资产投入使用当年的主营业务收入占企业收入总额 50%（不含）以上的企业。所称收入总额，是指企业所得税法第六条规定的收入总额。

二、对四个领域重点行业小型微利企业 2015 年 1 月 1 日后新购进的研发和生产经营共用的仪器、设备，单位价值不超过 100 万元（含）的，允许在计算应纳税所得额时一次性全额扣除；单位价值超过 100 万元的，允许缩短折旧年限或采取加速折旧方法。

用于研发活动的仪器、设备范围口径，按照《国家税务总局关于印发〈企业研究开发费用税前扣除管理办法（试行）〉的通知》（国税发〔2008〕116 号）或《科学技术部财政部国家税务总局关于印发〈高新技术企业认定管理工作指引〉的通知》（国科发火〔2008〕362 号）规定执行。

小型微利企业，是指企业所得税法第二十八条规定的小型微利企业。

三、企业按本公告第一条、第二条规定缩短折旧年限的，对其购置的新固定资产，最低折旧年限不得低于实施条例第六十条规定的折旧年限的 60%；对其购置的已使用过的固定资产，最低折旧年限不得低于实施条例规定的最低折旧年限减去已使用年限后剩余年限的 60%。最低折旧年限一经确定，不得改变。

四、企业按本公告第一条、第二条规定采取加速折旧方法的，可以采用双倍余额递减法或者年数总和法。加速折旧方法一经确定，不得改变。

双倍余额递减法或者年数总和法，按照《国家税务总局关于固定资产加速折旧所得税处理有关问题的通知》（国税发〔2009〕81 号）第四条的规定执行。

五、企业的固定资产既符合本公告优惠政策条件，又符合《国家税务总局关于企业固定资产加速折旧所得税处理有关问题的通知》（国税发〔2009〕81 号）、《财政部国家税务总局关于进一步鼓励软件产业和集成电路产业发展企业所得税政策的通知》（财税〔2012〕27 号）中有关加速折旧优惠政策条件，可由企业选择其中一项加速折旧优惠政策执行，且一经选择，不得改变。

六、企业应将购进固定资产的发票、记账凭证等有关资料留存备查，并建立台账，准确反映税法与会计差异情况。

七、本公告适用于 2015 年及以后纳税年度。企业 2015 年前 3 季度按本公告规定未能享受加速折旧优惠的，可将前 3 季度应享受的加速折旧部分，在 2015 年第 4 季度企业所得税预缴申报时享受，或者在 2015 年度企业所得税汇算清缴时统一享受。

（摘自国家税务总局公告 2015 年第 68 号）

16.11 《资产损失税前扣除及纳税调整明细表》（A105090）及其附表（A105091）法规指引

16.11.1 资产损失的解释

企业所得税法第八条所称损失，是指企业在生产经营活动中发生的固定资产和存货的盘亏、毁损、报废损失，转让财产损失，呆账损失，坏账损失，自然灾害等不可抗力因素造成的损失以及其他损失。

企业发生的损失，减除责任人赔偿和保险赔款后的余额，依照国务院财政、税务主管部门的规定扣除。

（摘自《企业所得税法实施条例》第三十二条第一款、第二款）

本通知所称资产损失，是指企业在生产经营活动中实际发生的、与取得应税收入有关的资产损失，包括现金损失，存款损失，坏账损失，贷款损失，股权投资损失，固定资产和存货的盘亏、毁损、报废、被盗损失，自然灾害等不可抗力因素造成的损失以及其他损失。

（摘自财税〔2009〕57 号第一条）

本办法所称资产是指企业拥有或者控制的、用于经营管理活动相关的资产，包括现金、银行存款、应收及预付款项（包括应收票据、各类垫款、企业之间往来款项）等货币性资产，存货、固定资产、无形资产、在建工程、生产性生物资产等非货币性资产，以及债权性投资和股权（权益）性投资。

（摘自国家税务总局公告 2011 年第 25 号第二条）

16.11.2　准予税前扣除的资产损失的范围

准予在企业所得税税前扣除的资产损失，是指企业在实际处置、转让上述资产过程中发生的合理损失（以下简称实际资产损失），以及企业虽未实际处置、转让上述资产，但符合《通知》和本办法规定条件计算确认的损失（以下简称法定资产损失）。

（摘自国家税务总局公告 2011 年第 25 号第三条）

16.11.3　资产损失确认证据

16.11.3.1　扣除各项资产损失应当提供资产损失已实际发生的合法证据
企业对其扣除的各项资产损失，应当提供能够证明资产损失确属已实际发生的合法证据，包括具有法律效力的外部证据、具有法定资质的中介机构的经济鉴证证明、具有法定资质的专业机构的技术鉴定证明等。

（摘自财税〔2009〕57 号第十三条）

16.11.3.2　企业资产损失相关的证据包括外部证据和内部证据
企业资产损失相关的证据包括具有法律效力的外部证据和特定事项的企业内部证据。

（摘自国家税务总局公告 2011 年第 25 号第十六条）

16.11.3.3　具有法律效力的外部证据
具有法律效力的外部证据，是指司法机关、行政机关、专业技术鉴定部门等依法出具的与本企业资产损失相关的具有法律效力的书面文件，主要包括：

（一）司法机关的判决或者裁定；

（二）公安机关的立案结案证明、回复；

（三）工商部门出具的注销、吊销及停业证明；

（四）企业的破产清算公告或清偿文件；

（五）行政机关的公文；

（六）专业技术部门的鉴定报告；

（七）具有法定资质的中介机构的经济鉴定证明；

（八）仲裁机构的仲裁文书；

（九）保险公司对投保资产出具的出险调查单、理赔计算单等保险单据；

（十）符合法律规定的其他证据。

（摘自国家税务总局公告 2011 年第 25 号第十七条）

16.11.3.4　特定事项的企业内部证据
特定事项的企业内部证据，是指会计核算制度健全、内部控制制度完善的企业，对各项资产发生毁损、报废、盘亏、死亡、变质等内部证明或承担责任的声明，主要包括：

（一）有关会计核算资料和原始凭证；

（二）资产盘点表；

（三）相关经济行为的业务合同；

（四）企业内部技术鉴定部门的鉴定文件或资料；

（五）企业内部核批文件及有关情况说明；

（六）对责任人由于经营管理责任造成损失的责任认定及赔偿情况说明；

（七）法定代表人、企业负责人和企业财务负责人对特定事项真实性承担法律责任的声明。

（摘自国家税务总局公告 2011 年第 25 号第十八条）

16.11.4 货币资产损失的确认

企业货币资产损失包括现金损失、银行存款损失和应收及预付款项损失等。

（摘自国家税务总局公告 2011 年第 25 号第十九条）

16.11.4.1 现金短缺损失

企业清查出的现金短缺减除责任人赔偿后的余额，作为现金损失在计算应纳税所得额时扣除。

（摘自财税〔2009〕57 号第二条）

现金损失应依据以下证据材料确认：

（一）现金保管人确认的现金盘点表（包括倒推至基准日的记录）；

（二）现金保管人对于短缺的说明及相关核准文件；

（三）对责任人由于管理责任造成损失的责任认定及赔偿情况的说明；

（四）涉及刑事犯罪的，应有司法机关出具的相关材料；

（五）金融机构出具的假币收缴证明。

（摘自国家税务总局公告 2011 年第 25 号第二十条）

16.11.4.2 存款损失

企业将货币性资金存入法定具有吸收存款职能的机构，因该机构依法破产、清算，或者政府责令停业、关闭等原因，确实不能收回的部分，作为存款损失在计算应纳税所得额时扣除。

（摘自财税〔2009〕57 号第三条）

企业因金融机构清算而发生的存款类资产损失应依据以下证据材料确认：

（一）企业存款类资产的原始凭据；

（二）金融机构破产、清算的法律文件；

（三）金融机构清算后剩余资产分配情况资料。

金融机构应清算而未清算超过三年的，企业可将该款项确认为资产损失，但应有法院或破产清算管理人出具的未完成清算证明。

（摘自国家税务总局公告 2011 年第 25 号第二十一条）

16.11.4.3 坏账损失

● **坏账损失的扣除范围**

企业除贷款类债权外的应收、预付账款符合下列条件之一的，减除可收回金额后确认的无法收回的应收、预付款项，可以作为坏账损失在计算应纳税所得额时扣除：

（一）债务人依法宣告破产、关闭、解散、被撤销，或者被依法注销、吊销营业执照，其清算财产不足清偿的；

（二）债务人死亡，或者依法被宣告失踪、死亡，其财产或者遗产不足清偿的；

（三）债务人逾期 3 年以上未清偿，且有确凿证据证明已无力清偿债务的；

（四）与债务人达成债务重组协议或法院批准破产重整计划后，无法追偿的；

（五）因自然灾害、战争等不可抗力导致无法收回的；

（六）国务院财政、税务主管部门规定的其他条件。

（摘自财税〔2009〕57 号第四条）

● **确认应收及预付款项坏账损失的证据**

企业应收及预付款项坏账损失应依据以下相关证据材料确认：

（一）相关事项合同、协议或说明；

（二）属于债务人破产清算的，应有人民法院的破产、清算公告；

（三）属于诉讼案件的，应出具人民法院的判决书或裁决书或仲裁机构的仲裁书，或者被法院裁定终（中）止执行的法律文书；

（四）属于债务人停止营业的，应有工商部门注销、吊销营业执照证明；

（五）属于债务人死亡、失踪的，应有公安机关等有关部门对债务人个人的死亡、失踪证明；

（六）属于债务重组的，应有债务重组协议及其债务人重组收益纳税情况说明；

（七）属于自然灾害、战争等不可抗力而无法收回的，应有债务人受灾情况说明以及放弃债权申明。

（摘自国家税务总局公告 2011 年第 25 号第二十二条）

● **逾期三年以上的应收款项可以作为坏账损失**

企业逾期三年以上的应收款项在会计上已作为损失处理的，可以作为坏账损失，但应说明情况，并出具专项报告。

（摘自国家税务总局公告 2011 年第 25 号第二十三条）

● **逾期一年以上，单笔数额不超过五万或者不超过企业年度收入总额万分之一的应收款项可以作为坏账损失**

企业逾期一年以上，单笔数额不超过五万或者不超过企业年度收入总额万分之一的应收款项，会计上已经作为损失处理的，可以作为坏账损失，但应说明情况，并出具专项报告。

（摘自国家税务总局公告 2011 年第 25 号第二十四条）

16.11.5　非货币资产损失的确认

企业非货币资产损失包括存货损失、固定资产损失、无形资产损失、在建工程损失、生产性生物资产损失等。

（摘自国家税务总局公告 2011 年第 25 号第二十五条）

16.11.5.1　固定资产或存货盘亏损失

对企业盘亏的固定资产或存货，以该固定资产的账面净值或存货的成本减除责任人赔偿后的余额，作为固定资产或存货盘亏损失在计算应纳税所得额时扣除。

（摘自财税〔2009〕57 号第七条）

16.11.5.2　固定资产或存货毁损、报废损失

对企业毁损、报废的固定资产或存货，以该固定资产的账面净值或存货的成本减除残值、保险赔款和责任人赔偿后的余额，作为固定资产或存货毁损、报废损失在计算应纳税所得额时扣除。

（摘自财税〔2009〕57 号第八条）

16.11.5.3　固定资产或存货被盗损失

对企业被盗的固定资产或存货，以该固定资产的账面净值或存货的成本减除保险赔款和责任人赔偿后的余额，作为固定资产或存货被盗损失在计算应纳税所得额时扣除。

（摘自财税〔2009〕57 号第九条）

16.11.5.4　不得从增值税销项税额中抵扣的进项税额可与存货损失一起扣除

企业因存货盘亏、毁损、报废、被盗等原因不得从增值税销项税额中抵扣的进项税额，

可以与存货损失一起在计算应纳税所得额时扣除。

（摘自财税〔2009〕57 号第十条）

16.11.5.5　商业零售企业存货损失

根据《国家税务总局关于发布〈企业资产损失所得税税前扣除管理办法〉的公告》（国家税务总局公告 2011 年第 25 号）有关规定，现对商业零售企业存货损失税前扣除问题公告如下：

一、商业零售企业存货因零星失窃、报废、废弃、过期、破损、腐败、鼠咬、顾客退换货等正常因素形成的损失，为存货正常损失，准予按会计科目进行归类、汇总，然后再将汇总数据以清单的形式进行企业所得税纳税申报，同时出具损失情况分析报告。

二、商业零售企业存货因风、火、雷、震等自然灾害，仓储、运输失事，重大案件等非正常因素形成的损失，为存货非正常损失，应当以专项申报形式进行企业所得税纳税申报。

三、存货单笔（单项）损失超过 500 万元的，无论何种因素形成的，均应以专项申报方式进行企业所得税纳税申报。

四、本公告适用于 2013 年度及以后年度企业所得税纳税申报。

（摘自国家税务总局公告 2014 年第 3 号）

16.11.5.6　电网企业输电线路部分报废损失

根据《中华人民共和国企业所得税法实施条例》第三十二条的规定，现对电网企业输电铁塔和线路损失企业所得税税前扣除问题公告如下：

一、由于加大水电送出和增强电网抵御冰雪能力需要等原因，电网企业对原有输电线路进行改造，部分铁塔和线路拆除报废，形成部分固定资产损失。考虑到该部分资产已形成实质性损失，可以按照有关税收规定作为企业固定资产损失允许税前扣除。

二、上述部分固定资产损失，应按照该固定资产的总计税价格，计算每基铁塔和每公里线路的计税价格后，根据报废的铁塔数量和线路长度以及已计提折旧情况确定。

三、上述报废的部分固定资产，其中部分能够重新利用的，应合理计算价格，冲减当年度固定资产损失。

四、新投资建设的线路和铁塔，应单独作为固定资产，在投入使用后，按照税收的规定计提折旧。

本公告自 2011 年 1 月 1 日起施行。2010 年度没有处理的事项，按照本公告规定执行。

（摘自国家税务总局公告 2010 年第 30 号）

16.11.5.7　非货币资产损失确认的证据

● 存货盘亏损失的确认

存货盘亏损失，为其盘亏金额扣除责任人赔偿后的余额，应依据以下证据材料确认：

（一）存货计税成本确定依据；

（二）企业内部有关责任认定、责任人赔偿说明和内部核批文件；

（三）存货盘点表；

（四）存货保管人对于盘亏的情况说明。

（摘自国家税务总局公告 2011 年第 25 号第二十六条）

● 存货报废、毁损或变质损失的确认

存货报废、毁损或变质损失，为其计税成本扣除残值及责任人赔偿后的余额，应依据以下证据材料确认：

（一）存货计税成本的确定依据；

（二）企业内部关于存货报废、毁损、变质、残值情况说明及核销资料；

（三）涉及责任人赔偿的，应当有赔偿情况说明；

（四）该项损失数额较大的（指占企业该类资产计税成本 10% 以上，或减少当年应纳税所得、增加亏损 10% 以上，下同），应有专业技术鉴定意见或法定资质中介机构出具的专项报告等。

（摘自国家税务总局公告 2011 年第 25 号第二十七条）

- **存货被盗损失的确认**

存货被盗损失，为其计税成本扣除保险理赔以及责任人赔偿后的余额，应依据以下证据材料确认：

（一）存货计税成本的确定依据；

（二）向公安机关的报案记录；

（三）涉及责任人和保险公司赔偿的，应有赔偿情况说明等。

（摘自国家税务总局公告 2011 年第 25 号第二十八条）

- **固定资产盘亏、丢失损失的确认**

固定资产盘亏、丢失损失，为其账面净值扣除责任人赔偿后的余额，应依据以下证据材料确认：

（一）企业内部有关责任认定和核销资料；

（二）固定资产盘点表；

（三）固定资产的计税基础相关资料；

（四）固定资产盘亏、丢失情况说明；

（五）损失金额较大的，应有专业技术鉴定报告或法定资质中介机构出具的专项报告等。

（摘自国家税务总局公告 2011 年第 25 号第二十九条）

- **固定资产报废、毁损损失的确认**

固定资产报废、毁损损失，为其账面净值扣除残值和责任人赔偿后的余额，应依据以下证据材料确认：

（一）固定资产的计税基础相关资料；

（二）企业内部有关责任认定和核销资料；

（三）企业内部有关部门出具的鉴定材料；

（四）涉及责任赔偿的，应当有赔偿情况的说明；

（五）损失金额较大的或自然灾害等不可抗力原因造成固定资产毁损、报废的，应有专业技术鉴定意见或法定资质中介机构出具的专项报告等。

（摘自国家税务总局公告 2011 年第 25 号第三十条）

- **固定资产被盗损失的确认**

固定资产被盗损失，为其账面净值扣除责任人赔偿后的余额，应依据以下证据材料确认：

（一）固定资产计税基础相关资料；

（二）公安机关的报案记录，公安机关立案、破案和结案的证明材料；

（三）涉及责任赔偿的，应有赔偿责任的认定及赔偿情况的说明等。

（摘自国家税务总局公告 2011 年第 25 号第三十一条）

- **在建工程停建、报废损失的确认**

在建工程停建、报废损失，为其工程项目投资账面价值扣除残值后的余额，应依据以下证据材料确认：

（一）工程项目投资账面价值确定依据；

（二）工程项目停建原因说明及相关材料；

（三）因质量原因停建、报废的工程项目和因自然灾害和意外事故停建、报废的工程项目，应出具专业技术鉴定意见和责任认定、赔偿情况的说明等。

（摘自国家税务总局公告 2011 年第 25 号第三十二条）

● **工程物资损失可比照存货损失的规定确认**

工程物资发生损失，可比照本办法存货损失的规定确认。

（摘自国家税务总局公告 2011 年第 25 号第三十三条）

● **生产性生物资产盘亏损失的确认**

生产性生物资产盘亏损失，为其账面净值扣除责任人赔偿后的余额，应依据以下证据材料确认：

（一）生产性生物资产盘点表；

（二）生产性生物资产盘亏情况说明；

（三）生产性生物资产损失金额较大的，企业应有专业技术鉴定意见和责任认定、赔偿情况的说明等。

（摘自国家税务总局公告 2011 年第 25 号第三十四条）

● **因森林病虫害、疫情、死亡而产生的生产性生物资产损失的确认**

因森林病虫害、疫情、死亡而产生的生产性生物资产损失，为其账面净值扣除残值、保险赔偿和责任人赔偿后的余额，应依据以下证据材料确认：

（一）损失情况说明；

（二）责任认定及其赔偿情况的说明；

（三）损失金额较大的，应有专业技术鉴定意见。

（摘自国家税务总局公告 2011 年第 25 号第三十五条）

● **被盗伐、被盗、丢失而产生的生产性生物资产损失的确认**

对被盗伐、被盗、丢失而产生的生产性生物资产损失，为其账面净值扣除保险赔偿以及责任人赔偿后的余额，应依据以下证据材料确认：

（一）生产性生物资产被盗后，向公安机关的报案记录或公安机关立案、破案和结案的证明材料；

（二）责任认定及其赔偿情况的说明。

（摘自国家税务总局公告 2011 年第 25 号第三十六条）

● **未能按期赎回抵押资产，使抵押资产被拍卖或变卖损失的确认**

企业由于未能按期赎回抵押资产，使抵押资产被拍卖或变卖，其账面净值大于变卖价值的差额，可认定为资产损失，按以下证据材料确认：

（一）抵押合同或协议书；

（二）拍卖或变卖证明、清单；

（三）会计核算资料等其他相关证据材料。

（摘自国家税务总局公告 2011 年第 25 号第三十七条）

● **被其他新技术所代替的无形资产损失备案应提交的证据**

被其他新技术所代替或已经超过法律保护期限，已经丧失使用价值和转让价值，尚未摊销的无形资产损失，应提交以下证据备案：

（一）会计核算资料；

（二）企业内部核批文件及有关情况说明；

（三）技术鉴定意见和企业法定代表人、主要负责人和财务负责人签章证实无形资产已无使用价值或转让价值的书面申明；

（四）无形资产的法律保护期限文件。

（摘自国家税务总局公告 2011 年第 25 号第三十八条）

16.11.6　投资损失的确认

企业投资损失包括债权性投资损失和股权（权益）性投资损失。

（摘自国家税务总局公告 2011 年第 25 号第三十九条）

16.11.6.1　贷款损失

企业经采取所有可能的措施和实施必要的程序之后，符合下列条件之一的贷款类债权，可以作为贷款损失在计算应纳税所得额时扣除：

（一）借款人和担保人依法宣告破产、关闭、解散、被撤销，并终止法人资格，或者已完全停止经营活动，被依法注销、吊销营业执照，对借款人和担保人进行追偿后，未能收回的债权；

（二）借款人死亡，或者依法被宣告失踪、死亡，依法对其财产或者遗产进行清偿，并对担保人进行追偿后，未能收回的债权；

（三）借款人遭受重大自然灾害或者意外事故，损失巨大且不能获得保险补偿，或者以保险赔偿后，确实无力偿还部分或者全部债务，对借款人财产进行清偿和对担保人进行追偿后，未能收回的债权；

（四）借款人触犯刑律，依法受到制裁，其财产不足归还所借债务，又无其他债务承担者，经追偿后确实无法收回的债权；

（五）由于借款人和担保人不能偿还到期债务，企业诉诸法律，经法院对借款人和担保人强制执行，借款人和担保人均无财产可执行，法院裁定执行程序终结或终止（中止）后，仍无法收回的债权；

（六）由于借款人和担保人不能偿还到期债务，企业诉诸法律后，经法院调解或经债权人会议通过，与借款人和担保人达成和解协议或重整协议，在借款人和担保人履行完还款义务后，无法追偿的剩余债权；

（七）由于上述（一）至（六）项原因借款人不能偿还到期债务，企业依法取得抵债资产，抵债金额小于贷款本息的差额，经追偿后仍无法收回的债权；

（八）开立信用证、办理承兑汇票、开具保函等发生垫款时，凡开证申请人和保证人由于上述（一）至（七）项原因，无法偿还垫款，金融企业经追偿后仍无法收回的垫款；

（九）银行卡持卡人和担保人由于上述（一）至（七）项原因，未能还清透支款项，金融企业经追偿后仍无法收回的透支款项；

（十）助学贷款逾期后，在金融企业确定的有效追索期限内，依法处置助学贷款抵押物（质押物），并向担保人追索连带责任后，仍无法收回的贷款；

（十一）经国务院专案批准核销的贷款类债权；

（十二）国务院财政、税务主管部门规定的其他条件。

（摘自财税〔2009〕57 号第五条）

16.11.6.2　金融企业涉农贷款和中小企业贷款损失

为鼓励金融企业加大对涉农贷款和中小企业贷款力度，及时处置涉农贷款和中小企业贷款损失，增强金融企业抵御风险能力，根据《中华人民共和国企业所得税法》及其实施条例、《财政部 国家税务总局关于企业资产损失税前扣除政策的通知》（财税〔2009〕57号）、《国家税务总局关于发布〈企业资产损失所得税税前扣除管理办法〉的公告》（国家税务总局公告 2011 年第 25 号）的规定，现就金融企业涉农贷款和中小企业贷款损失所得税前扣除问题公告如下：

一、金融企业涉农贷款、中小企业贷款逾期 1 年以上，经追索无法收回，应依据涉农贷款、中小企业贷款分类证明，按下列规定计算确认贷款损失进行税前扣除：

（一）单户贷款余额不超过 300 万元（含 300 万元）的，应依据向借款人和担保人的有关原始追索记录（包括司法追索、电话追索、信件追索和上门追索等原始记录之一，并由经办人和负责人共同签章确认），计算确认损失进行税前扣除。

（二）单户贷款余额超过 300 万元至 1 000 万元（含 1 000 万元）的，应依据有关原始追索记录（应当包括司法追索记录，并由经办人和负责人共同签章确认），计算确认损失进行税前扣除。

（三）单户贷款余额超过 1 000 万元的，仍按《国家税务总局关于发布〈企业资产损失所得税税前扣除管理办法〉的公告》（国家税务总局公告 2011 年第 25 号）有关规定计算确认损失进行税前扣除。

二、金融企业涉农贷款和中小企业贷款的分类标准，按照《财政部 国家税务总局关于金融企业涉农贷款和中小企业贷款损失准备金税前扣除有关问题的通知》（财税〔2015〕3 号）规定执行。

三、金融企业应当建立健全贷款损失内部核销管理制度，严格内部责任认定和追究，及时收集、整理、编制、审核、申报、保存资产损失税前扣除证据材料。

对不符合法定条件扣除的贷款损失，或弄虚作假进行税前扣除的，应追溯调整以前年度的税务处理，并按《中华人民共和国税收征收管理法》有关规定进行处罚。

四、本公告适用 2014 年度及以后年度涉农贷款和中小企业贷款损失的税前扣除。

（摘自国家税务总局公告 2015 年第 25 号）

16.11.6.3　股权投资损失

企业的股权投资符合下列条件之一的，减除可收回金额后确认的无法收回的股权投资，可以作为股权投资损失在计算应纳税所得额时扣除：

（一）被投资方依法宣告破产、关闭、解散、被撤销，或者被依法注销、吊销营业执照的；

（二）被投资方财务状况严重恶化，累计发生巨额亏损，已连续停止经营 3 年以上，且无重新恢复经营改组计划的；

（三）对被投资方不具有控制权，投资期限届满或者投资期限已超过 10 年，且被投资单位因连续 3 年经营亏损导致资不抵债的；

（四）被投资方财务状况严重恶化，累计发生巨额亏损，已完成清算或清算期超过 3 年以上的；

（五）国务院财政、税务主管部门规定的其他条件。

（摘自财税〔2009〕57 号第六条）

16.11.6.4　投资损失确认的证据

● 确认债权投资损失的证据

企业债权投资损失应依据投资的原始凭证、合同或协议、会计核算资料等相关证据材料确认。下列情况债权投资损失的，还应出具相关证据材料：

（一）债务人或担保人依法被宣告破产、关闭、被解散或撤销、被吊销营业执照、失踪或者死亡等，应出具资产清偿证明或者遗产清偿证明。无法出具资产清偿证明或者遗产清偿证明，且上述事项超过三年以上的，或债权投资（包括信用卡透支和助学贷款）余额在三百万元以下的，应出具对应的债务人和担保人破产、关闭、解散证明、撤销文件、工商行政管理部门注销证明或查询证明以及追索记录等（包括司法追索、电话追索、信件追索和上门追索等原始记录）；

（二）债务人遭受重大自然灾害或意外事故，企业对其资产进行清偿和对担保人进行追偿后，未能收回的债权，应出具债务人遭受重大自然灾害或意外事故证明、保险赔偿证明、资产清偿证明等；

（三）债务人因承担法律责任，其资产不足归还所借债务，又无其他债务承担者的，应出具法院裁定证明和资产清偿证明；

（四）债务人和担保人不能偿还到期债务，企业提出诉讼或仲裁的，经人民法院对债务人和担保人强制执行，债务人和担保人均无资产可执行，人民法院裁定终结或终止（中止）执行的，应出具人民法院裁定文书；

（五）债务人和担保人不能偿还到期债务，企业提出诉讼后被驳回起诉的、人民法院不予受理或不予支持的，或经仲裁机构裁决免除（或部分免除）债务人责任，经追偿后无法收回的债权，应提交法院驳回起诉的证明，或法院不予受理或不予支持证明，或仲裁机构裁决免除债务人责任的文书；

（六）经国务院专案批准核销的债权，应提供国务院批准文件或经国务院同意后由国务院有关部门批准的文件。

（摘自国家税务总局公告 2011 年第 25 号第四十条）

● **确认股权投资损失的证据**

企业股权投资损失应依据以下相关证据材料确认：

（一）股权投资计税基础证明材料；

（二）被投资企业破产公告、破产清偿文件；

（三）工商行政管理部门注销、吊销被投资单位营业执照文件；

（四）政府有关部门对被投资单位的行政处理决定文件；

（五）被投资企业终止经营、停止交易的法律或其他证明文件；

（六）被投资企业资产处置方案、成交及入账材料；

（七）企业法定代表人、主要负责人和财务负责人签章证实有关投资（权益）性损失的书面申明；

（八）会计核算资料等其他相关证据材料。

（摘自国家税务总局公告 2011 年第 25 号第四十一条）

● **被投资企业清算应出具的证据材料**

被投资企业依法宣告破产、关闭、解散或撤销、吊销营业执照、停止生产经营活动、失踪等，应出具资产清偿证明或者遗产清偿证明。

上述事项超过三年以上且未能完成清算的，应出具被投资企业破产、关闭、解散或撤销、吊销等的证明以及不能清算的原因说明。

（摘自国家税务总局公告 2011 年第 25 号第四十二条）

● **到期不能收回贷款或理财款项按投资损失有关规定处理**

企业委托金融机构向其他单位贷款，或委托其他经营机构进行理财，到期不能收回贷款或理财款项，按照本办法第六章有关规定进行处理。

（摘自国家税务总局公告 2011 年第 25 号第四十三条）

● **担保损失比照应收款项损失进行处理**

企业对外提供与本企业生产经营活动有关的担保，因被担保人不能按期偿还债务而承担连带责任，经追索，被担保人无偿还能力，对无法追回的金额，比照本办法规定的应收款项损失进行处理。

与本企业生产经营活动有关的担保是指企业对外提供的与本企业应税收入、投资、融资、材料采购、产品销售等生产经营活动相关的担保。

（摘自国家税务总局公告 2011 年第 25 号第四十四条）

● **关联交易符合独立交易原则的准予扣除**

企业按独立交易原则向关联企业转让资产而发生的损失，或向关联企业提供借款、担保而形成的债权损失，准予扣除，但企业应作专项说明，同时出具中介机构出具的专项报告及其相关的证明材料。

（摘自国家税务总局公告 2011 年第 25 号第四十五条）

● **不得税前扣除的股权和债权损失**

下列股权和债权不得作为损失在税前扣除：

（一）债务人或者担保人有经济偿还能力，未按期偿还的企业债权；

（二）违反法律、法规的规定，以各种形式、借口逃废或悬空的企业债权；

（三）行政干预逃废或悬空的企业债权；

（四）企业未向债务人和担保人追偿的债权；

（五）企业发生非经营活动的债权；

（六）其他不应当核销的企业债权和股权。

（摘自国家税务总局公告 2011 年第 25 号第四十六条）

16.11.6.5　股权投资损失一次性扣除

根据《中华人民共和国企业所得税法》第八条及其有关规定，现就企业股权投资损失所得税处理问题公告如下：

一、企业对外进行权益性（以下简称股权）投资所发生的损失，在经确认的损失发生年度，作为企业损失在计算企业应纳税所得额时一次性扣除。

二、本规定自 2010 年 1 月 1 日起执行。本规定发布以前，企业发生的尚未处理的股权投资损失，按照本规定，准予在 2010 年度一次性扣除。

（摘自国家税务总局公告 2010 年第 6 号）

16.11.7　其他资产损失的确认

16.11.7.1　不同类别的资产捆绑（打包）出售损失的确认

企业将不同类别的资产捆绑（打包），以拍卖、询价、竞争性谈判、招标等市场方式出售，其出售价格低于计税成本的差额，可以作为资产损失并准予在税前申报扣除，但应出具资产处置方案、各类资产作价依据、出售过程的情况说明、出售合同或协议、成交及入账证明、资产计税基础等确定依据。

（摘自国家税务总局公告 2011 年第 25 号第四十七条）

16.11.7.2　内部控制制度不健全、政策不明确、不配套等原因形成资产损失的确认

企业正常经营业务因内部控制制度不健全而出现操作不当、不规范或因业务创新但政策不明确、不配套等原因形成的资产损失，应由企业承担的金额，可以作为资产损失并准予在税前申报扣除，但应出具损失原因证明材料或业务监管部门定性证明、损失专项说明。

（摘自国家税务总局公告 2011 年第 25 号第四十八条）

16.11.7.3　因刑事案件原因形成损失的确认

企业因刑事案件原因形成的损失，应由企业承担的金额，或经公安机关立案侦查两年以上仍未追回的金额，可以作为资产损失并准予在税前申报扣除，但应出具公安机关、人民检察院的立案侦查情况或人民法院的判决书等损失原因证明材料。

（摘自国家税务总局公告 2011 年第 25 号第四十九条）

16.11.7.4　企业因国务院决定事项形成的资产损失不再上报国家税务总局审核

为贯彻落实《国务院关于取消和下放一批行政审批项目的决定》（国发〔2013〕44 号），现对企业因国务院决定事项形成的资产损失税前扣除问题公告如下：

一、自国发〔2013〕44 号文件发布之日起，企业因国务院决定事项形成的资产损失，不再上报国家税务总局审核。国家税务总局公告 2011 年第 25 号发布的《企业资产损失所

得税税前扣除管理办法》第十二条同时废止。

二、企业因国务院决定事项形成的资产损失，应以专项申报的方式向主管税务机关申报扣除。专项申报扣除的有关事项，按照国家税务总局公告 2011 年第 25 号规定执行。

三、本公告适用于 2013 年度及以后年度企业所得税申报。

（摘自国家税务总局公告 2014 年第 18 号）

16.11.8　已经扣除的资产损失又收回的应当计入收入

企业在计算应纳税所得额时已经扣除的资产损失，在以后纳税年度全部或者部分收回时，其收回部分应当作为收入计入收回当期的应纳税所得额。

（摘自财税〔2009〕57 号第十一条）

16.11.9　申报管理和其他规定

16.11.9.1　资产损失申报材料作为年度纳税申报表的附件一并向税务机关报送

企业在进行企业所得税年度汇算清缴申报时，可将资产损失申报材料和纳税资料作为企业所得税年度纳税申报表的附件一并向税务机关报送。

（摘自国家税务总局公告 2011 年第 25 号第七条）

16.11.9.2　资产损失按其申报内容和要求的不同分为清单申报和专项申报

企业资产损失按其申报内容和要求的不同，分为清单申报和专项申报两种申报形式。其中，属于清单申报的资产损失，企业可按会计核算科目进行归类、汇总，然后再将汇总清单报送税务机关，有关会计核算资料和纳税资料留存备查；属于专项申报的资产损失，企业应逐项（或逐笔）报送申请报告，同时附送会计核算资料及其他相关的纳税资料。

企业在申报资产损失税前扣除过程中不符合上述要求的，税务机关应当要求其改正，企业拒绝改正的，税务机关有权不予受理。

（摘自国家税务总局公告 2011 年第 25 号第八条）

16.11.9.3　应清单申报的资产损失范围

下列资产损失，应以清单申报的方式向税务机关申报扣除：

（一）企业在正常经营管理活动中，按照公允价格销售、转让、变卖非货币资产的损失；

（二）企业各项存货发生的正常损耗；

（三）企业固定资产达到或超过使用年限而正常报废清理的损失；

（四）企业生产性生物资产达到或超过使用年限而正常死亡发生的资产损失；

（五）企业按照市场公平交易原则，通过各种交易场所、市场等买卖债券、股票、期货、基金以及金融衍生产品等发生的损失。

（摘自国家税务总局公告 2011 年第 25 号第九条）

16.11.9.4　应专项申报的资产损失范围

前条以外的资产损失，应以专项申报的方式向税务机关申报扣除。企业无法准确判别是否属于清单申报扣除的资产损失，可以采取专项申报的形式申报扣除。

（摘自国家税务总局公告 2011 年第 25 号第十条）

16.11.9.5　汇总纳税企业资产损失的申报扣除

在中国境内跨地区经营的汇总纳税企业发生的资产损失，应按以下规定申报扣除：

（一）总机构及其分支机构发生的资产损失，除应按专项申报和清单申报的有关规定，各自向当地主管税务机关申报外，各分支机构同时还应上报总机构；

（二）总机构对各分支机构上报的资产损失，除税务机关另有规定外，应以清单申报的形式向当地主管税务机关进行申报；

（三）总机构将跨地区分支机构所属资产捆绑打包转让所发生的资产损失，由总机构向当地主管税务机关进行专项申报。

（摘自国家税务总局公告 2011 年第 25 号第十一条）

16.11.9.6 企业因国务院决定事项形成资产损失的申报扣除【已废止】

企业因国务院决定事项形成的资产损失，应向国家税务总局提供有关资料。国家税务总局审核有关情况后，将损失情况通知相关税务机关。企业应按本办法的要求进行专项申报。

（摘自国家税务总局公告 2011 年第 25 号第十二条，自 2013 年 11 月 8 日起第十二条废止，废止依据参见《国家税务总局关于企业因国务院决定事项形成的资产损失税前扣除问题的公告》（国家税务总局公告 2014 年第 18 号）第一条，发文部门尚未清理。）

16.11.9.7 专项申报的资产损失特殊原因可申请延期申报

属于专项申报的资产损失，企业因特殊原因不能在规定的时限内报送相关资料的，可以向主管税务机关提出申请，经主管税务机关同意后，可适当延期申报。

（摘自国家税务总局公告 2011 年第 25 号第十三条）

16.11.9.8 企业应当建立健全资产损失内部核销管理制度

企业应当建立健全资产损失内部核销管理制度，及时收集、整理、编制、审核、申报、保存资产损失税前扣除证据材料，方便税务机关检查。

（摘自国家税务总局公告 2011 年第 25 号第十四条）

16.11.9.9 税务机关应建立企业资产损失税前扣除管理台账和纳税档案

税务机关应按分项建档、分级管理的原则，建立企业资产损失税前扣除管理台账和纳税档案，及时进行评估。对资产损失金额较大或经评估后发现不符合资产损失税前扣除规定、或存有疑点、异常情况的资产损失，应及时进行核查。对有证据证明申报扣除的资产损失不真实、不合法的，应依法作出税收处理。

（摘自国家税务总局公告 2011 年第 25 号第十五条）

16.11.9.10 境内、境外营业机构发生的资产损失应分开核算，境外营业机构由于发生资产损失而产生的亏损不得扣除

企业境内、境外营业机构发生的资产损失应分开核算，对境外营业机构由于发生资产损失而产生的亏损，不得在计算境内应纳税所得额时扣除。

（摘自财税〔2009〕57 号第十二条）

16.11.9.11 企业实际资产损失和法定资产损失的申报扣除年度

企业实际资产损失，应当在其实际发生且会计上已作损失处理的年度申报扣除；法定资产损失，应当在企业向主管税务机关提供证据资料证明该项资产已符合法定资产损失确认条件，且会计上已作损失处理的年度申报扣除。

（摘自国家税务总局公告 2011 年第 25 号第四条）

16.11.9.12 未经申报的损失不得在税前扣除

企业发生的资产损失，应按规定的程序和要求向主管税务机关申报后方能在税前扣除。未经申报的损失，不得在税前扣除。

（摘自国家税务总局公告 2011 年第 25 号第五条）

16.11.9.13 以前年度发生的资产损失未能在当年税前扣除的可专项申报扣除

企业以前年度发生的资产损失未能在当年税前扣除的，可以按照本办法的规定，向税务机关说明并进行专项申报扣除。其中，属于实际资产损失，准予追补至该项损失发生年度扣

除，其追补确认期限一般不得超过五年，但因计划经济体制转轨过程中遗留的资产损失、企业重组上市过程中因权属不清出现争议而未能及时扣除的资产损失、因承担国家政策性任务而形成的资产损失以及政策定性不明确而形成资产损失等特殊原因形成的资产损失，其追补确认期限经国家税务总局批准后可适当延长。属于法定资产损失，应在申报年度扣除。

　　企业因以前年度实际资产损失未在税前扣除而多缴的企业所得税税款，可在追补确认年度企业所得税应纳税款中予以抵扣，不足抵扣的，向以后年度递延抵扣。

　　企业实际资产损失发生年度扣除追补确认的损失后出现亏损的，应先调整资产损失发生年度的亏损额，再按弥补亏损的原则计算以后年度多缴的企业所得税税款，并按前款办法进行税务处理。

（摘自国家税务总局公告 2011 年第 25 号第六条）

16.11.9.14　没有涉及的资产损失符合规定的可以申报扣除

　　本办法没有涉及的资产损失事项，只要符合企业所得税法及其实施条例等法律、法规规定的，也可以向税务机关申报扣除。

（摘自国家税务总局公告 2011 年第 25 号第五十条）

16.11.9.15　各省市可以根据本办法制定具体实施办法

　　省、自治区、直辖市和计划单列市国家税务局、地方税务局可以根据本办法制定具体实施办法。

（摘自国家税务总局公告 2011 年第 25 号第五十一条）

16.11.9.16　施行日期、废止信息、政策衔接

　　本办法自 2011 年 1 月 1 日起施行，《国家税务总局关于印发〈企业资产损失税前扣除管理办法〉的通知》（国税发〔2009〕88 号）、《国家税务总局关于企业以前年度未扣除资产损失企业所得税处理问题的通知》（国税函〔2009〕772 号）、《国家税务总局关于电信企业坏账损失税前扣除问题的通知》（国税函〔2010〕196 号）同时废止。本办法生效之日前尚未进行税务处理的资产损失事项，也应按本办法执行。

（摘自国家税务总局公告 2011 年第 25 号第五十二条）

16.12　《企业重组纳税调整明细表》（A105100）法规指引

16.12.1　实施条例对企业重组企业所得税处理的原则性规定

　　除国务院财政、税务主管部门另有规定外，企业在重组过程中，应当在交易发生时确认有关资产的转让所得或者损失，相关资产应当按照交易价格重新确定计税基础。

（摘自《企业所得税法实施条例》第七十五条）

16.12.2　企业重组的形式和税务处理

16.12.2.1　企业重组的形式和相关概念解释

　　本通知所称企业重组，是指企业在日常经营活动以外发生的法律结构或经济结构重大改变的交易，包括企业法律形式改变、债务重组、股权收购、资产收购、合并、分立等。

　　（一）企业法律形式改变，是指企业注册名称、住所以及企业组织形式等的简单改变，但符合本通知规定其他重组的类型除外。

　　（二）债务重组，是指在债务人发生财务困难的情况下，债权人按照其与债务人达成的

书面协议或者法院裁定书，就其债务人的债务作出让步的事项。

（三）股权收购，是指一家企业（以下称为收购企业）购买另一家企业（以下称为被收购企业）的股权，以实现对被收购企业控制的交易。收购企业支付对价的形式包括股权支付、非股权支付或两者的组合。

（四）资产收购，是指一家企业（以下称为受让企业）购买另一家企业（以下称为转让企业）实质经营性资产的交易。受让企业支付对价的形式包括股权支付、非股权支付或两者的组合。

（五）合并，是指一家或多家企业（以下称为被合并企业）将其全部资产和负债转让给另一家现存或新设企业（以下称为合并企业），被合并企业股东换取合并企业的股权或非股权支付，实现两个或两个以上企业的依法合并。

（六）分立，是指一家企业（以下称为被分立企业）将部分或全部资产分离转让给现存或新设的企业（以下称为分立企业），被分立企业股东换取分立企业的股权或非股权支付，实现企业的依法分立。

（摘自财税〔2009〕59 号第一条）

16.12.2.2　股权支付的解释

本通知所称股权支付，是指企业重组中购买、换取资产的一方支付的对价中，以本企业或其控股企业的股权、股份作为支付的形式；所称非股权支付，是指以本企业的现金、银行存款、应收款项、本企业或其控股企业股权和股份以外的有价证券、存货、固定资产、其他资产以及承担债务等作为支付的形式。

（摘自财税〔2009〕59 号第二条）

16.12.2.3　企业重组税务处理的类型

企业重组的税务处理区分不同条件分别适用一般性税务处理规定和特殊性税务处理规定。

（摘自财税〔2009〕59 号第三条）

16.12.2.4　合并或分立后存续企业的税收优惠承继

在企业吸收合并中，合并后的存续企业性质及适用税收优惠的条件未发生改变的，可以继续享受合并前该企业剩余期限的税收优惠，其优惠金额按存续企业合并前一年的应纳税所得额（亏损计为零）计算。

在企业存续分立中，分立后的存续企业性质及适用税收优惠的条件未发生改变的，可以继续享受分立前该企业剩余期限的税收优惠，其优惠金额按该企业分立前一年的应纳税所得额（亏损计为零）乘以分立后存续企业资产占分立前该企业全部资产的比例计算。

（摘自财税〔2009〕59 号第九条）

16.12.2.5　连续 12 个月内分步重组作为一项企业重组交易进行处理

企业在重组发生前后连续 12 个月内分步对其资产、股权进行交易，应根据实质重于形式原则将上述交易作为一项企业重组交易进行处理。

（摘自财税〔2009〕59 号第十条）

16.12.2.6　需要特别处理的事项由国务院财政、税务主管部门另行规定

对企业在重组过程中涉及的需要特别处理的企业所得税事项，由国务院财政、税务主管部门另行规定。

（摘自财税〔2009〕59 号第十二条）

16.12.3　一般性税务处理

企业重组，除符合本通知规定适用特殊性税务处理规定的外，按以下规定进行税务

处理：

（一）企业由法人转变为个人独资企业、合伙企业等非法人组织，或将登记注册地转移至中华人民共和国境外（包括港澳台地区），应视同企业进行清算、分配，股东重新投资成立新企业。企业的全部资产以及股东投资的计税基础均应以公允价值为基础确定。

企业发生其他法律形式简单改变的，可直接变更税务登记，除另有规定外，有关企业所得税纳税事项（包括亏损结转、税收优惠等权益和义务）由变更后企业承继，但因住所所发生变化而不符合税收优惠条件的除外。

（二）企业债务重组，相关交易应按以下规定处理：

1. 以非货币资产清偿债务，应当分解为转让相关非货币性资产、按非货币性资产公允价值清偿债务两项业务，确认相关资产的所得或损失。

2. 发生债权转股权的，应当分解为债务清偿和股权投资两项业务，确认有关债务清偿所得或损失。

3. 债务人应当按照支付的债务清偿额低于债务计税基础的差额，确认债务重组所得；债权人应当按照收到的债务清偿额低于债权计税基础的差额，确认债务重组损失。

4. 债务人的相关所得税纳税事项原则上保持不变。

（三）企业股权收购、资产收购重组交易，相关交易应按以下规定处理：

1. 被收购方应确认股权、资产转让所得或损失。

2. 收购方取得股权或资产的计税基础应以公允价值为基础确定。

3. 被收购企业的相关所得税事项原则上保持不变。

（四）企业合并，当事各方应按下列规定处理：

1. 合并企业应按公允价值确定接受被合并企业各项资产和负债的计税基础。

2. 被合并企业及其股东都应按清算进行所得税处理。

3. 被合并企业的亏损不得在合并企业结转弥补。

（五）企业分立，当事各方应按下列规定处理：

1. 被分立企业对分立出去资产应按公允价值确认资产转让所得或损失。

2. 分立企业应按公允价值确认接受资产的计税基础。

3. 被分立企业继续存在时，其股东取得的对价应视同被分立企业分配进行处理。

4. 被分立企业不再继续存在时，被分立企业及其股东都应按清算进行所得税处理。

5. 企业分立相关企业的亏损不得相互结转弥补。

（摘自财税〔2009〕59 号第四条）

16.12.4　特殊性税务处理

16.12.4.1　适用特殊性税务处理的条件

企业重组同时符合下列条件的，适用特殊性税务处理规定：

（一）具有合理的商业目的，且不以减少、免除或者推迟缴纳税款为主要目的。

（二）被收购、合并或分立部分的资产或股权比例符合本通知规定的比例。

（三）企业重组后的连续 12 个月内不改变重组资产原来的实质性经营活动。

（四）重组交易对价中涉及股权支付金额符合本通知规定比例。

（五）企业重组中取得股权支付的原主要股东，在重组后连续 12 个月内，不得转让所取得的股权。

（摘自财税〔2009〕59 号第五条）

16.12.4.2　财税〔2009〕59 号文件关于特殊性税务处理的规定【已调整】

企业重组符合本通知第五条规定条件的，交易各方对其交易中的股权支付部分，可以按以下规定进行特殊性税务处理：

（一）企业债务重组确认的应纳税所得额占该企业当年应纳税所得额50％以上，可以在5个纳税年度的期间内，均匀计入各年度的应纳税所得额。

企业发生债权转股权业务，对债务清偿和股权投资两项业务暂不确认有关债务清偿所得或损失，股权投资的计税基础以原债权的计税基础确定。企业的其他相关所得税事项保持不变。

（二）股权收购，收购企业购买的股权不低于被收购企业全部股权的75％，且收购企业在该股权收购发生时的股权支付金额不低于其交易支付总额的85％，可以选择按以下规定处理：

1. 被收购企业的股东取得收购企业股权的计税基础，以被收购股权的原有计税基础确定。

2. 收购企业取得被收购企业股权的计税基础，以被收购股权的原有计税基础确定。

3. 收购企业、被收购企业的原有各项资产和负债的计税基础和其他相关所得税事项保持不变。

（三）资产收购，受让企业收购的资产不低于转让企业全部资产的75％，且受让企业在该资产收购发生时的股权支付金额不低于其交易支付总额的85％，可以选择按以下规定处理：

1. 转让企业取得受让企业股权的计税基础，以被转让资产的原有计税基础确定。

2. 受让企业取得转让企业资产的计税基础，以被转让资产的原有计税基础确定。

（四）企业合并，企业股东在该企业合并发生时取得的股权支付金额不低于其交易支付总额的85％，以及同一控制下且不需要支付对价的企业合并，可以选择按以下规定处理：

1. 合并企业接受被合并企业资产和负债的计税基础，以被合并企业的原有计税基础确定。

2. 被合并企业合并前的相关所得税事项由合并企业承继。

3. 可由合并企业弥补的被合并企业亏损的限额＝被合并企业净资产公允价值×截至合并业务发生当年年末国家发行的最长期限的国债利率。

4. 被合并企业股东取得合并企业股权的计税基础，以其原持有的被合并企业股权的计税基础确定。

（五）企业分立，被分立企业所有股东按原持股比例取得分立企业的股权，分立企业和被分立企业均不改变原来的实质经营活动，且被分立企业股东在该企业分立发生时取得的股权支付金额不低于其交易支付总额的85％，可以选择按以下规定处理：

1. 分立企业接受被分立企业资产和负债的计税基础，以被分立企业的原有计税基础确定。

2. 被分立企业已分立出去资产相应的所得税事项由分立企业承继。

3. 被分立企业未超过法定弥补期限的亏损额可按分立资产占全部资产的比例进行分配，由分立企业继续弥补。

4. 被分立企业的股东取得分立企业的股权（以下简称"新股"），如需部分或全部放弃原持有的被分立企业的股权（以下简称"旧股"），"新股"的计税基础应以放弃"旧股"的计税基础确定。如不需放弃"旧股"，则其取得"新股"的计税基础可从以下两种方法中选择确定：直接将"新股"的计税基础确定为零；或者以被分立企业分立出去的净资产占被分立企业全部净资产的比例先调减原持有的"旧股"的计税基础，再将调减的计税基础平均分配到"新股"上。

（六）重组交易各方按本条（一）至（五）项规定对交易中股权支付暂不确认有关资产的转让所得或损失的，其非股权支付仍应在交易当期确认相应的资产转让所得或损失，并调整相应资产的计税基础。

$$非股权支付对应的\atop资产转让所得或损失 = \left(被转让资产的\atop 公允价值 - 被转让资产的\atop 计税基础\right) \times \left(非股权\atop 支付金额 \div 被转让资产的\atop 公允价值\right)$$

（摘自财税〔2009〕59号第六条，自2014年1月1日起第六条（二）、（三）项调整，参见财税〔2014〕109号第一条、第二条，发文部门尚未清理。）

16.12.4.3 财税〔2014〕109号文件降低收购股权（资产）占被收购企业全部股权（资产）的比例限制

● 关于股权收购

将《财政部国家税务总局关于企业重组业务企业所得税处理若干问题的通知》（财税〔2009〕59号）第六条第（二）项中有关"股权收购，收购企业购买的股权不低于被收购企业全部股权的75％"规定调整为"股权收购，收购企业购买的股权不低于被收购企业全部股权的50％"。

（摘自财税〔2014〕109号第一条）

● 关于资产收购

将财税〔2009〕59号文件第六条第（三）项中有关"资产收购，受让企业收购的资产不低于转让企业全部资产的75％"规定调整为"资产收购，受让企业收购的资产不低于转让企业全部资产的50％"。

（摘自财税〔2014〕109号第二条）

16.12.4.4 股权、资产划转特殊性税务处理

对100％直接控制的居民企业之间，以及受同一或相同多家居民企业100％直接控制的居民企业之间按账面净值划转股权或资产，凡具有合理商业目的、不以减少、免除或者推迟缴纳税款为主要目的，股权或资产划转后连续12个月内不改变被划转股权或资产原来实质性经营活动，且划出方企业和划入方企业均未在会计上确认损益的，可以选择按以下规定进行特殊性税务处理：

1. 划出方企业和划入方企业均不确认所得。

2. 划入方企业取得被划转股权或资产的计税基础，以被划转股权或资产的原账面净值确定。

3. 划入方企业取得的被划转资产，应按其原账面净值计算折旧扣除。

（摘自财税〔2014〕109号第三条）

16.12.4.5 国家税务总局公告2015年第40号的补充规定

● **100％直接控制的居民企业之间，以及受同一或相同多家居民企业100％直接控制的居民企业之间按账面净值划转股权或资产的解释**

一、《通知》第三条所称"100％直接控制的居民企业之间，以及受同一或相同多家居民企业100％直接控制的居民企业之间按账面净值划转股权或资产"，限于以下情形：

（一）100％直接控制的母子公司之间，母公司向子公司按账面净值划转其持有的股权或资产，母公司获得子公司100％的股权支付。母公司按增加长期股权投资处理，子公司按接受投资（包括资本公积，下同）处理。母公司获得子公司股权的计税基础以划转股权或资产的原计税基础确定。

（二）100％直接控制的母子公司之间，母公司向子公司按账面净值划转其持有的股权或资产，母公司没有获得任何股权或非股权支付。母公司按冲减实收资本（包括资本公积，下同）处理，子公司按接受投资处理。

（三）100％直接控制的母子公司之间，子公司向母公司按账面净值划转其持有的股权或资产，子公司没有获得任何股权或非股权支付。母公司按收回投资处理，或按接受投

处理，子公司按冲减实收资本处理。母公司应按被划转股权或资产的原计税基础，相应调减持有子公司股权的计税基础。

（四）受同一或相同多家母公司100％直接控制的子公司之间，在母公司主导下，一家子公司向另一家子公司按账面净值划转其持有的股权或资产，划出方没有获得任何股权或非股权支付。划出方按冲减所有者权益处理，划入方按接受投资处理。

（摘自国家税务总局公告 2015 年第 40 号第一条）

- **股权或资产划转后连续 12 个月内不改变被划转股权或资产原来实质性经营活动的解释**

二、《通知》第三条所称"股权或资产划转后连续 12 个月内不改变被划转股权或资产原来实质性经营活动"，是指自股权或资产划转完成日起连续 12 个月内不改变被划转股权或资产原来实质性经营活动。

股权或资产划转完成日，是指股权或资产划转合同（协议）或批复生效，且交易双方已进行会计处理的日期。

（摘自国家税务总局公告 2015 年第 40 号第二条）

- **划入方企业取得被划转股权或资产的计税基础，以被划转股权或资产的原账面净值确定、划入方企业取得的被划转资产，应按其原账面净值计算折旧扣除的解释**

三、《通知》第三条所称"划入方企业取得被划转股权或资产的计税基础，以被划转股权或资产的原账面净值确定"，是指划入方企业取得被划转股权或资产的计税基础，以被划转股权或资产的原计税基础确定。

《通知》第三条所称"划入方企业取得的被划转资产，应按其原账面净值计算折旧扣除"，是指划入方企业取得的被划转资产，应按被划转资产的原计税基础计算折旧扣除或摊销。

（摘自国家税务总局公告 2015 年第 40 号第三条）

- **一致处理原则**

四、按照《通知》第三条规定进行特殊性税务处理的股权或资产划转，交易双方应在协商一致的基础上，采取一致处理原则统一进行特殊性税务处理。

（摘自国家税务总局公告 2015 年第 40 号第四条）

- **年度汇算清缴时应报送的资料**

五、交易双方应在企业所得税年度汇算清缴时，分别向各自主管税务机关报送《居民企业资产（股权）划转特殊性税务处理申报表》（详见附件）和相关资料（一式两份）。

相关资料包括：

1. 股权或资产划转总体情况说明，包括基本情况、划转方案等，并详细说明划转的商业目的；

2. 交易双方或多方签订的股权或资产划转合同（协议），需有权部门（包括内部和外部）批准的，应提供批准文件；

3. 被划转股权或资产账面净值和计税基础说明；

4. 交易双方按账面净值划转股权或资产的说明（需附会计处理资料）；

5. 交易双方均未在会计上确认损益的说明（需附会计处理资料）；

6. 12 个月内不改变被划转股权或资产原来实质性经营活动的承诺书。

（摘自国家税务总局公告 2015 年第 40 号第五条）

- **应提交一年内不改变实质性经营活动的书面情况说明**

六、交易双方应在股权或资产划转完成后的下一年度的企业所得税年度申报时，各自向主管税务机关提交书面情况说明，以证明被划转股权或资产自划转完成日后连续 12 个月内，没有改变原来的实质性经营活动。

（摘自国家税务总局公告 2015 年第 40 号第六条）

● **一年内情况变化的报告制度**

七、交易一方在股权或资产划转完成日后连续 12 个月内发生生产经营业务、公司性质、资产或股权结构等情况变化，致使股权或资产划转不再符合特殊性税务处理条件的，发生变化的交易一方应在情况发生变化的 30 日内报告其主管税务机关，同时书面通知另一方。另一方应在接到通知后 30 日内将有关变化报告其主管税务机关。

（摘自国家税务总局公告 2015 年第 40 号第七条）

● **一年内情况变化的税务处理**

八、本公告第七条所述情况发生变化后 60 日内，原交易双方应按以下规定进行税务处理：

（一）属于本公告第一条第（一）项规定情形的，母公司应按原划转完成时股权或资产的公允价值视同销售处理，并按公允价值确认取得长期股权投资的计税基础；子公司按公允价值确认划入股权或资产的计税基础。

属于本公告第一条第（二）项规定情形的，母公司应按原划转完成时股权或资产的公允价值视同销售处理；子公司按公允价值确认划入股权或资产的计税基础。

属于本公告第一条第（三）项规定情形的，子公司应按原划转完成时股权或资产的公允价值视同销售处理；母公司应按撤回或减少投资进行处理。

属于本公告第一条第（四）项规定情形的，划出方应按原划转完成时股权或资产的公允价值视同销售处理；母公司根据交易情形和会计处理对划出方按分回股息进行处理，或者按撤回或减少投资进行处理，对划入方按以股权或资产的公允价值进行投资处理；划入方按接受母公司投资处理，以公允价值确认划入股权或资产的计税基础。

（二）交易双方应调整划转完成纳税年度的应纳税所得额及相应股权或资产的计税基础，向各自主管税务机关申请调整划转完成纳税年度的企业所得税年度申报表，依法计算缴纳企业所得税。

（摘自国家税务总局公告 2015 年第 40 号第八条）

● **加强后续管理**

九、交易双方的主管税务机关应对企业申报适用特殊性税务处理的股权或资产划转加强后续管理。

（摘自国家税务总局公告 2015 年第 40 号第九条）

● **适用范围、过渡办法**

十、本公告适用 2014 年度及以后年度企业所得税汇算清缴。此前尚未进行税务处理的股权、资产划转，符合《通知》第三条和本公告规定的可按本公告执行。

特此公告。

（摘自国家税务总局公告 2015 年第 40 号第十条）

16.12.4.6　特殊性税务处理的备案

企业发生符合本通知规定的特殊性重组条件并选择特殊性税务处理的，当事各方应在该重组业务完成当年企业所得税年度申报时，向主管税务机关提交书面备案资料，证明其符合各类特殊性重组规定的条件。企业未按规定书面备案的，一律不得按特殊重组业务进行税务处理。

（摘自财税〔2009〕59 号第十一条）

现将《企业重组业务企业所得税管理办法》予以发布，自 2010 年 1 月 1 日起施行。

本办法发布时企业已经完成重组业务的，如适用《财政部国家税务总局关于企业重组业务企业所得税处理若干问题的通知》（财税〔2009〕59 号）特殊税务处理，企业没有按照本办法要求准备相关资料的，应补备相关资料；需要税务机关确认的，按照本办法要求补充确认。2008、2009 年度企业重组业务尚未进行税务处理的，可按本办法处理。

（摘自国家税务总局公告 2010 年第 4 号）

16.12.5 跨境重组

16.12.5.1 财税〔2009〕59号文件的规定

企业发生涉及中国境内与境外之间（包括港澳台地区）的股权和资产收购交易，除应符合本通知第五条规定的条件外，还应同时符合下列条件，才可选择适用特殊性税务处理规定：

（一）非居民企业向其100%直接控股的另一非居民企业转让其拥有的居民企业股权，没有因此造成以后该项股权转让所得预提税负担变化，且转让方非居民企业向主管税务机关书面承诺在3年（含3年）内不转让其拥有受让方非居民企业的股权；

（二）非居民企业向与其具有100%直接控股关系的居民企业转让其拥有的另一居民企业股权；

（三）居民企业以其拥有的资产或股权向其100%直接控股的非居民企业进行投资；

（四）财政部、国家税务总局核准的其他情形。

（摘自财税〔2009〕59号第七条）

本通知第七条第（三）项所指的居民企业以其拥有的资产或股权向其100%直接控股关系的非居民企业进行投资，其资产或股权转让收益如选择特殊性税务处理，可以在10个纳税年度内均匀计入各年度应纳税所得额。

（摘自财税〔2009〕59号第八条）

16.12.5.2 国家税务总局公告2013年第72号的补充规定

为规范和加强非居民企业股权转让适用特殊性税务处理的管理，根据《中华人民共和国企业所得税法》及其实施条例、《财政部国家税务总局关于企业重组业务企业所得税处理若干问题的通知》（财税〔2009〕59号，以下简称《通知》）的有关规定，现就有关问题公告如下：

一、本公告所称股权转让是指非居民企业发生《通知》第七条第（一）、（二）项规定的情形

本公告所称股权转让是指非居民企业发生《通知》第七条第（一）、（二）项规定的情形；其中《通知》第七条第（一）项规定的情形包括因境外企业分立、合并导致中国居民企业股权被转让的情形。

（摘自国家税务总局公告2013年第72号第一条）

二、非居民企业股权转让选择特殊性税务处理的应进行备案

非居民企业股权转让选择特殊性税务处理的，应于股权转让合同或协议生效且完成工商变更登记手续30日内进行备案。属于《通知》第七条第（一）项情形的，由转让方向被转让企业所在地所得税主管税务机关备案；属于《通知》第七条第（二）项情形的，由受让方向其所在地所得税主管税务机关备案。

股权转让方或受让方可以委托代理人办理备案事项；代理人在代为办理备案事项时，应向主管税务机关出具备案人的书面授权委托书。

（摘自国家税务总局公告2013年第72号第二条）

三、办理备案时应填报的资料

股权转让方、受让方或其授权代理人（以下简称备案人）办理备案时应填报以下资料：

（一）《非居民企业股权转让适用特殊性税务处理备案表》（见附件1）；

（二）股权转让业务总体情况说明，应包括股权转让的商业目的、证明股权转让符合特殊性税务处理条件、股权转让前后的公司股权架构图等资料；

（三）股权转让业务合同或协议（外文文本的同时附送中文译本）；

（四）工商等相关部门核准企业股权变更事项证明资料；

（五）截至股权转让时，被转让企业历年的未分配利润资料；

（六）税务机关要求的其他材料。

以上资料已经向主管税务机关报送的，备案人可不再重复报送。其中以复印件向税务机关提交的资料，备案人应在复印件上注明"本复印件与原件一致"字样，并签字后加盖备案人印章；报送中文译本的，应在中文译本上注明"本译文与原文表述内容一致"字样，并签字后加盖备案人印章。

（摘自国家税务总局公告 2013 年第 72 号第三条）

四、主管税务机关应当按规定受理备案

主管税务机关应当按规定受理备案，资料齐全的，应当场在《非居民企业股权转让适用特殊性税务处理备案表》上签字盖章，并退 1 份给备案人；资料不齐全的，不予受理，并告知备案人各应补正事项。

（摘自国家税务总局公告 2013 年第 72 号第四条）

五、非居民企业向其 100％直接控股的另一非居民企业转让其拥有的居民企业股权的，主管税务机关应当调查核实、提出处理意见

非居民企业发生股权转让属于《通知》第七条第（一）项情形的，主管税务机关应当自受理之日起 30 个工作日内就备案事项进行调查核实、提出处理意见，并将全部备案资料以及处理意见层报省（含自治区、直辖市和计划单列市，下同）税务机关。

税务机关在调查核实时，如发现此种股权转让情形造成以后该项股权转让所得预提税负担变化，包括转让方把股权由应征税的国家或地区转让到不征税或低税率的国家或地区，应不予适用特殊性税务处理。

（摘自国家税务总局公告 2013 年第 72 号第五条）

六、非居民企业向与其具有 100％直接控股关系的居民企业转让其拥有的另一居民企业股权的处理

非居民企业发生股权转让属于《通知》第七条第（二）项情形的，应区分以下两种情形予以处理：

（一）受让方和被转让企业在同一省且同属国税机关或地税机关管辖的，按照本公告第五条规定执行。

（二）受让方和被转让企业不在同一省或分别由国税机关和地税机关管辖的，受让方所在地省税务机关收到主管税务机关意见后 30 日内，应向被转让企业所在地省税务机关发出《非居民企业股权转让适用特殊性税务处理告知函》（见附件 2）。

（摘自国家税务总局公告 2013 年第 72 号第六条）

七、未进行备案或备案后经调查核实不符合条件的适用一般性税务处理规定

非居民企业股权转让未进行特殊性税务处理备案或备案后经调查核实不符合条件的，适用一般性税务处理规定，应按照有关规定缴纳企业所得税。

（摘自国家税务总局公告 2013 年第 72 号第七条）

八、非居民企业向其 100％直接控股的另一非居民企业转让其拥有的居民企业股权，被转让企业股权转让前的未分配利润在转让后分配给受让方的，不享受税收协定的股息减税优惠待遇

非居民企业发生股权转让属于《通知》第七条第（一）项情形且选择特殊性税务处理的，转让方和受让方不在同一国家或地区的，若被转让企业股权转让前的未分配利润在转让后分配给受让方的，不享受受让方所在国家（地区）与中国签订的税收协定（含税收安排）的股息减税优惠待遇，并由被转让企业按税法相关规定代扣代缴企业所得税，到其所在地所得税主管税务机关申报缴纳。

（摘自国家税务总局公告 2013 年第 72 号第八条）

九、省税务机关应做好特殊性税务处理的管理工作并向总局报送《非居民企业股权转让适用特殊性税务处理情况统计表》

省税务机关应做好辖区内非居民企业股权转让适用特殊性税务处理的管理工作，于年度终了后 30 日内向国家税务总局报送《非居民企业股权转让适用特殊性税务处理情况统计表》（见附件 3）。

（摘自国家税务总局公告 2013 年第 72 号第九条）

十、施行日期、政策衔接、废止信息

本公告自发布之日起施行。本公告实施之前发生的非居民企业股权转让适用特殊性税务处理事项尚未处理的，可依据本公告规定办理。《国家税务总局关于加强非居民企业股权转让所得企业所得税管理的通知》（国税函〔2009〕698 号）第九条同时废止。

（摘自国家税务总局公告 2013 年第 72 号第十条）

16.12.6 接收政府或股东划入资产的税务处理

16.12.6.1 企业接收政府划入资产的企业所得税处理

（一）县级以上人民政府（包括政府有关部门，下同）将国有资产明确以股权投资方式投入企业，企业应作为国家资本金（包括资本公积）处理。该项资产如为非货币性资产，应按政府确定的接收价值确定计税基础。

（二）县级以上人民政府将国有资产无偿划入企业，凡指定专门用途并按《财政部国家税务总局关于专项用途财政性资金企业所得税处理问题的通知》（财税〔2011〕70 号）规定进行管理的，企业可作为不征税收入进行企业所得税处理。其中，该项资产属于非货币性资产的，应按政府确定的接收价值计算不征税收入。

县级以上人民政府将国有资产无偿划入企业，属于上述（一）、（二）项以外情形的，应按政府确定的接收价值计入当期收入总额计算缴纳企业所得税。政府没有确定接收价值的，按资产的公允价值计算确定应税收入。

（摘自国家税务总局公告 2014 年第 29 号第一条）

16.12.6.2 企业接收股东划入资产的企业所得税处理

（一）企业接收股东划入资产（包括股东赠予资产、上市公司在股权分置改革过程中接收原非流通股股东和新非流通股股东赠予的资产、股东放弃本企业的股权，下同），凡合同、协议约定作为资本金（包括资本公积）且在会计上已做实际处理的，不计入企业的收入总额，企业应按公允价值确定该项资产的计税基础。

（二）企业接收股东划入资产，凡作为收入处理的，应按公允价值计入收入总额，计算缴纳企业所得税，同时按公允价值确定该项资产的计税基础。

（摘自国家税务总局公告 2014 年第 29 号第二条）

16.12.7 投资企业撤回或减少投资的税务处理

投资企业从被投资企业撤回或减少投资，其取得的资产中，相当于初始出资的部分，应确认为投资收回；相当于被投资企业累计未分配利润和累计盈余公积按减少实收资本比例计算的部分，应确认为股息所得；其余部分确认为投资资产转让所得。

被投资企业发生的经营亏损，由被投资企业按规定结转弥补；投资企业不得调整减低其投资成本，也不得将其确认为投资损失。

（摘自国家税务总局公告 2011 年第 34 号第五条）

16.12.8　以非货币性资产对外投资等资产重组

16.12.8.1　财税〔2013〕91 号文件

根据《国务院关于印发中国（上海）自由贸易试验区总体方案的通知》（国发〔2013〕38 号）有关规定，现就中国（上海）自由贸易试验区（简称试验区）非货币性资产投资资产评估增值企业所得税政策通知如下：

一、注册在试验区内的企业，因非货币性资产对外投资等资产重组行为产生资产评估增值，据此确认的非货币性资产转让所得，可在不超过 5 年期限内，分期均匀计入相应年度的应纳税所得额，按规定计算缴纳企业所得税。

二、企业以非货币性资产对外投资，应于投资协议生效且完成资产实际交割并办理股权登记手续时，确认非货币性资产转让收入的实现。

企业以非货币性资产对外投资，应对非货币性资产进行评估并按评估后的公允价值扣除计税基础后的余额，计算确认非货币性资产转让所得。

三、企业以非货币性资产对外投资，其取得股权的计税基础应以非货币性资产的原计税基础为基础，加上每年计入的非货币性资产转让所得，逐年进行调整。

被投资企业取得非货币性资产的计税基础，可以非货币性资产的公允价值确定。

四、企业在对外投资 5 年内转让上述股权或投资收回的，应停止执行递延纳税政策，并将递延期内尚未计入的非货币性资产转让所得，在转让股权或投资收回当年的企业所得税年度汇算清缴时，一次性计算缴纳企业所得税；企业在计算股权转让所得时，可按本通知第三条第一款规定将股权的计税基础一次调整到位。

企业在对外投资 5 年内注销的，应停止执行递延纳税政策，并将递延期内尚未计入的非货币性资产转让所得，在歇业当年的企业所得税年度汇算清缴时，一次性计算缴纳企业所得税。

五、企业应于投资协议生效且完成资产实际交割并办理股权登记手续 30 日内，持相关资料向主管税务机关办理递延纳税备案登记手续。

主管税务机关应对报送资料进行审核，在规定时间内将备案登记结果回复企业。

六、企业应在确认收入实现的当年，以项目为单位，做好相应台账，准确记录应予确认的非货币性资产转让所得，并在相应年度的企业所得税汇算清缴时对当年计入额及分年结转额的情况做出说明。

主管税务机关应在备案登记结果回复企业的同时，将相关信息纳入系统管理，并及时做好企业申报信息与备案信息的比对工作。

七、主管税务机关在组织开展企业所得税汇算清缴后续管理工作时，应将企业递延纳税的执行情况纳入后续管理体系，并视风险高低情况，适时纳入纳税服务提醒平台或风险监控平台进行管理。

八、本通知所称注册在试验区内的企业，是指在试验区注册并在区内经营，实行查账征收的居民企业。

本通知所称非货币性资产对外投资等资产重组行为，是指以非货币性资产出资设立或注入公司，限于以非货币性资产出资设立新公司和符合《财政部国家税务总局关于企业重组业务企业所得税处理若干问题的通知》（财税〔2009〕59 号）第一条规定的股权收购、资产收购。

九、本通知自印发之日起执行。

（摘自财税〔2013〕91 号）

16.12.8.2　财税〔2014〕116 号文件

为贯彻落实《国务院关于进一步优化企业兼并重组市场环境的意见》（国发〔2014〕14

号），根据《中华人民共和国企业所得税法》及其实施条例有关规定，现就非货币性资产投资涉及的企业所得税政策问题明确如下：

一、居民企业（以下简称企业）以非货币性资产对外投资确认的非货币性资产转让所得，可在不超过 5 年期限内，分期均匀计入相应年度的应纳税所得额，按规定计算缴纳企业所得税。

二、企业以非货币性资产对外投资，应对非货币性资产进行评估并按评估后的公允价值扣除计税基础后的余额，计算确认非货币性资产转让所得。

企业以非货币性资产对外投资，应于投资协议生效并办理股权登记手续时，确认非货币性资产转让收入的实现。

三、企业以非货币性资产对外投资而取得被投资企业的股权，应以非货币性资产的原计税成本为计税基础，加上每年确认的非货币性资产转让所得，逐年进行调整。

被投资企业取得非货币性资产的计税基础，应按非货币性资产的公允价值确定。

四、企业在对外投资 5 年内转让上述股权或投资收回的，应停止执行递延纳税政策，并就递延期内尚未确认的非货币性资产转让所得，在转让股权或投资收回当年的企业所得税年度汇算清缴时，一次性计算缴纳企业所得税；企业在计算股权转让所得时，可按本通知第三条第一款规定将股权的计税基础一次调整到位。

企业在对外投资 5 年内注销的，应停止执行递延纳税政策，并就递延期内尚未确认的非货币性资产转让所得，在注销当年的企业所得税年度汇算清缴时，一次性计算缴纳企业所得税。

五、本通知所称非货币性资产，是指现金、银行存款、应收账款、应收票据以及准备持有至到期的债券投资等货币性资产以外的资产。

本通知所称非货币性资产投资，限于以非货币性资产出资设立新的居民企业，或将非货币性资产注入现存的居民企业。

六、企业发生非货币性资产投资，符合《财政部国家税务总局关于企业重组业务企业所得税处理若干问题的通知》（财税〔2009〕59 号）等文件规定的特殊性税务处理条件的，也可选择按特殊性税务处理规定执行。

七、本通知自 2014 年 1 月 1 日起执行。本通知发布前尚未处理的非货币性资产投资，符合本通知规定的可按本通知执行。

（摘自财税〔2014〕116 号）

16.12.8.3　国家税务总局公告 2015 年第 33 号

《国务院关于进一步优化企业兼并重组市场环境的意见》（国发〔2014〕14 号）和《财政部国家税务总局关于非货币性资产投资企业所得税政策问题的通知》（财税〔2014〕116 号）发布后，各地陆续反映在非货币性资产投资企业所得税政策执行过程中有些征管问题亟需明确。经研究，现就非货币性资产投资企业所得税有关征管问题公告如下：

一、实行查账征收的居民企业（以下简称企业）以非货币性资产对外投资确认的非货币性资产转让所得，可自确认非货币性资产转让收入年度起不超过连续 5 个纳税年度的期间内，分期均匀计入相应年度的应纳税所得额，按规定计算缴纳企业所得税。

二、关联企业之间发生的非货币性资产投资行为，投资协议生效后 12 个月内尚未完成股权变更登记手续的，于投资协议生效时，确认非货币性资产转让收入的实现。

三、符合财税〔2014〕116 号文件规定的企业非货币性资产投资行为，同时又符合《财政部国家税务总局关于企业重组业务企业所得税处理若干问题的通知》（财税〔2009〕59 号）、《财政部国家税务总局关于促进企业重组有关企业所得税处理问题的通知》（财税〔2014〕109 号）等文件规定的特殊性税务处理条件的，可由企业选择其中一项政策执行，且一经选择，不得改变。

四、企业选择适用本公告第一条规定进行税务处理的，应在非货币性资产转让所得递延确认期间每年企业所得税汇算清缴时，填报《中华人民共和国企业所得税年度纳税申报表》（A 类，2014 年版）中"A105100 企业重组纳税调整明细表"第 13 行"其中：以非货币性资产对外投资"的相关栏目，并向主管税务机关报送《非货币性资产投资递延纳税调整明细表》（详见附件）。

五、企业应将股权投资合同或协议、对外投资的非货币性资产（明细）公允价值评估确认报告、非货币性资产（明细）计税基础的情况说明、被投资企业设立或变更的工商部门证明材料等资料留存备查，并单独准确核算税法与会计差异情况。

主管税务机关应加强企业非货币性资产投资递延纳税的后续管理。

六、本公告适用于 2014 年度及以后年度企业所得税汇算清缴。此前尚未处理的非货币性资产投资，符合财税〔2014〕116 号文件和本公告规定的可按本公告执行。

（摘自国家税务总局公告 2015 年第 33 号）

16.12.9　企业重组业务企业所得税征收管理若干问题的公告

根据《中华人民共和国企业所得税法》及其实施条例、《中华人民共和国税收征收管理法》及其实施细则、《国务院关于取消非行政许可审批事项的决定》（国发〔2015〕27 号）、《财政部国家税务总局关于企业重组业务企业所得税处理若干问题的通知》（财税〔2009〕59 号）和《财政部国家税务总局关于促进企业重组有关企业所得税处理问题的通知》（财税〔2014〕109 号）等有关规定，现对企业重组业务企业所得税征收管理若干问题公告如下：

一、按照重组类型，企业重组的当事各方是指：

（一）债务重组中当事各方，指债务人、债权人。

（二）股权收购中当事各方，指收购方、转让方及被收购企业。

（三）资产收购中当事各方，指收购方、转让方。

（四）合并中当事各方，指合并企业、被合并企业及被合并企业股东。

（五）分立中当事各方，指分立企业、被分立企业及被分立企业股东。

上述重组交易中，股权收购中转让方、合并中被合并企业股东和分立中被分立企业股东，可以是自然人。

当事各方中的自然人应按个人所得税的相关规定进行税务处理。

二、重组当事各方企业适用特殊性税务处理的（指重组业务符合财税〔2009〕59 号文件和财税〔2014〕109 号文件第一条、第二条规定条件并选择特殊性税务处理的，下同），应按如下规定确定重组主导方：

（一）债务重组，主导方为债务人。

（二）股权收购，主导方为股权转让方，涉及两个或两个以上股权转让方，由转让被收购企业股权比例最大的一方作为主导方（转让股权比例相同的可协商确定主导方）。

（三）资产收购，主导方为资产转让方。

（四）合并，主导方为被合并企业，涉及同一控制下多家被合并企业的，以净资产最大的一方为主导方。

（五）分立，主导方为被分立企业。

三、财税〔2009〕59 号文件第十一条所称重组业务完成当年，是指重组日所属的企业所得税纳税年度。

企业重组日的确定，按以下规定处理：

1. 债务重组，以债务重组合同（协议）或法院裁定书生效日为重组日。

2. 股权收购，以转让合同（协议）生效且完成股权变更手续日为重组日。关联企业之间发生股权收购，转让合同（协议）生效后 12 个月内尚未完成股权变更手续的，应以转让合同（协议）生效日为重组日。

3. 资产收购，以转让合同（协议）生效且当事各方已进行会计处理的日期为重组日。

4. 合并，以合并合同（协议）生效、当事各方已进行会计处理且完成工商新设登记或变更登记日为重组日。按规定不需要办理工商新设或变更登记的合并，以合并合同（协议）生效且当事各方已进行会计处理的日期为重组日。

5. 分立，以分立合同（协议）生效、当事各方已进行会计处理且完成工商新设登记或变更登记日为重组日。

四、企业重组业务适用特殊性税务处理的，除财税〔2009〕59 号文件第四条第（一）项所称企业发生其他法律形式简单改变情形外，重组各方应在该重组业务完成当年，办理企业所得税年度申报时，分别向各自主管税务机关报送《企业重组所得税特殊性税务处理报告表及附表》（详见附件 1）和申报资料（详见附件 2）。合并、分立中重组一方涉及注销的，应在尚未办理注销税务登记手续前进行申报。

重组主导方申报后，其他当事方向其主管税务机关办理纳税申报。申报时还应附送重组主导方经主管税务机关受理的《企业重组所得税特殊性税务处理报告表及附表》（复印件）。

五、企业重组业务适用特殊性税务处理的，申报时，应从以下方面逐条说明企业重组具有合理的商业目的：

（一）重组交易的方式；

（二）重组交易的实质结果；

（三）重组各方涉及的税务状况变化；

（四）重组各方涉及的财务状况变化；

（五）非居民企业参与重组活动的情况。

六、企业重组业务适用特殊性税务处理的，申报时，当事各方还应向主管税务机关提交重组前连续 12 个月内有无与该重组相关的其他股权、资产交易情况的说明，并说明这些交易与该重组是否构成分步交易，是否作为一项企业重组业务进行处理。

七、根据财税〔2009〕59 号文件第十条规定，若同一项重组业务涉及在连续 12 个月内分步交易，且跨两个纳税年度，当事各方在首个纳税年度交易完成时预计整个交易符合特殊性税务处理条件，经协商一致选择特殊性税务处理的，可以暂时适用特殊性税务处理，并在当年企业所得税年度申报时提交书面申报资料。

在下一纳税年度全部交易完成后，企业应判断是否适用特殊性税务处理。如适用特殊性税务处理的，当事各方应按本公告要求申报相关资料；如适用一般性税务处理的，应调整相应纳税年度的企业所得税年度申报表，计算缴纳企业所得税。

八、企业发生财税〔2009〕59 号文件第六条第（一）项规定的债务重组，应准确记录应予确认的债务重组所得，并在相应年度的企业所得税汇算清缴时对当年确认额及分年结转额的情况做出说明。

主管税务机关应建立台账，对企业每年申报的债务重组所得与台账进行比对分析，加强后续管理。

九、企业发生财税〔2009〕59 号文件第七条第（三）项规定的重组，居民企业应准确记录应予确认的资产或股权转让收益总额，并在相应年度的企业所得税汇算清缴时对当年确认额及分年结转额的情况做出说明。

主管税务机关应建立台账，对居民企业取得股权的计税基础和每年确认的资产或股权转让收益进行比对分析，加强后续管理。

十、适用特殊性税务处理的企业，在以后年度转让或处置重组资产（股权）时，应在年度纳税申报时对资产（股权）转让所得或损失情况进行专项说明，包括特殊性税务处理时确定的重组资产（股权）计税基础与转让或处置时的计税基础的比对情况，以及递延所得税负债的处理情况等。

适用特殊性税务处理的企业，在以后年度转让或处置重组资产（股权）时，主管税务机关应加强评估和检查，将企业特殊性税务处理时确定的重组资产（股权）计税基础与转让或处置时的计税基础及相关的年度纳税申报表比对，发现问题的，应依法进行调整。

十一、税务机关应对适用特殊性税务处理的企业重组做好统计和相关资料的归档工作。各省、自治区、直辖市和计划单列市国家税务局、地方税务局应于每年 8 月底前将《企业重组所得税特殊性税务处理统计表》（详见附件 3）上报税务总局（所得税司）。

十二、本公告适用于 2015 年度及以后年度企业所得税汇算清缴。《国家税务总局关于发布〈企业重组业务企业所得税管理办法〉的公告》（国家税务总局公告 2010 年第 4 号）第三条、第七条、第八条、第十六条、第十七条、第十八条、第二十二条、第二十三条、第二十四条、第二十五条、第二十七条、第三十二条同时废止。

本公告施行时企业已经签订重组协议，但尚未完成重组的，按本公告执行。

（摘自国家税务总局公告 2015 年第 48 号）

16.13 《政策性搬迁纳税调整明细表》（A105110）法规指引

16.13.1 政策性搬迁的解释

16.13.1.1 执行范围仅限于政策性搬迁
本办法执行范围仅限于企业政策性搬迁过程中涉及的所得税征收管理事项，不包括企业自行搬迁或商业性搬迁等非政策性搬迁的税务处理事项。

（摘自国家税务总局公告 2012 年第 40 号第二条）

16.13.1.2 政策性搬迁的解释与范围
企业政策性搬迁，是指由于社会公共利益的需要，在政府主导下企业进行整体搬迁或部分搬迁。企业由于下列需要之一，提供相关文件证明资料的，属于政策性搬迁：

（一）国防和外交的需要；

（二）由政府组织实施的能源、交通、水利等基础设施的需要；

（三）由政府组织实施的科技、教育、文化、卫生、体育、环境和资源保护、防灾减灾、文物保护、社会福利、市政公用等公共事业的需要；

（四）由政府组织实施的保障性安居工程建设的需要；

（五）由政府依照《中华人民共和国城乡规划法》有关规定组织实施的对危房集中、基础设施落后等地段进行旧城区改建的需要；

（六）法律、行政法规规定的其他公共利益的需要。

（摘自国家税务总局公告 2012 年第 40 号第三条）

16.13.1.3 政策性搬迁应单独进行税务管理和核算
企业应按本办法的要求，就政策性搬迁过程中涉及的搬迁收入、搬迁支出、搬迁资产税务处理、搬迁所得等所得税征收管理事项，单独进行税务管理和核算。不能单独进行税务管理和核算的，应视为企业自行搬迁或商业性搬迁等非政策性搬迁进行所得税处理，不得执行本办法规定。

（摘自国家税务总局公告 2012 年第 40 号第四条）

16.13.2　搬迁收入

16.13.2.1　搬迁收入的范围

企业的搬迁收入，包括搬迁过程中从本企业以外（包括政府或其他单位）取得的搬迁补偿收入，以及本企业搬迁资产处置收入等。

（摘自国家税务总局公告 2012 年第 40 号第五条）

16.13.2.2　搬迁补偿收入的解释与范围

企业取得的搬迁补偿收入，是指企业由于搬迁取得的货币性和非货币性补偿收入。具体包括：

（一）对被征用资产价值的补偿；

（二）因搬迁、安置而给予的补偿；

（三）对停产停业形成的损失而给予的补偿；

（四）资产搬迁过程中遭到毁损而取得的保险赔款；

（五）其他补偿收入。

（摘自国家税务总局公告 2012 年第 40 号第六条）

16.13.2.3　搬迁资产处置收入的解释与所得税处理

企业搬迁资产处置收入，是指企业由于搬迁而处置企业各类资产所取得的收入。

企业由于搬迁处置存货而取得的收入，应按正常经营活动取得的收入进行所得税处理，不作为企业搬迁收入。

（摘自国家税务总局公告 2012 年第 40 号第七条）

16.13.3　搬迁支出

16.13.3.1　搬迁支出的范围

企业的搬迁支出，包括搬迁费用支出以及由于搬迁所发生的企业资产处置支出。

（摘自国家税务总局公告 2012 年第 40 号第八条）

16.13.3.2　搬迁费用支出的解释与范围

搬迁费用支出，是指企业搬迁期间所发生的各项费用，包括安置职工实际发生的费用、停工期间支付给职工的工资及福利费、临时存放搬迁资产而发生的费用、各类资产搬迁安装费用以及其他与搬迁相关的费用。

（摘自国家税务总局公告 2012 年第 40 号第九条）

16.13.3.3　资产处置支出的解释、由于搬迁而报废的资产净值作为资产处置支出

资产处置支出，是指企业由于搬迁而处置各类资产所发生的支出，包括变卖及处置各类资产的净值、处置过程中所发生的税费等支出。

企业由于搬迁而报废的资产，如无转让价值，其净值作为企业的资产处置支出。

（摘自国家税务总局公告 2012 年第 40 号第十条）

16.13.4　搬迁资产税务处理

16.13.4.1　换入资产计税成本的确定

企业政策性搬迁被征用的资产，采取资产置换的，其换入资产的计税成本按被征用资产的净值，加上换入资产所支付的税费（涉及补价，还应加上补价款）计算确定。

（摘自国家税务总局公告 2013 年第 11 号第二条）

16.13.4.2 简单安装或不需要安装即可继续使用的资产的折旧或摊销方法

企业搬迁的资产，简单安装或不需要安装即可继续使用的，在该项资产重新投入使用后，就其净值按《企业所得税法》及其实施条例规定的该资产尚未折旧或摊销的年限，继续计提折旧或摊销。

（摘自国家税务总局公告 2012 年第 40 号第十一条）

16.13.4.3 需要进行大修理后才能重新使用资产的折旧或摊销方法

企业搬迁的资产，需要进行大修理后才能重新使用的，应就该资产的净值，加上大修理过程所发生的支出，为该资产的计税成本。在该项资产重新投入使用后，按该资产尚可使用的年限，计提折旧或摊销。

（摘自国家税务总局公告 2012 年第 40 号第十二条）

16.13.4.4 置换土地的计税成本与摊销年限

企业搬迁中被征用的土地，采取土地置换的，换入土地的计税成本按被征用土地的净值，以及该换入土地投入使用前所发生的各项费用支出，为该换入土地的计税成本，在该换入土地投入使用后，按《企业所得税法》及其实施条例规定年限摊销。

（摘自国家税务总局公告 2012 年第 40 号第十三条）

16.13.4.5 搬迁期间新购置各类资产的计税成本及折旧或摊销年限、购置资产支出不得从搬迁收入中扣除

企业搬迁期间新购置的各类资产，应按《企业所得税法》及其实施条例等有关规定，计算确定资产的计税成本及折旧或摊销年限。企业发生的购置资产支出，不得从搬迁收入中扣除。

（摘自国家税务总局公告 2012 年第 40 号第十四条）

16.13.5 应税所得

16.13.5.1 搬迁收入和搬迁支出可在完成搬迁的年度汇总清算

企业在搬迁期间发生的搬迁收入和搬迁支出，可以暂不计入当期应纳税所得额，而在完成搬迁的年度，对搬迁收入和支出进行汇总清算。

（摘自国家税务总局公告 2012 年第 40 号第十五条）

16.13.5.2 搬迁所得的计算与纳税年度

企业的搬迁收入，扣除搬迁支出后的余额，为企业的搬迁所得。

企业应在搬迁完成年度，将搬迁所得计入当年度企业应纳税所得额计算纳税。

（摘自国家税务总局公告 2012 年第 40 号第十六条）

16.13.5.3 搬迁完成年度的确认

下列情形之一的，为搬迁完成年度，企业应进行搬迁清算，计算搬迁所得：

（一）从搬迁开始，5 年内（包括搬迁当年度）任何一年完成搬迁的。

（二）从搬迁开始，搬迁时间满 5 年（包括搬迁当年度）的年度。

（摘自国家税务总局公告 2012 年第 40 号第十七条）

16.13.5.4 搬迁损失的税务处理方法

企业搬迁收入扣除搬迁支出后为负数的，应为搬迁损失。搬迁损失可在下列方法中选择其一进行税务处理：

（一）在搬迁完成年度，一次性作为损失进行扣除。

（二）自搬迁完成年度起分 3 个年度，均匀在税前扣除。

上述方法由企业自行选择，但一经选定，不得改变。

（摘自国家税务总局公告 2012 年第 40 号第十八条）

16.13.5.5 完成搬迁的确认条件

企业同时符合下列条件的，视为已经完成搬迁：

（一）搬迁规划已基本完成；

（二）当年生产经营收入占规划搬迁前年度生产经营收入 50％以上。

（摘自国家税务总局公告 2012 年第 40 号第十九条）

16.13.5.6　边搬迁、边生产的搬迁年度应从实际开始搬迁的年度计算

企业边搬迁、边生产的，搬迁年度应从实际开始搬迁的年度计算。

（摘自国家税务总局公告 2012 年第 40 号第二十条）

16.13.5.7　亏损结转年度的计算

企业以前年度发生尚未弥补的亏损的，凡企业由于搬迁停止生产经营无所得的，从搬迁年度次年起，至搬迁完成年度前一年度止，可作为停止生产经营活动年度，从法定亏损结转弥补年限中减除；企业边搬迁、边生产的，其亏损结转年度应连续计算。

（摘自国家税务总局公告 2012 年第 40 号第二十一条）

16.13.6　征收管理

16.13.6.1　相关资料的报送期限

企业应当自搬迁开始年度，至次年 5 月 31 日前，向主管税务机关（包括迁出地和迁入地）报送政策性搬迁依据、搬迁规划等相关材料。逾期未报的，除特殊原因并经主管税务机关认可外，按非政策性搬迁处理，不得执行本办法的规定。

（摘自国家税务总局公告 2012 年第 40 号第二十二条）

16.13.6.2　政策性搬迁依据、规划等相关资料的范围

企业应向主管税务机关报送的政策性搬迁依据、搬迁规划等相关材料，包括：

（一）政府搬迁文件或公告；

（二）搬迁重置总体规划；

（三）拆迁补偿协议；

（四）资产处置计划；

（五）其他与搬迁相关的事项。

（摘自国家税务总局公告 2012 年第 40 号第二十三条）

16.13.6.3　迁入地主管税务机关负责企业搬迁清算

企业迁出地和迁入地主管税务机关发生变化的，由迁入地主管税务机关负责企业搬迁清算。

（摘自国家税务总局公告 2012 年第 40 号第二十四条）

16.13.6.4　搬迁完成当年纳税申报时应同时报送《企业政策性搬迁清算损益表》及相关材料

企业搬迁完成当年，其向主管税务机关报送企业所得税年度纳税申报表时，应同时报送《企业政策性搬迁清算损益表》（表样附后）及相关材料。

（摘自国家税务总局公告 2012 年第 40 号第二十五条）

16.13.6.5　政策衔接办法

凡在国家税务总局 2012 年第 40 号公告生效前已经签订搬迁协议且尚未完成搬迁清算的企业政策性搬迁项目，企业在重建或恢复生产过程中购置的各类资产，可以作为搬迁支出，从搬迁收入中扣除。但购置的各类资产，应剔除该搬迁补偿收入后，作为该资产的计税基础，并按规定计算折旧或费用摊销。凡在国家税务总局 2012 年第 40 号公告生效后签订搬迁协议的政策性搬迁项目，应按国家税务总局 2012 年第 40 号公告有关规定执行。

（摘自国家税务总局公告 2013 年第 11 号第一条）

16.13.6.6　未规定事项按企业所得税法等相关规定处理

本办法未规定的企业搬迁税务事项，按照《企业所得税法》及其实施条例等相关规定

进行税务处理。

（摘自国家税务总局公告 2012 年第 40 号第二十七条）

16.13.6.7　国税函〔2009〕118 号文件的废止

本办法施行后，《国家税务总局关于企业政策性搬迁或处置收入有关企业所得税处理问题的通知》（国税函〔2009〕118 号）同时废止。

（摘自国家税务总局公告 2012 年第 40 号第二十八条）

16.14　《特殊行业准备金纳税调整明细表》（A105120）法规指引

16.14.1　特殊行业准备金的范围

A105120《特殊行业准备金纳税调整明细表》填报说明：

本表适用于发生特殊行业准备金纳税调整项目的纳税人填报。纳税人根据税法，财政部、国家税务总局《关于保险公司准备金支出企业所得税税前扣除有关政策问题的通知》（财税〔2012〕45 号）、《关于保险公司农业巨灾风险准备金企业所得税税前扣除政策的通知》（财税〔2012〕23 号）、《关于证券行业准备金支出企业所得税税前扣除有关政策问题的通知》（财税〔2012〕11 号）、《关于金融企业贷款损失准备金企业所得税税前扣除政策的通知》（财税〔2012〕5 号）、《关于延长金融企业涉农贷款和中小企业贷款损失准备金税前扣除政策执行期限的通知》（财税〔2011〕104 号）、《关于中小企业信用担保机构有关准备金企业所得税税前扣除政策的通知》（财税〔2012〕25 号）等相关规定，及国家统一企业会计制度，填报特殊行业准备金会计处理、税法规定及纳税调整情况。

（摘自国家税务总局公告 2014 年第 63 号）

16.14.2　保险公司准备金支出

16.14.2.1　保险公司按规定缴纳的保险保障基金准予据实扣除

保险公司按下列规定缴纳的保险保障基金，准予据实税前扣除：

1. 非投资型财产保险业务，不得超过保费收入的 0.8%；投资型财产保险业务，有保证收益的，不得超过业务收入的 0.08%，无保证收益的，不得超过业务收入的 0.05%。

2. 有保证收益的人寿保险业务，不得超过业务收入的 0.15%；无保证收益的人寿保险业务，不得超过业务收入的 0.05%。

3. 短期健康保险业务，不得超过保费收入的 0.8%；长期健康保险业务，不得超过保费收入的 0.15%。

4. 非投资型意外伤害保险业务，不得超过保费收入的 0.8%；投资型意外伤害保险业务，有保证收益的，不得超过业务收入的 0.08%，无保证收益的，不得超过业务收入的 0.05%。

保险保障基金，是指按照《中华人民共和国保险法》和《保险保障基金管理办法》（保监会、财政部、人民银行令 2008 年第 2 号）规定缴纳形成的，在规定情形下用于救助保单持有人、保单受让公司或者处置保险业风险的非政府性行业风险救助基金。

保费收入，是指投保人按照保险合同约定，向保险公司支付的保险费。

业务收入，是指投保人按照保险合同约定，为购买相应的保险产品支付给保险公司的全部金额。

非投资型财产保险业务，是指仅具有保险保障功能而不具有投资理财功能的财产保险业务。

投资型财产保险业务，是指兼具有保险保障与投资理财功能的财产保险业务。

有保证收益，是指保险产品在投资收益方面提供固定收益或最低收益保障。

无保证收益，是指保险产品在投资收益方面不提供收益保证，投保人承担全部投资风险。

（摘自财税〔2012〕45号第一条）

16.14.2.2　保险保障基金不得税前扣除的情形

保险公司有下列情形之一的，其缴纳的保险保障基金不得在税前扣除：

1. 财产保险公司的保险保障基金余额达到公司总资产6％的。
2. 人身保险公司的保险保障基金余额达到公司总资产1％的。

（摘自财税〔2012〕45号第二条）

16.14.2.3　保险公司按国务院财政部门的相关规定提取的六项准备金准予扣除

保险公司按国务院财政部门的相关规定提取的未到期责任准备金、寿险责任准备金、长期健康险责任准备金、已发生已报案未决赔款准备金和已发生未报案未决赔款准备金，准予在税前扣除。

1. 未到期责任准备金、寿险责任准备金、长期健康险责任准备金依据经中国保监会核准任职资格的精算师或出具专项审计报告的中介机构确定的金额提取。

未到期责任准备金，是指保险人为尚未终止的非寿险保险责任提取的准备金。

寿险责任准备金，是指保险人为尚未终止的人寿保险责任提取的准备金。

长期健康险责任准备金，是指保险人为尚未终止的长期健康保险责任提取的准备金。

2. 已发生已报案未决赔款准备金，按最高不超过当期已经提出的保险赔款或者给付金额的100％提取；已发生未报案未决赔款准备金按不超过当年实际赔款支出额的8％提取。

已发生已报案未决赔款准备金，是指保险人为非寿险保险事故已经发生并已向保险人提出索赔、尚未结案的赔案提取的准备金。

已发生未报案未决赔款准备金，是指保险人为非寿险保险事故已经发生、尚未向保险人提出索赔的赔案提取的准备金。

（摘自财税〔2012〕45号第三条）

16.14.2.4　保险公司实际发生的各种保险赔款、给付，先冲抵准备金，不足冲抵部分准予扣除

保险公司实际发生的各种保险赔款、给付，应首先冲抵按规定提取的准备金，不足冲抵部分，准予在当年税前扣除。

（摘自财税〔2012〕45号第四条）

16.14.2.5　保险企业准备金支出各按企业会计有关规定计算扣除

保险企业准备金支出的企业所得税处理

根据《财政部 国家税务总局关于保险公司准备金支出企业所得税税前扣除有关政策问题的通知》（财税〔2012〕45号）有关规定，保险企业未到期责任准备金、寿险责任准备金、长期健康险责任准备金、已发生已报告未决赔款准备金和已发生未报告未决赔款准备金应按财政部下发的企业会计有关规定计算扣除。

保险企业在计算扣除上述各项准备金时，凡未执行财政部有关会计规定仍执行中国保险监督管理委员会有关监管规定的，应将两者之间的差额调整当期应纳税所得额。

（摘自国家税务总局公告2014年第29号第三条）

16.14.3　保险公司农业巨灾风险准备金

为积极支持解决"三农"问题，促进保险公司拓展农业保险业务，提高农业巨灾发生后恢复生产能力，根据《中华人民共和国企业所得税法》和《中华人民共和国企业所得税法实施条例》的有关规定，现对保险公司计提农业保险巨灾风险准备金企业所得税税前扣除问题通知如下：

一、保险公司经营财政给予保费补贴的种植业险种（以下简称补贴险种）的，按不超过补贴险种当年保费收入 25% 的比例计提的巨灾风险准备金，准予在企业所得税前据实扣除。具体计算公式如下：

$$\text{本年度扣除的巨灾风险准备金} = \text{本年度保费收入} \times 25\% - \text{上年度已在税前扣除的巨灾风险准备金结存余额}$$

按上述公式计算的数额如为负数，应调增当年应纳税所得额。

二、补贴险种是指各级财政部门根据财政部关于种植业保险保费补贴管理的相关规定确定，且各级财政部门补贴比例之和不低于保费 60% 的种植业险种。

三、保险公司应当按专款专用原则建立健全巨灾风险准备金管理使用制度。在向主管税务机关报送企业所得税纳税申报表时，同时附送巨灾风险准备金提取、使用情况的说明和报表。

四、本通知自 2011 年 1 月 1 日起至 2015 年 12 月 31 日止执行。

（摘自财税〔2012〕23 号第四条）

16.14.4　保险公司再保险业务赔款支出

现将保险公司再保险业务赔款支出税前扣除问题通知如下：

根据《中华人民共和国企业所得税法实施条例》第九条的规定，从事再保险业务的保险公司（以下称再保险公司）发生的再保险业务赔款支出，按照权责发生制的原则，应在收到从事直保业务公司（以下称直保公司）再保险业务赔款账单时，作为企业当期成本费用扣除。为便于再保险公司再保险业务的核算，凡在次年企业所得税汇算清缴前，再保险公司收到直保公司再保险业务赔款账单中属于上年度的赔款，准予调整作为上年度的成本费用扣除，同时调整已计提的未决赔款准备金；次年汇算清缴后收到直保公司再保险业务赔款账单的，按该赔款账单上发生的赔款支出，在收单年度作为成本费用扣除。

（摘自国税函〔2009〕313 号）

16.14.5　金融企业贷款损失准备金

根据《中华人民共和国企业所得税法》及《中华人民共和国企业所得税法实施条例》的有关规定，现就政策性银行、商业银行、财务公司、城乡信用社和金融租赁公司等金融企业提取的贷款损失准备金的企业所得税税前扣除政策问题，通知如下：

一、准予税前提取贷款损失准备金的贷款资产范围包括：

（一）贷款（含抵押、质押、担保等贷款）；

（二）银行卡透支、贴现、信用垫款（含银行承兑汇票垫款、信用证垫款、担保垫款等）、进出口押汇、同业拆出、应收融资租赁款等各项具有贷款特征的风险资产；

（三）由金融企业转贷并承担对外还款责任的国外贷款，包括国际金融组织贷款、外国买方信贷、外国政府贷款、日本国际协力银行不附条件贷款和外国政府混合贷款等资产。

二、金融企业准予当年税前扣除的贷款损失准备金计算公式如下：

$$准予当年税前扣除的\atop贷款损失准备金 = 本年末准予提取贷款损失\atop准备金的贷款资产余额 \times 1\% - 截至上年末已在税前扣除的\atop贷款损失准备金的余额$$

金融企业按上述公式计算的数额如为负数，应当相应调增当年应纳税所得额。

三、金融企业的委托贷款、代理贷款、国债投资、应收股利、上交央行准备金以及金融企业剥离的债权和股权、应收财政贴息、央行款项等不承担风险和损失的资产，不得提取贷款损失准备金在税前扣除。

四、金融企业发生的符合条件的贷款损失，应先冲减已在税前扣除的贷款损失准备金，不足冲减部分可据实在计算当年应纳税所得额时扣除。

五、金融企业涉农贷款和中小企业贷款损失准备金的税前扣除政策，凡按照《财政部 国家税务总局关于金融企业涉农贷款和中小企业贷款损失准备金税前扣除有关问题的通知》（财税〔2015〕3号）的规定执行的，不再适用本通知第一条至第四条的规定。

六、本通知自2014年01月01日起至2018年12月31日止执行。

（摘自财税〔2015〕9号）

16.14.6　金融企业涉农贷款和中小企业贷款损失准备金

根据《中华人民共和国企业所得税法》及《中华人民共和国企业所得税法实施条例》的有关规定，现就金融企业涉农贷款和中小企业贷款损失准备金的企业所得税税前扣除政策，通知如下：

一、金融企业根据《贷款风险分类指导原则》（银发〔2001〕416号），对其涉农贷款和中小企业贷款进行风险分类后，按照以下比例计提的贷款损失准备金，准予在计算应纳税所得额时扣除：

（一）关注类贷款，计提比例为2%；

（二）次级类贷款，计提比例为25%；

（三）可疑类贷款，计提比例为50%；

（四）损失类贷款，计提比例为100%。

二、本通知所称涉农贷款，是指《涉农贷款专项统计制度》（银发〔2007〕246号）统计的以下贷款：

（一）农户贷款；

（二）农村企业及各类组织贷款。

本条所称农户贷款，是指金融企业发放给农户的所有贷款。农户贷款的判定应以贷款发放时的承贷主体是否属于农户为准。农户，是指长期（一年以上）居住在乡镇（不包括城关镇）行政管理区域内的住户，还包括长期居住在城关镇所辖行政村范围内的住户和户口不在本地而在本地居住一年以上的住户，国有农场的职工和农村个体工商户。位于乡镇（不包括城关镇）行政管理区域内和在城关镇所辖行政村范围内的国有经济的机关、团体、学校、企事业单位的集体户；有本地户口，但举家外出谋生一年以上的住户，无论是否保留承包耕地均不属于农户。农户以户为统计单位，既可以从事农业生产经营，也可以从事非农业生产经营。

本条所称农村企业及各类组织贷款，是指金融企业发放给注册地位于农村区域的企业及各类组织的所有贷款。农村区域，是指除地级及以上城市的城市行政区及其市辖建制镇之外的区域。

三、本通知所称中小企业贷款，是指金融企业对年销售额和资产总额均不超过2亿元的企业的贷款。

四、金融企业发生的符合条件的涉农贷款和中小企业贷款损失，应先冲减已在税前扣除的贷款损失准备金，不足冲减部分可据实在计算应纳税所得额时扣除。

五、本通知自 2014 年 01 月 01 日起至 2018 年 12 月 31 日止执行。

（摘自财税〔2015〕3 号）

16.14.7　证券行业准备金支出

根据《中华人民共和国企业所得税法》和《中华人民共和国企业所得税法实施条例》的有关规定，现就证券行业准备金支出企业所得税税前扣除有关政策问题明确如下：

一、证券类准备金

（一）证券交易所风险基金。

上海、深圳证券交易所依据《证券交易所风险基金管理暂行办法》（证监发〔2000〕22 号）的有关规定，按证券交易所交易收取经手费的 20%、会员年费的 10% 提取的证券交易所风险基金，在各基金净资产不超过 10 亿元的额度内，准予在企业所得税税前扣除。

（二）证券结算风险基金。

1. 中国证券登记结算公司所属上海分公司、深圳分公司依据《证券结算风险基金管理办法》（证监发〔2006〕65 号）的有关规定，按证券登记结算公司业务收入的 20% 提取的证券结算风险基金，在各基金净资产不超过 30 亿元的额度内，准予在企业所得税税前扣除。

2. 证券公司依据《证券结算风险基金管理办法》（证监发〔2006〕65 号）的有关规定，作为结算会员按人民币普通股和基金成交金额的十万分之三、国债现货成交金额的十万分之一、1 天期国债回购成交额的千万分之五、2 天期国债回购成交额的千万分之十、3 天期国债回购成交额的千万分之十五、4 天期国债回购成交额的千万分之二十、7 天期国债回购成交额的千万分之五十、14 天期国债回购成交额的十万分之一、28 天期国债回购成交额的十万分之二、91 天期国债回购成交额的十万分之六、182 天期国债回购成交额的十万分之十二逐日交纳的证券结算风险基金，准予在企业所得税税前扣除。

（三）证券投资者保护基金。

1. 上海、深圳证券交易所依据《证券投资者保护基金管理办法》（证监会令第 27 号）的有关规定，在风险基金分别达到规定的上限后，按交易经手费的 20% 缴纳的证券投资者保护基金，准予在企业所得税税前扣除。

2. 证券公司依据《证券投资者保护基金管理办法》（证监会令第 27 号）的有关规定，按其营业收入 0.5%～5% 缴纳的证券投资者保护基金，准予在企业所得税税前扣除。

（摘自财税〔2012〕11 号第一条）

二、期货类准备金

（一）期货交易所风险准备金。

大连商品交易所、郑州商品交易所和中国金融期货交易所依据《期货交易管理条例》（国务院令第 489 号）、《期货交易所管理办法》（证监会令第 42 号）和《商品期货交易财务管理暂行规定》（财商字〔1997〕44 号）的有关规定，上海期货交易所依据《期货交易管理条例》（国务院令第 489 号）、《期货交易所管理办法》（证监会令第 42 号）和《关于调整上海期货交易所风险准备金规模的批复》（证监函〔2009〕407 号）的有关规定，分别按向会员收取手续费收入的 20% 计提的风险准备金，在风险准备金余额达到有关规定的额度内，准予在企业所得税税前扣除。

（二）期货公司风险准备金。

期货公司依据《期货公司管理办法》（证监会令第 43 号）和《商品期货交易财务管理暂行规定》（财商字〔1997〕44 号）的有关规定，从其收取的交易手续费收入减去应付期货交易所手续费后的净收入的 5％提取的期货公司风险准备金，准予在企业所得税税前扣除。

（三）期货投资者保障基金。

1. 上海期货交易所、大连商品交易所、郑州商品交易所和中国金融期货交易所依据《期货投资者保障基金管理暂行办法》（证监会令第 38 号）的有关规定，按其向期货公司会员收取的交易手续费的 3％缴纳的期货投资者保障基金，在基金总额达到有关规定的额度内，准予在企业所得税税前扣除。

2. 期货公司依据《期货投资者保障基金管理暂行办法》（证监会令第 38 号）的有关规定，从其收取的交易手续费中按照代理交易额的千万分之五至千万分之十的比例缴纳的期货投资者保障基金，在基金总额达到有关规定的额度内，准予在企业所得税税前扣除。

（摘自财税〔2012〕11 号第二条）

三、上述准备金如发生清算、退还，应按规定补征企业所得税。

（摘自财税〔2012〕11 号第三条）

四、本通知自 2011 年 1 月 1 日起至 2015 年 12 月 31 日止执行。

（摘自财税〔2012〕11 号第四条）

16.14.8　中小企业信用担保机构准备金

根据《中华人民共和国企业所得税法》和《中华人民共和国企业所得税法实施条例》的有关规定，现就中小企业信用担保机构有关税前扣除政策问题通知如下：

一、计提的担保赔偿准备允许扣除，上年余额转为当期收入

符合条件的中小企业信用担保机构按照不超过当年年末担保责任余额 1％的比例计提的担保赔偿准备，允许在企业所得税税前扣除，同时将上年度计提的担保赔偿准备余额转为当期收入。

（摘自财税〔2012〕25 号第一条）

二、计提的未到期责任准备允许扣除，上年余额转为当期收入

符合条件的中小企业信用担保机构按照不超过当年担保费收入 50％的比例计提的未到期责任准备，允许在企业所得税税前扣除，同时将上年度计提的未到期责任准备余额转为当期收入。

（摘自财税〔2012〕25 号第二条）

三、代偿损失应冲减担保赔偿准备，不足冲减部分据实扣除

中小企业信用担保机构实际发生的代偿损失，符合税收法律法规关于资产损失税前扣除政策规定的，应冲减已在税前扣除的担保赔偿准备，不足冲减部分据实在企业所得税税前扣除。

（摘自财税〔2012〕25 号第三条）

四、中小企业信用担保机构应符合的条件

本通知所称符合条件的中小企业信用担保机构，必须同时满足以下条件：

（一）符合《融资性担保公司管理暂行办法》（银监会等七部委令 2010 年第 3 号）相关规定，并具有融资性担保机构监管部门颁发的经营许可证；

（二）以中小企业为主要服务对象，当年新增中小企业信用担保和再担保业务收入占新增担保业务收入总额的 70％以上（上述收入不包括信用评级、咨询、培训等收入）；

（三）中小企业信用担保业务的平均年担保费率不超过银行同期贷款基准利率的 50％；

（四）财政、税务部门规定的其他条件。

（摘自财税〔2012〕25 号第四条）

五、应提供的材料

申请享受本通知规定的准备金税前扣除政策的中小企业信用担保机构，在汇算清缴时，需报送法人执照副本复印件、融资性担保机构监管部门颁发的经营许可证复印件、具有资质的中介机构鉴证的年度会计报表和担保业务情况（包括担保业务明细和风险准备金提取等），以及财政、税务部门要求提供的其他材料。

（摘自财税〔2012〕25 号第五条）

六、执行期限

本通知自 2011 年 1 月 1 日起至 2015 年 12 月 31 日止执行。

（摘自财税〔2012〕25 号第六条）

第 17 章
税收优惠类和弥补亏损明细表法规指引

17.1 弥补亏损明细表法规指引

17.1.1 亏损的解释

企业所得税法第五条所称亏损，是指企业依照企业所得税法和本条例的规定将每一纳税年度的收入总额减除不征税收入、免税收入和各项扣除后小于零的数额。

（摘自《企业所得税法实施条例》第十条）

17.1.2 境外营业机构的亏损不得抵减境内的盈利

企业在汇总计算缴纳企业所得税时，其境外营业机构的亏损不得抵减境内营业机构的盈利。

（摘自《企业所得税法》第十七条）

17.1.3 亏损弥补结转年限不得超过五年

企业纳税年度发生的亏损，准予向以后年度结转，用以后年度的所得弥补，但结转年限最长不得超过五年。

（摘自《企业所得税法》第十八条）

17.1.4 查增应纳税所得额允许弥补以前年度亏损

现就税务机关检查调增的企业应纳税所得额弥补以前年度亏损问题公告如下：

一、根据《中华人民共和国企业所得税法》（以下简称企业所得税法）第五条的规定，税务机关对企业以前年度纳税情况进行检查时调增的应纳税所得额，凡企业以前年度发生亏损、且该亏损属于企业所得税法规定允许弥补的，应允许调增的应纳税所得额弥补该亏损。弥补该亏损后仍有余额的，按照企业所得税法规定计算缴纳企业所得税。对检查调增的应纳税所得额应根据其情节，依照《中华人民共和国税收征收管理法》有关规定进行处理或处罚。

二、本规定自 2010 年 12 月 1 日开始执行。以前（含 2008 年度之前）没有处理的事项，按本规定执行。

（摘自国家税务总局公告 2010 年第 20 号）

17.1.5　技术开发费的加计扣除形成的亏损可以弥补

企业技术开发费加计扣除部分已形成企业年度亏损，可以用以后年度所得弥补，但结转年限最长不得超过 5 年。

（摘自国税函〔2009〕98 号第八条）

17.1.6　取消合并纳税后以前年度尚未弥补亏损的处理

根据《财政部国家税务总局关于试点企业集团缴纳企业所得税有关问题的通知》（财税〔2008〕119 号）规定，自 2009 年度开始，一些企业集团取消了合并申报缴纳企业所得税。现就取消合并申报缴纳企业所得税后，对汇总在企业集团总部、尚未弥补的累计亏损处理问题，公告如下：

一、企业集团取消了合并申报缴纳企业所得税后，截至 2008 年底，企业集团合并计算的累计亏损，属于符合《中华人民共和国企业所得税法》第十八条规定 5 年结转期限内的，可分配给其合并成员企业（包括企业集团总部）在剩余结转期限内，结转弥补。

二、企业集团应根据各成员企业截至 2008 年底的年度所得税申报表中的盈亏情况，凡单独计算是亏损的各成员企业，参与分配第一条所指的可继续弥补的亏损；盈利企业不参与分配。具体分配公式如下：

$$
\begin{array}{l}
\text{成员企业} \\
\text{分配的亏损额}
\end{array}
= \left(
\begin{array}{l}
\text{某成员企业单独计算盈亏} \\
\text{尚未弥补的亏损额}
\end{array}
\div
\begin{array}{l}
\text{各成员企业单独计算盈亏} \\
\text{尚未弥补的亏损额之和}
\end{array}
\right)
\times
\begin{array}{l}
\text{集团公司合并计算累计} \\
\text{可继续弥补的亏损额}
\end{array}
$$

三、企业集团在按照第二条所规定的方法分配亏损时，应根据集团每年汇总计算中这些亏损发生的实际所属年度，确定各成员企业所分配的亏损额中具体所属年度及剩余结转期限。

四、企业集团按照上述方法分配各成员企业亏损额后，应填写《企业集团公司累计亏损分配表》（见附件）并下发给各成员企业，同时抄送企业集团主管税务机关。

五、本公告自 2009 年 1 月 1 日起执行。

（摘自国家税务总局公告 2010 年第 7 号）

17.1.7　江门市新江煤气有限公司亏损弥补问题的批复

广东省国家税务局：

你局《关于江门市新江煤气有限公司亏损弥补问题的请示》（粤国税发〔2009〕6 号）收悉。经研究，现批复如下：

江门市新江煤气有限公司原为中外合资企业，经相关部门批准，于 2006 年整体转让给珠海市煤气公司（国有独资企业），成为珠海市煤气公司的全资子公司。鉴于江门市新江煤气有限公司只是股权发生改变，其法律主体、经营范围、资产和债权债务等并没有发生变化。经研究，同意江门市新江煤气有限公司 2006 年及以前年度发生的亏损，在税法规定的年限内，用以后年度发生的应纳税所得额进行弥补。

（摘自国税函〔2009〕254 号）

17.2 《免税、减计收入及加计扣除优惠明细表》及附表法规指引

17.2.1 免税收入

17.2.1.1 企业所得税法规定的免税收入范围

企业的下列收入为免税收入：

（一）国债利息收入；

（二）符合条件的居民企业之间的股息、红利等权益性投资收益；

（三）在中国境内设立机构、场所的非居民企业从居民企业取得与该机构、场所有实际联系的股息、红利等权益性投资收益；

（四）符合条件的非营利组织的收入。

（摘自《企业所得税法》第二十六条）

17.2.1.2 国债利息收入

企业所得税法第二十六条第（一）项所称国债利息收入，是指企业持有国务院财政部门发行的国债取得的利息收入。

（摘自《企业所得税法实施条例》第八十二条）

17.2.1.3 在中国境内设立机构、场所的非居民企业从居民企业取得与该机构、场所有实际联系的股息、红利等权益性投资收益

企业的下列收入为免税收入：

……

（三）在中国境内设立机构、场所的非居民企业从居民企业取得与该机构、场所有实际联系的股息、红利等权益性投资收益；

……

（摘自《企业所得税法》第二十六条）

17.2.1.4 符合条件的非营利组织的收入

● 实施条例对符合条件的非营利组织的解释

企业所得税法第二十六条第（四）项所称符合条件的非营利组织，是指同时符合下列条件的组织：

（一）依法履行非营利组织登记手续；

（二）从事公益性或者非营利性活动；

（三）取得的收入除用于与该组织有关的、合理的支出外，全部用于登记核定或者章程规定的公益性或者非营利性事业；

（四）财产及其孳息不用于分配；

（五）按照登记核定或者章程规定，该组织注销后的剩余财产用于公益性或者非营利性目的，或者由登记管理机关转赠给与该组织性质、宗旨相同的组织，并向社会公告；

（六）投入人对投入该组织的财产不保留或者享有任何财产权利；

（七）工作人员工资福利开支控制在规定的比例内，不变相分配该组织的财产。

前款规定的非营利组织的认定管理办法由国务院财政、税务主管部门会同国务院有关部门制定。

（摘自《企业所得税法实施条例》第八十四条）

- **实施条例对符合条件的非营利组织的收入的解释**

企业所得税法第二十六条第（四）项所称符合条件的非营利组织的收入，不包括非营利组织从事营利性活动取得的收入，但国务院财政、税务主管部门另有规定的除外。

（摘自《企业所得税法实施条例》第八十五条）

- **非营利组织免税收入的范围**

根据《中华人民共和国企业所得税法》第二十六条及《中华人民共和国企业所得税法实施条例》（国务院令第 512 号）第八十五条的规定，现将符合条件的非营利组织企业所得税免税收入范围明确如下：

一、非营利组织的下列收入为免税收入：

（一）接受其他单位或者个人捐赠的收入；

（二）除《中华人民共和国企业所得税法》第七条规定的财政拨款以外的其他政府补助收入，但不包括因政府购买服务取得的收入；

（三）按照省级以上民政、财政部门规定收取的会费；

（四）不征税收入和免税收入孳生的银行存款利息收入；

（五）财政部、国家税务总局规定的其他收入。

二、本通知从 2008 年 1 月 1 日起执行。

（摘自财税〔2009〕122 号）

- **国家大学科技园和科技企业孵化器税收政策**

（一）科技企业孵化器收入

符合非营利组织条件的孵化器的收入，按照企业所得税法及其实施条例和有关税收政策规定享受企业所得税优惠政策。

（摘自财税〔2013〕117 号第二条）

（二）国家大学科技园收入

符合非营利组织条件的科技园的收入，按照企业所得税法及其实施条例和有关税收政策规定享受企业所得税优惠政策。

（摘自财税〔2013〕118 号第二条）

17.2.1.5　免税收入其他专项优惠

- **中国清洁发展机制基金取得的收入**

对清洁基金取得的下列收入，免征企业所得税：

（一）CDM 项目温室气体减排量转让收入上缴国家的部分；

（二）国际金融组织赠款收入；

（三）基金资金的存款利息收入、购买国债的利息收入；

（四）国内外机构、组织和个人的捐赠收入。

（摘自财税〔2009〕30 号第一条）

- **证券投资基金取得的收入**

（一）对证券投资基金从证券市场中取得的收入，包括买卖股票、债券的差价收入，股权的股息、红利收入，债券的利息收入及其他收入，暂不征收企业所得税。

（二）对投资者从证券投资基金分配中取得的收入，暂不征收企业所得税。

（三）对证券投资基金管理人运用基金买卖股票、债券的差价收入，暂不征收企业所得税。

（摘自财税〔2008〕1 号第二条）

● **地方政府债券利息收入**

经国务院批准，现就地方政府债券利息有关所得税政策通知如下：

一、对企业和个人取得的 2012 年及以后年度发行的地方政府债券利息收入，免征企业所得税和个人所得税。

二、地方政府债券是指经国务院批准同意，以省、自治区、直辖市和计划单列市政府为发行和偿还主体的债券。

（摘自财税〔2013〕5 号）

经国务院批准，现就地方政府债券利息所得有关所得税政策通知如下：

一、对企业和个人取得的 2009 年、2010 年和 2011 年发行的地方政府债券利息所得，免征企业所得税和个人所得税。

二、地方政府债券是指经国务院批准，以省、自治区、直辖市和计划单列市政府为发行和偿还主体的债券。

（摘自财税〔2011〕76 号）

对企业和个人取得的 2011 年财政部代理发行的地方政府债券利息所得，免征企业所得税和个人所得税。

（摘自财库〔2011〕106 号第六条）

● **受灾地区企业取得的救灾和灾后恢复重建款项等收入**

（一）免税政策

自 2013 年 4 月 20 日起，对受灾地区企业通过公益性社会团体、县级以上人民政府及其部门取得的抗震救灾和灾后恢复重建款项和物资，以及税收法律、法规规定和国务院批准的减免税金及附加收入，免征企业所得税。

（摘自财税〔2013〕58 号第一条）

（二）受灾地区的范围

本通知所称"受灾地区"是指《四川芦山"4·20"强烈地震灾害评估报告》明确的极重灾区、重灾区和一般灾区。具体受灾地区范围见附件。

（摘自财税〔2013〕58 号第六条）

芦山地震受灾地区范围

灾区类别	地市	县（区、市）、乡镇
极重灾区	雅安市	芦山县
重灾区	雅安市	雨城区、天全县、名山区、荥经县、宝兴县
	成都市	邛崃市高何镇、天台山镇、道佐乡、火井镇、南宝乡、夹关镇
一般灾区	雅安市	汉源县、石棉县
	成都市	邛崃市（其他乡镇）、浦江县、大邑县
	眉山市	丹棱县、洪雅县、东坡区
	乐山市	金口河区、夹江县、峨眉山市、峨边彝族自治县
	甘孜州	泸定县、康定县
	凉山州	甘洛县

（摘自财税〔2013〕58 号附件）

（三）关于税收政策的执行期限

以上税收政策，凡未注明具体期限的，一律执行至 2015 年 12 月 31 日。各地财政、税务部门和各直属海关要加强领导、周密部署，把大力支持灾后恢复重建工作作为当前的一项重要任务，贯彻落实好相关税收优惠政策。同时，要密切关注税收政策的执行情况，对发现的问题及时逐级向财政部、海关总署、国家税务总局反映。

（摘自财税〔2013〕58 号第七条）

- **铁路发展基金收益**

铁路发展基金当期自身可分配收益不足以支付社会投资人约定回报时，对中国铁路总公司用于补足铁路发展基金收益的支出允许在中国铁路总公司税前成本中列支；对中国铁路发展基金股份有限公司获得的上述收益，免征企业所得税。

上述政策的执行期限为 2014 年 1 月日至 2018 年 12 月 31 日。

（摘自财税〔2014〕56 号第一条）

17.2.1.6　《符合条件的居民企业之间的股息、红利等权益性投资收益优惠明细表》（A107011）政策

- **实施条例对符合条件的居民企业之间的股息、红利等权益性投资收益的解释**

企业所得税法第二十六条第（二）项所称符合条件的居民企业之间的股息、红利等权益性投资收益，是指居民企业直接投资于其他居民企业取得的投资收益。企业所得税法第二十六条第（二）项和第（三）项所称股息、红利等权益性投资收益，不包括连续持有居民企业公开发行并上市流通的股票不足 12 个月取得的投资收益。

（摘自《企业所得税法实施条例》第八十三条）

- **分配 2007 年度及以前年度累积未分配利润而形成的股息、红利享受免税**

2008 年 1 月 1 日以后，居民企业之间分配属于 2007 年度及以前年度的累积未分配利润而形成的股息、红利等权益性投资收益，均应按照企业所得税法第二十六条及实施条例第十七条、第八十三条的规定处理。

（摘自财税〔2009〕69 号第四条）

17.2.2　减计收入

17.2.2.1　《综合利用资源生产产品取得的收入优惠明细表》（A107012）政策
- **资源综合利用产品收入减按 90％计入当年收入总额**

企业所得税法第三十三条所称减计收入，是指企业以《资源综合利用企业所得税优惠目录》规定的资源作为主要原材料，生产国家非限制和禁止并符合国家和行业相关标准的产品取得的收入，减按 90％计入收入总额。

前款所称原材料占生产产品材料的比例不得低于《资源综合利用企业所得税优惠目录》规定的标准。

（摘自《企业所得税法实施条例》第九十九条）

企业自 2008 年 1 月 1 日起以《目录》中所列资源为主要原材料，生产《目录》内符合国家或行业相关标准的产品取得的收入，在计算应纳税所得额时，减按 90％计入当年收入总额。享受上述税收优惠时，《目录》内所列资源占产品原料的比例应符合《目录》规定的技术标准。

（摘自财税〔2008〕47 号第一条）

- **不符合实施条例和《目录》规定范围、条件和技术标准的项目不得享受优惠政策**

企业从事不符合实施条例和《目录》规定范围、条件和技术标准的项目，不得享受资源综合利用企业所得税优惠政策。

（摘自财税〔2008〕47 号第三条）

- **资源综合利用税收优惠管理**

为贯彻落实资源综合利用的企业所得税优惠政策，现就有关管理问题通知如下：

（一）本通知所称资源综合利用企业所得税优惠的解释

本通知所称资源综合利用企业所得税优惠，是指企业自 2008 年 1 月 1 日起以《资源综合利用企业所得税优惠目录（2008 年版）》（以下简称《目录》）规定的资源作为主要原材料，生产国家非限制和非禁止并符合国家及行业相关标准的产品取得的收入，减按 90％计入企业当年收入总额。

（摘自国税函〔2009〕185 号第一条）

（二）申请享受资源综合利用企业所得税优惠的条件

经资源综合利用主管部门按《目录》规定认定的生产资源综合利用产品的企业（不包括仅对资源综合利用工艺和技术进行认定的企业），取得《资源综合利用认定证书》，可按本通知规定申请享受资源综合利用企业所得税优惠。

（摘自国税函〔2009〕185 号第二条）

（三）企业资源综合利用产品的认定程序

企业资源综合利用产品的认定程序，按《国家发展改革委财政部国家税务总局关于印发〈国家鼓励的资源综合利用认定管理办法〉的通知》（发改环资〔2006〕1864 号）的规定执行。

（摘自国税函〔2009〕185 号第三条）

（四）2008 年 1 月 1 日之前认定的企业需要重新认定

2008 年 1 月 1 日之前经资源综合利用主管部门认定取得《资源综合利用认定证书》的企业，应按本通知第二条、第三条的规定，重新办理认定并取得《资源综合利用认定证书》，方可申请享受资源综合利用企业所得税优惠。

（摘自国税函〔2009〕185 号第四条）

（五）收入没有分开核算的不得享受资源综合利用企业所得税优惠

企业从事非资源综合利用项目取得的收入与生产资源综合利用产品取得的收入没有分开核算的，不得享受资源综合利用企业所得税优惠。

（摘自国税函〔2009〕185 号第五条）

（六）备案管理

税务机关对资源综合利用企业所得税优惠实行备案管理。备案管理的具体程序，按照国家税务总局的相关规定执行。

（摘自国税函〔2009〕185 号第六条）

（七）经营状况发生变化而不符合《目录》规定条件的停止享受优惠政策

享受资源综合利用企业所得税优惠的企业因经营状况发生变化而不符合《目录》规定的条件的，应自发生变化之日起 15 个工作日内向主管税务机关报告，并停止享受资源综合利用企业所得税优惠。

（摘自国税函〔2009〕185 号第七条）

（八）采用欺骗等手段获取优惠，或者因经营状况发生变化而不符合优惠条件未及时报告的处理

企业实际经营情况不符合《目录》规定条件，采用欺骗等手段获取企业所得税优惠，或者因经营状况发生变化而不符合享受优惠条件，但未及时向主管税务机关报告的，按照税收征管法及其实施细则的有关规定进行处理。

（摘自国税函〔2009〕185 号第八条）

（九）税务机关应对企业的实际经营情况进行监督检查

税务机关应对企业的实际经营情况进行监督检查。税务机关发现资源综合利用主管部门认定有误的，应停止企业享受资源综合利用企业所得税优惠，并及时与有关认定部门协调沟通，提请纠正，已经享受的优惠税额应予追缴。

（摘自国税函〔2009〕185 号第九条）

（十）可省市可制定具体管理办法

各省、自治区、直辖市和计划单列市国家税务局、地方税务局可根据本通知制定具体管理办法。

（摘自国税函〔2009〕185 号第十条）

（十一）执行日期

本通知自 2008 年 1 月 1 日起执行。

（摘自国税函〔2009〕185 号第十一条）

17.2.2.2　《金融、保险等机构取得的涉农利息、保费收入优惠明细表》（A107013）政策

● **财税〔2014〕102 号文件的规定（自 2014 年 1 月 1 日至 2016 年 12 月 31 日执行）**

为继续支持农村金融发展，解决农民贷款难问题，经国务院批准，现就农村金融有关税收政策通知如下：

一、自 2014 年 1 月 1 日至 2016 年 12 月 31 日，对金融机构农户小额贷款的利息收入，免征营业税。

二、自 2014 年 1 月 1 日至 2016 年 12 月 31 日，对金融机构农户小额贷款的利息收入，在计算应纳税所得额时，按 90% 计入收入总额。

三、自 2014 年 1 月 1 日至 2016 年 12 月 31 日，对保险公司为种植业、养殖业提供保险业务取得的保费收入，在计算应纳税所得额时，按 90% 计入收入总额。

四、本通知所称农户，是指长期（一年以上）居住在乡镇（不包括城关镇）行政管理区域内的住户，还包括长期居住在城关镇所辖行政村范围内的住户和户口不在本地而在本地居住一年以上的住户，国有农场的职工和农村个体工商户。位于乡镇（不包括城关镇）行政管理区域内和在城关镇所辖行政村范围内的国有经济的机关、团体、学校、企事业单位的集体户；有本地户口，但举家外出谋生一年以上的住户，无论是否保留承包耕地均不属于农户。农户以户为统计单位，既可以从事农业生产经营，也可以从事非农业生产经营。农户贷款的判定应以贷款发放时的承贷主体是否属于农户为准。

本通知所称小额贷款，是指单笔且该户贷款余额总额在 10 万元（含）以下贷款。

本通知所称保费收入，是指原保险保费收入加上分保费收入减去分出保费后的余额。

五、金融机构应对符合条件的农户小额贷款利息收入进行单独核算，不能单独核算的不得适用本通知第一条、第二条规定的优惠政策。

● **财税〔2010〕35 号文件的规定，中和农信项目管理有限公司和中国扶贫基金会举办的农户自立服务社（中心）从事农户小额贷款取得的利息收入参照执行**

为支持农村金融发展，根据国务院的批复精神，现就中国扶贫基金会小额信贷试点项目有关税收政策通知如下：

一、中和农信项目管理有限公司和中国扶贫基金会举办的农户自立服务社（中心）从事农户小额贷款取得的利息收入，按照《财政部国家税务总局关于农村金融有关税收政策的通知》（财税〔2010〕4 号）第一条、第二条规定执行营业税和企业所得税优惠政策。

二、中和农项目管理有限公司和中国扶贫基金会举办的农户自立服务社（中心）应对符合条件的农户小额贷款利息收入进行单独核算，不能单独核算的不得适用本通知规定的优惠政策。

三、已征的应予免征的营业税税款，在以后的应纳营业税税额中抵减或者予以退税。

（摘自财税〔2010〕35 号）

● **财税〔2012〕33 号文件的规定，中和农信项目管理有限公司独资成立的小额贷款公司参照执行**

鉴于中国扶贫基金会为规范小额信贷的管理，逐步将下属的农户自立服务社（中心）

转型为由中和农信项目管理有限公司独资成立的小额贷款公司。经研究，同意中和农信项目管理有限公司独资成立的小额贷款公司按照《财政部国家税务总局关于中国扶贫基金会小额信贷试点项目税收政策的通知》（财税〔2010〕35 号）的规定，享受有关税收优惠政策。

（摘自财税〔2012〕33 号）

17.2.2.3　中国铁路建设债券利息

根据《研究"十二五"后三年铁路建设总体安排有关问题的会议纪要》（国阅〔2012〕80 号）和《国务院关于组建中国铁路总公司有关问题的批复》（国函〔2013〕47 号），现就企业取得中国铁路建设债券利息收入有关企业所得税政策通知如下：

一、对企业持有 2014 年和 2015 年发行的中国铁路建设债券取得的利息收入，减半征收企业所得税。

二、中国铁路建设债券是指经国家发展改革委核准，以中国铁路总公司为发行和偿还主体的债券。

（摘自财税〔2014〕2 号）

经国务院批准，现就企业取得中国铁路建设债券利息收入有关企业所得税政策通知如下：

一、对企业持有 2011—2013 年发行的中国铁路建设债券取得的利息收入，减半征收企业所得税。

二、中国铁路建设债券是指经国家发展改革委核准，以铁道部为发行和偿还主体的债券。

（摘自财税〔2011〕99 号）

17.2.3　加计扣除

17.2.3.1　企业所得税法的规定

企业的下列支出，可以在计算应纳税所得额时加计扣除：

（一）开发新技术、新产品、新工艺发生的研究开发费用；

（二）安置残疾人员及国家鼓励安置的其他就业人员所支付的工资。

（摘自《企业所得税法》第三十条）

企业所得税法第三十条第（一）项所称研究开发费用的加计扣除，是指企业为开发新技术、新产品、新工艺发生的研究开发费用，未形成无形资产计入当期损益的，在按照规定据实扣除的基础上，按照研究开发费用的 50％加计扣除；形成无形资产的，按照无形资产成本的 150％摊销。

（摘自《企业所得税法实施条例》第九十五条）

17.2.3.2　《研发费用加计扣除优惠明细表》（A107014）政策

● **自 2016 年 1 月 1 日起执行的政策**

◆ 研发活动及研发费用归集范围

本通知所称研发活动，是指企业为获得科学与技术新知识，创造性运用科学技术新知识，或实质性改进技术、产品（服务）、工艺而持续进行的具有明确目标的系统性活动。

（一）允许加计扣除的研发费用。

企业开展研发活动中实际发生的研发费用，未形成无形资产计入当期损益的，在按规定据实扣除的基础上，按照本年度实际发生额的 50％，从本年度应纳税所得额中扣除；形成无形资产的，按照无形资产成本的 150％在税前摊销。研发费用的具体范围包括：

1. 人员人工费用。

直接从事研发活动人员的工资薪金、基本养老保险费、基本医疗保险费、失业保险费、工伤保险费、生育保险费和住房公积金，以及外聘研发人员的劳务费用。

2. 直接投入费用。

（1）研发活动直接消耗的材料、燃料和动力费用。

（2）用于中间试验和产品试制的模具、工艺装备开发及制造费，不构成固定资产的样品、样机及一般测试手段购置费，试制产品的检验费。

（3）用于研发活动的仪器、设备的运行维护、调整、检验、维修等费用，以及通过经营租赁方式租入的用于研发活动的仪器、设备租赁费。

3. 折旧费用。

用于研发活动的仪器、设备的折旧费。

4. 无形资产摊销。

用于研发活动的软件、专利权、非专利技术（包括许可证、专有技术、设计和计算方法等）的摊销费用。

5. 新产品设计费、新工艺规程制定费、新药研制的临床试验费、勘探开发技术的现场试验费。

6. 其他相关费用。

与研发活动直接相关的其他费用，如技术图书资料费、资料翻译费、专家咨询费、高新科技研发保险费，研发成果的检索、分析、评议、论证、鉴定、评审、评估、验收费用，知识产权的申请费、注册费、代理费，差旅费、会议费等。此项费用总额不得超过可加计扣除研发费用总额的 10％。

7. 财政部和国家税务总局规定的其他费用。

（二）下列活动不适用税前加计扣除政策。

1. 企业产品（服务）的常规性升级。

2. 对某项科研成果的直接应用，如直接采用公开的新工艺、材料、装置、产品、服务或知识等。

3. 企业在商品化后为顾客提供的技术支持活动。

4. 对现存产品、服务、技术、材料或工艺流程进行的重复或简单改变。

5. 市场调查研究、效率调查或管理研究。

6. 作为工业（服务）流程环节或常规的质量控制、测试分析、维修维护。

7. 社会科学、艺术或人文学方面的研究。

（摘自财税〔2015〕119 号）

◆ 特别事项的处理

1. 企业委托外部机构或个人进行研发活动所发生的费用，按照费用实际发生额的 80％计入委托方研发费用并计算加计扣除，受托方不得再进行加计扣除。委托外部研究开发费用实际发生额应按照独立交易原则确定。

委托方与受托方存在关联关系的，受托方应向委托方提供研发项目费用支出明细情况。

企业委托境外机构或个人进行研发活动所发生的费用，不得加计扣除。

2. 企业共同合作开发的项目，由合作各方就自身实际承担的研发费用分别计算加计扣除。

3. 企业集团根据生产经营和科技开发的实际情况，对技术要求高、投资数额大，需要集中研发的项目，其实际发生的研发费用，可以按照权利和义务相一致、费用支出和收益分享相配比的原则，合理确定研发费用的分摊方法，在受益成员企业间进行分摊，由相关成员企业分别计算加计扣除。

4. 企业为获得创新性、创意性、突破性的产品进行创意设计活动而发生的相关费用，可按照本通知规定进行税前加计扣除。

创意设计活动是指多媒体软件、动漫游戏软件开发，数字动漫、游戏设计制作；房屋建筑工程设计（绿色建筑评价标准为三星）、风景园林工程专项设计；工业设计、多媒体设计、动漫及衍生产品设计、模型设计等。

（摘自财税〔2015〕119 号）

◆ 会计核算与管理

1. 企业应按照国家财务会计制度要求，对研发支出进行会计处理；同时，对享受加计扣除的研发费用按研发项目设置辅助账，准确归集核算当年可加计扣除的各项研发费用实际发生额。企业在一个纳税年度内进行多项研发活动的，应按照不同研发项目分别归集可加计扣除的研发费用。

2. 企业应对研发费用和生产经营费用分别核算，准确、合理归集各项费用支出，对划分不清的，不得实行加计扣除。

（摘自财税〔2015〕119 号）

◆ 不适用税前加计扣除政策的行业

1. 烟草制造业。

2. 住宿和餐饮业。

3. 批发和零售业。

4. 房地产业。

5. 租赁和商务服务业。

6. 娱乐业。

7. 财政部和国家税务总局规定的其他行业。

上述行业以《国民经济行业分类与代码（GB/4754—2011）》为准，并随之更新。

（摘自财税〔2015〕119 号）

◆ 管理事项及征管要求

1. 本通知适用于会计核算健全、实行查账征收并能够准确归集研发费用的居民企业。

2. 企业研发费用各项目的实际发生额归集不准确、汇总额计算不准确的，税务机关有权对其税前扣除额或加计扣除额进行合理调整。

3. 税务机关对企业享受加计扣除优惠的研发项目有异议的，可以转请地市级（含）以上科技行政主管部门出具鉴定意见，科技部门应及时回复意见。企业承担省部级（含）以上科研项目的，以及以前年度已鉴定的跨年度研发项目，不再需要鉴定。

4. 企业符合本通知规定的研发费用加计扣除条件而在 2016 年 1 月 1 日以后未及时享受该项税收优惠的，可以追溯享受并履行备案手续，追溯期限最长为 3 年。

5. 税务部门应加强研发费用加计扣除优惠政策的后续管理，定期开展核查，年度核查面不得低于 20%。

（摘自财税〔2015〕119 号）

◆ 执行时间

六、执行时间

本通知自 2016 年 1 月 1 日起执行。《国家税务总局关于印发〈企业研究开发费用税前扣除管理办法（试行）〉的通知》（国税发〔2008〕116 号）和《财政部国家税务总局关于研究开发费用税前加计扣除有关政策问题的通知》（财税〔2013〕70 号）同时废止。

（摘自财税〔2015〕119 号）

● 自 2016 年 1 月 1 日起废止的政策

◆ 研究开发活动的解释

本办法所称研究开发活动是指企业为获得科学与技术（不包括人文、社会科学）新知识，创造性运用科学技术新知识，或实质性改进技术、工艺、产品（服务）而持续进行的具有明确目标的研究开发活动。

创造性运用科学技术新知识，或实质性改进技术、工艺、产品（服务），是指企业通过研究开发活动在技术、工艺、产品（服务）方面的创新取得了有价值的成果，对本地区（省、自治区、直辖市或计划单列市）相关行业的技术、工艺领先具有推动作用，不包括企业产品（服务）的常规性升级或对公开的科研成果直接应用等活动（如直接采用公开的新工艺、材料、装置、产品、服务或知识等）。

（摘自国税发〔2008〕116 号第三条）

◆ 适用企业研究开发费用税前扣除的企业范围

本办法适用于财务核算健全并能准确归集研究开发费用的居民企业（以下简称企业）。

（摘自国税发〔2008〕116 号第二条）

◆ 允许加计扣除的研究开发费用范围

1. 国税发〔2008〕116 号文件规定的范围

企业从事《国家重点支持的高新技术领域》和国家发展改革委员会等部门公布的《当前优先发展的高技术产业化重点领域指南（2007 年度）》规定项目的研究开发活动，其在一个纳税年度中实际发生的下列费用支出，允许在计算应纳税所得额时按照规定实行加计扣除。

（一）新产品设计费、新工艺规程制定费以及与研发活动直接相关的技术图书资料费、资料翻译费。

（二）从事研发活动直接消耗的材料、燃料和动力费用。

（三）在职直接从事研发活动人员的工资、薪金、奖金、津贴、补贴。

（四）专门用于研发活动的仪器、设备的折旧费或租赁费。

（五）专门用于研发活动的软件、专利权、非专利技术等无形资产的摊销费用。

（六）专门用于中间试验和产品试制的模具、工艺装备开发及制造费。

（七）勘探开发技术的现场试验费。

（八）研发成果的论证、评审、验收费用。

（摘自国税发〔2008〕116 号第四条）

2. 财税〔2013〕70 号文件扩大了范围

企业从事研发活动发生的下列费用支出，可纳入税前加计扣除的研究开发费用范围：

（一）企业依照国务院有关主管部门或者省级人民政府规定的范围和标准为在职直接从事研发活动人员缴纳的基本养老保险费、基本医疗保险（放心保）费、失业保险费、工伤保险费、生育保险费和住房公积金。

（二）专门用于研发活动的仪器、设备的运行维护、调整、检验、维修等费用。

（三）不构成固定资产的样品、样机及一般测试手段购置费。

（四）新药研制的临床试验费。

（五）研发成果的鉴定费用。

（摘自财税〔2013〕70 号第一条）

◆ 不允许计入研究开发费用的范围

第八条法律、行政法规和国家税务总局规定不允许企业所得税前扣除的费用和支出项目，均不允许计入研究开发费用。

（摘自国税发〔2008〕116 号第八条）

◆ 合作开发项目研发费用加计扣除

对企业共同合作开发的项目，凡符合上述条件的，由合作各方就自身承担的研发费用分别按照规定计算加计扣除。

（摘自国税发〔2008〕116 号第五条）

◆ 委托开发项目研发费用加计扣除

对企业委托给外单位进行开发的研发费用，凡符合上述条件的，由委托方按照规定计算加计扣除，受托方不得再进行加计扣除。

对委托开发的项目，受托方应向委托方提供该研发项目的费用支出明细情况，否则，该委托开发项目的费用支出不得实行加计扣除。

（摘自国税发〔2008〕116 号第六条）

◆ 研发费用收益化或资本化处理加计扣除的计算

企业根据财务会计核算和研发项目的实际情况，对发生的研发费用进行收益化或资本化处理的，可按下述规定计算加计扣除：

（一）研发费用计入当期损益未形成无形资产的，允许再按其当年研发费用实际发生额的 50%，直接抵扣当年的应纳税所得额。

（二）研发费用形成无形资产的，按照该无形资产成本的 150% 在税前摊销。除法律另有规定外，摊销年限不得低于 10 年。

（摘自国税发〔2008〕116 号第七条）

◆ 研究开发费用核算要求

1. 未分开核算不得加计扣除

企业未设立专门的研发机构或企业研发机构同时承担生产经营任务的，应对研发费用和生产经营费用分开进行核算，准确、合理的计算各项研究开发费用支出，对划分不清的，不得实行加计扣除。

（摘自国税发〔2008〕116 号第九条）

2. 专账管理、准确归集各项研究开发费用实际发生金额

企业必须对研究开发费用实行专账管理，同时必须按照本办法附表的规定项目，准确归集填写年度可加计扣除的各项研究开发费用实际发生金额。企业应于年度汇算清缴所得税申报时向主管税务机关报送本办法规定的相应资料。申报的研究开发费用不真实或者资料不齐全的，不得享受研究开发费用加计扣除，主管税务机关有权对企业申报的结果进行合理调整。

企业在一个纳税年度内进行多个研究开发活动的，应按照不同开发项目分别归集可加计扣除的研究开发费用额。

（摘自国税发〔2008〕116 号第十条）

◆ 申请研究开发费加计扣除应提供的资料

1. 应向主管税务机关报送的资料

企业申请研究开发费加计扣除时，应向主管税务机关报送如下资料：

（一）自主、委托、合作研究开发项目计划书和研究开发费预算。

（二）自主、委托、合作研究开发专门机构或项目组的编制情况和专业人员名单。

（三）自主、委托、合作研究开发项目当年研究开发费用发生情况归集表。

（四）企业总经理办公会或董事会关于自主、委托、合作研究开发项目立项的决议文件。

（五）委托、合作研究开发项目的合同或协议。

（六）研究开发项目的效用情况说明、研究成果报告等资料。

（摘自国税发〔2008〕116 号第十一条）

2. 研发项目可加计扣除研究开发费用情况归集表样式

研发项目可加计扣除研究开发费用情况归集表（已计入无形资产成本的费用除外）

纳税人名称（公章）：　　　　　　　　　　纳税人识别号：

一年度（季度）　　　　　　　　　　　　　　　　　　　金额单位：元

序号	费用项目	发生额
1	一、研发活动直接消耗的材料、燃料和动力费用	
2	1. 材料	
3	2. 燃料	
4	3. 动力费用	
5		
6	二、直接从事研发活动的本企业在职人员费用	
7	1. 工资、薪金	
8	2. 津贴、补贴	
9	3. 奖金	
10		
11		
12	三、专门用于研发活动的有关折旧费（按规定一次或分次摊入管理费的仪器和设备除外）	
13	1. 仪器	
14	2. 设备	
15		
16	四、专门用于研发活动的有关租赁费	
17	1. 仪器	
18	2. 设备	
19		
20	五、专门用于研发活动的有关无形资产摊销费	
21	1. 软件	
22	2. 专利权	
23	3. 非专利技术	
24		
25	六、专门用于中间试验和产品试制的模具、工艺装备开发及制造费	
26		
27	七、研发成果论证、鉴定、评审、验收费用	
28		
29	八、与研发活动直接相关的其他费用	
30	1. 新产品设计费	
31	2. 新工艺规程制定费	
32	3. 技术图书资料费	
33	4. 资料翻译费	
34		
35	合计数（1＋2＋3……＋34）	
36	从有关部门和母公司取得的研究开发费专项拨款	
37	加计扣除额（35－36）×50%	

（摘自国税发〔2008〕116 号附件）

3. 企业可以聘请事务所出具专项审计报告或鉴证报告

企业可以聘请具有资质的会计师事务所或税务师事务所，出具当年可加计扣除研发费用专项审计报告或鉴证报告。

（摘自财税〔2013〕70 号第二条）

◆ 年度申报和汇算清缴时再加计扣除

企业实际发生的研究开发费，在年度中间预缴所得税时，允许据实计算扣除，在年度终了进行所得税年度申报和汇算清缴时，再依照本办法的规定计算加计扣除。

（摘自国税发〔2008〕116 号第十二条）

◆ 税务机关审核调整范围

1. 主管税务机关有异议可要求提供政府科技部门的鉴定意见书

主管税务机关对企业申报的研究开发项目有异议的，可要求企业提供政府科技部门的鉴定意见书。

（摘自国税发〔2008〕116 号第十三条）

主管税务机关对企业申报的研究开发项目有异议的，可要求企业提供地市级（含）以上政府科技部门出具的研究开发项目鉴定意见书。

（摘自财税〔2013〕70 号第三条）

2. 实际发生额归集不准确、汇总额计算不准确的主管税务机关有权调整

企业研究开发费各项目的实际发生额归集不准确、汇总额计算不准确的，主管税务机关有权调整其税前扣除额或加计扣除额。

（摘自国税发〔2008〕116 号第十四条）

◆ 企业集团研究开发费加计扣除

1. 集中开发的可按合理方法分摊

企业集团根据生产经营和科技开发的实际情况，对技术要求高、投资数额大，需要由集团公司进行集中开发的研究开发项目，其实际发生的研究开发费，可以按照合理的分摊方法在受益集团成员公司间进行分摊。

（摘自国税发〔2008〕116 号第十五条）

2. 集中开发应提供开发项目的协议

第十六条企业集团采取合理分摊研究开发费的，企业集团应提供集中研究开发项目的协议或合同，该协议或合同应明确规定参与各方在该研究开发项目中的权利和义务、费用分摊方法等内容。如不提供协议或合同，研究开发费不得加计扣除。

（摘自国税发〔2008〕116 号第十六条）

3. 分摊方法的确定原则

企业集团采取合理分摊研究开发费的，企业集团集中研究开发项目实际发生的研究开发费，应当按照权利和义务、费用支出和收益分享一致的原则，合理确定研究开发费用的分摊方法。

（摘自国税发〔2008〕116 号第十七条）

4. 集中开发的母公司负责编制立项书、研究开发费用预算表、决算表和决算分摊表

企业集团采取合理分摊研究开发费的，企业集团母公司负责编制集中研究开发项目的立项书、研究开发费用预算表、决算表和决算分摊表。

（摘自国税发〔2008〕116 号第十八条）

5. 分摊方法和金额有争议的裁决

税企双方对企业集团集中研究开发费的分摊方法和金额有争议的，如企业集团成员公司设在不同省、自治区、直辖市和计划单列市的，企业按照国家税务总局的裁决意见扣除实际分摊的研究开发费；企业集团成员公司在同一省、自治区、直辖市和计划单列市的，

企业按照省税务机关的裁决意见扣除实际分摊的研究开发费。

（摘自国税发〔2008〕116 号第十九条）

17.2.3.3 安置残疾人员及国家鼓励安置的其他就业人员所支付的工资

● **实施条例对企业安置残疾人员所支付的工资的加计扣除的解释**

企业所得税法第三十条第（二）项所称企业安置残疾人员所支付的工资的加计扣除，是指企业安置残疾人员的，在按照支付给残疾职工工资据实扣除的基础上，按照支付给残疾职工工资的 100％加计扣除。残疾人员的范围适用《中华人民共和国残疾人保障法》的有关规定。

企业所得税法第三十条第（二）项所称企业安置国家鼓励安置的其他就业人员所支付的工资的加计扣除办法，由国务院另行规定。

（摘自《企业所得税法实施条例》第九十六条）

● **支付给残疾职工的工资加计扣除 100％**

企业安置残疾人员的，在按照支付给残疾职工工资据实扣除的基础上，可以在计算应纳税所得额时按照支付给残疾职工工资的 100％加计扣除。

企业就支付给残疾职工的工资，在进行企业所得税预缴申报时，允许据实计算扣除；在年度终了进行企业所得税年度申报和汇算清缴时，再依照本条第一款的规定计算加计扣除。

（摘自财税〔2009〕70 号第一条）

● **残疾人员的范围**

残疾人员的范围适用《中华人民共和国残疾人保障法》的有关规定。

（摘自财税〔2009〕70 号第二条）

● **加计扣除应同时具备的条件**

企业享受安置残疾职工工资 100％加计扣除应同时具备如下条件：

（一）依法与安置的每位残疾人签订了 1 年以上（含 1 年）的劳动合同或服务协议，并且安置的每位残疾人在企业实际上岗工作。

（二）为安置的每位残疾人按月足额缴纳了企业所在区县人民政府根据国家政策规定的基本养老保险、基本医疗保险、失业保险和工伤保险等社会保险。

（三）定期通过银行等金融机构向安置的每位残疾人实际支付了不低于企业所在区县适用的经省级人民政府批准的最低工资标准的工资。

（四）具备安置残疾人上岗工作的基本设施。

（摘自财税〔2009〕70 号第三条）

● **备案手续**

企业应在年度终了进行企业所得税年度申报和汇算清缴时，向主管税务机关报送本通知第四条规定的相关资料、已安置残疾职工名单及其《中华人民共和国残疾人证》或《中华人民共和国残疾军人证（1 至 8 级）》复印件和主管税务机关要求提供的其他资料，办理享受企业所得税加计扣除优惠的备案手续。

（摘自财税〔2009〕70 号第四条）

● **汇算清缴结束后主管税务机关应核实情况**

在企业汇算清缴结束后，主管税务机关在对企业进行日常管理、纳税评估和纳税检查时，应对安置残疾人员企业所得税加计扣除优惠的情况进行核实。

（摘自财税〔2009〕70 号第五条）

17.3 《所得减免优惠明细表》及附表法规指引

17.3.1 企业所得税法规定的免征、减征所得

企业的下列所得，可以免征、减征企业所得税：

（一）从事农、林、牧、渔业项目的所得；

（二）从事国家重点扶持的公共基础设施项目投资经营的所得；

（三）从事符合条件的环境保护、节能节水项目的所得；

（四）符合条件的技术转让所得；

（五）本法第三条第三款规定的所得。

（摘自《企业所得税法》第二十七条）

17.3.2 从事农、林、牧、渔业项目的所得

17.3.2.1 实施条例规定的具体办法

企业所得税法第二十七条第（一）项规定的企业从事农、林、牧、渔业项目的所得，可以免征、减征企业所得税，是指：

（一）企业从事下列项目的所得，免征企业所得税：

1. 蔬菜、谷物、薯类、油料、豆类、棉花、麻类、糖料、水果、坚果的种植；

2. 农作物新品种的选育；

3. 中药材的种植；

4. 林木的培育和种植；

5. 牲畜、家禽的饲养；

6. 林产品的采集；

7. 灌溉、农产品初加工、兽医、农技推广、农机作业和维修等农、林、牧、渔服业项目；

8. 远洋捕捞。

（二）企业从事下列项目的所得，减半征收企业所得税：

1. 花卉、茶以及其他饮料作物和香料作物的种植；

2. 海水养殖、内陆养殖。

企业从事国家限制和禁止发展的项目，不得享受本条规定的企业所得税优惠。

（摘自《企业所得税法实施条例》第八十六条）

17.3.2.2 相关税法规定

财税〔2008〕149号、国税函〔2008〕850号、国税函〔2009〕779号、国家税务总局公告2010年第2号、财税〔2011〕26号、国家税务总局公告2011年第48号。

17.3.3 从事国家重点扶持的公共基础设施项目投资经营的所得

17.3.3.1 实施条例规定的具体办法

企业所得税法第二十七条第（二）项所称国家重点扶持的公共基础设施项目，是指《公共基础设施项目企业所得税优惠目录》规定的港口码头、机场、铁路、公路、城市公共

交通、电力、水利等项目。

　　企业从事前款规定的国家重点扶持的公共基础设施项目的投资经营的所得，自项目取得第一笔生产经营收入所属纳税年度起，第一年至第三年免征企业所得税，第四年至第六年减半征收企业所得税。

　　企业承包经营、承包建设和内部自建自用本条规定的项目，不得享受本条规定的企业所得税优惠。

（摘自《企业所得税法实施条例》第八十七条）

　　依照本条例第八十七条和第八十八条规定享受减免税优惠的项目，在减免税期限内转让的，受让方自受让之日起，可以在剩余期限内享受规定的减免税优惠；减免税期限届满后转让的，受让方不得就该项目重复享受减免税优惠。

（摘自《企业所得税法实施条例》第八十九条）

17.3.3.2　相关税法规定

　　国税发〔2009〕80 号、财税〔2012〕10 号、财税〔2012〕30 号第五条、国家税务总局公告 2013 年第 26 号、财税〔2014〕55 号。

17.3.4　从事符合条件的环境保护、节能节水项目的所得

17.3.4.1　国务院规定的具体办法

　　企业所得税法第二十七条第（三）项所称符合条件的环境保护、节能节水项目，包括公共污水处理、公共垃圾处理、沼气综合开发利用、节能减排技术改造、海水淡化等。项目的具体条件和范围由国务院财政、税务主管部门商国务院有关部门制订，报国务院批准后公布施行。

　　企业从事前款规定的符合条件的环境保护、节能节水项目的所得，自项目取得第一笔生产经营收入所属纳税年度起，第一年至第三年免征企业所得税，第四年至第六年减半征收企业所得税。

（摘自《企业所得税法实施条例》第八十八条）

　　依照本条例第八十七条和第八十八条规定享受减免税优惠的项目，在减免税期限内转让的，受让方自受让之日起，可以在剩余期限内享受规定的减免税优惠；减免税期限届满后转让的，受让方不得就该项目重复享受减免税优惠。

（摘自《企业所得税法实施条例》第八十九条）

　　节能服务公司实施合同能源管理项目，符合税法有关规定的，自项目取得第一笔生产经营收入所属纳税年度起，第一年至第三年免征企业所得税，第四年至第六年减半征收企业所得税。

　　上述税收政策的具体实施办法由财政部、税务总局会同发展改革委等部门另行制定。

（摘自国办发〔2010〕25 号第三条）

17.3.4.2　相关税法规定

　　财税〔2009〕166 号、财税〔2010〕110 号、国家税务总局国家发展改革委公告 2013 年第 77 号。

17.3.5　符合条件的技术转让所得

17.3.5.1　实施条例规定的具体办法

　　企业所得税法第二十七条第（四）项所称符合条件的技术转让所得免征、减征企业所得税，是指一个纳税年度内，居民企业技术转让所得不超过 500 万元的部分，免征企业所

得税；超过 500 万元的部分，减半征收企业所得税。

（摘自《企业所得税法实施条例》第九十条）

17.3.5.2　享受减免税优惠的技术转让应符合的条件

根据企业所得税法第二十七条第（四）项规定，享受减免企业所得税优惠的技术转让应符合以下条件：

（一）享受优惠的技术转让主体是企业所得税法规定的居民企业；

（二）技术转让属于财政部、国家税务总局规定的范围；

（三）境内技术转让经省级以上科技部门认定；

（四）向境外转让技术经省级以上商务部门认定；

（五）国务院税务主管部门规定的其他条件。

（摘自国税函〔2009〕212号第一条）

17.3.5.3　符合条件的技术转让所得的计算方法

符合条件的技术转让所得应按以下方法计算：

$$技术转让所得＝技术转让收入－技术转让成本－相关税费$$

技术转让收入是指当事人履行技术转让合同后获得的价款，不包括销售或转让设备、仪器、零部件、原材料等非技术性收入。不属于与技术转让项目密不可分的技术咨询、技术服务、技术培训等收入，不得计入技术转让收入。

技术转让成本是指转让的无形资产的净值，即该无形资产的计税基础减除在资产使用期间按照规定计算的摊销扣除额后的余额。

相关税费是指技术转让过程中实际发生的有关税费，包括除企业所得税和允许抵扣的增值税以外的各项税金及其附加、合同签订费用、律师费等相关费用及其他支出。

（摘自国税函〔2009〕212号第二条）

可以计入技术转让收入的技术咨询、技术服务、技术培训收入，是指转让方为使受让方掌握所转让的技术投入使用、实现产业化而提供的必要的技术咨询、技术服务、技术培训所产生的收入，并应同时符合以下条件：

（一）在技术转让合同中约定的与该技术转让相关的技术咨询、技术服务、技术培训；

（二）技术咨询、技术服务、技术培训收入与该技术转让项目收入一并收取价款。

（摘自国家税务总局公告2013年第62号第一条）

17.3.5.4　应单独计算技术转让所得，并合理分摊企业的期间费用

享受技术转让所得减免企业所得税优惠的企业，应单独计算技术转让所得，并合理分摊企业的期间费用；没有单独计算的，不得享受技术转让所得企业所得税优惠。

（摘自国税函〔2009〕212号第三条）

17.3.5.5　减免税备案手续

企业发生技术转让，应在纳税年度终了后至报送年度纳税申报表以前，向主管税务机关办理减免税备案手续。

（一）企业发生境内技术转让，向主管税务机关备案时应报送以下资料：

1. 技术转让合同（副本）；

2. 省级以上科技部门出具的技术合同登记证明；

3. 技术转让所得归集、分摊、计算的相关资料；

4. 实际缴纳相关税费的证明资料；

5. 主管税务机关要求提供的其他资料。

（二）企业向境外转让技术，向主管税务机关备案时应报送以下资料：

1. 技术出口合同（副本）；

2. 省级以上商务部门出具的技术出口合同登记证书或技术出口许可证；

3.　技术出口合同数据表；

4.　技术转让所得归集、分摊、计算的相关资料；

5.　实际缴纳相关税费的证明资料；

6.　主管税务机关要求提供的其他资料。

（摘自国税函〔2009〕212 号第四条）

17.3.5.6　居民企业技术转让优惠政策

（一）技术转让的范围

技术转让的范围，包括居民企业转让专利技术、计算机软件著作权、集成电路布图设计权、植物新品种、生物医药新品种，以及财政部和国家税务总局确定的其他技术。

其中：专利技术，是指法律授予独占权的发明、实用新型和非简单改变产品图案的外观设计。

（摘自财税〔2010〕111 号第一条）

（二）本通知所称技术转让的解释

本通知所称技术转让，是指居民企业转让其拥有符合本通知第一条规定技术的所有权或 5 年以上（含 5 年）全球独占许可使用权的行为。

（摘自财税〔2010〕111 号第二条）

（三）技术转让合同认定登记、禁止出口和限制出口技术转让所得不享受税收优惠

技术转让应签订技术转让合同。其中，境内的技术转让须经省级以上（含省级）科技部门认定登记，跨境的技术转让须经省级以上（含省级）商务部门认定登记，涉及财政经费支持产生技术的转让，需省级以上（含省级）科技部门审批。

居民企业技术出口应由有关部门按照商务部、科技部发布的《中国禁止出口限制出口技术目录》（商务部、科技部令 2008 年第 12 号）进行审查。居民企业取得禁止出口和限制出口技术转让所得，不享受技术转让减免企业所得税优惠政策。

（摘自财税〔2010〕111 号第三条）

（四）100％的关联方技术转让所得不享受税收优惠

居民企业从直接或间接持有股权之和达到 100％的关联方取得的技术转让所得，不享受技术转让减免企业所得税优惠政策。

（摘自财税〔2010〕111 号第四条）

17.3.5.7　关于中关村国家自主创新示范区技术转让试点政策

《中华人民共和国企业所得税法》及《中华人民共和国企业所得税法实施条例》（国务院令第 512 号）的规定，居民企业在一个纳税年度内，取得符合条件的技术转让所得不超过 500 万元的部分，免征企业所得税；超过 500 万元的部分，减半征收企业所得税。财政部、国家税务总局印发的《关于居民企业技术转让有关企业所得税政策问题的通知》（财税〔2010〕111 号）对符合条件的技术转让范围等事项进行了明确。为进一步推动技术转化为生产力，经国务院同意，现将中关村国家自主创新示范区内居民企业符合条件的技术转让所得享受企业所得税优惠政策试点的有关问题通知如下：

一、技术转让的范围，包括居民企业转让专利技术、计算机软件著作权、集成电路分布图设计权、植物新品种、生物医药新品种，以及财政部和国家税务总局确定的其他技术。其中：专利技术，是指法律授予独占权的发明、实用新型和非简单改变产品图案的外观设计。

二、本通知所称技术转让，是指居民企业将其拥有符合通知第一条规定技术的所有权或 5 年以上非独占许可使用权转让的行为。

三、技术转让应签订技术转让合同。其中，境内的技术转让须经省级以上（含省级）科技部门认定登记，跨境的技术转让须经省级以上（含省级）商务部门认定登记，涉及财

政经费支持产生技术的转让，需省级以上（含省级）科技部门审批。

居民企业技术出口应由有关部门按照商务部、科技部发布的《中国禁止出口限制出口技术目录》进行审查。居民企业取得禁止出口和限制出口技术转让所得，不享受技术转让减免企业所得税优惠政策。

四、居民企业从直接或间接持有股权之和达到 100％的关联方取得的技术转让所得，不享受技术转让减免企业所得税优惠政策。

五、本通知自 2013 年 1 月 1 日起至 2015 年 12 月 31 日止执行。

（摘自财税〔2013〕72 号）

17.3.6 非居民企业免税、减征所得

17.3.6.1 实施条例规定的具体办法

非居民企业取得企业所得税法第二十七条第（五）项规定的所得，减按 10％的税率征收企业所得税。

下列所得可以免征企业所得税：

（一）外国政府向中国政府提供贷款取得的利息所得；

（二）国际金融组织向中国政府和居民企业提供优惠贷款取得的利息所得；

（三）经国务院批准的其他所得。

（摘自《企业所得税法实施条例》第九十一条）

17.3.6.2 财税〔2009〕69 号文件的补充规定

实施条例第九十一条第（二）项所称国际金融组织，包括国际货币基金组织、世界银行、亚洲开发银行、国际开发协会、国际农业发展基金、欧洲投资银行以及财政部和国家税务总局确定的其他国际金融组织；所称优惠贷款，是指低于金融企业同期同类贷款利率水平的贷款。

（摘自财税〔2009〕69 号第六条）

17.3.7 所得减免其他专项优惠

17.3.7.1 实施清洁发展机制项目

关于 CDM 项目实施企业的企业所得税政策

（一）CDM 项目实施企业按照《清洁发展机制项目运行管理办法》（发展改革委、科技部、外交部、财政部令第 37 号）的规定，将温室气体减排量的转让收入，按照以下比例上缴给国家的部分，准予在计算应纳税所得额时扣除：

1. 氢氟碳化物（HFC）和全氟碳化物（PFC）类项目，为温室气体减排量转让收入的 65％；

2. 氧化亚氮（N2O）类项目，为温室气体减排量转让收入的 30％；

3. 《清洁发展机制项目运行管理办法》第四条规定的重点领域以及植树造林项目等类清洁发展机制项目，为温室气体减排量转让收入的 2％。

（二）对企业实施的将温室气体减排量转让收入的 65％上缴给国家的 HFC 和 PFC 类 CDM 项目，以及将温室气体减排量转让收入的 30％上缴给国家的 N2O 类 CDM 项目，其实施该类 CDM 项目的所得，自项目取得第一笔减排量转让收入所属纳税年度起，第一年至第三年免征企业所得税，第四年至第六年减半征收企业所得税。

企业实施 CDM 项目的所得，是指企业实施 CDM 项目取得的温室气体减排量转让收入扣除上缴国家的部分，再扣除企业实施 CDM 项目发生的相关成本、费用后的净所得。

企业应单独核算其享受优惠的 CDM 项目的所得，并合理分摊有关期间费用，没有单独核算的，不得享受上述企业所得税优惠政策。

（摘自财税〔2009〕30 号第二条）

17.3.7.2　海峡两岸空中直航

自 2009 年 6 月 25 日起，对台湾航空公司从事海峡两岸空中直航业务取得的来源于大陆的所得，免征企业所得税。

对台湾航空公司在 2009 年 6 月 25 日起至文到之日已缴纳应予免征的企业所得税，在 2010 年内予以退还。

享受企业所得税免税政策的台湾航空公司应当按照企业所得税法实施条例的有关规定，单独核算其从事上述业务在大陆取得的收入和发生的成本、费用；未单独核算的，不得享受免征企业所得税政策。

（摘自财税〔2010〕63 号第二条）

本通知所称台湾航空公司，是指取得中国民用航空局颁发的"经营许可"或依据《海峡两岸空运协议》和《海峡两岸空运补充协议》规定，批准经营两岸旅客、货物和邮件不定期（包机）运输业务，且公司登记地址在台湾的航空公司。

（摘自财税〔2010〕63 号第三条）

17.3.7.3　海峡两岸海上直航

自 2008 年 12 月 15 日起，对台湾航运公司从事海峡两岸海上直航业务取得的来源于大陆的所得，免征企业所得税。

享受企业所得税免税政策的台湾航运公司应当按照企业所得税法实施条例的有关规定，单独核算其从事上述业务在大陆取得的收入和发生的成本、费用；未单独核算的，不得享受免征企业所得税政策。

（摘自财税〔2009〕4 号第二条）

本通知所称台湾航运公司，是指取得交通运输部颁发的"台湾海峡两岸间水路运输许可证"且上述许可证上注明的公司登记地址在台湾的航运公司。

（摘自财税〔2009〕4 号第三条）

17.3.7.4　合格境外机构投资者取得中国境内的股票等权益性投资资产转让所得

经国务院批准，从 2014 年 11 月 17 日起，对合格境外机构投资者（简称 QFII）、人民币合格境外机构投资者（简称 RQFII）取得来源于中国境内的股票等权益性投资资产转让所得，暂免征收企业所得税。在 2014 年 11 月 17 日之前 QFII 和 RQFII 取得的上述所得应依法征收企业所得税。

本通知适用于在中国境内未设立机构、场所，或者在中国境内虽设立机构、场所，但取得的上述所得与其所设机构、场所没有实际联系的 QFII、RQFII。

（摘自财税〔2014〕79 号）

17.4　《抵扣应纳税所得额明细表》法规指引

17.4.1　企业所得税法关于抵扣应纳税所得额的规定

创业投资企业从事国家需要重点扶持和鼓励的创业投资，可以按投资额的一定比例抵扣应纳税所得额。

（摘自《企业所得税法》第三十一条）

17.4.2　实施条例对抵扣应纳税所得额的解释

企业所得税法第三十一条所称抵扣应纳税所得额，是指创业投资企业采取股权投资方式投资于未上市的中小高新技术企业 2 年以上的，可以按照其投资额的 70% 在股权持有满2 年的当年抵扣该创业投资企业的应纳税所得额；当年不足抵扣的，可以在以后纳税年度结转抵扣。

（摘自《企业所得税法实施条例》第九十七条）

17.4.3　创业投资企业的范围

创业投资企业是指依照《创业投资企业管理暂行办法》（国家发展和改革委员会等 10部委令 2005 年第 39 号，以下简称《暂行办法》）和《外商投资创业投资企业管理规定》（商务部等 5 部委令 2003 年第 2 号）在中华人民共和国境内设立的专门从事创业投资活动的企业或其他经济组织。

（摘自国税发〔2009〕87 号第一条）

17.4.4　投资于未上市的中小高新技术企业 2 年以上的解释

实施条例第九十七条所称投资于未上市的中小高新技术企业 2 年以上的，包括发生在2008 年 1 月 1 日以前满 2 年的投资；所称中小高新技术企业是指按照《高新技术企业认定管理办法》（国科发火〔2008〕172 号）和《高新技术企业认定管理工作指引》（国科发火〔2008〕362 号）取得高新技术企业资格，且年销售额和资产总额均不超过 2 亿元、从业人数不超过 500 人的企业，其中 2007 年底前已取得高新技术企业资格的，在其规定有效期内不需重新认定。

（摘自财税〔2009〕69 号第十一条）

17.4.5　创业投资企业抵免税优惠政策的适用条件

创业投资企业采取股权投资方式投资于未上市的中小高新技术企业 2 年（24 个月）以上，凡符合以下条件的，可以按照其对中小高新技术企业投资额的 70%，在股权持有满 2年的当年抵扣该创业投资企业的应纳税所得额；当年不足抵扣的，可以在以后纳税年度结转抵扣。

（一）经营范围符合《暂行办法》规定，且工商登记为"创业投资有限责任公司"、"创业投资股份有限公司"等专业性法人创业投资企业。

（二）按照《暂行办法》规定的条件和程序完成备案，经备案管理部门年度检查核实，投资运作符合《暂行办法》的有关规定。

（三）创业投资企业投资的中小高新技术企业，除应按照科技部、财政部、国家税务总局《关于印发〈高新技术企业认定管理办法〉的通知》（国科发火〔2008〕172 号）和《关于印发〈高新技术企业认定管理工作指引〉的通知》（国科发火〔2008〕362 号）的规定，通过高新技术企业认定以外，还应符合职工人数不超过 500 人，年销售（营业）额不超过 2亿元，资产总额不超过 2 亿元的条件。

2007 年底前按原有规定取得高新技术企业资格的中小高新技术企业，且在 2008 年继续符合新的高新技术企业标准的，向其投资满 24 个月的计算，可自创业投资企业实际向其投资的时间起计算。

（四）财政部、国家税务总局规定的其他条件。

（摘自国税发〔2009〕87 号第二条）

17.4.6　计算创业投资企业投资期限起始年度

中小企业接受创业投资之后，经认定符合高新技术企业标准的，应自其被认定为高新技术企业的年度起，计算创业投资企业的投资期限。该期限内中小企业接受创业投资后，企业规模超过中小企业标准，但仍符合高新技术企业标准的，不影响创业投资企业享受有关税收优惠。

（摘自国税发〔2009〕87 号第三条）

17.4.7　备案管理

创业投资企业申请享受投资抵扣应纳税所得额，应在其报送申请投资抵扣应纳税所得额年度纳税申报表以前，向主管税务机关报送以下资料备案：

（一）经备案管理部门核实后出具的年检合格通知书（副本）；

（二）关于创业投资企业投资运作情况的说明；

（三）中小高新技术企业投资合同或章程的复印件、实际所投资金验资报告等相关材料；

（四）中小高新技术企业基本情况（包括企业职工人数、年销售（营业）额、资产总额等）说明；

（五）由省、自治区、直辖市和计划单列市高新技术企业认定管理机构出具的中小高新技术企业有效的高新技术企业证书（复印件）。

（摘自国税发〔2009〕87 号第四条）

17.4.8　中关村国家自主创新示范区创业投资抵扣应纳税所得额试点政策

经国务院同意，现将中关村国家自主创新示范区（以下简称示范区）有限合伙制创业投资企业法人合伙人有关企业所得税试点政策通知如下：

一、注册在示范区内的有限合伙制创业投资企业采取股权投资方式投资于未上市的中小高新技术企业 2 年（24 个月）以上，该有限合伙制创业投资企业的法人合伙人，可在有限合伙制创业投资企业持有未上市中小高新技术企业股权满 2 年的当年，按照该法人合伙人对该未上市中小高新技术企业投资额的 70％，抵扣该法人合伙人从该有限合伙制创业投资企业分得的应纳税所得额，当年不足抵扣的，可以在以后纳税年度结转抵扣。

二、有限合伙制创业投资企业的法人合伙人对未上市中小高新技术企业的投资额，按照有限合伙制创业投资企业对中小高新技术企业的投资额和合伙协议约定的法人合伙人占有限合伙制创业投资企业的出资比例计算确定。

三、本通知所称有限合伙制创业投资企业是指依照《中华人民共和国合伙企业法》和《创业投资企业管理暂行办法》（国家发展和改革委员会令第 39 号），在示范区内设立的专门从事创业投资活动的有限合伙企业。

四、有限合伙制创业投资企业法人合伙人享受本通知规定的税收优惠政策的其他相关问题，参照《国家税务总局关于实施创业投资企业所得税优惠问题的通知》（国税发〔2009〕87 号）的规定执行。

五、本通知自 2013 年 1 月 1 日至 2015 年 12 月 31 日执行。

（摘自财税〔2013〕71 号）

17.5 《减免所得税优惠明细表》法规指引

17.5.1 企业所得税法的规定

符合条件的小型微利企业，减按 20% 的税率征收企业所得税。

国家需要重点扶持的高新技术企业，减按 15% 的税率征收企业所得税。

（摘自《企业所得税法》第二十八条）

民族自治地方的自治机关对本民族自治地方的企业应缴纳的企业所得税中属于地方分享的部分，可以决定减征或者免征。自治州、自治县决定减征或者免征的，须报省、自治区、直辖市人民政府批准。

（摘自《企业所得税法》第二十九条）

17.5.2 符合条件的小型微利企业

17.5.2.1 企业所得税法的规定

符合条件的小型微利企业，减按 20% 的税率征收企业所得税。

（摘自《企业所得税法》第二十八条第一款）

17.5.2.2 实施条例规定的具体办法

企业所得税法第二十八条第一款所称符合条件的小型微利企业，是指从事国家非限制和禁止行业，并符合下列条件的企业：

（一）工业企业，年度应纳税所得额不超过 30 万元，从业人数不超过 100 人，资产总额不超过 3 000 万元；

（二）其他企业，年度应纳税所得额不超过 30 万元，从业人数不超过 80 人，资产总额不超过 1 000 万元。

（摘自《企业所得税法实施条例》第九十二条）

17.5.2.3 自 2015 年 10 月 1 日至 2017 年 12 月 31 日扩大小型微利企业优惠政策范围

● 进一步扩大小型微利企业所得税优惠政策范围的通知

各省、自治区、直辖市、计划单列市财政厅（局）、国家税务局、地方税务局，新疆生产建设兵团财务局：

为进一步发挥小型微利企业在推动经济发展、促进社会就业等方面的积极作用，经国务院批准，现就小型微利企业所得税政策通知如下：

一、自 2015 年 10 月 1 日起至 2017 年 12 月 31 日，对年应纳税所得额在 20 万元到 30 万元（含 30 万元）之间的小型微利企业，其所得减按 50% 计入应纳税所得额，按 20% 的税率缴纳企业所得税。

前款所称小型微利企业，是指符合《中华人民共和国企业所得税法》及其实施条例规定的小型微利企业。

二、为做好小型微利企业税收优惠政策的衔接，进一步便利核算，对本通知规定的小型微利企业，其 2015 年 10 月 1 日至 2015 年 12 月 31 日间的所得，按照 2015 年 10 月 1 日后的经营月份数占其 2015 年度经营月份数的比例计算。

三、《财政部、国家税务总局关于小型微利企业所得税优惠政策的通知》（财税〔2015〕34 号）继续执行。

四、各级财政、税务部门要严格按照本通知的规定，做好小型微利企业所得税优惠政策的宣传辅导工作，确保优惠政策落实到位。

（摘自财税〔2015〕99 号）

● **关于贯彻落实进一步扩大小型微利企业减半征收企业所得税范围有关问题的公告**

为支持小型微利企业发展，贯彻落实国务院第 102 次常务会议决定，根据《中华人民共和国企业所得税法》（以下简称企业所得税法）及其实施条例、《财政部国家税务总局关于进一步扩大小型微利企业所得税优惠政策范围的通知》（财税〔2015〕99 号）等规定，现就进一步扩大小型微利企业减半征收企业所得税优惠政策范围有关实施问题公告如下：

一、自 2015 年 10 月 1 日至 2017 年 12 月 31 日，符合规定条件的小型微利企业，无论采取查账征收还是核定征收方式，均可以享受财税〔2015〕99 号文件规定的小型微利企业所得税优惠政策（以下简称减半征税政策）。

二、符合规定条件的小型微利企业自行申报享受减半征税政策。汇算清缴时，小型微利企业通过填报企业所得税年度纳税申报表中"资产总额、从业人数、所属行业、国家限制和禁止行业"等栏次履行备案手续。

三、企业预缴时享受小型微利企业所得税优惠政策，按照以下规定执行：

（一）查账征收企业。上一纳税年度符合小型微利企业条件的，分别按照以下情况处理：

1. 按照实际利润预缴企业所得税的，预缴时累计实际利润不超过 30 万元（含，下同）的，可以享受减半征税政策；

2. 按照上一纳税年度应纳税所得额平均额预缴企业所得税的，预缴时可以享受减半征税政策。

（二）定率征收企业。上一纳税年度符合小型微利企业条件，预缴时累计应纳税所得额不超过 30 万元的，可以享受减半征税政策。

（三）定额征收企业。根据优惠政策规定需要调减定额的，由主管税务机关按照程序调整，依照原办法征收。

（四）上一纳税年度不符合小型微利企业条件的企业。预缴时预计当年符合小型微利企业条件的，可以享受减半征税政策。

（五）本年度新成立小型微利企业，预缴时累计实际利润或应纳税所得额不超过 30 万元的，可以享受减半征税政策。

四、企业预缴时享受了减半征税政策，但汇算清缴时不符合规定条件的，应当按照规定补缴税款。

五、小型微利企业 2015 年第 4 季度预缴和 2015 年度汇算清缴的新老政策衔接问题，按以下规定处理：

（一）下列两种情形，全额适用减半征税政策：

1. 全年累计利润或应纳税所得额不超过 20 万元（含）的小型微利企业；

2. 2015 年 10 月 1 日（含，下同）之后成立，全年累计利润或应纳税所得额不超过 30 万元的小型微利企业。

（二）2015 年 10 月 1 日之前成立，全年累计利润或应纳税所得额大于 20 万元但不超过 30 万元的小型微利企业，分段计算 2015 年 10 月 1 日之前和 10 月 1 日之后的利润或应纳税所得额，并按照以下规定处理：

1. 10 月 1 日之前的利润或应纳税所得额适用企业所得税法第二十八条规定的减按 20%的税率征收企业所得税的优惠政策（简称减低税率政策）；10 月 1 日之后的利润或应纳

税所得额适用减半征税政策。

2. 根据财税〔2015〕99 号文件规定，小型微利企业 2015 年 10 月 1 日至 2015 年 12 月 31 日期间的利润或应纳税所得额，按照 2015 年 10 月 1 日之后的经营月份数占其 2015 年度经营月份数的比例计算确定。计算公式如下：

$$\text{10 月 1 日至 12 月 31 日} \atop \text{利润额或应纳税所得额} = \text{全年累计实际利润} \atop \text{或应纳税所得额} \times \left(\text{2015 年 10 月 1 日} \atop \text{之后经营月份数} \div \text{2015 年度} \atop \text{经营月份数}\right)$$

3. 2015 年度新成立企业的起始经营月份，按照税务登记日期所在月份计算。

六、本公告自 2015 年 10 月 1 日起施行。

（摘自国家税务总局公告 2015 年第 61 号）

17.5.2.4 享受 20％优惠税率并减半征收的小型微利企业（2015 年 01 月 01 日至 2017 年 12 月 31 日的规定）

为了进一步支持小型微利企业发展，经国务院批准，现就小型微利企业所得税政策通知如下：

一、自 2015 年 01 月 01 日至 2017 年 12 月 31 日，对年应纳税所得额低于 20 万元（含 20 万元）的小型微利企业，其所得减按 50％计入应纳税所得额，按 20％的税率缴纳企业所得税。

前款所称小型微利企业，是指符合《中华人民共和国企业所得税法》（以下简称企业所得税法）及其实施条例规定的小型微利企业。

二、企业所得税法实施条例第九十二条第（一）项和第（二）项所称从业人数，包括与企业建立劳动关系的职工人数和企业接受的劳务派遣用工人数。

从业人数和资产总额指标，应按企业全年的季度平均值确定。具体计算公式如下：

季度平均值＝（季初值＋季末值）÷2

全年季度平均值＝全年各季度平均值之和÷4

年度中间开业或者终止经营活动的，以其实际经营期作为一个纳税年度确定上述相关指标。

上述计算方法自 2015 年 01 月 01 日起执行，《财政部国家税务总局关于执行企业所得税优惠政策若干问题的通知》（财税〔2009〕69 号）第七条同时停止执行。

三、各级财政、税务部门要密切配合，严格按照本通知的规定，抓紧做好小型微利企业所得税优惠政策落实工作。同时，要及时跟踪、了解优惠政策的执行情况，对发现的新问题及时反映，确保优惠政策落实到位。

（摘自财税〔2015〕34 号）

17.5.2.5 享受 20％优惠税率并减半征收的小型微利企业（2014 年 1 月 1 日至 2016 年 12 月 31 日的规定）

为了进一步支持小型微利企业发展，经国务院批准，现就小型微利企业所得税政策通知如下：

一、自 2014 年 1 月 1 日至 2016 年 12 月 31 日，对年应纳税所得额低于 10 万元（含 10 万元）的小型微利企业，其所得减按 50％计入应纳税所得额，按 20％的税率缴纳企业所得税。

二、本通知所称小型微利企业，是指符合《中华人民共和国企业所得税法》及其实施条例以及相关税收政策规定的小型微利企业。

（摘自财税〔2014〕34 号）

本公告所称的小型微利企业，是指符合《中华人民共和国企业所得税法实施条例》第九十二条规定的企业。其中，从业人员和资产总额，按照《财政部国家税务总局关于执行企业所得税优惠政策若干问题的通知》（财税〔2009〕69 号）第七条的规定执行。

（摘自国家税务总局公告 2014 年第 23 号第五条）

17.5.2.6　享受 20％优惠税率并减半征收的小型微利企业（2012 年 1 月 1 日至 2015 年 12 月 31 日的规定）

为了进一步支持小型微利企业发展，经国务院批准，现就小型微利企业所得税政策通知如下：

一、自 2012 年 1 月 1 日至 2015 年 12 月 31 日，对年应纳税所得额低于 6 万元（含 6 万元）的小型微利企业，其所得减按 50％计入应纳税所得额，按 20％的税率缴纳企业所得税。

二、本通知所称小型微利企业，是指符合《中华人民共和国企业所得税法》及其实施条例，以及相关税收政策规定的小型微利企业。

（摘自财税〔2011〕117 号）

17.5.2.7　核定征收 2014 年 4 月 18 日起可享受小型微利企业优惠政策

符合规定条件的小型微利企业（包括采取查账征收和核定征收方式的企业），均可按照规定享受小型微利企业所得税优惠政策。

小型微利企业所得税优惠政策，包括企业所得税减按 20％征收（以下简称减低税率政策），以及财税〔2014〕34 号文件规定的优惠政策（以下简称减半征税政策）。

（摘自国家税务总局公告 2014 年第 23 号第一条）

符合规定条件的小型微利企业，无论采取查账征收还是核定征收方式，均可享受小型微利企业所得税优惠政策。

小型微利企业所得税优惠政策，包括企业所得税减按 20％税率征收（以下简称减低税率政策），以及财税〔2015〕34 号文件规定的优惠政策（以下简称减半征税政策）。

（摘自国家税务总局公告 2015 年第 17 号第一条）

17.5.2.8　核定征收 2014 年 4 月 18 日以前不享受小型微利企业优惠政策

企业所得税法第二十八条规定的小型微利企业待遇，应适用于具备建账核算自身应纳税所得额条件的企业，按照《企业所得税核定征收办法》（国税发〔2008〕30 号）缴纳企业所得税的企业，在不具备准确核算应纳税所得额条件前，暂不适用小型微利企业适用税率。

（摘自财税〔2009〕69 号第八条，自 2014 年 04 月 18 日起废止，废止依
据参见《国家税务总局关于扩大小型微利企业减半征收企业所得税范围
有关问题的公告》（国家税务总局公告 2014 年第 23 号）第六条，发文部
门尚未清理。）

17.5.2.9　从业人数和资产总额指标的计算标准

实施条例第九十二条第（一）项和第（二）项所称从业人数，是指与企业建立劳动关系的职工人数和企业接受的劳务派遣用工人数之和；从业人数和资产总额指标，按企业全年月平均值确定，具体计算公式如下：

　　　　月平均值＝（月初值＋月末值）÷2
　　　　全年月平均值＝全年各月平均值之和÷12

年度中间开业或者终止经营活动的，以其实际经营期作为一个纳税年度确定上述相关指标。

（摘自财税〔2009〕69 号第七条）

17.5.2.10　非居民企业不享受小型微利企业所得税优惠政策

关于非居民企业是否享受企业所得税法规定的对小型微利企业的税收优惠政策问题，现明确如下：

企业所得税法第二十八条规定的小型微利企业是指企业的全部生产经营活动产生的所

得均负有我国企业所得税纳税义务的企业。因此，仅就来源于我国所得负有我国纳税义务的非居民企业，不适用该条规定的对符合条件的小型微利企业减按 20％税率征收企业所得税的政策。

（摘自国税函〔2008〕650 号）

17.5.3 国家需要重点扶持的高新技术企业

17.5.3.1 企业所得税法规定减按 15％的税率征收

国家需要重点扶持的高新技术企业，减按 15％的税率征收企业所得税。

（摘自《企业所得税法》第二十八条第二款）

17.5.3.2 实施条例对国家需要重点扶持的高新技术企业的解释

企业所得税法第二十八条第二款所称国家需要重点扶持的高新技术企业，是指拥有核心自主知识产权，并同时符合下列条件的企业：

（一）产品（服务）属于《国家重点支持的高新技术领域》规定的范围；

（二）研究开发费用占销售收入的比例不低于规定比例；

（三）高新技术产品（服务）收入占企业总收入的比例不低于规定比例；

（四）科技人员占企业职工总数的比例不低于规定比例；

（五）高新技术企业认定管理办法规定的其他条件。

《国家重点支持的高新技术领域》和高新技术企业认定管理办法由国务院科技、财政、税务主管部门商国务院有关部门制订，报国务院批准后公布施行。

（摘自《企业所得税法实施条例》第九十三条）

17.5.3.3 国税函〔2009〕203 号文件规定的具体政策

为贯彻落实高新技术企业所得税优惠及其过渡性优惠政策，根据《中华人民共和国企业所得税法》（以下简称企业所得税法）及《中华人民共和国企业所得税法实施条例》（以下简称实施条例）以及相关税收规定，现对有关问题通知如下：

一、减免税条件发生变化的处理

当年可减按 15％的税率征收企业所得税或按照《国务院关于经济特区和上海浦东新区新设立高新技术企业实行过渡性税收优惠的通知》（国发〔2007〕40 号）享受过渡性税收优惠的高新技术企业，在实际实施有关税收优惠的当年，减免税条件发生变化的，应按《科学技术部财政部国家税务总局关于印发〈高新技术企业认定管理办法〉的通知》（国科发火〔2008〕172 号）第九条第二款的规定处理。

（摘自国税函〔2009〕203 号第一条）

二、尚未到期的定期减免税优惠可执行到期满

原依法享受企业所得税定期减免税优惠尚未期满同时符合本通知第一条规定条件的高新技术企业，根据《高新技术企业认定管理办法》以及《科学技术部财政部国家税务总局关于印发〈高新技术企业认定管理工作指引〉的通知》（国科发火〔2008〕362 号）的相关规定，在按照新标准取得认定机构颁发的高新技术企业资格证书之后，可以在 2008 年 1 月 1 日后，享受对尚未到期的定期减免税优惠执行到期满的过渡政策。

（摘自国税函〔2009〕203 号第二条）

三、截止到 2007 年底仍未获利的免税期限自 2008 年 1 月 1 日起计算

2006 年 1 月 1 日至 2007 年 3 月 16 日期间成立，截止到 2007 年底仍未获利（弥补完以前年度亏损后应纳税所得额为零）的高新技术企业，根据《高新技术企业认定管理办法》以及《高新技术企业认定管理工作指引》的相关规定，按照新标准取得认定机构颁发的高新技术企业证书后，可依据企业所得税法第五十七条的规定，免税期限自 2008 年

1 月 1 日起计算。

（摘自国税函〔2009〕203 号第三条）

四、减免税申请

认定（复审）合格的高新技术企业，自认定（复审）批准的有效期当年开始，可申请享受企业所得税优惠。企业取得省、自治区、直辖市、计划单列市高新技术企业认定管理机构颁发的高新技术企业证书后，可持"高新技术企业证书"及其复印件和有关资料，向主管税务机关申请办理减免税手续。手续办理完毕后，高新技术企业可按 15％的税率进行所得税预缴申报或享受过渡性税收优惠。

（摘自国税函〔2009〕203 号第四条）

五、应备案的资料

纳税年度终了后至报送年度纳税申报表以前，已办理减免税手续的企业应向主管税务机关备案以下资料：

（一）产品（服务）属于《国家重点支持的高新技术领域》规定的范围的说明；

（二）企业年度研究开发费用结构明细表（见附件）；

（三）企业当年高新技术产品（服务）收入占企业总收入的比例说明；

（四）企业具有大学专科以上学历的科技人员占企业当年职工总数的比例说明、研发人员占企业当年职工总数的比例说明。

以上资料的计算、填报口径参照《高新技术企业认定管理工作指引》的有关规定执行。

（摘自国税函〔2009〕203 号第五条）

六、不得享受高新技术企业优惠的企业

未取得高新技术企业资格、或虽取得高新技术企业资格但不符合企业所得税法及实施条例以及本通知有关规定条件的企业，不得享受高新技术企业的优惠；已享受优惠的，应追缴其已减免的企业所得税税款。

（摘自国税函〔2009〕203 号第六条）

七、执行日期

本通知自 2008 年 1 月 1 日起执行

（摘自国税函〔2009〕203 号第七条）

17.5.4　减免地方分享所得税的民族自治地方企业

企业所得税法第二十九条所称民族自治地方，是指依照《中华人民共和国民族区域自治法》的规定，实行民族区域自治的自治区、自治州、自治县。

对民族自治地方内国家限制和禁止行业的企业，不得减征或者免征企业所得税。

（摘自《企业所得税法实施条例》第九十四条）

17.5.5　减免所得税其他专项优惠

17.5.5.1　经营性文化事业单位转制企业相关法规

财税〔2011〕3 号、财税〔2011〕27 号、财税〔2011〕120 号、财税〔2014〕84 号第一条。

17.5.5.2　动漫企业

财税〔2009〕65 号第二条。

17.5.5.3　受灾地区

财税〔2013〕58 号。

17.5.5.4　技术先进型服务企业

国办函〔2013〕33 号。

17.5.5.5　新疆困难地区新办企业

财税〔2011〕53 号、财税〔2011〕60 号。

17.5.5.6　新疆喀什霍尔果斯两个特殊经济开发区新办企业

财税〔2011〕112 号。

17.5.5.7　支持和促进重点群体创业就业企业

国发〔2009〕4 号、国家税务总局公告 2013 年第 78 号、财税〔2014〕42 号、财税〔2014〕39 号。

17.5.5.8　软件、集成电路企业

财税〔2006〕1 号、国发〔2011〕4 号、财税〔2012〕27 号、国家税务总局公告 2013 年第 43 号。

17.5.5.9　设在西部地区的鼓励类产业企业

国发〔2010〕9 号第二条、财税〔2011〕58 号、国家税务总局公告 2012 年第 12 号、财税〔2013〕4 号。

17.5.5.10　符合条件的生产和装配伤残人员专门用品企业（自 2011 年 1 月 1 日起至 2015 年 12 月 31 日止执行）

财税〔2011〕81 号。

17.5.5.11　中关村国家自主创新示范区从事文化产业支撑技术等领域的高新技术企业

● **国务院国函〔2009〕28 号文件的规定**

实施支持创新企业的税收政策。由财政部、税务总局研究支持中关村科技园区建设国家自主创新示范区的税收政策。

（摘自国函〔2009〕28 号第二条第（五）项）

● **国科发高〔2013〕595 号文件的规定**

经国务院同意，现将在中关村国家自主创新示范区开展高新技术企业认定关于文化产业支撑技术等领域范围试点的有关事项通知如下：

对中关村国家自主创新示范区从事文化产业支撑技术等领域的企业，按规定认定为高新技术企业的，减按 15％税率征收企业所得税。文化产业支撑技术等领域的具体范围，由科技部会同有关部门研究制定，另行发文。

（摘自国科发高〔2013〕595 号）

● **国科发火〔2014〕20 号文件的规定**

根据《科技部财政部税务总局关于在中关村国家自主创新示范区开展高新技术企业认定中文化产业支撑技术等领域范围试点的通知》（国科发高〔2013〕595 号）文件精神，现对《关于完善中关村国家自主创新示范区高新技术企业认定管理试点工作的通知》（国科发火〔2011〕90 号）的附件《国家重点支持的高新技术领域（中关村示范区试行）》内涉及文化产业支撑技术等领域范围内容予以补充，详见附件。

17.5.5.12　横琴新区、平潭综合实验区和前海深港现代化服务业合作区企业自（自 2014 年 1 月 1 日起至 2020 年 12 月 31 日止执行）

财税〔2014〕26 号。

17.5.6　过渡性优惠政策

《企业所得税法》第五十七条、国发〔2007〕39 号、国发〔2007〕40 号、财税〔2007〕115 号、财税〔2008〕1 号、财税〔2008〕21 号、国税发〔2008〕52 号、国税发〔2008〕

23 号、财税〔2009〕69 号、财税〔2009〕131 号、国税函〔2009〕375 号、国税函〔2009〕399 号、国税函〔2009〕411 号、国税函〔2010〕69 号、国税函〔2010〕157 号、财税〔2011〕58 号、国家税务总局公告 2012 年第 12 号。第十二节废止、停止执行的优惠政策。

17.5.6.1 2008 年 1 月 1 日之前的其他优惠政策一律废止

除《中华人民共和国企业所得税法》、《中华人民共和国企业所得税法实施条例》、《国务院关于实施企业所得税过渡优惠政策的通知》（国发〔2007〕39 号）、《国务院关于经济特区和上海浦东新区新设立高新技术企业实行过渡性税收优惠的通知》（国发〔2007〕40 号）及本通知规定的优惠政策以外，2008 年 1 月 1 日之前实施的其他企业所得税优惠政策一律废止。各地区、各部门一律不得越权制定企业所得税的优惠政策。

（摘自财税〔2008〕1 号第五条）

17.5.6.2 停止执行企业购买国产设备投资抵免企业所得税的政策

自 2008 年 1 月 1 日起，停止执行企业购买国产设备投资抵免企业所得税的政策。

（摘自国税发〔2008〕52 号）

17.6 《税额抵免优惠明细表》法规指引

17.6.1 实施条例对税额抵免的解释

企业所得税法第三十四条所称税额抵免，是指企业购置并实际使用《环境保护专用设备企业所得税优惠目录》、《节能节水专用设备企业所得税优惠目录》和《安全生产专用设备企业所得税优惠目录》规定的环境保护、节能节水、安全生产等专用设备的，该专用设备的投资额的 10％可以从企业当年的应纳税额中抵免；当年不足抵免的，可以在以后 5 个纳税年度结转抵免。

享受前款规定的企业所得税优惠的企业，应当实际购置并自身实际投入使用前款规定的专用设备；企业购置上述专用设备在 5 年内转让、出租的，应当停止享受企业所得税优惠，并补缴已经抵免的企业所得税税款。

（摘自《企业所得税法实施条例》第一百条）

17.6.2 专用设备投资额的确定

现就环境保护、节能节水、安全生产等专用设备投资抵免企业所得税的有关问题通知如下：

根据《财政部国家税务总局关于全国实施增值税转型改革若干问题的通知》（财税〔2008〕170 号）规定，自 2009 年 1 月 1 日起，增值税一般纳税人购进固定资产发生的进项税额可从其销项税额中抵扣，因此，自 2009 年 1 月 1 日起，纳税人购进并实际使用《环境保护专用设备企业所得税优惠目录》、《节能节水专用设备企业所得税优惠目录》和《安全生产专用设备企业所得税优惠目录》范围内的专用设备并取得增值税专用发票的，在按照《财政部国家税务总局关于执行环境保护专用设备企业所得税优惠目录节能节水专用设备企业所得税优惠目录和安全生产专用设备企业所得税优惠目录有关问题的通知》（财税〔2008〕48 号）第二条规定进行税额抵免时，如增值税进项税额允许抵扣，其专用设备投资额不再包括增值税进项税额；如增值税进项税额不允许抵扣，其专用设备投资额应为增值税专用发票上注明的价税合计金额。企业购买专用设备取得普通发票的，其专用设备投资额为普通发票上注明的金额。

（摘自国税函〔2010〕256 号）

17.6.3 购置并实际使用包括融资租入的设备

实施条例第一百条规定的购置并实际使用的环境保护、节能节水和安全生产专用设备，包括承租方企业以融资租赁方式租入的、并在融资租赁合同中约定租赁期届满时租赁设备所有权转移给承租方企业，且符合规定条件的上述专用设备。凡融资租赁期届满后租赁设备所有权未转移至承租方企业的，承租方企业应停止享受抵免企业所得税优惠，并补缴已经抵免的企业所得税税款。

（摘自财税〔2009〕69 号第十条）

17.7 《境外所得税收抵免明细表》及附表法规指引

17.7.1 企业所得税法的规定

17.7.1.1 已在境外缴纳的所得税税额可以抵免

企业取得的下列所得已在境外缴纳的所得税税额，可以从其当期应纳税额中抵免，抵免限额为该项所得依照本法规定计算的应纳税额；超过抵免限额的部分，可以在以后五个年度内，用每年度抵免限额抵免当年应抵税额后的余额进行抵补：

（一）居民企业来源于中国境外的应税所得；

（二）非居民企业在中国境内设立机构、场所，取得发生在中国境外但与该机构、场所有实际联系的应税所得。

（摘自《企业所得税法》第二十三条）

17.7.1.2 居民企业境外权益性投资收益已纳税额的抵免

居民企业从其直接或者间接控制的外国企业分得的来源于中国境外的股息、红利等权益性投资收益，外国企业在境外实际缴纳的所得税税额中属于该项所得负担的部分，可以作为该居民企业的可抵免境外所得税税额，在本法第二十三条规定的抵免限额内抵免。

（摘自《企业所得税法》第二十四条）

17.7.2 实施条例的解释

17.7.2.1 已在境外缴纳的所得税税额的解释

企业所得税法第二十三条所称已在境外缴纳的所得税税额，是指企业来源于中国境外的所得依照中国境外税收法律以及相关规定应当缴纳并已经实际缴纳的企业所得税性质的税款。

（摘自《企业所得税法实施条例》第七十七条）

17.7.2.2 抵免限额的解释及计算

企业所得税法第二十三条所称抵免限额，是指企业来源于中国境外的所得，依照企业所得税法和本条例的规定计算的应纳税额。除国务院财政、税务主管部门另有规定外，该抵免限额应当分国（地区）不分项计算，计算公式如下：

$$\frac{抵免}{限额} = \frac{中国境内、境外所得依照企业所得税法}{和本条例的规定计算的应纳税总额} \times \frac{来源于某国（地区）的}{应纳税所得额} \div \frac{中国境内、境外}{应纳税所得总额}$$

（摘自《企业所得税法实施条例》第七十八条）

17.7.2.3　境外已纳税额抵免限 5 个年度的解释

企业所得税法第二十三条所称 5 个年度，是指从企业取得的来源于中国境外的所得，已经在中国境外缴纳的企业所得税性质的税额超过抵免限额的当年的次年起连续 5 个纳税年度。

（摘自《企业所得税法实施条例》第七十九条）

17.7.2.4　直接控制与间接控制的解释

企业所得税法第二十四条所称直接控制，是指居民企业直接持有外国企业 20％以上股份。

企业所得税法第二十四条所称间接控制，是指居民企业以间接持股方式持有外国企业 20％以上股份，具体认定办法由国务院财政、税务主管部门另行制定。

（摘自《企业所得税法实施条例》第八十条）

17.7.2.5　境外已纳税额抵免应提供有关凭证

企业依照企业所得税法第二十三条、第二十四条的规定抵免企业所得税税额时，应当提供中国境外税务机关出具的税款所属年度的有关纳税凭证。

（摘自《企业所得税法实施条例》第八十一条）

17.7.3　境外所得税抵免的适用范围和抵免方法

17.7.3.1　居民企业及非居民企业境外所得税抵免

居民企业以及非居民企业在中国境内设立的机构、场所（以下统称企业）依照企业所得税法第二十三条、第二十四条的有关规定，应在其应纳税额中抵免在境外缴纳的所得税额的。

可以适用境外（包括港澳台地区，以下同）所得税收抵免的纳税人包括两类：

（1）根据企业所得税法第二十三条关于境外税额直接抵免和第二十四条关于境外税额间接抵免的规定，居民企业（包括按境外法律设立但实际管理机构在中国，被判定为中国税收居民的企业）可以就其取得的境外所得直接缴纳和间接负担的境外企业所得税性质的税额进行抵免。

（2）根据企业所得税法第二十三条的规定，非居民企业（外国企业）在中国境内设立的机构（场所）可以就其取得的发生在境外、但与其有实际联系的所得直接缴纳的境外企业所得税性质的税额进行抵免。

为缓解由于国家间对所得来源地判定标准的重叠而产生的国际重复征税，我国税法对非居民企业在中国境内分支机构取得的发生于境外的所得所缴纳的境外税额，给予了与居民企业类似的税额抵免待遇。对此类非居民给予的境外税额抵免仅涉及直接抵免。

所谓实际联系是指，据以取得所得的权利、财产或服务活动由非居民企业在中国境内的分支机构拥有、控制或实施，如外国银行在中国境内分行以其可支配的资金向中国境外贷款，境外借款人就该笔贷款向其支付的利息，即属于发生在境外与该分行有实际联系的所得。

（摘自国家税务总局公告 2010 年第 1 号第 1 款）

17.7.3.2　境外所得税抵免的直接抵免和间接抵免

境外税额抵免分为直接抵免和间接抵免。

直接抵免是指，企业直接作为纳税人就其境外所得在境外缴纳的所得税额在我国应纳税额中抵免。直接抵免主要适用于企业就来源于境外的营业利润所得在境外所缴纳的企业所得税，以及就来源于或发生于境外的股息、红利等权益性投资所得、利息、租金、特许权使用费、财产转让等所得在境外被源泉扣缴的预提所得税。

间接抵免是指，境外企业就分配股息前的利润缴纳的外国所得税额中由我国居民企业就该项分得的股息性质的所得间接负担的部分，在我国的应纳税额中抵免。例如我国居民企业（母公司）的境外子公司在所在国（地区）缴纳企业所得税后，将税后利润的一部分作为股息、红利分配给该母公司，子公司在境外就其应税所得实际缴纳的企业所得税税额中按母公司所得股息占全部税后利润之比的部分即属于该母公司间接负担的境外企业所得税额。间接抵免的适用范围为居民企业从其符合《通知》第五、六条规定的境外子公司取得的股息、红利等权益性投资收益所得。

（摘自国家税务总局公告 2010 年第 1 号第 2 款）

17.7.3.3 香港、澳门、台湾地区的抵免方法

企业取得来源于中国香港、澳门、台湾地区的应税所得，参照财税〔2009〕125 号执行。

（摘自财税〔2009〕125 号第十四条）

17.7.3.4 订立的有关税收的协定的抵免方法及有关税收的协定范围

中华人民共和国政府同外国政府订立的有关税收的协定与财税〔2009〕125 号有不同规定的，依照协定的规定办理。

（摘自财税〔2009〕125 号第十五条）

本条所称有关税收的协定包括，内地与中国香港、澳门地区等签订的相关税收安排。

（摘自国家税务总局公告 2010 年第 1 号第 41 款）

17.7.3.5 境外所得税抵免时应纳所得税额的计算及抵免优惠税额的解释

企业抵免境外所得税额后实际应纳所得税额的计算公式为：

$$\text{企业实际应纳所得税额} = \text{企业境内外所得应纳税总额} - \text{企业所得税减免、抵免优惠税额} - \text{境外所得税抵免额}$$

（摘自财税〔2009〕125 号第十二条）

公式中抵免优惠税额是指按企业所得税法第三十四条规定，企业购置用于环境保护、节能节水、安全生产等专用设备的投资额，可以按一定比例实行税额抵免。

境外所得税抵免额是指按照《通知》和《指南》计算的境外所得税额在抵免限额内实际可以抵免的税额。

（摘自国家税务总局公告 2010 年第 1 号第 38 款）

17.7.3.6 境外不具有独立纳税地位的分支机构与我国对应纳税年度的确定

企业在境外投资设立不具有独立纳税地位的分支机构，其计算生产、经营所得的纳税年度与我国规定的纳税年度不一致的，与我国纳税年度当年度相对应的境外纳税年度，应为在我国有关纳税年度中任何一日结束的境外纳税年度。

企业取得上款以外的境外所得实际缴纳或间接负担的境外所得税，应在该项境外所得实现日所在的我国对应纳税年度的应纳税额中计算抵免。

（摘自财税〔2009〕125 号第十一条）

企业就其在境外设立的不具有独立纳税地位的分支机构每一纳税年度的营业利润，计入企业当年度应纳税所得总额时，如果分支机构所在国纳税年度的规定与我国规定的纳税年度不一致的，在确定该分支机构境外某一年度的税额如何对应我国纳税年度进行抵免时，境外分支机构按所在国规定计算生产经营所得的纳税年度与其境内总机构纳税年度相对应的纳税年度，应为该境外分支机构所在国纳税年度结束日所在的我国纳税年度（参见示例十）。

企业取得境外股息所得实现日为被投资方做出利润分配决定的日期，不论该利润分配是否包括以前年度未分配利润，均应作为该股息所得实现日所在的我国纳税年度所得计算抵免（参见示例十一）。

（摘自国家税务总局公告 2010 年第 1 号第 36、37 款）

17.7.3.7　不具有独立纳税地位的解释

财税〔2009〕125 号所称不具有独立纳税地位，是指根据企业设立地法律不具有独立法人地位或者按照税收协定规定不认定为对方国家（地区）的税收居民。

（摘自财税〔2009〕125 号第十三条）

企业居民身份的判定，一般以国内法为准。如果一个企业同时被中国和其他国家认定为居民（即双重居民），应按中国与该国之间税收协定（或安排）的规定执行。

不具有独立纳税地位的境外分支机构特别包括企业在境外设立的分公司、代表处、办事处、联络处，以及在境外提供劳务、被劳务发生地国家（地区）认定为负有企业所得税纳税义务的营业机构和场所等。

（摘自国家税务总局公告 2010 年第 1 号第 39、40 款）

17.7.3.8　法定税率明显高于我国的境外所得来源国（地区）名单

美国、阿根廷、布隆迪、喀麦隆、古巴、法国、日本、摩洛哥、巴基斯坦、赞比亚、科威特、孟加拉国、叙利亚、约旦、老挝。

（摘自财税〔2009〕125 号）

17.7.3.9　施行日期、政策衔接

根据《中华人民共和国企业所得税法》（以下简称企业所得税法）、《中华人民共和国企业所得税法实施条例》（以下简称实施条例）及《财政部国家税务总局关于企业境外所得税收抵免有关问题的通知》（财税〔2009〕125 号，以下简称《通知》）的有关规定，现将《企业境外所得税收抵免操作指南》予以发布，于 2010 年 1 月 1 日起施行。

2008、2009 年度尚未进行境外税收抵免处理的，可按本公告计算抵免。

（摘自国家税务总局公告 2010 年第 1 号）

17.7.4　境外所得税额抵免计算的基本项目

企业应按照企业所得税法及其实施条例、税收协定以及本通知的规定，准确计算下列当期与抵免境外所得税有关的项目后，确定当期实际可抵免分国（地区）别的境外所得税税额和抵免限额：

（一）境内所得的应纳税所得额（以下称境内应纳税所得额）和分国（地区）别的境外所得的应纳税所得额（以下称境外应纳税所得额）；

（二）分国（地区）别的可抵免境外所得税税额；

（三）分国（地区）别的境外所得税的抵免限额。

企业不能准确计算上述项目实际可抵免分国（地区）别的境外所得税税额的，在相应国家（地区）缴纳的税收均不得在该企业当期应纳税额中抵免，也不得结转以后年度抵免。

（摘自财税〔2009〕125 号第二条）

企业取得境外所得，其在中国境外已经实际直接缴纳和间接负担的企业所得税性质的税额，进行境外税额抵免计算的基本项目包括：境内、境外所得分国别（地区）的应纳税所得额、可抵免税额、抵免限额和实际抵免税额。不能按照有关税收法律法规准确计算实际可抵免的境外分国别（地区）的所得税税额的，不应给予税收抵免。

（摘自国家税务总局公告 2010 年第 1 号第 3 款）

17.7.5 境外应纳税所得额的计算方法

17.7.5.1 中国境外所得（境外税前所得）的确认

企业应就其按照实施条例第七条规定确定的中国境外所得（境外税前所得），按规定计算实施条例第七十八条规定的境外应纳税所得额。

（摘自财税〔2009〕125 号第三条，自 2008 年 1 月 1 日起执行。）

根据实施条例第七条规定确定的境外所得，在计算适用境外税额直接抵免的应纳税所得额时，应将该项境外所得直接缴纳的境外所得税额还原计算后的境外税前所得；上述直接缴纳税额还原后的所得中属于股息、红利所得的，在计算适用境外税额间接抵免的境外所得时，应再将该项境外所得间接负担的税额还原计算，即该境外股息、红利所得应为境外股息、红利税后净所得与就该项所得直接缴纳和间接负担的税额之和（参见示例七）。

对上述税额还原后的境外税前所得，应再就计算企业应纳税所得总额时已按税法规定扣除的有关成本费用中与境外所得有关的部分进行对应调整扣除后，计算为境外应纳税所得额。

（摘自国家税务总局公告 2010 年第 1 号第 4 款）

17.7.5.2 居民企业在境外投资设立不具有独立纳税地位的分支机构其来源于境外的所得计算

居民企业在境外投资设立不具有独立纳税地位的分支机构，其来源于境外的所得，以境外收入总额扣除与取得境外收入有关的各项合理支出后的余额为应纳税所得额。各项收入、支出按企业所得税法及实施条例的有关规定确定。

居民企业在境外设立不具有独立纳税地位的分支机构取得的各项境外所得，无论是否汇回中国境内，均应计入该企业所属纳税年度的境外应纳税所得额。

（摘自财税〔2009〕125 号第三条第一款）

由于分支机构不具有分配利润职能，因此，境外分支机构取得的各项所得，不论是否汇回境内，均应当计入所属年度的企业应纳税所得额。

境外分支机构确认应纳税所得额时的各项收入与支出标准，须符合我国企业所得税法相关规定。

根据实施条例第二十七条规定，确定与取得境外收入有关的合理的支出，应主要考察发生支出的确认和分摊方法是否符合一般经营常规和我国税收法律规定的基本原则。企业已在计算应纳税所得总额时扣除的，但属于应由各分支机构合理分摊的总部管理费等有关成本费用应做出合理的对应调整分摊。

境外分支机构合理支出范围通常包括境外分支机构发生的人员工资、资产折旧、利息、相关税费和应分摊的总机构用于管理分支机构的管理费用等。

（摘自国家税务总局公告 2010 年第 1 号第 6、7、8 款）

17.7.5.3 居民企业应就其来源于境外的股息、红利等权益性投资收益，以及利息、租金、特许权使用费、转让财产等境外所得的计算

居民企业应就其来源于境外的股息、红利等权益性投资收益，以及利息、租金、特许权使用费、转让财产等收入，扣除按照企业所得税法及实施条例等规定计算的与取得该项收入有关的各项合理支出后的余额为应纳税所得额。来源于境外的股息、红利等权益性投资收益，应按被投资方作出利润分配决定的日期确认收入实现；来源于境外的利息、租金、特许权使用费、转让财产等收入，应按有关合同约定应付交易对价款的日期确认收入实现。

（摘自财税〔2009〕125 号第三条第二款）

从境外收到的股息、红利、利息等境外投资性所得一般表现为毛所得，应对在计算企

业总所得额时已做统一扣除的成本费用中与境外所得有关的部分，在该境外所得中对应调整扣除后，才能作为计算境外税额抵免限额的境外应纳税所得额（参见示例一）。在就境外所得计算应对应调整扣除的有关成本费用时，应对如下成本费用（但不限于）予以特别注意：

（1）股息、红利，应对应调整扣除与境外投资业务有关的项目研究、融资成本和管理费用；

（2）利息，应对应调整扣除为取得该项利息而发生的相应的融资成本和相关费用；

（3）租金，属于融资租赁业务的，应对应调整扣除其融资成本；属于经营租赁业务的，应对应调整扣除租赁物相应的折旧或折耗；

（4）特许权使用费，应对应调整扣除提供特许使用的资产的研发、摊销等费用；

（5）财产转让，应对应调整扣除被转让财产的成本净值和相关费用。

涉及上述所得应纳税所得额中应包含的已间接负担税额的具体还原计算将在《通知》第五条、第六条项下说明。

（摘自国家税务总局公告 2010 年第 1 号第 9 款）

企业应根据实施条例第二章第二节中关于收入确认时间的规定确认境外所得的实现年度及其税额抵免年度。

（1）企业来源于境外的股息、红利等权益性投资收益所得，若实际收到所得的日期与境外被投资方作出利润分配决定的日期不在同一纳税年度的，应按被投资方作出利润分配日所在的纳税年度确认境外所得。

企业来源于境外的利息、租金、特许权使用费、转让财产等收入，若未能在合同约定的付款日期当年收到上述所得，仍应按合同约定付款日期所属的纳税年度确认境外所得。

（2）属于企业所得税法第四十五条以及实施条例第一百一十七条和第一百一十八条规定情形的，应按照有关法律法规的规定确定境外所得的实现年度。

（3）企业收到某一纳税年度的境外所得已纳税凭证时，凡是迟于次年 5 月 31 日汇算清缴终止日的，可以对该所得境外税额抵免追溯计算。

（摘自国家税务总局公告 2010 年第 1 号第 10 款）

17.7.6　可予抵免境外所得税额的确认

17.7.6.1　可予抵免境外所得税额的确认

可抵免境外所得税税额，是指企业来源于中国境外的所得依照中国境外税收法律以及相关规定应当缴纳并已实际缴纳的企业所得税性质的税款。但不包括：

（一）按照境外所得税法律及相关规定属于错缴或错征的境外所得税税款；

（二）按照税收协定规定不应征收的境外所得税税款；

（三）因少缴或迟缴境外所得税而追加的利息、滞纳金或罚款；

（四）境外所得税纳税人或者其利害关系人从境外征税主体得到实际返还或补偿的境外所得税税款；

（五）按照我国企业所得税法及其实施条例规定，已经免征我国企业所得税的境外所得负担的境外所得税税款；

（六）按照国务院财政、税务主管部门有关规定已经从企业境外应纳税所得额中扣除的境外所得税税款。

（摘自财税〔2009〕125 号第四条）

17.7.6.2　可抵免的境外所得税税额的基本条件

可抵免的境外所得税税额的基本条件为：

（1）企业来源于中国境外的所得依照中国境外税收法律以及相关规定计算而缴纳的税额；

（2）缴纳的属于企业所得税性质的税额，而不拘泥于名称。在不同的国家，对于企业所得税的称呼有着不同的表述，如法人所得税、公司所得税等。判定是否属于企业所得税性质的税额，主要看其是否是针对企业净所得征收的税额。

（3）限于企业应当缴纳且已实际缴纳的税额。税收抵免旨在解决重复征税问题，仅限于企业应当缴纳且已实际缴纳的税额（除另有饶让抵免或其他规定外）。

（4）可抵免的企业所得税税额，若是税收协定非适用所得税项目，或来自非协定国家的所得，无法判定是否属于对企业征收的所得税税额的，应层报国家税务总局裁定。

（摘自国家税务总局公告 2010 年第 1 号第 15 款）

17.7.6.3 不应作为可抵免境外所得税税额的情形

不应作为可抵免境外所得税税额的情形分析：

（1）本条第一项规定是指，属于境外所得税法律及相关规定适用错误而且企业不应缴纳而错缴的税额，企业应向境外税务机关申请予以退还，而不应作为境外已交税额向中国申请抵免企业所得税。

（2）本条第二项规定是指，根据中国政府与其他国家（地区）政府签订的税收协定（或安排）的规定不属于对方国家的应税项目，却被对方国家（地区）就其征收的企业所得税，对此，企业应向征税国家申请退还不应征收的税额；该项税额还应包括，企业就境外所得在来源国纳税时适用税率高于税收协定限定税率所多缴纳的所得税税额。

（3）本条第四项规定是指，如果有关国家为了实现特定目标而规定不同形式和程度的税收优惠，并采取征收后由政府予以返还或补偿方式退还的已缴税额，对此，企业应从其境外所得可抵免税额中剔除该相应部分。

（4）本条第五项规定是指，如果我国税收法律法规做出对某项境外所得给予免税优惠规定，企业取得免征我国企业所得税的境外所得的，该项所得的应纳税所得额及其缴纳的境外所得税额均应从计算境外所得税额抵免的境外应纳税所得额和境外已纳税额中减除。

（5）本条第六项规定是指，如果我国税法规定就一项境外所得的已纳所得税额仅作为费用从该项境外所得额中扣除的，就该项所得及其缴纳的境外所得税额不应再纳入境外税额抵免计算。

（摘自国家税务总局公告 2010 年第 1 号第 16 款）

17.7.6.4 可抵免境外所得税税额汇率换算

企业取得的境外所得已直接缴纳和间接负担的税额为人民币以外货币的，在以人民币计算可予抵免的境外税额时，凡企业记账本位币为人民币的，应按企业就该项境外所得记入账内时使用的人民币汇率进行换算；凡企业以人民币以外其他货币作为记账本位币的，应统一按实现该项境外所得对应的我国纳税年度最后一日的人民币汇率中间价进行换算。

（摘自国家税务总局公告 2010 年第 1 号第 17 款）

17.7.7 境外所得间接负担税额的计算

17.7.7.1 境外所得间接负担税额的计算

居民企业在按照企业所得税法第二十四条规定用境外所得间接负担的税额进行税收抵免时，其取得的境外投资收益实际间接负担的税额，是指根据直接或者间接持股方式合计持股 20% 以上（含 20%，下同）的规定层级的外国企业股份，由此应分得的股息、红利等权益性投资收益中，从最低一层外国企业起逐层计算的属于由上一层企业负担的税额，其计算公式如下：

$$
\begin{aligned}
&\text{本层企业所纳税额属于由} \\
&\text{一家上一层企业负担的税额}
\end{aligned}
=
\left(
\begin{aligned}
&\text{本层企业就利润和投资} \\
&\text{收益所实际缴纳的税额}
\end{aligned}
+
\begin{aligned}
&\text{符合本通知规定的由} \\
&\text{本层企业间接负担的税额}
\end{aligned}
\right)
$$

$$
\times
\frac{\text{本层企业向一家上一层}}{\text{企业分配的股息（红利）}}
\div
\frac{\text{本层企业所得}}{\text{税后利润额}}
$$

（摘自财税〔2009〕125 号第五条）

17.7.7.2　下层企业税额计算公式解释

本条规定了境外所得间接负担的符合《通知》第六条规定条件的下层企业税额的计算方式及公式（参见示例三），公式中：

（1）本层企业是指实际分配股息（红利）的境外被投资企业；

（2）本层企业就利润和投资收益所实际缴纳的税额是指，本层企业按所在国税法就利润缴纳的企业所得税和在被投资方所在国就分得的股息等权益性投资收益被源泉扣缴的预提所得税；

（3）符合《通知》规定的由本层企业间接负担的税额是指该层企业由于从下一层企业分回股息（红利）而间接负担的由下一层企业就其利润缴纳的企业所得税税额；

（4）本层企业向一家上一层企业分配的股息（红利）是指该层企业向上一层企业实际分配的扣缴预提所得税前的股息（红利）数额；

（5）本层企业所得税后利润额是指该层企业实现的利润总额减去就其利润实际缴纳的企业所得税后的余额；

（摘自国家税务总局公告 2010 年第 1 号第 18 款）

17.7.7.3　按股息（红利）对应的每一年度未分配利润，计算一个年度中间接负担所得税额的

每一层企业从其持股的下一层企业在一个年度中分得的股息（红利），若是由该下一层企业不同年度的税后未分配利润组成，则应按该股息（红利）对应的每一年度未分配利润，分别计算就该项分配利润所间接负担的税额；按各年度计算的间接负担税额之和，即为取得股息（红利）的企业该一个年度中分得的股息（红利）所得所间接负担的所得税额。

（摘自国家税务总局公告 2010 年第 1 号第 19 款）

17.7.7.4　负担境外税额以境外第一层企业所在国（地区）为国别划分进行归集计算

境外第二层及以下层级企业归属不同国家的，在计算居民企业负担境外税额时，均以境外第一层企业所在国（地区）为国别划分进行归集计算，而不论该第一层企业的下层企业归属何国（地区）。

（摘自国家税务总局公告 2010 年第 1 号第 20 款）

17.7.8　适用间接抵免的外国企业持股比例的计算及持股条件的解释

17.7.8.1　适用间接抵免的外国企业持股比例的计算

除国务院财政、税务主管部门另有规定外，按照实施条例第八十条规定由居民企业直接或者间接持有 20% 以上股份的外国企业，限于符合以下持股方式的三层外国企业：

第一层：单一居民企业直接持有 20% 以上股份的外国企业；

第二层：单一第一层外国企业直接持有 20% 以上股份，且由单一居民企业直接持有或通过一个或多个符合本条规定持股条件的外国企业间接持有总和达到 20% 以上股份的外国企业；

第三层：单一第二层外国企业直接持有 20% 以上股份，且由单一居民企业直接持有或通过一个或多个符合本条规定持股条件的外国企业间接持有总和达到 20% 以上股份的外国企业。

（摘自财税〔2009〕125 号第六条）

17.7.8.2　持股条件的解释

本条所述符合规定的"持股条件"是指，各层企业直接持股、间接持股以及为计算居民

企业间接持股总和比例的每一个单一持股，均应达到20%的持股比例（参见示例四、五）。

（摘自国家税务总局公告2010年第1号第21款）

17.7.9 税收饶让抵免的应纳税额的确定

17.7.9.1 税收饶让抵免的解释

居民企业从与我国政府订立税收协定（或安排）的国家（地区）取得的所得，按照该国（地区）税收法律享受了免税或减税待遇，且该免税或减税的数额按照税收协定规定应视同已缴税额在中国的应纳税额中抵免的，该免税或减税数额可作为企业实际缴纳的境外所得税额用于办理税收抵免。

（摘自财税〔2009〕125号第七条）

17.7.9.2 税收饶让抵免的计算方法

我国企业所得税法目前尚未单方面规定税收饶让抵免，但我国与有关国家签订的税收协定规定有税收饶让抵免安排，本条对此进行了重申。居民企业从与我国订立税收协定（或安排）的对方国家取得所得，并按该国税收法律享受了免税或减税待遇，且该所得已享受的免税或减税数额按照税收协定（或安排）规定应视同已缴税额在我国应纳税额中抵免的，经企业主管税务机关确认，可在其申报境外所得税额时视为已缴税额（参见示例六）。

税收饶让抵免应区别下列情况进行计算：

（1）税收协定规定定率饶让抵免的，饶让抵免税额为按该定率计算的应纳境外所得税额超过实际缴纳的境外所得税额的数额；

（2）税收协定规定列举一国税收优惠额给予饶让抵免的，饶让抵免税额为按协定国家（地区）税收法律规定税率计算的应纳所得税额超过实际缴纳税额的数额，即实际税收优惠额。

境外所得采用《通知》第十条规定的简易办法计算抵免额的，不适用饶让抵免。

企业取得的境外所得根据来源国税收法律法规不判定为所在国应税所得，而按中国税收法律法规规定属于应税所得的，不属于税收饶让抵免范畴，应全额按中国税收法律法规规定缴纳企业所得税。

（摘自国家税务总局公告2010年第1号第22、23、24、25款）

17.7.10 抵免限额的计算

17.7.10.1 某国（地区）所得税抵免限额计算、税率适用和应纳税所得总额小于零的处理

企业应按照企业所得税法及其实施条例和本通知的有关规定分国（地区）别计算境外税额的抵免限额。

$$\frac{某国（地区）}{所得税抵免限额} = \frac{中国境内、境外所得依照企业所得税法及实施条例的规定计算的应纳税总额}{中国境内、境外应纳税所得总额} \times 来源于某国（地区）的应纳税所得额$$

据以计算上述公式中"中国境内、境外所得依照企业所得税法及实施条例的规定计算的应纳税总额"的税率，除国务院财政、税务主管部门另有规定外，应为企业所得税法第四条第一款规定的税率。

企业按照企业所得税法及其实施条例和财税〔2009〕125号的有关规定计算的当期境内、境外应纳税所得总额小于零的，应以零计算当期境内、境外应纳税所得总额，其当期境外所得税的抵免限额也为零。

（摘自财税〔2009〕125号第八条）

17.7.10.2 境外所得税额抵免限额计算中适用的税率也应为 25%

中国境内外所得依照企业所得税法及实施条例的规定计算的应纳税总额的税率是 25%，即使企业境内所得按税收法规规定享受企业所得税优惠的，在进行境外所得税额抵免限额计算中的中国境内、外所得应纳税总额所适用的税率也应为 25%。今后若国务院财政、税务主管部门规定境外所得与境内所得享受相同企业所得税优惠政策的，应按有关优惠政策的适用税率或税收负担率计算其应纳税总额和抵免限额；简便计算，也可以按该境外应纳税所得额直接乘以其实际适用的税率或税收负担率得出抵免限额（参见示例七）。

（摘自国家税务总局公告 2010 年第 1 号第 26 款）

17.7.10.3 境外所得税弥补亏损的处理

若企业境内所得为亏损，境外所得为盈利，且企业已使用同期境外盈利全部或部分弥补了境内亏损，则境内已用境外盈利弥补的亏损不得再用以后年度境内盈利重复弥补。由此，在计算境外所得抵免限额时，形成当期境内、外应纳税所得总额小于零的，应以零计算当期境内、外应纳税所得总额，其当期境外所得税的抵免限额也为零。上述境外盈利在境外已纳的可予抵免但未能抵免的税额可以在以后 5 个纳税年度内进行结转抵免（参见示例八）。

如果企业境内为亏损，境外盈利分别来自多个国家，则弥补境内亏损时，企业可以自行选择弥补境内亏损的境外所得来源国家（地区）顺序。

（摘自国家税务总局公告 2010 年第 1 号第 27、28 款）

17.7.11 实际抵免境外税额的计算

17.7.11.1 实际抵免境外税额的计算方法

在计算实际应抵免的境外已缴纳和间接负担的所得税税额时，企业在境外一国（地区）当年缴纳和间接负担的符合规定的所得税税额低于所计算的该国（地区）抵免限额的，应以该项税额作为境外所得税抵免额从企业应纳税总额中据实抵免；超过抵免限额的，当年应以抵免限额作为境外所得税抵免额进行抵免，超过抵免限额的余额允许从次年起在连续五个纳税年度内，用每年度抵免限额抵免当年应抵税额后的余额进行抵补。

（摘自财税〔2009〕125 号第九条）

17.7.11.2 延续抵免和延续抵免继续向以后年度结转

本条规定了企业在境外一国（地区）当年缴纳和间接负担的符合规定的企业所得税税额的具体抵免方法，即企业每年应分国（地区）别在抵免限额内据实抵免境外所得税额，超过抵免限额的部分可在以后连续 5 个纳税年度延续抵免；企业当年境外一国（地区）可抵免税额中既有属于当年已直接缴纳或间接负担的境外所得税额，又有以前年度结转的未逾期可抵免税额时，应首先抵免当年已直接缴纳或间接负担的境外所得税额后，抵免限额有余额的，可再抵免以前年度结转的未逾期可抵免税额，仍抵免不足的，继续向以后年度结转。

（摘自国家税务总局公告 2010 年第 1 号第 29 款）

17.7.12 简易办法计算抵免情况

17.7.12.1 采取简易办法对境外所得已纳税额计算抵免的情形

属于下列情形的，经企业申请，主管税务机关核准，可以采取简易办法对境外所得已纳税额计算抵免：

（一）企业从境外取得营业利润所得以及符合境外税额间接抵免条件的股息所得，虽有所得来源国（地区）政府机关核发的具有纳税性质的凭证或证明，但因客观原因无法真实、准确地确认应当缴纳并已经实际缴纳的境外所得税税额的，除就该所得直接缴纳及间接负担的税额在所得来源国（地区）的实际有效税率低于我国企业所得税法第四条第一款规定税率50%以上的外，可按境外应纳税所得额的12.5%作为抵免限额，企业按该国（地区）税务机关或政府机关核发具有纳税性质凭证或证明的金额，其不超过抵免限额的部分，准予抵免；超过的部分不得抵免。

属于本款规定以外的股息、利息、租金、特许权使用费、转让财产等投资性所得，均应按本通知的其他规定计算境外税额抵免。

（二）企业从境外取得营业利润所得以及符合境外税额间接抵免条件的股息所得，凡就该所得缴纳及间接负担的税额在所得来源国（地区）的法定税率且其实际有效税率明显高于我国的，可直接以按财税〔2009〕125号规定计算的境外应纳税所得额和我国企业所得税法规定的税率计算的抵免限额作为可抵免的已在境外实际缴纳的企业所得税税额。具体国家（地区）名单见（法定税率明显高于我国的境外所得来源国（地区）名单）。财政部、国家税务总局可根据实际情况适时对名单进行调整。

属于本款规定以外的股息、利息、租金、特许权使用费、转让财产等投资性所得，均应按本通知的其他规定计算境外税额抵免。

（摘自财税〔2009〕125号第十条）

17.7.12.2 分国不分项原则

采用简易办法也须遵循"分国不分项"原则。

（摘自国家税务总局公告2010年第1号第32款）

17.7.12.3 从所得来源国（地区）政府机关取得具有纳税性质的凭证或证明的解释

本条第一项中"从所得来源国（地区）政府机关取得具有纳税性质的凭证或证明"是指向境外所在国家政府实际缴纳了具有综合税额（含企业所得税）性质的款项的有效凭证。

（摘自国家税务总局公告2010年第1号第33款）

17.7.12.4 实际有效税率的解释

本条第二项中"实际有效税率"是指实际缴纳或负担的企业所得税税额与应纳税所得额的比率。

法定税率且实际有效税率明显高于我国（税率）的国家，由财政部和国家税务总局列名单公布；各地税务机关不能自行作出判定，发现名单所列国家抵免异常的，应立即向国家税务总局报告。

（摘自国家税务总局公告2010年第1号第34款）

17.7.12.5 属于本款规定以外的股息、利息、租金、特许权使用费、转让财产等投资性所得的解释

本条第一项和第二项中"属于本款规定以外的股息、利息、租金、特许权使用费、转让财产等投资性所得"是指，居民企业从境外未达到直接持股20%条件的境外子公司取得的股息所得，以及取得利息、租金、特许权使用费、转让财产等所得，向所得来源国直接缴纳的预提所得税额，应按《通知》有关直接抵免的规定正常计算抵免。

（摘自国家税务总局公告2010年第1号第35款）

17.7.13 申报资料

17.7.13.1 企业申报抵免境外所得税收时应提交的资料

企业申报抵免境外所得税收（包括按照《通知》第十条规定的简易办法进行的抵免）时应向其主管税务机关提交如下书面资料：

（1）与境外所得相关的完税证明或纳税凭证（原件或复印件）。

（2）不同类型的境外所得申报税收抵免还需分别提供：

①取得境外分支机构的营业利润所得需提供境外分支机构会计报表；境外分支机构所得依照中国境内企业所得税法及实施条例的规定计算的应纳税额的计算过程及说明资料；具有资质的机构出具的有关分支机构审计报告等；

②取得境外股息、红利所得需提供集团组织架构图；被投资公司章程复印件；境外企业有权决定利润分配的机构作出的决定书等；

③取得境外利息、租金、特许权使用费、转让财产等所得需提供依照中国境内企业所得税法及实施条例规定计算的应纳税额的资料及计算过程；项目合同复印件等。

以上提交备案资料使用非中文的，企业应同时提交中文译本复印件。

上述资料已向税务机关提供的，可不再提供；上述资料若有变更的，须重新提供；复印件须注明与原件一致，译本须注明与原本无异义，并加盖企业公章。

（摘自国家税务总局公告 2010 年第 1 号第 30 款第 (1)、(2) 项）

17.7.13.2 申请享受税收饶让抵免应提供的资料

除企业申报抵免境外所得税收（包括按照《通知》第十条规定的简易办法进行的抵免）时应向其主管税务机关提交如下书面资料，申请享受税收饶让抵免的还需提供：

①本企业及其直接或间接控制的外国企业在境外所获免税及减税的依据及证明或有关审计报告披露该企业享受的优惠政策的复印件；

②企业在其直接或间接控制的外国企业的参股比例等情况的证明复印件；

③间接抵免税额或者饶让抵免税额的计算过程；

④由本企业直接或间接控制的外国企业的财务会计资料。

以上提交备案资料使用非中文的，企业应同时提交中文译本复印件。

上述资料已向税务机关提供的，可不再提供；上述资料若有变更的，须重新提供；复印件须注明与原件一致，译本须注明与原本无异义，并加盖企业公章。

（摘自国家税务总局公告 2010 年第 1 号第 30 款第 (3) 项）

17.7.13.3 采用简易办法计算抵免限额应提供的资料

除企业申报抵免境外所得税收（包括按照《通知》第十条规定的简易办法进行的抵免）时应向其主管税务机关提交如下书面资料，采用简易办法计算抵免限额的还需提供：

①取得境外分支机构的营业利润所得需提供企业申请及有关情况说明；来源国（地区）政府机关核发的具有纳税性质的凭证和证明复印件；

②取得符合境外税额间接抵免条件的股息所得需提供企业申请及有关情况说明；符合企业所得税法第二十四条条件的有关股权证明的文件或凭证复印件。

主管税务机关要求提供的其他资料。

以上提交备案资料使用非中文的，企业应同时提交中文译本复印件。

上述资料已向税务机关提供的，可不再提供；上述资料若有变更的，须重新提供；复印件须注明与原件一致，译本须注明与原本无异义，并加盖企业公章。

（摘自国家税务总局公告 2010 年第 1 号第 30 款第 (4)、(5) 项）

17.7.14 石油企业在境外从事油（气）资源开采所得税收抵免

根据《中华人民共和国企业所得税法》及其《实施条例》和《财政部国家税务总局关于企业境外所得税收抵免有关问题的通知》（财税〔2009〕125 号）的有关规定，现就我国石油企业在境外从事油（气）资源开采所得计征企业所得税时抵免境外已纳或负担所得税额的有关问题补充通知如下：

一、石油企业可以选择按国（地区）别分别计算（即"分国（地区）不分项"），或者不按国（地区）别汇总计算（即"不分国（地区）不分项"）其来源于境外油（气）项目投资、工程技术服务和工程建设的油（气）资源开采活动的应纳税所得额，并按照财税〔2009〕125 号文件第八条规定的税率，分别计算其可抵免境外所得税税额和抵免限额。上述方式一经选择，5 年内不得改变。

石油企业选择采用不同于以前年度的方式（以下简称新方式）计算可抵免境外所得税税额和抵免限额时，对该企业以前年度按照财税〔2009〕125 号文件规定没有抵免完的余额，可在税法规定结转的剩余年限内，按新方式计算的抵免限额中继续结转抵免。

二、石油企业在境外从事油（气）项目投资、工程技术服务和工程建设的油（气）资源开采活动取得股息所得，在按规定计算该石油企业境外股息所得的可抵免所得税额和抵免限额时，由该企业直接或者间接持有 20% 以上股份的外国企业，限于按照财税〔2009〕125 号文件第六条规定的持股方式确定的五层外国企业，即：

第一层：石油企业直接持有 20% 以上股份的外国企业；

第二层至第五层：单一上一层外国企业直接持有 20% 以上股份，且由该石油企业直接持有或通过一个或多个符合财税〔2009〕125 号文件第六条规定持股方式的外国企业间接持有总和达到 20% 以上股份的外国企业。

三、石油企业境外所得税收抵免的其他事项，按照财税〔2009〕125 号文件的有关规定执行。

四、本通知自 2010 年 1 月 1 日起执行。

（摘自财税〔2011〕23 号）

17.7.15　高新技术企业境外所得适用税率及税收抵免

根据《中华人民共和国企业所得税法》及其实施条例，以及《财政部国家税务总局关于企业境外所得税收抵免有关问题的通知》（财税〔2009〕125 号）的有关规定，现就高新技术企业境外所得适用税率及税收抵免有关问题补充明确如下：

一、以境内、境外全部生产经营活动有关的研究开发费用总额、总收入、销售收入总额、高新技术产品（服务）收入等指标申请并经认定的高新技术企业，其来源于境外的所得可以享受高新技术企业所得税优惠政策，即对其来源于境外所得可以按照 15% 的优惠税率缴纳企业所得税，在计算境外抵免限额时，可按照 15% 的优惠税率计算境内外应纳税总额。

二、上述高新技术企业境外所得税收抵免的其他事项，仍按照财税〔2009〕125 号文件的有关规定执行。

三、本通知所称高新技术企业，是指依照《中华人民共和国企业所得税法》及其实施条例规定，经认定机构按照《高新技术企业认定管理办法》（国科发火〔2008〕172 号）和《高新技术企业认定管理工作指引》（国科发火〔2008〕362 号）认定取得高新技术企业证书并正在享受企业所得税 15% 税率优惠的企业。

四、本通知自 2010 年 1 月 1 日起执行。

（摘自财税〔2011〕47 号）

17.8　《跨地区经营汇总纳税明细表》及其附表法规指引

17.8.1　汇总纳税企业的范围

居民企业在中国境内设立不具有法人资格的营业机构的，应当汇总计算并缴纳企业所得税。

除国务院另有规定外，企业之间不得合并缴纳企业所得税。

（摘自《企业所得税法》第五十条第二款）

17.8.2 汇总纳税具体办法的制定授权

企业汇总计算并缴纳企业所得税时，应当统一核算应纳税所得额，具体办法由国务院财政、税务主管部门另行制定。

（摘自《企业所得税法实施条例》第一百二十五条）

17.8.3 汇总纳税专项管理制度

17.8.3.1 总 则

一、目标、依据

为加强跨地区经营汇总纳税企业所得税的征收管理，根据《中华人民共和国企业所得税法》及其实施条例（以下简称《企业所得税法》）、《中华人民共和国税收征收管理法》及其实施细则（以下简称《征收管理法》）和《财政部国家税务总局中国人民银行关于印发〈跨省市总分机构企业所得税分配及预算管理办法〉的通知》（财预〔2012〕40号）等的有关规定，制定本办法。

（摘自国家税务总局公告 2012 年第 57 号第一条）

二、适用范围

居民企业在中国境内跨地区（指跨省、自治区、直辖市和计划单列市，下同）设立不具有法人资格分支机构的，该居民企业为跨地区经营汇总纳税企业（以下简称汇总纳税企业），除另有规定外，其企业所得税征收管理适用本办法。

国有邮政企业（包括中国邮政集团公司及其控股公司和直属单位）、中国工商银行股份有限公司、中国农业银行股份有限公司、中国银行股份有限公司、国家开发银行股份有限公司、中国农业发展银行、中国进出口银行、中国投资有限责任公司、中国建设银行股份有限公司、中国建银投资有限责任公司、中国信达资产管理股份有限公司、中国石油天然气股份有限公司、中国石油化工股份有限公司、海洋石油天然气企业（包括中国海洋石油总公司、中海石油（中国）有限公司、中海油田服务股份有限公司、海洋石油工程股份有限公司）、中国长江电力股份有限公司等企业缴纳的企业所得税（包括滞纳金、罚款）为中央收入，全额上缴中央国库，其企业所得税征收管理不适用本办法。

铁路运输企业所得税征收管理不适用本办法。

（摘自国家税务总局公告 2012 年第 57 号第二条）

三、汇总纳税企业实行"统一计算、分级管理、就地预缴、汇总清算、财政调库"的企业所得税征收管理办法

汇总纳税企业实行"统一计算、分级管理、就地预缴、汇总清算、财政调库"的企业所得税征收管理办法：

（一）统一计算，是指总机构统一计算包括汇总纳税企业所属各个不具有法人资格分支机构在内的全部应纳税所得额、应纳税额。

（二）分级管理，是指总机构、分支机构所在地的主管税务机关都有对当地机构进行企业所得税管理的责任，总机构和分支机构应分别接受机构所在地主管税务机关的管理。

（三）就地预缴，是指总机构、分支机构应按本办法的规定，分月或分季分别向所在地主管税务机关申报预缴企业所得税。

（四）汇总清算，是指在年度终了后，总机构统一计算汇总纳税企业的年度应纳税所得额、应纳所得税额，抵减总机构、分支机构当年已就地分期预缴的企业所得税款后，多退少补。

（五）财政调库，是指财政部定期将缴入中央国库的汇总纳税企业所得税待分配收入，按照核定的系数调整至地方国库。

（摘自国家税务总局公告 2012 年第 57 号第三条）

四、总机构和具有主体生产经营职能的二级分支机构就地分摊缴纳企业所得税

总机构和具有主体生产经营职能的二级分支机构，就地分摊缴纳企业所得税。

二级分支机构，是指汇总纳税企业依法设立并领取非法人营业执照（登记证书），且总机构对其财务、业务、人员等直接进行统一核算和管理的分支机构。

（摘自国家税务总局公告 2012 年第 57 号第四条）

五、不就地分摊缴纳企业所得税的二级分支机构

以下二级分支机构不就地分摊缴纳企业所得税：

（一）不具有主体生产经营职能，且在当地不缴纳增值税、营业税的产品售后服务、内部研发、仓储等汇总纳税企业内部辅助性的二级分支机构，不就地分摊缴纳企业所得税。

（二）上年度认定为小型微利企业的，其二级分支机构不就地分摊缴纳企业所得税。

（三）新设立的二级分支机构，设立当年不就地分摊缴纳企业所得税。

（四）当年撤销的二级分支机构，自办理注销税务登记之日所属企业所得税预缴期间起，不就地分摊缴纳企业所得税。

（五）汇总纳税企业在中国境外设立的不具有法人资格的二级分支机构，不就地分摊缴纳企业所得税。

（摘自国家税务总局公告 2012 年第 57 号第五条）

17.8.3.2 税款预缴和汇算清缴

一、预缴税款和汇算清缴应缴应退税款，50%在各分支机构间分摊，50%由总机构分摊缴纳

汇总纳税企业按照《企业所得税法》规定汇总计算的企业所得税，包括预缴税款和汇算清缴应缴应退税款，50%在各分支机构间分摊，各分支机构根据分摊税款就地办理缴库或退库；50%由总机构分摊缴纳，其中 25%就地办理缴库或退库，25%就地全额缴入中央国库或退库。具体的税款缴库或退库程序按照财预〔2012〕40 号文件第五条等相关规定执行。

（摘自国家税务总局公告 2012 年第 57 号第六条）

二、分月或者分季预缴，由总机构所在地主管税务机关具体核定

企业所得税分月或者分季预缴，由总机构所在地主管税务机关具体核定。

汇总纳税企业应根据当期实际利润额，按照本办法规定的预缴分摊方法计算总机构和分支机构的企业所得税预缴额，分别由总机构和分支机构就地预缴；在规定期限内按实际利润额预缴有困难的，也可以按照上一年度应纳税所得额的 1/12 或 1/4，按照本办法规定的预缴分摊方法计算总机构和分支机构的企业所得税预缴额，分别由总机构和分支机构就地预缴。预缴方法一经确定，当年度不得变更。

（摘自国家税务总局公告 2012 年第 57 号第七条）

三、总机构应将本期企业应纳所得税额的 50%部分，在每月或季度终了后 15 日内就地申报预缴

总机构应将本期企业应纳所得税额的 50%部分，在每月或季度终了后 15 日内就地申报预缴。总机构应将本期企业应纳所得税额的另外 50%部分，按照各分支机构应分摊的比例，在各分支机构之间进行分摊，并及时通知到各分支机构；各分支机构应在每月或季度终了之日起 15 日内，就其分摊的所得税额就地申报预缴。

分支机构未按税款分配数额预缴所得税造成少缴税款的，主管税务机关应按照《征收管理法》的有关规定对其处罚，并将处罚结果通知总机构所在地主管税务机关。

（摘自国家税务总局公告 2012 年第 57 号第八条）

四、预缴申报

汇总纳税企业预缴申报时，总机构除报送企业所得税预缴申报表和企业当期财务报表外，还应报送汇总纳税企业分支机构所得税分配表和各分支机构上一年度的年度财务报表（或年度财务状况和营业收支情况）；分支机构除报送企业所得税预缴申报表（只填列部分项目）外，还应报送经总机构所在地主管税务机关受理的汇总纳税企业分支机构所得税分配表。

在一个纳税年度内，各分支机构上一年度的年度财务报表（或年度财务状况和营业收支情况）原则上只需要报送一次。

（摘自国家税务总局公告 2012 年第 57 号第九条）

五、应缴应退税款的计算

汇总纳税企业应当自年度终了之日起 5 个月内，由总机构汇总计算企业年度应纳所得税额，扣除总机构和各分支机构已预缴的税款，计算出应缴应退税款，按照本办法规定的税款分摊方法计算总机构和分支机构的企业所得税应缴应退税款，分别由总机构和分支机构就地办理税款缴库或退库。

汇总纳税企业在纳税年度内预缴企业所得税税款少于全年应缴企业所得税税款的，应在汇算清缴期内由总、分机构分别结清应缴的企业所得税税款；预缴税款超过应缴税款的，主管税务机关应及时按有关规定分别办理退税，或者经总、分机构同意后分别抵缴其下一年度应缴企业所得税税款。

（摘自国家税务总局公告 2012 年第 57 号第十条）

六、汇算清缴

汇总纳税企业汇算清缴时，总机构除报送企业所得税年度纳税申报表和年度财务报表外，还应报送汇总纳税企业分支机构所得税分配表、各分支机构的年度财务报表和各分支机构参与企业年度纳税调整情况的说明；分支机构除报送企业所得税年度纳税申报表（只填列部分项目）外，还应报送经总机构所在地主管税务机关受理的汇总纳税企业分支机构所得税分配表、分支机构的年度财务报表（或年度财务状况和营业收支情况）和分支机构参与企业年度纳税调整情况的说明。

分支机构参与企业年度纳税调整情况的说明，可参照企业所得税年度纳税申报表附表"纳税调整项目明细表"中列明的项目进行说明，涉及需由总机构统一计算调整的项目不进行说明。

（摘自国家税务总局公告 2012 年第 57 号第十一条）

七、分支机构未按规定报送汇总纳税企业分支机构所得税分配表的处理

分支机构未按规定报送经总机构所在地主管税务机关受理的汇总纳税企业分支机构所得税分配表，分支机构所在地主管税务机关应责成该分支机构在申报期内报送，同时提请总机构所在地主管税务机关督促总机构按照规定提供上述分配表；分支机构在申报期内不提供的，由分支机构所在地主管税务机关对分支机构按照《征收管理法》的有关规定予以处罚；属于总机构未向分支机构提供分配表的，分支机构所在地主管税务机关还应提请总机构所在地主管税务机关对总机构按照《征收管理法》的有关规定予以处罚。

（摘自国家税务总局公告 2012 年第 57 号第十二条）

17.8.3.3　总分机构分摊税款的计算

一、总机构分摊税款计算公式

总机构按以下公式计算分摊税款：

$$总机构分摊税款＝汇总纳税企业当期应纳所得税额×50\%$$

（摘自国家税务总局公告2012年第57号第十三条）

二、分支机构分摊税款计算公式

分支机构按以下公式计算分摊税款：

$$所有分支机构分摊税款总额＝汇总纳税企业当期应纳所得税额×50\%$$

$$某分支机构分摊税款＝所有分支机构分摊税款总额×该分支机构分摊比例$$

（摘自国家税务总局公告2012年第57号第十四条）

三、分支机构分摊比例的计算

总机构应按照上年度分支机构的营业收入、职工薪酬和资产总额三个因素计算各分支机构分摊所得税款的比例；三级及以下分支机构，其营业收入、职工薪酬和资产总额统一计入二级分支机构；三因素的权重依次为0.35、0.35、0.30。

计算公式如下：

$$某分支机构分摊比例＝\left(\frac{该分支机构营业收入}{各分支机构营业收入之和}\right)×0.35+\left(\frac{该分支机构职工薪酬}{各分支机构职工薪酬之和}\right)×0.35$$
$$+\left(\frac{该分支机构资产总额}{各分支机构资产总额之和}\right)×0.30$$

分支机构分摊比例按上述方法一经确定后，除出现本办法第五条第（四）项和第十六条第二、三款情形外，当年不作调整。

（摘自国家税务总局公告2012年第57号第十五条）

四、具有主体生产经营职能的部门是否视同二级分支机构的判断标准

总机构设立具有主体生产经营职能的部门（非本办法第四条规定的二级分支机构），且该部门的营业收入、职工薪酬和资产总额与管理职能部门分开核算的，可将该部门视同一个二级分支机构，按本办法规定计算分摊并就地缴纳企业所得税；该部门与管理职能部门的营业收入、职工薪酬和资产总额不能分开核算的，该部门不得视同一个二级分支机构，不得按本办法规定计算分摊并就地缴纳企业所得税。

汇总纳税企业当年由于重组等原因从其他企业取得重组当年之前已存在的二级分支机构，并作为本企业二级分支机构管理的，该二级分支机构不视同当年新设立的二级分支机构，按本办法规定计算分摊并就地缴纳企业所得税。

汇总纳税企业内就地分摊缴纳企业所得税的总机构、二级分支机构之间，发生合并、分立、管理层级变更等形成的新设或存续的二级分支机构，不视同当年新设立的二级分支机构，按本办法规定计算分摊并就地缴纳企业所得税。

（摘自国家税务总局公告2012年第57号第十六条）

五、分支机构营业收入、职工薪酬、资产总额的解释

本办法所称分支机构营业收入，是指分支机构销售商品、提供劳务、让渡资产使用权等日常经营活动实现的全部收入。其中，生产经营企业分支机构营业收入是指生产经营企业分支机构销售商品、提供劳务、让渡资产使用权等取得的全部收入。金融企业分支机构营业收入是指金融企业分支机构取得的利息、手续费、佣金等全部收入。保险企业分支机构营业收入是指保险企业分支机构取得的保费等全部收入。

本办法所称分支机构职工薪酬，是指分支机构为获得职工提供的服务而给予各种形式的报酬以及其他相关支出。

本办法所称分支机构资产总额，是指分支机构在经营活动中实际使用的应归属于该分支机构的资产合计额。

本办法所称上年度分支机构的营业收入、职工薪酬和资产总额，是指分支机构上年度

全年的营业收入、职工薪酬数据和上年度 12 月 31 日的资产总额数据，是依照国家统一会计制度的规定核算的数据。

一个纳税年度内，总机构首次计算分摊税款时采用的分支机构营业收入、职工薪酬和资产总额数据，与此后经过中国注册会计师审计确认的数据不一致的，不作调整。

（摘自国家税务总局公告 2012 年第 57 号第十七条）

六、不同税率地区机构的税款分摊方法

对于按照税收法律、法规和其他规定，总机构和分支机构处于不同税率地区的，先由总机构统一计算全部应纳税所得额，然后按本办法第六条规定的比例和按第十五条计算的分摊比例，计算划分不同税率地区机构的应纳税所得额，再分别按各自的适用税率计算应纳税额后加总计算出汇总纳税企业的应纳所得税总额，最后本办法第六条规定的比例和按第十五条计算的分摊比例，向总机构和分支机构分摊就地缴纳的企业所得税款。

（摘自国家税务总局公告 2012 年第 57 号第十八条）

七、税款分摊比例的复核、调整

分支机构所在地主管税务机关应根据经总机构所在地主管税务机关受理的汇总纳税企业分支机构所得税分配表、分支机构的年度财务报表（或年度财务状况和营业收支情况）等，对其主管分支机构计算分摊税款比例的三个因素、计算的分摊税款比例和应分摊缴纳的所得税税款进行查验核对；对查验项目有异议的，应于收到汇总纳税企业分支机构所得税分配表后 30 日内向企业总机构所在地主管税务机关提出书面复核建议，并附送相关数据资料。

总机构所在地主管税务机关必须于收到复核建议后 30 日内，对分摊税款的比例进行复核，作出调整或维持原比例的决定，并将复核结果函复分支机构所在地主管税务机关。分支机构所在地主管税务机关应执行总机构所在地主管税务机关的复核决定。

总机构所在地主管税务机关未在规定时间内复核并函复复核结果的，上级税务机关应对总机构所在地主管税务机关按照有关规定进行处理。

复核期间，分支机构应先按总机构确定的分摊比例申报缴纳税款。

（摘自国家税务总局公告 2012 年第 57 号第十九条）

八、未按照规定准确计算分摊税款的补缴或扣减

汇总纳税企业未按照规定准确计算分摊税款，造成总机构与分支机构之间同时存在一方（或几方）多缴另一方（或几方）少缴税款的，其总机构或分支机构分摊缴纳的企业所得税低于按本办法规定计算分摊的数额的，应在下一税款缴纳期内，由总机构将按本办法规定计算分摊的税款差额分摊到总机构或分支机构补缴；其总机构或分支机构就地缴纳的企业所得税高于按本办法规定计算分摊的数额的，应在下一税款缴纳期内，由总机构将按本办法规定计算分摊的税款差额从总机构或分支机构的分摊税款中扣减。

（摘自国家税务总局公告 2012 年第 57 号第二十条）

17.8.3.4　日常管理

一、汇总纳税企业应办理税务登记，接受监督和管理

汇总纳税企业总机构和分支机构应依法办理税务登记，接受所在地主管税务机关的监督和管理。

（摘自国家税务总局公告 2012 年第 57 号第二十一条）

二、备案管理

总机构应将其所有二级及以下分支机构（包括本办法第五条规定的分支机构）信息报其所在地主管税务机关备案，内容包括分支机构名称、层级、地址、邮编、纳税人识别号及企业所得税主管税务机关名称、地址和邮编。

分支机构（包括本办法第五条规定的分支机构）应将其总机构、上级分支机构和下属

分支机构信息报其所在地主管税务机关备案，内容包括总机构、上级机构和下属分支机构名称、层级、地址、邮编、纳税人识别号及企业所得税主管税务机关名称、地址和邮编。

上述备案信息发生变化的，除另有规定外，应在内容变化后 30 日内报总机构和分支机构所在地主管税务机关备案，并办理变更税务登记。

分支机构注销税务登记后 15 日内，总机构应将分支机构注销情况报所在地主管税务机关备案，并办理变更税务登记。

（摘自国家税务总局公告 2012 年第 57 号第二十二条）

三、二级及以下分支机构身份证明

以总机构名义进行生产经营的非法人分支机构，无法提供汇总纳税企业分支机构所得税分配表，应在预缴申报期内向其所在地主管税务机关报送非法人营业执照（或登记证书）的复印件、由总机构出具的二级及以下分支机构的有效证明和支持有效证明的相关材料（包括总机构拨款证明、总分机构协议或合同、公司章程、管理制度等），证明其二级及以下分支机构身份。

二级及以下分支机构所在地主管税务机关应对二级及以下分支机构进行审核鉴定，对应按本办法规定就地分摊缴纳企业所得税的二级分支机构，应督促其及时就地缴纳企业所得税。

（摘自国家税务总局公告 2012 年第 57 号第二十三条）

四、视同独立纳税人的分支机构

以总机构名义进行生产经营的非法人分支机构，无法提供汇总纳税企业分支机构所得税分配表，也无法提供本办法第二十三条规定相关证据证明其二级及以下分支机构身份的，应视同独立纳税人计算并就地缴纳企业所得税，不执行本办法的相关规定。

按上款规定视同独立纳税人的分支机构，其独立纳税人身份一个年度内不得变更。

汇总纳税企业以后年度改变组织结构的，该分支机构应按本办法第二十三条规定报送相关证据，分支机构所在地主管税务机关重新进行审核鉴定。

（摘自国家税务总局公告 2012 年第 57 号第二十四条）

五、汇总纳税企业资产损失申报扣除办法

汇总纳税企业发生的资产损失，应按以下规定申报扣除：

（一）总机构及二级分支机构发生的资产损失，除应按专项申报和清单申报的有关规定各自向所在地主管税务机关申报外，二级分支机构还应同时上报总机构；三级及以下分支机构发生的资产损失不需向所在地主管税务机关申报，应并入二级分支机构，由二级分支机构统一申报。

（二）总机构对各分支机构上报的资产损失，除税务机关另有规定外，应以清单申报的形式向所在地主管税务机关申报。

（三）总机构将分支机构所属资产捆绑打包转让所发生的资产损失，由总机构向所在地主管税务机关专项申报。

二级分支机构所在地主管税务机关应对二级分支机构申报扣除的资产损失强化后续管理。

（摘自国家税务总局公告 2012 年第 57 号第二十五条）

六、分支机构优惠事项管理

对于按照税收法律、法规和其他规定，由分支机构所在地主管税务机关管理的企业所得税优惠事项，分支机构所在地主管税务机关应加强审批（核）、备案管理，并通过评估、检查和台账管理等手段，加强后续管理。

（摘自国家税务总局公告 2012 年第 57 号第二十六条）

七、总机构所在地主管税务机关税务检查

总机构所在地主管税务机关应加强对汇总纳税企业申报缴纳企业所得税的管理，可以对企业自行实施税务检查，也可以与二级分支机构所在地主管税务机关联合实施税务检查。

总机构所在地主管税务机关应对查实项目按照《企业所得税法》的规定统一计算查增的应纳税所得额和应纳税额。

总机构应将查补所得税款（包括滞纳金、罚款，下同）的 50％按照本办法第十五条规定计算的分摊比例，分摊给各分支机构（不包括本办法第五条规定的分支机构）缴纳，各分支机构根据分摊查补税款就地办理缴库；50％分摊给总机构缴纳，其中 25％就地办理缴库，25％就地全额缴入中央国库。具体的税款缴库程序按照财预〔2012〕40 号文件第五条等相关规定执行。

汇总纳税企业缴纳查补所得税款时，总机构应向其所在地主管税务机关报送汇总纳税企业分支机构所得税分配表和总机构所在地主管税务机关出具的税务检查结论，各分支机构也应向其所在地主管税务机关报送经总机构所在地主管税务机关受理的汇总纳税企业分支机构所得税分配表和税务检查结论。

（摘自国家税务总局公告 2012 年第 57 号第二十七条）

八、二级分支机构所在地主管税务机关税务检查

二级分支机构所在地主管税务机关应配合总机构所在地主管税务机关对其主管二级分支机构实施税务检查，也可以自行对该二级分支机构实施税务检查。

二级分支机构所在地主管税务机关自行对其主管二级分支机构实施税务检查，可对查实项目按照《企业所得税法》的规定自行计算查增的应纳税所得额和应纳税额。

计算查增的应纳税所得额时，应减除允许弥补的汇总纳税企业以前年度亏损；对于需由总机构统一计算的税前扣除项目，不得由分支机构自行计算调整。

二级分支机构应将查补所得税款的 50％分摊给总机构缴纳，其中 25％就地办理缴库，25％就地全额缴入中央国库；50％分摊给该二级分支机构就地办理缴库。具体的税款缴库程序按照财预〔2012〕40 号文件第五条等相关规定执行。

汇总纳税企业缴纳查补所得税款时，总机构应向其所在地主管税务机关报送经二级分支机构所在地主管税务机关受理的汇总纳税企业分支机构所得税分配表和二级分支机构所在地主管税务机关出具的税务检查结论，二级分支机构也应向其所在地主管税务机关报送汇总纳税企业分支机构所得税分配表和税务检查结论。

（摘自国家税务总局公告 2012 年第 57 号第二十八条）

九、相关信息定期分省汇总上传至国家税务总局跨地区经营汇总纳税企业管理信息交换平台

税务机关应将汇总纳税企业总机构、分支机构的税务登记信息、备案信息、总机构出具的分支机构有效证明情况及分支机构审核鉴定情况、企业所得税月（季）度预缴纳税申报表和年度纳税申报表、汇总纳税企业分支机构所得税分配表、财务报表（或年度财务状况和营业收支情况）、企业所得税款入库情况、资产损失情况、税收优惠情况、各分支机构参与企业年度纳税调整情况的说明、税务检查及查补税款分摊和入库情况等信息，定期分省汇总上传至国家税务总局跨地区经营汇总纳税企业管理信息交换平台。

（摘自国家税务总局公告 2012 年第 57 号第二十九条）

十、总分支机构企业所得税的管理部门应当一致

2008 年底之前已成立的汇总纳税企业，2009 年起新设立的分支机构，其企业所得税的征管部门应与总机构企业所得税征管部门一致；2009 年起新增汇总纳税企业，其分支机构企业所得税的管理部门也应与总机构企业所得税管理部门一致。

（摘自国家税务总局公告 2012 年第 57 号第三十条）

十一、汇总纳税企业不得核定征收企业所得税

汇总纳税企业不得核定征收企业所得税。

（摘自国家税务总局公告 2012 年第 57 号第三十一条）

17.8.3.5　附　则

一、仅在同一省设立分支机构的由各省国地税参照本办法联合制定具体征管办法

居民企业在中国境内没有跨地区设立不具有法人资格分支机构，仅在同一省、自治区、直辖市和计划单列市（以下称同一地区）内设立不具有法人资格分支机构的，其企业所得税征收管理办法，由省、自治区、直辖市和计划单列市国家税务局、地方税务局参照本办法联合制定。

居民企业在中国境内既跨地区设立不具有法人资格分支机构，又在同一地区内设立不具有法人资格分支机构的，其企业所得税征收管理实行本办法。

（摘自国家税务总局公告 2012 年第 57 号第三十二条）

二、施行日期、废止信息

本办法自 2013 年 1 月 1 日起施行。

《国家税务总局关于印发〈跨地区经营汇总纳税企业所得税征收管理暂行办法〉的通知》（国税发〔2008〕28 号）、《国家税务总局关于跨地区经营汇总纳税企业所得税征收管理有关问题的通知》（国税函〔2008〕747 号）、《国家税务总局关于跨地区经营外商独资银行汇总纳税问题的通知》（国税函〔2008〕958 号）、《国家税务总局关于华能国际电力股份有限公司汇总计算缴纳企业所得税问题的通知》（国税函〔2009〕33 号）、《国家税务总局关于跨地区经营汇总纳税企业所得税征收管理若干问题的通知》（国税函〔2009〕221 号）和《国家税务总局关于华能国际电力股份有限公司所属分支机构 2008 年度预缴企业所得税款问题的通知》（国税函〔2009〕674 号）同时废止。

《国家税务总局关于发布〈中华人民共和国企业所得税月（季）度预缴纳税申报表〉等报表的公告》（税务总局公告 2011 年第 64 号）和《国家税务总局关于发布〈中华人民共和国企业所得税月（季）度预缴纳税申报表〉等报表的补充公告》（税务总局公告 2011 年第 76 号）规定与本办法不一致的，按本办法执行。

（摘自国家税务总局公告 2012 年第 57 号第三十三条）

17.8.4　建筑企业汇总纳税办法

一、跨地区经营建筑企业按照"统一计算，分级管理，就地预缴，汇总清算，财政调库"的办法计算缴纳企业所得税

实行总分机构体制的跨地区经营建筑企业应严格执行国税发〔2008〕28 号文件规定，按照"统一计算，分级管理，就地预缴，汇总清算，财政调库"的办法计算缴纳企业所得税。

（摘自国税函〔2010〕156 号第一条）

二、项目部不就地预缴企业所得税，汇总到二级分支机构统一核算

建筑企业所属二级或二级以下分支机构直接管理的项目部（包括与项目部性质相同的工程指挥部、合同段等，下同）不就地预缴企业所得税，其经营收入、职工工资和资产总额应汇总到二级分支机构统一核算，由二级分支机构按照国税发〔2008〕28 号文件规定的办法预缴企业所得税。

（摘自国税函〔2010〕156 号第二条）

三、项目部应按项目实际经营收入的 0.2% 按月或按季由总机构向项目所在地预分企业所得税

建筑企业总机构直接管理的跨地区设立的项目部，应按项目实际经营收入的 0.2% 按月或按季由总机构向项目所在地预分企业所得税，并由项目部向所在地主管税务机关预缴。

（摘自国税函〔2010〕156 号第三条）

四、总机构预缴方法

建筑企业总机构应汇总计算企业应纳所得税，按照以下方法进行预缴：

（一）总机构只设跨地区项目部的，扣除已由项目部预缴的企业所得税后，按照其余额就地缴纳；

（二）总机构只设二级分支机构的，按照国税发〔2008〕28 号文件规定计算总、分支机构应缴纳的税款；

（三）总机构既有直接管理的跨地区项目部，又有跨地区二级分支机构的，先扣除已由项目部预缴的企业所得税后，再按照国税发〔2008〕28 号文件规定计算总、分支机构应缴纳的税款。

（摘自国税函〔2010〕156 号第四条）

五、总机构汇算清缴，分支机构和项目部不进行汇算清缴

建筑企业总机构应按照有关规定办理企业所得税年度汇算清缴，各分支机构和项目部不进行汇算清缴。总机构年终汇算清缴后应纳所得税额小于已预缴的税款时，由总机构主管税务机关办理退税或抵扣以后年度的应缴企业所得税。

（摘自国税函〔2010〕156 号第五条）

六、总机构预缴和汇算清缴时应附送项目部就地预缴税款的完税证明

建筑企业总机构在办理企业所得税预缴和汇算清缴时，应附送其所直接管理的跨地区经营项目部就地预缴税款的完税证明。

（摘自国税函〔2010〕156 号第七条）

七、征收管理办法由各省市国地税共同制定并报总局备案

建筑企业在同一省、自治区、直辖市和计划单列市设立的跨地（市、县）项目部，其企业所得税的征收管理办法，由各省、自治区、直辖市和计划单列市国家税务局、地方税务局共同制定，并报国家税务总局备案。

（摘自国税函〔2010〕156 号第八条）

八、施行日期

本通知自 2010 年 1 月 1 日起施行。

（摘自国税函〔2010〕156 号第九条）

17.9　应纳税所得额法规指引

17.9.1　应纳税所得额的计算公式

企业每一纳税年度的收入总额，减除不征税收入、免税收入、各项扣除以及允许弥补的以前年度亏损后的余额，为应纳税所得额。

（摘自《企业所得税法》第五条）

17.9.2　权责发生制原则

企业应纳税所得额的计算，以权责发生制为原则，属于当期的收入和费用，不论款项是否收付，均作为当期的收入和费用；不属于当期的收入和费用，即使款项已经在当期收付，均不作为当期的收入和费用。本条例和国务院财政、税务主管部门另有规定的除外。

（摘自《企业所得税法实施条例》第九条）

实施条例规定，企业应纳税所得额的计算，以权责发生制为原则。权责发生制要求，属于当期的收入和费用，不论款项是否收付，均作为当期的收入和费用；不属于当期的收入和费用，即使款项已经在当期收付，均不作为当期的收入和费用。权责发生制从企业经济权利和经济义务是否发生作为计算应纳税所得额的依据，注重强调企业收入与费用的时间配比，要求企业收入费用的确认时间不得提前或滞后。企业在不同纳税期间享受不同的税收优惠政策时，坚持按权责发生制原则计算应纳税所得额，可以有效防止企业利用收入和支出确认时间的不同规避税收。另外，企业会计准则规定，企业要以权责发生制为原则确认当期收入或费用，计算企业生产经营成果。新企业所得税法与会计采用同一原则确认当期收入或费用，有利于减少两者的差异，减轻纳税人税收遵从成本。

但由于信用制度在商业活动广泛采用，有些交易虽然权责已经确认，但交易时间较长，超过一个或几个纳税期间。为了保证税收收入的均衡性和防止企业避税，新企业所得税法及其实施条例中也采取了有别于权责发生制的情况，例如长期工程或劳务合同等交易事项。

（摘自国税函〔2008〕159 号第七条）

17.9.3　税法优先原则

在计算应纳税所得额时，企业财务、会计处理办法与税收法律、行政法规的规定不一致的，应当依照税收法律、行政法规的规定计算。

（摘自《企业所得税法》第二十一条）

根据《企业所得税法》第二十一条规定，对企业依据财务会计制度规定，并实际在财务会计处理上已确认的支出，凡没有超过《企业所得税法》和有关税收法规规定的税前扣除范围和标准的，可按企业实际会计处理确认的支出，在企业所得税前扣除，计算其应纳税所得额。

（摘自国家税务总局公告 2012 年第 15 号第八条）

17.9.4　非居民企业应纳税所得额的计算

● **应纳税所得额的计算方法**

非居民企业取得本法第三条第三款规定的所得，按照下列方法计算其应纳税所得额：

（一）股息、红利等权益性投资收益和利息、租金、特许权使用费所得，以收入全额为应纳税所得额；

（二）转让财产所得，以收入全额减除财产净值后的余额为应纳税所得额；

（三）其他所得，参照前两项规定的方法计算应纳税所得额。

（摘自《企业所得税法》第十九条）

● **收入全额的解释**

依照企业所得税法对非居民企业应当缴纳的企业所得税实行源泉扣缴的，应当依照企业所得税法第十九条的规定计算应纳税所得额。

企业所得税法第十九条所称收入全额，是指非居民企业向支付人收取的全部价款和价外费用。

（摘自《企业所得税法实施条例》第一百零三条）

● **不得扣除其他税费支出**

根据《中华人民共和国企业所得税法》第十九条及《中华人民共和国企业所得税实施条例》第一百零三条规定，在对非居民企业取得《中华人民共和国企业所得税法》第三条第三款规定的所得计算征收企业所得税时，不得扣除上述条款规定以外的其他税费支出。

（摘自财税〔2008〕130 号）

- **营改增非居民企业以不含增值税的收入全额作为应纳税所得额**

营业税改征增值税试点中的非居民企业，取得《中华人民共和国企业所得税法》第三条第三款规定的所得，在计算缴纳企业所得税时，应以不含增值税的收入全额作为应纳税所得额。

（摘自国家税务总局公告 2013 年第 9 号）

17.9.5　递延所得的处理

企业按原税法规定已作递延所得确认的项目，其余额可在原规定的递延期间的剩余期间内继续均匀计入各纳税期间的应纳税所得额。

（摘自国税函〔2009〕98 号第二条）

17.9.6　授权国务院财政、税务主管部门制定收入、扣除的具体范围、标准和资产税务处理具体办法

本章规定的收入、扣除的具体范围、标准和资产的税务处理的具体办法，由国务院财政、税务主管部门规定。

（摘自《企业所得税法》第二十条）

第 18 章
《非居民企业所得税年度纳税申报表（A、B 类）》法规指引

18.1 非居民企业的认定

18.1.1 企业所得税法的规定

本法所称非居民企业，是指依照外国（地区）法律成立且实际管理机构不在中国境内，但在中国境内设立机构、场所的，或者在中国境内未设立机构、场所，但有来源于中国境内所得的企业。

（摘自《企业所得税法》第二条第三款）

18.1.2 实施条例对依照外国（地区）法律成立的企业的解释

企业所得税法第二条所称依照外国（地区）法律成立的企业，包括依照外国（地区）法律成立的企业和其他取得收入的组织。

（摘自《企业所得税法实施条例》第三条第二款）

18.1.3 实施条例对机构、场所的解释

企业所得税法第二条第三款所称机构、场所，是指在中国境内从事生产经营活动的机构、场所，包括：

（一）管理机构、营业机构、办事机构；
（二）工厂、农场、开采自然资源的场所；
（三）提供劳务的场所；
（四）从事建筑、安装、装配、修理、勘探等工程作业的场所；
（五）其他从事生产经营活动的机构、场所。
非居民企业委托营业代理人在中国境内从事生产经营活动的，包括委托单位或者个人

经常代其签订合同，或者储存、交付货物等，该营业代理人视为非居民企业在中国境内设立的机构、场所。

（摘自《企业所得税法实施条例》第五条）

18.2 非居民企业的纳税义务

18.2.1 企业所得税法的规定

非居民企业在中国境内设立机构、场所的，应当就其所设机构、场所取得的来源于中国境内的所得，以及发生在中国境外但与其所设机构、场所有实际联系的所得，缴纳企业所得税。

非居民企业在中国境内未设立机构、场所的，或者虽设立机构、场所但取得的所得与其所设机构、场所没有实际联系的，应当就其来源于中国境内的所得缴纳企业所得税。

（摘自《企业所得税法》第三条第二款、第三款）

18.2.2 实施条例对实际联系的解释

企业所得税法第三条所称实际联系，是指非居民企业在中国境内设立的机构、场所拥有据以取得所得的股权、债权，以及拥有、管理、控制据以取得所得的财产等。

（摘自《企业所得税法实施条例》第八条）

18.2.3 所得的分类

企业所得税法第三条所称所得，包括销售货物所得、提供劳务所得、转让财产所得、股息红利等权益性投资所得、利息所得、租金所得、特许权使用费所得、接受捐赠所得和其他所得。

（摘自《企业所得税法实施条例》第六条）

18.2.4 境内、境外所得的确定原则

企业所得税法第三条所称来源于中国境内、境外的所得，按照以下原则确定：

（一）销售货物所得，按照交易活动发生地确定；

（二）提供劳务所得，按照劳务发生地确定；

（三）转让财产所得，不动产转让所得按照不动产所在地确定，动产转让所得按照转让动产的企业或者机构、场所所在地确定，权益性投资资产转让所得按照被投资企业所在地确定；

（四）股息、红利等权益性投资所得，按照分配所得的企业所在地确定；

（五）利息所得、租金所得、特许权使用费所得，按照负担、支付所得的企业或者机构、场所所在地确定，或者按照负担、支付所得的个人的住所地确定；

（六）其他所得，由国务院财政、税务主管部门确定。

（摘自《企业所得税法实施条例》第七条）

18.3 非居民企业免税、减征所得

18.3.1 实施条例规定的具体办法

非居民企业取得企业所得税法第二十七条第（五）项规定的所得，减按 10％的税率征收企业所得税。

下列所得可以免征企业所得税：

（一）外国政府向中国政府提供贷款取得的利息所得；

（二）国际金融组织向中国政府和居民企业提供优惠贷款取得的利息所得；

（三）经国务院批准的其他所得。

（摘自《企业所得税法实施条例》第九十一条）

18.3.2 宣传提纲的解释说明

为解决改革开放初期我国资金不足，吸引外资，原税法规定，对汇出境外的利润暂免征收预提所得税。按照国际通行做法，来源国对汇出境外的利润有优先征税权，一般征收预提所得税，税率多在 10％以上，如越南、泰国税率为 10％，美国、匈牙利、菲律宾、哥伦比亚的税率分别为 30％、20％、15％、7％。如果税收协定规定减免的，可以按照协定规定减免，如我国与美国的协定税率为 10％、内地与香港的安排为 5％（25％以上股权）或 10％。

新企业所得税法及其实施条例借鉴国际惯例，规定对汇出境外利润减按 10％的税率征收企业所得税，没有给予普遍的免税政策，这样有利于通过双边互惠维护我国税收权益和"走出去"企业的利益。

（摘自国税函〔2008〕159 号第二十七条）

18.3.3 财税〔2009〕69 号文件的补充规定

实施条例第九十一条第（二）项所称国际金融组织，包括国际货币基金组织、世界银行、亚洲开发银行、国际开发协会、国际农业发展基金、欧洲投资银行以及财政部和国家税务总局确定的其他国际金融组织；所称优惠贷款，是指低于金融企业同期同类贷款利率水平的贷款。

（摘自财税〔2009〕69 号第六条）

18.4 非居民企业适用税率

18.4.1 非居民预提所得税 10％优惠税率

非居民企业在中国境内未设立机构、场所的，或者虽设立机构、场所但取得的所得与其所设机构、场所没有实际联系的，应当就其来源于中国境内的所得缴纳企业所得税。

（摘自《企业所得税法》第三条第三款）

非居民企业取得本法第三条第三款规定的所得，适用税率为 20％。

（摘自《企业所得税法》第四条）

本法第三条第三款规定的所得，可以免征、减征企业所得税。

（摘自《企业所得税法》第二十七条第（五）项）

非居民企业取得企业所得税法第二十七条第（五）项规定的所得，减按 10％ 的税率征收企业所得税。

（摘自《企业所得税法实施条例》第九十一条第一款）

18.4.2 非居民企业取得来源于中国境内担保费的适用税率

非居民企业取得来源于中国境内的担保费，应按照企业所得税法对利息所得规定的税率计算缴纳企业所得税。上述来源于中国境内的担保费，是指中国境内企业、机构或个人在借贷、买卖、货物运输、加工承揽、租赁、工程承包等经济活动中，接受非居民企业提供的担保所支付或负担的担保费或相同性质的费用。

（摘自国家税务总局公告 2011 年第 24 号第二条）

18.5 非居民企业在中国境内设立的机构、场所发生的机构管理费

非居民企业在中国境内设立的机构、场所，就其中国境外总机构发生的与该机构、场所生产经营有关的费用，能够提供总机构出具的费用汇集范围、定额、分配依据和方法等证明文件，并合理分摊的，准予扣除。

（摘自《企业所得税法实施条例》第五十条）

18.6 国地税征管范围划分

18.6.1 国税发〔2008〕120 号调整 2009 年以后新增企业的所得税征管范围

为深入贯彻落实科学发展观，进一步提高企业所得税征管质量和效率，经国务院同意，现对 2009 年以后新增企业的所得税征管范围调整事项通知如下：

一、基本规定

以 2008 年为基年，2008 年底之前国家税务局、地方税务局各自管理的企业所得税纳税人不作调整。2009 年起新增企业所得税纳税人中，应缴纳增值税的企业，其企业所得税由国家税务局管理；应缴纳营业税的企业，其企业所得税由地方税务局管理。

同时，2009 年起下列新增企业的所得税征管范围实行以下规定：

（一）企业所得税全额为中央收入的企业和在国家税务局缴纳营业税的企业，其企业所得税由国家税务局管理。

（二）银行（信用社）、保险公司的企业所得税由国家税务局管理，除上述规定外的其

他各类金融企业的企业所得税由地方税务局管理。

（三）外商投资企业和外国企业常驻代表机构的企业所得税仍由国家税务局管理。

（摘自国税发〔2008〕120 号第一条）

二、对若干具体问题的规定

（一）境内单位和个人向非居民企业支付《中华人民共和国企业所得税法》第三条第三款规定的所得的，该项所得应扣缴的企业所得税的征管，分别由支付该项所得的境内单位和个人的所得税主管国家税务局或地方税务局负责。

（二）2008 年底之前已成立跨区经营汇总纳税企业，2009 年起新设立的分支机构，其企业所得税的征管部门应与总机构企业所得税征管部门相一致；2009 年起新增跨区经营汇总纳税企业，总机构按基本规定确定的原则划分征管归属，其分支机构企业所得税的管理部门也应与总机构企业所得税管理部门相一致。

（三）按税法规定免缴流转税的企业，按其免缴的流转税税种确定企业所得税征管归属；既不缴纳增值税也不缴纳营业税的企业，其企业所得税暂由地方税务局管理。

（四）既缴纳增值税又缴纳营业税的企业，原则上按照其税务登记时自行申报的主营业务应缴纳的流转税税种确定征管归属；企业税务登记时无法确定主营业务的，一般以工商登记注明的第一项业务为准；一经确定，原则上不再调整。

（五）2009 年起新增企业，是指按照《财政部国家税务总局关于享受企业所得税优惠政策的新办企业认定标准的通知》（财税〔2006〕1 号）及有关规定的新办企业认定标准成立的企业。

（摘自国税发〔2008〕120 号第二条）

三、国地税加强沟通协调、执行日期

各地国家税务局、地方税务局要加强沟通协调，及时研究和解决实施过程中出现的新问题，本着保证税收收入不流失和不给纳税人增加额外负担的原则，确保征管范围调整方案落实到位。

本通知自 2009 年 1 月 1 日起执行。

（摘自国税发〔2008〕120 号第三条）

18.6.2　国税函〔2009〕50 号就非居民企业所得税征管范围的补充规定

为贯彻落实《国家税务总局关于调整新增企业所得税征管范围问题的通知》（国税发〔2008〕120 号），现就非居民企业所得税征管范围补充明确如下：

一、对"一、基本规定（三）"规定的情形，除外国企业常驻代表机构外，还应包括在中国境内设立机构、场所的其他非居民企业。

二、除"二、对若干具体问题的规定（一）"规定的情形外，不缴纳企业所得税的境内单位，其发生的企业所得税源泉扣缴管理工作仍由国家税务局负责。

（摘自国税函〔2009〕50 号）

18.6.3　非居民企业取得企业所得税法第三条第二款规定的所得，由机构、场所所在地国税机关负责管理

非居民企业取得企业所得税法第三条第三款规定的所得，由支付该项所得的境内单位和个人的所得税主管税务机关负责管理。

（摘自国税发〔2010〕119 号第十二条）

18.7 非居民企业所得税汇算清缴

18.7.1 非居民企业所得税汇算清缴管理办法

18.7.1.1 汇算清缴对象

（一）依照外国（地区）法律成立且实际管理机构不在中国境内，但在中国境内设立机构、场所的非居民企业（以下称为企业），无论盈利或者亏损，均应按照企业所得税法及本办法规定参加所得税汇算清缴。

（二）企业具有下列情形之一的，可不参加当年度的所得税汇算清缴：

1. 临时来华承包工程和提供劳务不足 1 年，在年度中间终止经营活动，且已经结清税款；

2. 汇算清缴期内已办理注销；

3. 其他经主管税务机关批准可不参加当年度所得税汇算清缴。

（摘自国税发〔2009〕6 号第一条）

18.7.1.2 汇算清缴时限

（一）企业应当自年度终了之日起 5 个月内，向税务机关报送年度企业所得税纳税申报表，并汇算清缴，结清应缴应退税款。

（二）企业在年度中间终止经营活动的，应当自实际经营终止之日起 60 日内，向税务机关办理当期企业所得税汇算清缴。

（摘自国税发〔2009〕6 号第二条）

18.7.1.3 申报纳税

（一）企业办理所得税年度申报时，应当如实填写和报送下列报表、资料：

1. 年度企业所得税纳税申报表及其附表；

2. 年度财务会计报告；

3. 税务机关规定应当报送的其他有关资料。

（二）企业因特殊原因，不能在规定期限内办理年度所得税申报，应当在年度终了之日起 5 个月内，向主管税务机关提出延期申报申请。主管税务机关批准后，可以适当延长申报期限。

（三）企业采用电子方式办理纳税申报的，应附报纸质纳税申报资料。

（四）企业委托中介机构代理年度企业所得税纳税申报的，应附送委托人签章的委托书原件。

（五）企业申报年度所得税后，经主管税务机关审核，需补缴或退还所得税的，应在收到主管税务机关送达的《非居民企业所得税汇算清缴涉税事宜通知书》（见附件 1 和附件 2）后，按规定时限将税款补缴入库，或按照主管税务机关的要求办理退税手续。

（六）经批准采取汇总申报缴纳所得税的企业，其履行汇总纳税的机构、场所（以下简称汇缴机构），应当于每年 5 月 31 日前，向汇缴机构所在地主管税务机关索取《非居民企业汇总申报企业所得税证明》（以下称为《汇总申报纳税证明》，见附件 3）；企业其他机构、场所（以下简称其他机构）应当于每年 6 月 30 前将《汇总申报纳税证明》及其财务会计报告送交其所在地主管税务机关。

在上述规定期限内，其他机构未向其所在地主管税务机关提供《汇总申报纳税证明》，且又无汇缴机构延期申报批准文件的，其他机构所在地主管税务机关应负责检查核实或核定该其他机构应纳税所得额，计算征收应补缴税款并实施处罚。

（七）企业补缴税款确因特殊困难需延期缴纳的，按税收征管法及其实施细则的有关规定办理。

（八）企业在所得税汇算清缴期限内，发现当年度所得税申报有误的，应当在年度终了之日起 5 个月内向主管税务机关重新办理年度所得税申报。

（九）企业报送报表期限的最后一日是法定休假日的，以休假日期满的次日为期限的最后一日；在期限内有连续三日以上法定休假日的，按休假日天数顺延。

（摘自国税发〔2009〕6 号第三条）

18.7.1.4　法律责任

（一）企业未按规定期限办理年度所得税申报，且未经主管税务机关批准延期申报，或报送资料不全、不符合要求的，应在收到主管税务机关送达的《责令限期改正通知书》后按规定时限补报。

企业未按规定期限办理年度所得税申报，且未经主管税务机关批准延期申报的，主管税务机关除责令其限期申报外，可按照税收征管法的规定处以 2 000 元以下的罚款，逾期仍不申报的，可处以 2 000 元以上 10 000 元以下的罚款，同时核定其年度应纳税额，责令其限期缴纳。企业在收到主管税务机关送达的《非居民企业所得税应纳税款核定通知书》（见附件 4）后，应在规定时限内缴纳税款。

（二）企业未按规定期限办理所得税汇算清缴，主管税务机关除责令其限期办理外，对发生税款滞纳的，按照税收征管法的规定，加收滞纳金。

（三）企业同税务机关在纳税上发生争议时，依照税收征管法相关规定执行。

（摘自国税发〔2009〕6 号第四条）

18.7.1.5　执行日期

本办法自 2008 年 1 月 1 日起执行。

（摘自国税发〔2009〕6 号第五条）

18.7.2　非居民企业所得税汇算清缴工作规程

为贯彻落实《国家税务总局关于印发〈非居民企业所得税汇算清缴管理办法〉的通知》（国税发〔2009〕6 号，以下简称《办法》），规范税务机关对非居民企业所得税的汇算清缴工作，提高汇算清缴工作质量，制定本规程。

18.7.2.1　汇算清缴工作内容

非居民企业所得税汇算清缴包括两方面内容：一是非居民企业（以下简称企业）应首先按照《办法》的规定，自行调整、计算本纳税年度的实际应纳税所得额、实际应纳所得税额，自核本纳税年度应补（退）所得税税款并缴纳应补税款；二是主管税务机关对企业报送的申报表及其他有关资料进行审核，下发汇缴事项通知书，办理年度所得税多退少补工作，并进行资料汇总、情况分析和工作总结。

（摘自国税发〔2009〕11 号第一条）

18.7.2.2　汇算清缴工作程序

企业所得税汇算清缴工作分为准备、实施、总结三个阶段，各阶段工作的主要内容及时间要求安排如下：

（一）准备阶段。主管税务机关应在年度终了之日起三个月内做好以下准备工作：

1. 宣传辅导。以公告或其他方式向企业明确汇算清缴范围、时间要求、应报送的资料及其他应注意事项。必要时，应组织企业办税人员进行培训、辅导相关的税收政策和办税程序及手续。

2. 明确职责。汇算清缴工作应有领导负责，由具体负责非居民企业所得税日常管理的部门组织实施，由各相关职能部门协同配合共同完成。必要时，应组织对相关工作人员的业务培训。

3. 建立台账。建立日常管理台账，主要记载企业预缴税款、享受税收优惠、弥补亏损等事项，以便在汇算清激工作中进行核对。

4. 备办文书。向上级税务机关领取或按照规定的式样印制汇算清缴有关的表、证、单、书。

（二）实施阶段。主管税务机关应在年度终了之日起五个月内完成企业年度所得税纳税申报表及有关资料的受理、审核以及办理处罚、税款的补（退）手续。

1. 资料受理。主管税务机关接到企业的年度所得税纳税申报表和有关资料后，应检查企业报送的资料是否齐全，如发现企业未按规定报齐有关附表、文件等资料，应责令限期补齐；对填报项目不完整的，应退回企业并责令限期补正。

2. 资料审核。对企业报送的有关资料，主管税务机关应就以下几个方面内容进行审核：

（1）企业年度所得税纳税申报表及其附表与年度财务会计报告的数字是否一致，各项目之间的逻辑关系是否对应，计算是否正确。

（2）企业是否按规定结转或弥补以前年度亏损额。

（3）企业是否符合税收减免条件。

（4）企业在中国境内设立两个或者两个以上机构、场所，选择由其主要机构、场所汇总缴纳企业所得税的，是否经税务机关审核批准，以及各机构、场所账表所记载涉及计算应纳税所得额的各项数据是否准确。

（5）企业有来源于中国境外的应纳税所得额的，境外所得应补企业所得税额是否正确。

（6）企业已预缴税款填写是否正确。

3. 结清税款。主管税务机关应结合季度所得税申报表及日常征管情况，对企业报送的年度申报表及其附表和其他有关资料进行初步审核，在 5 月 31 日前，对应补缴所得税、应办理退税的企业发送《非居民企业所得税汇算清缴涉税事宜通知书》，并办理税款多退少补事宜。

4. 实施处罚。主管税务机关对企业未按《办法》规定办理年度所得税申报，应按照规定实施处罚；必要时发送《非居民企业所得税应纳税款核定通知书》，核定企业年度应纳税额，责令其缴纳。

5. 汇总申报协调。

（1）汇缴机构所在地主管税务机关在接受企业年度所得税汇总申报后，应于 5 月 31 日前为企业出具《非居民企业汇总申报所得税证明》。

（2）汇缴机构所在地主管税务机关对企业的汇总申报资料进行审核时，对其他机构的情况有疑问需要进一步审核的，可以向其他机构所在地主管税务机关发送《非居民企业汇总申报纳税事项协查函》（见附件 1），其他机构所在地主管税务机关应负责就协查事项进行调查核实，并将结果函复汇缴机构所在地主管税务机关。

（3）其他机构所在地主管税务机关在日常管理或税务检查中，发现其他机构有少计收入或多列成本费用等所得税的问题，应将有关情况及时向汇缴机构所在地主管税务机关发送《非居民企业汇总申报纳税事项处理联络函》（见附件 2）。

（4）其他机构所在地主管税务机关按照《办法》规定对其他机构就地征收税款或调整亏损额的，应及时将征收税款及应纳税所得额调整额以《非居民企业汇总申报纳税事项处理联络函》通知汇缴机构所在地主管税务机关，汇缴机构所在地主管税务机关应对企业应纳税所得额及应纳税总额作相应调整，并在应补（退）税额中减除已在其他机构所在地缴纳的税款。

（三）总结阶段。各地税务机关应在 7 月 15 日前完成汇算清缴工作的资料归档、数据统计、汇总以及总结等工作，并于 7 月 31 日前向税务总局报送企业所得税汇算清缴工作总结及有关报表。工作总结的主要内容应包括：

1. 基本情况及相关分析。

（1）基本情况。主要包括企业税务登记户数、应参加汇算清缴企业户数、实际参加汇算清缴企业户数、未参加汇算清缴企业户数及其原因、据实申报企业户数、核定征收企业户数；据实申报企业的盈利户数、营业收入、利润总额、弥补以前年度亏损、应纳税所得额、应纳所得税额、减免所得税额、实际缴纳所得税额、亏损户数、亏损企业营业收入、亏损金额等内容；核定征收企业中换算的收入总额、应纳税所得额、应纳所得税额、减免所得税额、实际缴纳所得税额。

（2）主要指标分析和说明。主要分析汇算清缴面、所得税预缴率、税收负担率、企业亏损面等指标。

（3）据实申报企业盈亏情况分析。根据盈利企业户数、实际参加汇缴户数分析盈利面变化情况；分析盈利和亏损企业的营业收入、成本、费用、未弥补亏损前利润总额、亏损总额等指标的变化情况及原因等。

（4）纳税情况分析。包括预缴率变化，所得税预缴、补税和退税等情况。

2. 企业自行申报情况。主要包括申报表及其附表的填写和报送，自行调整的企业户数、主要项目和金额等情况。

3. 税务机关依法调整情况。主要包括税务机关依法调整的户数、主要项目、金额，同时应分别说明调增（减）应纳税所得额及应纳所得税额、亏损总额的户数、金额等情况。

4. 主要做法。包括汇算清缴工作的组织安排和落实情况，对税务人员的业务培训及对企业的前期宣传、培训、辅导情况，对申报表的审核情况以及汇算清缴工作的检查考核评比等情况。

5. 发现的问题及意见或建议。分企业和税务机关两个方面，企业方面主要包括申报表的填报、申报软件的操作使用情况和《办法》的执行情况等；税务机关方面主要包括所得税汇算清缴工作规程在实际操作中的应用情况及效果，说明存在的问题及改进的意见和建议。

（摘自国税发〔2009〕11 号第二条）

18.8 非居民企业所得税核定征收管理办法

18.8.1 目标、依据

为了规范非居民企业所得税核定征收工作，根据《中华人民共和国企业所得税法》（以下简称企业所得税法）及其实施条例和《中华人民共和国税收征收管理法》（以下简称税收征管法）及其实施细则，制定本办法。

（摘自国税发〔2010〕19 号第一条）

18.8.2 适用范围

本办法适用于企业所得税法第三条第二款规定的非居民企业，外国企业常驻代表机构企业所得税核定办法按照有关规定办理。

（摘自国税发〔2010〕19 号第二条）

18.8.3 非居民企业应当据实申报缴纳企业所得税

非居民企业应当按照税收征管法及有关法律法规设置账簿，根据合法、有效凭证记账，进行核算，并应按照其实际履行的功能与承担的风险相匹配的原则，准确计算应纳税所得额，据实申报缴纳企业所得税。

（摘自国税发〔2010〕19 号第三条）

18.8.4 核定应纳税所得额

非居民企业因会计账簿不健全，资料残缺难以查账，或者其他原因不能准确计算并据实申报其应纳税所得额的，税务机关有权采取以下方法核定其应纳税所得额。

（一）按收入总额核定应纳税所得额：适用于能够正确核算收入或通过合理方法推定收入总额，但不能正确核算成本费用的非居民企业。计算公式如下：

$$应纳税所得额＝收入总额 \times 经税务机关核定的利润率$$

（二）按成本费用核定应纳税所得额：适用于能够正确核算成本费用，但不能正确核算收入总额的非居民企业。计算公式如下：

$$应纳税所得额 = \frac{成本费用总额}{\left(1 - 经税务机关核定的利润率\right)} \times 经税务机关核定的利润率$$

（三）按经费支出换算收入核定应纳税所得额：适用于能够正确核算经费支出总额，但不能正确核算收入总额和成本费用的非居民企业。计算公式：

$$应纳税所得额 = \frac{经费支出总额}{\left(1 - 经税务机关核定的利润率 - 营业税税率\right)} \times 经税务机关核定的利润率$$

（摘自国税发〔2010〕19 号第四条）

18.8.5 非居民企业的利润率的确定

税务机关可按照以下标准确定非居民企业的利润率：
（一）从事承包工程作业、设计和咨询劳务的，利润率为 15%～30%；
（二）从事管理服务的，利润率为 30%～50%；
（三）从事其他劳务或劳务以外经营活动的，利润率不低于 15%。
税务机关有根据认为非居民企业的实际利润率明显高于上述标准的，可以按照比上述标准更高的利润率核定其应纳税所得额。

（摘自国税发〔2010〕19 号第五条）

18.8.6 未列明劳务服务收费金额或者计价不合理计价标准的核定

非居民企业与中国居民企业签订机器设备或货物销售合同，同时提供设备安装、装配、技术培训、指导、监督服务等劳务，其销售货物合同中未列明提供上述劳务服务收费金额，或者计价不合理的，主管税务机关可以根据实际情况，参照相同或相近业务的计价标准核定劳务收入。无参照标准的，以不低于销售货物合同总价款的 10% 为原则，确定非居民企业的劳务收入。

（摘自国税发〔2010〕19 号第六条）

18.8.7　境内所得、境外所得的纳税义务判断

非居民企业为中国境内客户提供劳务取得的收入，凡其提供的服务全部发生在中国境内的，应全额在中国境内申报缴纳企业所得税。凡其提供的服务同时发生在中国境内外的，应以劳务发生地为原则划分其境内外收入，并就其在中国境内取得的劳务收入申报缴纳企业所得税。税务机关对其境内外收入划分的合理性和真实性有疑义的，可以要求非居民企业提供真实有效的证明，并根据工作量、工作时间、成本费用等因素合理划分其境内外收入；如非居民企业不能提供真实有效的证明，税务机关可视同其提供的服务全部发生在中国境内，确定其劳务收入并据以征收企业所得税。

（摘自国税发〔2010〕19 号第七条）

18.8.8　不同核定利润率的经营活动应分别核算，否则从高适用利润率

采取核定征收方式征收企业所得税的非居民企业，在中国境内从事适用不同核定利润率的经营活动，并取得应税所得的，应分别核算并适用相应的利润率计算缴纳企业所得税；凡不能分别核算的，应从高适用利润率，计算缴纳企业所得税。

（摘自国税发〔2010〕19 号第八条）

18.8.9　《非居民企业所得税征收方式鉴定表》的填报与审核

一、《非居民企业所得税核定征收管理办法》（国税发〔2010〕19 号）第九条修改为："主管税务机关应及时向非居民企业送达《非居民企业所得税征收方式鉴定表》（见附件，以下简称《鉴定表》），非居民企业应在收到《鉴定表》后 10 个工作日内，完成《鉴定表》的填写并送达主管税务机关，主管税务机关在受理《鉴定表》后 20 个工作日内，完成该项征收方式的确认工作。"

同时，对《鉴定表》做了相应修改，详见本公告附件。

（摘自国家税务总局公告 2015 年第 22 号第一条）

18.8.10　应纳税所得额不真实或明显与其承担的功能风险不相匹配的，税务机关有权予以调整

税务机关发现非居民企业采用核定征收方式计算申报的应纳税所得额不真实，或者明显与其承担的功能风险不相匹配的，有权予以调整。

（摘自国税发〔2010〕19 号第十条）

18.8.11　各省市可制定具体操作规程

各省、自治区、直辖市和计划单列市国家税务局和地方税务局可按照本办法第五条规定确定适用的核定利润率幅度，并根据本办法规定制定具体操作规程，报国家税务总局（国际税务司）备案。

（摘自国税发〔2010〕19 号第十一条）

18.8.12　执行日期

本办法自发布之日起施行。

（摘自国税发〔2010〕19 号第十二条）

18.9　非居民承包工程作业和提供劳务税收管理暂行办法

《非居民承包工程作业和提供劳务税收管理暂行办法》已经国家税务总局第 5 次局务会议审议通过，现予发布，自 2009 年 3 月 1 日起施行。

非居民承包工程作业和提供劳务税收管理暂行办法

18.9.1　总　　则

18.9.1.1　目的、依据

为规范对非居民在中国境内承包工程作业和提供劳务的税收征收管理，根据《中华人民共和国税收征收管理法》（以下简称税收征管法）及其实施细则、《中华人民共和国企业所得税法》（以下简称企业所得税法）及其实施条例、《中华人民共和国营业税暂行条例》及其实施细则、《中华人民共和国增值税暂行条例》及其实施细则、中国政府对外签署的避免双重征税协定（含与香港、澳门特别行政区签署的税收安排，以下统称税收协定）等相关法律法规，制定本办法。

（摘自国家税务总局令第 19 号第一条）

18.9.1.2　非居民包括非居民企业和非居民个人

本办法所称非居民，包括非居民企业和非居民个人。非居民企业是指依照外国（地区）法律成立且实际管理机构不在中国境内，但在中国境内设立机构、场所的，或者在中国境内未设立机构、场所，但有来源于中国境内所得的企业。非居民个人是指在中国境内无住所又不居住或者无住所而在境内居住不满一年的个人。

（摘自国家税务总局令第 19 号第二条）

18.9.1.3　承包工程作业的解释

本办法所称承包工程作业，是指在中国境内承包建筑、安装、装配、修缮、装饰、勘探及其他工程作业。

本办法所称提供劳务是指在中国境内从事加工、修理修配、交通运输、仓储租赁、咨询经纪、设计、文化体育、技术服务、教育培训、旅游、娱乐及其他劳务活动。

（摘自国家税务总局令第 19 号第三条）

18.9.1.4　非居民在中国境内承包工程作业和提供劳务税收管理的解释

本办法所称非居民在中国境内承包工程作业和提供劳务税收管理，是指对非居民营业税、增值税和企业所得税的纳税事项管理。涉及个人所得税、印花税等税收的管理，应依照有关规定执行。

（摘自国家税务总局令第 19 号第四条）

18.9.2 税源管理

18.9.2.1 登记备案管理

一、非居民企业在中国境内承包工程作业或提供劳务的办理税务登记的程序、期限及资料

非居民企业在中国境内承包工程作业或提供劳务的，应当自项目合同或协议（以下简称合同）签订之日起 30 日内，向项目所在地主管税务机关办理税务登记手续。

依照法律、行政法规规定负有税款扣缴义务的境内机构和个人，应当自扣缴义务发生之日起 30 日内，向所在地主管税务机关办理扣缴税款登记手续。

境内机构和个人向非居民发包工程作业或劳务项目的，应当自项目合同签订之日起 30 日内，向主管税务机关报送《境内机构和个人发包工程作业或劳务项目报告表》（见附件 1），并附送非居民的税务登记证、合同、税务代理委托书复印件或非居民对有关事项的书面说明等资料。

（摘自国家税务总局令第 19 号第五条）

二、非居民企业在中国境内承包工程作业或提供劳务的注销税务登记的程序、期限及资料

非居民企业在中国境内承包工程作业或提供劳务的，应当在项目完工后 15 日内，向项目所在地主管税务机关报送项目完工证明、验收证明等相关文件复印件，并依据《税务登记管理办法》的有关规定申报办理注销税务登记。

（摘自国家税务总局令第 19 号第六条）

三、境内机构和个人向非居民发包工程作业或劳务项目合同发生变更的处理

境内机构和个人向非居民发包工程作业或劳务项目合同发生变更的，发包方或劳务受让方应自变更之日起 10 日内向所在地主管税务机关报送《非居民项目合同变更情况报告表》（见附件 2）。

（摘自国家税务总局令第 19 号第七条）

四、《非居民项目合同款项支付情况报告表》报送期限及内容

境内机构和个人向非居民发包工程作业或劳务项目，从境外取得的与项目款项支付有关的发票和其他付款凭证，应在自取得之日起 30 日内向所在地主管税务机关报送《非居民项目合同款项支付情况报告表》（见附件 3）及付款凭证复印件。

境内机构和个人不向非居民支付工程价款或劳务费的，应当在项目完工开具验收证明前，向其主管税务机关报告非居民在项目所在地的项目执行进度、支付人名称及其支付款项金额、支付日期等相关情况。

（摘自国家税务总局令第 19 号第八条）

五、向税务机关报送非居民申报纳税证明资料的情况及期限

境内机构和个人向非居民发包工程作业或劳务项目，与非居民的主管税务机关不一致的，应当自非居民申报期限届满之日起 15 日内向境内机构和个人的主管税务机关报送非居民申报纳税证明资料复印件。

（摘自国家税务总局令第 19 号第九条）

18.9.2.2 税源信息管理

一、税务机关应当建立税源监控机制

税务机关应当建立税源监控机制，获取并利用发改委、建设、外汇管理、商务、教育、文化、体育等部门关于非居民在中国境内承包工程作业和提供劳务的相关信息，并可根据工作需要，将信息使用情况反馈给有关部门。

（摘自国家税务总局令第 19 号第十条）

二、信息传递

非居民或境内机构和个人的同一涉税事项同时涉及国家税务局和地方税务局的，各主管税务机关办理涉税事项后应当制作《非居民承包工程作业和提供劳务项目信息传递表》（见附件4），并按月传递给对方纳入非居民税收管理档案。

（摘自国家税务总局令第 19 号第十一条）

18.9.3 申报征收

18.9.3.1 企业所得税按纳税年度计算、分季预缴，年终汇算清缴，并在合同履行完毕后结清税款

非居民企业在中国境内承包工程作业或提供劳务项目的，企业所得税按纳税年度计算、分季预缴，年终汇算清缴，并在工程项目完工或劳务合同履行完毕后结清税款。

（摘自国家税务总局令第 19 号第十二条）

18.9.3.2 纳税申报应报送的资料

非居民企业进行企业所得税纳税申报时，应当如实报送纳税申报表，并附送下列资料：

（一）工程作业（劳务）决算（结算）报告或其他说明材料；

（二）参与工程作业或劳务项目外籍人员姓名、国籍、出入境时间、在华工作时间、地点、内容、报酬标准、支付方式、相关费用等情况的书面报告；

（三）财务会计报告或财务情况说明；

（四）非居民企业依据税收协定在中国境内未构成常设机构，需要享受税收协定待遇的，应提交《非居民企业承包工程作业和提供劳务享受税收协定待遇报告表》（以下简称报告表）（见附件5），并附送居民身份证明及税务机关要求提交的其他证明资料。

非居民企业未按上述规定提交报告表及有关证明资料，或因项目执行发生变更等情形不符合享受税收协定待遇条件的，不得享受税收协定待遇，应依照企业所得税法规定缴纳税款。

（摘自国家税务总局令第 19 号第十三条）

18.9.3.3 可指定工程价款或劳务费的支付人为扣缴义务人

工程价款或劳务费的支付人所在地县（区）以上主管税务机关根据附件1及非居民企业申报纳税证明资料或其他信息，确定符合企业所得税法实施条例第一百零六条所列指定扣缴的三种情形之一的，可指定工程价款或劳务费的支付人为扣缴义务人，并将《非居民企业承包工程作业和提供劳务企业所得税扣缴义务通知书》（见附件6）送达被指定方。

（摘自国家税务总局令第 19 号第十四条）

18.9.3.4 扣缴申报

指定扣缴义务人应当在申报期限内向主管税务机关报送扣缴企业所得税报告表及其他有关资料。

（摘自国家税务总局令第 19 号第十五条）

18.9.3.5 扣缴义务人未依法履行扣缴义务或无法履行扣缴义务的由非居民企业自行申报

扣缴义务人未依法履行扣缴义务或无法履行扣缴义务的，由非居民企业在项目所在地申报缴纳。主管税务机关应自确定未履行扣缴义务之日起 15 日内通知非居民企业在项目所在地申报纳税。

（摘自国家税务总局令第 19 号第十六条）

18.9.3.6 非居民企业逾期仍未缴纳税款的处理

非居民企业逾期仍未缴纳税款的，项目所在地主管税务机关应自逾期之日起 15 日内，

收集该非居民企业从中国境内取得其他收入项目的信息，包括收入类型、支付人的名称、地址，支付金额、方式和日期等，并向其他收入项目支付人（以下简称其他支付人）发出《非居民企业欠税追缴告知书》（见附件7），并依法追缴税款和滞纳金。

非居民企业从中国境内取得其他收入项目，包括非居民企业从事其他工程作业或劳务项目所得，以及企业所得税法第三条第二、三款规定的其他收入项目。非居民企业有多个其他支付人的，项目所在地主管税务机关应根据信息准确性、收入金额、追缴成本等因素确定追缴顺序。

（摘自国家税务总局令第19号第十七条）

18.9.3.7 税务机关之间相互协调

其他支付人主管税务机关应当提供必要的信息，协助项目所在地主管税务机关执行追缴事宜。

（摘自国家税务总局令第19号第十八条）

18.9.4 跟踪管理

18.9.4.1 税务机关管理非居民承包工程作业和提供劳务项目的内容

主管税务机关应当按项目建档、分项管理的原则，建立非居民承包工程作业和提供劳务项目的管理台账和纳税档案，及时准确掌握工程和劳务项目的合同执行、施工进度、价款支付、对外付汇、税款缴纳等情况。

（摘自国家税务总局令第19号第二十二条）

18.9.4.2 境内机构和个人从境外取得的付款凭证的处理

境内机构和个人从境外取得的付款凭证，主管税务机关对其真实性有疑义的，可要求其提供境外公证机构或者注册会计师的确认证明，经税务机关审核认可后，方可作为计账核算的凭证。

（摘自国家税务总局令第19号第二十三条）

18.9.4.3 对非居民享受协定待遇进行事后管理审核的内容

主管税务机关应对非居民享受协定待遇进行事后管理，审核其提交的报告表和证明资料的真实性和准确性，对其不构成常设机构的情形进行认定。对于不符合享受协定待遇条件且未履行纳税义务的情形，税务机关应该依法追缴其应纳税款、滞纳金及罚款。

（摘自国家税务总局令第19号第二十四条）

18.9.4.4 对境内机构和个人向非居民付汇前有欠税情形的处理

税务机关应当利用售付汇信息，包括境内机构和个人向非居民支付服务贸易款项的历史记录，以及当年新增发包项目付款计划等信息，对承包工程作业和提供劳务项目实施监控。对于付汇前有欠税情形的，应当及时通知纳税人或扣缴义务人缴纳，必要时可以告知有关外汇管理部门或指定外汇支付银行依法暂停付汇。

（摘自国家税务总局令第19号第二十五条）

18.9.4.5 税务机关对非居民实施重点税源监控管理的项目

主管税务机关应对非居民参与国家、省、地市级重点建设项目，包括城市基础设施建设、能源建设、企业技术设备引进等项目中涉及的承包工程作业或提供劳务，以及其他有非居民参与的合同金额超过5000万元人民币的，实施重点税源监控管理；对承包方和发包方是否存在关联关系、合同实际执行情况、常设机构判定、境内外劳务收入划分等事项进行重点跟踪核查，对发现的问题，可以实施情报交换、反避税调查或税务稽查。

（摘自国家税务总局令第19号第二十六条）

18.9.4.6 税务机关报送《非居民承包工程作业和提供劳务重点建设项目统计表》的期限

省（自治区、直辖市和计划单列市）税务机关应当于年度终了后45日内，将《非居民承包工程作业和提供劳务重点建设项目统计表》（见附件 8），以及项目涉及的企业所得税、增值税、营业税、印花税、个人所得税等税收收入和税源变动情况的分析报告报送国家税务总局（国际税务司）。

（摘自国家税务总局令第 19 号第二十七条）

18.9.4.7 税务机关对非居民承包工程作业和提供劳务的纳税情况实施税务审计处理

主管税务机关可根据需要对非居民承包工程作业和提供劳务的纳税情况实施税务审计，必要时应将审计结果及时传递给同级国家税务局或地方税务局。税务审计可以采取国家税务局、地方税务局联合审计的方式进行。

（摘自国家税务总局令第 19 号第二十八条）

18.9.4.8 情报交换

主管税务机关在境内难以获取涉税信息时，可以制作专项情报，由国家税务总局（国际税务司）向税收协定缔约国对方提出专项情报请求；非居民在中国境内未依法履行纳税义务的，主管税务机关可制作自动或自发情报，提交国家税务总局依照有关规定将非居民在中国境内的税收违法行为告知协定缔约国对方主管税务当局；对非居民承包工程作业和提供劳务有必要进行境外审计的，可根据税收情报交换有关规定，经国家税务总局批准后组织实施。

（摘自国家税务总局令第 19 号第二十九条）

18.9.4.9 未按照规定结清应纳税款、滞纳金又不提供纳税担保的可以阻止其出境

欠缴税款的非居民企业法定代表人或非居民个人在出境前未按照规定结清应纳税款、滞纳金又不提供纳税担保的，税务机关可以通知出入境管理机关阻止其出境。

（摘自国家税务总局令第 19 号第三十条）

18.9.4.10 未按期结清税款并已离境的处理

对于非居民工程或劳务项目完毕，未按期结清税款并已离境的，主管税务机关可制作《税务事项告知书》（见附件 9），通过信函、电子邮件、传真等方式，告知该非居民限期履行纳税义务，同时通知境内发包方或劳务受让者协助追缴税款。

（摘自国家税务总局令第 19 号第三十一条）

18.9.5 法律责任

18.9.5.1 实施承包工程作业和提供劳务有关事项存在税收违法行为的法律责任

非居民、扣缴义务人或代理人实施承包工程作业和提供劳务有关事项存在税收违法行为的，税务机关应按照税收征管法及其实施细则的有关规定处理。

（摘自国家税务总局令第 19 号第三十二条）

18.9.5.2 未按规定向主管税务机关报告有关事项的法律责任

境内机构或个人发包工程作业或劳务项目，未按本办法第五条、第七条、第八条、第九条规定向主管税务机关报告有关事项的，由税务机关责令限期改正，可以处 2 000 元以下的罚款；情节严重的，处 2 000 元以上 10 000 元以下的罚款。

（摘自国家税务总局令第 19 号第三十三条）

18.9.6 附　则

各省、自治区、直辖市和计划单列市国家税务局、地方税务局可根据本办法制定具体实施办法。

（摘自国家税务总局令第 19 号第三十四条）

18.10　非居民企业股权转让所得管理

18.10.1　国税函〔2009〕698 号关于加强非居民企业股权转让所得管理的规定

18.10.1.1　股权转让所得的解释

本通知所称股权转让所得是指非居民企业转让中国居民企业的股权（不包括在公开的证券市场上买入并卖出中国居民企业的股票）所取得的所得。

（摘自国税函〔2009〕698 号第一条）

18.10.1.2　扣缴义务人未依法扣缴或者无法履行扣缴义务的，非居民企业应自行申报

扣缴义务人未依法扣缴或者无法履行扣缴义务的，非居民企业应自合同、协议约定的股权转让之日（如果转让方提前取得股权转让收入的，应自实际取得股权转让收入之日）起 7 日内，到被转让股权的中国居民企业所在地主管税务机关（负责该居民企业所得税征管的税务机关）申报缴纳企业所得税。非居民企业未按期如实申报的，依照税收征管法有关规定处理。

（摘自国税函〔2009〕698 号第二条）

18.10.1.3　股权转让所得、股权转让价、股权成本价的计算

股权转让所得是指股权转让价减除股权成本价后的差额。

股权转让价是指股权转让人就转让的股权所收取的包括现金、非货币资产或者权益等形式的金额。如被持股企业有未分配利润或税后提存的各项基金等，股权转让人随股权一并转让该股东留存收益权的金额，不得从股权转让价中扣除。

股权成本价是指股权转让人投资入股时向中国居民企业实际交付的出资金额，或购买该项股权时向该股权的原转让人实际支付的股权转让金额。

（摘自国税函〔2009〕698 号第三条）

18.10.1.4　计算股权转让价和股权成本价币种的选择

在计算股权转让所得时，以非居民企业向被转让股权的中国居民企业投资时或向原投资方购买该股权时的币种计算股权转让价和股权成本价。如果同一非居民企业存在多次投资的，以首次投入资本时的币种计算股权转让价和股权成本价，以加权平均法计算股权成本价；多次投资时币种不一致的，则应按照每次投入资本当日的汇率换算成首次投资时的币种。

（摘自国税函〔2009〕698 号第四条）

18.10.1.5　被转让的境外控股公司所在国实际税负低于 15% 或者对其居民境外所得不征所得税的应提供的资料

境外投资方（实际控制方）间接转让中国居民企业股权，如果被转让的境外控股公司所在国（地区）实际税负低于 12.5% 或者对其居民境外所得不征所得税的，应自股权转让合同签订之日起 30 日内，向被转让股权的中国居民企业所在地主管税务机关提供以下资料：

（一）股权转让合同或协议；

（二）境外投资方与其所转让的境外控股公司在资金、经营、购销等方面的关系；

（三）境外投资方所转让的境外控股公司的生产经营、人员、账务、财产等情况；

（四）境外投资方所转让的境外控股公司与中国居民企业在资金、经营、购销等方面的关系；

（五）境外投资方设立被转让的境外控股公司具有合理商业目的的说明；

（六）税务机关要求的其他相关资料。

（摘自国税函〔2009〕698 号第五条）

18.10.1.6 税务机关可以按照经济实质对股权转让交易重新定性的情形

境外投资方（实际控制方）通过滥用组织形式等安排间接转让中国居民企业股权，且不具有合理的商业目的，规避企业所得税纳税义务的，主管税务机关层报税务总局审核后可以按照经济实质对该股权转让交易重新定性，否定被用作税收安排的境外控股公司的存在。

（摘自国税函〔2009〕698 号第六条）

18.10.1.7 转让价格不符合独立交易原则税务机关有权调整

非居民企业向其关联方转让中国居民企业股权，其转让价格不符合独立交易原则而减少应纳税所得额的，税务机关有权按照合理方法进行调整。

（摘自国税函〔2009〕698 号第七条）

18.10.1.8 境外投资方（实际控制方）同时转让境内或境外多个控股公司股权的应提供整体转让合同和涉及本企业的分部合同

境外投资方（实际控制方）同时转让境内或境外多个控股公司股权的，被转让股权的中国居民企业应将整体转让合同和涉及本企业的分部合同提供给主管税务机关。如果没有分部合同的，被转让股权的中国居民企业应向主管税务机关提供被整体转让的各个控股公司的详细资料，准确划分境内被转让企业的转让价格。如果不能准确划分的，主管税务机关有权选择合理的方法对转让价格进行调整。

（摘自国税函〔2009〕698 号第八条）

18.10.1.9 特殊性税务处理应提交书面备案资料【已废止】

非居民企业取得股权转让所得，符合财税〔2009〕59 号文件规定的特殊性重组条件并选择特殊性税务处理的，应向主管税务机关提交书面备案资料，证明其符合特殊性重组规定的条件，并经省级税务机关核准。

（摘自国税函〔2009〕698 号第九条，自 2013 年 12 月 12 日起废止，废止依据参见《国家税务总局关于非居民企业股权转让适用特殊性税务处理有关问题的公告》（国家税务总局公告 2013 年第 72 号）第十条，发文部门尚未清理。）

18.10.1.10 执行日期、问题反馈

本通知自 2008 年 1 月 1 日起执行。执行中遇到的问题请及时报告国家税务总局（国际税务司）。

（摘自国税函〔2009〕698 号第十条）

18.10.2 国家税务总局公告 2011 年第 24 号的补充规定

关于贯彻《国家税务总局关于加强非居民企业股权转让所得企业所得税管理的通知》（国税函〔2009〕698 号，以下称为《通知》）有关问题

（一）非居民企业直接转让中国境内居民企业股权，如果股权转让合同或协议约定采取分期付款方式的，应于合同或协议生效且完成股权变更手续时，确认收入实现。

（二）《通知》第一条所称"在公开的证券市场上买入并卖出中国居民企业的股票"，是指股票买入和卖出的对象、数量和价格不是由买卖双方事先约定而是按照公开证券市场通常交易规则确定的行为。

（三）《通知》第五条、第六条和第八条的"境外投资方（实际控制方）"是指间接转让

中国居民企业股权的所有投资者；《通知》第五条中的"实际税负"是指股权转让所得的实际税负，"不征所得税"是指对股权转让所得不征企业所得税。

（四）两个及两个以上境外投资方同时间接转让中国居民企业股权的，可由其中一方按照《通知》第五条规定向被转让股权的中国居民企业所在地主管税务机关提供资料。

（五）境外投资方同时间接转让两个及两个以上且不在同一省（市）中国居民企业股权的，可以选择向其中一个中国居民企业所在地主管税务机关按照《通知》第五条规定提供资料，由该主管税务机关所在省（市）税务机关与其他省（市）税务机关协商确定是否征税，并向国家税务总局报告；如果确定征税的，应分别到各中国居民企业所在地主管税务机关缴纳税款。

（摘自国家税务总局公告 2011 年第 24 号第六条）

18.10.3　国家税务总局公告 2013 年第 72 号关于非居民企业股权转让适用特殊性税务处理的规定（第七条已修改）

为规范和加强非居民企业股权转让适用特殊性税务处理的管理，根据《中华人民共和国企业所得税法》及其实施条例、《财政部国家税务总局关于企业重组业务企业所得税处理若干问题的通知》（财税〔2009〕59 号，以下简称《通知》）的有关规定，现就有关问题公告如下：

18.10.3.1　股权转让是指非居民企业发生《通知》第七条第（一）、（二）项规定的情形

本公告所称股权转让是指非居民企业发生《通知》第七条第（一）、（二）项规定的情形；其中《通知》第七条第（一）项规定的情形包括因境外企业分立、合并导致中国居民企业股权被转让的情形。

（摘自国家税务总局公告 2013 年第 72 号第一条）

18.10.3.2　非居民企业股权转让选择特殊性税务处理的应进行备案

非居民企业股权转让选择特殊性税务处理的，应于股权转让合同或协议生效且完成工商变更登记手续 30 日内进行备案。属于《通知》第七条第（一）项情形的，由转让方向被转让企业所在地所得税主管税务机关备案；属于《通知》第七条第（二）项情形的，由受让方向其所在地所得税主管税务机关备案。

股权转让方或受让方可以委托代理人办理备案事项；代理人在代为办理备案事项时，应向主管税务机关出具备案人的书面授权委托书。

（摘自国家税务总局公告 2013 年第 72 号第二条）

18.10.3.3　办理备案时应填报的资料

股权转让方、受让方或其授权代理人（以下简称备案人）办理备案时应填报以下资料：

（一）《非居民企业股权转让适用特殊性税务处理备案表》（见附件 1）；

（二）股权转让业务总体情况说明，应包括股权转让的商业目的、证明股权转让符合特殊性税务处理条件、股权转让前后的公司股权架构图等资料；

（三）股权转让业务合同或协议（外文文本的同时附送中文译本）；

（四）工商等相关部门核准企业股权变更事项证明资料；

（五）截至股权转让时，被转让企业历年的未分配利润资料；

（六）税务机关要求的其他材料。

以上资料已经向主管税务机关报送的，备案人可不再重复报送。其中以复印件向税务机关提交的资料，备案人应在复印件上注明"本复印件与原件一致"字样，并签字后加盖

备案人印章；报送中文译本的，应在中文译本上注明"本译文与原文表述内容一致"字样，并签字后加盖备案人印章。

（摘自国家税务总局公告 2013 年第 72 号第三条）

18.10.3.4　主管税务机关应当按规定受理备案

主管税务机关应当按规定受理备案，资料齐全的，应当场在《非居民企业股权转让适用特殊性税务处理备案表》上签字盖章，并退 1 份给备案人；资料不齐全的，不予受理，并告知备案人各应补正事项。

（摘自国家税务总局公告 2013 年第 72 号第四条）

18.10.3.5　非居民企业向其 100% 直接控股的另一非居民企业转让其拥有的居民企业股权的，主管税务机关应当调查核实、提出处理意见

非居民企业发生股权转让属于《通知》第七条第（一）项情形的，主管税务机关应当自受理之日起 30 个工作日内就备案事项进行调查核实、提出处理意见，并将全部备案资料以及处理意见层报省（含自治区、直辖市和计划单列市，下同）税务机关。

税务机关在调查核实时，如发现此种股权转让情形造成以后该项股权转让所得预提税负担变化，包括转让方把股权由应征税的国家或地区转让到不征税或低税率的国家或地区，应不予适用特殊性税务处理。

（摘自国家税务总局公告 2013 年第 72 号第五条）

18.10.3.6　非居民企业向与其具有 100% 直接控股关系的居民企业转让其拥有的另一居民企业股权的处理

非居民企业发生股权转让属于《通知》第七条第（二）项情形的，应区分以下两种情形予以处理：

（一）受让方和被转让企业在同一省且同属国税机关或地税机关管辖的，按照本公告第五条规定执行。

（二）受让方和被转让企业不在同一省或分别由国税机关和地税机关管辖的，受让方所在地省税务机关收到主管税务机关意见后 30 日内，应向被转让企业所在地省税务机关发出《非居民企业股权转让适用特殊性税务处理告知函》（见附件 2）。

（摘自国家税务总局公告 2013 年第 72 号第六条）

18.10.3.7　未进行备案或备案后经调查核实不符合条件的适用一般性税务处理规定

非居民企业股权转让未进行特殊性税务处理备案或备案后经调查核实不符合条件的，适用一般性税务处理规定，应按照有关规定缴纳企业所得税。

（摘自国家税务总局公告 2013 年第 72 号第七条）

18.10.3.8　非居民企业向其 100% 直接控股的另一非居民企业转让其拥有的居民企业股权，被转让企业股权转让前的未分配利润在转让后分配给受让方的，不享受税收协定的股息减税优惠待遇

非居民企业发生股权转让属于《通知》第七条第（一）项情形且选择特殊性税务处理的，转让方和受让方不在同一国家或地区的，若被转让企业股权转让前的未分配利润在转让后分配给受让方的，不享受受让方所在国家（地区）与中国签订的税收协定（含税收安排）的股息减税优惠待遇，并由被转让企业按税法相关规定代扣代缴企业所得税，到其所在地所得税主管税务机关申报缴纳。

（摘自国家税务总局公告 2013 年第 72 号第八条）

18.10.3.9　省税务机关应做好特殊性税务处理的管理工作并向总局报送《非居民企业股权转让适用特殊性税务处理情况统计表》

省税务机关应做好辖区内非居民企业股权转让适用特殊性税务处理的管理工作，于年度终了后 30 日内向国家税务总局报送《非居民企业股权转让适用特殊性税务处理情况统计

表》（见附件 3）。

（摘自国家税务总局公告 2013 年第 72 号第九条）

18.10.3.10　施行日期、政策衔接、废止信息

本公告自发布之日起施行。本公告实施之前发生的非居民企业股权转让适用特殊性税务处理事项尚未处理的，可依据本公告规定办理。《国家税务总局关于加强非居民企业股权转让所得企业所得税管理的通知》（国税函〔2009〕698 号）第九条同时废止。

（摘自国家税务总局公告 2013 年第 72 号第十条）

18.10.4　国家税务总局公告 2013 年第 72 号第七条修改情况

《国家税务总局关于非居民企业股权转让适用特殊性税务处理有关问题的公告》（国家税务总局公告 2013 年第 72 号）第七条修改为："非居民企业股权转让适用特殊性税务处理备案后经调查核实不符合条件的，应调整适用一般性税务处理，按照有关规定缴纳企业所得税。非居民企业股权转让适用特殊性税务处理未进行备案的，税务机关应告知其按照本公告第二条、第三条的规定办理备案手续。"

（摘自国家税务总局公告 2015 年第 22 号第三条）

18.11　非居民企业所得税源泉扣缴管理暂行办法

18.11.1　总　则

18.11.1.1　目标、依据

为规范和加强非居民企业所得税源泉扣缴管理，根据《中华人民共和国企业所得税法》（以下简称企业所得税法）及其实施条例、《中华人民共和国税收征收管理法》（以下简称税收征管法）及其实施细则、《税务登记管理办法》、中国政府对外签署的避免双重征税协定（含与香港、澳门特别行政区签署的税收安排，以下统称税收协定）等相关法律法规，制定本办法。

（摘自国税发〔2009〕3 号第一条）

18.11.1.2　非居民企业的解释

本办法所称非居民企业，是指依照外国（地区）法律成立且实际管理机构不在中国境内，但在中国境内未设立机构、场所且有来源于中国境内所得的企业，以及虽设立机构、场所但取得的所得与其所设机构、场所没有实际联系的企业。

（摘自国税发〔2009〕3 号第二条）

18.11.1.3　源泉扣缴、扣缴义务人

对非居民企业取得来源于中国境内的股息、红利等权益性投资收益和利息、租金、特许权使用费所得、转让财产所得以及其他所得应当缴纳的企业所得税，实行源泉扣缴，以依照有关法律规定或者合同约定对非居民企业直接负有支付相关款项义务的单位或者个人为扣缴义务人。

（摘自国税发〔2009〕3 号第三条）

18.11.2　税源管理

18.11.2.1　扣缴税款登记

扣缴义务人与非居民企业首次签订与本办法第三条规定的所得有关的业务合同或协议

（以下简称合同）的，扣缴义务人应当自合同签订之日起 30 日内，向其主管税务机关申报办理扣缴税款登记。

（摘自国税发〔2009〕3 号第四条）

18.11.2.2 《扣缴企业所得税合同备案登记表》、合同复印件及相关资料的报送

扣缴义务人每次与非居民企业签订与本办法第三条规定的所得有关的业务合同时，应当自签订合同（包括修改、补充、延期合同）之日起 30 日内，向其主管税务机关报送《扣缴企业所得税合同备案登记表》（见附件 1）、合同复印件及相关资料。文本为外文的应同时附送中文译本。

股权转让交易双方均为非居民企业且在境外交易的，被转让股权的境内企业在依法变更税务登记时，应将股权转让合同复印件报送主管税务机关。

（摘自国税发〔2009〕3 号第五条）

18.11.2.3 代扣代缴税款账簿和合同资料档案的设立

扣缴义务人应当设立代扣代缴税款账簿和合同资料档案，准确记录企业所得税的扣缴情况，并接受税务机关的检查。

（摘自国税发〔2009〕3 号第六条）

18.11.3 征收管理

18.11.3.1 扣缴手续与扣缴申报

扣缴义务人在每次向非居民企业支付或者到期应支付本办法第三条规定的所得时，应从支付或者到期应支付的款项中扣缴企业所得税。

本条所称到期应支付的款项，是指支付人按照权责发生制原则应当计入相关成本、费用的应付款项。

扣缴义务人每次代扣代缴税款时，应当向其主管税务机关报送《中华人民共和国扣缴企业所得税报告表》（以下简称扣缴表）及相关资料，并自代扣之日起 7 日内缴入国库。

（摘自国税发〔2009〕3 号第七条）

18.11.3.2 扣缴企业所得税应纳税额计算

扣缴企业所得税应纳税额计算。

$$扣缴企业所得税应纳税额 = 应纳税所得额 \times 实际征收率$$

应纳税所得额是指依照企业所得税法第十九条规定计算的下列应纳税所得额：

（一）股息、红利等权益性投资收益和利息、租金、特许权使用费所得，以收入全额为应纳税所得额，不得扣除税法规定之外的税费支出。

（二）转让财产所得，以收入全额减除财产净值后的余额为应纳税所得额。

（三）其他所得，参照前两项规定的方法计算应纳税所得额。

实际征收率是指企业所得税法及其实施条例等相关法律法规规定的税率，或者税收协定规定的更低的税率。

（摘自国税发〔2009〕3 号第八条）

18.11.3.3 外币折算

扣缴义务人对外支付或者到期应支付的款项为人民币以外货币的，在申报扣缴企业所得税时，应当按照扣缴当日国家公布的人民币汇率中间价，折合成人民币计算应纳税所得额。

（摘自国税发〔2009〕3 号第九条）

18.11.3.4 约定由扣缴义务人负担应纳税款的应换算为含税所得后计算征税

扣缴义务人与非居民企业签订与本办法第三条规定的所得有关的业务合同时，凡合同

中约定由扣缴义务人负担应纳税款的，应将非居民企业取得的不含税所得换算为含税所得后计算征税。

（摘自国税发〔2009〕3 号第十条）

18.11.3.5 给予非居民企业减免税优惠的，应按相关税收减免管理办法和行政审批程序的规定办理

按照企业所得税法及其实施条例和相关税收法规规定，给予非居民企业减免税优惠的，应按相关税收减免管理办法和行政审批程序的规定办理。对未经审批或者减免税申请未得到批准之前，扣缴义务人发生支付款项的，应按规定代扣代缴企业所得税。

（摘自国税发〔2009〕3 号第十一条）

18.11.3.6 税收协定与本办法有不同规定的可申请执行税收协定

非居民企业可以适用的税收协定与本办法有不同规定的，可申请执行税收协定规定；非居民企业未提出执行税收协定规定申请的，按国内税收法律法规的有关规定执行。

（摘自国税发〔2009〕3 号第十二条）

18.11.3.7 享受减免税或税收协定待遇已征税款应予以退税

非居民企业已按国内税收法律法规的有关规定征税后，提出享受减免税或税收协定待遇申请的，主管税务机关经审核确认应享受减免税或税收协定待遇的，对多缴纳的税款应依据税收征管法及其实施细则的有关规定予以退税。

（摘自国税发〔2009〕3 号第十三条）

18.11.3.8 非居民企业拒绝代扣税款的处理

因非居民企业拒绝代扣税款的，扣缴义务人应当暂停支付相当于非居民企业应纳税款的款项，并在 1 日之内向其主管税务机关报告，并报送书面情况说明。

（摘自国税发〔2009〕3 号第十四条）

18.11.3.9 扣缴义务人未依法扣缴或者无法履行扣缴义务的，非居民企业应于扣缴义务人支付或者到期应支付之日起 7 日内自行申报

扣缴义务人未依法扣缴或者无法履行扣缴义务的，非居民企业应于扣缴义务人支付或者到期应支付之日起 7 日内，到所得发生地主管税务机关申报缴纳企业所得税。

股权转让交易双方为非居民企业且在境外交易的，由取得所得的非居民企业自行或委托代理人向被转让股权的境内企业所在地主管税务机关申报纳税。被转让股权的境内企业应协助税务机关向非居民企业征缴税款。

扣缴义务人所在地与所得发生地不在一地的，扣缴义务人所在地主管税务机关应自确定扣缴义务人未依法扣缴或者无法履行扣缴义务之日起 5 个工作日内，向所得发生地主管税务机关发送《非居民企业税务事项联络函》（见附件 2），告知非居民企业的申报纳税事项。

（摘自国税发〔2009〕3 号第十五条）

18.11.3.10 中国境内存在多处所得发生地并选定其中之一申报纳税的应如实报告有关情况

非居民企业依照本办法第十五条规定申报缴纳企业所得税，但在中国境内存在多处所得发生地，并选定其中之一申报缴纳企业所得税的，应向申报纳税所在地主管税务机关如实报告有关情况。申报纳税所在地主管税务机关在受理申报纳税后，应将非居民企业申报缴纳所得税情况书面通知扣缴义务人所在地和其他所得发生地主管税务机关。

（摘自国税发〔2009〕3 号第十六条）

18.11.3.11 非居民企业未按规定自行申报纳税的处理

非居民企业未依照本办法第十五条的规定申报缴纳企业所得税，由申报纳税所在地主管税务机关责令限期缴纳，逾期仍未缴纳的，申报纳税所在地主管税务机关可以收集、查

实该非居民企业在中国境内其他收入项目及其支付人（以下简称其他支付人）的相关信息，并向其他支付人发出《税务事项通知书》，从其他支付人应付的款项中，追缴该非居民企业的应纳税款和滞纳金。

其他支付人所在地与申报纳税所在地不在一地的，其他支付人所在地主管税务机关应给予配合和协助。

（摘自国税发〔2009〕3 号第十七条）

18.11.3.12 多次付款的合同项目扣缴义务人应当最后一次付款前 15 日内办理清算手续

对多次付款的合同项目，扣缴义务人应当在履行合同最后一次付款前 15 日内，向主管税务机关报送合同全部付款明细、前期扣缴表和完税凭证等资料，办理扣缴税款清算手续。

（摘自国税发〔2009〕3 号第十八条）

18.11.4 后续管理

18.11.4.1 建立台账、跟踪监管

主管税务机关应当建立《扣缴企业所得税管理台账》（见附件 3），加强合同履行情况的跟踪监管，及时了解合同签约内容与实际履行中的动态变化，监控合同款项支付、代扣代缴税款等情况。必要时应查核企业相关账簿，掌握股息、利息、租金、特许权使用费、转让财产收益等支付和列支情况，特别是未实际支付但已计入成本费用的利息、租金、特许权使用费等情况，有否漏扣企业所得税问题。

主管税务机关应根据备案合同资料、扣缴企业所得税管理台账记录、对外售付汇开具税务证明等监管资料和已申报扣缴税款情况，核对办理税款清算手续。

（摘自国税发〔2009〕3 号第十九条）

18.11.4.2 根据需要可实施专项检查

主管税务机关可根据需要对代扣代缴企业所得税的情况实施专项检查，实施检查的主管税务机关应将检查结果及时传递给同级国家税务局或地方税务局。专项检查可以采取国、地税联合检查的方式。

（摘自国税发〔2009〕3 号第二十条）

18.11.4.3 国际税收情报交换

税务机关在企业所得税源泉扣缴管理中，遇有需要向税收协定缔约对方获取涉税信息或告知非居民企业在中国境内的税收违法行为时，可按照《国家税务总局关于印发〈国际税收情报交换工作规程〉的通知》（国税发〔2006〕70 号）规定办理。

（摘自国税发〔2009〕3 号第二十一条）

18.11.5 法律责任

18.11.5.1 未按照规定办理扣缴税款登记的处理

扣缴义务人未按照规定办理扣缴税款登记的，主管税务机关应当按照《税务登记管理办法》第四十五条、四十六条的规定处理。

本办法第五条第二款所述被转让股权的境内企业未依法变更税务登记的，主管税务机关应当按照《税务登记管理办法》第四十二条的规定处理。

（摘自国税发〔2009〕3 号第二十二条）

18.11.5.2 未按期限扣缴申报、未履行扣缴义务的处理

扣缴义务人未按本办法第五条规定的期限向主管税务机关报送《扣缴企业所得税合同备案登记表》、合同复印件及相关资料的，未按规定期限向主管税务机关报送扣缴表的，未履行扣缴

义务不缴或者少缴已扣税款的、或者应扣未扣税款的，非居民企业未按规定期限申报纳税的、不缴或者少缴应纳税款的，主管税务机关应当按照税收征管法及其实施细则的有关规定处理。

（摘自国税发〔2009〕3 号第二十三条）

18.11.6　附　则

18.11.6.1　解释权、具体操作规程制定权

本办法由国家税务总局负责解释，各省、自治区、直辖市和计划单列市国家税务局、地方税务局可根据本办法制定具体操作规程。

（摘自国税发〔2009〕3 号第二十四条）

18.11.6.2　执行日期

本办法自 2009 年 1 月 1 日起施行。

（摘自国税发〔2009〕3 号第二十五条）

18.12　非居民企业从事国际运输业务税收管理暂行办法

18.12.1　总　则

18.12.1.1　目的、依据

为规范非居民企业从事国际运输业务的税收管理，根据《中华人民共和国企业所得税法》及其实施条例（以下简称企业所得税法）、《中华人民共和国税收征收管理法》及其实施细则（以下简称税收征管法），以及中国政府对外签署的避免双重征税协定〔含与香港、澳门特别行政区签署的税收安排、互免海运（空运）国际运输收入协定、海运（空运）协定以及其他有关协议或者换文，以下统称税收协定〕等相关法律法规，制定本办法。

（摘自国家税务总局公告 2014 年第 37 号第一条）

18.12.1.2　国际运输业务的范围

本办法所称从事国际运输业务，是指非居民企业以自有或者租赁的船舶、飞机、舱位，运载旅客、货物或者邮件等进出中国境内口岸的经营活动以及相关装卸、仓储等附属业务。

非居民企业以程租、期租、湿租的方式出租船舶、飞机取得收入的经营活动属于国际运输业务。

非居民企业以光租、干租等方式出租船舶、飞机，或者出租集装箱及其他装载工具给境内机构或者个人取得的租金收入，不属于本办法规定的国际运输业务收入，应按照企业所得税法第三条第三款和《国家税务总局关于印发〈非居民企业所得税源泉扣缴管理暂行办法〉的通知》（国税发〔2009〕3 号）的规定执行（税收协定有特殊规定的除外）。

（摘自国家税务总局公告 2014 年第 37 号第二条）

18.12.1.3　国际运输业务的纳税人

非居民企业从事本办法规定的国际运输业务，以取得运输收入的非居民企业为纳税人。

（摘自国家税务总局公告 2014 年第 37 号第三条）

18.12.1.4　税种适用范围

除执行税收协定涉及的其他税种外，本办法仅适用于企业所得税。

本办法所称主管税务机关是指主管国税机关。

（摘自国家税务总局公告 2014 年第 37 号第四条）

18.12.2　征收管理

18.12.2.1　初始税务登记

非居民企业应自有关部门批准其经营资格或运输合同、协议签订之日起 30 日内，自行或委托代理人选择向境内一处业务口岸所在地主管税务机关办理税务登记，并同时提供经营资格证书、经营航线资料、相关业务合同以及境内联系人等相关信息。

非居民企业选择境内一处口岸办理税务登记后，应当在其他业务口岸发生业务时向所在地主管税务机关报送税务登记资料、运输合同及其他相关资料的复印件。

（摘自国家税务总局公告 2014 年第 37 号第五条）

18.12.2.2　纳税申报

非居民企业按照本办法第五条规定已经办理税务登记的，应当按照税收征管法及有关法律法规设置账簿，根据合法、有效凭证记账，进行核算，准确计算应纳税所得额，自行或委托代理人向税务登记所在地主管税务机关依法申报缴纳企业所得税。

（摘自国家税务总局公告 2014 年第 37 号第六条）

18.12.2.3　应纳税所得额

非居民企业从事国际运输业务取得的所得应根据企业所得税法的规定，从收入总额中减除实际发生并与取得收入有关、合理的支出后的余额确定应纳税所得额。

收入总额是指非居民企业运载旅客、货物或者邮件等进出中国境内口岸所取得的客运收入、货运收入的总和。客运收入包括客票收入以及逾重行李运费、餐费、保险费、服务费和娱乐费等；货运收入包括基本运费以及各项附加费等。

（摘自国家税务总局公告 2014 年第 37 号第七条）

18.12.2.4　核定征收

非居民企业不能准确计算并据实申报其应纳税所得额的，由主管税务机关按照《国家税务总局关于印发〈非居民企业所得税核定征收管理办法〉的通知》（国税发〔2010〕19号）的规定核定其应纳税所得额。

（摘自国家税务总局公告 2014 年第 37 号第八条）

18.12.2.5　指定支付人为扣缴义务人

非居民企业从事国际运输业务符合企业所得税法指定扣缴情形的，支付人所在地主管税务机关应按照《非居民承包工程作业和提供劳务税收管理暂行办法》（国家税务总局令第19 号）第十四条规定的程序，指定支付人为扣缴义务人。支付人包括：

（一）向非居民企业或其境内子公司、分公司或代表机构，或者有权代表非居民企业收取款项的境内外代理人支付款项的单位或个人；

（二）通过其境外关联方或有特殊利益联系的第三方支付款项的单位或个人；

（三）其他符合企业所得税法规定的单位或个人。

（摘自国家税务总局公告 2014 年第 37 号第九条）

18.12.2.6　代扣代缴

支付人每次代扣代缴税款时，应向其主管税务机关报送《中华人民共和国扣缴企业所得税申报表》及相关资料，并自代扣之日起 7 日内将税款缴入国库。

（摘自国家税务总局公告 2014 年第 37 号第十条）

18.12.3　享受税收协定待遇管理

18.12.3.1　享受税收协定待遇按照税收协定有关规定执行

非居民企业享受税收协定待遇适用的国际运输收入或所得以及税种的范围，按照税收协定有关规定执行。

（摘自国家税务总局公告 2014 年第 37 号第十一条）

18.12.3.2 享受税收协定待遇备案

非居民企业需要享受税收协定待遇的，应在按照国内税法规定发生纳税义务之前或者申报相关纳税义务时，向其登记地主管税务机关备案，一式两份提交《非居民享受税收协定待遇备案报告表》［见《国家税务总局关于印发〈非居民享受协定待遇管理办法（试行）〉的通知》（国税发〔2009〕124 号）附件 1，以下简称享受协定待遇备案表］及下列资料：

（一）企业注册地所在国签发的企业注册证明副本或复印件；

（二）税收协定缔约对方税务主管当局或者航运主管部门在上一公历年度开始以后出具的居民身份证明、法人证明原件或复印件（提供复印件的，应标明原件存放处）；

（三）与取得国际运输收入、所得有关的合同或协议复印件；

（四）关于运行航线、运输客货邮件及在中国境内的沿途停泊口岸情况的书面说明；

（五）税务机关要求提交的与享受税收协定待遇有关的其他资料。

非居民企业提供的备案资料齐全、完整的，主管税务机关应当场在两份享受协定待遇备案表上加盖印章，一份存档备查，一份退还非居民企业。对于非居民企业提交的备案资料不齐全或填写不完整的，主管税务机关应当场告知其予以补正。上述备案资料中已报送主管税务机关的，可不再重复报送。

同一非居民企业在同一地需要多次享受税收协定待遇的，在首次办理上述备案后 3 个公历年度内（含本年度）可免于重复办理备案手续。

（摘自国家税务总局公告 2014 年第 37 号第十二条）

18.12.3.3 未备案的不得享受税收协定待遇

非居民企业未按本办法第十二条规定备案并提交资料的，不得享受税收协定待遇；已经自行享受税收协定待遇的，经主管税务机关责令限期改正仍未改正，又无正当理由的，应补缴税款，并根据税收征管法有关规定处理。

（摘自国家税务总局公告 2014 年第 37 号第十三条）

18.12.3.4 多个口岸发生国际运输业务的应提交备案表复印件留存备查

非居民企业在境内多个口岸发生国际运输业务的，应将主管税务机关受理后的享受协定待遇备案表复印件提交给其他口岸主管税务机关留存备查。其他口岸主管税务机关如有异议，应与受理享受协定待遇备案的主管税务机关沟通协调，协调不一致的向共同上一级税务机关报告。

（摘自国家税务总局公告 2014 年第 37 号第十四条）

18.12.3.5 可享受但未曾享受税收协定待遇的处理

非居民企业可享受但未曾享受税收协定待遇，且因未享受本可享受的税收协定待遇而多缴税款的，可自结算缴纳该多缴税款之日起三年内向主管税务机关提出追补享受税收协定待遇的要求，并按本办法规定补办备案手续，退还多缴的税款；超过前述规定时限的，主管税务机关不予受理。

（摘自国家税务总局公告 2014 年第 37 号第十五条）

18.12.4 跟踪管理

18.12.4.1 管理台账和纳税档案

主管税务机关应当按照逐户建档、按户管理的原则，建立非居民企业从事国际运输业务的管理台账和纳税档案，及时、准确掌握其收取运费及相关款项、税款缴纳、享受税收协定待遇等情况。

（摘自国家税务总局公告 2014 年第 37 号第十六条）

18.12.4.2　跟踪管理

主管税务机关应对非居民企业享受税收协定待遇情况进行跟踪管理。对其按本办法第十二条规定报送的资料与所从事的国际运输业务内容，以及备案提交的资料进行对比稽核，对于不符合享受税收协定待遇条件且未履行纳税义务的情形，应按照税收征管法有关规定处理。

（摘自国家税务总局公告 2014 年第 37 号第十七条）

18.12.4.3　部门协作

主管税务机关应与港务、航管、海关、商检、海监、外汇管理、商务等部门加强合作，获取相关税源信息，对非居民企业进出境内口岸、履行纳税义务、收取运费及相关款项等情况实施监控。

（摘自国家税务总局公告 2014 年第 37 号第十八条）

18.12.4.4　向缔约国对方提出专项情报请求

主管税务机关在境内难以获取涉税信息时，可以制作专项情报，由税务总局向缔约国对方提出专项情报请求。

（摘自国家税务总局公告 2014 年第 37 号第十九条）

18.12.5　附　则

18.12.5.1　违规处理

非居民企业、扣缴义务人或代理人存在税收违法行为的，税务机关应按照税收征管法的有关规定处理。

（摘自国家税务总局公告 2014 年第 37 号第二十条）

18.12.5.2　授权各省市制定具体实施办法

各省、自治区、直辖市和计划单列市税务机关可根据本办法，结合本地区实际情况，制定具体实施办法。

（摘自国家税务总局公告 2014 年第 37 号第二十一条）

18.12.5.3　施行日期、政策衔接

本办法自 2014 年 08 月 01 日起施行。非居民企业在本办法施行之日以前已经办理享受税收协定待遇审批、备案或免税证明等相关手续的，视同已按本办法第十二条第一款规定备案，在本办法第十二条第三款规定的时限内可免予重新备案。

（摘自国家税务总局公告 2014 年第 37 号第二十二条）

18.12.5.4　废止信息

《国家税务局关于国际航空运输业务若干问题的通知》（国税发〔1993〕097 号）、《国家税务总局关于印制使用〈外轮运输收入税收报告表〉的通知》（国税函发〔1996〕729 号）、《国家税务总局关于印制使用〈外国公司船舶运输收入免征企业所得税申报表〉和〈外国公司船舶运输收入免征营业税证明表〉的通知》（国税函〔2002〕160 号）、《国家税务总局关于印制外国公司有关船舶运输税收情况报告表格的通知》（国税函〔2002〕384 号）等上述文件涉及企业所得税的规定和《国家税务总局关于非居民企业船舶、航空运输收入计算征收企业所得税有关问题的通知》（国税函〔2008〕952 号）自 2014 年 08 月 01 日起废止。

（摘自国家税务总局公告 2014 年第 37 号第二十三条）

18.13 非居民享受税收协定待遇管理办法

18.13.1 总 则

第一条 为执行中华人民共和国政府对外签署的避免双重征税协定（含与香港、澳门特别行政区签署的税收安排，以下统称税收协定），中华人民共和国对外签署的航空协定税收条款、海运协定税收条款、汽车运输协定税收条款、互免国际运输收入税收协议或换函（以下统称国际运输协定），规范非居民纳税人享受协定待遇管理，根据《中华人民共和国企业所得税法》（以下简称企业所得税法）及其实施条例、《中华人民共和国个人所得税法》（以下简称个人所得税法）及其实施条例、《中华人民共和国税收征收管理法》（以下简称税收征管法）及其实施细则（以下统称国内税收法律规定）的有关规定，制定本办法。

第二条 在中国发生纳税义务的非居民纳税人需要享受协定待遇的，适用本办法。

本办法所称协定待遇，是指按照税收协定或国际运输协定可以减轻或者免除按照国内税收法律规定应当履行的企业所得税、个人所得税纳税义务。

第三条 非居民纳税人符合享受协定待遇条件的，可在纳税申报时，或通过扣缴义务人在扣缴申报时，自行享受协定待遇，并接受税务机关的后续管理。

第四条 本办法所称主管税务机关，是指按国内税收法律规定，对非居民纳税人在中国的纳税义务负有征管职责的国家税务局或地方税务局。

本办法所称非居民纳税人，是指按国内税收法律规定或税收协定不属于中国税收居民的纳税人（含非居民企业和非居民个人）。

本办法所称扣缴义务人，是指按国内税收法律规定，对非居民纳税人来源于中国境内的所得负有扣缴税款义务的单位或个人，包括法定扣缴义务人和企业所得税法规定的指定扣缴义务人。

（摘自国家税务总局公告 2015 年第 60 号）

18.13.2 协定适用和纳税申报

第五条 非居民纳税人自行申报的，应当自行判断能否享受协定待遇，如实申报并报送本办法第七条规定的相关报告表和资料。

第六条 在源泉扣缴和指定扣缴情况下，非居民纳税人认为自身符合享受协定待遇条件，需要享受协定待遇的，应当主动向扣缴义务人提出，并向扣缴义务人提供本办法第七条规定的相关报告表和资料。

非居民纳税人向扣缴义务人提供的资料齐全，相关报告表填写信息符合享受协定待遇条件的，扣缴义务人依协定规定扣缴，并在扣缴申报时将相关报告表和资料转交主管税务机关。

非居民纳税人未向扣缴义务人提出需享受协定待遇，或向扣缴义务人提供的资料和相关报告表填写信息不符合享受协定待遇条件的，扣缴义务人依国内税收法律规定扣缴。

第七条 非居民纳税人需享受协定待遇的，应在纳税申报时自行报送或由扣缴义务人在扣缴申报时报送以下报告表和资料：

（一）《非居民纳税人税收居民身份信息报告表》（见附件 1、附件 2）；

（二）《非居民纳税人享受税收协定待遇情况报告表》（见附件 3 至附件 10）；

（三）由协定缔约对方税务主管当局在纳税申报或扣缴申报前一个公历年度开始以后出具的税收居民身份证明；享受税收协定国际运输条款待遇或国际运输协定待遇的企业，可以缔约对方运输主管部门在纳税申报或扣缴申报前一个公历年度开始以后出具的法人证明代替税收居民身份证明；享受国际运输协定待遇的个人，可以缔约对方政府签发的护照复印件代替税收居民身份证明；

（四）与取得相关所得有关的合同、协议、董事会或股东会决议、支付凭证等权属证明资料；

（五）其他税收规范性文件规定非居民纳税人享受特定条款税收协定待遇或国际运输协定待遇应当提交的证明资料。

非居民纳税人可以自行提供能够证明其符合享受协定待遇条件的其他资料。

第八条 非居民纳税人享受协定待遇，根据协定条款的不同，分别按如下要求报送本办法第七条规定的报告表和资料：

（一）非居民纳税人享受税收协定独立个人劳务、非独立个人劳务（受雇所得）、政府服务、教师和研究人员、学生条款待遇的，应当在首次取得相关所得并进行纳税申报时，或者由扣缴义务人在首次扣缴申报时，报送相关报告表和资料。在符合享受协定待遇条件且所报告信息未发生变化的情况下，非居民纳税人免于向同一主管税务机关就享受同一条款协定待遇重复报送资料。

（二）非居民纳税人享受税收协定常设机构和营业利润、国际运输、股息、利息、特许权使用费、退休金条款待遇，或享受国际运输协定待遇的，应当在有关纳税年度首次纳税申报时，或者由扣缴义务人在有关纳税年度首次扣缴申报时，报送相关报告表和资料。在符合享受协定待遇条件且所报告信息未发生变化的情况下，非居民纳税人可在报送相关报告表和资料之日所属年度起的三个公历年度内免于向同一主管税务机关就享受同一条款协定待遇重复报送资料。

（三）非居民纳税人享受税收协定财产收益、演艺人员和运动员、其他所得条款待遇的，应当在每次纳税申报时，或由扣缴义务人在每次扣缴申报时，向主管税务机关报送相关报告表和资料。

第九条 非居民纳税人在申报享受协定待遇前已根据其他非居民纳税人管理规定向主管税务机关报送本办法第七条第四项规定的合同、协议、董事会或股东会决议、支付凭证等权属证明资料的，免于向同一主管税务机关重复报送，但是应当在申报享受协定待遇时说明前述资料的报送时间。

第十条 按本办法规定填报或报送的资料应采用中文文本。相关资料原件为外文文本的，应当同时提供中文译本。非居民纳税人、扣缴义务人可以以复印件向税务机关提交本办法第七条第三项至第五项规定的相关证明或资料，但是应当在复印件上标注原件存放处，加盖报告责任人印章或签章，并按税务机关要求报验原件。

第十一条 非居民纳税人自行申报的，应当就每一个经营项目、营业场所或劳务提供项目分别向主管税务机关报送本办法规定的报告表和资料。

源泉扣缴和指定扣缴情况下，非居民纳税人有多个扣缴义务人的，应当向每一个扣缴义务人分别提供本办法规定的报告表和资料。各扣缴义务人在依协定规定扣缴时，分别向主管税务机关报送相关报告表和资料。

第十二条 非居民纳税人对本办法第七条规定报告表填报信息和其他资料的真实性、准确性负责。扣缴义务人根据非居民纳税人提供的报告表和资料依协定规定扣缴的，不改变非居民纳税人真实填报相关信息和提供资料的责任。

第十三条 非居民纳税人发现不应享受而享受了协定待遇，并少缴或未缴税款的，应当主动向主管税务机关申报补税。

第十四条　非居民纳税人可享受但未享受协定待遇，且因未享受协定待遇而多缴税款的，可在税收征管法规定期限内自行或通过扣缴义务人向主管税务机关要求退还，同时提交本办法第七条规定的报告表和资料，及补充享受协定待遇的情况说明。

主管税务机关应当自接到非居民纳税人或扣缴义务人退还申请之日起 30 日内查实，对符合享受协定待遇条件的办理退还手续。

第十五条　非居民纳税人在享受协定待遇后，情况发生变化，但是仍然符合享受协定待遇条件的，应当在下一次纳税申报时或由扣缴义务人在下一次扣缴申报时重新报送本办法第七条规定的报告表和资料。

非居民纳税人情况发生变化，不再符合享受协定待遇条件的，在自行申报的情况下，应当自情况发生变化之日起立即停止享受相关协定待遇，并按国内税收法律规定申报纳税。在源泉扣缴和指定扣缴情况下，应当立即告知扣缴义务人。扣缴义务人得知或发现非居民纳税人不再符合享受协定待遇条件，应当按国内税收法律规定履行扣缴义务。

（摘自国家税务总局公告 2015 年第 60 号）

18.13.3　税务机关后续管理

第十六条　各级税务机关应当通过加强对非居民纳税人享受协定待遇的后续管理，准确执行税收协定和国际运输协定，防范协定滥用和逃避税风险。

第十七条　主管税务机关在后续管理或税款退还查实工作过程中，发现依据报告表和资料不足以证明非居民纳税人符合享受协定待遇条件，或非居民纳税人存在逃避税嫌疑的，可要求非居民纳税人或扣缴义务人限期提供其他补充资料并配合调查。

第十八条　非居民纳税人、扣缴义务人应配合税务机关进行非居民纳税人享受协定待遇的后续管理与调查。非居民纳税人、扣缴义务人拒绝提供相关核实资料，或逃避、拒绝、阻挠税务机关进行后续调查，主管税务机关无法查实是否符合享受协定待遇条件的，应视为不符合享受协定待遇条件，责令非居民纳税人限期缴纳税款。

第十九条　主管税务机关在后续管理或税款退还查实工作过程中，发现不能准确判定非居民纳税人是否可以享受协定待遇的，应当向上级税务机关报告；需要启动相互协商或情报交换程序的，按有关规定启动相应程序。

第二十条　本办法第十四条所述查实时间不包括非居民纳税人或扣缴义务人补充提供资料、个案请示、相互协商、情报交换的时间。税务机关因上述原因延长查实时间的，应书面通知退税申请人相关决定及理由。

第二十一条　主管税务机关在后续管理过程中，发现非居民纳税人不符合享受协定待遇条件而享受了协定待遇，并少缴或未缴税款的，应通知非居民纳税人限期补缴税款。

非居民纳税人逾期未缴纳税款的，主管税务机关可依据企业所得税法从该非居民纳税人来源于中国的其他所得款项中追缴该非居民纳税人应纳税款，或依据税收征管法的有关规定采取强制执行措施。

第二十二条　主管税务机关在后续管理过程中，发现需要适用税收协定或国内税收法律规定中的一般反避税规则的，可以启动一般反避税调查程序。

第二十三条　主管税务机关应当对非居民纳税人不当享受协定待遇情况建立信用档案，并采取相应后续管理措施。

第二十四条　非居民纳税人、扣缴义务人对主管税务机关作出的涉及本办法的各种处理决定不服的，可以按照有关规定申请行政复议、提起行政诉讼。

非居民纳税人对主管税务机关作出的与享受税收协定待遇有关处理决定不服的，可以依据税收协定提请税务主管当局相互协商。非居民纳税人提请税务主管当局相互协商的，按照税收协定相互协商程序条款及其有关规定执行。

(摘自国家税务总局公告 2015 年第 60 号)

18.13.4 附 则

第二十五条 税收协定、国际运输协定或国家税务总局与税收协定或国际运输协定缔约对方主管当局通过相互协商形成的有关执行税收协定或国际运输协定的协议（以下简称主管当局间协议）与本办法规定不同的，按税收协定、国际运输协定或主管当局间协议执行。

第二十六条 本办法自 2015 年 11 月 1 日起施行。《国家税务总局关于印发〈非居民享受税收协定待遇管理办法（试行）〉的通知》（国税发〔2009〕124 号）、《国家税务总局关于〈非居民享受税收协定待遇管理办法（试行）〉有关问题的补充通知》（国税函〔2010〕290 号）、《国家税务总局关于执行〈内地和香港特别行政区关于对所得避免双重征税和防止偷漏税的安排〉有关居民身份认定问题的公告》（国家税务总局公告 2013 年第 53 号）、《国家税务总局关于发布〈非居民企业从事国际运输业务税收管理暂行办法〉的公告》（国家税务总局公告 2014 年第 37 号）第十一条至第十五条以及《国家税务总局关于〈内地和香港特别行政区关于对所得避免双重征税和防止偷漏税的安排〉有关条文解释和执行问题的通知》（国税函〔2007〕403 号）的有关内容同时废止（详见附件 11）。

第二十七条 本办法施行之日前，非居民已经按照有关规定完成审批程序并准予享受协定待遇的，继续执行到有效期期满为止。本办法施行前发生但未作税务处理的事项，依照本办法执行。

(摘自国家税务总局公告 2015 年第 60 号)

18.14 外国企业常驻代表机构税收管理

18.14.1 目标、依据

为规范外国企业常驻代表机构税收管理，根据《中华人民共和国税收征收管理法》（以下简称税收征管法）及其实施细则、《中华人民共和国企业所得税法》及其实施条例、《中华人民共和国营业税暂行条例》及其实施细则、《中华人民共和国增值税暂行条例》及其实施细则，以及相关税收法律法规，制定本办法。

(摘自国税发〔2010〕18 号第一条)

18.14.2 外国企业常驻代表机构的解释

本办法所称外国企业常驻代表机构，是指按照国务院有关规定，在工商行政管理部门登记或经有关部门批准，设立在中国境内的外国企业（包括港澳台企业）及其他组织的常驻代表机构（以下简称代表机构）。

(摘自国税发〔2010〕18 号第二条)

18.14.3 代表机构应当就其归属所得依法申报缴纳企业所得税

代表机构应当就其归属所得依法申报缴纳企业所得税，就其应税收入依法申报缴纳营业税和增值税。

（摘自国税发〔2010〕18 号第三条）

18.14.4 领取工商登记证件（或有关部门批准）之日起 30 日内税务登记

代表机构应当自领取工商登记证件（或有关部门批准）之日起 30 日内，持以下资料，向其所在地主管税务机关申报办理税务登记：

（一）工商营业执照副本或主管部门批准文件的原件及复印件；

（二）组织机构代码证书副本原件及复印件；

（三）注册地址及经营地址证明（产权证、租赁协议）原件及其复印件；如为自有房产，应提供产权证或买卖契约等合法的产权证明原件及其复印件；如为租赁的场所，应提供租赁协议原件及其复印件，出租人为自然人的还应提供产权证明的原件及复印件；

（四）首席代表（负责人）护照或其他合法身份证件的原件及复印件；

（五）外国企业设立代表机构的相关决议文件及在中国境内设立的其他代表机构名单（包括名称、地址、联系方式、首席代表姓名等）；

（六）税务机关要求提供的其他资料。

（摘自国税发〔2010〕18 号第四条）

18.14.5 变更登记或者注销登记

代表机构税务登记内容发生变化或者驻在期届满、提前终止业务活动的，应当按照税收征管法及相关规定，向主管税务机关申报办理变更登记或者注销登记；代表机构应当在办理注销登记前，就其清算所得向主管税务机关申报并依法缴纳企业所得税。

（摘自国税发〔2010〕18 号第五条）

18.14.6 季度终了之日起 15 日内向主管税务机关据实申报缴纳企业所得税

代表机构应当按照有关法律、行政法规和国务院财政、税务主管部门的规定设置账簿，根据合法、有效凭证记账，进行核算，并应按照实际履行的功能和承担的风险相配比的原则，准确计算其应税收入和应纳税所得额，在季度终了之日起 15 日内向主管税务机关据实申报缴纳企业所得税、营业税，并按照《中华人民共和国增值税暂行条例》及其实施细则规定的纳税期限，向主管税务机关据实申报缴纳增值税。

（摘自国税发〔2010〕18 号第六条）

18.14.7 核定应纳税所得额

对账簿不健全，不能准确核算收入或成本费用，以及无法按照本办法第六条规定据实申报的代表机构，税务机关有权采取以下两种方式核定其应纳税所得额：

（一）按经费支出换算收入：适用于能够准确反映经费支出但不能准确反映收入或成本费用的代表机构。

1. 计算公式：

$$收入额＝本期经费支出额/（1－核定利润率－营业税税率）$$
$$应纳企业所得税额＝收入额×核定利润率×企业所得税税率$$

2. 代表机构的经费支出额包括：在中国境内、外支付给工作人员的工资薪金、奖金、津贴、福利费、物品采购费（包括汽车、办公设备等固定资产）、通讯费、差旅费、房租、设备租赁费、交通费、交际费、其他费用等。

（1）购置固定资产所发生的支出，以及代表机构设立时或者搬迁等原因所发生的装修费支出，应在发生时一次性作为经费支出额换算收入计税。

（2）利息收入不得冲抵经费支出额；发生的交际应酬费，以实际发生数额计入经费支出额。

（3）以货币形式用于我国境内的公益、救济性质的捐赠、滞纳金、罚款，以及为其总机构垫付的不属于其自身业务活动所发生的费用，不应作为代表机构的经费支出额；

（4）其他费用包括：为总机构从中国境内购买样品所支付的样品费和运输费用；国外样品运往中国发生的中国境内的仓储费用、报关费用；总机构人员来华访问聘用翻译的费用；总机构为中国某个项目投标由代表机构支付的购买标书的费用，等等。

（二）按收入总额核定应纳税所得额：适用于可以准确反映收入但不能准确反映成本费用的代表机构。计算公式：

$$应纳企业所得税额＝收入总额×核定利润率×企业所得税税率$$

（摘自国税发〔2010〕18 号第七条）

18.14.8　核定利润率不应低于 15％，能准确计算的可调整为据实申报方式

代表机构的核定利润率不应低于 15％。采取核定征收方式的代表机构，如能建立健全会计账簿，准确计算其应税收入和应纳税所得额，报主管税务机关备案，可调整为据实申报方式。

（摘自国税发〔2010〕18 号第八条）

18.14.9　需要享受税收协定待遇依照国税发〔2009〕124 号有关规定办理

代表机构需要享受税收协定待遇，应依照税收协定以及《国家税务总局关于印发〈非居民享受税收协定待遇管理办法（试行）〉的通知》（国税发〔2009〕124 号）的有关规定办理，并应按照本办法第六条规定的时限办理纳税申报事宜。

（摘自国税发〔2010〕18 号第十条）

18.14.10　施行日期、政策衔接、废止信息

本办法自 2010 年 1 月 1 日起施行。原有规定与本办法相抵触的，以本办法为准。《国家税务总局关于加强外国企业常驻代表机构税收征管有关问题的通知》（国税发〔1996〕165 号）、《国家税务总局关于外国企业常驻代表机构有关税收管理问题的通知》（国税发〔2003〕28 号）以及《国家税务总局关于外国政府等在我国设立代表机构免税审批程序有关问题的通知》（国税函〔2008〕945 号）废止，各地不再受理审批代表机构企业所得税免税申请，并按照本办法规定对已核准免税的代表机构进行清理。

（摘自国税发〔2010〕18 号第十一条）

18.14.11　各省市可制定具体操作规程

各省、自治区、直辖市和计划单列市国家税务局和地方税务局可按本办法规定制定具体操作规程，并报国家税务总局（国际税务司）备案。

（摘自国税发〔2010〕18 号第十二条）

18.15 非居民企业间接转让财产

18.15.1 非居民企业间接转让财产企业所得税若干问题的公告

18.15.1.1 不具有合理商业目的的安排，间接转让财产应确认为直接转让

一、非居民企业通过实施不具有合理商业目的的安排，间接转让中国居民企业股权等财产，规避企业所得税纳税义务的，应按照企业所得税法第四十七条的规定，重新定性该间接转让交易，确认为直接转让中国居民企业股权等财产。

本公告所称中国居民企业股权等财产，是指非居民企业直接持有，且转让取得的所得按照中国税法规定，应在中国缴纳企业所得税的中国境内机构、场所财产，中国境内不动产，在中国居民企业的权益性投资资产等（以下称中国应税财产）。

间接转让中国应税财产，是指非居民企业通过转让直接或间接持有中国应税财产的境外企业（不含境外注册中国居民企业，以下称境外企业）股权及其他类似权益（以下称股权），产生与直接转让中国应税财产相同或相近实质结果的交易，包括非居民企业重组引起境外企业股东发生变化的情形。间接转让中国应税财产的非居民企业称股权转让方。

（摘自国家税务总局公告 2015 年第 7 号第一条）

18.15.1.2 间接转让中国应税财产所得的税务处理顺序

二、适用本公告第一条规定的股权转让方取得的转让境外企业股权所得归属于中国应税财产的数额（以下称间接转让中国应税财产所得），应按以下顺序进行税务处理：

（一）对归属于境外企业及直接或间接持有中国应税财产的下属企业在中国境内所设机构、场所财产的数额（以下称间接转让机构、场所财产所得），应作为与所设机构、场所有实际联系的所得，按照企业所得税法第三条第二款规定征税；

（二）除适用本条第（一）项规定情形外，对归属于中国境内不动产的数额（以下称间接转让不动产所得），应作为来源于中国境内的不动产转让所得，按照企业所得税法第三条第三款规定征税；

（三）除适用本条第（一）项或第（二）项规定情形外，对归属于在中国居民企业的权益性投资资产的数额（以下称间接转让股权所得），应作为来源于中国境内的权益性投资资产转让所得，按照企业所得税法第三条第三款规定征税。

（摘自国家税务总局公告 2015 年第 7 号第二条）

18.15.1.3 合理商业目的的判断标准

三、判断合理商业目的，应整体考虑与间接转让中国应税财产交易相关的所有安排，结合实际情况综合分析以下相关因素：

（一）境外企业股权主要价值是否直接或间接来自于中国应税财产；

（二）境外企业资产是否主要由直接或间接在中国境内的投资构成，或其取得的收入是否主要直接或间接来源于中国境内；

（三）境外企业及直接或间接持有中国应税财产的下属企业实际履行的功能和承担的风险是否能够证实企业架构具有经济实质；

（四）境外企业股东、业务模式及相关组织架构的存续时间；

（五）间接转让中国应税财产交易在境外应缴纳所得税情况；

（六）股权转让方间接投资、间接转让中国应税财产交易与直接投资、直接转让中国应税财产交易的可替代性；

（七）间接转让中国应税财产所得在中国可适用的税收协定或安排情况；

（八）其他相关因素。

（摘自国家税务总局公告 2015 年第 7 号第三条）

18.15.1.4　应直接认定为不具有合理商业目的的情形

四、除本公告第五条和第六条规定情形外，与间接转让中国应税财产相关的整体安排同时符合以下情形的，无需按本公告第三条进行分析和判断，应直接认定为不具有合理商业目的：

（一）境外企业股权 75% 以上价值直接或间接来自于中国应税财产；

（二）间接转让中国应税财产交易发生前一年内任一时点，境外企业资产总额（不含现金）的 90% 以上直接或间接由在中国境内的投资构成，或间接转让中国应税财产交易发生前一年内，境外企业取得收入的 90% 以上直接或间接来源于中国境内；

（三）境外企业及直接或间接持有中国应税财产的下属企业虽在所在国家（地区）登记注册，以满足法律所要求的组织形式，但实际履行的功能及承担的风险有限，不足以证实其具有经济实质；

（四）间接转让中国应税财产交易在境外应缴所得税税负低于直接转让中国应税财产交易在中国的可能税负。

（摘自国家税务总局公告 2015 年第 7 号第四条）

18.15.1.5　整体安排不适用本公告第一条的情形

五、与间接转让中国应税财产相关的整体安排符合以下情形之一的，不适用本公告第一条的规定：

（一）非居民企业在公开市场买入并卖出同一上市境外企业股权取得间接转让中国应税财产所得；

（二）在非居民企业直接持有并转让中国应税财产的情况下，按照可适用的税收协定或安排的规定，该项财产转让所得在中国可以免予缴纳企业所得税。

（摘自国家税务总局公告 2015 年第 7 号第五条）

18.15.1.6　应认定为具有合理商业目的的情形

六、间接转让中国应税财产同时符合以下条件的，应认定为具有合理商业目的：

（一）交易双方的股权关系具有下列情形之一：

1. 股权转让方直接或间接拥有股权受让方 80% 以上的股权；

2. 股权受让方直接或间接拥有股权转让方 80% 以上的股权；

3. 股权转让方和股权受让方被同一方直接或间接拥有 80% 以上的股权。

境外企业股权 50% 以上（不含 50%）价值直接或间接来自于中国境内不动产的，本条第（一）项第 1、2、3 目的持股比例应为 100%。

上述间接拥有的股权按照持股链中各企业的持股比例乘积计算。

（二）本次间接转让交易后可能再次发生的间接转让交易相比在未发生本次间接转让交易情况下的相同或类似间接转让交易，其中国所得税负担不会减少。

（三）股权受让方全部以本企业或与其具有控股关系的企业的股权（不含上市企业股权）支付股权交易对价。

（摘自国家税务总局公告 2015 年第 7 号第六条）

18.15.1.7　纳税年度的确认

七、间接转让机构、场所财产所得按照本公告规定应缴纳企业所得税的，应计入纳税义务发生之日所属纳税年度该机构、场所的所得，按照有关规定申报缴纳企业所得税。

（摘自国家税务总局公告 2015 年第 7 号第七条）

18.15.1.8　扣缴义务

八、间接转让不动产所得或间接转让股权所得按照本公告规定应缴纳企业所得税的，依照有关法律规定或者合同约定对股权转让方直接负有支付相关款项义务的单位或者个人为扣缴义务人。

扣缴义务人未扣缴或未足额扣缴应纳税款的，股权转让方应自纳税义务发生之日起7日内向主管税务机关申报缴纳税款，并提供与计算股权转让收益和税款相关的资料。主管税务机关应在税款入库后30日内层报税务总局备案。

扣缴义务人未扣缴，且股权转让方未缴纳应纳税款的，主管税务机关可以按照税收征管法及其实施细则相关规定追究扣缴义务人责任；但扣缴义务人已在签订股权转让合同或协议之日起30日内按本公告第九条规定提交资料的，可以减轻或免除责任。

（摘自国家税务总局公告2015年第7号第八条）

18.15.1.9　可以提交的资料

九、间接转让中国应税财产的交易双方及被间接转让股权的中国居民企业可以向主管税务机关报告股权转让事项，并提交以下资料：

（一）股权转让合同或协议（为外文文本的需同时附送中文译本，下同）；

（二）股权转让前后的企业股权架构图；

（三）境外企业及直接或间接持有中国应税财产的下属企业上两个年度财务、会计报表；

（四）间接转让中国应税财产交易不适用本公告第一条的理由。

（摘自国家税务总局公告2015年第7号第九条）

18.15.1.10　应当提供的资料

十、间接转让中国应税财产的交易双方和筹划方，以及被间接转让股权的中国居民企业，应按照主管税务机关要求提供以下资料：

（一）本公告第九条规定的资料（已提交的除外）；

（二）有关间接转让中国应税财产交易整体安排的决策或执行过程信息；

（三）境外企业及直接或间接持有中国应税财产的下属企业在生产经营、人员、账务、财产等方面的信息，以及内外部审计情况；

（四）用以确定境外股权转让价款的资产评估报告及其他作价依据；

（五）间接转让中国应税财产交易在境外应缴纳所得税情况；

（六）与适用公告第五条和第六条有关的证据信息；

（七）其他相关资料。

（摘自国家税务总局公告2015年第7号第十条）

18.15.1.11　需立案调查及调整的按一般反避税的相关规定执行

十一、主管税务机关需对间接转让中国应税财产交易进行立案调查及调整的，应按照一般反避税的相关规定执行。

（摘自国家税务总局公告2015年第7号第十一条）

18.15.1.12　涉及两个以上主管税务机关的纳税地点与争议协调

十二、股权转让方通过直接转让同一境外企业股权导致间接转让两项以上中国应税财产，按照本公告的规定应予征税，涉及两个以上主管税务机关的，股权转让方应分别到各所涉主管税务机关申报缴纳企业所得税。

各主管税务机关应相互告知税款计算方法，取得一致意见后组织税款入库；如不能取得一致意见的，应报其共同上一级税务机关协调。

（摘自国家税务总局公告2015年第7号第十二条）

18.15.1.13　违规处理

十三、股权转让方未按期或未足额申报缴纳间接转让中国应税财产所得应纳税款，扣缴义务人也未扣缴税款的，除追缴应纳税款外，还应按照企业所得税法实施条例第一百二

十一、一百二十二条规定对股权转让方按日加收利息。

股权转让方自签订境外企业股权转让合同或协议之日起 30 日内提供本公告第九条规定的资料或按照本公告第七条、第八条的规定申报缴纳税款的，按企业所得税法实施条例第一百二十二条规定的基准利率计算利息；未按规定提供资料或申报缴纳税款的，按基准利率加 5 个百分点计算利息。

（摘自国家税务总局公告 2015 年第 7 号第十三条）

18.15.1.14　适用范围

十四、本公告适用于在中国境内未设立机构、场所的非居民企业取得的间接转让中国应税财产所得，以及非居民企业虽设立机构、场所但取得与其所设机构、场所没有实际联系的间接转让中国应税财产所得。

股权转让方转让境外企业股权取得的所得（含间接转让中国应税财产所得）与其所设境内机构、场所有实际联系的，无须适用本公告规定，应直接按照企业所得税法第三条第二款规定征税。

（摘自国家税务总局公告 2015 年第 7 号第十四条）

18.15.1.15　纳税义务发生之日的解释

十五、本公告所称纳税义务发生之日是指股权转让合同或协议生效，且境外企业完成股权变更之日。

（摘自国家税务总局公告 2015 年第 7 号第十五条）

18.15.1.16　主管税务机关的解释

十六、本公告所称的主管税务机关，是指在中国应税财产被非居民企业直接持有并转让的情况下，财产转让所得应纳企业所得税税款的主管税务机关，应分别按照本公告第二条规定的三种情形确定。

（摘自国家税务总局公告 2015 年第 7 号第十六条）

18.15.1.17　以上的解释

十七、本公告所称"以上"除有特别标明外均含本数。

（摘自国家税务总局公告 2015 年第 7 号第十七条）

18.15.1.18　税收协定优先原则

十八、本公告规定与税收协定不一致的，按照税收协定办理。

（摘自国家税务总局公告 2015 年第 7 号第十八条）

18.15.1.19　施行日期

十九、本公告自发布之日起施行。本公告发布前发生但未作税务处理的事项，依据本公告执行。《国家税务总局关于加强非居民企业股权转让所得企业所得税管理的通知》（国税函〔2009〕698 号）第五条、第六条及《国家税务总局关于非居民企业所得税管理若干问题的公告》（国家税务总局公告 2011 年第 24 号）第六条第（三）、（四）、（五）项有关内容同时废止。

（摘自国家税务总局公告 2015 年第 7 号第十九条）

18.15.2　非居民企业间接转让财产企业所得税工作规程（试行）

18.15.2.1　管理岗位

非居民企业间接转让财产企业所得税工作由各级税务机关非居民税收管理岗实施统一管理。

（摘自税总发〔2015〕68 号第一条）

18.15.2.2　报送资料的审核

各级税务机关应辅导、鼓励间接转让中国应税财产的交易双方及被间接转让股权的中国居民企业向主管税务机关报告财产转让事项及提交相关资料，并加强对所提交资料的审核。

（摘自税总发〔2015〕68 号第二条）

18.15.2.3 主动申报纳税的要及时办理

非居民企业间接转让中国应税财产取得收益，按照《公告》规定主动申报缴纳税款的，主管税务机关要及时办理相关税款征收事宜。

（摘自税总发〔2015〕68 号第三条）

18.15.2.4 畅通办税服务渠道

主管税务机关要畅通办税服务渠道，对于间接转让中国应税财产的交易双方及被间接转让股权的中国居民企业按照《公告》第九条规定提交相关资料的，应及时接收并提供回执。

主管税务机关还应当结合工作实际，应用各种数据资源，如企业所得税汇算清缴、纳税评估、同期资料管理、对外支付税务管理、股权转让交易管理、税收协定执行、新闻媒体报道、上市公司公告等，掌握非居民企业间接转让财产交易情况。

（摘自税总发〔2015〕68 号第四条）

18.15.2.5 加强对交易相关资料的审核工作

主管税务机关应加强对交易相关资料的审核工作，认为需要进一步了解间接转让交易具体事宜的，可以要求间接转让交易双方、筹划方以及被间接转让股权的中国居民企业提供《公告》第十条规定的相关资料。

（摘自税总发〔2015〕68 号第五条）

18.15.2.6 认为不具有合理商业目的应填制《特别纳税调整立案审核表》

主管税务机关对相关信息资料进行审核分析后，认为相关间接转让交易不具有合理商业目的，需要进行立案调查及调整的，应填制《特别纳税调整立案审核表》，附立案报告及有关资料，将分析意见以及分管局领导审核意见通过特别纳税调整案件管理系统，层报省税务机关复核同意后，报税务总局申请立案。

（摘自税总发〔2015〕68 号第六条）

18.15.2.7 认为不涉及直接转让中国居民企业股权等财产的处理

主管税务机关对相关信息资料进行审核分析后，认为相关间接转让交易不涉及直接转让中国居民企业股权等财产的情况，应形成情况分析报告，并按本规程规定将相关资料归档。

（摘自税总发〔2015〕68 号第七条）

18.15.2.8 涉及两个以上主管税务机关的处理

股权转让方通过直接转让同一境外企业股权导致间接转让两项以上中国应税财产，涉及两个以上主管税务机关的，间接转让中国应税财产的交易双方或者被间接转让股权的中国居民企业选择向其中一个主管税务机关提交《公告》第九条规定的相关资料时，该主管税务机关负责本规程第四条、第五条、第六条和第七条规定的各项相关工作。

该主管税务机关认为不需要启动立案调查及调整的，如该间接转让财产交易跨地市，应将情况分析报告通过特别纳税调整案件管理系统上报省税务机关审核；如该间接转让财产交易跨省，该主管税务机关应将情况分析报告通过特别纳税调整案件管理系统层报税务总局审核。经审核，不需要进行立案调查的，按本规程规定将相关资料归档。

该主管税务机关认为或者税务总局、省税务机关经审核认为需要进行立案调查的，税务总局、省税务机关可以视案情指定牵头单位和协调单位进行联合调查。

（摘自税总发〔2015〕68 号第八条）

18.15.2.9 审理程序

主管税务机关应在税务总局同意立案之日起 9 个月内完成案件的审理工作。形成案件不予调整或者初步调整方案的意见和理由，填制《特别纳税调整结案审核表》，附结案报告及有关资料，经分管局领导审核后通过特别纳税调整案件管理系统层报省税务机关。省税务机关应组成案件复核小组，对案件进行复核，复核同意后，呈报税务总局申请结案。

对涉及的重大案件，税务总局确定启动重大案件会审机制的，将组成会审小组开展会审工作。会审小组由至少 5 名成员组成，具体人员从非居民税收管理人才库中指定，同时指定一名税务总局人员组织协调会审工作。

（摘自税总发〔2015〕68 号第九条）

18.15.2.10 主管税务机关收到总局审核意见后的处理

主管税务机关应当就税务总局对其结案申请形成的审核意见，分别以下情况进行处理：

（一）对同意结案申请不予调整方案的，向被调查企业下发《特别纳税调查结论通知书》；

（二）对同意结案申请初步调整方案的，向被调查企业下发《特别纳税调查初步调整通知书》；

（三）对不同意结案申请处理意见的，按照税务总局的意见修改后再次层报审核。

被调查企业在收到《特别纳税调查初步调整通知书》之日起 7 日内未提出异议的，主管税务机关应下发《特别纳税调查调整通知书》。

被调查企业在收到《特别纳税调查初步调整通知书》之日起 7 日内提出异议，主管税务机关经审议后不予采纳的，应下发《特别纳税调查调整通知书》；主管税务机关经审议后认为确需对调整方案进行修改的，应将修改后的调整方案层报省税务机关复核同意后，报税务总局再次申请结案。

（摘自税总发〔2015〕68 号第十条）

18.15.2.11 主管税务机关应及时跟踪税款、利息、滞纳金入库情况

主管税务机关应及时跟踪税款、利息、滞纳金入库情况。对于扣缴义务人或者股权转让方按照《公告》规定扣缴或者缴纳的税款，以及经立结案调整的税款，在税款入库后 30 日内，通过特别纳税调整案件管理系统层报税务总局，并将相关税款入库信息填入《非居民企业税收收入情况统计表》。

（摘自税总发〔2015〕68 号第十一条）

18.15.2.12 调查调整结束后的材料归档

主管税务机关应在调查调整工作结束后，将工作过程中形成的文书、工作底稿、证据等材料，按相关规定集中归档。税务机关内部需要调阅的，应严格执行档案转出、接收和调阅手续。

各级税务机关在调查调整工作中获取的信息资料和调查调整情况应按有关规定履行保密义务。

（摘自税总发〔2015〕68 号第十二条）

18.15.2.13 具体案例材料层报总局国际税务司

主管税务机关应根据税务总局结案申请审核意见，分析各案件的具体情况，总结案件的风险点以及应对措施，形成具体案例材料，通过可控 FTP "CENTER/国际税务司/非居民税收管理处/间接转让财产案例" 文件夹，层报税务总局（国际税务司）。

（摘自税总发〔2015〕68 号第十三条）

18.15.2.14 未办结案件按本流程处理

对于《公告》实施前未办结案件，包括已上报税务总局，但未形成处理意见的案件，按照本规程规定的立结案流程进行处理。

（摘自税总发〔2015〕68 号第十四条）

18.15.2.15 执行日期

十五、本规程自印发之日起执行。

（摘自税总发〔2015〕68 号第十五条）

18.16 非居民企业派遣人员在中国境内提供劳务

根据《中华人民共和国企业所得税法》及其实施条例、中国政府对外签署的避免双重征税协定（含与香港、澳门特别行政区签署的税收安排，以下统称税收协定）以及《国家税务总局关于印发〈中华人民共和国政府和新加坡共和国政府关于对所得避免双重征税和防止偷漏税的协定及议定书条文解释〉的通知》（国税发〔2010〕75 号）等规定，现就非居民企业派遣人员在中国境内提供劳务征收企业所得税有关问题公告如下：

一、非居民企业（以下统称"派遣企业"）派遣人员在中国境内提供劳务，如果派遣企业对被派遣人员工作结果承担部分或全部责任和风险，通常考核评估被派遣人员的工作业绩，应视为派遣企业在中国境内设立机构、场所提供劳务；如果派遣企业属于税收协定缔约对方企业，且提供劳务的机构、场所具有相对的固定性和持久性，该机构、场所构成在中国境内设立的常设机构。

在做出上述判断时，应结合下列因素予以确定：

（一）接收劳务的境内企业（以下统称"接收企业"）向派遣企业支付管理费、服务费性质的款项；

（二）接收企业向派遣企业支付的款项金额超出派遣企业代垫、代付被派遣人员的工资、薪金、社会保险费及其他费用；

（三）派遣企业并未将接收企业支付的相关费用全部发放给被派遣人员，而是保留了一定数额的款项；

（四）派遣企业负担的被派遣人员的工资、薪金未全额在中国缴纳个人所得税；

（五）派遣企业确定被派遣人员的数量、任职资格、薪酬标准及其在中国境内的工作地点。

二、如果派遣企业仅为在接收企业行使股东权利、保障其合法股东权益而派遣人员在中国境内提供劳务的，包括被派遣人员为派遣企业提供对接收企业投资的有关建议、代表派遣企业参加接收企业股东大会或董事会议等活动，均不因该活动在接收企业营业场所进行而认定为派遣企业在中国境内设立机构、场所或常设机构。

三、符合第一条规定的派遣企业和接收企业应按照《非居民承包工程作业和提供劳务税收管理暂行办法》（国家税务总局令第 19 号）规定办理税务登记和备案、税款申报及其他涉税事宜。

四、符合第一条规定的派遣企业应依法准确计算其取得的所得并据实申报缴纳企业所得税；不能如实申报的，税务机关有权按照相关规定核定其应纳税所得额。

五、主管税务机关应加强对派遣行为的税收管理，重点审核下列与派遣行为有关的资料，以及派遣安排的经济实质和执行情况，确定非居民企业所得税纳税义务：

（一）派遣企业、接收企业和被派遣人员之间的合同协议或约定；

（二）派遣企业或接收企业对被派遣人员的管理规定，包括被派遣人员的工作职责、工作内容、工作考核、风险承担等方面的具体规定；

（三）接收企业向派遣企业支付款项及相关账务处理情况，被派遣人员个人所得税申报缴纳资料；

（四）接收企业是否存在通过抵消交易、放弃债权、关联交易或其他形式隐蔽性支付与派遣行为相关费用的情形。

六、主管税务机关根据企业所得税法及本公告规定确定派遣企业纳税义务时，应与被派遣人员提供劳务涉及的个人所得税、营业税的主管税务机关加强协调沟通，交换被派遣人员提供劳务的相关信息，确保税收政策的准确执行。

七、各地在执行本公告规定对非居民企业派遣人员提供劳务进行税务处理时，应严格按照有关规定为派遣企业或接收企业及时办理对外支付相关手续。

八、本公告自 2013 年 6 月 1 日起施行。本公告施行前发生但未作税务处理的事项，依据本公告执行。

（摘自国家税务总局公告 2013 年第 19 号）

第 19 章

《企业所得税月（季）度纳税申报表（A、B 类）》法规指引

19.1 企业所得税预缴预缴、预征

19.1.1 企业所得税法及实施条例关于分月或分季预缴的规定

企业所得税分月或者分季预缴。

企业应当自月份或者季度终了之日起十五日内，向税务机关报送预缴企业所得税纳税申报表，预缴税款。

（摘自《企业所得税法》第五十四条第一款、第二款）

企业所得税分月或者分季预缴，由税务机关具体核定。

企业根据企业所得税法第五十四条规定分月或者分季预缴企业所得税时，应当按照月度或者季度的实际利润额预缴；按照月度或者季度的实际利润额预缴有困难的，可以按照上一纳税年度应纳税所得额的月度或者季度平均额预缴，或者按照经税务机关认可的其他方法预缴。预缴方法一经确定，该纳税年度内不得随意变更。

（摘自《企业所得税法实施条例》第一百二十八条）

19.1.2 预缴办法和提交资料

为进一步做好企业所得税征收管理，现就加强企业所得税预缴工作通知如下：

一、根据《中华人民共和国企业所得税法》及其实施条例规定，企业所得税应当按照月度或者季度的实际利润额预缴；按照月度或者季度的实际利润额预缴有困难的，可以按照上一纳税年度应纳税所得额的月度或者季度平均额预缴，或者按照经税务机关认可的其他方法预缴。为确保税款足额及时入库，各级税务机关对纳入当地重点税源管理的企业，原则上应按照实际利润额预缴方法征收企业所得税。

二、各级税务机关根据企业上年度企业所得税预缴和汇算清缴情况，对全年企业所得税预缴税款占企业所得税应缴税款比例明显偏低的，要及时查明原因，调整预缴方法或预

缴税额。

三、各级税务机关要处理好企业所得税预缴和汇算清缴税款入库的关系，原则上各地企业所得税年度预缴税款占当年企业所得税入库税款（预缴数＋汇算清缴数）应不少于70%。

四、各级税务机关要进一步加大监督管理力度。对未按规定申报预缴企业所得税的，按照《中华人民共和国税收征收管理法》及其实施细则的有关规定进行处理。

五、加强企业所得税预缴工作是税收征管中的一项重要任务，各级税务机关要高度重视，周密部署，精心组织实施。税务总局将适时组织督促检查，通报此项工作的落实情况。

（摘自国税函〔2009〕34 号）

19.1.3 按月预缴改按季预缴的范围

深圳市、厦门市经济特区以外的企业以及上海浦东新区内非生产性外商投资企业和内资企业，原采取按月预缴方式的，2008 年一季度改为按季度预缴。

（摘自国税发〔2008〕17 号第二条）

原经批准实行合并纳税的企业，采取按月预缴方式的，2008 年一季度改为按季度预缴。

（摘自国税发〔2008〕17 号第三条）

19.1.4 高新技术企业预缴企业所得税

19.1.4.1 高新技术企业重新认定之前暂按 25% 的税率预缴企业所得税

2008 年 1 月 1 日之前已经被认定为高新技术企业的，在按照新税法有关规定重新认定之前，暂按 25% 的税率预缴企业所得税。

上述企业如果享受新税法中其他优惠政策和国务院规定的过渡优惠政策，按有关规定执行。

（摘自国税发〔2008〕17 号第一条）

19.1.4.2 高新技术企业 2008 年度企业所得税预缴

为配合国家宏观调控政策的实施，及时落实高新技术企业所得税优惠政策，减轻企业负担，现就高新技术企业 2008 年度企业所得税有关问题通知如下：

一、对经认定已取得"高新技术企业证书"的企业，各级税务机关要按《国家税务总局关于企业所得税减免税管理问题的通知》（国税发〔2008〕111 号）的规定，及时按 15% 的税率办理税款预缴。

二、经认定已取得"高新技术企业证书"的企业，2008 年以来已按 25% 税率预缴税款的，可以就 25% 与 15% 税率差计算的税额，在 2008 年 12 月份预缴时抵缴应预缴的税款。

（摘自国税函〔2008〕985 号）

19.1.4.3 高新技术企业资格复审期间企业所得税预缴

根据《中华人民共和国企业所得税法》、《中华人民共和国企业所得税法实施条例》、《科学技术部财政部国家税务总局关于印发〈高新技术企业认定管理办法〉的通知》（国科发火〔2008〕172 号）、《国家税务总局关于实施高新技术企业所得税优惠有关问题的通知》（国税函〔2009〕203 号）的有关规定，现就高新技术企业资格复审结果公示之前企业所得税预缴问题公告如下：

高新技术企业应在资格期满前三个月内提出复审申请，在通过复审之前，在其高新技术企业资格有效期内，其当年企业所得税暂按 15% 的税率预缴。

本公告自 2011 年 2 月 1 日起施行。

（摘自国家税务总局公告 2011 年第 4 号）

19.1.5　调整代开货物运输业发票企业所得税预征率

现将调整代开货物运输业发票企业所得税预征率的问题通知如下：

代开货物运输业发票的企业，按开票金额 2.5％预征企业所得税。

本通知从 2008 年 1 月 1 日起执行。《国家税务总局关于货物运输业若干税收问题的通知》（国税发〔2004〕88 号）第四条（一）项中"按开票金额 3.3％预征所得税"同时废止。

（摘自国税函〔2008〕819 号）

19.2　小型微利企业预缴和汇算清缴

19.2.1　预缴和年度汇算清缴时可自行享受优惠政策

符合规定条件的小型微利企业，在预缴和年度汇算清缴企业所得税时，可以按照规定自行享受小型微利企业所得税优惠政策，无须税务机关审核批准，但在报送年度企业所得税纳税申报表时，应同时将企业从业人员、资产总额情况报税务机关备案。

（摘自国家税务总局公告 2014 年第 23 号第二条）

19.2.2　预缴时的政策执行

小型微利企业预缴企业所得税时，按以下规定执行：

（一）查账征收的小型微利企业，上一纳税年度符合小型微利企业条件，且年度应纳税所得额低于 10 万元（含 10 万元）的，本年度采取按实际利润额预缴企业所得税款，预缴时累计实际利润额不超过 10 万元的，可以享受小型微利企业所得税优惠政策；超过 10 万元的，应停止享受其中的减半征税政策；本年度采取按上年度应纳税所得额的季度（或月份）平均额预缴企业所得税的，可以享受小型微利企业优惠政策。

（二）定率征收的小型微利企业，上一纳税年度符合小型微利企业条件，且年度应纳税所得额低于 10 万元（含 10 万元）的，本年度预缴企业所得税时，累计应纳税所得额不超过 10 万元的，可以享受优惠政策；超过 10 万元的，不享受其中的减半征税政策。

定额征税的小型微利企业，由当地主管税务机关相应调整定额后，按照原办法征收。

（三）本年度新办的小型微利企业，在预缴企业所得税时，凡累计实际利润额或应纳税所得额不超过 10 万元的，可以享受优惠政策；超过 10 万元的，应停止享受其中的减半征税政策。

（摘自国家税务总局公告 2014 年第 23 号第三条）

19.2.3　符合条件预缴时未享受优惠政策的汇算清缴时统一享受、预缴时享受了优惠政策汇算清缴时超过标准的应补缴税款

小型微利企业符合享受优惠政策条件，但预缴时未享受的，在年度汇算清缴时统一计算享受。

小型微利企业在预缴时享受了优惠政策，但年度汇算清缴时超过规定标准的，应按规定补缴税款。

（摘自国家税务总局公告 2014 年第 23 号第四条）

19.2.4 只享受优惠税率小型微利企业预缴申报表的填报方法

为贯彻落实新的企业所得税法，确保企业所得税预缴工作顺利进行，经研究，现就小型微利企业所得税预缴问题的通知如下：

一、企业按当年实际利润预缴所得税的，如上年度符合《中华人民共和国企业所得税法实施条例》第九十二条规定的小型微利企业条件，在本年度填写《中华人民共和国企业所得税月（季）度纳税申报表（A 类）》（国税函〔2008〕44 号文件），第 4 行"利润总额"与 5％的乘积，暂填入第 7 行"减免所得税额"内。

二、小型微利企业条件中，"从业人数"按企业全年平均从业人数计算，"资产总额"按企业全年平均从业人数计算，"资产总额"按企业年初和年末的资产总额平均计算。

三、企业在当年首次预缴企业所得税时，须向主管税务机关提供企业上年度符合小型微利企业条件的相关证明材料。主管税务机关对企业提供的相关证明材料核实后，认定企业上年度不符合小型微利企业条件的，该企业当年不得按本通知第一条规定填报纳税申报表。

四、纳税年度终了后，主管税务机关要根据企业当年有关指标，核实企业当年是否符合小型微利企业条件。企业当年有关指标不符合小型微利企业条件，但已按本通知第一条计算减免所得税额的，在年度汇算清缴时要补缴按本通知条一条规定计算的减免所得税额。

（摘自国税函〔2008〕251 号第四条）

19.2.5 在优惠税率基础上享受减半征收小型微利企业预缴申报表的填报方法

为贯彻落实《财政部国家税务总局关于小型微利企业所得税优惠政策有关问题的通知》（财税〔2011〕117 号）有关规定，现就小型微利企业预缴企业所得税有关问题公告如下：

一、上一纳税年度年应纳税所得额低于 6 万元（含 6 万元），同时符合《中华人民共和国企业所得税法实施条例》第九十二条规定的资产和从业人数标准，实行按实际利润额预缴企业所得税的小型微利企业（以下称符合条件的小型微利企业），在预缴申报企业所得税时，将《国家税务总局关于发布〈中华人民共和国企业所得税月（季）度预缴纳税申报表〉等报表的公告》（国家税务总局公告〔2011〕64 号）中华人民共和国企业所得税月（季）度预缴纳税申报表（A 类）第 9 行"实际利润总额"与 15％的乘积，暂填入第 12 行"减免所得税额"内。

二、符合条件的小型微利企业"从业人数"、"资产总额"的计算标准按照《国家税务总局关于小型微利企业所得税预缴问题的通知》（国税函〔2008〕251 号）第二条规定执行。

三、符合条件的小型微利企业在预缴申报企业所得税时，须向主管税务机关提供上一纳税年度符合小型微利企业条件的相关证明材料。主管税务机关对企业提供的相关证明材料核实后，认定企业上一纳税年度不符合规定条件的，不得按本公告第一条规定填报纳税申报表。

四、纳税年度终了后，主管税务机关应核实企业纳税年度是否符合上述小型微利企业规定条件。不符合规定条件、已按本公告第一条规定计算减免企业所得税预缴的，在年度汇算清缴时要按照规定补缴企业所得税。

本公告自 2012 年 1 月 1 日起施行。

（摘自国家税务总局公告 2012 年第 14 号）

19.2.6 小型微利企业预缴 2010 年度企业预缴申报表的填报方法

为落实《财政部国家税务总局关于小型微利企业有关企业所得税政策的通知》（财税〔2009〕133 号），确保享受优惠的小型微利企业所得税预缴工作顺利开展，现就 2010 年度小型微利企业所得税预缴问题通知如下：

一、上一纳税年度年应纳税所得额低于 3 万元（含 3 万元），同时符合《中华人民共和国企业所得税法实施条例》第九十二条规定的资产和从业人数标准，2010 年纳税年度按实际利润额预缴所得税的小型微利企业（以下称符合条件的小型微利企业），在预缴申报时，将《国家税务总局关于印发〈中华人民共和国企业所得税月（季）度预缴纳税申报表〉等报表的通知》（国税函〔2008〕44 号）附件 1 第 4 行"利润总额"与 15％的乘积，暂填入第 7 行"减免所得税额"内。

二、符合条件的小型微利企业"从业人数"、"资产总额"的计算标准按照《国家税务总局关于小型微利企业所得税预缴问题的通知》（国税函〔2008〕251 号）第二条规定执行。

三、符合条件的小型微利企业在 2010 年纳税年度预缴企业所得税时，须向主管税务机关提供上一纳税年度符合小型微利企业条件的相关证明材料。主管税务机关对企业提供的相关证明材料核实后，认定企业上一纳税年度不符合规定条件的，不得按本通知第一条规定填报纳税申报表。

四、2010 年纳税年度终了后，主管税务机关应核实企业 2010 年纳税年度是否符合上述小型微利企业规定条件。不符合规定条件、已按本通知第一条规定计算减免所得税预缴的，在年度汇算清缴时要按照规定补缴。

（摘自国税函〔2010〕185 号第四条）

19.2.7 2015 年至 2017 年度小型微利企业申报缴纳办法

一、符合规定条件的小型微利企业，在季度、月份预缴企业所得税时，可以自行享受小型微利企业所得税优惠政策，无须税务机关审核批准。

小型微利企业在预缴和汇算清缴时通过填写企业所得税纳税申报表"从业人数、资产总额"等栏次履行备案手续，不再另行专门备案。在 2015 年企业所得税预缴纳税申报表修订之前，小型微利企业预缴申报时，暂不需提供"从业人数、资产总额"情况。

（摘自国家税务总局公告 2015 年第 17 号第二条）

二、小型微利企业预缴时享受企业所得税优惠政策，按照以下规定执行：

（一）查账征收的小型微利企业。上一纳税年度符合小型微利企业条件，且年度应纳税所得额不超过 20 万元（含）的，分别按照以下情况处理：

1. 本年度按照实际利润额预缴企业所得税的，预缴时累计实际利润不超过 20 万元的，可以享受小型微利企业所得税减半征税政策；超过 20 万元的，应当停止享受减半征税政策。

2. 本年度按照上年度应纳税所得额的季度（或月份）平均额预缴企业所得税的，可以享受小型微利企业减半征税政策。

（二）定率征税的小型微利企业。上一纳税年度符合小型微利企业条件，且年度应纳税所得额不超过 20 万元（含）的，本年度预缴企业所得税时，累计应纳税所得额不超过 20 万元的，可以享受减半征税政策；超过 20 万元的，不享受减半征税政策。

（三）定额征税的小型微利企业，由主管税务机关根据优惠政策规定相应调减定额后，按照原办法征收。

（四）本年度新办的小型微利企业预缴企业所得税时，凡累计实际利润额或应纳税所得额不超过 20 万元的，可以享受减半征税政策；超过 20 万元的，停止享受减半征税政策。

（五）企业根据本年度生产经营情况，预计本年度符合小型微利企业条件的，季度、月份预缴企业所得税时，可以享受小型微利企业所得税优惠政策。

（摘自国家税务总局公告 2015 年第 17 号第三条）

三、企业预缴时享受了小型微利企业优惠政策，但年度汇算清缴超过规定标准的，应按规定补缴税款。

（摘自国家税务总局公告 2015 年第 17 号第四条）

四、《国家税务总局关于发布〈中华人民共和国企业所得税月（季）度预缴纳税申报表（2014 年版）等报表〉的公告》（国家税务总局公告 2014 年第 28 号）附件 2、附件 4 涉及以下相关行次的填报说明中，原 10 万元统一修改为 20 万元：

（一）附件 2《中华人民共和国企业所得税月（季）度预缴纳税申报表（A 类，2014 年版）》填报说明第五条第（一）项之 13. 第 14 行的填报说明。

（二）附件 2《中华人民共和国企业所得税月（季）度预缴纳税申报表（A 类，2014 年版）》填报说明第五条第（二）项之 5. 第 25 行的填报说明。

（三）附件 4《中华人民共和国企业所得税月（季）度和年度纳税申报表（B 类，2014 年版）》填报说明第三条第（三）项之 1. 第 12 行的填报说明。

（摘自国家税务总局公告 2015 年第 17 号第五条）

19.3 房地产开发企业所得税预缴申报

为贯彻落实新的企业所得税法，确保企业所得税预缴工作顺利开展，经研究，现就房地产开发企业所得税预缴问题通知如下：

19.3.1 未完工前按预计利润率预缴、完工后再进行调整

房地产开发企业按当年实际利润据实分季（或月）预缴企业所得税的，对开发、建造的住宅、商业用房以及其他建筑物、附着物、配套设施等开发产品，在未完工前采取预售方式销售取得的预售收入，按照规定的预计利润率分季（或月）计算出预计利润额，计入利润总额预缴，开发产品完工、结算计税成本后按照实际利润再行调整。

（摘自国税函〔2008〕299 号第一条）

19.3.2 预计利润额的填报

房地产开发企业按当年实际利润据实预缴企业所得税的，对开发、建造的住宅、商业用房以及其他建筑物、附着物、配套设施等开发产品，在未完工前采取预售方式销售取得的预售收入，按照规定的预计利润率分季（或月）计算出预计利润额，填报在《中华人民共和国企业所得税月（季）度预缴纳税申报表（A 类）》（国税函〔2008〕44 号文件附件 1）第 4 行"利润总额"内。

（摘自国税函〔2008〕299 号第三条）

19.3.3 经济适用房项目预售收入初始纳税申报

房地产开发企业对经济适用房项目的预售收入进行初始纳税申报时，必须附送有关部门批准经济适用房项目开发、销售的文件以及其他相关证明材料。凡不符合规定或未附送有关部门的批准文件以及其他相关证明材料的，一律按销售非经济适用房的规定执行。

（摘自国税函〔2008〕299 号第四条）

19.3.4 适用于从事房地产开发经营业务的居民纳税人

本通知适用于从事房地产开发经营业务的居民纳税人。

（摘自国税函〔2008〕299 号第五条）

19.3.5 执行日期、政策衔接

本通知自 2008 年 1 月 1 日起执行。已按原预计利润率办理完毕 2008 年一季度预缴的外商投资房地产开发企业，从二季度起按本通知执行。

（摘自国税函〔2008〕299 号第六条）

19.4 企业所得税核定征收

19.4.1 核定征收企业的范围

19.4.1.1 《企业所得税核定征收办法》适用于居民企业纳税人
本办法适用于居民企业纳税人。

（摘自国税发〔2008〕30 号第二条）

19.4.1.2 核定征收企业所得税的情形
纳税人具有下列情形之一的，核定征收企业所得税：

（一）依照法律、行政法规的规定可以不设置账簿的；

（二）依照法律、行政法规的规定应当设置但未设置账簿的；

（三）擅自销毁账簿或者拒不提供纳税资料的；

（四）虽设置账簿，但账目混乱或者成本资料、收入凭证、费用凭证残缺不全，难以查账的；

（五）发生纳税义务，未按照规定的期限办理纳税申报，经税务机关责令限期申报，逾期仍不申报的；

（六）申报的计税依据明显偏低，又无正当理由的。

特殊行业、特殊类型的纳税人和一定规模以上的纳税人不适用本办法。上述特定纳税人由国家税务总局另行明确。

（摘自国税发〔2008〕30 号第三条）

19.4.1.3 特定纳税人的类型
国税发〔2008〕30 号文件第三条第二款所称"特定纳税人"包括以下类型的企业：

（一）享受《中华人民共和国企业所得税法》及其实施条例和国务院规定的一项或几项

企业所得税优惠政策的企业（不包括仅享受《中华人民共和国企业所得税法》第二十六条规定免税收入优惠政策的企业）；

（二）汇总纳税企业；

（三）上市公司；

（四）银行、信用社、小额贷款公司、保险公司、证券公司、期货公司、信托投资公司、金融资产管理公司、融资租赁公司、担保公司、财务公司、典当公司等金融企业；

（五）会计、审计、资产评估、税务、房地产估价、土地估价、工程造价、律师、价格鉴证、公证机构、基层法律服务机构、专利代理、商标代理以及其他经济鉴证类社会中介机构；

（六）国家税务总局规定的其他企业。

对上述规定之外的企业，主管税务机关要严格按照规定的范围和标准确定企业所得税的征收方式，不得违规扩大核定征收企业所得税范围；对其中达不到查账征收条件的企业核定征收企业所得税，并促使其完善会计核算和财务管理，达到查账征收条件后要及时转为查账征收。

（摘自国税函〔2009〕377 号第一条）

19.4.1.4　专门从事股权（股票）投资业务的企业不得核定征收

专门从事股权（股票）投资业务的企业，不得核定征收企业所得税。

（摘自国家税务总局公告 2012 年第 27 号第一条）

19.4.2　核定征收方式种类及确定

税务机关应根据纳税人具体情况，对核定征收企业所得税的纳税人，核定应税所得率或者核定应纳所得税额。

具有下列情形之一的，核定其应税所得率：

（一）能正确核算（查实）收入总额，但不能正确核算（查实）成本费用总额的；

（二）能正确核算（查实）成本费用总额，但不能正确核算（查实）收入总额的；

（三）通过合理方法，能计算和推定纳税人收入总额或成本费用总额的。

纳税人不属于以上情形的，核定其应纳所得税额。

（摘自国税发〔2008〕30 号第四条）

19.4.3　税务机关的核定方法

税务机关采用下列方法核定征收企业所得税：

（一）参照当地同类行业或者类似行业中经营规模和收入水平相近的纳税人的税负水平核定；

（二）按照应税收入额或成本费用支出额定率核定；

（三）按照耗用的原材料、燃料、动力等推算或测算核定；

（四）按照其他合理方法核定。

采用前款所列一种方法不足以正确核定应纳税所得额或应纳税额的，可以同时采用两种以上的方法核定。采用两种以上方法测算的应纳税额不一致时，可按测算的应纳税额从高核定。

（摘自国税发〔2008〕30 号第五条）

19.4.4　应纳所得税额的计算公式

采用应税所得率方式核定征收企业所得税的，应纳所得税额计算公式如下：

$$应纳所得税额＝应纳税所得额×适用税率$$

$$应纳税所得额＝应税收入额×应税所得率$$

或： $$应纳税所得额＝成本（费用）支出额/（1－应税所得率）×应税所得率$$

（摘自国税发〔2008〕30 号第六条）

国税发〔2008〕30 号文件第六条中的"应税收入额"等于收入总额减去不征税收入和免税收入后的余额。用公式表示为：

$$应税收入额＝收入总额－不征税收入－免税收入$$

其中，收入总额为企业以货币形式和非货币形式从各种来源取得的收入。

（摘自国税函〔2009〕377 号第二条）

19.4.5　应税所得率

19.4.5.1　经营多业的根据其主营项目确定适用的应税所得率

实行应税所得率方式核定征收企业所得税的纳税人，经营多业的，无论其经营项目是否单独核算，均由税务机关根据其主营项目确定适用的应税所得率。

主营项目应为纳税人所有经营项目中，收入总额或者成本（费用）支出额或者耗用原材料、燃料、动力数量所占比重最大的项目。

（摘自国税发〔2008〕30 号第七条）

19.4.5.2　应税所得率表

应税所得率按下表规定的幅度标准确定：

行业	应税所得率（%）
农、林、牧、渔业	3～10
制造业	5～15
批发和零售贸易业	4～15
交通运输业	7～15
建筑业	8～20
饮食业	8～25
娱乐业	15～30
其他行业	10～30

（摘自国税发〔2008〕30 号第八条）

19.4.5.3　纳税人的生产经营范围、主营业务发生重大变化的，应及时向税务机关申报调整已确定的应纳税额或应税所得率

纳税人的生产经营范围、主营业务发生重大变化，或者应纳税所得额或应纳税额增减变化达到 20% 的，应及时向税务机关申报调整已确定的应纳税额或应税所得率。

（摘自国税发〔2008〕30 号第九条）

19.4.5.4　按主营业务核定应税所得率、主营业务发生变化当年汇算清缴时重新确定应税所得率

依法按核定应税所得率方式核定征收企业所得税的企业，取得的转让股权（股票）收入等转让财产收入，应全额计入应税收入额，按照主营项目（业务）确定适用的应税所得率计算征税；若主营项目（业务）发生变化，应在当年汇算清缴时，按照变化后的主营项目（业务）重新确定适用的应税所得率计算征税。

（摘自国家税务总局公告 2012 年第 27 号第二条）

19.4.6　核定征收企业所得税的鉴定工作程序

主管税务机关应及时向纳税人送达《企业所得税核定征收鉴定表》（表样附后），及时完成对其核定征收企业所得税的鉴定工作。具体程序如下：

（一）纳税人应在收到《企业所得税核定征收鉴定表》后 10 个工作日内，填好该表并报送主管税务机关。《企业所得税核定征收鉴定表》一式三联，主管税务机关和县税务机关各执一联，另一联送达纳税人执行。主管税务机关还可根据实际工作需要，适当增加联次备用。

（二）主管税务机关应在受理《企业所得税核定征收鉴定表》后 20 个工作日内，分类逐户审查核实，提出鉴定意见，并报县税务机关复核、认定。

（三）县税务机关应在收到《企业所得税核定征收鉴定表》后 30 个工作日内，完成复核、认定工作。

纳税人收到《企业所得税核定征收鉴定表》后，未在规定期限内填列、报送的，税务机关视同纳税人已经报送，按上述程序进行复核认定。

（摘自国税发〔2008〕30 号第十条）

19.4.7　企业核定征收方式的鉴定时间及变更

19.4.7.1　每年 6 月底前对上年度实行核定征收企业所得税的纳税人重新鉴定

税务机关应在每年 6 月底前对上年度实行核定征收企业所得税的纳税人进行重新鉴定。重新鉴定工作完成前，纳税人可暂按上年度的核定征收方式预缴企业所得税；重新鉴定工作完成后，按重新鉴定的结果进行调整。

（摘自国税发〔2008〕30 号第十一条）

19.4.7.2　分类逐户公示

主管税务机关应当分类逐户公示核定的应纳所得税额或应税所得率。主管税务机关应当按照便于纳税人及社会各界了解、监督的原则确定公示地点、方式。

纳税人对税务机关确定的企业所得税征收方式、核定的应纳所得税额或应税所得率有异议的，应当提供合法、有效的相关证据，税务机关经核实认定后调整有异议的事项。

（摘自国税发〔2008〕30 号第十二条）

19.4.8　核定征收的纳税申报

19.4.8.1　核定应税所得率方式的纳税申报

纳税人实行核定应税所得率方式的，按下列规定申报纳税：

（一）主管税务机关根据纳税人应纳额的大小确定纳税人按月或者按季预缴，年终汇算清缴。预缴方法一经确定，一个纳税年度内不得改变。

（二）纳税人应依照确定的应税所得率计算纳税期间实际应缴纳的税额，进行预缴。按实际数额预缴有困难的，经主管税务机关同意，可按上一年度应纳税额的 1/12 或 1/4 预缴，或者按经主管税务机关认可的其他方法预缴。

（三）纳税人预缴税款或年终进行汇算清缴时，应按规定填写《中华人民共和国企业所得税月（季）度预缴纳税申报表（B类）》，在规定的纳税申报时限内报送主管税务机关。

（摘自国税发〔2008〕30 号第十三条）

19.4.8.2　核定应纳所得税额方式的纳税申报

纳税人实行核定应纳所得税额方式的，按下列规定申报纳税：

（一）纳税人在应纳所得税额尚未确定之前，可暂按上年度应纳所得税额的 1/12 或 1/4 预缴，或者按经主管税务机关认可的其他方法，按月或按季分期预缴。

（二）在应纳所得税额确定以后，减除当年已预缴的所得税额，余额按剩余月份或季度均分，以此确定以后各月或各季的应纳税额，由纳税人按月或按季填写《中华人民共和国企业所得税月（季）度预缴纳税申报表（B 类）》，在规定的纳税申报期限内进行纳税申报。

（三）纳税人年度终了后，在规定的时限内按照实际经营额或实际应纳税额向税务机关申报纳税。申报额超过核定经营额或应纳税额的，按申报额缴纳税款；申报额低于核定经营额或应纳税额的，按核定经营额或应纳税额缴纳税款。

（摘自国税发〔2008〕30 号第十四条）

19.4.9　违规处理

对违反本办法规定的行为，按照《中华人民共和国税收征收管理法》及其实施细则的有关规定处理。

（摘自国税发〔2008〕30 号第十五条）

19.4.10　各省可制定具体实施办法并报总局备案

各省、自治区、直辖市和计划单列市国家税务局、地方税务局，根据本办法的规定联合制定具体实施办法，并报国家税务总局备案。

（摘自国税发〔2008〕30 号第十六条）

第 20 章

《扣缴企业所得税报告表》法规指引

20.1　非居民企业预提所得税以支付人为扣缴义务人

对非居民企业取得本法第三条第三款规定的所得应缴纳的所得税，实行源泉扣缴，以支付人为扣缴义务人。税款由扣缴义务人在每次支付或者到期应支付时，从支付或者到期应支付的款项中扣缴。

（摘自《企业所得税法》第三十七条）

企业所得税法第三十七条所称支付人，是指依照有关法律规定或者合同约定对非居民企业直接负有支付相关款项义务的单位或者个人。

（摘自《企业所得税法实施条例》第一百零四条）

企业所得税法第三十七条所称支付，包括现金支付、汇拨支付、转账支付和权益兑价支付等货币支付和非货币支付。

企业所得税法第三十七条所称到期应支付的款项，是指支付人按照权责发生制原则应当计入相关成本、费用的应付款项。

（摘自《企业所得税法实施条例》第一百零五条）

20.2　非居民企业预提所得税应纳税所得额的计算

20.2.1　应纳税所得额的计算方法

非居民企业取得本法第三条第三款规定的所得，按照下列方法计算其应纳税所得额：

（一）股息、红利等权益性投资收益和利息、租金、特许权使用费所得，以收入全额为应纳税所得额；

（二）转让财产所得，以收入全额减除财产净值后的余额为应纳税所得额；

（三）其他所得，参照前两项规定的方法计算应纳税所得额。

（摘自《企业所得税法》第十九条）

20.2.2 收入全额的解释

依照企业所得税法对非居民企业应当缴纳的企业所得税实行源泉扣缴的，应当依照企业所得税法第十九条的规定计算应纳税所得额。

企业所得税法第十九条所称收入全额，是指非居民企业向支付人收取的全部价款和价外费用。

（摘自《企业所得税法实施条例》第一百零三条）

20.2.3 不得扣除其他税费支出

根据《中华人民共和国企业所得税法》第十九条及《中华人民共和国企业所得税实施条例》第一百零三条规定，在对非居民企业取得《中华人民共和国企业所得税法》第三条第三款规定的所得计算征收企业所得税时，不得扣除上述条款规定以外的其他税费支出。

（摘自财税〔2008〕130号）

20.2.4 营改增非居民企业以不含增值税的收入全额作为应纳税所得额

营业税改征增值税试点中的非居民企业，取得《中华人民共和国企业所得税法》第三条第三款规定的所得，在计算缴纳企业所得税时，应以不含增值税的收入全额作为应纳税所得额。

（摘自国家税务总局公告2013年第9号）

20.3 非居民预提所得税减按10%税率征税

非居民企业在中国境内未设立机构、场所的，或者虽设立机构、场所但取得的所得与其所设机构、场所没有实际联系的，应当就其来源于中国境内的所得缴纳企业所得税。

（《企业所得税法》第三条第三款）

非居民企业取得本法第三条第三款规定的所得，适用税率为20%。

（摘自《企业所得税法》第四条）

本法第三条第三款规定的所得，可以免征、减征企业所得税。

（摘自《企业所得税法》第二十七条第（五）项）

非居民企业取得企业所得税法第二十七条第（五）项规定的所得，减按10%的税率征收企业所得税。

（摘自《企业所得税法实施条例》第九十一条第一款）

20.4 非居民企业境内取得工程作业和劳务所得税务机关可以指定支付人为扣缴义务人

对非居民企业在中国境内取得工程作业和劳务所得应缴纳的所得税，税务机关可以指定工程价款或者劳务费的支付人为扣缴义务人。

（摘自《企业所得税法》第三十八条）

企业所得税法第三十八条规定的可以指定扣缴义务人的情形，包括：

（一）预计工程作业或者提供劳务期限不足一个纳税年度，且有证据表明不履行纳税义务的；

（二）没有办理税务登记或者临时税务登记，且未委托中国境内的代理人履行纳税义务的；

（三）未按照规定期限办理企业所得税纳税申报或者预缴申报的。

前款规定的扣缴义务人，由县级以上税务机关指定，并同时告知扣缴义务人所扣税款的计算依据、计算方法、扣缴期限和扣缴方式。

（摘自《企业所得税法实施条例》第一百零六条）

20.5　扣缴申报

扣缴义务人每次代扣的税款，应当自代扣之日起七日内缴入国库，并向所在地的税务机关报送扣缴企业所得税报告表。

（摘自《企业所得税法》第四十条）

20.6　应扣缴税款未扣缴的追缴办法

依照本法第三十七条、第三十八条规定应当扣缴的所得税，扣缴义务人未依法扣缴或者无法履行扣缴义务的，由纳税人在所得发生地缴纳。纳税人未依法缴纳的，税务机关可以从该纳税人在中国境内其他收入项目的支付人应付的款项中，追缴该纳税人的应纳税款。

（摘自《企业所得税法》第三十九条）

企业所得税法第三十九条所称所得发生地，是指依照本条例第七条规定的原则确定的所得发生地。在中国境内存在多处所得发生地的，由纳税人选择其中之一申报缴纳企业所得税。

（摘自《企业所得税法实施条例》第一百零七条）

企业所得税法第三十九条所称该纳税人在中国境内其他收入，是指该纳税人在中国境内取得的其他各种来源的收入。

税务机关在追缴该纳税人应纳税款时，应当将追缴理由、追缴数额、缴纳期限和缴纳方式等告知该纳税人。

（摘自《企业所得税法实施条例》第一百零八条）

20.7　具体收入项目代扣代缴

20.7.1　利息、股息、红利

20.7.1.1　加强非居民企业利息所得代扣代缴管理

根据《中华人民共和国企业所得税法》及其实施条例的有关规定，现就加强非居民企业取得来源于我国境内利息所得扣缴企业所得税的有关问题通知如下：

一、自 2008 年 1 月 1 日起，我国金融机构向境外外国银行支付贷款利息、我国境内外资金融机构向境外支付贷款利息，应按照企业所得税法及其实施条例规定代扣代缴企业所得税。

二、我国境内机构向我国银行的境外分行支付的贷款利息，应按照企业所得税法及其实施条例规定代扣代缴企业所得税。

三、各地应建立健全非居民企业利息所得源泉扣缴企业所得税监控机制，确保及时足额扣缴税款。

（摘自国税函〔2008〕955 号）

20.7.1.2 加强非居民企业股票股息代扣代缴管理

近据反映，我国部分居民企业在向非居民企业股东派发 2008 年及以后年度 B 股股息时，存在未依法履行扣缴企业所得税义务情况。为加强非居民企业取得我国居民企业股票股息缴纳企业所得税管理，现就有关问题通知如下：

一、加强税源管理。各地要按照《国家税务总局关于印发〈非居民企业所得税源泉扣缴管理暂行办法〉的通知》（国税发〔2009〕3 号）要求，对所辖的我国在境内外公开发行、上市股票（A 股、B 股、H 股和其他海外股）的居民企业（以下称为我国上市公司）派发 2008 年及以后年度股票股息情况开展全面调查，检查我国上市公司办理扣缴税款登记、报送有关资料和建立相关账簿及档案情况，掌握其向非居民企业股东派发股票股息公告及履行企业所得税扣缴义务信息，督促我国上市公司在派发股票股息公告中告知非居民企业纳税义务并依法履行企业所得税扣缴义务。

二、依法追缴税款。在调查中发现我国上市公司未依法履行扣缴义务，主管税务机关应责令其限期扣缴，并依据税收征管法和企业所得税法有关规定处理。各地应于 2010 年 6 月 30 日前将调查处理情况报告税务总局（国际税务司，下同），其中对未依法履行 B 股股息企业所得税扣缴义务的我国上市公司（名单另发）的税款追缴及处理结果于 2010 年 6 月 10 日前书面报告税务总局。

三、强化执法监督。各地应以此次调查为契机，进一步重视和加强非居民税收管理，规范非居民税收管理岗责体系，建立健全非居民税收管理岗位，加大非居民税收执法监督力度，依法追究有法不依、执法不严导致国家税款流失的相关税务人员责任，切实维护好国家税收权益。

（摘自国税函〔2010〕183 号）

20.7.1.3 股息、红利等权益性投资收益扣缴义务发生时间

中国境内居民企业向未在中国境内设立机构、场所的非居民企业分配股息、红利等权益性投资收益，应在作出利润分配决定的日期代扣代缴企业所得税。如实际支付时间先于利润分配决定日期的，应在实际支付时代扣代缴企业所得税。

（摘自国家税务总局公告 2011 年第 24 号第五条）

20.7.1.4 境外分行利息所得代扣代缴

关于对境外分行取得来源于境内利息所得扣缴企业所得税有关问题，现通知如下：

一、税收协定列名的免税外国金融机构设在第三国的非法人分支机构与其总机构属于同一法人，除税收协定中明确规定只有列名金融机构的总机构可以享受免税待遇情况外，该分支机构取得的利息可以享受中国与其总机构所在国签订的税收协定中规定的免税待遇。在执行上述规定时，应严格按《国家税务总局关于印发〈非居民享受税收协定待遇管理办法（试行）〉的通知》（国税发〔2009〕124 号）有关规定办理审批手续。

二、属于中国居民企业的银行在境外设立的非法人分支机构同样是中国的居民，该分支机构取得的来源于中国的利息，不论是由中国居民还是外国居民设在中国的常设机构支付，均不适用我国与该分支机构所在国签订的税收协定，应适用我国国内法的相关规定，

即按照《国家税务总局关于加强非居民企业来源于我国利息所得扣缴企业所得税工作的通知》（国税函〔2008〕955 号）文件办理。

（摘自国税函〔2010〕266 号）

20.7.1.5　中国居民企业向 QFII 支付股息、红利、利息代扣代缴

根据《中华人民共和国企业所得税法》及其实施条例（以下称企业所得税法）规定，现就中国居民企业向合格境外机构投资者（以下称为 QFII）支付股息、红利、利息代扣代缴企业所得税有关问题明确如下：

一、QFII 取得来源于中国境内的股息、红利和利息收入，应当按照企业所得税法规定缴纳 10％的企业所得税。如果是股息、红利，则由派发股息、红利的企业代扣代缴；如果是利息，则由企业在支付或到期应支付时代扣代缴。

二、QFII 取得股息、红利和利息收入，需要享受税收协定（安排）待遇的，可向主管税务机关提出申请，主管税务机关审核无误后按照税收协定的规定执行；涉及退税的，应及时予以办理。

三、各地税务机关应了解 QFII 在我国从事投资的情况，及时提供税收服务，建立税收管理档案，确保代扣代缴税款及时足额入库。

（摘自国税函〔2009〕47 号）

20.7.1.6　中国居民企业向全国社会保障基金所持 H 股派发股息不予代扣代缴

现将中国居民企业向全国社会保障基金所持 H 股派发股息不予代扣代缴企业所得税的问题通知如下：

根据《财政部 国家税务总局关于全国社会保障基金有关企业所得税问题的通知》（财税〔2008〕136 号）规定，全国社会保障基金（以下简称"社保基金"）从证券市场取得的收入为企业所得税不征税收入。在香港上市的境内居民企业派发股息时，可凭香港中央结算（代理人）有限公司确定的社保基金所持 H 股证明，不予代扣代缴企业所得税。

在香港以外上市的境内居民企业向境外派发股息时，可凭有关证券结算公司确定的社保基金所持股证明，不予代扣代缴企业所得税。

在境外上市的境内居民企业向其他经批准对股息不征企业所得税的机构派发股息时，可参照本通知执行。

（摘自国税函〔2009〕173 号）

20.7.1.7　中国居民企业向境外 H 股非居民企业股东派发股息代扣代缴

根据《中华人民共和国企业所得税法》及其实施条例的规定，现就中国居民企业向境外 H 股非居民企业股东派发股息代扣代缴企业所得税的有关问题通知如下：

一、中国居民企业向境外 H 股非居民企业股东派发 2008 年及以后年度股息时，统一按 10％的税率代扣代缴企业所得税。

二、非居民企业股东在获得股息之后，可以自行或通过委托代理人或代扣代缴义务人，向主管税务机关提出享受税收协定（安排）待遇的申请，提供证明自己为符合税收协定（安排）规定的实际受益所有人的资料。主管税务机关审核无误后，应就已征税款和根据税收协定（安排）规定税率计算的应纳税款的差额予以退税。

三、各地应加强对我国境外上市企业派发股息情况的了解，并发挥售付汇凭证的作用，确保代扣代缴税款及时足额入库。

（摘自国税函〔2008〕897 号）

20.7.1.8　大众交通（集团）股份有限公司向 B 股非居民股东派发股利代扣代缴问题的批复

上海市国家税务局：

你局《关于大众交通（集团）股份有限公司向 B 股非居民股东派发股利涉税问题的请

示》（沪国税际〔2009〕49号）收悉，现批复如下：

根据《中华人民共和国企业所得税法》及其实施条例规定，在中国境内外公开发行、上市股票（A股、B股和海外股）的中国居民企业，在向非居民企业股东派发2008年及以后年度股息时，应统一按10％的税率代扣代缴企业所得税。非居民企业股东需要享受税收协定待遇的，依照税收协定执行的有关规定办理。

（摘自国税函〔2009〕394号）

20.7.1.9 境内机构向我国银行的境外分行支付利息扣缴企业所得税

根据《中华人民共和国企业所得税法》及其实施条例的有关规定，现对我国银行的境外分行业务活动中涉及从境内取得的利息收入有关企业所得税问题，公告如下：

一、本公告所称境外分行是指我国银行在境外设立的不具备所在国家（地区）法人资格的分行。境外分行作为中国居民企业在境外设立的分支机构，与其总机构属于同一法人。境外分行开展境内业务，并从境内机构取得的利息，为该分行的收入，计入分行的营业利润，按《财政部、国家税务总局关于企业境外所得税收抵免有关问题的通知》（财税〔2009〕125号）的相关规定，与总机构汇总缴纳企业所得税。境内机构向境外分行支付利息时，不代扣代缴企业所得税。

二、境外分行从境内取得的利息，如果据以产生利息的债权属于境内总行或总行其他境内分行的，该项利息应为总行或其他境内分行的收入。总行或其他境内分行和境外分行之间应严格区分此类收入，不得将本应属于总行或其他境内分行的境内业务及收入转移到境外分行。

三、境外分行从境内取得的利息如果属于代收性质，据以产生利息的债权属于境外非居民企业，境内机构向境外分行支付利息时，应代扣代缴企业所得税。

四、主管税务机关应加强监管，严格审核相关资料，并利用第三方信息进行比对分析，对违反本公告相关规定的，应按照有关法律法规处理。

五、本公告自2015年7月19日起施行。《国家税务总局关于加强非居民企业来源于我国利息所得扣缴企业所得税工作的通知》（国税函〔2008〕955号）第二条同时废止。

（摘自国家税务总局公告2015年第47号）

20.7.2 土地使用权转让所得

非居民企业在中国境内未设立机构、场所而转让中国境内土地使用权，或者虽设立机构、场所但取得的土地使用权转让所得与其所设机构、场所没有实际联系的，应以其取得的土地使用权转让收入总额减除计税基础后的余额作为土地使用权转让所得计算缴纳企业所得税，并由扣缴义务人在支付时代扣代缴。

（摘自国家税务总局公告2011年第24号第三条）

20.7.3 融资租赁和出租不动产的租金所得

（一）在中国境内未设立机构、场所的非居民企业，以融资租赁方式将设备、物件等租给中国境内企业使用，租赁期满后设备、物件所有权归中国境内企业（包括租赁期满后作价转让给中国境内企业），非居民企业按照合同约定的期限收取租金，应以租赁费（包括租赁期满后作价转让给中国境内企业的价款）扣除设备、物件价款后的余额，作为贷款利息所得计算缴纳企业所得税，由中国境内企业在支付时代扣代缴。

（二）非居民企业出租位于中国境内的房屋、建筑物等不动产，对未在中国境内设立机构、场所进行日常管理的，以其取得的租金收入全额计算缴纳企业所得税，由中国境内的承租人在每次支付或到期应支付时代扣代缴。

如果非居民企业委派人员在中国境内或者委托中国境内其他单位或个人对上述不动产进行日常管理的，应视为其在中国境内设立机构、场所，非居民企业应在税法规定的期限内自行申报缴纳企业所得税。

（摘自国家税务总局公告 2011 年第 24 号第四条）

20.7.4 到期应支付而未支付的所得

中国境内企业（以下称为企业）和非居民企业签订与利息、租金、特许权使用费等所得有关的合同或协议，如果未按照合同或协议约定的日期支付上述所得款项，或者变更或修改合同或协议延期支付，但已计入企业当期成本、费用，并在企业所得税年度纳税申报中作税前扣除的，应在企业所得税年度纳税申报时按照企业所得税法有关规定代扣代缴企业所得税。

如果企业上述到期未支付的所得款项，不是一次性计入当期成本、费用，而是计入相应资产原价或企业筹办费，在该类资产投入使用或开始生产经营后分期摊入成本、费用，分年度在企业所得税前扣除的，应在企业计入相关资产的年度纳税申报时就上述所得全额代扣代缴企业所得税。

如果企业在合同或协议约定的支付日期之前支付上述所得款项的，应在实际支付时按照企业所得税法有关规定代扣代缴企业所得税。

（摘自国家税务总局公告 2011 年第 24 号第一条）

20.8 宣传提纲的解释说明

20.8.1 汇出境外利润的预提税

为解决改革开放初期我国资金不足，吸引外资，原税法规定，对汇出境外的利润暂免征收预提所得税。按照国际通行做法，来源国对汇出境外的利润有优先征税权，一般征收预提所得税，税率多在 10% 以上，如越南、泰国税率为 10%，美国、匈牙利、菲律宾、哥伦比亚的税率分别为 30%、20%、15%、7%。如果税收协定规定减免的，可以按照协定规定减免，如我国与美国的协定税率为 10%、内地与香港的安排为 5%（25% 以上股权）或 10%。

新企业所得税法及其实施条例借鉴国际惯例，规定对汇出境外利润减按 10% 的税率征收企业所得税，没有给予普遍的免税政策，这样有利于通过双边互惠维护我国税收权益和"走出去"企业的利益。

（摘自国税函〔2008〕159 号第二十七条）

20.8.2 对股息、红利和利息、租金、特许权使用费征收预提税

对非居民企业在中国境内未设立机构、场所而取得的股息、红利等权益性投资收益和利息、租金、特许权使用费所得，或者是虽设立机构、场所，但取得的上述所得与其机构、场所没有实际联系，按收入全额征收预提所得税，是国际上的通行做法，在我国目前与其他国家签订的税收协定中也遵循了这种国际惯例。由于收入取得在我国境内，但在我国境内没有机构场所，无法确定应纳税所得额，实施条例参照国际通常的做法，规定对此类所得按

收入全额作为计税依据，同时规定比企业营业利润适用的所得税税率稍低税率扣缴所得税。

（摘自国税函〔2008〕159 号第二十八条）

20.8.3 指定非居民企业应纳税款的代扣代缴义务人

由于外国企业在中国境内从事工程承包和提供劳务业务具有临时性和流动性特点，税收管理难度大，税款易于流失，国际、国内税收征管实践经验表明，采取一些特殊的税收征管措施是必要的，赋予税务机关指定扣缴义务人的权限也是一个行之有效的办法。原《中华人民共和国外商投资企业和外国企业所得税法》也有这方面的规定。为避免税务机关随意指定，特别是要防止其成为地区间争抢税源的手段，实施条例明确规定，税务机关指定非居民企业在中国境内取得工程价款或者劳务费的支付人为扣缴义务人，必须是以下几种特定情形：（一）预计工程作业或者提供劳务期限不足一个纳税年度，且有证据表明不履行纳税义务的；（二）没有办理税务登记或者临时税务登记，且未委托中国境内的代理人履行纳税义务的；（三）未按照规定期限办理企业所得税纳税申报或者预缴申报的。

（摘自国税函〔2008〕159 号第二十九条）

20.9 非居民企业所得税源泉扣缴管理暂行办法

20.9.1 总 则

20.9.1.1 制定本办法的目标、依据

为规范和加强非居民企业所得税源泉扣缴管理，根据《中华人民共和国企业所得税法》（以下简称企业所得税法）及其实施条例、《中华人民共和国税收征收管理法》（以下简称税收征管法）及其实施细则、《税务登记管理办法》、中国政府对外签署的避免双重征税协定（含与香港、澳门特别行政区签署的税收安排，以下统称税收协定）等相关法律法规，制定本办法。

（摘自国税发〔2009〕3 号第一条）

20.9.1.2 本办法所称非居民企业的解释

本办法所称非居民企业，是指依照外国（地区）法律成立且实际管理机构不在中国境内，但在中国境内未设立机构、场所且有来源于中国境内所得的企业，以及虽设立机构、场所但取得的所得与其所设机构、场所没有实际联系的企业。

（摘自国税发〔2009〕3 号第二条）

20.9.1.3 源泉扣缴、扣缴义务人

对非居民企业取得来源于中国境内的股息、红利等权益性投资收益和利息、租金、特许权使用费所得、转让财产所得以及其他所得应当缴纳的企业所得税，实行源泉扣缴，以依照有关法律规定或者合同约定对非居民企业直接负有支付相关款项义务的单位或者个人为扣缴义务人。

（摘自国税发〔2009〕3 号第三条）

20.9.2 税源管理

20.9.2.1 扣缴税款登记

扣缴义务人与非居民企业首次签订与本办法第三条规定的所得有关的业务合同或协议

（以下简称合同）的，扣缴义务人应当自合同签订之日起 30 日内，向其主管税务机关申报办理扣缴税款登记。

（摘自国税发〔2009〕3 号第四条）

20.9.2.2 《扣缴企业所得税合同备案登记表》、合同复印件及相关资料的报送

扣缴义务人每次与非居民企业签订与本办法第三条规定的所得有关的业务合同时，应当自签订合同（包括修改、补充、延期合同）之日起 30 日内，向其主管税务机关报送《扣缴企业所得税合同备案登记表》（见附件 1）、合同复印件及相关资料。文本为外文的应同时附送中文译本。

股权转让交易双方均为非居民企业且在境外交易的，被转让股权的境内企业在依法变更税务登记时，应将股权转让合同复印件报送主管税务机关。

（摘自国税发〔2009〕3 号第五条）

20.9.2.3 代扣代缴税款账簿和合同资料档案的设立

扣缴义务人应当设立代扣代缴税款账簿和合同资料档案，准确记录企业所得税的扣缴情况，并接受税务机关的检查。

（摘自国税发〔2009〕3 号第六条）

20.9.3 征收管理

20.9.3.1 扣缴手续与扣缴申报

扣缴义务人在每次向非居民企业支付或者到期应支付本办法第三条规定的所得时，应从支付或者到期应支付的款项中扣缴企业所得税。

本条所称到期应支付的款项，是指支付人按照权责发生制原则应当计入相关成本、费用的应付款项。

扣缴义务人每次代扣代缴税款时，应当向其主管税务机关报送《中华人民共和国扣缴企业所得税报告表》（以下简称扣缴表）及相关资料，并自代扣之日起 7 日内缴入国库。

（摘自国税发〔2009〕3 号第七条）

20.9.3.2 扣缴企业所得税应纳税额计算

扣缴企业所得税应纳税额计算。

$$扣缴企业所得税应纳税额＝应纳税所得额×实际征收率$$

应纳税所得额是指依照企业所得税法第十九条规定计算的下列应纳税所得额：

（一）股息、红利等权益性投资收益和利息、租金、特许权使用费所得，以收入全额为应纳税所得额，不得扣除税法规定之外的税费支出。

（二）转让财产所得，以收入全额减除财产净值后的余额为应纳税所得额。

（三）其他所得，参照前两项规定的方法计算应纳税所得额。

实际征收率是指企业所得税法及其实施条例等相关法律法规规定的税率，或者税收协定规定的更低的税率。

（摘自国税发〔2009〕3 号第八条）

20.9.3.3 外币折算

扣缴义务人对外支付或者到期应支付的款项为人民币以外货币的，在申报扣缴企业所得税时，应当按照扣缴当日国家公布的人民币汇率中间价，折合成人民币计算应纳税所得额。

（摘自国税发〔2009〕3 号第九条）

20.9.3.4 约定由扣缴义务人负担应纳税款的应换算为含税所得后计算征税

扣缴义务人与非居民企业签订与本办法第三条规定的所得有关的业务合同时，凡合同

中约定由扣缴义务人负担应纳税款的，应将非居民企业取得的不含税所得换算为含税所得后计算征税。

（摘自国税发〔2009〕3 号第十条）

20.9.3.5 给予非居民企业减免税优惠的，应按相关税收减免管理办法和行政审批程序的规定办理

按照企业所得税法及其实施条例和相关税收法规规定，给予非居民企业减免税优惠的，应按相关税收减免管理办法和行政审批程序的规定办理。对未经审批或者减免税申请未得到批准之前，扣缴义务人发生支付款项的，应按规定代扣代缴企业所得税。

（摘自国税发〔2009〕3 号第十一条）

20.9.3.6 税收协定与本办法有不同规定的可申请执行税收协定

非居民企业可以适用的税收协定与本办法有不同规定的，可申请执行税收协定规定；非居民企业未提出执行税收协定规定申请的，按国内税收法律法规的有关规定执行。

（摘自国税发〔2009〕3 号第十二条）

20.9.3.7 享受减免税或税收协定待遇已征税款应予以退税

非居民企业已按国内税收法律法规的有关规定征税后，提出享受减免税或税收协定待遇申请的，主管税务机关经审核确认应享受减免税或税收协定待遇的，对多缴纳的税款应依据税收征管法及其实施细则的有关规定予以退税。

（摘自国税发〔2009〕3 号第十三条）

20.9.3.8 非居民企业拒绝代扣税款的处理

因非居民企业拒绝代扣税款的，扣缴义务人应当暂停支付相当于非居民企业应纳税款的款项，并在 1 日之内向其主管税务机关报告，并报送书面情况说明。

（摘自国税发〔2009〕3 号第十四条）

20.9.3.9 扣缴义务人未依法扣缴或者无法履行扣缴义务的，非居民企业应于扣缴义务人支付或者到期应支付之日起 7 日内自行申报

扣缴义务人未依法扣缴或者无法履行扣缴义务的，非居民企业应于扣缴义务人支付或者到期应支付之日起 7 日内，到所得发生地主管税务机关申报缴纳企业所得税。

股权转让交易双方为非居民企业且在境外交易的，由取得所得的非居民企业自行或委托代理人向被转让股权的境内企业所在地主管税务机关申报纳税。被转让股权的境内企业应协助税务机关向非居民企业征缴税款。

扣缴义务人所在地与所得发生地不在一地的，扣缴义务人所在地主管税务机关应自确定扣缴义务人未依法扣缴或者无法履行扣缴义务之日起 5 个工作日内，向所得发生地主管税务机关发送《非居民企业税务事项联络函》（见附件 2），告知非居民企业的申报纳税事项。

（摘自国税发〔2009〕3 号第十五条）

20.9.3.10 中国境内存在多处所得发生地并选定其中之一申报纳税的应如实报告有关情况

非居民企业依照本办法第十五条规定申报缴纳企业所得税，但在中国境内存在多处所得发生地，并选定其中之一申报缴纳企业所得税的，应向申报纳税所在地主管税务机关如实报告有关情况。申报纳税所在地主管税务机关在受理申报纳税后，应将非居民企业申报缴纳所得税情况书面通知扣缴义务人所在地和其他所得发生地主管税务机关。

（摘自国税发〔2009〕3 号第十六条）

20.9.3.11 非居民企业未按规定自行申报纳税的处理

非居民企业未依照本办法第十五条的规定申报缴纳企业所得税，由申报纳税所在地主管税务机关责令限期缴纳，逾期仍未缴纳的，申报纳税所在地主管税务机关可以收集、查

实该非居民企业在中国境内其他收入项目及其支付人（以下简称其他支付人）的相关信息，并向其他支付人发出《税务事项通知书》，从其他支付人应付的款项中，追缴该非居民企业的应纳税款和滞纳金。

其他支付人所在地与申报纳税所在地不在一地的，其他支付人所在地主管税务机关应给予配合和协助。

（摘自国税发〔2009〕3 号第十七条）

20.9.3.12 多次付款的合同项目扣缴义务人应当最后一次付款前 15 日内办理清算手续

对多次付款的合同项目，扣缴义务人应当在履行合同最后一次付款前 15 日内，向主管税务机关报送合同全部付款明细、前期扣缴表和完税凭证等资料，办理扣缴税款清算手续。

（摘自国税发〔2009〕3 号第十八条）

20.9.4 后续管理

20.9.4.1 建立台账、跟踪监管

主管税务机关应当建立《扣缴企业所得税管理台账》（见附件 3），加强合同履行情况的跟踪监管，及时了解合同签约内容与实际履行中的动态变化，监控合同款项支付、代扣代缴税款等情况。必要时应查核企业相关账簿，掌握股息、利息、租金、特许权使用费、转让财产收益等支付和列支情况，特别是未实际支付但已计入成本费用的利息、租金、特许权使用费等情况，有否漏扣企业所得税问题。

主管税务机关应根据备案合同资料、扣缴企业所得税管理台账记录、对外售付汇开具税务证明等监管资料和已申报扣缴税款情况，核对办理税款清算手续。

（摘自国税发〔2009〕3 号第十九条）

20.9.4.2 根据需要可实施专项检查

主管税务机关可根据需要对代扣代缴企业所得税的情况实施专项检查，实施检查的主管税务机关应将检查结果及时传递给同级国家税务局或地方税务局。专项检查可以采取国、地税联合检查的方式。

（摘自国税发〔2009〕3 号第二十条）

20.9.4.3 国际税收情报交换

税务机关在企业所得税源泉扣缴管理中，遇有需要向税收协定缔约对方获取涉税信息或告知非居民企业在中国境内的税收违法行为时，可按照《国家税务总局关于印发〈国际税收情报交换工作规程〉的通知》（国税发〔2006〕70 号）规定办理。

（摘自国税发〔2009〕3 号第二十一条）

20.9.5 法律责任

20.9.5.1 未按照规定办理扣缴税款登记的处理

扣缴义务人未按照规定办理扣缴税款登记的，主管税务机关应当按照《税务登记管理办法》第四十五条、四十六条的规定处理。

本办法第五条第二款所述被转让股权的境内企业未依法变更税务登记的，主管税务机关应当按照《税务登记管理办法》第四十二条的规定处理。

（摘自国税发〔2009〕3 号第二十二条）

20.9.5.2 未按期限扣缴申报、未履行扣缴义务的处理

扣缴义务人未按本办法第五条规定的期限向主管税务机关报送《扣缴企业所得税合同备案登记表》、合同复印件及相关资料的，未按规定期限向主管税务机关报送扣缴表的，未

履行扣缴义务不缴或者少缴已扣税款的、或者应扣未扣税款的，非居民企业未按规定期限申报纳税的、不缴或者少缴应纳税款的，主管税务机关应当按照税收征管法及其实施细则的有关规定处理。

（摘自国税发〔2009〕3 号第二十三条）

20.9.6　附　则

20.9.6.1　解释权、具体操作规程制定权

本办法由国家税务总局负责解释，各省、自治区、直辖市和计划单列市国家税务局、地方税务局可根据本办法制定具体操作规程。

（摘自国税发〔2009〕3 号第二十四条）

20.9.6.2　执行日期

本办法自 2009 年 1 月 1 日起施行。

（摘自国税发〔2009〕3 号第二十五条）

第 21 章
《企业清算所得税申报表》法规指引

21.1　企业清算所得税处理

21.1.1　企业清算所得税处理的解释

企业清算的所得税处理，是指企业在不再持续经营，发生结束自身业务、处置资产、偿还债务以及向所有者分配剩余财产等经济行为时，对清算所得、清算所得税、股息分配等事项的处理。

（摘自财税〔2009〕60 号第一条）

21.1.2　应进行清算所得税处理的企业范围

下列企业应进行清算的所得税处理：

（一）按《公司法》、《企业破产法》等规定需要进行清算的企业；

（二）企业重组中需要按清算处理的企业。

（摘自财税〔2009〕60 号第二条）

21.1.3　企业清算所得税处理包括的内容

企业清算的所得税处理包括以下内容：

（一）全部资产均应按可变现价值或交易价格，确认资产转让所得或损失；

（二）确认债权清理、债务清偿的所得或损失；

（三）改变持续经营核算原则，对预提或待摊性质的费用进行处理；

（四）依法弥补亏损，确定清算所得；

（五）计算并缴纳清算所得税；

（六）确定可向股东分配的剩余财产、应付股息等。

（摘自财税〔2009〕60 号第三条）

21.1.4 清算所得的计算

企业的全部资产可变现价值或交易价格，减除资产的计税基础、清算费用、相关税费，加上债务清偿损益等后的余额，为清算所得。

企业应将整个清算期作为一个独立的纳税年度计算清算所得。

（摘自财税〔2009〕60 号第四条）

21.1.5 剩余资产分配的税务处理

企业全部资产的可变现价值或交易价格减除清算费用，职工的工资、社会保险费用和法定补偿金，结清清算所得税、以前年度欠税等税款，清偿企业债务，按规定计算可以向所有者分配的剩余资产。

被清算企业的股东分得的剩余资产的金额，其中相当于被清算企业累计未分配利润和累计盈余公积中按该股东所占股份比例计算的部分，应确认为股息所得；剩余资产减除股息所得后的余额，超过或低于股东投资成本的部分，应确认为股东的投资转让所得或损失。

被清算企业的股东从被清算企业分得的资产应按可变现价值或实际交易价格确定计税基础。

（摘自财税〔2009〕60 号第五条）

21.1.6 执行日期

本通知自 2008 年 1 月 1 日起执行。

（摘自财税〔2009〕60 号第六条）

21.2 企业清算纳税申报

根据《中华人民共和国企业所得税法》及其实施条例的有关规定，现就企业清算所得税有关问题通知如下：

一、清算期间所得税的计算、清算申报企业清算时，应当以整个清算期间作为一个纳税年度，依法计算清算所得及其应纳所得税。企业应当自清算结束之日起 15 日内，向主管税务机关报送企业清算所得税纳税申报表，结清税款。

企业未按照规定的期限办理纳税申报或者未按照规定期限缴纳税款的，应根据《中华人民共和国税收征收管理法》的相关规定加收滞纳金。

二、进入清算期的企业应对清算事项，报主管税务机关备案。

（摘自国税函〔2009〕684 号）